Kanada · Der Osten

Kurt J. Ohlhoff
Ole Helmhausen

DUMONT RICHTIG REISEN

Inhalt

Wissenswertes über Ostkanada

Wissenswertes für die Reise

Unterwegs in Ostkanada

Kapitel 1 Toronto

Kapitel 2 Ontario

Inhalt

Kapitel 4 Québec

Inhalt

Kapitel 5 New Brunswick und Prince Edward Island

Kapitel 6 Nova Scotia

Kapitel 7 Newfoundland und Labrador

Inhalt

Themen

Alle Karten auf einen Blick

SHOP
SAM SAM
SAM
SAM

Indian Summer in der Region Charlevoix, Québec

Wissenswertes über Ostkanada

Wildnis, Weite, Weltstädte

Eine Landeshälfte so groß wie Westeuropa. Mit riesigen Seen, reißenden Flüssen und endlosen Wäldern, Küsten, Tundren. Der Osten Kanadas bietet Naturlandschaften in Dimensionen, wie man sie diesseits des Atlantiks gar nicht kennt. Hier liegen die größten und ältesten Städte – der Schlüssel zur zweisprachigen Seele des Riesenlandes.

Ostkanada, das ist die Blockhütte am See, Paddeln auf naturbelassenen Flüssen, Angeln an glasklaren Gewässern, Zelten in Nationalparks und die bärensichere Verwahrung des Proviants. Ostkanada, das sind Elche, Biber, Wolfsrudel und Fischadler und am Atlantik Wale, Robben und Seevogelkolonien. Und zwischen den Großen Seen mit den Niagarafällen im Westen und den Steilküsten am Atlantik erheben sich die größten und ältesten Städte Kanadas aus der Ebene. Lebenssprühende, vielsprachige Metropolen, eloquente Zeugen einer wechselhaften Vergangenheit, Reflexionen einer nicht immer einfachen, aber stets friedliebenden Gegenwart.

So typisch kanadisch die Landschaften, so groß sind auch die klimatischen Gegensätze: Während die Cree-Dörfer an der James Bay noch im Schnee liegen, genießen die Montréaler bereits den Frühsommer in ihren heißgeliebten Straßencafés. Auf der Iceberg Alley vor Neufundland treiben Eisberge vorbei, zur gleichen Zeit laden Winzer auf der Niagara-Halbinsel zur Weinprobe. Und während man noch im klaren Wasser der Muskoka-Seen (Ontario) badet, ist auf Cape Breton Island längst der Herbst eingezogen.

Dabei ist Kanada, wie man in Europa oft noch immer irrtümlich glaubt, durchaus kein ›kaltes‹ Urlaubsziel. Die Sommer sind überraschend warm, in Ontario sogar schwül, in Québec dagegen eher trocken und am Atlantik durchaus frisch. Badezeug gehört also unbedingt mit in den Koffer. Die Winter sind erwartungsgemäß kalt und in Québec am schneereichsten und kältesten, während sie in Toronto und Südontario mehr wie die schneearmen mitteleuropäischen ausfallen.

Im Osten stehen auch die Wiegen des Riesenlandes – im Falle Kanadas ist der Plural durchaus angebracht. Wer in Toronto aus dem Flugzeig steigt, wird auf Englisch empfangen. Montréal hingegen begrüßt Besucher mit »Bienvenue« – unüberhörbare Hinweise auf die wechselvolle Geschichte des Landes. 400 Jahre lang bauten Kanadas zwei *founding nations,* erst die Franzosen, dann die Engländer, am Haus Kanada. Doch während sich die damaligen Supermächte überall sonst auf der Welt bekriegten oder zumindest misstrauisch beäugten, brachten ihre Nachkommen in Kanada einen Staat zustande, der zwar einige Male kurz vor dem Aus stand, heute jedoch dank seiner Toleranz und seiner stets auf Ausgleich bedachten Politik im Inneren wie nach außen ein hoch geachtetes Mitglied der internationalen Staatenfamilie ist.

Alle Kanada-Klischees sind wahr. Man könnte Ostkanada bereisen, nur um sie zu bestätigen. Davon sei an dieser Stelle jedoch abgeraten, denn Vorsicht: Wo Einheimische Entfernungen in Stunden und Tagen angeben und man angesichts dreier Zeitzonen die Uhr gleich dreimal verstellen kann, muss man sich auf ausgedehntes Verweilen am Steuer gefasst machen. Natürlich ist es ein grandioses Gefühl, einmal bis ans Ende einer Straße zu fahren, die man fast ganz für sich allein hat. Man braucht jedoch nicht Tausende von Kilometern zu fahren, um den Osten Kanadas in allen Facetten zu genießen. Jede Region bietet hier ihren eigenen, charakteristischen Mix typisch kanadischer Vielfalt. Die Großstädte sind als Hauptstädte ihrer Provinz kulturelle Zentren mit modernen Downtowns, gepflegten Altstädten und hervorragenden Museen, die zu den besten Nordamerikas zählen. Einwanderer aus aller Welt haben sie in multikulturelle Metropolen verwandelt, in denen wie in Toronto über hundert Sprachen gesprochen werden und wie in Montréal die Menschen mühelos zwischen Englisch und Französisch hin und her wechseln.

Doch natürlich kommt man nicht allein der Städte wegen. Kanada ist und bleibt ein Synonym für Weite und Wildnis, und die beginnt auch im – für kanadische Verhältnisse – dicht besiedelten Osten gleich vor der Haustür. In St. John's, der Hauptstadt Neufundlands, reicht bereits ein Spaziergang auf den Signal Hill, um zu grandiosen Aussichten über eine Steilküste von bestürzender Schönheit zu gelangen. Nur 20 Autominuten nördlich von Québec sagen sich Elche und Wölfe Gute Nacht. Zwei Autostunden nördlich von Toronto müssen Camper und Wanderer mit Schwarzbären rechnen, und nur anderthalb Autostunden nördlich von Montréal warten herrliche Kanureviere. Je weiter man die Zentren hinter sich lässt, desto stärker dünnt der Verkehr aus. Nach drei, vier Autostunden sind Gegenden erreicht, ein See vielleicht, ein Fluss oder eine Schlucht, die man mit niemandem zu teilen braucht – oder höchstens einem Biber, der, einen Ast vor sich herschiebend, zu seinem Bau schwimmt …

Pulsierende Metropole: Montréal

Steckbrief Ostkanada

Daten und Fakten

Fläche: Kanada gesamt 9 976 197 km^2, Ostkanada 3 149 580 km^2
Hauptstadt: Ottawa
Amtssprachen: Englisch und Französisch, im hohen Norden auch Inuktitut
Einwohner: Kanada gesamt 32,5 Mio., Ostkanada 22 Mio, Ontario 11 Mio., Québec 7,5 Mio., New Brunswick 760 000, Nova Scotia 900 000, Prince Edward Island 136 000, Newfoundland 575 000
Bruttosozialprodukt: etwa 23 000 Euro pro Kopf und Jahr
Währung: CAN-Dollar
Landesvorwahl: 001
Zeitzonen: Central Time Zone (MEZ –7 Std.) in West-Ontario, Eastern Time Zone (MEZ –6 Std.) in Ost-Ontario und Québec, Atlantic Time Zone (MEZ –5 Std.) in Atlantik-Kanada und Labrador, Newfoundland Time Zone (MEZ –4,5 Std.) in Neufundland.

Landesflagge: Die *maple leaf flag* (Ahornblatt-Flagge) wurde 1965 eingeführt. Die beiden vertikalen roten Streifen symbolisieren Atlantik und Pazifik. Der weiße Streifen in der Mitte steht für den Schnee der polaren Gebiete. Das darauf gesetzte, elfzackige Ahornblatt stellt den Waldreichtum des Landes dar. Seine rote Farbe erinnert an die im Ersten Weltkrieg gefallenen kanadischen Soldaten.

Geografie

Ostkanada umfasst die Provinzen Ontario, Québec, New Brunswick, Prince Edward Island, Nova Scotia und Newfoundland and Labrador. Ontario und Québec werden häufig als Central Canada, die vier am Atlantik liegenden Provinzen als Atlantic Canada zusammengefasst. Ostkanada weist drei große geografische Regionen auf. Im Süden liegt das **St.-Lorenz-Tiefland,** ein nur wenige hundert Kilometer schmaler, von Québec bis zu den Großen Seen reichender fruchtbarer Landstreifen. Hier leben über 60 % der Bevölkerung – auf 5 % des kanadischen Territoriums. Östlich davon verlaufen in Nord-Süd-Richtung die zwischen 400 und 1200 m hohen **Appalachen,** die vor allem New Brunswick und Québec prägen und sich in Newfoundland fortsetzen. Nördlich vom St.-Lorenz-Tiefland schließt der **Kanadische Schild** an, mit unzähligen Seen, Wäldern und Flüssen das ›ksische‹ Kanada, das den überwiegenden Teil von Ontario und Québec sowie fast ganz Labrador umfasst.

Geschichte

Bereits um 10 000 v. Chr. ist Kanada von Indianern dünn besiedelt. Um 1000 n. Chr. gründen Grönland-Wikinger in L'Anse-aux-Meadows auf Newfoundland eine kurzlebige Siedlung. 1497 wird Newfoundland von John Cabot wiederentdeckt. 1537 reklamiert der Franzose Jacques Cartier Kanada für Frankreich, 1608 gründet Samuel de Champlain die Kolonie Neufrankreich. 1610 entdeckt Henry Hudson die später nach ihm benannte Hudson Bay. Schon bald werden Engländer und Franzosen zu erbitterten Konkurrenten im Pelzhandel. Nach mehreren Kriegen verliert Frankreich 1763 all seine nordamerikanischen Besitzungen an England. 1867 wird die britische Kolonie als *Dominion of Canada* selbständig. Die Provinz Québec bewahrt sich ihre frankophone Kultur bis heute.

Staat und Politik

Staatsoberhaupt der bundesstaatlich strukturierten, parlamentarischen Monarchie ist die englische Königin. Die ausführende Regierungsgewalt teilen sich der Premierminister und das Kabinett, das dem House of Commons verantwortlich ist. Die Abgeordneten des Unterhauses werden nach dem Mehrheitsprinzip gewählt. Die Legislative ist dreigeteilt: Governor General (Vertreter der englischen Königin), Senat und House of Commons, wobei Letzteres die eigentliche Entscheidungsgewalt besitzt. Das Land besteht aus zehn Provinzen mit jeweils eigener Verfassung und weitreichender Eigenständigkeit in inneren Angelegenheiten. Hinzu kommen die drei Territorien Yukon, Northwest Territories und Nunavut.

Wirtschaft

Mit über 50 % der Papier- und Zelluloseproduktion Kanadas sind Ontario und Québec führend in der Holzindustrie. Beide nutzen die reichen Bodenschätze (Nickel, Kupfer, Gold, Silber, Uran, Eisenerz) des Kanadischen Schilds. Ontario und Québec sind auch für die Hälfte der industriellen Produktion Kanadas verantwortlich (Stahl, Flugzeuge, High Tech-Produkte, Nahrungsmittelverarbeitung). Québec ist durch seine großen Wasserkraftwerke im Norden einer der größten Stromerzeuger Amerikas. Landwirtschaft wird in größerem Umfang im Süden der beiden Provinzen betrieben, Tourismus ist in beiden ein bedeutender Wirtschaftsfaktor.

Die Zukunft des Fischfangs in den atlantischen Provinzen, insbesondere in Newfoundland, ist nach dem 1992 verhängten Fangverbot für Kabeljau noch immer fraglich. Eine Diversifizierung und mehr Tourismus sollen nun die Wirtschaft ankurbeln. In jüngerer Zeit verspricht die Offshore-Ölindustrie Besserung der Situation. New Brunswick lebt überwiegend von Forstwirtschaft und Handel. Prince Edward Island verdient an Landwirtschaft (Kartoffeln, Viehzucht) und Tourismus. Nova Scotia setzt auf Land- und Forstwirtschaft, Fischfang (Hummer, Dorsch, Muscheln) und zunehmend auf Tourismus.

Bevölkerung, Religion und Sprache

Kanada ist ein klassisches Einwanderungsland. Weniger als 40 % der Bevölkerung sind englischsprachiger Herkunft und knapp 30 % französischer Abstammung. Der Rest stammt aus anderen europäischen Ländern. Seit dem Zweiten Weltkrieg kommen überwiegend Einwanderer aus asiatischen Ländern nach Kanada. Heute leben etwa 600 000 Ureinwohner, die heute als »First Nations« bezeichnet werden, in Kanada. Davon sind 40 000 Inuit.

Religion und Sprache: Etwa 50 % der Bevölkerung gehören der röm.-kath. Kirche an, ca. 40 % protestantischen Glaubensrichtungen, davon über die Hälfte der United Church, danach folgen Anglikaner, Presbyterianer, Lutheraner und Baptisten. Im französischsprachigen Québec sind 90 % der Bevölkerung katholisch.

Offizielle **Landessprachen** sind Englisch und Französisch. Etwa 60 % der Bevölkerung sprechen Englisch als Muttersprache.

Natur und Umwelt

Allein in Québec hätte Deutschland fast fünf Mal Platz: So ausladend die kanadische Geografie ist, so extrem sind die landschaftlichen und klimatischen Unterschiede. So fahren die Inuitkinder noch per Motorschlitten zur Schule, während die Montréaler ihren Café schon längst im Freien schlürfen. Und dass Kanadas Landschaften schön und wild bleiben, dafür sorgt ein dichtes System aus National- und Provinzparks.

Die größte Granitplatte der Welt

Der **Kanadische Schild,** eine geologische Formation aus archaischen und proterozoischen Gesteinsschichten, liegt wie ein gewaltiges Hufeisen um die Hudson Bay, umfasst ganz Labrador, den größten Teil von Québec und Ontario sowie weite Teile von Manitoba, Saskatchewan und den Northwest Territories. Geologisch ist der *Canadian Shield* bzw. *Bouclier Canadien* mit bis zu 4,5 Mrd. Jahren der älteste Teil des nordamerikanischen Kontinents. Bei seinem Rückzug hat das Inlandeis hier eine riesige, sanft gewellte Ebene hinterlassen und dabei Hunderttausende Seen aus dem Granit gehobelt. Zuletzt hob sich das Gebiet an, wobei die Ränder – besonders schön zu sehen am Nordufer des St.-Lorenz-Stroms in Québec und in den Laurentides – sich aufwölbten und neue Erosionsformen, darunter unzählige, reißende Flüsse und Wasserfälle, entstanden.

In all seinen Vegetationszonen, von der arktischen Tundra über die artenarmen borealen Nadelwälder bis zu den von Mischwäldern bestandenen Rändern im Süden, zeigt der nur von einer dünnen Erdschicht bedeckte Schild sein typisch kanadisches Antlitz: nackte, graue Kuppen, meist aus Granit, Gneis oder Diorit, von der letzten Eiszeit glattgeschliffen und oft die einzigen Akzente in der konturlosen Weite. Der Schild, landwirtschaftlich nutzlos und extrem dünn besiedelt, ist verkehrsmäßig kaum erschlossen: Viele Siedlungen sind nur per Flugzeug erreichbar.

Im äußersten Süden Ontarios wurden weite Teile des ursprünglichen Mischwaldes gerodet und in Acker- und Weideland umgewandelt.

Binnenmeere, wilde Küsten

St.-Lorenz-Tiefland und die Great Lakes

Im Süden läuft der Kanadische Schild in fruchtbare, dicht besiedelte Niederungen aus. In Québec und Ostontario ist dies das **St.-Lorenz-Tiefland,** weiter westlich das Gebiet der Großen Seen. Hier liegen die landwirtschaftlich produktivsten Regionen Ostkanadas. Landschaftsprägend in Québec ist der dem Atlantik zufließende, über 3000 km lange **St.-Lorenz-Strom,** der Seeweg ins Herz des Kontinents. Südontarios Klima wird von den riesigen Binnenmeeren der **Großen Seen** geprägt. Zusammen bedecken die durch den St. Lawrence Seaway miteinander verbundenen Seen Ontario, Erie, Huron, Michigan und Superior rund 245 000 km^2 Fläche, wobei sie ein Drittel der gesamten Süßwasservorräte der Welt speichern. Der größte (82 100 km^2) und am höchsten gelegene (183 m) ist der Lake Superior, der kleinste (18 900 km^2) und am tiefsten liegende (75 m) der Ontario-See. Schleusen zwischen Lake Superior und Lake Huron sowie die vom Welland Canal umgangenen Niagarafälle gleichen das Gefälle des diese beiden Seen verbindenden Niagara River aus.

Atlantik-Kanada

Die mittelgebirgsähnlichen, mit Laub- und Mischwald bedeckten Höhenzüge der **Appalachen** sowie Fluss- und Küstenebenen, in denen mit Fredericton, Saint John und Halifax die größten Städte liegen, charakterisieren die Atlantikprovinzen New Brunswick und Nova Scotia. Newfoundland, unfruchtbar, von Nadelwäldern bedeckt und seiner abweisenden Steilküsten wegen von den Einheimischen schlicht »the rock« genannt, zeigt mit den Fjorden und Bergen im Gros Morne National Park das grandiose Finale der Appalachen, die hier im Westen der Insel ihren Abschluss finden.

Östlichster Punkt Kanadas: Cape Spear in Neufundland

Besondere Erwähnung verdient auch die zwischen New Brunswick und Nova Scotia tief ins Land reichende **Bay of Fundy.** Ihre trichterförmige Gestalt bewirkt einen extrem hohen Tidenhub, der mit über 16 m zu den höchsten der Welt gehört. Zwischen all diesen Superlativen überrascht Atlantik-Kanada jedoch auch mit schönen, sonst viel weiter südlich zu vermutenden Sandstränden und **Dünenlandschaften,** wie etwa auf Prince Edward Island.

Die äußersten Küstenränder Ostkanadas hingegen, vor allem die **Küste Labradors,** rau, entlegen und wirtschaftlich kaum nutzbar, sind unerschlossen geblieben und werden heute nur von den hier seit Jahrtausenden lebenden Ureinwohnern bewohnt. Am dramatischsten präsentiert sich die Nordostkante des Kontinents in den auf der Grenze zwischen Labrador und Québec verlaufenden **Torngat Mountains.** Über 1600 m hoch und aufgrund der Lage nördlich der Baumgrenze fast gänzlich vegetationslos, zählt die höchste, 300 km lange und von rund 70 Gletschern bedeckte Ausstülpung des Kanadischen Schilds zu den unwirtlichsten Gegenden Nordamerikas.

Klima

Warme, mitunter heiße Sommer, lange, kalte Winter mit mehrwöchigen Frostperioden und ein für seine Farbenexplosion weltberühmter Herbst: Ostkanada ist bekannt für seine ausgeprägten Jahreszeiten. Vor allem im Süden Québecs und Ontarios, aber auch im Bereich der Großen Seen und in Atlantik-Kanada sind sommerliche Spitzentemperaturen von über 30 °C normal, ebenso winterliche Kälteperioden, die vor allem in Québec bis zu –30 °C erreichen können. Mehr Niederschläge und eine höhere Luftfeuchtigkeit verhindern in Ontario vor allem im Bereich der Großen Seen sowie am Atlantik sibirische Kälte wie in Québec, dafür muss hier jedoch mit viel Schnee und Eisregen gerechnet werden. Frühjahr und Herbst fallen in Ostkanada kürzer aus als in Europa, dafür jedoch umso dramatischer. Im Frühjahr, der *mud season,* kann die Schneeschmelze ganze Landstriche in Schlammlandschaften verwandeln. Der zwei- bis dreiwöchige Altweibersommer, hier **Indian Summer** bzw. **Été Indien** genannt, sorgt Ende September bei kühlen Nächten tagsüber noch einmal für Wärme, oft kristallklare Luft und eine orgiastische, von Gelb bis Purpur reichende Laubfärbung.

Vegetation

Die Mischwaldzone

Ostkanada lässt sich grob in drei Vegetationszonen einteilen. Ein 30 bis 150 km breiter Gürtel entlang der Grenze zu den USA sowie die Provinzen New Brunswick, Prince Edward Island und Nova Scotia gehören zur **artenreichen Mischwaldzone.** Hier kommen selbst – wie in Point Pelée am Südzipfel Ontarios – sonst erst viel weiter südlich gedeihende Arten wie Sykomorenm, eine nordamerikanische Feigenart, und Walnussbäume vor. Zwar hat vor allem in Südontario und im St.-Lorenz-Tiefland von Québec eine intensive Landwirtschaft das Aussehen dieses Waldgürtels grundlegend verändert, doch sind die typischen Vertreter, allen voran die verschiedenen Ahornarten, Eschen, Ulmen, Buchen sowie Rot- und Weißeichen noch immer in Hülle und Fülle zu finden. Auch der für die Sirupproduktion unentbehrliche Zucker-Ahorn, der *sugar maple,* gedeiht hier. Im Herbst trägt vor allem dessen Laub mit leuchtend roten Farbtupfern zum prachtvollen Naturschauspiel des Indian Summer bei.

Borealer Nadelwald

Der nährstoffarme Boden des Kanadischen Schilds und eine kurze, maximal vier Monate dauernde Wachstumsperiode kennzeichnet den nördlich anschließenden Gürtel des **borealen Nadelwaldes.** An seinem Südrand noch von Espen und Birken aufgelockert, gedeihen in dem mehrere hundert Kilometer breiten, artenarmen Vegetationsstreifen fast nur noch kälteresistente Baumarten wie Lärchen, Tannen, Fichten und Kiefern. Ab dem

Umweltschutz in Kanada Thema

Europäer greifen sich in Kanada gelegentlich an den Kopf. Hier ein mit laufendem Motor geparkter Wagen, dort weder Mülleimer noch getrennte Entsorgung: Warum sich kümmern, scheint die Devise, das Land ist doch groß genug. Inzwischen haben die Politiker jedoch auch hier Handlungsbedarf entdeckt.

Aktive Umweltpolitik wird in Kanada erst seit Anfang der 1990er-Jahre betrieben. 1990 wurden die bis weit ins dritte Jahrtausend reichenden Pläne für Wasser, Land und Luft zwischen Bundesregierung und Provinzen im so genannten *Green Plan* abgesteckt. Ganz oben auf der Prioritätenliste stehen: Arten- und Naturschutz, Schutz des Wassers, Reduzierung toxischer Substanzen, Abfallreduzierung, verantwortliches Management erneuerbarer Ressourcen in Forst-, Land- und Fischwirtschaft, Smogreduzierung, Verhinderung des sauren Regens und Umwelterziehung. In Ontario und Québec bereitet vor allem der saure Regen Sorge. Die von Autos, der verarbeitenden Industrie und den Industrierevieren südlich der Grenze ausgestoßenen Schadstoffe belasten die Wälder, die Auswirkungen sind selbst an Häusern aus Kalk- und Sandstein abzulesen. Die im *Canadian Acid Rain Control Program* erzielten Erfolge – u. a. Reduzierung des SO_2-Ausstoßes innerhalb von neun Jahren um 2,3 Mio. t – reichen nicht aus. Wissenschaftler rechnen vor, dass nur eine weitere Schadstoffreduzierung um 75 % den Erhalt der empfindlichen Ökosysteme Kanadas garantieren kann. Zwar kann der Green Plan durchaus Erfolge vorweisen, u. a. die Erholung der durch die Eisenhütten in Sudbury verschmutzten Wälder und Seen der nördlichen Georgian Bay. Andererseits ist die Verschmutzung der Great Lakes während der letzten Jahre gestiegen. Obgleich die Regierungen beider Anlieger die Industrie rund um die Seen zu umweltfreundlichen Investitionen in Milliardenhöhe zwangen, stieg die Entsorgung von Nickel, Chrom, Mangan, Nitraten und Glycol in das 24 Mio. Menschen versorgende Trinkwasserreservoir von 4000 t 1998 auf 5000 t im Jahr 2002. Nach ersten Erfolgen seien die Regierungen nachlässig geworden bei der Überwachung der ›Schmutzfinken‹, kritisieren kanadische Umweltschützer. Auch Kanadas Bemühungen zur Verbesserung der Luft seien nicht zufriedenstellend. So habe das Land die Emission von Industrieabgasen zwischen 1995 und 2003 um lediglich 1,8 % heruntergefahren. Zum Vergleich: Im gleichen Zeitraum gelang den Amerikanern eine Reduzierung des Giftausstoßes um 45 %. Kanadische Umweltschutzorganisationen wie *Pollution Watch* (www.pollutionwatch.org) fordern daher von Ottawa die Einhaltung und Implementierung der einst feierlich unterzeichneten Umweltgesetze.

Auch beim Thema Erderwärmung lässt der Beitrag Kanadas derzeit zu wünschen übrig. 1997 unterzeichnete die kanadische Regierung zwar als eine der Ersten das Kyoto-Protokoll und verpflichtete sich zur Reduzierung seiner Treibhausgase um 6 %. Die seit Frühjahr 2006 in Ottawa regierenden Konservativen haben Kyoto jedoch wieder aus ihrem Budget gestrichen und schlagen stattdessen im Herbst 2006 eine neue Strategie zur Säuberung der Luft vor: Ausstoß-Richtlinien für einzelne Industrien, basierend auf ihrer wirtschaftlichen Leistungsfähigkeit …

Zweimal im Jahr schließen sich die Karibus zu großen Herden zusammen und durchwandern die Tundra auf der Suche nach besseren Nahrungsrevieren

52. Breitengrad bestimmen zusehends Heide, subarktische Polsterpflanzen, Zwergsträucher und verkrüppelte Kiefern, die Jahrzehnte benötigen, um Kopfhöhe zu erreichen, das Bild. Während der kurzen Sommer kommt es zu Staunässe in der aufgetauten obersten Bodenschicht – 60 cm darunter beginnt bereits der Permafrostboden. Weit über die Hälfte dieser Region, die sich als *crown land* in Staatsbesitz befindet, wird forstwirtschaftlich genutzt, wobei sich die weitverbreitete Schwarzfichte besonders gut für die Papierherstellung eignet.

Tundra

Auf der Höhe der südlichen Hudson Bay verläuft die Baumgrenze, eine Übergangszone, in der der boreale Nadelwald ausdünnt und schließlich ganz vor den immer härteren Bedingungen kapituliert. Die Vegetationsperiode in dieser Nordquébec und Labrador umfassenden Zone dauert wenig mehr als zwei Monate. Nur abgehärtete Flechten bedecken ganzjährig den steinigen Boden. Und nur während des kurzen Sommers entfalten Moose, Gräser, Seggen, Kräuter und Zwergsträucher, hoch spezialisierte Überlebenskünstler, eine erstaunliche Farbenpracht. Neben der Rentierflechte, einem Grundnahrungsmittel der durchziehenden Karibuherden, dem silbrig glänzenden Reit-Gras (auch: Süßgras) und dem schneeweißen Wollgras gibt es eine Fülle von Beeren- und Blütensträuchern, darunter Preiselbeere, Arnika, Steinbrech, Weidenröschen, Arktischer Mohn, Silber- und Rosenwurz, die allesamt große, leuchtende Blüten hervorbringen, damit sie von der relativ geringen Anzahl bestäubender Insekten auch gefunden werden. Nach Norden wird die Pflanzendecke immer dünner, bis sie schließlich dem arktischen Eis Platz macht.

Tierwelt

Die extremen Bedingungen haben auch im Tierreich wahre Anpassungskünstler hervorgebracht. Die kleinen **Nager** der Tundra, darunter Hörnchen, Murmeltiere und Mäuse, fressen sich eine Fettschicht an und legen Vorräte in ihren Erdhöhlen an. Dabei müssen sie vor einer ganzen Schar von Feinden auf der Hut sein: Schnee-Eulen, Falken und Ra-

ben kreisen in der Luft, während Hermeline, die sich im Winter ein weißes Fell als Tarnung zulegen, Marder, Nerze und Füchse am Boden lauern oder sie im Winter gar in ihrem Bau aufstöbern.

Karibus und Elche

Die Tundra ist auch Lebensraum für größere Spezies. Weitaus die Mehrzahl der landesweit über eine Million zählenden **Karibus** ziehen durch die baumlosen Weiten Nordquébecs und Labradors. Die kanadischen Rentiere leben in kleinen Verbänden, schließen sich jedoch zweimal jährlich zu riesigen, Hunderttausende Tiere zählenden Herden zusammen, um von ihren Sommer- zu den Winterrevieren und zurück zu ziehen. Sie ernähren sich von Rentierflechten, Moosen und Gräsern, aber auch von Vogeleiern und legen pro Jahr bis zu 4500 km zurück. Diese beeindruckende Leistung ermöglichen ihnen vor allem perfekt angepasste Hufe, die sowohl im Sommer als auch im Winter Trittsicherheit garantieren. Ihre Wanderungen werden im Übrigen von einer Reihe von Fressfeinden begleitet, darunter vor allem Wolfsrudel und Schwarzbären, die auf kranke oder schwache Tiere hoffen, sowie Greifvögel, die sich über verendete Karibus hermachen.

Borealer Nadelwald und Mischwald sind der Lebensraum des kanadischen ›Königs der Wälder‹. Hier haust der **Elch,** mit über zwei Metern Schulterhöhe der größte Vertreter der Hirschfamilie. Der einzelgängerische Wiederkäuer ist mit bis zu 800 kg Gewicht und einem – bei Bullen – bis zu 30 kg schweren und über anderthalb Meter breiten, schaufelförmigen Geweih eine wahrhaft imposante Erscheinung. Als Vegetarier ernähren sich Elche (engl. *moose,* frz. *orignal*) von Blättern, Zweigen, Sträuchern und Wasserpflanzen. Ihre unverhältnismäßig langen Beine, die ihnen ein etwas unbeholfenes Aussehen verleihen, ermöglichen ihnen das Fortkommen in den Sumpfrändern der Seen, wo sie auf der Suche nach Nahrung Wasserlilien vom Grund heraufziehen. Die landesweit höchste Konzentration dieser friedlichen Waldbewohner ist auf der Northern Peninsula Neufundlands zu finden. Insgesamt gibt es in Kanada rund eine Million Elche.

Bären & Biber: typisch kanadisch

Ein anderer beeindruckender Waldbewohner ist der **Schwarzbär.** Auch er ernährt sich hauptsächlich vegetarisch, wenngleich er hin und wieder auch Kleintiere nicht verschmäht und an Flüssen sogar Forellen nachstellt. Sein phänomenaler Geruchssinn reicht über 100 km weit und lockt ihn häufig auf Campingplätze und in die Nähe menschlicher Behausungen. Vor allem in Zeiten einer verspäteten Beerenblüte, was bei dem soeben aus dem Winterschlaf erwachten, extrem hungrigen Tier zu erhöhtem Nahrungsbeschaffungsstress führt, kommt es immer wieder zu potenziell gefährlichen Konfrontationen zwischen Bär und Mensch. Zwar enden die meisten für beide glimpflich. Doch immer wieder müssen Schwarzbären, die an achtlos liegen gelassenen Nahrungsmitteln Gefallen gefunden haben, getötet werden, da sie als ›Problembären‹ ihre natürliche Scheu vor dem Menschen verloren haben und unberechenbar geworden sind.

Zu den bemerkenswertesten Tieren des kanadischen Waldes gehören die **Biber.** Auf dem Höhepunkt des Pelzhandels zu Beginn des 19. Jh. wegen ihres dichten seidigen Fells beinahe ausgerottet, hat sich ihr Bestand heute wieder so weit erholt, dass sie mancherorts geradezu ein Ärgernis sind: So machen sie sich in städtischen Parks durch ›Anknabbern‹ hölzerner Brücken und das Umleiten von Bächen und Flüsschen unbeliebt. Biber (engl. *beaver,* frz. *castor*) erreichen ihre endgültige Größe erst am Ende ihres etwa 12-jährigen Lebens und können bei einer Länge von 90 bis 120 cm zwischen 20 und 25 kg schwer werden. Die kräftigen, stets nachwachsenden, mit hartem Schmelz versehenen Schneidezähne sind ein ideales Werkzeug zum Fällen schlanker Bäume. In fließenden Gewässern bauen sie auf kunstvolle Weise breite Dämme, damit sie in dem dahinter entstehenden kleinen See in Ruhe die Rinde und Zweige der gefällten Bäume verzehren können. Vor dem Beginn des Winters legen sie sich unter Wasser einen aus Ästen bestehenden Nahrungsvorrat an. Für die Biberburg wird am Rande des Sees ein Hügel aus Zweigen und Schlamm errichtet und darüber ein unregelmäßig aussehender Haufen von Ästen aufgeschichtet, der gegen die winterliche Kälte schützen, aber auch eine ausreichende Frischluftzufuhr gewähren soll. Diese Burg ist so groß, dass auch viele nachfolgende Bibergenerationen hier ein trockenes Plätzchen finden. Zur Sicherheit werden noch einige Tunnel gegraben, die eine unbemerkte Flucht hinaus in den See ermöglichen.

Sanfte Säuger

Im Atlantik und im St.-Lorenz-Strom bieten **Wale** ein eindrucksvolles Schauspiel, weshalb von vielen Küstenorten aus Exkursionen zur Beobachtung der mächtigen Meeressäuger angeboten werden (s. S. 292 und 295). Vor Nova Scotia, in der Bay of Fundy und vor den Küsten Newfoundlands finden die sanften Riesen dank des kühlen Labrador-Stromes mit Krill, Sardellen, Heringen und anderen kleinen Fischarten ein reiches Nahrungsangebot. Der **Finnwal** z. B. bleibt während des ganzen Jahres in subpolaren Gewässern, hält sich aber selten in der Nähe der Küste auf. Andere Walarten, darunter **Buckel-, Pott-** und sogar die seltenen **Blau- und Spermwale,** ziehen im Sommer von der Baffin Bay durch die Davis-Straße an Newfoundland und Nova Scotia vorbei in südliche Gewässer. Im St.-Lorenz-Strom gesellen sich zu diesen die kleineren **Minke- und Schweinswale.** Im Mündungsgebiet des Saguenay-Fjords in Québec lebt zudem eine sesshafte Herde **Belugawale.**

Nationalparks

Die schönsten Wildnisgebiete des Landes werden von der Regierung als Nationalparks geschützt. Die Geschichte der kanadischen **Nationalparks** begann 1885 in Banff (Alberta), als dort ein 26 km² großes Gelände »for the benefit, advantage and enjoyment of the people of Canada« (›zum Nutzen und zum Wohle aller Kanadier‹) reserviert und wenig später, um 379 km² erweitert, zum Banff National Park erklärt wurde. Heute gibt es in Kanada 42 Nationalparks, davon 18 in Ostkanada – Tendenz steigend. Auf der Suche nach schützenswerten Wildnisgebieten folgt die Aufsichtsbehörde Parks Canada einem Plan, der vorsieht, solche Naturregionen und Wildnisgebiete zu schützen, die die Vielfalt des Riesenlandes repräsentieren. Derzeit stehen bereits 60 % dieser Regionen unter Schutz.

1911 als weltweit erste Behörde ihrer Art zum Schutz und zur Bewahrung des repräsentativen Natur- und Kulturguts gegründet, gehört Parks Canada seit 2003 zur kanadischen Umweltbehörde Environment Canada und schützt und verwaltet auch national bedeutsame historische Stätten. 13 der von Parks Canada verwalteten Parks und historischen Stätten gehören zum Unesco-Welterbe. In Ostkanada sind dies die L'Anse-aux-Meadows National Historic Site (Newfoundland), Vieux-Québec (Québec), der Gros Morne National Park (Newfoundland), die Altstadt von Lunenburg (Nova Scotia) und der Parc Miguasha (Québec).

Politik und Wirtschaft

Als moderner Industriestaat ist Kanada Mitglied im exklusiven Klub der G-8-Staaten. Innenpolitisch dominiert das stets gespannte Verhältnis zwischen Bund und Provinzen: Die nach wie vor offene Québec-Frage sowie die gerechte Verteilung der Sozialpakete zwischen den ›reichen‹ und den ›armen‹ Provinzen sind Standardthemen der Tagespolitik.

Kanada – eine Pflichtehe

Misstrauische Partner

Das Verhältnis zwischen den Provinzen und der Bundesregierung in Ottawa war stets von Widersprüchen geprägt. Schon bei der Gründung konnten einige der Kolonien nur mit der Aussicht auf handfeste wirtschaftliche Vorteile in die Konföderation gelockt werden. Zu groß ist das Land, zu verschieden sind auch die Interessen der einzelnen Regionen. Separatistische Bestrebungen im Westen, vor allem aber in Québec, sind bis heute nicht erloschen. In British Columbia und Alberta überwiegen ökonomische Gründe für die Abspaltungstendenzen. Der eigene finanzielle Beitrag zur kanadischen Einheit, meint man dort, sei zu hoch. Besonders in Alberta, wo der bei weitem größte Teil des kanadischen Öls gefördert wird, sieht man sich durch die nationale Energiepolitik und durch Sondersteuern bevormundet und in seiner Entwicklung gehemmt.

Armenhaus am Atlantik

Noch verbitterter, vor allem über die nationale Fischereipolitik, ist man in den Atlantikprovinzen. Sie fühlen sich als Kanadas Stiefkinder. Hier liegt das Einkommen ein Drittel unter dem nationalen Durchschnitt, die Arbeitslosigkeit ist vielerorts mehr als dreimal so hoch. Angesichts jahrelanger Überfischung sah sich die kanadische Regierung Anfang der 1990er-Jahre zu einer drastischen Reduzierung der Fangquoten gezwungen. Dies trieb jedoch die Fischerei am Atlantik in den Ruin. Als 1992 ein absolutes Fangverbot für Kabeljau verhängt wurde, verloren allein in Newfoundland 35 000 Fischer über Nacht ihre Lebensgrundlage. Zugleich mussten sie mit ansehen, wie Spanier und Portugiesen mit ihrer riesigen Fangflotte vor Newfoundland die letzten Fischbestände abräumten, zum Teil mit illegalen Methoden und unter Missachtung der mit der EU vereinbarten Fangquoten. Die Plünderung von Heilbutt auf dem kanadischen Festlandssockel führte 1995 zur schwersten Belastungsprobe in der Beziehung zwischen Kanada und der Europäischen Union.

Die Québec-Frage

Die größte Gefahr für die nationale Einheit geht jedoch vom Streit zwischen dem anglophonen Kanada und dem französischsprechenden Québec aus. Er hat zwar auch ökonomische Gründe, ist jedoch überwiegend historisch und kulturell bedingt. In einer Gesellschaft, in der Englisch die Sprache der Industrie und der Hochfinanz war und die Fäden der Macht bei englischsprechenden Gruppierungen zusammenliefen, fühlten sich die Frankophonen zwangsläufig benachteiligt. Zwar reagierte die Bundesregierung Mitte der 1960er-Jahre auf die separatistischen Tendenzen mit einem Gesetz, das Französisch und Englisch als gleichrangige, offizielle Sprachen in allen Institutionen vorschrieb,

»The French Fact, mais oui!«

Thema

Sir Bob Geldof dachte, »that french-canadian thing« sei ein Witz und beschränke sich auf ein »bonjour« und »merci« hier und da. Als er in Montréal landete, musste er jedoch irritiert das Gegenteil feststellen. In Québec parliert Kanada französisch. Und denkt auch hin und wieder anders als der Rest des Landes.

Dies veranlasste den britischen Popmusiker und Aktivisten zu der Bemerkung, es sei doch verwirrend, in Nordamerika anzukommen und kein Wort zu verstehen ... Der pikierte Geldof steht mit dieser Einschätzung nicht allein da. Auch deutschsprachige Besucher reagieren mitunter verstört auf »The French Fact«. Nach ein paar Tagen vergeblichen Fahndens nach revolutionärem Potenzial sind sie noch ratloser. Warum nur will Québec raus aus Kanada? Denn äußerlich geht es der Provinz doch gut im Staatenbund. Die Subventionen aus Ottawa – Teil der Appeasement-Politik Kanadas – fließen üppiger als bei anderen Provinzen, Alltag und Arbeitswelt werden auf Französisch bestritten. Zugleich verfügt die anglophone Minderheit über eigene Zeitungen, Krankenhäuser, Radio- und Fernsehstationen, und in Montréal sind Französisch und Englisch gleichermaßen zu hören.

Die Ursachen für die Trennungstendenzen liegen tiefer. Da ist vor allem die Sorge um die Sprache und die französisch geprägte Kultur. Ohne Schutz von oben wären beide längst im vielzitierten anglophonen Ozean untergegangen. 1974 bestimmte die Provinzregierung daher Französisch zur offiziellen Sprache Québecs, 1977 machte Gesetz Nr. 101 Französisch hier in allen Bereichen des öffentlichen Lebens bindend. Da sind viele alte Wunden aus der noch gar nicht so alten Vergangenheit zu spüren, als die Wirtschaft noch fest in anglophoner Hand war, Französisch sprechende Kunden in Kaufhäusern nicht bedient wurden und Québecer Französisch als Idiom der ungebildeten Unterschicht galt. Da existiert ein kollektives Bewusstsein, das sich an zahlreiche direkte oder indirekte Assimilierungsversuche, erst aus London, dann aus Ottawa, erinnert. Und schließlich gibt es da auch das aus der Sprachbarriere resultierende Gefühl, dass man schlicht zu verschieden ist, um miteinander leben zu können.

Die kulturellen Unterschiede zwischen den ›zwei Einsamkeiten‹ erlebt man in Montréal noch immer auf Spaziergängen durch englisch- und französischsprachige Viertel – selbst wenn sich ›Anglos‹ und ›Frankos‹ heute mit erheblich mehr Respekt begegnen und eine neue, oft sogar dreisprachige Generation die Unterschiede mehr und mehr zu verwischen scheint. Viele Frankophone, vor allem außerhalb Montréals, sehen in der Unabhängigkeit den einzigen Weg aus dem Dilemma. Doch halt, so leicht ist es nun auch wieder nicht! Längst nicht jeder Wähler der separatistischen Parti Québécois (PQ) befürwortet auch die Spaltung. Viele wählen die PQ nur, um sicher zu sein, vom Rest des Landes auch tatsächlich gehört zu werden. Zugleich sitzen unter den Liberalen Québecs viele, denen der fließend zweisprachige Liberalenboss Jean Charest nicht Québécois genug ist. Und auch längst nicht jeder Anglo kehrt Québec den Rücken, im Gegenteil: Neueste Zahlen bestätigen eine verstärkte Zuwanderung englischsprachiger Kanadier in die Metropole am St.-Lorenz-Strom ...

aber damit waren die Probleme nicht gelöst. Den Separatisten war nicht nur das Tempo der Verfassungsreform zu langsam: Québec, stellten sie fest, sei keine Provinz wie die anderen, sondern im kulturellen Sinne eine Nation mit eigenem Volk und eigener Geschichte. Nicht Zweisprachigkeit, sondern Sicherung und Intensivierung des Französischen als alleinige Sprache galt als einzige Überlebenschance der französisch geprägten Kultur. Als die separatistische *Parti Québécois* unter René Lévesque 1976 die Wahlen gewann, wurden diese Ziele ein Jahr später mit dem Gesetz 101, der Charta der französischen Sprache, verwirklicht. Jede Art von Werbung durfte nur noch einsprachig Französisch abgefasst werden. Mittlere und größere Firmen, von denen die meisten ein englischsprachiges Management hatten, mussten nun den Nachweis der Französischsprachigkeit erbringen. Jedwede Erziehung vom Kindergarten bis zur Sekundarstufe hatte nun auch für die Kinder englischsprachiger Immigranten auf Französisch zu erfolgen. Verbitterung unter den anglophonen Kanadiern war die Folge. In zwei Volksabstimmungen ließ die Parti Québécois seitdem – vergeblich – über die Unabhängigkeit abstimmen, doch das Thema ist bis heute nicht endgültig vom Tisch.

... aktuell bis heute

Anfang der 90er-Jahre wurde ein Versuch unternommen, die Kluft zwischen den beiden Volksgruppen zu beseitigen. In der Konferenz von Lake Meech wollten Vertreter der verschiedenen Provinzen eine neue Verfassung erarbeiten. Hierbei sollte die besondere kulturelle Identität Québecs entsprechend verankert werden. Ausgerechnet das Nein eines Abgeordneten der First Nations blockierte die Ratifizierung. Der Mann aus Manitoba wollte seine Zustimmung nur bei gleichzeitiger Anerkennung eines Sonderstatus für die Indianer geben. Das Scheitern der Konferenz stürzte Kanada in eine schwere Staatskrise. Auch die zwei Jahre später von Politikern aller Parteien im Übereinkommen von Charlottetown ausgearbeitete Neufassung wurde in einer Volksabstimmung abgelehnt. Sowohl Québec wie auch die Bevölkerung der anglokanadischen Provinzen stimmten mit Nein. Eine tiefgreifende Veränderung in der Parteienlandschaft Kanadas war die Folge. Sowohl in Westkanada wie auch in der Provinz Québec legten populistische Protestbewegungen gewaltig zu. Bei den Bundeswahlen 1993 erhielt der die PQ in Ottawa repräsentierende *Bloc Québécois* mehr als zwei Drittel der Sitze in der Provinz und kündigte einen Volksentscheid über ein unabhängiges Québec an. Nach einer von tiefen Emotionen auf beiden Seiten geprägten Kampagne brachte das Referendum im Oktober 1995 die Nation an den Rand des Zerbrechens. Weniger als ein Prozent bzw. 40 000 Stimmen fehlten zum Sieg der Separatisten. Auch der Sieg der *Parti Liberal,* die 2003 unter Premier Jean Charest die neunjährige Regierungszeit der Separatisten beendete, bedeutet keine Lösung der Québec-Frage: Bei den Bundeswahlen im Juni 2004 gewann der Bloc Québécois fast drei Viertel der 75 Mandate in der Provinz. Bei den Bundeswahlen im Januar 2006 erlitt der Bloc Québécois nur leichte Verluste.

Außenpolitik

Friedensstifter Kanada

In der Außenpolitik wiederum ist das Verhältnis zum großen Nachbarn im Süden nicht unproblematisch. Die gemeinsame Grenze ist die längste unbewachte Grenze der Welt und wird jährlich von über hundert Millionen Menschen überschritten. Erst nach den Terrorangriffen des 11. September 2001 wurden die Kontrollen verschärft. Der Handel zwischen Kanada und den USA übertrifft an Intensität alle Handelsbeziehungen zwischen zwei Nationen irgendwo sonst auf der Welt: 85 % seines Außenhandels wickelt Kanada mit dem südlichen Nachbarn ab. Allerdings kommt auch ein Großteil der Umweltverschmutzung aus dem Süden. Kein Wunder, dass kanadische und US-amerikanische Beamte ständig über unzählige Probleme verhandeln, oft in einer mehr als gereizten Atmosphäre.

Multilateraler Politik verpflichtet

Kanada leistet sich zwar ein gemeinsames nordamerikanisches Luftverteidigungskommando (Norad) und ist Mitglied der Nato, bemüht sich aber dennoch um eine eigenständige, multilateral geprägte Außen- und Verteidigungspolitik – oft sehr zum Missfallen der Amerikaner. So nahm Kanada erheblich früher als die USA diplomatische Beziehungen zur früheren Sowjetunion, zu Kuba und der Volksrepublik China auf. Die US-Politik in Indochina und Lateinamerika kritisierte Ottawa heftig, und während des Vietnamkrieges nahm man Tausende amerikanischer Kriegsdienstverweigerer auf. Kanada hat stets Initiativen zur Abrüstungs- und Entspannungspolitik unterstützt: Seit seiner Vermittlerrolle während der Suez-Krise 1956 entsendet es bewaffnete *peacekeeper* auf UN-Friedensmissionen in aller Welt. Als Bündnispartner nahm Ottawa jedoch auch aktiv an Auseinandersetzungen teil, die von der UN sanktioniert wurden, darunter dem Kosovo-Konflikt (1996–99), dem ersten Golfkrieg (1990–91) und dem Krieg in Afghanistan (seit 2001).

Kanada ist Gründungsmitglied der Uno und pflegt neben seiner multilateralen Tradi-

Krabbenfischer sortieren den Fang, bei Bay St. Lawrence auf Cape Breton Island, Nova Scotia

tion auch besondere, historisch bedingte bilaterale Kontakte. So sind die Beziehungen zu Großbritannien nach wie vor sehr eng, und auch das Verhältnis mit Frankreich ist, wenngleich dank der Québec-Frage häufig turbulent, doch von großer Herzlichkeit geprägt. Auch die Provinzen pflegen wenn nicht politische, so doch kulturelle Beziehungen mit dem Ausland. So sind Québec und New Brunswick Mitglied der Francophonie, der Organisation französischsprachiger Länder. Auch bei der Seerechtskonferenz hat man mit beträchtlichem Idealismus die Überzeugung vertreten, dass die Reichtümer des Meeres unter allen Nationen geteilt werden sollten.

Wirtschaft

Kanada erlebte nach 1945 eine explosive wirtschaftliche Entwicklung, die es zu einem der wichtigsten Industrieländer der Welt werden ließ, zu einer jener sieben bzw. acht Nationen, die sich jährlich zum Weltwirtschaftsgipfel treffen. Gemessen am Bruttosozialprodukt steht Kanada an siebter, beim Pro-Kopf-Einkommen an dritter Stelle. Wichtigster Handelspartner sind die USA mit einem Anteil von 85 % des Gesamthandelsvolumens, gefolgt von Japan, Großbritannien und der Bundesrepublik. 1976 trat zwischen Kanada und der EG ein Kooperationsabkommen in Kraft, das die wirtschaftliche, industrielle und technologische Zusammenarbeit intensivieren sollte. Hierdurch erhoffte man sich vor allem eine größere Unabhängigkeit von den USA, was jedoch nicht zutraf. seit 1994 ist Kanada Mitglied der nordamerikanischen Freihandelszone Nafta (North American Free Trade Agreement).

High-Tech und neue Märkte

In den letzten Jahren ist eine deutliche Orientierung zum pazifischen Raum zu spüren, vier der zehn wichtigsten Handelspartner Kanadas sind bereits asiatische Länder, und wesentlich mehr Einwanderer kommen aus jener Region als von diesseits des Atlantiks. Mit seinen reichen Naturschätzen hängt das Land immer noch stark vom Export von Rohstoffen und Halbfertigfabrikaten ab (fast ein Fünftel des Exports sind Holzprodukte). Ein bedeutender Wirtschaftsfaktor ist auch die Landwirtschaft – Kanada liegt im Weizenexport hinter den USA an zweiter Stelle. In den letzten Jahrzehnten hat sich das Land jedoch immer mehr zu einem hochtechnisierten Staat entwickelt, der Nachrichtensatelliten, Flugzeuge und Autos bis hin zu kompletten Kraftwerksanlagen produziert und dessen verarbeitende Industrien ein Drittel des Bruttosozialprodukts erwirtschaften. Ontario und Québec sind am stärksten industrialisiert. Hauptenergielieferant ist die Wasserkraft, die 70 % der Elektrizität in Kanada erzeugt. Das größte unter den zahlreichen Wasserkraftwerken wurde 1979 an der James Bay in Québec fertiggestellt. Das Milliardenprojekt versorgt ein Gebiet, das dreimal so groß ist wie die Bundesrepublik.

Zukunft Öl

Die beiden anderen wichtigen Energiequellen, Naturgas und Öl, sind die Sorgenkinder der Energiewirtschaft. Kanada ist eines der wenigen Industrieländer, das Energie exportiert. Im letzten Jahrzehnt wurden Rekordsummen in die Erschließung neuer Ölfelder investiert, wie das Amauligak-Feld in der Beaufort-See, mit über einer Milliarde Barrel das reichste Vorkommen, das in den letzten zehn Jahren auf der Erde entdeckt wurde, sowie das 600 Mio. Barrel enthaltende Hibernia-Feld vor der neufundländischen Küste. Doch der zeitgleich einsetzende Ölpreisverfall machte die Hoffnungen auf eine profitable Ausnutzung – zumindest vorübergehend – zunichte. Da die Förderkosten über dem derzeitigen Weltpreis für Öl liegen, gehen die Erschließungsarbeiten nur zögernd voran. Auch die Pläne für milliardenschwere Pipelineprojekte aus der Arktis liegen buchstäblich auf Eis. Die Ölindustrie, die Bewohner der Arktis und die Newfoundlander drängen die Regierung, massiv zu subventionieren und den Inlandsölpreis zu erhöhen. Verbraucher und kanadische Industrie hängen natürlich am niedrigen Weltmarktpreis.

Geschichte

Revolutionen und Bürgerkriege kann Kanada nicht vorweisen. Vor allem die jüngere Geschichte des Landes ist durch Kompromisse, nicht durch Konfrontationen geprägt – ein Leitmotiv, das einem in der dennoch dramatischen Chronik des Landes immer wieder begegnet und den nationalen Charakter wesentlich mitgeformt hat.

Voreuropäische Geschichte

Zwischen 30 000 und 13 000 v. Chr. ziehen Nomaden aus Zentralasien über die damals bestehende Landbrücke der Beringstraße und breiten sich in den folgenden Jahrtausenden über den gesamten Kontinent aus. Bereits um 5000 v. Chr. ist Kanada vom Yukon bis Newfoundland von nomadisierenden Stämmen besiedelt. Beeren, Wurzeln, Fleisch und Fisch sind die Hauptnahrungsmittel dieser frühen Jäger und Sammler, die ihre Kleidung aus Häuten und Fellen herstellen. In den Wäldern Ostkanadas dominieren bald algonkin- und irokesischsprachige Gruppen.

Um 2000 v. Chr. besiedeln aus dem nordöstlichen Asien stammende Menschen der Dorset-Kultur die Küstenregionen der Arktis. In kleinen Gruppen lebend, hinterlassen sie der Nachwelt kunstvoll gefertigte Steinwerkzeuge. Ihre Nahrung stammt meist aus dem Meer, doch auch Karibus und Moschusochsen werden gejagt. Um 1000 v. Chr. werden die Dorset-Menschen von den aus Alaska nach Osten wandernden Thule verdrängt. Die Thule gelten als die Vorfahren der heutigen Inuit und werden von ihren indianischen Nachbarn als Eskimo bezeichnet, was in deren Sprache »Rohfleischesser« bedeutet.

Die Wikinger

Kolumbus war nicht der Erste, der amerikanischen Boden betrat. Vor ihm waren bereits viele andere Europäer in Amerika. Kaufleute aus Bristol sollen angeblich schon um 1480 Schiffe nach Nordamerika geschickt haben. Gern zitiert wird auch der irische Mönch St. Brendan, der verschiedenen Quellen zufolge 874 n. Chr. in Labrador die Indianer missionierte. Nachweisbar sind hingegen nur die Fahrten der Wikinger in nordamerikanischen Gewässern. Um 1000 n. Chr. erreichen Grönland-Wikinger die Küste von Newfoundland. Bei dem heutigen Fischerdorf L'Anse-aux-Meadows errichten sie eine kurzlebige Siedlung und unternehmen von hier aus Vorstöße nach Süden. Warum sie auf diesem Kontinent, den sie »Vinland« nennen, keine permanenten Siedlungen errichten, kann nur vermutet werden. Am glaubhaftesten scheint die Möglichkeit, dass die in kleinen Gruppen segelnden Seefahrer den Angriffen der Indianer nicht gewachsen sind. Nach diesem Intermezzo driftet Nordamerika wieder aus dem Blickfeld Europas.

Frankreich reklamiert Kanada

Erst 500 Jahre später kommen die Europäer wieder – und behalten den Kontinent nun im Visier. Als Erster landet 1497 der in englischen Diensten segelnde venezianische Kapitän Giovanni Caboto (John Cabot) an der Atlantikküste, bei Cape Breton Island im Nordwesten Nova Scotias oder an der Küste von Newfoundland (die Quellen sind in diesem Punkt ungenau). Seine Berichte über den sagenhaften Fischreichtum der Grand

Banks beeindrucken seine Auftraggeber jedoch wenig – sie hatten auf Gold oder die Passage nach Indien gehofft. Cabotos historische Tat wird von seinen Zeitgenossen deshalb als Misserfolg gewertet. Nachdem er Bericht erstattet hat, gibt Heinrich VII. dem Entdecker zehn Pfund aus seiner Privatschatulle. Am gleichen Abend spendiert der König einer hübschen Tänzerin zwölf Pfund.

Doch bretonische, baskische, englische und portugiesische Fischer nutzen die reichen Fanggründe vor Newfoundland. Walfänger aus Bilbao errichten an der Südküste von Labrador im frühen 16. Jh. die erste Walverarbeitungsstation der Neuen Welt. Jacques Cartier schließlich ist es, der Kanada für Frankreich reklamiert. Auf drei Reisen zwischen 1531 und 1542 erkundet der Seefahrer aus St-Malo den St.-Lorenz-Strom und erreicht die Irokesen-Siedlung Hochelaga, das heutige Montréal. Nur die Stromschnellen von Lachine hindern ihn an der Weiterfahrt. In den Berichten Cartiers erscheint erstmals der Name ›Canada‹, wahrscheinlich der Sprache der Irokesen entnommen, bei denen *kanata* Siedlung oder Dorf bedeutet.

Suche nach der Nordwestpassage

In England und anderen europäischen Ländern regt sich gegen Ende des 16. Jh. ebenfalls ein Interesse am Norden des neu entdeckten Kontinents. Noch immer war der sagenumwobene, leichtere Seeweg nach China nicht gefunden. Es musste aber – nach allgemeiner Überzeugung – eine Route durch den Norden Nordamerikas geben, die legendäre Nordwestpassage. Die Suche nach diesem Seeweg zieht sich über Jahrhunderte hin und wird zum epischen Kampf gegen die Natur. Packeis und Skorbut fordern zahllose Opfer, doch ab dem 15. Jh. stechen immer wieder neue Expeditionen in See, um sich in das Labyrinth der arktischen Inseln vorzutasten. Der Engländer Martin Frobisher erkundet 1576–1578 auf drei Reisen die riesige Baffin-Insel, doch die Nordwestpassage findet er nicht. Erst 300 Jahre später wird der nördliche Seeweg nach Asien entschlüsselt.

Französisch-Nordamerika

Gegen Ende des 16. Jh. fassen die Engländer in Nordamerika Fuß. Unter Sir Humphrey Gilbert wird 1587 im Hafen heutigen St. John's in Newfoundland die erste – wenn auch kurzlebige – englische Siedlung gegründet. Fortan baut England seine Präsenz in Newfoundland und den umliegenden Gewässern aus. Zeitgleich beginnen die ernsthaften Siedlungsbestrebungen der Franzosen. Um 1600 entsteht an der Mündung des Saguenay-Fjords in den St.-Lorenz- Strom der Handelsposten Tadoussac. Im Jahr 1603 kartografiert der Entdecker und Geograf Samuel de Champlain den St.-Lorenz-Strom und hört dabei von riesigen Meeren im Westen, die er für das Chinesische Meer hält. Im Frühjahr 1604 segeln Champlain und der Sieur de Monts, als Oberbefehlshaber mit Handelsmonopol versehen, von Le Havre ab. Um dem kalten Winter am St.-Lorenz-Strom zu entgehen, soll die neue Siedlung weiter südlich am Eingang der Bay of Fundy im heutigen US-Staat Maine angelegt werden. Auf einer kleinen Insel im St-Croix-River baut man ein Fort, doch im Winter darauf stirbt fast die Hälfte der Siedler an Skorbut. Mit Verstärkung aus Frankreich wird im darauf folgenden Sommer in einer geschützten Bucht am Südufer der Bay of Fundy (beim heutigen Annapolis Royal, Nova Scotia) eine neue Siedlung errichtet, Port Royal – die erste permanente Siedlung in Kanada. 1608 gründet Champlain, die hervorragende strategische Lage erkennend, an der engsten Stelle des St.-Lorenz-Stroms die Siedlung Québec. Während des Winters fordern Skorbut und Kälte erneut ihren Tribut. Von 24 Mann sind im Frühjahr noch acht am Leben, doch trotz Meutereien und Krankheiten bleibt die Siedlung bestehen.

Die Entdeckung der Hudson Bay

Auf der Suche nach der Nordwestpassage, dem Seeweg von Europa nach Asien durch das Nordpolarmeer, entdeckt der englische Seefahrer Henry Hudson die später nach ihm benannte Hudson Bay. 1607 versucht er zum

Henry Hudson erreicht nach seiner dritten Reise die später nach ihm benannte Bucht: die Hudson Bay

ersten Mal, China über den Nordpol zu erreichen, scheitert aber im Packeis. 1608 und 1609 probiert er es erneut, diesmal über Sibirien – wieder wirft ihn das Eis zurück. Am 17. April 1610 bricht er schließlich zu seiner letzten, schicksalhaften Reise auf, bei der er jene riesige Meeresbucht entdeckt, die heute seinen Namen trägt. Die winzige Barke »Discovery« bringt ihn und seine 22 Männer sicher in die Gezeitenströmung der Hudson Street. Durch einen heftigen Sturm werden sie weit nach Westen getrieben und von Packeis eingeschlossen, aus dem sie nur unter größten Mühen und mit Glück wieder freikommen. Sie überwintern unter großen Entbehrungen am Südende der Hudson Bay. Auf der Rückfahrt meutert die halbverhungerte Mannschaft und setzt Hudson, seinen Sohn und einige Getreue in einem kleinen Boot aus. Man hört nie wieder von ihnen, doch Hudsons Entdeckung soll wenig später das Interesse Englands an dieser ›Hintertür‹ zum lukrativen Pelzhandel in Kanada wecken. 1670 wird in London die Hudson's Bay Company gegründet. Die »Company of Adventurers trading into Hudson's Bay« erhält das Recht zur Ausübung des Pelzhandels im Einzugsgebiet aller Gewässer, die in die Hudson Bay münden. Außerdem ist sie ermächtigt, zum Schutz ihrer Interessen bewaffnete Männer auszubilden. Die ersten Niederlassungen – York Factory und später Churchill – werden wenig später gegründet.

Konsolidierung Neufrankreichs

Bis 1627 unternimmt Champlain von Québec aus mehrere Reisen nach Süden und Westen. Dabei unterstützt er die Huronen und Algonkin gegen die Irokesen. 1615 reist er den Ottawa River hinauf und gelangt über den Lake Nipissing bis zur Georgian Bay. Der Pelzhandel wird organisiert und wirtschaftliche Grundlage der Kolonie. Das 1609 abgelaufene Monopol de Monts' wird einer Handelsgesellschaft übertragen. Die früher in der Wildnis unerfahrenen Franzosen werden zu Händlern, Kriegern und Waldläufern.

1610 lässt Champlain einen Teenager namens Etienne Brulé bei den Huronen zurück.

Er soll ihre Sprache lernen und ihr Land entdecken. Damit beginnt das Zeitalter der *coureurs de bois,* der Waldläufer. Diese abenteuerlustigen Franzosen, denen die Feldarbeit für den adligen Lehnsherrn in Neufrankreich ein Graus ist, leben oft über Jahrzehnte bei den Indianern und lassen sich häufig sogar von ihren Gastgebern adoptieren. Als Wegbereiter auf den indianischen Pelzhandelsrouten bringen sie Kunde von fernen Landen im Westen nach Québec, sind Trapper und Büffeljäger. Mit diesen ›weißen Indianern‹ kommen auch die Missionare. Obwohl die ersten Priester schon 1615 am St.-Lorenz-Strom auftauchen, werden die meisten Missionen von den Jesuiten erst zwischen 1632 und 1662 errichtet. 1642 gründet der Sieur de Maisonneuve die Siedlung Ville-Marie, das spätere Montréal. Bis 1700 kommen neue Siedler, danach versiegt der Einwandererstrom. Im Schutz des adligen Lehnsherren bestellen sie ihre Felder an den Ufern des Stroms, Klerus und adligem Gutsherrn ergeben. Diese wenigen tausend Kolonisten bilden den Grundstock für fast die gesamte französische Bevölkerung des heutigen Kanada.

Die Irokesenkriege

Nach dem Sieg der verbündeten Franzosen und Algonkin über die Irokesen 1609 bei Ticonderoga wird die mächtige Irokesenliga, die das Gebiet südlich des Stroms bis tief ins heutige New York kontrolliert, für die nächsten 100 Jahre der erbitterte Feind der jungen Kolonie. Stammesfehden hatte es schon vor der Ankunft der Weißen gegeben, doch nun kommt der Kampf mit den Weißen um das Pelzhandelsmonopol dazu. Die Angriffe der militärisch hervorragend organisierten Irokesen, denen ihre indianischen Gegner wenig entgegenzusetzen haben, gefährden den Bestand der Kolonie. Zwischen 1645 und 1655 vernichten die Irokesen in mehreren Feldzügen die Huronen, Erie und Petun. Montréal wird mehrmals belagert, die Ile d'Orléans geplündert. Erst die Entsendung von 1000 Soldaten erzwingt einen – wackligen – Frieden. Zwischen 1660 und 1675 wächst die Bevölkerung von 2000 auf über 8000 Menschen an. Dies bringt endlich den ersehnten wirtschaftlichen Aufschwung und die Rückendeckung für weitere Entdeckungen im Westen und Süden. 1679–82 dringt La Salle über die Seen Erie und Huron bis weit in den Süden des amerikanischen Kontinents zum Mississippi und nach New Orleans vor. Auch in Lousiana weht nun die Bourbonenfahne.

England tritt auf den Plan

Nach Grenzstreitigkeiten und ungezählten kleineren Scharmützeln im Ohio Valley beginnen 1689 die Kämpfe zwischen den beiden damaligen Supermächten England und Frankreich im großen Stil. Immer geht es um Vorteile in Pelzhandel und Fischerei. Und immer, wenn in Europa Krieg ist, werden die Kolonisten in die Kriege vor ihrer Blockhütte hineingezogen. Die Franzosen finden sich mit der Präsenz der Hudson's Bay Company im Norden ihrer Kolonie nicht ab und senden Militärexpeditionen aus. Abwechselnd wehen die Fahnen der beiden Länder über den Handelsposten in der Einsamkeit. Heftiger noch sind die Auseinandersetzungen am Atlantik. Mit indianischer Unterstützung verüben die Franzosen Überfälle bis in die Nähe von Boston. Die Engländer nehmen ihrerseits Port Royal ein. 1713 tritt Frankreich schließlich Akadien (Neuschottland mit Ausnahme von Cape Breton) und Newfoundland an England ab.

Neufrankreichs Blütezeit

Zum Schutz ihrer Fischgründe und des Eingangs zum St.-Lorenz-Strom bauen die Franzosen 1715 die Seefestung Louisbourg auf Cape Breton Island. Während der nächsten Jahrzehnte leben über 2000 Soldaten, Kaufleute und Fischer, oft mit ihren Familien, in der ummauerten Stadt am Meer. Importierte Schokolade, bester Wein, schwere französische Teppiche und Seidentaschentücher versüßen den Alltag des Kommandanten. Am anderen Ende der sozialen Leiter hausen in den zugigen Kasernengewölben der Festung 500 französische Soldaten. Sie sind die größte stehende Truppe Neufrankreichs – das ›Gibraltar‹ Nordamerikas. Mit über 500 Gebäuden ist die Stadt wirtschaftlich und strategisch für Neufrankreich lebenswichtig. Die Franzosen halten sie für uneinnehmbar, für die Kolonisten in Neuengland stellt sie eine ständige Bedrohung dar. Die friedlichen Jahre zwischen 1713 und 1743 bescheren Neufrankreich einen wirtschaftlichen Aufschwung. Die Bevölkerung verdoppelt sich auf etwa 50 000. Pelzhandel, Handwerk und Schiffbau florieren. Durch den Bedarf der Feste Louisbourg und der sie umgebenden Städtchen wächst auch die Landwirtschaft dieser Region.

Neue Konfrontationen

Während des Österreichischen Erbfolgekrieges (1740–48) stehen sich England und Frankreich in Europa erneut gegenüber. Auch in Nordamerika streiten sich die beiden Mächte wieder um ihre Besitztümer. Mit über 100 Schiffen und 8400 Mann belagern englische Kolonialtruppen unter Gouverneur Shipley aus Massachusetts 1745 Louisbourg. Nach sechswöchigem Bombardement fällt die Festung in britische Hände. Die gesamte französische Bevölkerung von Cape Breton Island wird nach Frankreich deportiert. 1748 gibt England im Tausch gegen europäische Besitzungen Louisburg an Frankreich zurück. Nur zwei Jahre später floriert der Handel zwischen Louisbourg und Neuengland wieder.

Ein dauerhafter Friede kommt indes nicht zustande. Mit der Gründung des Marinestützpunktes Halifax 1749 geht Großbritannien nunmehr ernsthaft an die Konsolidierung seiner Interessen in Atlantik-Kanada. Die Einwanderung englischer Siedler wird forciert. 1753 bringt Gouverneur Charles Lawrence deutsche Protestanten aus dem Lüneburger Gebiet nach Neuschottland. Lunenburg wird gegründet. Die rund 10 000 französischsprechenden Akadier, seit 1713 unter britischer Herrschaft, doch bislang neutral, geraten zwischen die Fronten. Als sie sich 1755 weigern, den Treueschwur auf die englische Krone abzulegen, veranlasst Lawrence die Deportation der gesamten akadischen Bevölkerung nach

Die originalgetreu rekonstruierte Festung Louisbourg auf Cape Breton Island, Nova Scotia

Frankreich. Nur wenigen gelingt die Flucht nach Neufrankreich, nach Louisiana oder in die Karibik.

Frankreich verabschiedet sich aus Kanada

Noch während englische und französische Unterhändler in Paris über den genauen Verlauf der Grenze zwischen Neufrankreich und den 13 englischen Kolonien verhandeln, beginnt in Nordamerika der French and Indian War (1756–63). Nach anfänglichen Erfolgen der Franzosen wendet sich 1758/59 das Blatt. Die Engländer erringen mehrere entscheidende Siege. Louisburg fällt. Danach dringen sie auf dem St.-Lorenz-Strom ins Herz Neufrankreichs vor. Nach zweimonatiger Belagerung steht am 13. September 1759 eine englische Streitmacht von 4000 Mann vor den Mauern von Québec. Über schmale Pfade hat General James Wolfe seine Truppen den steilen Felsen des Cap Diamant hinaufgeführt. Hier, auf den Plaines d'Abraham, stellen sich die Verteidiger zum Kampf. Bis auf wenige Meter lassen die Engländer sie herankommen, dann feuern sie ihre Salven auf die Schulter an Schulter marschierenden Angreifer – die Schlacht wird zum Gemetzel. 20 Minuten später ist sie entschieden. General Wolfe und General Montcalm, der französische Befehlshaber, sind unter den Opfern. Montréal fällt im folgenden Jahr, und damit ist Neufrankreich für das Mutterland endgültig verloren. Im Frieden von Paris tritt Frankreich 1763 alle nordamerikanischen Besitzungen offiziell an England ab, das auch rund 70 000 französischsprachige Untertanen ›übernimmt‹.

Kanada unter dem Union Jack

Unterdessen brodelt es in Großbritanniens 13 Kolonien im Süden. London macht sich dort mit Knebelgesetzen und restriktiven Steuern unbeliebt. 1775 fallen bei Lexington unweit Boston die ersten Schüsse des amerikanischen Unabhängigkeitskrieges. In den erst kurz zuvor von Großbritannien besiegten Frankokanadiern sehen die amerikanischen Rebellen natürliche Verbündete. Im gleichen Jahr marschieren sie in die britische Kolonie Québec ein, besetzen Montréal und belagern Québec. Ihre Erwartung einer frankokanadischen Volkserhebung erfüllt sich jedoch nicht: »Les Canadiens«, wie sich die Frankokanadier selbst nennen, bleiben ihren Kolonialherren gegenüber loyal. Diese hatten – in weiser Voraussicht – ihren neuen Untertanen im Jahr zuvor im *Québec Act* das Recht auf ihre katholische Religion, die französische Sprache und die französische Rechtsprechung garantiert. Landbesitzer und Klerus arrangieren sich mit den Briten, die Bauern arbeiten nun auch für englische Herren. Und so bleibt Québec britisch, während die Kolonien im Süden wenige Jahre später unabhängig werden.

Westminster statt Washington

Das Ende des amerikanischen Unabhängigkeitskrieges führt zum Exodus der *United Empire Loyalists* genannten amerikanischen Königstreuen. Rund 50 000 Siedler, dem englischen König Georg ergeben, strömen nach Britisch-Nordamerika, wo sie sich am Nordufer des Lake Ontario, in Toronto, im Südosten von Québec sowie in Nova Scotia und New Brunswick niederlassen. In Québec, das zu dieser Zeit grob die Grenzen des alten Neufrankreich umfasst, kommt es bald zu Kollisionen mit der frankokanadischen Bevölkerung. Die britische Kolonialregierung entschärft den Konflikt 1791 mit der Teilung: Im *Constitutional Act* werden die Kolonien Upper und Lower Canada geschaffen (heute Ontario und Québec). Diese Trennung und eine damit verbundene begrenzte Selbstverwaltung – beide erhalten eine Volksversammlung – soll Anglo- und Frankokanadiern gleichermaßen gerecht werden. Zu diesem Zeitpunkt leben zwischen Québec City und Toronto rund 160 000 Menschen, von denen 21 000 englischsprachig sind. Davon siedeln zwar die meisten im westlichen Teil, dem jetzigen Ober-Kanada, doch die eigentliche Elite, die Gründer Englisch-Kanadas, wohnen im Herzen des französischsprachigen Gebietes, in den Städten Québec und Montréal. Die Führer der englischen Partei und ihre Vertreter in London kämpfen daher vehement, wenn auch vergeblich, gegen den Constitutional Act. Auch im britisch-amerikanischen Krieg von 1812 stehen die Frankokanadier auf britischer Seite: Der Angriff der amerikanischen Truppen wird abgewehrt. 1815 beendet der Friedensvertrag von Gent den letzten britisch-amerikanischen Krieg. Für Nova Scotia bringen Krieg und die folgenden Jahre wirtschaftlichen Aufschwung. Der Schiffbau erreicht Rekordzahlen, und Neuschottlands Schiffe beherrschen den Handel mit der Karibik. Der lukrative Pelzhandel, das Rückgrat der kanadischen Wirtschaft, erlebt mit der Verschmelzung der konkurrierenden Northwest Company und der Hudson's Bay Company einen letzten Höhepunkt: Auf der Jagd nach Fellen erreichen HBC-Trapper die letzten unerforschten Regionen des Riesenlandes.

1818 einigen sich Großbritannien und die USA auf den 49. Breitengrad als gemeinsame Grenze vom Gebiet des Lake of the Woods bis zu den Rocky Mountains.

Rebellionen in den ›Canadas‹

Danach erlebt Ostkanada einen Bevölkerungsboom. Um 1840 hat Britisch-Nordamerika 1,5 Mio. Einwohner. Davon leben 650 000 in Lower Canada (Québec), 450 000 in Upper Canada (Ontario), 130 000 in Nova Scotia, 100 000 in New Brunswick, 60 000 in Newfoundland und 45 000 auf Prince Edward Island. In Lower Canada verstärkt die steigende Dominanz der englischsprachigen Bevölkerung und das oft unsensible Agieren der englischsprachigen Kolonialverwaltung die frankokanadische Furcht vor einer von London geplanten Assimilierung. In Montréal kommt es zu antibritischen, im Kern auch antikolonialistischen Kundgebungen. Im November 1837 erlebt Montréal heftige Straßenkämpfe zwischen Soldaten und den *patriotes,* zu denen nicht nur Franko-, sondern auch Anglokanadier gehören. Ende des Monats kommt es bei St. Denis unweit von Montréal zur Schlacht: Die Soldaten werden zurückgeworfen, siegen jedoch kurze Zeit später bei St. Eustache und brechen damit den Widerstand der Patrioten.

Auch Upper Canada erlebt einen Aufstand. Ende 1837 entlädt sich die langjährige Kritik am *family compact,* einer korrupten Clique um den britischen Gouverneur, in gewaltsamen Konflikten zwischen Soldaten und den Anhängern des Bürgermeisters von Toronto, William Mackenzie. Der von diesem geführte Marsch auf Toronto wird jedoch entwaffnet, bevor es zu Gefechten kommt.

Angesichts dieser Ereignisse antwortet London mit Regierungsreformen. 1841 werden Lower und Upper Canada zur Province of Canada zusammengelegt, die von einem eigenen Parlament regiert wird. Französisch wird zweite Amtssprache, die katholische Regierung für ihre Loyalität während der Rebellion der Patrioten mit der Aufsicht über das Schul- und Gesundheitswesen belohnt. Der erste Schritt zur Vereinigung aller Provinzen unter einer kanadischen Zentralregierung ist getan.

Building a Nation

Doch an einen Staat von Küste zu Küste denkt noch niemand. Man lebt auf kleinen, isolierten Siedlungsinseln in der Wildnis. Um die gewaltigen Entfernungen zu überbrücken, wird die Eisenbahn vorangetrieben. 1836 eröffnet die erste Strecke zwischen Montréal und dem 23 km stromaufwärts gelegenen La Prairie. 1853 wird die Strecke Montréal–Portland (Maine) in Betrieb genommen. Um 1860 verbinden Bahnlinien Montréal und Toronto mit Saint John (New Brunswick), Halifax und den Häfen an den Großen Seen. Die Eisenbahn verkleinert den Kontinent und lässt vormals utopisch scheinende Ideen plötzlich realistisch erscheinen. Der Ruf nach einer Konföderation aller Kolonien Britisch-Nordamerikas wird lauter. Doch die Vereinigung mit den Atlantikprovinzen, denen es dank ihrer florierenden Fischerei und Schiffsbauindustrien gut geht, kommt nur zögernd voran. Erst die imperialistische Rhetorik der von Anschluss fabulierenden amerikanischen Presse treibt New Brunswick, Prince Edward

Multikultureller Plausch in Toronto

Island und Nova Scotia, die sich, wie auch die Province of Canada, inzwischen selbst verwalten, in das Lager der Kanada-Befürworter. London legt dem Treiben keine Steine mehr in den Weg: Teuer im Unterhalt und immer schwerer zu steuern, sollen die Kolonien gehen dürfen, wenn sie denn gehen wollen. Am 1. Juli 1867 ist es so weit: Queen Victoria unterzeichnet den *British North America Act,* in dem sich Ontario, Québec, New Brunswick und Nova Scotia zum *Dominion of Canada* zusammenschließen. Erster Premierminister wird John A. Macdonald, Georges-Étienne Cartier sein Vertreter. 1870 schließen sich Manitoba und die Northwest Territories an. British Columbia, das bereits mit den USA flirtet, kann nur mit dem Versprechen eines Bahnanschlusses in die Konföderation geholt werden. Auch bei Prince Edward Island (1873) muss die neue Hauptstadt Ottawa mit einem Preis – dieses Mal eine Fährverbindung mit dem Festland – winken. Newfoundland und Labrador dagegen tritt erst 1949 bei. Der neue Staat, nach britischem Vorbild organisiert, hat ein Kabinett, ein Unterhaus, einen Senat und als Vertreter der Krone einen repräsentative Aufgaben wahrnehmenden Generalgouverneur.

Herausforderungen der Zukunft

1886 erreicht die Canadian Pacific Railway Vancouver. Jetzt kann man Kanada vom Atlantik bis zum Pazifik mit der Bahn durchqueren. Bei der Schaffung einer funktionierenden Nationalökonomie helfen hohe Schutzzölle auf Einfuhren, was für eine boomartige Entwicklung während der nächsten 40 Jahre sorgt. Einwanderer aus Europa strömen ins Land, Montréal und Toronto verdoppeln innerhalb von zehn Jahren ihre Einwohnerzahl. Die Forstwirtschaft wird mechanisiert, was eine der größten Papierindustrien der Welt auf den Weg bringt. Wilfred Laurier, der erste frankophone Premierminister, betreibt eine Politik des Ausgleichs zwischen den beiden Sprachgruppen. Der Erste Weltkrieg forciert Kanadas industrielle Entwicklung. Man schickt ein halbe Million Soldaten auf die Schlachtfelder Europas, doch zuhause bringt das umstrittene Einberufungsgesetz die beiden Gründervölker einmal mehr auf Kollisonskurs: Anglokanada ist für die Einberufung, Québec dagegen. Nach Kriegsende beruhigt sich die Lage, doch der Graben zwischen Anglos und Frankos bleibt.

Multikult statt Schmelztiegel

Die Weltwirtschafskrise trifft Kanada schwer. Jeder dritte Kanadier verliert seine Arbeit. Erst der Zweite Weltkrieg kurbelt die Wirtschaft wieder an. Kanada tritt an der Seite Großbritanniens in den Krieg ein und verliert insgesamt 42 000 Landeskinder. Ein wieder dräuendes Einberufungsgesetz verschleppt Ottawa bis zum Kriegsende, um die nationale Einheit zu wahren. Nach Kriegsende hält die Hochkonjunktur an. Newfoundland wird 1949 mit der Aussicht auf Bundesmittel in die Konföderation gelockt. Von 1941 bis 1980 verdoppelt sich die Bevölkerungszahl auf über 23 Mio. Eine liberale Einwanderunsgpolitik öffnet Kanada nun auch nicht-weißen Immigranten. Dabei verfolgt Ottawa nicht die Politik des Schmelztiegels wie die USA, sondern unterstützt seine Minoritäten bei der Bewahrung ihrer kulturellen Identität. Arbeit gibt es genug, ob beim Bau des 1959 eröffneten St.-Lorenz-Seewegs oder des Trans-Canada Highway, der 1962 eröffnet wird.

Gegen US-Dollar-Diplomatie und kulturelle Überfremdung

Für die Erschließung der gewaltigen Ölfelder in Alberta und der Eisenerzlager in Labrador und Nordquébec benötigt Ottawa, wie auch für den Aufbau einer verarbeitenden Industrie, finanzielle Mittel. Diese kommen während der nächsten Jahrzehnte vor allem aus den USA. Allein für den Bau der Bahnlinie von Sept-Îles nach Schefferville in Labrador in den 1950er-Jahren machen amerikanische Investoren eine halbe Milliarde Dollar locker. Den wachsenden Einfluss amerikanischer Firmen auf die kanadische Politik sucht Ottawa mit Gesetzen zu bändigen; bis heute werden amerikanische Aktivitäten auf kanadischem Territorium argwöhnisch verfolgt. Auch im kulturellen Bereich kämpft Kanada gegen eine drohende Überfremdung aus dem Süden. So müssen Radio-Stationen mindestens 35 % ihrer Sendungen mit kanadischen Inhalten (in Kanada von Kanadiern für Kanadier produzierte Beiträge) bestreiten. Im TV-Bereich ist der öffentliche Fernsehsender CBC der einzige Kanal, der den Großteil seiner Sendeplätze mit kanadischen Produktion füllt. Alle übrigen sind durch das Regelwerk der CRTC (Canadian Radio-Television and Telecommunications Commission) verpflichtet, mindestens 50 % ihrer Sendezeit mit *CanCon* (Canadian Content) zu bestreiten – Auflagen, deren Erfüllung sich in der Praxis kaum überprüfen lassen.

Widerspenstiges Québec

Der sozialliberale Klimawechsel im bis dahin von einer erzkonservativen Clique regierten Québec löst die *révolution tranquille* aus, eine Rückbesinnung auf die französische Sprache und Kultur. Die kulturelle Renaissance hat auch politische Auswirkungen: Aus politisch meist uninteressierten *Canadiens* werden nun engagierte *Québécois,* die immer lauter ein unabhängiges Québec fordern. 1968 wird der jugendlich wirkende Pierre Elliott Trudeau kanadischer Premierminister, doch die separatistischen Bestrebungen in Québec, wo der charismatische René Levèsque 1969 die separatistische, sozialdemokratische *Parti Québécois* gründet, kann auch er nicht verhindern. Als radikale Separatisten im Oktober 1970 den Arbeitsminister von Québec, Pierre Laporte, entführen und ermorden, stellt Trudeau, selbst Québécois, die Provinz unter Kriegsrecht und lässt Truppen einmarschieren. 1980 erteilt die 1975 an die Macht gekommene Parti Québécois der Bevölkerung das Wort, doch Québec entscheidet sich mit 60 zu 40 % der Stimmen für den Verbleib bei

Kanada. 1982 verweigert Québec die Unterschrift unter die kanadische Verfassung. Das Scheitern der Lake-Meech-Konferenz 1990, die die besondere kulturelle Identität der Provinz Québec in der Verfassung verankern sollte, löst eine Staatskrise aus. Beim zweiten Referendum zur Unabhängigkeit 1995 leibt die Provinz Kanada mit gerade 40 000 Stimmen oder 1 % Vorsprung erhalten.

Mit dem Sieg des Liberalen Jean Charest 2003 ist das Thema – vorläufig – vom Tisch.

Selbstbewusste Indianer

Im 19. und frühen 20. Jh. mit windigen Verträgen um ihr Land gebracht, erheben die Indianer Kanadas seit den 1960er-Jahren immer lauter ihre Stimme.

1975 werden die Cree und Inuit an der Hudson Bay für die Abtretung von Teilen ihrer Stammesgebiete zum Bau gigantischer Wasserkraftwerke von Ottawa und Québec mit 225 Mio. Dollar und Jagd- und Fischereirechten in anderen Gebieten entschädigt. 1988 erhalten die Dene und Métis der Northwest Territories Landrechte zugesichert und 500 Mio. Dollar Abfindung.1990 führt die geplante Erweiterung eines Golfplatzes bei Oka nahe Montreal zur 78-tägigen Oka-Krise: Die Mohawk des angrenzenden Kanesatake-Reservats protestieren mit Barrikaden gegen die Schändung einer dort liegenden Begräbnisstätte. Die Krise, bei der Militär eingesetzt wird und die drei Menschenleben kostet, endet mit der Aufgabe der Golfplatzpläne, verschlechtert jedoch das Verhältnis zwischen weißen und roten Kanadiern dramatisch. Die Situation der Indianer Kanadas hat nicht erst seit Oka zwei Gesichter. So wurden im Bildungsbereich große Fortschritte erzielt. Zugleich verlassen jedoch immer mehr junge Indianer vorzeitig die Schule. Ein Schlaglicht auf die Situation wirft eine Pressemeldung vom Oktober 2006. Danach genießen zwar 23 000 junge Indianer und Inuit eine höhere Schulbildung. Zugleich sitzen jedoch über 17 000 Ureinwohner hinter Gittern – fast 19 % der Gefängnisbelegschaft landesweit, bei nur 3 % Anteil an der Gesamtbevölkerung.

Abenaki-Familie in traditioneller Tracht, Odanak, Québec

Zeittafel

Bis 13 000	Über die Bering-Landbrücke wandern nomadisierende Jägervölker aus Asien auf den amerikanischen Kontinent.
2000 v. Chr.	Steinzeitmenschen der Dorset-Kultur besiedeln die Arktis.
1000 n. Chr.	Grönland-Wikinger errichten an der Nordspitze von Newfoundland eine kurzlebige Siedlung.
1497	Giovanni Caboto (John Cabot) erreicht die Atlantikküste bei Cape Breton Island oder Labrador.
1534–1535	Jacques Cartier erforscht den St.-Lorenz-Strom bis zum heutigen Montréal und reklamiert Kanada für Frankreich.
1608	Gründung Québecs als Hauptstadt Neufrankreichs.
1610	Henry Hudson entdeckt die später nach ihm benannte Bucht.
1642	Maisonneuve gründet Montréal. Bis 1700 kommen Siedler aus Frankreich und kultivieren unter feudalen Verhältnissen Neufrankreich.
1670	In London wird die Hudson's Bay Company gegründet, die im Einzugsgebiet der Bay ein riesiges Pelzhandelsimperium errichtet.
1689	Die kolonialen Streitigkeiten zwischen Frankreich und England münden in Krieg unter Beteiligung von Indianern auf beiden Seiten.
1713–1715	Frankreich tritt Akadien und Newfoundland an England ab. Zum Schutz ihrer Interessen am St.-Lorenz-Strom errichten die Franzosen 1715 auf Cape Breton die Seefestung Louisbourg.
1749	Die Engländer gründen den Marinestützpunkt Halifax und fördern die Besiedlung Atlantik-Kanadas.
1755	Deportation der Akadier aus Neuschottland.
1756	Franzosen und Engländer bekämpfen sich in Nordamerika im French and Indian War und im Siebenjährigen Krieg in Europa.
1763	Nach dem Fall von Québec (1759) und Montréal (1760) verabschiedet sich Frankreich im Frieden von Paris aus Nordamerika und be-

hält nur die vor Newfoundland liegende Inselgruppe St.-Pierre-et-Miquelon.	
Amerikanischer Unabhängigkeitskrieg. 50 000 königstreue Loyalisten strömen nach Britisch-Nordamerika.	**1773–1783**
Amerika und England befinden sich erneut im Krieg, der durch den Friedensvertrag von Gent beendet wird.	**1812–1815**
Die Eisenbahn verbindet Montréal und Toronto mit den Kolonien am Atlantik und den Großen Seen im Westen.	**1860**
Durch den British North America Act wird der kanadische Bundesstaat, das Dominion of Canada, gegründet.	**1867**
Bau der Transkanada-Eisenbahn.	**1879–1886**
Als letzte Provinz schließt sich Newfoundland und Labrador der Konföderation an. Kanada tritt der Nato bei.	**1949**
Der St.-Lorenz-Seeweg wird eröffnet.	**1959**
Nationalismus in Québec. Die Krise zwischen Anglo- und Frankokanadiern verschärft sich. Montréal erlebt Terroranschläge. 1970 verhängt Premier Pierre Trudeau über Montréal das Kriegsrecht.	**1963–1970**
Bei einer Volksbefragung entscheidet sich Québec für den Verbleib in der Konföderation.	**1980**
Heimholung der kanadischen Verfassungsurkunde von London nach Ottawa. Letzte Vollmachten des britischen Parlaments erlöschen.	**1982**
Erneutes Referendum in Québec: Mit nur 40 000 Stimmen Vorsprung entscheiden sich die Québécois für den Verbleib bei Kanada.	**1995**
Der Norden Kanadas wird politisch neu gegliedert: Die östliche Hälfte der Northwest Territories wird als Inuit-Territorium Nunavut eigenständig.	**1999**
Bei vorgezogenen Bundeswahlen gewinnt die konservative Partei unter Stephen Harper mit knapper Mehrheit.	**Januar 2006**

Gesellschaft und Alltagskultur

Kanadier sind die leiseren Amerikaner. Kanadier sind liberal, weltoffen und friedliebend. An Versuchen, ›den Kanadier‹ zu beschreiben, fehlt es nicht. Doch was das Kanadiersein wirklich ausmacht und worin sich ein Kanadier von seinem südlichen Nachbarn unterscheidet, mag sich einem erst während der Reise durch dieses Riesenland erschließen.

Beide leben in klassischen Einwandererländern. Beide sprechen – abgesehen von Québec – Englisch, und beide genießen – mehr oder weniger – die Segnungen der freien Marktwirtschaft. Doch während in Europa Völker unterschiedlicher Sprachen und Kulturen durch Grenzen getrennt sind, erscheint die amerikanisch-kanadische Grenze dem Besucher als nichts weiter als eine den Reiserhythmus störende Formalität: Hier wie dort wird die gleiche Sprache gesprochen und oft sogar der gleiche Akzent. Hier wie dort ähnelt sich die Alltagskultur wie ein Ei dem anderen: Amerikaner wie Kanadier sitzen in den gleichen Trucks, kaufen in den gleichen Shopping Malls ein und beginnen den Tag mit Kaffee, Toast, Bratkartoffeln und Rührei. Natürlich ist das stark vereinfacht, doch der Punkt ist der: Wäre die Grenze nicht, der Reisende würde den Übergang von den USA nach Kanada – von Québec wieder abgesehen – nicht ohne Weiteres wahrnehmen. Doch Kanadier sind mehr als nur ›Nicht-Amerikaner‹ …

In der Regel ist der Gang zum Geldautomaten für den Besucher der erste handfeste Kontakt mit Kanada. Kanadische Geldscheine ziert das Konterfei der englischen Queen und staatsmännisch blickender kanadischer Politiker. Dankbar wird der Besucher auch feststellen, dass sie, weil farblich unterschiedlich, leichter voneinander zu unterscheiden sind als die US-amerikanischen ›Greenbacks‹.

Amerikanisch? Kanadisch?

Erst nach ein, zwei oder mehr Wochen im Osten Kanadas, nach mehreren Tausenden Kilometern und nach vielen Begegnungen mit Einheimischen erschließt man sich die Unterschiede – und zwar nicht nur die zwischen Kanada und den USA, sondern vor allem auch die zwischen Englisch- und Französisch-Amerika. Beispielsweise beklagen sich Kanadier mehr als Amerikaner, und zwar am liebsten über ihre Politiker, denen sie oft und gern jegliche Intelligenz absprechen. Doch selbst hochrangige Regierungsbeamte beklagen sich, und zwar – in den USA wäre dies undenkbar – über die Größe ihres Landes. Der berühmteste Stoßseufzer über die geografische Elefantiasis Kanadas stammt von dem früheren Premierminister W. L. Mackenzie King. Während andere Länder zu viel Geschichte hätten, sagte er einmal, habe seines zu viel Geografie. Damit outete sich King zwar als geschichtlich reichlich unbedarft, doch das grundlegende Problem Kanadas hätte er nicht besser treffen können. Selbst im Kommunikationszeitalter hat es ein so sensibles Konzept wie ein Nationalgefühl schwer, sich in einem Zehn-Millionen-Quadratkilometer-Land zu entwickeln. Die meisten Kanadier verstehen sich zunächst als Ontarians. Newfoundlander oder Nova Scotians – erst dann als Kanadier. Für die französischsprechenden Québécois gilt dies ohnehin.

Bescheidene Kanadier

Schnell wird der Besucher auch feststellen, dass Kanadier anders mit ihrer Geschichte umgehen als Amerikaner. Während südlich der Grenze keine Gelegenheit ausgelassen wird, historisch bedeutende Orte mit erheblichem PR-Aufwand auszuweisen und zu vermarkten, legt man nördlich davon an solchen Stellen deutlich Bescheidenheit an den Tag. Spötter wundern sich nicht darüber. Kanada, behaupten sie, habe nämlich keine Geschichte, sondern nur eine Vergangenheit.

Tatsächlich halten viele Kanadier ihre eigene Geschichte für langweilig und kennen folgerichtig nicht einmal den Namen ihres ersten Premierministers. In den USA dagegen ist George Washington jedem Schulkind ein Begriff. Für die Gründe braucht man nicht weit zurückzugehen. So verlief die Erschließung des Westens beiderseits der Grenze höchst unterschiedlich. In den USA waren es die Siedler, die zuerst den Westen erreichten und den später die ganze Nation vereinigenden *american dream* von Freiheit und Glück-

In den südlich gelegenen Regionen spielt sich im Sommer das Leben draußen ab: The Black Bull, Toronto

seligkeit für jeden in die Tat umsetzten – mit Fleiß, Glaubensfestigkeit und oft auch mit der Waffe. Die Erschließung des amerikanischen Westens schuf etliche Helden und ist mit legendären Sheriffs, Revolverhelden und berühmten Schießereien nur so gespickt. Erst kamen die Siedler, dann das Gesetz.

Keine Helden

In Kanada verlief es genau anders herum. Im kanadischen Westen herrschte von Anfang an Ordnung. Bevor die ersten Wagentrecks und Züge überhaupt aufbrachen, war die neue Heimat schon vermessen, überwachten berittene Bundespolizisten, die berühmten *mounties,* das Kommen und Gehen von Trappern und Indianern. Dem unbeirrbaren Glauben an göttliche Vorsehung und die eigene Kraft, einer der Triebfedern der amerikanischen Gesellschaft, stehen nördlich der Grenze die Vorliebe für Ruhe, Ordnung und »good government« als typisch kanadisch entgegen. Statt einem *canadian dream* gibt es Hunderte von Witzen über den bescheidenen, stets um Harmonie bemühten Kanadier.

Es gibt auch keine Helden in Kanada. Während man solche in den USA bejubelt, tendieren Kanadier dahin, Größe zu relativieren – weil, wie immer wieder behauptet wird, sich hier niemand besser fühlen darf als der Rest. Nicht umsonst gilt ein junger, einbeiniger, zuletzt an Krebs gestorbener Marathonläufer als einziger Held des Landes: Terry Fox (s. S. 214), der mit seiner Beinprothese durch das halbe Land humpelte, um Geld für die Krebsforschung zu sammeln, konnte auch der letzte Nörgler keine eigennützigen Motive unterstellen.

Das Loyalistenerbe

Mitverantwortlich für diesen kanadischen Hang zum ›Normalo-Amerikaner‹ mag das Loyalisten-Erbe sein. Die Loyalisten genannten königstreuen Amerikaner, Ruhe und Ordnung liebende, geschäftstüchtige Menschen, die während des amerikanischen Unabhängigkeitskrieges nach Britisch-Nordamerika flohen und dort bald in allen wichtigen Positionen saßen, bauten nicht nur die englisch aussehenden Städtchen am Lake Ontario. Der berühmte kanadische Journalist Pierre Berton (1920–2004) sagte einmal, das Wort *loyal* sei in Kanada ebenso benutzt worden wie das Wort *liberty* südlich der Grenze – Hinweis sowohl auf das Werte-Ranking der Kanadier als auch darauf, dass es der kanadischen Geschichte an Leidenschaft fehle. Tatsächlich hat Kanada keinen Bürgerkrieg, keine Revolution oder eine vergleichbare, nationale Identität stiftende Katastrophe erleben müssen. Dies färbte nicht nur auf das kanadische Englisch ab, das erheblich weniger von aggressiven Vokabeln und Redewendungen durchsetzt ist als das amerikanische. So

benutzt beispielsweise der kanadische Soldat, wenn er Urlaub beantragt, das schön englisch-neutrale Wort *leave*. Sein amerikanischer Kollege hingegen bittet um *liberty.* Es half auch den kanadischen Nationalcharakter beeinflussen: Anders als die konfrontativen Amerikaner bevorzugen die Kanadier den Ausgleich, den Kompromiss, Verhandlungen. Befragt nach dem, was Kanada von den USA unterscheidet, antworten viele Kanadier auch mit dem Hinweis auf die staatliche Krankenversicherung: Während 40 Mio. Amerikaner nicht krankenversichert sind, dürfen sich die Kanadier diesbezüglich beruhigt zurücklehnen.

Francophones Québec: Einheit oder Separation

Viele Kanadier verweisen auch darauf, offiziell zweisprachig zu sein: Seit den 1970er-Jahren sind alle Bundeseinrichtungen zwischen Atlantik und Pazifik zweisprachig, seit 1974 auch alle Verpackungen. Doch dies bedeutet nicht, dass alle Kanadier sowohl Englisch als auch Französisch sprechen oder politisch dahinterstehen. In der Praxis kommunizieren viele Parks-Canada-Angestellte in Ontario – wie alle Angestellten kanadischer Bundesbehörden müssen auch sie zweisprachig sein – nur in Englisch, sehr zum Unmut französisch-

Denkbar knapp entschieden sich die Bewohner Québecs für die Einheit Kanadas und gegen die Separation

sprechender Besucher aus Québec. Viele Anglokanadier, vor allem je weiter entfernt sie von Québec leben, lehnen die Zweisprachigkeit als unnötig und zu teuer ab. Auch in Québec erfährt die offizielle Zweisprachigkeit Kritik: Vor allem in Separatistenkreisen gilt der von Ottawa 1969 initiierte *Official Languages Act,* der Englisch und Französisch als offizielle Sprachen in Kanada anerkannte, als einen Versuch, die französische Sprache und Kultur in Québec zu verwässern. Auf Provinzebene ist New Brunswick die einzige zweisprachige Provinz des Landes. Die einzige Provinz, die Französisch zur offiziellen Sprache erhoben hat, ist Québec.

Die inzwischen 140 Jahre alte Appeasement-Politik Ottawas gegenüber dem chronisch unruhigen Québec, der Unmut Anglokanadas über den französischsprachigen Störenfried und die in Québec seit den 1960er-Jahren immer wieder aufflammende separatistische Rhetorik produzieren, zusammen genommen, für den Besucher oftmals bizarre Situationen. In Gesprächen mit Ontarians staunt er darüber, dass diese so gut wie nichts über ihren frankophonen Nachbarn wissen. Québecer Filmstars, Sänger, Musiker, die komplette, dabei leicht zugängliche Popkultur made in Québec – in Städten wie London (Ontario) so gut wie unbekannt! Umgekehrt gilt das Gleiche. Die Chancen, dass der Besucher aus Mitteleuropa erkennen muss, deutlich amerikanisierter zu sein als sein frankophoner Gesprächspartner, stehen gut. Statt mit US-Western und Rock'n Roll wuchs dieser mit Québecer Seifenopern auf, den Chansons der *révolution tranquille* und dem in dieser Zeit wiedererwachten Stolz auf das 400-jährige, frankokanadische Erbe.

Wie es bei den anglophonen Nachbarn aussieht oder gar »chez les américains« – bei den Amerikanern –, ist für ihn nur von sekundärem Interesse. Er blickt auf Québec-Stadt, macht Urlaub in Kuba oder der Dominikanischen Republik und besucht Ottawa nur, wenn er unbedingt muss. Zusammen, aber getrennt, allein und doch gemeinsam: Die Zwei Einsamkeiten, wie Hugh MacLennan seinen Schlüsselroman »Two Solitudes« über die kanadische Identität betitelte, sie existieren selbst in Zeiten von Internet und Global Village vielerorts in Kanada fort. Den real existierenden kanadischen Alltag nahm zuletzt der Thriller »Bon Cop. Bad Cop« (2006) von Éric Canuel auf die Schippe. Darin verfolgen zwei Polizisten, der eine ein überkorrekter Beamter aus Ontario, der andere sein unrasierter Kollege aus Québec, einen brutal in beiden Provinzen zuschlagenden Killer. Bei den Bemühungen, den Täter zur Strecke zu bringen, sprechen Anglophone – holpriges – Französisch und Frankophone – unbeholfenes – Englisch. Typisch kanadisch, versteht keiner den anderen – und am Ende wird der Fall doch gelöst.

Die Kanadier

Kaum mehr als ein Drittel der Bevölkerung ist heute britischen Ursprungs. Etwa ein Viertel der Kanadier spricht Französisch – Nachfahren jener 60 000 Einwohner, die England bei der Eroberung Neufrankreichs ›übernommen‹ hatte. 85 % von ihnen leben in Québec, dem Herzen des frankophonen Kanada. Knapp 23 % der Kanadier stammen aus anderen europäischen Ländern. So hat beispielsweise jeder zwanzigste deutsche Wurzeln.

Kanada ist bis heute ein **Einwanderungsland** geblieben. Seit 1900 kamen über zwölf Mio. Menschen ins Land, bis 1970 die meisten aus Europa, doch in den letzten Jahren haben die ›Neukanadier‹ aus Asien enorm zugelegt. Zurzeit sind es jährlich etwa 200 000, die eine neue Heimat in Kanada finden. Die meisten davon zieht es in die großen Städte, überwiegend sind es Angehörige von bereits in Kanada lebenden Familien oder Flüchtlinge. Einwanderungswillige ohne diesen Sonderstatus haben wenig Chancen, da die Quote für fast alle Berufe auf null reduziert worden ist.

Kanada ist nur an finanziell Unabhängigen Leuten und Experten interessiert, die, wie in den Papieren der Botschaft zu lesen ist, einen »positiven Beitrag zum Aufbau des Landes« leisten können. Zur Beurteilung von potenziellen Immigranten wird ein Punktesystem angewandt, das unter anderem berufliche Ausbildung, Gesundheit, Alter und Eigenkapital bewertet. Im Gegensatz zu den USA hat Kanada sich nie als ›Schmelztiegel‹ betrachtet, in dem die Einwanderer möglichst schnell absorbiert werden sollen. Innerhalb des englisch-französischen Sprachrahmens hat man nach dem Motto »Einheit durch Vielfalt« immer eine Politik des kulturellen Pluralismus verfolgt.

Die Ureinwohner

Im Dezember 2006 schreckte ein Artikel in der »Globe & Mail« die Torontonians auf: Die Mississauga-Indianer verlangen das Land, auf dem heute der Toronto Island Airport liegt, zurück. Es sei ihnen, sagen sie, in den sogenannten *Toronto Land Purchases* von 1787 und 1805 gar nicht abgekauft, sondern widerrechtlich genommen worden. Für den Fall, dass ihnen die obersten Gerichte Recht geben, planen sie an der Stelle des heutigen Flughafens – ein Rollfeld, Abfertigungsgebäude, Fähre zum Festland – die Errichtung eines Entertainmentkomplexes mit Hotel, Kasino und Kulturzentrum.

Verfolgungen und Massaker im südlich der Grenze üblich gewesenen Ausmaß fanden in Kanada nicht statt. Gleichwohl erlebten auch die hiesigen Ureinwohner die drei großen E's: Entrechtung, Enteignung und Entwurzelung. Vor der Ankunft der Europäer wurden zwischen Atlantik und Pazifik über 50 in 12 Familien zerfallende Sprachen gesprochen: Im Osten waren dies die Algonquin- und Iroquois-Sprecher. Bis heute sind **Cree,** eine Algonquin-Sprache, und **Inuktitut,** die Sprache der Inuit, hier am weitesten verbreitet. Die ausladende Geografie ermöglichte den Ureinwohnern verschiedene Wirtschaftsformen. Im St.-Lorenz-Tiefland und in Südontario praktizierten die Stämme der Iroquois sowie die Algonquin sprechenden Odawa Feldbau (Mais, Bohnen, Kürbisse etc.), wobei sie so lange in befestigten Siedlungen lebten, bis sie der erschöpfte Boden zum Ortswechsel zwang. Irokesen und die am Südostufer des Lake Huron sitzenden Huronen bildeten mächtige Konföderationen, die beim Kontakt mit den Europäern eine wichtige Rolle spielten. Vor allem die **Huronen,** durch deren Stammesgebiet die wichtigsten Handelsrouten nach Westen und Norden verliefen, waren wichtige Zwischenhändler. Die **Irokesen,** deren Föderationen aus den Mohawk, Seneca, Oneida, Cayuga, Tuscarora und Onondaga bestand, kontrollierten dagegen die Handelsrouten zum Atlantik. Die übrigen Stämme, u. a. die **Mi'kmaq** und **Montagnais** in Québec und am Atlantik, die **Ojibwa** in Ontario und die **Cree** im Norden Québecs und Ontarios, waren nomadisierende Jäger und Sammler und beherrschten auch den Fischfang.

Erste Kontakte

Das spirituelle Leben der Ureinwohner war, im Gegensatz zu ihrer einfachen materiellen Kultur, höchst komplex. Alle Lebewesen, Menschen, Tiere und Pflanzen, galten als miteinander verbunden, und es wurde als Aufgabe der Menschen angesehen, mit der Umwelt, den Geistern der Verstorbenen und den Göttern in Harmonie zu leben, um die Balance zwischen ihnen aufrechtzuerhalten. Für die damit verbundene Durchführung von Ritualen und Gebeten sowie die Respektierung von Tabus und Verboten war jeder Einzelne verantwortlich.

Der erste historisch verbürgte Kontakt zwischen Ureinwohnern und Europäern verlief noch zugunsten der Indianer: Nach nur wenigen Jahren mussten die Grönland-Wikinger um 1000 n. Chr. ihre Siedlung beim heutigen L'Anse-aux-Meadows in Newfoundland wohl unter dem Eindruck ständiger Angriffe der **Beothuks** aufgeben. Zu kontinuierlichem, folgenreichem Kontakt kam es erst im Laufe des 16. Jh.: Fangflotten aus halb Europa, vor allem baskische Walfänger, segelten jeden Sommer über den Atlantik, um vor Newfoundland und im St.-Lorenz-Golf zu fischen. Indianische Harpuniere auf baskischen Walfangschiffen gehörten zum Alltag auf dem St.-Lorenz-Strom. Daneben entwickelte sich dort ein reger Handel mit den Montagnais,

Maliseet und Mi'kmaq: Pelze gegen Glasperlen, Nägel und Werkzeug – der im Jahr 1600 gegründete Handelsposten Tadoussac (s. S. 292) in Québec ist der erste verbürgte in Nordamerika.

Von Partnern zu Opfern

Mit der Gründung Neufrankreichs erhielt der bislang mehr oder weniger gerechte Handel zwischen Ureinwohnern und Europäern eine neue Qualität. Auch die weitverzweigten Bündnisse und Allianzen der Ureinwohner erlebten eine neue Phase. In den Wäldern Québecs und Ontarios kam es zu intertribalen Kriegen um Platzvorteile im Pelzhandel mit den Franzosen und den Engländern in Neu-England. Zugleich wurden die Ureinwohner, Partner in Friedens- und Kriegszeiten, in die kolonialen Auseinandersetzungen zwischen Franzosen und Engländern hineingezogen. Die ersten Opfer dieser brutal geführten Kriege waren die mit den Franzosen verbündeten Huronen: 1649 wurden sie von ihren Erzfeinden, den Irokesen, bis auf einen kleinen Rest vernichtet. Bis zum Ende Neufrankreichs kämpften Abenaki, Mi'kmaq und Maliseet auf Seiten der Franzosen, während die Six Nations als Bündnispartner der Engländer Neufrankreich bekämpften.

Reservate

Doch nach den Kolonialkriegen waren die Ureinwohner als Bündnispartner nicht mehr aktuell. Auch ihre Dienste im Pelzhandel, dessen Bedeutung während der ersten Hälfte des 19. Jh. stetig abnahm, sowie bei der Erschließung Kanadas waren nicht mehr gefragt. Zugleich wurden sie verstärkt Opfer aus Europa kommender Krankheiten, gegen die sie nicht immun waren. Bereits um 1850 lagen die indigenen Gesellschaften Ostkanadas im Koma – und hatten der Politik der Kolonialregierung, sie sesshaft zu machen und in Reservaten zu ›zivilisieren‹, nichts mehr entgegenzusetzen. In Landverträgen, den sogenannten *Treaties,* traten sie ihre angestammten Territorien an die Regierung ab. Bis heute gibt es in Kanada mehr als 2300 Reservate.

1867, im Jahr der Gründung Kanadas, erklärte der junge Staat Ureinwohner und Reservate zur Angelegenheit des Bundes. 1876 erließ Ottawa den **Indian Act.** Danach wurden Kanadas Ureinwohner in »Status Indians« und »Non-Status Indians« getrennt. Nur Erstere erhielten begrenzte Rechte und Privilegien, generell regelte der heute als diskrimierend angesehene Indian Act in den Reservaten alle Aspekte des täglichen Lebens. So konnte eine Indianerin ihren Status verlieren, wenn sie einen Non-Status-Indian oder einen Weißen heiratete. Und bis 1960 konnte ein Indianer nur wählen, wenn er vorher seinen Status aufgab. Erst von 1951 an erlebte der Indian Act, nicht zuletzt auch angesichts der Missstände in den Reservaten (Arbeitslosigkeit, Alkoholismus, allgemeine Perspektivlosigkeit), eine Reihe dringender Korrekturen. Dabei wurden erstmals auch die Betroffenen konsultiert. 1958 wurde einem Stamm zum ersten Mal die volle Kontrolle über die von Ottawa bewilligten Gelder gewährt. 1960 – in Québec 1968 – erhielten die kanadischen Ureinwohner das Wahlrecht.

»Zu ihrem eigenen Besten«

Von 1970 an wurden die Schulen in den Reservaten der Verantwortlichkeit der Stammesräte übergeben. Bis dahin hatte die Regierung ausschließlich auf Internate gesetzt, um den jungen Ureinwohnern eine zeitgemäße, vom Elend in den verwahrlosten Reservaten ferne Schulbildung angedeihen zu lassen. Doch das Experiment mit den *boarding schools* endete mit zahllosen menschlichen Katastrophen. Fünf Generationen junger Indianer durften während ihrer Schulzeit weder ihre Sprache sprechen noch mit den Eltern Kontakt aufnehmen. Bei ihrer Rückkehr waren sie ihren Familien entfremdet, wurden als Weiße betrachtet, da sie ihre Muttersprache oft nur noch mangelhaft beherrschten. Auch das von den Behörden als Reform der Boarding Schools gedachte Pflegeeltern-Konzept endete mit menschlichen Tragödien. Um ihnen eine Kindheit »in intakter Umgebung« zu ermöglichen, gaben die Behörden indianische Kinder zu oft tausende

Kilometer entfernt lebenden weißen Pflegeeltern – ohne Zustimmung der Eltern. Bis in die 1980er-Jahre wurden so in Québec und Ontario Tausende von Kindern ihren Eltern weggenommen und von – gut dafür bezahlten – Pflegeeltern erzogen. Kulturell und emotional entwurzelt, verkümmerten dort nicht wenige in einer Umgebung, die oft weder Interesse noch Verständnis für ihre Situation hatte. Es kam zu Fällen seelischer Grausamkeit und sexuellen Missbrauchs. Zunächst erhielten die Kinder neue Namen, nach und nach vergaßen sie ihre Sprache. Zehn, zwölf Jahre später kehrten sie gebrochen in ihre Reservate zurück – ohne dort wieder Anschluss zu finden. 1999 legte das Büro der »Native Child and Family Services of Toronto« einen Bericht über diese düstere Ära vor.

Der lange Marsch ist noch nicht zu Ende

Einen folgenreichen Durchbruch erlebte der Streit der Ureinwohner um Gleichberechtigung 1985. In diesem Jahr ratifizierte Ottawa das als Ergänzung zum Indian Act gedachte Gesetz C-31. Danach durften indianische Frauen künftig auch Non-Status-Indians oder Weiße heiraten, ohne ihren Status zu verlieren.

Heute verwalten Kanadas Ureinwohner mehr als 80 % aller von Ottawa kommenden Programme und Gelder selbst. Ihre Situation hat sich zweifellos gebessert – wenngleich noch viel zu tun bleibt. Land- und Kompensationsforderungen wie in Toronto werden die Regierungen Kanadas und zahlreiche Anwaltsbüros noch viele Jahre in Atem halten. Dezeit leben in Ostkanada rund 400 000 Indianer, davon rund die Hälfte in Reservaten. Sie gehören den zwei großen Sprachfamilien der Algonquin und der Iroquois an. Die größte und politisch aktivste Gruppe sind die **Mohawk.** Ihre größten Reservate liegen in Ontario in Grand River bei Kitchener (22 000 Einw.), und Akwesasne (13 000 Einw.) am St.-Lorenz-Strom, und in Québec in Kahnawake (8000 Einw.) bei Montréal. Jedes von ihnen bietet ein kleines Museum und veranstaltet regelmäßig farbenprächtige Zusammenkünfte, die sogenannten *Pow Wows.*

Die Inuit

Im Jahr 1999 wurde die Landkarte Kanadas neu gezeichnet: Der Ostteil der Northwest Territories spaltete sich ab und bezeichnete sich fortan als **Nunavut** – ›Unser Land‹ auf Inuktitut, der Sprache der Inuit. Auf dem über 2 Mio. km² großen Territorium leben gerade einmal 31 000 Menschen – was eine Bevölkerungsdichte von 0,0156 Einwohner/km² ausmacht. Hinzu kommt die Bevölkerung Nunaviks in Nordquébec: Hier wohnen auf 0,5 Mio. km² etwa 11 000 Menschen.

Die ersten kanadischen Inuit lebten von etwa 2000 v. Chr. bis etwa 1000 n. Chr. über den ganzen Norden des Kontinents verstreut. Eine um 1400 n. Chr. über die Arktis hereinbrechende Kältewelle zwang die Inuit zu einer drastischen Änderung ihrer Lebensweise. Beim ersten Kontakt mit Europäern – meist **Fischer** und **Walfänger** – stellten sie als hoch spezialisierte Jäger und Fischer Seehunden und Meeresfischen nach. Während der kurzen Sommer machten sie von Kajaks aus auch Jagd auf Wale oder folgten den großen Karibuherden auf ihren Wanderungen durch die endlosen Weiten der Tundra. Transportmittel waren im Sommer Kajaks und Umiaks (große Boote) und im Winter Hundegespanne.

Die **gesellschaftliche Struktur** der Inuit war gekennzeichnet vom Zusammenschluss mehrerer Familien zu Gemeinschaften von bis zu 100 Mitgliedern. Die Autorität lag bei den Gruppenältesten. Einfluss hatten auch die *Angaguk,* die Schamanen. Sie heilten Krankheiten und wurden vor Jagd und Nahrungssuche um Rat gefragt. Extremen Witterungen ausgeliefert, war kein Volk abhängiger vom Jagdglück als die »Menschen«, wie sich die Inuit bis heute selbst bezeichnen.

Obgleich die Europäer schon Ende des 18. Jh. mit den Inuit in Kontakt traten, wurden folgenreiche Beziehungen doch erst zu Beginn des 20. Jh. mit der Errichtung der ersten Militär- und Handelsposten geknüpft. Vor allem der Bau moderner Militärstützpunkte zog tiefgreifende Veränderungen innerhalb der traditionellen Inuit-Gesellschaft nach sich.

Kunst und Kultur

Zwei offizielle Sprachen, drei Gründervölker und Einwanderer aus allen Teilen der Welt: Ob es so etwas wie eine kanadische Kultur gibt, wird bis heute leidenschaftlich diskutiert. Der Besucher wird zumindest einem der Lager recht geben: dass zumindest die Vielfalt typisch kanadisch ist.

Ostkanada bietet nicht eine, sondern gleich zwei ›offizielle‹ Kulturen. Und drei bzw. Dutzende mehr, zählt man die oft noch weitgehend intakten Kulturen der Ureinwohner hinzu. Zwar besitzen ihre Angehörigen den gleichen Pass, doch ansonsten haben sie meist völlig verschiedene Ansichten von Gott und der Welt. So beschwören die Anglokanadier gern den Teamgeist der *community,* wenn es um den Dienst an der Allgemeinheit geht. Die Québécois beschwören lieber Stadtverwaltung und Gewerkschaften. Ihre Provinz gilt als liberale Bastion im sonst eher wertkonservativen Ostkanada: Umfragen zufolge gestehen über 80 % der Québécois ihren Mitmenschen einen abweichenden Lebensstil zu. In Ontario, der bevölkerungsreichsten Provinz Kanadas, trifft das gerade für 60 % zu.

In der materiellen Kultur haben die beiden Gründervölker sowie die Ureinwohner je eigene Spuren hinterlassen – trotz der geradezu erdrückenden Präsenz der amerikanischen Kulturmaschine, die im Zeitalter der Massenkommunikation mehr schlecht als recht von der Canadian Radio-Television and Telecommunications Commission mit *cancon* (s. S. 36) in Schach gehalten wird. Dabei mag man diesen drei Hauptkomponenten noch eine vierte hinzufügen: den Multikulturalismus. Als typisches Einwandererland ist Kanadas Bevölkerung so heterogen, dass es für viele die kanadische Kultur überhaupt nicht gibt und einzig Vielfalt typisch kanadisch ist.

Literatur

Die zweisprachige Tradition der kanadischen Literatur reflektiert die kulturellen Gegebenheiten Ostkanadas. Bei allen Unterschieden lässt sich dennoch ein gemeinsames Leitmotiv ausmachen: *survivance* bzw. *survival.* Anders als in den USA, wo sich das Thema Macht und Geld wie ein roter Faden durch das Literaturschaffen zieht, kreist die kanadische Literatur ums Überleben. In der Literatur Québecs manifestiert sich dies in der Sorge um die Separation Québecs. Gemeinsam ist beiden Literaturen zudem die typisch kanadische Sympathie für Außenseiter und ›Helden‹, die an inneren und äußeren Konflikten scheitern.

... in Französisch-Kanada

Québecs Literatur entwickelte sich getrennt von der des englischsprachigen Kanada, und, anders als die seiner Nachbarn, ohne den Einfluss des spätestens seit der englischen Eroberung von seiner Kolonie getrennten Mutterlandes Frankreich. Den Anfang machten die tagebuchartigen Berichte der Jesuiten im 17. Jh. In ihren *relations* berichten sie detailliert vom Missionsalltag auf ihren Stationen im Indianerland.

Dennoch beschränkte sich das gedruckte Wort bis Anfang des 19. Jh. auf historische, meist von Priestern und durchreisenden Journalisten verfasste Traktate. Erst die Modernisierung des Schulwesens und eine von der *Rébellion des Patriotes* ausgelöste Welle des Patriotismus heben die frankokanadische Literatur aus der Taufe. »L'influence d'un livre« (1837) von **Philippe-Ignace François Aubert du Gaspé** (1814–1841), die Geschichte einer dramatischen Suche nach Gold, gilt gemeinhin als erster frankokanadischer Roman. Gegen Ende des 19. Jh. waren Romane mit ländlichen und historischen Themen populär: Das Hohelied ländlich-konservativer Werte sang vor allem der erfolgreiche, posthum erschienene Roman »Maria Chapdelaine« (1916) von **Louis Hémon** (1880–1913). Kritischere Werke, die die moralische Führungsrolle der katholischen Kirche anzweifelten, fanden kaum Anklang, wie »Au pied de la pente douce« (1947) von **Roger Lemelins** (1919–1992).

Das änderte sich erst mit einer neuen, während der 1930er-Jahre an Québecer Universitäten geschulten Autoren-Generation. **Gabrielle Roy** (1909–1983) schrieb mit »Bonheur d'occasion« (1945), dem Porträt Montréaler Arbeiterfamilien, einen Schlüsselroman der in den 1960er-Jahren einsetzenden *révolution tranquille* (s. S. 36). Die Poesie **Anne Héberts** (1916–2000) wurde in viele Sprachen übersetzt.

Es war jedoch die »Stille Revolution« der 1960er-Jahre, die für eine kreative Explosion in Québecs Literaturszene sorgte. Autoren wie **Gaston Miron** (1928–1996) und **Jacques Brault** (geb. 1933) entdeckten die kulturelle Identität der Provinz, und politische Essays wie »Nègre Blanc d'Amérique« (1968) von **Pierre Vallières** (1938–1998), der 1970 als Gründungsmitglied der terroristischen *Front de libération du Québec* an der Ermordung des Arbeitsministers von Québec (s. S. 36)

Margret Atwood – ihre Bücher wurden in zahlreiche Sprachen übersetzt

beteiligt war, heizten die Stimmung in der separationsgestimmten Provinz auf.

Heute blüht die französische Literatur in der Provinz. Ganz oben in der Gunst der Leser rangieren die Werke von Anne Hébert, **Alice Parizeau** (1930–1990) und **Victor-Lévy Beaulieu** (geb. 1945). Außerhalb Québecs wäre **Antonine Maillet** (geb. 1929) zu nennen. Die akadische, in Bouctouche in New Brunswick geborene Autorin, goss 1979 mit »La Sagouine« die dramatische, oft tragische Geschichte der Akadier in Romanform.

... in Englisch-Kanada

In Ontario berichteten zunächst Pioniere wie **Catharine Parr Trail** (1802–1899) mit »The Backwoods of Canada« (1836) vom entbehrungsreichen Alltag der Siedler. Wer vom Schreiben existieren konnte, schrieb für Abnehmer in den USA und Europa, wie der Humorist **Stephen Leacock** (1869–1944), der den kanadischen Kleinbürger aufs Korn nahm, unter anderem in seinem erfolgreichsten Werk »Sunshine Sketches form a Little Town« (1912).

Bis weit in die 1960er-Jahre fristete die englischsprachige Literatur jedoch ein Mauerblümchendasein. Aus dem Schatten der übermächtigen amerikanischen Literatur befreite sie sich erst während der 1970er-Jahre. Die Werke von Autoren wie **Robertson Davies** (1913–1995), **Timothy Findley** (1930–2002), **Margaret Atwood** (geb. 1939) und **Alice Munro** (geb. 1931) sind nicht nur in Nordamerika erfolgreich. Ihre Werke haben, in viele Sprachen übersetzt, weltweit ihre Leser.

In den 1980er-Jahren, vor allem während der 90er-Jahre, wurden Kanadas englischsprachige Autoren mit Literaturpreisen und Hollywoodangeboten überschüttet. 1992 erhielt der in Toronto lebende **Michael Ondaatje** (geb. 1943) für »The English Patient« (1992) den renommierten Booker Prize des Commonwealth. 1996 produzierte Hollywood die mit Oskars überhäufte Filmversion. 2002 landete der in Montréal lebende **Yann Martel** (1963) mit »Life of Pi« (›Schiffbruch mit Tiger‹) einen internationalen Bestseller und erhielt ebenfalls den Booker Prize.

Malerei

Während der Kolonialzeit war für die Schönen Künste kein Platz in Kanada: Die Siedler waren vor allem mit Überleben beschäftigt. Im Neufrankreich des 17. Jh. malten daher nur die Priester. Die von ihnen geschaffenen, naiven Bibelszenen nahmen sie mit in die Wälder, wo sie als ›Informationsbroschüren‹ für die zu bekehrenden Indianer dienten.

Erst nach der Eroberung durch die Briten nährte die Kunst ihren Mann. Favorit der Montréaler Haute Volée war der Porträtmaler **Louis Dulongpré** (1754–1843), der rund 3000 Porträts und Kirchenbilder hinterließ. Im 19. Jh. blühte die Landschaftsmalerei. Ihre bedeutendsten Vertreter in Québec waren **Théophile Hamel** (1817–1870), von dem u. a. das in allen kanadischen Geschichtsbüchern abgedruckte Porträt von Jacques Cartier stammt, und **Cornelius Krieghoff** (1815–1872). Vor allem der deutschstämmige, in Amsterdam geborene Maler machte sich mit seinen romantisch gefärbten, mit vielen ethnologischen Details versehenen Szenen des ländlichen Québec einen Namen.

In Ontario produzierte der irischstämmige **Paul Kane** (1810–1871) derweil Porträts aus Skizzen, die er von seinen Reisen zu den Indianerstämmen in den Rocky Mountains und am Columbia River mitgebracht hatte. Seine Porträts von Kriegern und Häuptlingen sind so detailliert, dass sie bis heute als ethnologische Fundgruben gelten. Stilistisch gab Europa jedoch noch immer den Ton an. Selbst Québecs größter Impressionist, **Clarence Gagnon** (1881–1942), orientierte sich noch lange an europäischen Vorbildern.

Group of Seven

Die Suche nach einem eigenständigen, von europäischen Traditionen unabhängigen ›kanadischen‹ Stil begann Anfang des 20. Jh. in Ontario. Der 1907 in Toronto gegründete Canadian Art Club förderte die Abgrenzungsbemühungen. Richtungsweisend wurden die Arbeiten von CAC-Mitglied Maurice Cullen (1866–1934) und vor allem **Tom Thomson** (1877–1917), dessen rau hingeworfene Bilder

der kanadischen Wildnis junge Maler um **Joseph E. H. McDonald** (1873–1932) und **Lawren S. Harris** (1885–1970) in Toronto inspirierten. 1920 präsentierten sie als **Group of Seven** ihre kraftvollen Bilder der kanadischen Wildnis erstmals der Öffentlichkeit und wurden begeistert als Nationalheroen gefeiert, die sich von den »Affen der europäischen Kunst« emanzipiert hatten.

Contemporary Arts Society

Doch nicht überall wurden die Wildnis-Maler gefeiert. Vor allem in Québec begegnete man der ›Kanada-Tümelei‹ mit Skepsis. Vor allem der Montréaler Maler **John Lyman** (1886–1967) kritisierte den Outdoor-Nationalismus der Group of Seven und forderte, die Inspiration »nicht in der Arktis, sondern in jedem Element der Schöpfung« zu suchen. 1939 gründete er als Forum der talentiertesten Maler Montréals die Contemporary Arts Society. In ihrem Umfeld schufen die »Automatistes«, eine von der Automatismus-Theorie des europäischen Surrealismus beeinflusste Gruppe um **Paul-Émil Borduas** (1905–1960), **Alfred Pellan** (1906–1988) und **Jean-Paul Riopelle** (1923–2002), erstmals einen von Europa unabhängigen Surrealismus. 1948 ebnete ihr Wortführer Borduas mit dem ästhetischen Manifest »Refus Global«, in dem er sich gegen die Gehirnwäsche der Kirche in Québec wandte, der Provinz Québec den Weg ins 20. Jh. Wahre Kreativität, schrieb er in seiner »Verweigerung«, sei nur durch die Befreiung von der moralisch-ethischen Kontrolle der Priester und gesellschaftlichen Institutionen zu erreichen.

Painters Eleven

Toronto war zu dieser Zeit künstlerisch tot: Fast alle Künstler waren als Maler auf europäischen Kriegsschauplätzen oder wurden von der Vorherrschaft der institutionalisierten Group of Seven erdrückt. Erst in den 1950er-Jahren fanden die Abstrakten hier wieder ein Publikum: Nach einer triumphalen Ausstellung in New York, wo sie als »Painters Eleven« die Amerikaner begeistert hatten, kehrten sie nach Ontario zurück. Bekannteste Vertreter der P11: **Tom Hodgson** (1924–2006), **Jack Bush** (1909–1977) und **Kazuo Nakamura** (1926–2002).

Die kanadische Kunstszene heute

Heute beherrscht die Szene ein kreativer, äußerst dynamischer Eklektizismus. Weltruf genießen die Ontarians **Ronald Bloore** (1925), **Michael Snow** (1929) und **Alex Colville** (1920) sowie die Québécois **Riopelle, Charles Gagnon** (1934–2003) und **Jean-Pierre Larocque** (geb. 1953). Dabei findet Kunst in Kanadas Osten nicht nur in den Metropolen statt. Die anglo- und frankokanadische Avantgarde stellt gern auch an der Peripherie aus. Baie Saint-Paul und Joliette in Québec sowie Kleinburg und die Resortstädtchen in den Muskokas sind international bekannte Künstlermekkas.

Architektur

Normandie am großen Strom

Die nach Neufrankreich exportierten Baumeister stellten französische Provinzstädtchen mit Kirche und *place d'armes* (›Exerzierplatz‹) an den St.-Lorenz-Strom. Die strengen Winter mit ihren Schneemassen und langen Frostperioden zwangen sie zu – noch heute in Vieux-Montréal sichtbaren – Modifikationen. So widerstanden bis zu 55 Grad steile Hausdächer den Schneemassen, hielten dicke Steinmauern die Kälte draußen und sorgten über die Giebel gezogene Feuerwände für Brandschutz. Dem typischen *ancien-régime*-Haus – rechteckig, schlicht, aus grauem Feldstein, mit je zwei Schornsteinen an den Querseiten – standen die Kirchen gegenüber. Mit ihren Fassaden im Stil des französischen Klassizismus und ihrem üppigem Dekor waren sie repräsentative Visitenkarten einer zutiefst katholischen Kolonialgesellschaft.

Blockhäuser und Portiken

Mit den Briten kamen neue Stil- und Wohnideen. Weil daheim gerade alles Griechisch-

Römische in Mode war, schmückten sie ihre Häuser mit Säulen und **Portiken:** Der den Idealen der Antike huldigende **georgianische Stil** war formal und symmetrieverliebt und ist heute im Museumsdorf Upper Canada Village gut zu studieren (s. S. 191). Ab 1800 ging er in den komplexeren **Neoklassizismus** über. Eleganteste Beispiele sind der Marché Bonsécours (1847) in Montréal und die City Hall in Kingston (1844). Mittellose Einwanderer erfanden während dieser Zeit das **Blockhaus:** Um 1830 gab es in Ontario doppelt so viele dieser aus grob behauenen Stämmen gezimmerten Behausungen wie Steinhäuser.

Schön ist, was gefällt

Das weitere 19. Jh. charakterisierte eine wahre Stilvielfalt. Die Parliament Buildings (1867) in Ottawa und die Basilique Notre-Dame (1829) in Montréal, **kanadische Neugotik** par excellence, gehören zu den schönsten Beispielen des bis 1900 in Kanada beliebten **Historismus,** der die Stilelemente verschiedener Epochen kopierte und u. a. auch italienische Renaissance (Bellevue House, Kingston), Second Empire (Hotel de Ville, Montréal) und Château-Stil (Château Frontenac, Québec) unter dem Etikett ›viktorianisch‹ zusammenfasste. Besonders schöne Schaukästen der in der zweiten Hälfte des

Das Museum of Civilization in Gatineau, der Schwesterstadt von Ottawa

19. Jh. herrschenden Vielfalt sind die Städtchen an der Bay of Fundy. Vor allem Wolfville in Nova Scotia und Sackville in New Brunswick sind Ensembles architektonischer Kleinodien in gepflegten Gärten.

Ende der Ornamentik

Zu Beginn des 20. Jh. erklärte Bauhaus-Designer Walter Gropius alle Architekten, die Gebäude mit Schnörkel verzierten, für pervers. Mit Ludwig Mies van der Rohe und Le Corbusier postulierte er ›Wohnmaschinen‹, funktionale, glattflächige Wohnblocks, die auch den Kanadiern bald die Freude an der Ornamentik verdarben. In Toronto wucherten schlichte, zweigeschossige Reihenhäuser, in den Arbeitervierteln Montréals mit eisernen Balkonen und zu den Wohnungen führenden Außentreppen versehen. An Montréals Place d'Armes übten amerikanische Architekten auch mit dem gerade erfundenen Stahlgerüst, bevor sie in Manhattan noch höhere Wolkenkratzer bauten.

Nach dem Zweiten Weltkrieg übernahmen hier und in Toronto gesichtslose Bürotürme die Skyline, als Meisterwerke von **I. M. Pei** (Place Ville-Marie, Montréal) und **Mies van der Rohe** (Westmount Tower, ebda.) gepriesene Altäre des Fortschritts. In den1960er-Jahren schlossen kanadische Architekten wie

Moshe Safdie (u. a. Habitat '67, Montréal) und **Douglas Cardinal** (u. a. Canadian Museum of Civilization, Gatineau) zur internationalen Spitze auf. Zeitgleich nahmen sich die ersten Stadtsanierer der verwahrlosten Altstädte Québecs, Montréals, Ottawas, Saint-Johns und St. John's an. Die Postmoderne der 1980er-Jahre gab den gesichtslosen Bürotürmen Torontos und Montréals mit neoklassizistischen Elementen zumindest etwas Individualität zurück. Derzeit drückt der in Toronto geborene Stararchitekt **Frank Gehry** der Stadt seinen Stempel auf: Mit der neuen Fassade aus Glas und Douglasienholz im Zuge des groß angelegten Umbaus wird die **Art Gallery of Ontario** zu den schönsten öffentlichen Gebäuden des Landes aufsteigen.

Kunst der Ureinwohner

Zwiesprache mit der Schöpfung

Im offiziellen Emblem der olympischen Winterspiele in Vancouver 2010 ist auch ein *Inukshuk* zu finden. Den Inuit im hohen Norden Kanadas dienen diese steinernen, oft auf zwei Säulen stehenden Skulpturen bis heute als Wegweiser in der Kältewüste. Der Inukshuk im Olympiaemblem demonstriert nicht nur die Präsenz der Ureinwohner im kanadischen Alltag, sondern auch die Kreativität ihres Kunstschaffens. Derzeit finden die Werke der Indianer und Inuit immer mehr Bewunderer und Abnehmer. Das war jedoch nicht immer so. Noch während der 1940er-Jahre galt Kunst aus den Reservaten als Folklore, als mit abendländischer Kunst nicht vergleichbar. Dabei hatten Kanadas **Indianer** ihre Umwelt schon seit vielen Jahrtausenden auch künstlerisch abgebildet. Im Osten des Landes sind zahlreiche beeindruckende, prähistorische Kunstwerke erhalten, darunter die **Petroglyphs** (Felsritzzeichnungen) im Nordwesten Ontarios, im Algonquin Provincial Park und natürlich im Petroglyphs Provincial Park 55 km nordöstlich von Peterborough (Ontario). Das Alter einer am St.-Lorenz-Strom in Québec entdeckten Büste mit lächelndem Gesicht wurde auf 5000–7000 Jahre geschätzt. Doch leider sind solche Funde selten: Das organische Material, aus dem sie gefertigt wurden, ist vergänglich.

Der Kulturkontakt mit den Europäern wirkte sich auch auf die materielle Kultur der Indianer aus. Viele der traditionellen Aktivitäten, wie das Flechten von Körben und Gerben von Leder, wurden aufgegeben: Töpfe aus Eisen waren haltbarer, Stoffbekleidung praktischer. Mit der Abdrängung in die Reservate und der Entfremdung von Kultur und Sprache ging auch die Entfremdung von der eigenen materiellen Kultur einher. Vor allem Missionare, aber auch Regierungsangestellte verboten die Herstellung und Benutzung der bei Ritualen und Tänzen unentbehrlichen Regalia, Trommeln und Pfeifen und beschlagnahmten sie in groß angelegten Aktionen. Die Kenntnis ihrer Fertigung und der damit verbundenen Gebete und Rituale ging oft für immer verloren. Dabei wirtschaftete so mancher Geistliche und Polizist leider in die eigene Tasche. So wurden beschlagnahmte Gegenstände nicht vernichtet, sondern an Museen oder Sammler südlich der Grenze verkauft.

Von einer eigenständigen indianischen Kunst in Kanada kann man erst seit etwa 30 Jahren sprechen. In den 1970er-Jahren waren es die Cree und Inuit in Nordquébec, die als erste Ureinwohner neben Zusicherung weitgehender Landnutzungsrechte und Sozialprogramme auch Kompensationszahlungen in dreistelliger Millionenhöhe von den Regierungen erhielten und damit das Selbstbewusstsein der indigenen Völker Kanadas zu neuem Leben erweckten. Nicht nur wurde der Ruf nach Korrektur jener Landverträge, die den Vorfahren einst ihr Land genommen, laut. Junge Indianer, nunmehr stolz auf die eigene Kultur, suchten erstmals die Realität *in the rez* gegenständlich abzubilden und wurden damit zu Anklägern der Missstände in den Reservaten und Vorkämpfern einer neuen indianischen Avantgarde. Während **Douglas Car-**

Inuit-Frau bei der traditionellen Verarbeitung einer Tierhaut

dinal (geb. 1934), kanadischer Star-Architekt mit Blackfoot-Blut, in den 1980er-Jahren in Gatineau das berühmte Canadian Museum of Civilization baute, stürmte das aus Québec stammende **Montagnais-Rockduo Kashtin** die kanadischen Hitparaden. Wenig später feierte die Inuit-Sängerin Susan Aglukark (geb. 1967) ihre erste Platte, sie ist seitdem eine feste Größe in der kanadischen Rock- und Popszene.

Heute blüht die indianische Kunstszene im Osten. Kaum organisiert und höchst individuell, zeichnen sich die Künstler, meist Autodidakten, durch Kreativität und unkonventionelle Formensprache aus. So reflektieren z. B. die mit kühnem Schwung hingeworfenen Bilder von **Moses »Amik« Beaver** (geb. 1960), einem Nibinamik-Indianer aus Thunder Bay, die Verbindung zwischen Mensch und Mutter Erde, wobei sich Beaver moderner wie traditioneller Elemente bedient.

Auch die Arbeiten von **Don Chase** (geb. 1938) charakterisiert die Suche nach Spiritualität, die der in Port Hope (Ontario) geborene Ojibwa gern in kräftigen, von schwarzen Rahmen umgebenen Farben unternimmt. **Mark Anthony Jacobson** 1972 in Sioux Lookout (Ontario) geborener Ojibwa, findet seine Inspiration in den Geschichten und Legenden seiner Vorfahren und erstrebt mit der oft surrealistisch anmutenden Abbildung von Tieren und Pflanzen einen Dialog mit Mutter Erde. Zu den originellsten und international bekanntesten indianischen Künstlern zählt **Norval Copper Thunderbird Morrisseau** (geb. 1932). Aufgewachsen in den Wäldern Nordwest-Ontarios, begann der Ojibwa seine Karriere mit der Illustration von Legenden, die ihm seine Großeltern erzählten. Im Laufe der Zeit fügte er kräftige, oft schreiend bunte Farben hinzu und erregte damit die Aufmerksamkeit der Galeristen in Toronto. Ein Leitmotiv seiner Arbeit ist die Sehnsucht nach dem einfachen Leben und die Zwiesprache mit der Schöpfung.

Inuit-Kunst

Bis weit in das 20. Jh. hinein lebten die **Inuit** als Nomaden, deren Sprache kein Wort für »Kunst« kannte. Ihre künstlerische Kreativität beschränkte sich daher meist auf das Dekorieren von Gebrauchsgegenständen und die Herstellung winziger, leicht transportierbarer Tier-Amulette aus weichem, leicht bearbeitbarem Speck- und Lavagestein. Erst die Aufgabe der nomadischen Lebensweise und ihre Ansiedlung in permanenten Camps und Dörfern gab den Anstoß zur heutigen Inuit-Kunst, die vor allem dank ihrer fantasievollen Steinschnitzerei weltweit Ansehen genießt. Am bekanntesten sind Skulpturen von Walen, Karibus, Hunden und Jagdszenen, und zwar aus Speckstein, Marmor und schwarzem Lavagestein. Sie entstanden aus den kleinen Amuletten und kunstgewerblichen Gegenständen, die die einst nomadischen Inuit im Gepäck mitführten oder für den Handel mit den europäischen und amerikanischen Walfängern anfertigten. Auch Grafiken und Steindrucke mit traditionellen und modernen Motiven finden ihre Abnehmer. Die meisten Skulpturen und Grafiken stammen von Künstlern in den Siedlungen Provugnituq, Baker Lake, Holman Island und Cape Dorset. Dem Künstler **James A. Houston** (Toronto), der die Technik des Steindrucks 1948 in den nördlichen Siedlungen einführte und lehrte, ist das reiche druckgrafische Schaffen der Inuit zu verdanken.

Pitseolak (1907–83) war eine der ersten und berühmtesten Inuit-Künstlerinnen. Als ihr Mann starb, gab sie das Nomadenleben auf und ließ sich mit ihren Kindern in Cape Dorset nieder, das sich damals zur Künstlerkolonie entwickelte. Pitseolaks außerordentliches Talent traf zusammen mit einem international wachsenden Interesse an Kunstwerken der Inuit. Der Deutsche Taschenbuch Verlag veröffentlichte 1993 ihre Erzählung »Das alte Leben«, die so beginnt: »Mein Name ist Pitseolak, das Inuktitut-Wort für einen Meeresvogel. Wenn ich Pitseolak über dem Meer sehe, sage ich: Da ziehen diese schönen Vögel, das bin ich, wie ich fliege!«

Zu den **Inuit-Schriftstellern,** die ihre Werke in Englisch oder Französisch veröffentlicht haben, gehören **Minnic Freeman, Markoosie, Nuligak** und **Avarluk Kusugak.**

Essen und Trinken

Kanadas buntes Bevölkerungsmosaik hat auch in der kulinarischen Szene seinen Niederschlag gefunden. Exotische und vertraute Genüsse sind überall im Lande zu finden: original kanadische Lachsgerichte ebenso wie hervorragende chinesische und japanische, jamaikanische oder mexikanische Spezialitäten. Besonders die Metropolen Toronto und Montréal überbieten sich mit exquisiten Restaurants.

Haute Cuisine trifft kanadische Wildnis

Dennoch gibt es Regionen, die aus kulinarischer Sicht für den europäischen Feinschmecker etwas Besonderes sind: die vom Meer geprägten Atlantikprovinzen zum einen und die Provinz Québec zum anderen.

Québec

Schon vor vier Jahrhunderten siedelten die ersten Franzosen im Tal des St.-Lorenz-Stroms, und die französische Küche wird hier bis heute hochgehalten. Doch aus ihr hat sich über die Jahrhunderte auch eine Québecer Regionalküche entwickelt: Die Pioniere mussten die Rezepte ihrer Heimat abwandeln, weil

Hummerfischer beim Entleeren der Reusen

Hummer – Delikatesse aus dem Atlantik

Thema

Kaum zu glauben, aber wahr: Um 1900 war Hummer ein Arme-Leute-Essen. Auf Prince Edward Island bekamen die Kinder Hummerbrote mit auf den Schulweg, die Bauern düngten ihre Felder mit Hummerabfällen. Heute dagegen ist der gepanzerte Rambo eine weltweit begehrte Delikatesse. Sein weißes Fleisch, mit frischem Brot und Weißwein genossen, bekehrt auch den eingefleischtesten Steakfan.

Star unter den Spezialitäten des maritimen Kanada ist der Hummer. Frisch gekocht in Meerwasser, heiß oder auch kalt mit zerlassener Butter und ein paar Tropfen Zitrone serviert werden die Krustentiere am liebsten gegessen. Ansonsten wird Hummer in allen nur denkbaren Variationen zubereitet: in Suppen, Pasteten, Sandwiches, Kasserollen und Salaten, Quiches und Crêpes. Brötchen mit einer dicken Schicht Hummerfleisch, oft mit Salat und Mayonnaise, sind eine preiswerte Delikatesse, überall angeboten und ein köstlicher Reisesnack.

Vor wenigen Jahrzehnten noch gab es Hummer im Überfluss an den Küsten der Atlantikprovinzen, sodass er sogar häufig als Arme-Leute-Essen bezeichnet wurde. Jeder konnte sich Hummersandwiches im Frühstückspaket leisten – Erdnussbutter war dagegen etwas Besonderes. Das hat sich inzwischen geändert, aber immer noch ist Hummer hier relativ preiswert, ob im Restaurant oder direkt vom Fischer gekauft. Die früher so beliebten *all you can eat-lobster buffets* in den Küstenorten von New Brunswick und Prince Edward Island, wo man für 20 Dollar so viel Hummer essen konnte, wie es der Appetit zuließ, gibt es inzwischen nicht mehr. Heute gibt es nur noch einen Hummer pro Person, dafür in der Regel Muscheln und andere Meeresfrüchte, so viel man möchte.

Gefangen wird der *Homarus americanus* in den Küstengewässern von Labrador bis North Carolina. Es gibt diese Spezies sonst nirgendwo auf der Welt. Am häufigsten ist sie in den Küstengewässern von Nova Scotia, Prince Edward Island, New Brunswick und Maine zu finden. In Kanadas Atlantik-Region leben über 10 000 selbstständige Hummerfischer, die mit über 6000 Booten, jedes mit etwa 250 bis 400 Fallen ausgerüstet, jährlich einen Fang von 30 bis 40 Mio. Hummern einbringen. Die aus Holzlatten und Netzwerk konstruierten Fallen sind das einzige legale Mittel, um Hummer zu fangen. Mit einem Köder versehen, werden sie auf dem Meeresboden ausgelegt. Bunte Schwimmer kennzeichnen Standort und Besitzer.

In Kanada ist der Hummerfang streng geregelt. Es gibt 23 Regionen mit einer unterschiedlichen Fangsaison (zwei bis sieben Monate). Zurzeit werden über zwei Drittel der Ernte in den Monaten Mai, Juni und Dezember angelandet, dann sind Schale und Fleisch am festesten, um Lagerung und Versand zu überstehen. Auf den Geschmack hat die Konsistenz der Schale jedoch keinen Einfluss. Das übliche Fanggewicht liegt bei etwa einem halben bis vier Pfund, wobei die kleineren Hummer meist zu Dosenfleisch verarbeitet werden. Mit einem Gewicht von dreiviertel bis drei Pfund sind sie dann in ihrer roten Pracht auf dem Teller zu finden. Gelegentlich werden aber auch Exemplare von 15 Pfund und mehr gefangen. Den Weltrekord hält ein 42,5-pfündiger Hummer, 1935 in Maine erbeutet.

ihnen in der kanadischen Wildnis viele der Zutaten nicht zur Verfügung standen. Dafür lernten sie von den Indianern, nutzten Wildbret, Beeren, Mais und Kürbis, kochten mit vitaminreichem Ahornsirup, räucherten Elch- und Karibufleisch.

Noch heute werden viele der traditionellen Gerichte in den kleinen Gasthöfen Québecs serviert: deftige Erbsensuppe mit geräuchertem Pökelfleisch oder *tourtière,* eine leckere Fleischpastete. Zumeist sind diese überlieferten Gerichte aus der Siedlerzeit schwer und kalorienreich. Genau richtig für die Pioniere nach einem Tag harter Arbeit – oder heute nach einer Kanutour oder einer Wanderung in den endlosen Wäldern Québecs.

Aus dieser traditionellen Küche stammen vielfach die Rezepte der modernen *cuisine québécoise*. Junge, ideenreiche Köche haben in den letzten Jahrzehnten die alten Gerichte aufgenommen und zu neuen, leichteren Kreationen verfeinert. Nicht nur in den Großstädten, sondern auch in den kleinen Ferienorten der Laurentides oder am Ufer des St.-Lorenz wird heute diese neue Version der Québecer Küche zelebriert. Die frischen Zutaten liefert das Umland: Saftige Äpfel, Cidre, frisches Gemüse und sogar Wein kommen von den Farmen in der fruchtbaren Ebene südlich des St.-Lorenz-Stroms. Wildbret (Karibu, Hase und Rehfleisch) stammt aus den endlosen Wäldern des Nordens. Der Lac St-Jean ist bekannt für seine süßen Blaubeeren. Von der Gaspé-Halbinsel kommen schmackhafte Muscheln und Lachse, und die Hummer von den Îles de la Madeleine weit draußen im kalten Nordatlantik gehören zu den besten der Welt. Die Mönche von Oka und die Bauern der Île d'Orléans schließlich liefern zum Menü den Käse, scharfen Cheddar und würzigen ›Stinkkäse‹.

Lecker sind auch die krapfenähnlichen *poutines. Poutine à lafarine,* Schweinefleisch- und Apfelstückchen in Teig gebacken, oder *poutine à trou,* ähnlich zubereitet, aber mit gehackten Äpfeln, Nüssen und Preiselbeeren gefüllt. Die heute in Québec populäre Junk-Food-Variante besteht aus Pommes frites, Cheddarkäse und Bratensoße.

Atlantikprovinzen

In den Atlantikprovinzen stehen natürlich die Meeresfrüchte ganz oben an. Fangfrisch werden traditionelle Delikatessen wie Lachs, Forelle, Scholle und Heilbutt variantenreich zubereitet. Als delikate Vorspeise sind *Digby chicks,* nach einem besonderen Rezept geräucherte Heringe aus der Gegend um Digby, zu empfehlen. Von dort kommt auch das zarte Fleisch der Kammuschel *(scallop).* Ganz exquisit sind die Malpeque-Austern von Prince Edward Island. Nicht wenige Feinschmecker halten sie für die besten der Welt. Etwas Ausgefallenes sind die *fiddleheads,* die zartgrünen Farnsprossen, die den Frühling signalisieren – delikat als Gemüse mit Butter und etwas Zitrone serviert, oder auch in Salaten und Suppen. *Dulse,* eine gekochte Seealge mit eigentümlich herbem Geschmack, ist eine in den Atlantikprovinzen weit verbreitete Spezialität, für die sich Fremde allerdings nur selten begeistern können. Getrocknet werden die Algen auch wie Kartoffelchips geknabbert. Der Star unter den Meeresspezialitäten, allerdings nicht mehr so preiswert wie einst, ist in Atlantik-Kanada nach wie vor der Hummer. Viele der Festivals in den Orten der akadischen Küste drehen sich um gutes Essen, manche tragen sogar ein kulinarisches Motto, wie z. B. das *Shediac Lobster Festival* oder das *Campbellton Salmon Festival* in New Brunswick.

Die Köstlichkeiten aus dem Atlantik werden ergänzt durch traditionelle Gerichte wie etwa Eintopf. Denn was wären die Provinzen ohne die *chowders!* Sie dampften schon köstlich in der *chaudière,* dem massiven Kochtopf der Akadier. Hier am Atlantik werden sie üblicherweise mit Milch zubereitet. Wichtigste Zutaten sind Fisch, Hummer, Muscheln oder eine Mischung verschiedener Meeresfrüchte. Dazu gehören noch Kartoffeln, Zwiebeln und manchmal auch Karotten sowie gepökeltes Schweinefleisch. Es gibt unzählige Rezepte, aber die Menge der einzelnen Zutaten wird wie ein Geheimnis gehütet. Ob im noblen Restaurant, in Raststätten oder in der kleinsten Imbissbude, *chowders* sind immer gefragt.

Outdoor-Paradies mit einhundert Kilometern Wanderwegen und ebenso vielen Kanurouten: der Killarney Provincial Park in Nordontario

Wissenswertes für die Reise

Informationsquellen

Informationen im Internet

Allgemeine Infos zu Kanada

www.kanada.de: Offizielle Webseite der Kanadischen Botschaft in Deutschland mit einem Kanada-Newsletter und Veranstaltungskalender über kanadische Kultur und Wirtschafts-Events in Deutschland sowie Links zu kanadischen Konsulaten.

www.keepexploring.ca: Auch deutschsprachige Reiseseite der Canadian Tourism Commission mit Informationen über Reiseziele, Reisewetter, Festivals und Events, Aktivurlaub, Kultur, historische Sehenswürdigkeiten, Reiseberichten und Links zu Reiseveranstaltern. Dazu gibt es Reiseplaner und Magazine zum Download und eine Suchfunktion für individuelle Urlaubswünsche.

www.canadajournal.ca: Übersichtliche und informative Website – außer detaillierten Infos zum Reisen in Kanada gibt es Material über Schulen und Universitäten sowie zu Einwanderungsbestimmungen und Geschäftsleben mit Erfahrungsberichten. Eine Seite mit Weblinks ermöglicht den schnellen Zugang zu englischsprachigen kanadischen Medien.

www.canada.worldweb.com: Reiseportal von WorldWeb.com mit guter Kanada-Seite, übersichtlich mit Reservierungsfunktion und der Option, sich eine eigene Infoseite zu erstellen. Das vielleicht beste Feature bietet Zugriff auf zahlreiche interaktive Karten und Stadtpläne mit eingezeichneten Hotels, Restaurants und Attraktionen.

www.aboriginalcanada.gc.ca: Webportal für Kanadas Ureinwohner.

www.thegreenpages.ca: Kanadas Umwelt-Portal, mit einem umfassenden und aktuellen, sehr übersichtlich nach Provinzen gegliederten Nachrichtenspiegel der kanadischen Medien zu diesem Themenbereich.

www.transcanadahighway.com: Detaillierte Routenbeschreibung für den Trans-Canada Highway, übersichtlich nach Provinzen geordnet und mit Streckenkarten versehen.

www.kanadasuche.de/index.php: Kanada-Suchmaschine. Umfangreiche Sammlung von Kanada-Weblinks.

Englischsprachige Websites

www.canada.gc.ca: Offizielle Website der kanadischen Regierung mit Informationen über Land und Gesellschaft sowie Portal zu den einzelnen Provinzen.

www.pc.gc.ca: Webportal der kanadischen Nationalparkverwaltung Parcs Canada mit weiterführenden Links auf die jeweiligen Parks, die dann ausführlich beschrieben werden. Bietet alle notwendigen Informationen über Gebühren, Vorschriften, Sicherheit sowie einen Reservierungsservice.

www.statcan.ca: Webportal des statistischen Bundesamtes Statistics Canada mit ständig aktualisierten Informationen zur Geografie, Demografie und Wirtschaft Kanadas.

www.culture.ca: Webportal der kanadischen Regierung zur Kultur des Landes. Zeitgemäße Informationen über die kanadischen Medien, die Politik und die schönen Künste auf Bundes- und Provinzebene.

Websites der Provinzen

Die kanadischen Provinzregierungen unterhalten hervorragende Webseiten mit interessanten Links zu Politik, Landeskunde und Tourismus. Hier findet man detaillierte Beschreibungen der Sehenswürdigkeiten, Tourenvorschläge, Möglichkeiten für Aktivurlauber, Veranstaltungskalender, Einkaufs- und Restaurantführer, Unterkünfte sowie ausführliche Informationen zum Thema Angeln und Jagen. Dazu weiterführende Links auf die verschiedenen Regionen der Provinzen mit noch mehr Informationen und Verzeichnissen von Aktivitäten und Unterkünften.

Ontario

www.ontariotravel.net: Informativ und übersichtlich, bietet diese Webseite neben Diashows und Vorschlägen zur Urlaubsgestal-

tung verschiedene thematisch orientierte Reiseführer zum Bestellen oder Herunterladen.
www.tourottawa.org: Die Webseite der Bundeshauptstadt ist besonders gut im praktischen Bereich. Gute Hotel-, Restaurant- und Shoppingverzeichnisse.
www.torontotourism.com: Die hervorragende Webseite Torontos ist dank ständiger Befragung ihrer Besucher stets auf dem neuesten Stand – besonders in der oft kurzlebigen Restaurantszene ein großer Pluspunkt.
www.ontarioparks.com: Etwas langsame Website der Provinzparks Ontarios mit Links zu allen Parks und deren Freizeitangebot. Gute Idee: der Link »News/Parks Blog«, wo Reiseberichte und oft auch Kritisches zum Thema Naturschutz zu lesen ist.
www.museumsontario.com: Über wie viele gute Museen das vermeintlich geschichtslose Kanada allein in Ontario verfügt, erfährt man auf der praktisch angelegten Webseite der Ontario Museum Association.

Québec

www.bonjourquebec.com: Mehrsprachige (auch auf Deutsch) Webseite mit übersichtlicher Listung von Reisevorschlägen, Attraktionen, Regionen und Hotelverzeichnissen. Von hier aus kann auch die Unterkunft reserviert werden.
www.tourismemontreal.org: Farblich muntere Webseite mit ansehnlicher Runduminformation. Sehr gut: der Link zu den rabattierten Last-Minute-Angeboten.
www.sepaq.com: Die Webseite der die Québecer Provinzparks verwaltenden *Société des établissements de plein air du Québec* (Sépaq) bietet Links zu allen Wildnisgebieten und deren Freizeitangebot. Auch Hütten und Outdoor-Aktivitäten können hier gebucht werden.
www.fpq.com: Die Webseite der *Fédération des pourvoiries du Québec* (Québec Outfitters Federation) präsentiert die meisten der auf dem Territorium der Provinz operierenden Ausrüster. Links führen zu den Outfittern in den verschiedenen Regionen – dort können Hütten, Angeltrips in die Wildnis, Elch- und Bärenbeobachtungen gebucht werden.

New Brunswick

www.tourismnbcanada.com: Etwas dürftige Webseite. Nur kurze Hotel- und Restaurantverzeichnisse, dafür die Bitte, den offiziellen Guide zu bestellen oder herunterzuladen.

Prince Edward Island

www.gov.pe.ca: Die Webseite der Provinzregierung bietet einen Link zum Visitor Guide der Provinz. Klein aber fein, bietet dieser brauchbare praktische Infos und wissenswerte Hintergrundinformationen.
www.peiinfo.com: Hochinteressante Webseite mit Links zur aktuellen Tagespolitik auf PEI, zu Web Cams, zum Wetter und der Verkehrslage auf der Insel.

Nova Scotia

www.novascotia.com: Über 1300 hier buchbare Hotels, ein Entfernungsmesser (in km) und schnell aufgebaute Landkarten erleichtern die Planung des Nova-Scotia-Trips.
www.tasteofnovascotia.ns.ca: Auf dieser einladenden Webseite stellen sich die besten Restaurants der Provinz vor.
www.parks.gov.ns.ca: Zusammenstellung der von Nova Scotia verwalteten Parks und ihres jeweiligen Freizeitangebots. Hier können auch Hütten, Zelte und Stellplätze reserviert werden.
www.novatrails.com: Diese Webseite stellt die besten Wanderwege in Nova Scotia vor und gibt Tipps für Entdeckungen jenseits der eingetretenen Pfade.

Newfoundland and Labrador

www.gov.nl.ca/tourism: Stimmunsgvoll aufgemachte Webseite der östlichsten Provinz. Herrliche Fotos, berauschende Videos. Ebenfalls mit reisepraktischen Infos.

www.visitnewfoundland.ca: Politik, Kultur und viel Hintergrund sowie Tourismus und reisepraktische Infos auf einen Blick.

Fremdenverkehrsämter

... in Deutschland

Canadian Tourism Commission
c/o Lange Touristik-Dienst
Eichenheege 1–5
63477 Maintal
Tel. 01805-52 62 32 (12 ct/Min)
www.travelcanada.ca.
Kostenlose Straßenkarten und allgemeines Informationsmaterial über Kanada, in Deutschland angebotene Pauschalreisen und alle Anfragen Reisen nach Kanada betreffend.

... in Österreich

Österreicher wenden sich an die Canadian Tourism Commission in Deutschland (s. o.).

... in der Schweiz

Canadian Tourism Commission
c/o Landair, Solothurner Str. 81
CH-4702 Oensingen
Tel. 062-396 41 51, Fax 396 41 52
www.travelcanada.ca
Straßenkarten und allgemeines Informationsmaterial sowie alle Anfragen Reisen nach Kanada betreffend.

... in Kanada

Bei den Informationsbüros der Provinzregierungen erhält man kostenlos umfangreiches Karten- und Informationsmaterial über die einzelnen Tourismusregionen und meist auch besondere Broschüren über Unterkunft, Camping, Abenteuer und Sportferien, Winterurlaub, Jagen und Angeln:

Ontario Travel
5700 Explorer Dr., Mississauga, ON L4W 5J3
Tel. 905-282-1721, 1-800-668-2746,
www.ontariotravel.net

Tourism Québec
C. P. 979, Québec, H39 2W3,
Tel. 514-873-2015, 1-877-266-5687
www.bonjourquebec.com

Tourism New Brunswick
P. O. Box 6000, Fredericton, NB E3B 5H1
Tel. 506-457-6701, 506-444-5205,
1-800-561-0123
www.tourismnewbrunswick.ca

Newfoundland Department of Tourism, Culture and Recreation
P. O. Box 8700, St. John's, NL A1B 4J6
Tel. 709-729-2830, 1-800-5636-353
Fax 709-729-0057
www.gov.nl.ca/tourism

Nova Scotia Department of Tourism and Heritage
P. O. Box 456, Halifax, NS B3J 2R5,
Tel. 902-424-5000, 1-800-565-0000
Fax 902-424-2668
www.novascotia.com

Prince Edward Island Department of Tourism
P. O. Box 2000, Charlottetown, PEI C1A 7N8
Tel. 902-368-5540, 1-888-734-7529
Fax 902-368-4438
www.peiplay.com

Diplomatische Vertretungen

... in Deutschland

Kanadische Botschaft
Einwanderungsabteilung
Friedrichstr. 9
10117 Berlin
Tel. 030-20 31 24 47
Fax 030-20 31 21 34
www.dfait-maeci.gc.ca/canada-europa/germany/
Für besondere Anfragen zur Einreise nach Kanada und Aufenthalt im Land (Besucher aus Deutschland, Österreich und der Schweiz brauchen kein Visum).

... in der Schweiz

Kanadische Botschaft
Kirchenfeldstr. 88
CH-3005 Bern
Tel. 031-352 63 81, Fax 352 73 15
bern-ag@dfait-maeci.gc.ca

... in Österreich

Kanadische Botschaft
Laurenzer Berg 2
A-1010 Wien
Tel. 01-531 38 30 00, Fax 531 38 33 21
www.kanada.at

... in Kanada

German Embassy Ottawa
1 Waverly St.
Ottawa
Tel. 613-232-1101, Fax 613-594-9330
www.ottawa.diplo.de/Vertretung/ottawa/en/Startseite.html
Consulat général d'Allemagne Montréal
1250 Bd. René-Lévesque O., Suite 4315
Montréal
Tel. 514-931-2277, Fax 931-7239
www.montreal.diplo.de/Vertretung/montreal/fr/Startseite.html
German Consulate General Toronto
77 Bloor St. W., Suite 1703, Toronto
Tel. 416-925-2813, Fax 925-2818
www.toronto.diplo.de/Vertretung/toronto/en/Startseite.html

Austrian Embassy
445 Wilbrod St.
Ottawa
Tel. 613-789-1444, Fax 789-3431
www.austro.org
Consulat général d´Austria
1350 rue Sherbrooke Ouest, Suite 1110
Montréal
Tel. 514-845-8661, Fax 845-9397
consul.at.mont@qc.aira.com
Consulate General of Austria
2 Bloor St., Suite 400
Toronto
Tel. 416-967-3348, Fax 967-410
www.austriantrade.ca

Embassy of Switzerland
5 Marlborough Ave.
Ottawa
Tel. 613-235-1837, Fax 563-1394
www.eda.admin.ch/canada_all/e/home.html
Consulat général de Suisse
1572 Ave. Dr. Penfield
Montréal
Tel. 514-932-7181, Fax 932-9028
mon.vertretung@eda.admin.ch
Consulate General of Switzerland
154 University Ave., Suite 601
vertretung@tor.rep.admin.ch

Weitere Institutionen
Canada Customs
2, Av. de Tervueren
B-1040 Brüssel
Tel. 003227-41 06 70, Fax 003227-41 06 94
www.dfait-maeci.gc.ca/canada-europa/germany/tradewithcanada515-de.asp
Alle Auskünfte über Einfuhr, Zoll, Jagen und Angeln.
Parks Canada National Office
25 Eddy Street, Gatineau,
Québec, K1A 0M5
Canada
Tel. 416-593-5371, 888-773-8888
Fax 416-593-5083

Karten

Gutes Kartenmaterial für die Routenplanung ist kostenlos oder gegen eine geringe Schutzgebühr in allen Tourismusbüros der kanadischen Provinzen erhältlich. Topografische oder Spezialkarten verkaufen viele Buchhandlungen, Outdoor-Spezialisten und zum Teil auch die Visitor Centres der Nationalparks. Zumindest erhält man hier gegen eine geringe Schutzgebühr Kartenmaterial für die Straßen und wichtigsten Wanderwege des jeweiligen Gebietes.

Federal Maps
Unit # 1
52 Antaris Dr., Nepean
Ontario K2E 7Z1, Canada
Tel. 613-7236-366
Fax 613-723-6995
www.fedmaps.com
Topographische Karten, Spezialkarten.

Arktis Verlag/Nordland Touristik
Scheibenstraße 3
87435 Kempten
Tel. 08315-21 59 21
Fax 21 59 50
www.arktis-verlag.de
www.nordlandtouristik.de/kanada.htm
Spezialanbieter für individuelle und ausgefallene Reiseplanungen nach Kanada, Wildnisaufenthalte, Angeln, Trekking, Gebirgs- und Polar-Expeditionen, Routenberatung, detailliertes Kartenmaterial, Spezialreiseliteratur.

Lesetipps

Deutschsprachige Bücher

Walter Bauer: Grey Owl. Der weiße Indianer. Die Geschichte eines abenteuerlichen Lebens. Lamuv Verlag, Göttingen 2000. Spannende Biografie des legendären Abenteurers, Naturfreundes und Schriftstellers, der mit 16 von zu Hause ausriss und 1905 nach Amerika zu den Indianern ging.

Peter Mertz: Reiseführer Natur, Kanada, BLV Verlagsgesellschaft 1996. Informativer Naturführer mit ausführlichem Glossar der deutschen, lateinischen und englischen Namen.

Ulrich Laux: Abenteuer Kanada. Kanada ist anders. Reisen und Auswandern. Interconnections 2004. Eindrücke und Informationen über Kanada, Land und Leute aus der persönlichen Sicht eines deutschen Einwanderers, oft kritisch, aber doch informativ.

Annie Proulx: Schiffsmeldungen. Die Geschichten des unbeholfenen Quoyle, der an den einsamen Gestaden Neufundlands trotz aller Widrigkeiten zu einem neuen Leben und sich selbst findet. Fischer 1997.

Helge Sobik: Der Mann hinter dem Regenbogen. Kanadische Eigenheiten. Picus Verlag 2001. Sehr lesenswerte, oft amüsante und abenteuerliche Geschichten über den kanadischen »Way of Life«.

Englischsprachige Bücher

Canadian Campground Guide: Woodall's 2006. Jährlich erscheinender Klassiker für Camper in Nordamerika.

Berton, Pierre: Pierre Berton's Canada, The Land and the People, Stoddart Pub, 1999. Kanadas abenteuerliche Geschichte in 24 faszinierenden Porträts, mit 125 Bildern von über 30 kanadischen Fotografen.

Jim Loomis: All Aboard! The Complete North American Train Travel Guide, Prima Publishing 1998. Alles über Bahnreisen in Nordamerika.

Andrew H. Malcolm: The Canadians, St. Martin's Press 1999. Einfühlsame und gut geschriebene Darstellung der Kanadier und ihrer Gesellschaft.

Canada's Best Canoe Route: Hrsg. von Thomas Allister, Boston Mills Press 2003. 37 der besten Paddelrouten zwischen Atlantik und Pazifik.

Elliott Katz: The Complete Guide to Walking in Canada. Firefly Books, 2001. Tipps für Ausrüstung und Planung von Trekking und Wanderungen, Beschreibung der interessantesten Routen und Wanderwege.

Bruce Chadwick: Traveling the Underground Railroad. Citadel Press, Herbst 1999. Spannender und bewegender Bericht über die Underground Railroad, den »Weg zur Freiheit« für viele afrikanische Sklaven, mit Beschreibungen der historisch relevanten und zugänglichen Sehenswürdigkeiten.

Ostkanada als Reiseland

Die Blockhütte am See. Wasserflugzeuge, Kanus, Schneeschuhe. Adler und Bären, Lachse, Wale, Biber: Stichworte, die jeder Europäer kennt und die ihn, den bedrängt lebenden, ewig gestressten Großstädter, sehnsüchtig seufzen lassen. Kein anderes Land lässt bei der bloßen Nennung seines Namens tiefer durchatmen, kein anderes Land wird spontaner mit Idealbildern wie unberührte Natur, kristallklares Wasser und menschenleere Wildnis in Verbindung gebracht. Und das Schönste ist: Die Klischees, so überladen sie klingen mögen, sind auch noch wahr! In Kanada, wo Entfernungen in Stunden und Tagen angegeben werden und wo, will man nicht mitten in der Nacht anrufen, vor Ferngesprächen an die Zeitzone gedacht werden muss, ist immer noch viel Platz. Und dies umso mehr, als dieses Land von gerade 33 Mio. Menschen bewohnt wird. Was bei knapp 10 Mio. km^2 Landfläche eine für mitteleuropäische Verhältnisse geradezu lächerliche Bevölkerungsdichte von 3,24 Einwohnern/km^2 ergibt. Der in diesem Band vorgestellte Osten macht etwa die Hälfte dieser Fläche aus, wobei Toronto und Montréal, die beiden größten Städte des Landes, diese Zahl nur geringfügig nach oben treiben. Doch keine Statistik vermag das, was der Norden Nordamerikas zu bieten hat, zu erfühlen, zu erklären, nachzuvollziehen.

Die Seele reinigen

Denn Ostkanada, das ist ebenso ein lauer Sommerabend am Lagerfeuer unter sternenklarem Himmel wie der Besuch eines schmissigen Musicals in Toronto oder der neuesten Avantgarde-Galerie in Montréal. Weite, Wildnis, Weltstädte heißt die Dreieinigkeit im Osten des Riesenlandes, und sie wird niemals langweilig. Und immer wieder die ausladende Geografie: In diesem Land zu reisen, im Mietwagen oder im Wohnmobil, heißt Straßen zu befahren, die viele tausend Kilometer lang sind und erst weit hinter dem Horizont enden. Was wiederum bedeutet, auf dem Weg dorthin Autofahrern zu begegnen, die im Vorbeifahren die Hand zum Gruß heben, und Einheimische, denen Gastfreundschaft noch heilig ist und Hilfsbereitschaft keine leere Phrase. Manche sagen deshalb, hier sei das Leben noch so, wie es eigentlich sein sollte. Viele Europäer haben sich gerade deshalb hier niedergelassen – nicht umsonst ist Kanada auch der Deutschen liebstes Auswandererziel. Selbst der verwöhnteste Europäer, der Lebensqualität vielleicht ein wenig anders definiert, wird sich diesem Mix aus zeitlos schönen Naturlandschaften und internationalen Weltstädten nicht entziehen können.

Kunst und Kultur(en) tanken

Apropos Lebensqualität. Kanadas Osten bedeutet Ferien in der Wildnis, urbaner Lifestyle und weltoffene Gastgeber. Die **Großstädte** des zweitgrößten Landes der Erde sind in der Endlosigkeit schwimmende Inseln der Zivilisation und bevölkert von Menschen aus aller Welt, die kreativ am Stoff ihrer Wahlheimat mitweben.

Die internationalste Stadt des Landes und nordamerikanische Kulturmetropole ist **Toronto,** 200 Jahre jung, dynamisch, polyglott und mit Restaurants, Museen und Kunstgalerien so reich gesegnet, dass selbst die verwöhnten New Yorker neidisch sind. Die vielleicht ungewöhnlichste Stadt Nordamerikas ist **Montréal.** Kanadas Gründervölker, historisch einander nie sonderlich grün, schufen hier eine urbane Gesellschaft, deren einzige *raison d'être* die Lust am guten Leben zu sein scheint. So viel Historie auf so engem Raum und so viele exquisite Restaurants wie in **Québec-City** gibt es sonst nirgends in Nordamerika. **Halifax,** sicher keine Weltstadt, dafür die Hauptstadt Nova Scotias, kultureller Mittelpunkt der Atlantikprovinzen und mit seinen Pubs und Musikkneipen anerkanntermaßen die *Hip City* im Osten Ostkanadas. Doch das Allerschönste: Hier wie dort ist man stets nur einen Lidschlag von der **Wildnis** entfernt. In Toronto und Montréal sind es die Seen und Wälder des Kanadischen Schilds, am Atlantik die leeren Küsten und nebelverhangenen Moore. Ein, zwei Autostunden außerhalb der Metropolen rückt Mutter Natur, unbebaut und unberührt, die Dinge wieder zurecht. Ein Privileg, dessen sich die Kanadier durchaus bewusst sind …

Wie auf Schienen reisen

Dass Sie am Ende eines langen Tages vor verschlossener Türe stehen oder im Hotelzimmer unangenehme Überraschungen erleben, steht kaum zu befürchten. Die kanadische Fremdenverkehrsindustrie arbeitet professionell und zuverlässig. Das gilt für organisierte Stadtrundfahrten in Toronto mit täglich Hunderten von Gästen ebenso wie für den kleinsten Ausrüster, der pro Saison nur ein Dutzend Gäste durch die Wälder Newfoundlands schleust. In allen größeren Städten gibt es Unterkünfte und Restaurants für jeden Geldbeutel. Je weiter man die Zentren hinter sich lässt, desto einfacher werden Hotels und Verpflegung, mit knurrendem Magen im Auto übernachten braucht man – etwas Planung vorausgesetzt – jedoch nicht. Und wer tiefer in die Tasche greift, darf 5-Sterne-Luxus selbst in straßenloser Wildnis genießen.

Vorschläge für Rundreisen

Zehn Tage: Entweder oder

Ein limitiertes Zeitbudget erzwingt Prioritäten. Den gesamten Osten Kanadas in dieser Zeit bereisen zu wollen ist schlicht unmöglich. So erhält diese Reise den Charakter einer **Schnuppertour,** die bei guter Planung jedoch durchaus einen repräsentativen Eindruck von Ostkanada hinterlässt.

Zehn Tage Ontario: Start und Ziel ist **Toronto,** für das drei Tage eingeplant werden. Darin kann bereits ein Tagesausflug zu den **Niagarafällen** enthalten sein. Danach geht es auf den Hyways 400 und 11 zum **Algonquin Provincial Park.** Für das Wildnisgebiet sollte man zwei Nächte veranschlagen. Anschließend mag man sich entweder in einem Resort in den **Muskokas** erholen und am letzten Tag den Rückweg nach Toronto antreten (die Flüge nach Deutschland gehen erst spätnachmittags) oder aber auf dem Highway 69 die Küste der **Georgian Bay** erkunden.

Zehn Tage Québec: Start und Ziel ist **Montréal,** für das drei Tage reichen. **Québec,** die Hauptstadt der Provinz, verdient zwei Tage. Von Québec aus sollte man das für seine

Bei Newport, Gaspé-Halbinsel, Québec

Wale berühmte **Tadoussac** ins Visier nehmen. Drei Tage wären für diesen Ausflug, der zunächst durch das Charlevoix führt und am Nordufer des **Saguenay-Fjord** endet, einzuplanen. Nach der zweiten Nacht in Tadoussac nimmt man bei St-Siméon die Autofähre über den Strom nach **Rivière-du-Loup** und reist von dort aus auf der alten Küstenstraße Rte. 132 zurück nach Montréal. Unterwegs lohnen Städtchen wie **Kamouraska** oder **Montmagny** kurze Stopover.

Zehn Tage Nova Scotia: Start und Ziel ist **Halifax,** für das zwei Tage einzuplanen sind. Am dritten Tag sind **Peggy's Cove, Mahone Bay** und **Lunenburg** bequem ›machbar‹. Nach der Übernachtung in Liverpool setzt man die Reise durch den **Kejimkujik National Park** nach Digby fort und erreicht auf dem **Evangéline Trail** das fotogene **Wolfville.** Tag 5 oder 6 ist ein Reisetag: Ziel ist **Port Hawkesbury** im Süden von **Cape Breton Island,** das man von Wolfville aus über Halifax, Truro und New Glasgow erreicht. Die restlichen Tage gehören dem **Cabot Trail,** der leicht an einem Tag, gründlicher jedoch an zwei Tagen erkundet werden kann.

14 Tage: Kleine Rundreisen

14 Reisetage erweitern den Aktionsradius beträchtlich. In Ontario lassen sich der Süden und im Norden Manitoulin Island einschließen, in Québec wird die Umrundung der Gaspé-Halbinsel denkbar. Attraktiv ist auch die Anreise über Toronto und die Abreise über Montréal, so kommen beide Provinzen zu ihrem Recht. Am Atlantik lassen sich New Brunswick und Prince Edward Island anhän-

gen. Selbst ein kurzer Abstecher nach Newfoundland ist denkbar, sofern man die Heimreise von St. John's aus antritt.

14 Tage Ontario: Start und Ziel ist **Toronto.** Nach vier Tagen geht es nach **St. Jacobs.** Tag 5 ist ein Reisetag: Von St. Jacobs zunächst zu den Stränden am **Lake Huron.** Tag 6 sieht die **Bruce Peninsula** vor, danach setzt man nach **Manitoulin Island** über. Für die Insel sollte man mindestens zwei Tage vorsehen, ebenso wie für den **Killarney Provincial Park.** Auf der Rückfahrt nach Toronto kann noch bequem eine Übernachtung in den **Muskokas** eingelegt werden.

14 Tage Québec: Start und Ziel ist **Montréal.** Drei Tage später geht es auf der Autoroute 40 nach Québec. In **Trois-Rivières** lohnt ein 48-stündiger Abstecher in den **Parc national de la Mauricie.** Nach zwei Tagen in der Provinzhauptstadt **Québec** sind **Baie St-Paul** oder **La Malbaie** im Charlevoix die nächsten Etappenziele. Am achten Tag wird die Reise über **Tadoussac** nach **Les Escoumins** fortgesetzt und mit der Fähre über den St.-Lorenz nach **Trois-Pistoles** die Südküste erreicht. **Matane** ist noch vor Einbruch der Dunkelheit erreichbar. Die zweite Hälfte der Rundreise widmet sich der **Gaspé-Halbinsel.** Für den Abstecher in den **Parc national de la Gaspésie** sollte man, will man eine längere Wanderung unternehmen, zwei Tage veranschlagen. Da in Montréal die Flüge nach Europa am frühen Abend abheben, sollte man am Morgen des letzten Tages nur noch fünf, sechs Autostunden von Montréal entfernt sein.

14 Tage Ontario und Québec: Start in **Toronto,** Ziel ist **Montréal.** Nach fünf, sechs Tagen in Ontario – **Toronto, Niagarafälle, Algonquin Provincial Park** – geht es auf dem Highway 401 nach Osten. Bei **Port Hope** verlässt man die Schnellstraße zugunsten der Uferstraße 2 am Ufer des Lake Ontario entlang. Als Zwischenstops unterwegs nach Montréal bieten sich **Kingston** und die Bundeshauptstadt **Ottawa** an. Insgesamt sollte man zwei, drei Tage für die Reise nach Montréal einplanen. Für **Montréal,** das am neunten oder zehnten Tag erreicht wird, reichen zwei Tage. Für die Provinzhauptstadt **Québec,** den glanzvollen Höhepunkt dieser Rundreise, sollte man ebenfalls zwei Tage reservieren. Die Rückfahrt nach Montréal kann bequem erst am letzten Tag angetreten werden, reine Fahrzeit: zwei, maximal zweieinhalb Stunden.

14 Tage Atlantik-Kanada: Start in **Halifax,** Ziel ist **St. John's.** Nach zwei Tagen Halifax beginnt die Reise mit **Peggy's Cove, Mahone Bay, Lunenburg** und **Liverpool.** Am vierten oder fünften Tag geht es auf dem Hwy. 8 durch den **Kejimkujik National Park** nach **Digby** an der **Bay of Fundy.** Von hier aus ist ein Abstecher nach **Brier Island** denkbar. Am sechsten oder siebten Tag setzt man in Digby nach **Saint John** (New Brunswick) über. Danach stehen der **Fundy National Park** und der **Rocks Provincial Park** auf dem Programm. Nach der Übernachtung in **Moncton** rückt **Cape Breton Island** ins Visier. Die Fahrt dorthin dauert einen Tag – zwei, schließt man **Prince Edward Island** ein. Diese Extra-Tour beginnt bei Cape Tormentine, wo es auf der neuen Confederation Bridge hinübergeht. Nach der Übernachtung im behaglichen **Charlottetown** erreicht man in Woods Islands die Autofähre nach **Pictou** (Nova Scotia) und gelangt noch am gleichen Tag nach **Port Hawkesbury** am Südende von **Cape Breton Island.** Am zehnten oder elften Tag bricht man in aller Frühe zum **Cabot Trail** auf. Nach der Übernachtung in **Sydney** besteigt man dort die Fähre nach **Argentia** (Newfoundland) auf. Die Überfahrt dauert 14 Stunden, doch zumindest für die Erkundung der Provinzhauptstadt **St. John's** bleibt bis zum Abflug noch ein ganzer Tag.

Drei bis vier Wochen: Große (Rund-)Reise

Ankunft in Toronto, Abreise in St. John's: Ganz Ostkanada in einem Monat ist nur möglich, wenn man den Rundreise-Gedanken aufgibt und Ankunfts- und Rückflugsort nicht identisch sind. Den Reisenden erwarten mindestens 8000 Straßenkilometer – und weitere 4000 bis 5000 km, will er auch noch den **Lake Superior** sehen und Neufundland nicht nur durchqueren, sondern noch einen Abstecher nach **L'Anse-aux-Meadows** und zu den Outports an der **Notre-Dame Bay** unternehmen.

Drei Wochen: Start in **Toronto,** Ziel ist **St. John's.** Nach zwei Tagen geht es zu den **Niagarafällen.** Tags darauf am Lake Erie entlang zum **Point Pelee National Park.** Am vierten oder fünften Tag wird die Reise nordwärts fortgesetzt, mit Abstechern nach **Dresden, Stratford und St. Jacobs.** Am Ende des fünften Tages kann man auf **Manitoulin Island** sein. Am siebten Tag wird der **Killarney Provincial Park** angesteuert. Danach geht die Reise von **Killarney** über **Sudbury** nach **North Bay** und von dort aus auf dem Highway 17 am Ufer des **Ottawa River** entlang nach Osten weiter. Nach einer Übernachtung unterwegs wird am zehnten Tag **Ottawa** erreicht. Anderntags geht die Reise zum zwei Autostunden entfernten **Montréal** weiter. Hier reichen zwei Tage. Am 13. Tag steht die Provinzhauptstadt **Québec** auf dem Programm, mit Sightseeing nachmittags und abends. Frühmorgens am 14. Tag bricht man nach Atlantik-Kanada auf, mit folgenden Etappen: **Rivière-du-Loup, Fredericton** und der Übernachtungsort **Moncton.** Von dort aus nach **Cape Breton Island** ist es ein kurzer Tag, der sich mit einem Abstecher nach **PEI** verlängern lässt. Am 16. Tag geht die Fahrt von **Port Hawkesbury** zum **Cabot Trail** weiter, Übernachtung in Sydney. Am 17. Tag rollt man dort auf die Autofähre nach **Channel-Port-aux-Basques** (Newfoundland). Noch am gleichen Tag ist **Corner Brook** erreicht. Tag 18 ist der Erkundung der herrlichen **Bay of Islands** gewidmet, Tag 19 der Fahrt über die Insel nach **St. John's.** Der letzte Tag steht für Sigtseeing zur Verfügung.

Drei plus eine Woche: Mit einer Extra-Woche lassen sich in Ontario vom Killarney Provincial Park aus das Nordufer des Lake Superior und die Hafenstadt **Thunder Bay** der Route anfügen oder in Neufundland die wildromantische Northern Peninsula mit dem **Gros Morne National Park** und der Wikinger-Heimstatt **L'Anse-aux-Meadows.**

Tipps für die Reiseorganisation

Individualreisen

Dank einer hervorragenden Infrastruktur ist Ostkanada ein ideales Ziel für Individualreisende. Straßen führen, auf Asphalt oder Schotter, in die entlegensten Gebiete des Riesenlandes. Tankstellen gibt es überall, Restaurants und Übernachtungsmöglichkeiten ebenso. Relativ ›planloses‹ Reisen ist also möglich, vor allem außerhalb der Hochsaison (Juli und August). In größeren Städten, in und um Nationalparks und anderen Attraktionen sowie an Feiertagen und Wochenenden sollte man die Übernachtung reservieren. Aber auch das ist kein Problem: Die Visitor Centres der Städte und touristischen Regionen beraten bei der Wahl der passenden Unterkunft und erledigen – kostenlos – auch die Buchung.

Am besten lernt man Kanada im eigenen Fahrzeug kennen. Mit öffentlichen Verkehrsmitteln ist die Bewegungsfreiheit eingeschränkt, auch kommt man mit Bus und Bahn nicht in die Nationalparks. Ob man sich für einen Mietwagen oder ein Wohnmobil entscheidet, hängt letztlich vom persönlichen Geschmack ab. Wer mit dem Mietwagen unterwegs ist, muss regelmäßig nach einem Hotel suchen oder sich um einen Zeltplatz küm-

Kanada eignet sich bestens für die Reise mit Kindern

mern. Wer im Wohnmobil reist, erspart sich die Unterbringungsfrage, muss jedoch höhere Benzin- und Stellkosten auf den Campingplätzen und die regelmäßige Entsorgung einkalkulieren. **Wildes Campen** ist nur in besonders entlegenen Gebieten möglich. Sowohl mit Mietwagen als auch per Camper ist die persönliche Flexibilität am größten.

Bleibt die Frage, ob der fahrbare Untersatz erst am Zielort oder doch lieber schon daheim gemietet werden sollte. **Faustregel:** Nur wer gut Englisch spricht, sollte sich vor Ort auf die Suche nach einem preiswertem Mietwagen machen und auf das Kleingedruckte im Vertrag achten. Lokale Wohnmobilverleiher sind oft weit im Voraus ausgebucht. Der bereits daheim reservierte Mietwagen ist generell etwas preiswerter und kommt bereits mit allen sinnvollen Versicherungen.

Mehrtägige **Kanu- und Trekking-Expeditionen** lassen sich ebenfalls individuell organisieren. Allerdings sollte man in diesem Fall unbedingt wildniserfahren und körperlich fit sein. Die Ausrüstung kann bei Outfittern vor Ort leicht vervollständigt werden. Doch auch Wildnisunerfahrene können die Einsamkeit jenseits der Straße genießen: Profilierte Veranstalter von Kanu-, Kajak- und Raftingexpeditionen lassen sich sowohl direkt als auch von zu Hause aus buchen (s. S. 82 ff.).

Pauschalarrangements

Alle großen Reiseveranstalter führen Kanada im Programm. Hinzu kommen kleinere Spezialveranstalter, die Nordamerika bereits seit Jahrzehnten bereisen und wertvolle individuelle Tipps bereithalten. Angeboten wird Kanada im Sommer und Winter. Dabei stimmen gute Veranstalter ihr Programm auf die individuellen Wünsche ihrer Kunden sowie deren Reiseerfahrung und Sprachkenntnisse ab. Die Palette reicht von der geführten Gruppenreise unter deutscher Leitung über organisierte Kanu-Expeditionen und Sprachreisen bis hin zum Fly & Drive-Angebot, bei dem der Veranstalter lediglich den Transport organisiert und den Rest dem Kunden überlässt.

Veranstalter von Kanadareisen

Argus Reisen: Alte Dorfstraße 44 a, 37120 Bovenden, Tel. 05594-804 94 90, Fax 05594-804 94 91, www.argusreisen.de.

Canada Reise Dienst CRD International: Stadthausbrücke 13, 20355 Hamburg, Tel. 040-300 61 6-0, Fax 30 06 16-55, www.crd.de.

Canusa Touristik: Nebendahlstraße 16, 22041 Hamburg, Tel. 040-227 25 30, Fax 22 72 53 53

DERTOUR: Emil-von-Behring-Str. 6, 60242 Frankfurt/M., Tel. 069-95880, Fax 95 88 10 10, www.dertour.de.

imr Reisen: Dahlienstr. 20, 47495 Rheinberg, Tel. 02843-86 00 69, Fax 86 00 70, www.imrreisen.de.

Meier's Weltreisen: Emil-von-Behring-Str. 6, 60439 Frankfurt/M., Tel. 0180-533 74 00, Fax 95 88 37 99, www.meiersweltreisen.de

TUI Deutschland: Karl-Wiechert-Allee 23, 30625 Hannover, Tel. 0511-56 70, Fax 567 13 01, www.tui.de.

National- und Provinzparks

National- und Provinzparks bieten meist die besten Picknick- und Campingmöglichkeiten. Reservierungen per Kreditkarte sind in vielen Parks möglich, sonst sollte man sich möglichst früh am Tag seinen Platz sichern. **Parks Canada** (s. S. 65) und die Provinzregierungen halten detaillierte Informationen über ihre Parks und deren Freizeiteinrichtungen bereit.

Der **Eintritt** pro Fahrzeug ist in den einzelnen Parks unterschiedlich und liegt zwischen 10 und 20 Dollar. Möchte man mehrere Nationalparks besuchen, lohnt sich unter Umständen ein Jahrespass. **Campinggebühren** sind durch den Pass allerdings nicht abgedeckt. Die Pässe sind in den Visitor Centres erhältlich und könnenn auch mit Kreditkarten bezahlt werden.

Reisen mit Kindern

Kanada eignet sich hervorragend für Reisen mit Kindern. Weder fehlt es an entsprechenden Angeboten (Kindermenüs, besondere Attraktionen, Kinder bis 15 Jahre logieren im Allgemeinen kostenlos in Hotels etc.) noch schließt Abenteuerreisen Kinderfreundlichkeit aus. Im Gegenteil: Das Leben im Camp mit viel Platz, Kochen im Freien, Fischen und Feuermachen bereitet Kindern besonderen Spaß. Besonders Reisen im Wohnmobil ist für kleine Kinder ideal. Der Camper schafft eine vertraute Umgebung, im Gegensatz zum häufigen Wechsel der Motel- oder Hotelzimmer. Viele Campingplätze haben außer Swimmingpools auch Spielplätze.

Die Kanadier selbst lieben es, mit Kind und Kegel die Campingplätze zu bevölkern – eine gute Voraussetzung übrigens, um Kontakte mit ihnen zu knüpfen: Kinder mit Kindern ebenso wie die Eltern untereinander. Generell gilt, dass man in Kanada auf Reisende mit Kindern besser eingestellt ist und mehr Rücksicht nimmt als in Deutschland. Kindersitze im Mietwagen sind nicht nur selbstverständlich, sondern sogar Pflicht. Sie werden auf Anfrage von den Vermietstationen bereitgestellt.

Wer mit Kind(ern) reist, sollte allerdings den Zeitplan etwas großzügiger gestalten, um unterwegs genügend Spielraum zu haben, sich mit dem Nachwuchs beschäftigen zu können, und dabei auch einmal ein paar Tage an einem Ort bleiben. In den größeren Städten gibt es gute zoologische Gärten, Wasserparks und mitunter sogar spannende Kinderabteilungen in den Museen.

Anreise und Verkehr

Einreisebestimmungen

... für Kanada

Reisende aus Deutschland, Österreich und der Schweiz benötigen als Touristen für die Einreise kein Visum. Reisepass bzw. Kinderausweis (ab zehn Jahren ist ein Lichtbild erforderlich) genügen, sofern er noch mindestens sechs Monate gültig ist. Impfungen sind nicht vorgeschrieben.

Zollfrei eingeführt werden dürfen alle Gegenstände, die für den persönlichen Gebrauch während der Reise bestimmt sind. Außerdem: 1,1 Liter Spirituosen, 200 Zigaretten, 1000 Gramm Tabak und 50 Zigarren. Lebensmittel in begrenztem Umfang und nur als Konserven, also keine Früchte, kein Gemüse und kein Frischfleisch. Als Geschenk dürfen Gegenstände im Wert von 40 Dollar pro zu beschenkender Person eingeführt werden. Jagd- und Sportwaffen dürfen zwar mitgebracht werden – hierfür gelten aber besondere Bestimmungen. Nähere Auskünfte erhält man bei der kanadischen Botschaft in Berlin (s. S. 64) und bei:

Canada International Services for Non-Canadians: www.canadainternational.gr.ca
Canada Border Services Agency: www.cbsa-asfc.gc.ca/travel/visitors-e.html

... für Anschlussreisen in die USA

Für Anschlussreisen von Kanada in die USA ist kein Visum erforderlich. Dabei muss beachtet werden, dass bei mehrfachem Grenzwechsel der *departure record*-Abschnitt des Einreisedokuments nicht entfernt wird.

Zollfrei mitgebracht werden dürfen Gegenstände des persönlichen Gebrauchs sowie 1 Liter alkoholische Getränke, 200 Zigaretten oder 50 Zigarren oder 1350 g Tabak (nur für Personen ab 21 Jahre). Geschenkartikel bis zum Wert von 100 US$ dürfen ebenfalls zollfrei eingeführt werden (gilt nicht für Alkohol und Zigaretten).

Nähere Auskünfte über die Einfuhrbestimmungen in Bezug auf Tiere, Autos, Jagdwaffen usw. erhält man von den amerikanischen Konsulaten oder der US-Botschaft.

Frische und konservierte Lebensmittel (Obst, Gemüse, Fleisch und Süßigkeiten mit Alkoholfüllung) sowie Pflanzen, Narkotika, gefährliche Arzneimittel (Ausnahmen mit ärztlichem Rezept) dürfen nicht in die USA eingeführt werden.

Anreise

Die wichtigsten Einreiseflughäfen sind der **Lester B. Pearson Airport** in **Toronto** (18 km westlich des Zentrums) und der 20 Autominuten von Centre-Ville entfernte **Aéroport international Pierre-Elliott-Trudeau de Montréal** in **Montréal.**

Die Lufthansa fliegt täglich von Frankfurt, KLM täglich von Amsterdam nach Toronto. Von dort gibt es zahlreiche Anschlussflüge u. a. nach Montréal, Ottawa, Québec City, Halifax, St. John's). Air Canada fliegt von Frankfurt täglich nonstop nach Montréal sowie dreimal täglich nach Toronto. Von München geht es nonstop nach Montréal und Toronto. Thomas Cook Airlines (früher Condor) bietet zwei Charterflüge nach Ostkanada: am Donnerstag von Frankfurt nach Halifax, Nova Scotia und am Dienstag von Hannover nonstop nach Moncton, New Brunswick und von dort weiter nach Toronto. Die Air Transat ist die führende Charterfluggesellschaft in Kanada. Sie fliegt ab Frankfurt dreimal wöchentlich nach Toronto (So nonstop, Sa via Montréal, Mi via Halifax).

Verkehrsmittel im Land

Flugzeug

Das dichteste Streckennetz innerhalb Kanadas bietet Air Canada mit ihren Partner-Airlines.

Bahn

Die beiden großen Eisenbahnlinien Canadian National und Canadian Pacific Railroad sind heute unter dem Namen **VIA-Rail** zusammengeschlossen.

Die **Transkanada-Eisenbahn** (VIA-Rail) fährt Di, Do und Sa von Toronto über Edmonton und Jasper nach Vancouver. Von Vancouver nach Toronto verkehrt der Zug Mo, Do und Sa. Die gesamte Fahrstrecke beträgt 5000 km, Ankunft ist jeweils am fünften Tag. Reiseunterbrechungen sind in jedem Ort möglich. Die Züge sind komfortabel ausgestattet, außer regulären Schlagwagenabteilen gibt es auch Abteile, die wie kleine Hotelzimmer mit eigenem Bad eingerichtet sind.

Fahrten mit der VIA-Rail kann man schon in Deutschland über den **Canada Reise Dienst** reservieren. Hier erhält man auch weitere Informationen über Eisenbahn-Reisen in Kanada, VIA-Rail und Rocky Mountaineer, Fahrpläne, Buchungen:

Canada Reise Dienst CRD International
Stadthausbrücke 13
20355 Hamburg
Tel. 040-300 61 6-0, Fax 30 06 16-55
www.crd.de

Informationen in Kanada:
VIA-Rail
Tel. 604-640-3741, 1-888-842-7245
www.viarail.ca

Bus

Alle Haupt- und auch die meisten Nebenstrecken werden, wenn auch nicht immer täglich, von Überlandbussen bedient. Sie fahren auch dorthin, wo das – ohnehin – beschränkte VIA-Rail-Netz nicht hinreicht. Die einzige Beschränkung sind die Wildnisgebiete: Busse pflegen entweder gar nicht oder nur durchzufahren. So bleibt einem für die Erkundung der National-und Provinzparks in der Regel nur der Mietwagen. Neben den zahlreichen regionalen und nationalen Busunternehmen sind vor allem die Überlandbusse von **Greyhound** zu empfehlen. Moderner und oft auch besser in Schuss als die Greyhound-Fahrzeuge südlich der Grenze, bieten sie dem Reisenden den von Greyhound gewohnten, verlässlichen Service (Toronto: 154 Front St., Tel. 416-594-1311; Montréal: 505 Bd. de Maisonneuve, Tel. 514-843-4231; Québec: 320 rue Abraham-Martin, Tel. 418-525-3000; Halifax: 1161 Hollis St., Tel. 902-454-9321).

Eine besonders preiswerte Möglichkeit, Kanada kennenzulernen, bietet Air Canada mit ihrem **Visit North America Airpass.** So sind z. B. drei Coupons schon ab 450 Euro erhältlich. Sie gelten auf dem gesamten US- und Kanada-Streckennetz. Durch die Zusammenarbeit mit kanadischen und US-Airlines sind auch recht günstige Anschlussflüge nach Alaska und anderen amerikanischen Städten möglich.

Fähre

Zahlreiche Autofähren verkehren an der Atlantikküste zwischen Prince Edward Island, Newfoundland und dem Festland sowie im breiten Mündungsgebiet des St.-Lorenz-Stroms.

Auskunft:
Bay Ferries Ltd.
94 Water St.
Charlottetown, P.E.I., C1A 7L3
Tel. 902-566-3838, 1-888-249-7245
Fax 902-566-1550
www.catferry.com
Betreibt zusammen mit Northumberland Ferries den Fährverkehr in der Bay of Fundy sowie nach Bar Harbor und Portland (beide in Maine).

Marine Atlantic
355 Purves St.

Viel Platz auf Straßen und Campingplätzen – ideal für Reisen mit dem Wohnmobil. Parc national de la Mauricie, Québec

North Sidney, NS B2A 3V2
Tel. 902-794-5200, Fax 564-7480
www.marineatlantic.ca.
Seit nunmehr fast einhundert Jahren verbindet Marine Atlantic Port-aux-Basques (NFLD) mit North Sydney (NS) und, im Sommer, Argentia (NDLD) mit North Sydney.

Eine viel genutzte Fährverbindung in Ontario ist die Strecke von Tobermory nach Manitoulin Island. Reservierungen über:
Ontario Northland
Tel. 519-376-6601, 1-800-265-3163

Mietwagen

Sofern man nicht eine reine Wandertour-, Fähr- oder Zugreise plant, ist der Mietwagen oder Camper die beste Möglichkeit, Ostkanada kennenzulernen, zumal es in Kanada keine Straßengebühren gibt. Bei der Anmietung in Kanada sollte man auf jeden Fall eine **Kreditkarte** vorweisen, da man sonst einige hundert oder tausend Dollar Kaution hinterlegen muss. Die Kreditkarte ist in Nordamerika besonders wichtig, da sie nicht nur ein Beweis der Kreditwürdigkeit ist, sondern auch als Identitätsnachweis gilt: Einwohnermeldeämter gibt es in Nordamerika nicht.

Den **Reisepass** sollte man jedoch niemals als Pfand aus der Hand geben.

Für ein- oder mehrwöchige Auto/Campermieten empfiehlt es sich in jedem Fall, das Fahrzeug bereits **in Deutschland** über ein Reisebüro zu reservieren, da die speziellen Urlaubstarife der Autovermieter für Europäer nur hier gebucht werden können und es in der Hauptsaison manchmal schwierig sein kann, vor Ort ein Fahrzeug zu bekommen. Außerdem sind die Angebote in der Regel in Deutschland überschaubarer und notwendige Versicherungen im Mietpreis inbegriffen, die man vor Ort teurer bezahlen müsste.

Die großen Autovermieter wie z. B. Avis, Budget und Hertz bieten in Deutschland Tarife an, die neben freien Kilometern auch ein komplettes **Versicherungspaket** enthalten – Leistungen, die man in Kanada so nicht bekommen kann oder die dort viel teurer wären. Im Reisebüro kann man leicht das beste Angebot heraussuchen. Die großen Leihwagenfirmen sind in der Regel auch die zuverlässigsten, was Wartung der Mietwagen und eventuellen Pannenservice betrifft (besonders in entlegeneren Gebieten), da sie auch das dichteste Netz haben.

Wohnmobile

Da Wohnmobile in der Hauptsaison schnell ausgebucht sind, sollte man unbedingt **frühzeitig** von Deutschland aus reservieren – wobei »frühzeitig« mindestens ein halbes Jahr im Voraus bedeutet. Das bringt oft auch finanzielle Vorteile und man ist durch das deutsche Reiserecht abgesichert. Der Abschluss einer möglichst umfassenden **Versicherung** ist dabei dringend zu empfehlen. Camper gibt es in verschiedener Größe, auch mit unbegrenzten Kilometern und kompletter Ausrüstung. *One-way*-Vermietung zwischen den einzelnen Stationen ist gegen Aufpreis möglich.

Großzügige **Campingplätze,** oft in den schönsten Naturschutzgebieten gelegen, die sonst keine Unterkünfte bieten, verleihen dem Reisen mit dem Camper in Kanada besonderen Reiz.

imr Reisen
Dahlienstr. 20
47459 Rheinberg
Tel. 0284-386 00 69, Fax 0284-386 00 70
www.imrreisen.de
Camper-Vermietung und geführte Wohnmobil-Reisen.

Autofahren

Der nationale **Führerschein** ist ausreichend, es wird jedoch empfohlen, einen internationalen Führerschein mitzubringen. **Tankstellen** gibt es in den allermeisten Orten und entlang der Fernstraßen an allen strategischen Punkten. Bei längeren Abschnitten durch menschenleeres Land kündigen unübersehbare Schilder am Straßenrand die Entfernung zur nächsten Tankstelle an.

Pannen/Unfälle

Mietwagenfahrer sollten sich bei Pannen mit dem Mietbüro in Verbindung setzen, um alle weiteren Schritte abzustimmen. In entlegeneren Gebieten und auf Fernstraßen helfen oft die Lkw-Fahrer weiter, da sie meist mit CB-Funk ausgerüstet sind und über den **Notrufkanal 9** Polizei und Rettungswagen herbeirufen können.

Verkehrsregeln

Alle Geschwindigkeits- und Entfernungsangaben sind in Kilometern ausgeschildert. Die erlaubte Höchstgeschwindigkeit beträgt auf Fernstraßen (auch Autobahnen) 110 km/h, auf Landstraßen 80 km/h und innerhalb Ortschaften 50 km/h. Es besteht Anschnallpflicht.

Eine Besonderheit sind die grün blinkenden **Ampeln:** Sie zeigen an, dass der Gegenverkehr bereits Rot hat und man ungehindert nach links abbiegen kann. In den Innenstädten sind alternierende Einbahnstraßen häufig: Fährt man z. B. gerade in Nord-Süd-Richtung durch eine Einbahnstraße, so ist die nächste Parallelstraße in Süd-Nord-Richtung angelegt. In Ontario und in den Atlantikprovinzen darf bei Rot rechts abgebogen werden. Auch in Québec gilt diese Regelung – außer in Montréal. Haltende **Schulbusse** – gut an ihrer knallgelben Farbe zu erkennen – dürfen auch vom entgegenkommenden Verkehr nicht passiert werden. Zuwiderhandlungen werden mit hohen Bußgeldern bestraft.

Hotels und Motels

Das Angebot ist vielfältig und reichlich. Moderne Hotels, Motor-Hotels und Motels findet man in den Städten und an den Fernstraßen. Im Hinterland gibt es *lodges* zum Jagen und Angeln in der ausgedehnten Wildnis und *resorts* zum Faulenzen. Die Luxushotels der großen Ketten wie Sheraton, Hilton, Holiday Inn, Hyatt oder Westin gibt es vorwiegend in den großen Städten und an allen touristischen Brennpunkten, während die preisgünstigeren Family Hotels, z. B. TraveLodge und Best Western, auch in vielen kleineren Orten vertreten sind.

Vergünstigungen

Hotel- und Motelketten versenden auf Anfrage Verzeichnisse mit Lageplänen ihrer Hotels. Wer seinen Urlaub bereits von Europa aus planen möchte, kann für die meisten dieser Hotelketten im Reisebüro verbilligte Übernachtungsgutscheine erhalten.

Überhaupt lohnt es sich häufig, ein Hotel schon von Europa aus über ein Reisebüro zu buchen, da die Preisstrukturen oft sehr unübersichtlich sind. Da gibt es eine sogenannte »Rack Rate«, die oft wesentlich höher ist als der schließlich zu zahlende Übernachtungspreis. Je nach Saison und Konjunktur werden Rabatte gewährt, häufig gibt es eine »Senior Rate«, einen Altersrabatt ab 55 Jahren; und fast immer erhalten CAA-Mitglieder (das gilt auch für ADAC-Mitglieder) einen mitunter nicht unerheblichen Rabatt. Durch den Einkauf von Kontingenten können Reiseveranstalter trotz ihrer Provision einen niedrigeren Preis bieten. Will man vor Ort selbst buchen, sollte man auf jeden Fall ohne falsche Scheu nach Sonderangeboten und dem »best price« fragen.

Frühstück

Das Frühstück ist in kanadischen Hotels und Motels als einfacher Snack mit Bagel oder Toast mit Kaffee im Preis inbegriffen. Wer auf einem reichhaltigeren Frühstück besteht, muss dazu in den nächsten Coffeeshop oder *Diner,* den Schnellrestaurant-Klassiker Nordamerikas, gehen. In vielen Häusern kann man ein Zimmer mit *kitchenette,* einer voll eingerichteten Küche, mieten.

Bed & Breakfast

Bed & Breakfast ist eine andere interessante Art der Unterbringung. Über eine Vermittlungsorganisation kann man Zimmer in Privathäusern mieten. Neben dem oft reichhaltigen, im Preis eingeschlossenen Frühstück am nächsten Morgen erhält man gute Tipps für Ausflüge in die Umgebung und kann auch mal einen Blick auf das kanadische Familienleben werfen. Preiswerter als Hotels sind B & Bs jedoch immer seltener, die Bezeichnung meint zunehmend nur noch die Verpflegungsart, während die Übernachtung, oft in historischen Häusern, immer teurer wird. Nähere Informationen sind bei den regionalen **Tourismusbüros** erhältlich (s. S. 62 f. sowie die Adressen zu den einzelnen Orten im Reiseteil).

Camping

Camping erfreut sich zu Recht in Kanada großer Beliebtheit. Mit vorbildlichen sanitären Einrichtungen, Picknick-Tischen und -Bänken sowie Feuerstellen bieten sich hier ideale Übernachtungsmöglichkeiten. Europäische Enge ist auf den Plätzen außerhalb der Städte so gut wie unbekannt. Viele öffentliche Campingplätze und Tankstellen besitzen *dump stations,* wo man den Wasservorrat ergänzen und verbrauchtes Wasser entsorgen kann – und nur dort sollte man dies tun! Private Campingplätze (oder RV-Parks) sind oft mit allem Luxus ausgestattet und haben meist

Wohnen am See – in Ostkanada fast schon normal

auch einen Swimmingpool sowie einen eigenen Wasser- und Stromanschluss für das Wohnmobil. Hier bewegen sich die Preise zwischen 20 und 40 Dollar pro Nacht. Die staatlichen Plätze verzichten meist auf eine Luxusausstattung, liegen aber in den schönsten Parks inmitten herrlicher Natur. Dort bezahlt man in etwa 15–30 Dollar. Vor allem in den Parks sollte man zumindest während der Hauptreisezeit im Juli/August schon im Laufe des Nachmittags einen Campingplatz ansteuern. ›Wildes Campen‹ ist nur mit Genehmigung des Grundstückseigentümers oder der örtlichen Behörden gestattet. Sollte man jedoch einmal keinen Campingplatz gefunden haben, bieten sich häufig, zum Leidwesen der Campingvereine, die Parkplätze der Supermärkte an, die in der Regel das ›Übernachtparken‹ potenzieller Kunden gestatten.

Die Tourismusbüros der kanadischen Provinzen bieten kostenlos ausführliche **Campingführer** an (s. S. 64).

Jugendherbergen/Hostels

Sehr preiswert übernachtet man als Mitglied des Jugendherbergsverbandes in den kanadischen Jugendherbergen, die in vielen Städten und manchen Nationalparks zu finden sind. Eine Liste der Häuser ist erhältlich bei:

Hostelling Association International Canada
205 Catherine St., Suite 400
Ottawa, Ontario K2P 1C3
Tel. 613-237-7884, 1-800-663-5777
Fax 613-2377868
www.hostellingintl.ca

Outdoor-Paradies

Der Naturfreund und Sportbegeisterte findet in Ostkanada ein reiches Betätigungsfeld. Für Wanderungen, Trekking und Kanutouren gibt es besonders in den vielen National- und Provinzparks zahlreiche Trails und Kanurouten. Dabei reicht das Spektrum von herausfordernden Wildnistrips im Parc de la Gaspésie in Québec oder Gros Morne National Park in Newfoundland bis zum geruhsamen Spaziergang zu Biberdämmen im Algonquin Provincial Park (Ontario) oder zu Aussichtspunkten im Parc national de Forillon (Québec).

An den vielen Seen Ontarios und Québecs sowie an den Sandstränden der Atlantikküste gibt es herrliche Bademöglichkeiten und hervorragende Gelegenheiten zum Segeln und Windsurfen. Auch Fahrradtouren und Reiterferien sind möglich. Golf gehört in Kanada zu den Volkssportarten. Überall findet man wunderschöne Anlagen und vielerorts auch gute öffentliche Plätze, deren Benutzung recht preiswert ist. Auch Sportarten wie Drachenfliegen, Ballonfahren, Hundeschlitten- und Motorschlittenfahren werden angeboten.

Aufgrund der immensen Vielfalt der Aktivitäten und der riesigen Ausdehnung des in diesem Buch behandelten Gebiets kann hier nur eine kleine Auswahl an Freizeitmöglichkeiten und den besonders typischen und schönen Regionen für die jeweilige Sportart getroffen werden.

Außerdem wird in den Routenbeschreibungen der einzelnen Provinzen auf besonders

Begegnung im Algonquin Provincial Park

attraktive Freizeitangebote hingewiesen. Die Tourismusbüros der einzelnen Provinzen informieren auf ihren Internetseiten über das lokale Angebot vor Ort, stellen kostenlos umfangreiches Material zur Verfügung und helfen bei der Planung eines Aktivurlaubs (s. S. 64).

Wandern, Trekking, Wildnis-Exkursionen

National- und Provinzparks bieten fast immer eine Auswahl von leichten und kurzen Wanderwegen, die auch für Familien geeignet sind und meistens zu landschaftlich besonders reizvollen Punkten führen. Längere und schwierigere Wanderungen, besonders solche in Wildnisgebiete, erfordern eine gute Kondition und die richtige Vorbereitung. Wer sich solche Exkursionen zwar zutraut, sie aber gerne unter kompetenter Führung unternehmen möchte, ist bei Tourveranstaltern und Outfittern gut aufgehoben. Sie stellen bis auf Utensilien des persönlichen Gebrauchs die komplette Ausrüstung (s. S. 82 ff.).

Wassersport

Segeln, Windsurfen, Boot-, Kajak- und Kanufahren sind in allen Provinzen möglich. Besonders letztere Sportarten erfreuen sich in Kanada großer Beliebtheit. Hier folgt man einer alten Tradition. Schon die ersten Entdecker erschlossen das riesige Land von Osten her auf Wasserwegen. Kanus waren das einzige Transportmittel in der Wildnis. Mit ihnen erschlossen die Voyageurs ein gigantisches Pelzhandelsimperium, drangen La Vérendrye, Mackenzie, Thompson und Fraser nach Westen vor.

Kanu- und Kajak-Exkursionen

Bis heute erschließt sich die unberührte Natur des Landes am besten im Kanu oder Kajak. Auf den Spuren der Voyageurs lautlos durch den Frühdunst eines Sees gleiten, die unmittelbare, dennoch gefahrlose Begegnung mit einem Elch oder Bären am Ufer, einen Biber am Bau zu beobachten, den klagenden Ruf des Eistauchers (*loon* bzw. *huard*) zu hören oder eine feucht-fröhliche Fahrt durch die Stromschnellen – Erlebnisse, die unvergesslich bleiben.

Kanu und Kajak sind relativ leicht zu bedienen, und Grundkenntnisse des Kanusports sind schnell erlernbar. Modernes Design hat das Gerät immer leichter werden lassen, sodass selbst körperlich weniger Kräftige damit keine Probleme haben. Am bekanntesten und wohl auch geeignetsten für Wasserwanderungen ist der offene **Kanadier.** Er lässt sich leicht über Landstrecken tragen und ist so geräumig, dass für zwei Personen plus Ausrüstung und Verpflegung für mehrere Wochen Platz ist. Trotzdem ist er so stabil, dass man Seen, Flüsse und geschützte Küstengewässer gefahrlos damit befahren kann. Für längere Exkursionen in Küstengewässern benutzt man besonders konstruierte **Seekajaks,** mit denen man über flache Stellen kommt und die auch bei stärkerem Wellengang sicher sind.

Anfänger haben fast überall Gelegenheit, auf leichten Strecken zu üben. Längere **Wildnistouren** macht man am besten in kleinen organisierten Gruppen. Dabei werden außer dem Guide auch Kanu oder Kajak, Campingausrüstung, Kochutensilien und Verpflegung vom Ausrüster gestellt. Für weniger Erfahrene gibt es ausführliche Einweisungen vor und während der Tour.

Kanu-Reviere

Besonders schöne Kanu-Reviere gibt es im **Algonquin Provincial Park,** nur ein paar Autostunden von Toronto entfernt. Hier bildet eine Kette von Seen, verbunden durch Flüsse und kurze Portagen, eine 117 km lange Rundstrecke, die bis auf einen Kilometer wieder an den Ausgangspunkt zurückführt. Auch die Wildnisgebiete von **Temagami** in Nord-Ontario mit über 2560 km Kanurouten und der Provinzparks von **Quetico, Lake Superior** und **Killarney** sind bei Kanuten sehr beliebt. Viele der National- und Provinzparks in den anderen Provinzen bieten ähnlich gute Möglichkeiten, so die Nationalparks **La Vérendrye** und **La Mauricie** in Québec, der **Fundy National Park** in New Brunswick sowie die bewaldete Seenlandschaft des **Kejimkujik National Park** in Nova Scotia.

Seekajak

Mit dem Seekajak lassen sich die Küsten von Québec, New Brunswick, Newfoundland und Nova Scotia aus der Nähe erforschen. Den Aktivurlauber erwarten dramatische Fjord- und Insellandschaften, verborgene Lagunen und stille Buchten, bizarre Felsformationen, sich ins Meer ergießende Wasserfälle, lärmende Vogelkolonien und spielende Wale. Besonders schöne **Reviere:** der **Parc national du Bic,** der **Saguenay-Fjord** und das **Réserve de parc national du Canada de l'Archipel-de-Mingan** (alle Québec), die Buchten rund um **Prince Edward Island,** die New Brunswick vorgelagerte Küste der **Bay of Fundy,** die inselübersäte Südostküste von **Cape Breton Island** (Nova Scotia) sowie auf Newfoundland die Fjorde des **Terra Nova National Park** und die **Bonne Bay** im Gros Morne National Park.

Outfitter und Anbieter geführter Touren

Northern Wilderness Outfitters: South River, ON P0A 1X0, Tel. 705-474-3272, 386-0466 (Sommer), 1-888-368-6123, www.northernwilderness.com. Kanuvermietung und geführte Kanutouren im Algonquin Provincial Park.

New World River Expeditions: 25 ch. Rourke, CP 100, Grenvillesurla-Rouge, Québec J0V 1B0, Tel. 18003615033, www.newworld.ca. Floß- und Kajak-Exkursionen auf der Rivière Batiscan und dem Rouge.

Coastal Adventures: Tangier, NS B0J 3H0, Tel./Fax 902-772-2774, 1-877-404-2774, www.coastaladventures.com. Kajak-Touren in Cape Breton, Bay of Fundy, PEI, Südwest-Neufundland. Auch Unterricht und Verleih.

Outside Expeditions: North Rustico, Tel. 902-963-3366, 1-800-207-3899, North Rustico, PEI C0A 1X0, www.getoutside.com. Seekajak-Touren im Prince Edward Island-Nationalpark und anderen Kajak-Revieren in Atlantik-Kanada. Halb- und mehrtägige Exkursionen. Auch mit Wandern, Radfahren und Camping; Kurse, Vermietung.

Adventure High Sea Kayaking: Kevin Sampson, Grand Manan, NB E0G 2M0, Tel. 506-662-3563, Fax 662-1013, www.adventurehigh.com. Mehrtägige Exkursionen mit dem Kajak.

Gros Morne Adventures: Norris Point, NL A0K 3V0, Newfoundland, Tel. 709-458-2722, 1-800-685-4624, Fax 709-458-3255, www.grosmorneadventures.com. Kajak-Exkursionen in den Fjorden Neufundlands, geführte Wandertouren, Backpacking in Wildnisregionen, Foto-Exkursionen.

Wildwasser

Ein Abenteuer ganz anderer Art bietet eine Fahrt mit dem Gummifloß auf den Wildwassern des **Ottawa River** bei Beachburg und Forrester Falls, etwa zwei Stunden von Ottawa entfernt. Die Exkursion durch die wildromantische Flusslandschaft sind Naturerlebnis und feucht-fröhlicher Nervenkitzel zugleich. Wasservolumen, Geschwindigkeit und Mächtigkeit des Ottawa River sind mit dem Colorado im Grand Canyon vergleichbar. Auch Wildwasserfahrten mit Kanu und Kajak sowie mehrtägige Kurse sind möglich. Die persönliche Ausrüstung besteht aus schnell trocknender Kleidung, Turnschuhen, Badekleidung, wasserdichtem Überzeug, Sonnenbrille, Sonnenschutz und einem kompletten Satz Kleidung zum Wechseln. Alles andere wird vom Ausrüster gestellt. Außer dem wilden Ritt durch die Stromschnellen mit so einladenden Namen wie Black Chute, Butchers Knife und Coliseum gibt es aber auch zahmere Fahrten für die ganze Familie auf einem Nebenarm des Flusses.

Auch Québec bietet Wildwasserabenteuer auf zahlreichen Flüssen wie der spektakulären **Rivière Jacques-Cartier** nördlich von Québec City, die selbst in trockenen Sommern ihre Wildheit nicht verliert, und der **Rivière Rouge** zwischen Montréal und Ottawa mit ihren mächtigen Stromschnellen.

Veranstalter

Wilderness Tours: Foresters Falls, unweit Beachburg, 503 Rafting Rd., Tel. 613-646-2291, 1-888-723-8669, www.wildernestours.com, s. Richtig Reisen-Tipp S. 206.

OWL Rafting und Madawaska Kanu Camp: Foresters Falls, ON KOJ 1VO, Tel. 613-646-2263, 1-800-461-7238, Fax 646-2307 (Sommer) und 39 First Ave., Ottawa, ON K1S 2G1, Tel. 613-238-7238 (Winter), www.owlmkc.ca. Ein- und Zweitagestouren mit Schlauchbooten auf den Wildwassern des Ottawa und Madawaska River, inklusive Frühstück und Mittagessen. Reservierung erforderlich. Kanu- und Wildwasserschule.

Hausbootferien

Geruhsam lässt sich ein Urlaub mit dem gemieteten Hausboot gestalten, zum Beispiel vor den Toren Torontos, zwischen Orilla und Trenton. Hier ist man im Gebiet der **Kawarthas Lakes,** im Land der funkelnden Wasser, wie es die Mississauga-Indianer nannten: eine Ferienlandschaft mit stillen Wäldern, klaren Flüssen und Seen mit verschwiegenen Buchten, Badestränden und guten Angelmöglichkeiten. Lake Simcoe, Balsam Lake, Stoney Lake und Rice Lake heißen die größeren unter ihnen, die das Trent-Severn-Kanalsystem miteinander verbindet. Auf diesem 390 km langen Wasserweg kann man mit dem Boot oder seinem schwimmenden Haus von **Trenton** am Lake Ontario quer durch die Provinz in die **Georgian Bay** fahren. Auch für Anfänger ist diese Route geeignet. Nur an den Wochenenden herrscht an den Schleusen reger Betrieb – vielleicht sollte dann der Neuling in einer ruhigen Bucht vor Anker gehen, angeln und warten, bis die Hektik vorbei ist. Ebenso schön ist eine Tour auf dem **Rideau Waterway** von Kingston nach Ottawa. Die 200 km lange Wasserstraße durch Kanäle und Seen sowie Rideau und Cataraqui River, einst Handels- und militärischer Nachschubweg, ist heute die Domäne der Sonntagskapitän, eine Landschaft mit verträumten Farmen, kleinen Wäldchen und zahlreichen gemütlichen Bootshäfen. An den 150 Jahre alten, handbetriebenen Schleusen fischen barfüßige Kinder und freuen sich über jedes Fischlein, das sie an Land holen.

Weitere schöne Reviere sind das Gebiet des **Lake of the Woods** bei Kenora im Westen Ontarios und das idyllische Flusssystem des **Saint John River** zwischen Fredericton und Saint John in New Brunswick.

Hausboote werden in unterschiedlicher Größe und Komfort angeboten, für zwei bis zwölf Personen. Sie sehen aus wie auf zwei Schwimmern montierte Wohnwagen, haben vorn und hinten eine Veranda, sind recht gemütlich und komplett mit Küche und allem Notwendigen ausgestattet. Eine besondere Lizenz braucht man nicht – die Verleiher geben eine kurze kostenlose Einweisung, und die reicht gewöhnlich auch. Die Saison geht von Mitte Mai bis Ende September, wobei die Hauptferienmonate Juli und August am ehesten ausgebucht sind. Die wohl schönste Zeit ist der September. Die Luft ist mild, das Wasser noch herrlich warm, die Moskitos sind verschwunden, und an den Schleusen gibt es keine langen Wartezeiten. Die Mietpreise bewegen sich je nach Saison und Boot zwischen 750 und 1500 Dollar pro Woche.

Rideau Lakes Houseboats: Portland-on-the-Rideau, Ontario, K0G 1V0, Canada, Tel. 613-272-5089, Fax 613-272-2834, 1-800-

7756663, rideauhouseboats.com. Hausboot-Vermietung auf dem Rideau Canal Waterway.
Egan Houseboat Rentals: R.R. 4, Omemee, Ontario K0L 2W0, Canada, Tel. 1-705-799-5745, 1-800-720-3426, www.houseboat.on.ca. Hausbootvermietung auf dem historischen Trent-Severn-Waterway.
River Queen Houseboating: R.R. 1, Ivy Lea, Peck's Marina, Ontario K0E 1L0, 613-659-3310, 1-877-659-3310, www.1000islandhouseboating.com. Hausbootabenteuer im Inselrevier der Thousand-Islands-Region des St. Lawrence River.

Segeln

Sportsegler und solche, die es werden möchten, finden ideale Möglichkeiten vor allem in Ontario – in den bezaubernden Inselrevieren der **Georgian Bay** sowie bei Kingston und den **Thousand Islands** im **St.-Lorenz-Strom.** Die Küstengewässer Nova Scotias bieten hervorragende Reviere zum **Hochsee-Segeln.** Und auf den weitverzweigten geschützten Wassern des **Bras d'Or Lake** im Inneren von Cape Breton Island im Osten Nova Scotias treffen sich Segler aus aller Welt. Überall können sowohl kleine Boote gemietet wie auch größere Jachten gechartert werden, *bareboat,* wenn man selbst im Besitz eines Segelscheins ist, sonst mit Skipper und gegebenenfalls Mannschaft.
Kingston Yacht Club: 1 Maitland St., Kingston, K7I 2V3 Tel. 613-548-3052, www.kingstonyachtclub.com. Segeltörns und -unterricht auf dem St.-Lorenz-Strom.

Weitere Informationen über Segelschulen, Charter von Segeljachten und Hausbooten unter: www.boatinglinks.com und www.southwesternadventures.com.

Tauchen

Anhänger dieses Sports finden vor allem an der Nordspitze der **Bruce Peninsula** in der Georgian Bay exzellente Reviere. Der **Fathom Five National Marine Park,** ein Unterwasserschutzgebiet mit klarem Wasser, das eine Sichtweite bis zu 30 m gewährt, ist zum Mekka der Taucher geworden. Interessante Unterwasserhöhlen und zahlreiche Schiffswracks locken jedes Jahr 8000 Tauchsportler in den Nationalpark. In den *dive shops* von Tobermory kann man die komplette Ausrüstung mieten, Exkursionen und Kurse buchen. Im Ort befindet sich auch die einzige Dekompressionskammer der Provinz.

Schwimmen

Rundreisen, Stadtbummel, Wildnisabenteuer – alles lässt sich in Ostkanada gut mit einem Badeurlaub verbinden. Heiße Sommer, endlose Strände, sauberes Wasser – auch das findet man hier, in Ontario vor allem am **Lake Huron, Lake Erie** und an der **Georgian Bay.** Auch in Atlantik-Kanada findet man Küstenstriche mit warmen Wassertemperaturen. So verzeichnet die **Acadian Coast** in New Brunswick zwischen Shediac und dem Kouchibougac National Park Wassertemperaturen von 20 bis 24 °C. Ähnlich angenehm ist das Baden an den weiten Sandstränden der Nordküste von **Prince Edward Islands** bei Cavendish und an Nova Scotias Sonnenküste entlang der **Northumberland Strait.**

Angeln und Jagen

Mit seinen riesigen Wäldern, unzähligen Seen und Flüssen bietet Ostkanada die besten Bedingungen für Angler und Jäger. Dabei gehen Lachs, Forelle, Hecht, Muskie, Barsch und Zander an die Angel. Jagdbares Wild sind Schwarzbären, Elch, Karibu, Wapitis sowie Niederwild. Strikte Jagdgesetze und strenge Kontrollen sorgen dafür, dass der Wildbestand nicht gefährdet wird. Jagdsaison ist der Herbst. Die besten Jagdreviere befinden sich im Norden der Provinzen Ontario und Québec. Die Northern Peninsula Newfoundlands ist berühmt für ihre dichte Elch-Population.

Gesetze und Bestimmungen

Jagen und Angeln sind durch Gesetze der jeweiligen Provinzen streng geregelt. Ausführliche Informationen und Broschüren erhält man bei den Tourismusbüros. In National- und Provinzparks darf nicht gejagt werden. Jagdwaffen dürfen eingeführt, müssen aber beim Zoll deklariert werden. Zu beachten ist auch, dass zur Ausfuhr von Fellen und Jagdtrophäen Exportgenehmigungen notwendig sind. Die Einfuhr von Angelgeräten für den persönlichen Gebrauch ist ohne besondere Genehmigung möglich. Obwohl Angelscheine von den Provinzbehörden ausgestellt werden, ist für das Fischen in Nationalparks eine Sondergenehmigung erforderlich, die vor Ort erhältlich ist und dann für sämtliche Nationalparks in Kanada gilt. Für Hochseeangeln benötigt man separate Erlaubnisscheine, die oft auch beim Ausrüster erhältlich sind. **Angelausrüstung** kann man in vielen Orten mieten oder kaufen. Jagd- und Angelbestimmungen sowie eine Liste der Ausrüster sind bei den Tourismusbüros der Provinzen erhältlich.

Viele Veranstalter von Exkursionen haben Sportangeln und oft auch Jagdmöglichkeiten in ihrem Programm. Wildnislodges können den Charakter eines einfachen Camps oder

Winter- und Naturerlebnis pur: Hundeschlittentouren in Québec

den Komfort eines Resorts haben. Im Norden sind sie oft nur per Boot oder Flugzeug zu erreichen. Da die Unterkunftsmöglichkeiten meist sehr begrenzt sind, sollte man mindestens 4–7 Monate im Voraus buchen.

Reviere

In Ontario sind die seenreiche Region **nördlich von Kenora,** der **Lake of the Woods,** der **Lake Nipissing** und der **French River** trophäenträchtige Angelreviere. **Prince Edward Island** ist bei den Sportanglern für seine riesigen Bluefin-Tunfische bekannt, deren Durchschnittsgewicht immerhin 500 kg beträgt. Auch die anderen Gewässer der **Atlantikprovinzen** sind fischreich und in vielen Häfen kann man Boote chartern oder Exkursionen buchen. Lachse angelt man am besten in den **Flüssen** des nördlichen New Brunswick, auf Québecs Gaspé Peninsula, auf Cape Breton Island und in Newfoundland.

Informationen

Ausführliche Informationen über Jagd- und Angelmöglichkeiten, Bestimmungen, Kosten, aber auch Verzeichnisse von Ausrüstern und lizenzierten Führern *(guides)* sind bei den Touristenbüros der jeweiligen kanadischen Provinzen erhältlich. Auskünfte über die Einfuhr von Jagdwaffen oder Angelgerät auch unter: www.dfaitmaeci.gc.ca/canada-europa/gemany/tradewithcanada515-de.asp.

Walbeobachtung

Ein besonderes Erlebnis ist eine Exkursion mit dem Schiff oder Schlauchboot, um die sanften Riesen des Atlantiks aus der Nähe zu erleben. Die besten Möglichkeiten dazu bieten sich in Québec im Mündungsgebiet des St.-Lorenz-Stroms und vor den Küsten der Gaspé Peninsula, in der Bay of Fundy bei Digby auf Nova Scotia und bei Caraquet, St. Andrews und Grand Manan in New Brunswick. Auch die Küstengewässer von Neufundland, bei Trinitiy, im Süden der Avalon Peninsula und beim Gros Morne National Park sind gute Reviere. Dabei sind Buckel-, Zwerg-, Schweins- und Finnwale, seltener auch Pott-, Blau, Weiß- und Schwertwale zu beobachten.

Wintersport: Québecs weißes Paradies

Die meisten europäischen Touristen reisen im Sommer nach Ostkanada. Doch Québec ist auch einen Winterurlaub wert. Hier gibt es ganz passable und preiswerte Wintersportmöglichkeiten. **Mont-Tremblant** nördlich von Montréal und **Mont Sainte-Anne** etwas östlich von Québec City bieten gute Liftanlagen und Pisten. Das Angebot an Hotels und Skiverleihern ist groß, Langlaufloipen sind in fast allen Städtchen nördlich von Montréal und in den Parks nahe der Großstädte zu finden (Mont Tremblant, Parc des Laurentides). Beliebtester Wintersport in Québec ist neben Eishockey zweifellos das **Motorschlittenfahren:** Von Mitte Dezember bis Ostern kann man auf einem Netz von rund 28 000 km markierten, zweispurigen **Schneemobil-Trails** wochenlange Fahrten durch die winterliche Provinz unternehmen. Hotels, Lodges und Restaurants, die sich in ausreichender Anzahl entlang der Routen befinden, sind auf die Schlittenfahrer eingerichtet: Einzelne Rundfahrten oder auch eine Durchquerung der gesamten Provinz sind möglich.

Die ruhigere – und umweltverträglichere – Variante des Motorschlittenfahrens sind **Hundeschlittentouren.** Die Fahrt mit dem von kräftigen Huskies und Malmud-Hunden gezogenen Gespann durch die weiße Winterwunderlandschaft ist ein Genuss. Viele Hotels und Lodges in Ontario und in Québec engagieren im Winter Hundeschlittenführer für ihre Gäste.

Tax und Ausfuhrbestimmungen

In allen ostkanadischen Provinzen wird neben der Verkaufssteuer der Bundesregierung (GST) von 7 % auch eine *sales tax* der Provinzen von 10–12 % erhoben (PST), die beide unter bestimmten Bedingungen zurückerstattet werden (außer Prince Edward Island). Informationen und Formulare sind in Geschäften und Tourismusbüros erhältlich (s. auch S. 89). In Kanada ist die Ausfuhr von bestimmten Gegenständen eingeschränkt, die über 50 Jahre alt und von historischer oder wissenschaftlicher Bedeutung sind.

Öffnungszeiten

Die Einzelhandelsgeschäfte in Kanada haben in der Regel an Wochentagen zwischen 9 und 18 Uhr geöffnet, aber Ausnahmen sind durchaus möglich, besonders in sehr kleinen Orten und in den Großstädten sind die Geschäfte (vor allem Supermärkte) häufig bis in den späten Abend geöffnet. Auch an Sonntagen kann man sich mit dem Notwendigsten eindecken, da es keine Ladenöffnungszeiten gibt.

Lebensmittel

Unterwegs im Westen und Norden, muss man sich jedoch einmal mehr die gewaltigen Entfernungen in Erinnerung rufen und in Beziehung zur Erhältlichkeit gewisser Lebensmittel und Luxusgüter setzen. Denn: Je weiter man sich von den großen Zentren entfernt, desto teurer wird der Einkauf, desto dünner wird das Angebot und desto seltener wird das Angebot von frischem Obst und Gemüse. So kann man in den nördlichen subpolaren und polaren Regionen für eine Orange schon mal das Vielfache ihres im Süden gewohnten Preises bezahlen.

Kunsthandwerk und Souvenirs

Qualitativ hochwertige **Souvenirs** stellen die Kunstwerke der Indianer und Inuit dar (s. S. 56). Beliebt sind die sogenannten *dream catcher,* fransenverzierte Netze, die bis heute über den Bettchen von Kleinkindern aufgehängt werden, um böse Träume zu fangen. Diese und Artikel aus Leder, Perlen, Holz und Birkenrinde kauft man am besten in den Galerien, die sich auf Kunst und Kunsthandwerk spezialisiert haben, sowie in den häufig sehr gut bestückten Läden der größeren und auch der kleineren Museen. Künstlerisch hochwertig, aber auch sehr teuer sind die geschnitzten **Specksteinskulpturen** der Inuit in Nunavut und Nunavik, dem Inuit-Territorium in Nord-Québec.

Alkohol

Das gesetzliche Mindestalter für den Alkoholgenuss liegt in **Ontario** bei 19, in **Québec** bei 18 und in den **Atlantikprovinzen** ebenfalls bei 19 Jahren. Bier, Wein und Hochprozentiges ist nur in den staatlichen Liquor Shops erhältlich, wo der Alkohol vom Kassierer in braune Tüten verpackt ausgegeben wird. Einzig in Québec kann man Bier und billige Weine auch in den *dépanneurs,* kleinen ›Pannenhelfern‹ an der Ecke, erwerben. Für den Alkoholgenuss gelten von Ontario bis zum Atlantik strenge **Regeln.** Trinken in der Öffentlichkeit ist verboten. Selbst der Alkoholgenuss im parkenden Auto ist untersagt. Manche Restaurants ersparen sich die teure Alkohollizenz und bringen stattdessen ein Schild mit der Aufschrift »Bring your own bottle« bzw. »Apportez votre vin« im Fenster an. Dies bedeutet, dass der Gast, möchte er Alkohol zum Essen trinken, seinen eigenen, zuvor im Liquor Shop erstandenen Wein mitbringen muss.

Ausgehen/Nachtleben

Kanada ist nicht flächendeckend mit Anziehungspunkten für Nachtschwärmer gesegnet. Ein Nachtleben, das diesen Namen verdient, beschränkt sich auf **Toronto** und **Montréal** sowie, mit Abstrichen, auf **Ottawa, Québec** und **Halifax.** In kleineren Orten pflegen Pubs und die sogenannten »Sports Bars«, in Québec »Cage aux Sports«, joviale Treffs mit langen Theken, Dutzenden von Bildschirmen und oftmals Livemusik, den Drang zu nächtlicher Action zu befriedigen.

Elektrizität

In Kanada beträgt die Stromspannung 110/120 V, 60 Hz Wechselstrom. Bringt man elektrische Geräte aus Deutschland mit, müssen diese umschaltbar sein. Außerdem benötigt man einen Adapter für die in Nordamerika gebräuchlichen Flachstecker, die übrigens leichter in Deutschland zu bekommen sind.

Feiertage

Neujahrstag: 1. Januar
Karfreitag und Ostermontag
Victoria Day: letzter Montag vor dem 25. Mai
Canada Day: 1. Juli
Labour Day: 1. Montag im September
Thanksgiving: 2. Montag im Oktober
Remembrance Day (Heldengedenktag): 11. November
Christmas Day: 25. Dezember
Boxing Day: 26. Dezember

Fotografieren

Alle gängigen Filme, Memory Cards und sonstiges Zubehör sind in Kanada erhältlich, aber generell etwas teurer als in Deutschland. Hat man nicht genügend Filme mitgebracht, empfiehlt es sich, diese in einem Fotogeschäft einer größeren Stadt zu kaufen. Dort sind sie in der Regel preiswerter und auch ›frischer‹ als in kleineren Orten und Souvenirshops.

Maßangaben

Wie in Europa gilt das metrische System. Da die Umstellung vom britischen Imperial-System erst während der 70er- und frühen 80er-Jahre erfolgte, werden vor allem ältere Kanadier und Landbewohner Entfernungen noch in Meilen und Hohlmaße in Unzen angeben.

Mücken

In freier Natur, besonders in den Waldgebieten, sind vor allem während der ersten beiden Juniwochen Stechmücken *(mosquitos)* eine Plage. Wer während dieser Zeit eine längere Wander- oder Paddeltour plant, sollte sich gleich nach der Ankunft mit reichlich **Mückenschutzmitteln,** die in allen Ausrüstungsläden erhältlich sind, eindecken. Vor allem auf und am Wasser tut man jedoch gut daran, außerdem ein Mückennetz für das Gesicht und Handschuhe mitzuführen. Dennoch: Trotz aller nur denkbaren Vorsichtsmaßnahmen wird man den einen oder anderen Stich in Kauf nehmen müssen. Tröstlich ist, dass die kanadischen Moskitos im Allgemeinen keine Krankheiten wie ihre tropischen Artgenossen übertragen.

Rauchen

Nikotin ist in Kanada inzwischen weitestgehend aus dem öffentlichen Leben verschwunden. Restaurants, Bars und Kneipen, Discos, Hotellobbies, Lounges und selbst viele Straßencafés sind »non smoking«- bzw. »non-fumeurs«-Bereiche. Immer weniger Restaurants offerieren dem rauchenden Gast Rauchertische. Nischen und Ecken für Raucher gibt es wohl in öffentlichen Gebäuden und auf den Flughäfen, doch auch sie werden immer weniger, ebenso wie die Zahl der Raucherzimmer in den Hotels. Auch die kanadischen Airlines haben den blauen Dunst inzwischen aus ihren Flugzeugen verbannt.

Taxfree

Kanada und die Provinzen erheben auf die meisten Güter und Dienstleistungen Steuern, die erst beim Bezahlen aufgeschlagen werden. Die Bundessteuer heißt **Goods and Services Tax** (GST) und beträgt 7 %. Nicht in Kanada lebende Besucher können sie sich bei der Ausreise in den *Duty Free Shops* bzw. *Visitor Rebate Centres* unter Vorlage entsprechender Quittungen zurückerstatten lassen. Diese Regelung gilt für Güter und Dienstleistungen, die maximal zwei Monate vor der Ausreise für mindestens 100 kanadische Dollar gekauft wurden. Die Duty Free Shops können bis zu 500 Dollar sofort erstatten. Darüber liegende Beträge müssen direkt bei Revenue Canada in Ottawa beantragt werden. Formulare liegen in den Duty Free Shops aus. Zur GST gesellt sich im Übrigen die **Provincial Sales Tax** (PST). Sie beträgt in Ontario 8 % und in Québec 7,5 %. Newfoundland und Labrador, Nova Scotia und New Brunswick schlagen hingegen 15 % **HST** auf (*Harmonized Sales Tax),* eine Steuer, die Bundes- und Provinzsteuer zusammenlegt.

Trinkgeld

In Kanada sind Bedienungsgelder nicht im Preis inbegriffen. Es ist üblich, in Restaurants, bei Friseuren und Taxifahrern ca. 15 % des Rechnungsbetrages als Trinkgeld zu geben. Für das Tragen eines Gepäckstückes gibt man gewöhnlich 1 $. Zimmermädchen sollte man je nach Aufenthaltsdauer und Übernachtungspreis ca. 6–10 $ geben.

Wasser

Leitungswasser ist fast überall genießbar. Wo nicht, wird in der Regel mit Schildchen wie »eau non potable« bzw. »no drinking water« auf mindere Wasserqualität hingewiesen. Unterwegs in der Wildnis verlockt zwar das meist kristallklare Wasser zum kräftigen Schluck, doch sollte man bedenken, dass selbst fern der Zivilisation verschiedene Faktoren die Wasserqualität beeinträchtigen können. Dazu gehören ein möglicherweise flussaufwärts verendetes Tier, verunreinigtes Grundwasser und natürliche, jedoch ungewohnte und schlecht verträgliche Bakterien und Parasiten. Auf längeren Trekkingtouren und Wildnisaufenthalten gilt: Das Wasser muss auf jeden Fall abgekocht oder mit speziellen Tabletten aufbereitet werden, die in jedem Outdoor-Laden oder im Drugstore erhältlich sind.

Zeit

Kanada stellt am letzten Sonntag im April auf Sommerzeit und am letzten Samstag im Oktober auf Normalzeit um. Ostkanada ist aufgrund seiner Ausdehnung in folgende **Zeitzonen** unterteilt:

Ontario und Québec: Eastern Standard Time (MEZ minus 6 Std.)

New Brunswick, Prince Edward Island, Nova Scotia: Atlantic Standard Time (MEZ minus 5 Std.)

Newfoundland: Newfoundland Standard Time (MEZ minus 4,5 Std., Labrador: MEZ minus 5 Std.).

Reisekasse und Reisebudget

Banken

Banken sind im Allgemeinen Mo–Fr in der Zeit von 10–15 Uhr geöffnet.

Währung

Münzen gibt es von 50 c bis 1 $, im Umlauf sind aber praktisch nur 1-, 5- *(nickel)*, 10- *(dime)* und 25-c-Stücke *(quarter)*. Von Letzteren sollte man immer einige dabeihaben, für Busfahrten oder Automaten. Die **Banknoten** zu 1, 2, 5, 10, 20, 50, 100, 500 und 1000 $ unterscheiden sich in Größe und Farbe. Oft werden größere Scheine über 50 $ in Läden und Restaurants nicht gern angenommen. Man sollte daher besser nur 20-Dollar-Noten mit sich führen und höhere Rechnungen per Kreditkarte begleichen.

Alle **Preisangaben** im Buch erfolgen in kanadischen Dollar.

Wechselkurs (März 2007):
1 € = 1,54 Can-Dollar
1 SFR = 0,97 Can-Dollar
1 Can-Dollar = 0,67 € und 1,39 SFR

Geldwechsel

Europäischen Besuchern wird dringend empfohlen, auf kanadische Dollar ausgestellte **Reiseschecks** mitzubringen. Empfehlenswert ist eine 50-Dollar-Stückelung. In Kanada hat man beim Einlösen amerikanischer **Reiseschecks** einen Wechselkursverlust. Der Umtausch europäischer Währungen bei kanadischen Banken kann mitunter schwierig sein und ist auf jeden Fall nur zu ungünstigeren Kursen möglich. Reiseschecks tauschen nicht nur die Banken ein, sie werden auch von Hotels, Geschäften und Tankstellen angenommen. Außer einer Kreditkarte und Reiseschecks sollte man noch einen kleinen Barbetrag in der Landeswährung dabeihaben.

Sperrung von EC-und Kreditkarten

0049-116 116

Sperrnummern von Kanada aus:
MasterCard: 1-800-62-27747
VISA: 1-800-847-2911
American Express: 01149 (0) 69 97 97 77 77
Diners Club: 01149 (0) 69 66 16 61 23
EC-Karte: 01149-1805-021 021

Kreditkarten

Bargeld ist im Zahlungsverkehr weniger wichtig als in Europa und man kann fast überall mit Kreditkarte bezahlen. Eurocard/Mastercard und Visa werden praktisch überall akzeptiert. Es wird dringend empfohlen, eine dieser Karten mitzunehmen. So erspart man sich Probleme, z. B. beim Mieten eines Fahrzeugs, das man ohne Kreditkarte gar nicht oder nur bei Hinterlegung einer hohen Geldsumme bekommt. EC-Karten mit dem Maestro-Logo können an vielen Geldautomaten der kanadischen Banken eingesetzt werden, jedoch nicht als Zahlungsmittel in Geschäften.

Preisniveau

Das Preisniveau in kanadischen Städten ist in etwa mit dem in Deutschland zu vergleichen. Durch den günstigen Kurs des kanadischen Dollars ist das Einkaufen in Kanada eher billiger. In kleineren Orten, besonders im Norden, muss man jedoch mit etwas höheren Preisen rechnen. Spirituosen und Bekleidung sind generell etwas teurer als in Deutschland, dafür kostet Benzin, einer der wichtigeren Posten im Urlaubsbudget, deutlich weniger: 1 l Normalbenzin 0,74 $ (0,50 €, Feb. 2007).

Reisezeit und Reiseausrüstung

Reisezeit

Die **Hauptreisezeit** fällt in die Monate Juni bis Ende August, jedoch haben die etwas kühleren Monate Mai und September mit Frühlingsblumen bzw. Herbstfarben bei strahlend klaren Tagen ebenso ihre Reize. Für manche sind Herbst und Winter sogar die beliebteste Zeit. Weniger Touristen, und vor allem: keine Moskitos, die besonders während der ersten Juniwochen sehr lästig werden können. Ganzjährig attraktive Reiseziele sind Toronto, Montréal und Québec.

Ab Labour Day (1. Wochenende im September) sind kaum noch **Reservierungen** notwendig, allerdings sind dann auch die Öffnungszeiten vieler Museen eingeschränkt, und auch für viele Veranstalter von Touren und Exkursionen endet die Saison Ende September, besonders in den nördlichen Gebieten.

Der **Sommer** zeichnet sich im Allgemeinen durch eine stabile Schönwetterlage aus. Im September setzt der etwa vier Wochen anhaltende **Herbst** ein, der durch die Laubfärbung der Wälder, den *Indian Summer* bzw. *Été Indien,* als besonders schöne Reisezeit gilt. Nach dem fast sechs Monate dauernden **Winter** folgt dann relativ spät, im Mai, ein kurzes, intensives **Frühjahr.**

Klima

Das Klima in Ostkanada entspricht in etwa dem Mitteleuropas, ist jedoch in den Temperaturen extremer. So herrscht im Inland im Sommer sonniges, heißes Kontinentalklima, im Tal des St.-Lorenz kann es oft schwül sein. An der Atlantikküste ist es ausgeglichener und mild. Im Winter überwiegt im Landesinneren klirrender Frost, der jedoch durch die trockene Luft für Mitteleuropäer gut zu ertragen ist. Die durchschnittlichen Tageshöchst- und Tagestiefstwerte liegen in Toronto, dessen Klima durch die großen Seen gemildert wird, für Juli bei 27 °C bzw. 17 °C, im Januar bei –1 °C bzw. –7 °C. In Montréal betragen die Temperaturen im Juli 26 °C und 17 °C, im Januar –5 °C und –12 °C, in Halifax schließlich im Juli 22° C und 13 °C, im Januar 0 °C und –8 °C.

Kleidung und Ausrüstung

Neben bequemer, lockerer Freitzeitkleidung braucht man bei Reisen an der Küste auch Pullover, Wind- und Regenjacke. Elegantere Kleidung sollte man für die kosmopolitischen Metropolen Montréal und Toronto im Gepäck haben. Empfehlenswert ist eine Ausstattung nach dem ›Zwiebelprinzip‹: Wenn nötig, eine Kleidungsschicht ablegen oder hinzufügen. Vor allem im Norden und in den höheren Lagen (u. a. Parc national de la Gaspésie, Gros Morne National Park) sowie an der Atlantikküste muss mit jähen Wetterstürzen und heftigen Schauern gerechnet werden. Ausrüstungen für Aktivurlauber werden auch von Tourveranstaltern gestellt oder können vor Ort geliehen werden (s. S. 84 ff.).

Klimadaten Toronto

	J	F	M	A	M	J	J	A	S	O	N	D
Tagestemperaturen in °C	-1	0	4	12	18	24	27	26	22	15	8	1
Nachttemperaturen in °C	-8	-7	-3	3	8	14	17	16	12	7	2	-5
Wassertemperaturen in °C	3	2	2	3	6	12	19	21	18	13	9	6
Sonnenstd./Tag	3	4	5	6	7	8	9	8	7	5	3	2
Regentage/Monat	8	8	9	9	8	8	7	8	8	8	9	10

Gesundheit und Sicherheit

Ärztliche Versorgung

Die ärztliche Versorgung ist mit der mitteleuropäischen vergleichbar. Fernab der Zentren wird Hilfe per Flugzeug gebracht. Für eine Behandlung kann mit Kreditkarte bezahlt werden. Krankenhäuser findet man unter *Hospital,* Apotheken unter *Pharmacies* oder auch unter *Drugstores* in den gelben Telefonbuchseiten. Auch die großen Supermärkte und Einkaufszentren haben einen Drugstore mit einer *Pharmacy*-Abteilung, wo ein ausgebildeter Apotheker die *prescriptions,* also rezeptpflichtige Medikamente aushändigt. In allen Drugstores oder Pharmacies findet man eine große Auswahl preiswerter rezeptfreier Schmerz- und Allergiemittel. Auch Vitamintabletten sind viel günstiger als in Deutschland.

Gesundheitsvorsorge

Angesichts der extrem hohen Arzt- und Krankenhauskosten oder auch der Notfalltransportkosten sollte man unbedingt vor Reiseantritt eine **Reisekrankenversicherung** (am besten eine, die einen eventuellen Rücktransport umfasst) abschließen oder sich bei seiner Krankenversicherung über die Abdeckung möglicher Kosten bei Auslandsreisen informieren. So oder so wird aber von Ärzten und Krankenhäusern meist sofortige Bezahlung verlangt – in bar oder per Kreditkarte.

Spezielle **Medikamente** sollte man mitbringen oder eine Rezeptkopie dabeihaben, damit ein kanadischer Arzt das Rezept erneuern kann, denn nur dann erhält man rezeptpflichtige Medikamente. Bei Wanderungen und längeren Aufenthalten abseits von Siedlungen sollte man auf jeden Fall eine **Reiseapotheke** mit sich führen, um für kleinere Notfälle gerüstet zu sein (Medikamente gegen Durchfall, Schmerzen und Fieber, Verbandsstoff, Pflaster und Wunddesinfektion – und Mückenschutzmittel nicht vergessen).

Notruf 911
Polizei
Feuerwehr
Rettungswagen

Notfälle

In allen Notfällen kann man landesweit die Rufnummer **911** wählen. In wenigen Ausnahmen ist der Notdienst über die 0 *(operator)* zu erreichen. Der **Operator** ist auf jeden Fall immer eine hilfsbereite Anlaufstelle. Natürlich sind die Hotelrezeption, eine Tankstelle, Campingplatzpersonal, Parkranger oder dergleichen ebenfalls immer in Notfällen *(emergencies)* behilflich. *Emergencies* heißen auch die Notaufnahmen in Krankenhäusern oder bei Sanitätsdiensten, an die man sich bei Verletzungen und akuten Beschwerden wenden kann.

Sicherheit

Kanada ist so sicher (oder unsicher), wie man es aus Mitteleuropa gewöhnt ist. Dabei ist in den großen Städten (und auch in vielen Indianerreservaten) eine höhere Kriminalitätsrate zu verzeichnen als in den ländlichen Regionen. Im Vergleich zu den Städten ist die kanadische Wildnis so sicher wie Omas und Opas Wohnzimmer. Hier ist die eigene Unerfahrenheit die größte Gefahrenquelle. Vor allem Wildnis-Novizen tun deshalb gut daran, den Ratschlägen der erfahrenen Ranger zu folgen. In Newfoundland und auf Cape Breton Island sind die jähen Wetterstürze nicht zu unterschätzen. In Québec und Ontario sollte man bei Wildnis-Touren stets Glöckchen und Pfefferspray mitführen, um allzu neugierige Schwarzbären auf Abstand zu halten.

Internetcafés

Mit den Lieben daheim in Tuchfühlung bleiben ist vielen Reisenden ein wichtiges Anliegen. Das Internet macht's möglich: Millionen, wenn nicht Milliarden von Reiseberichten rasen stündlich mitsamt den neuesten Fotos um die Welt. Internetcafés gibt es in jeder größeren Stadt. Immer mehr Hotels und Motels bieten die Nutzung des Internets im Übernachtungspreis integriert an. Auch Bibliotheken sind inzwischen fast immer mit öffentlichen Terminals ausgerüstet. Und wenn der Drang zum Surfen und Mailen gar unerträglich wird, lässt sich bestimmt auch der Rezeptionist des Hotels erweichen …

Post

Auch in den kleinsten Orten Ostkanadas gibt es Postämter, die allerdings manchmal nicht wie in den Städten ganztägig geöffnet sind. **Öffnungszeiten** sind dort in der Regel Mo–Fr 8–17 und Sa 8–12 Uhr. Die Adressen der einzelnen Postämter findet man im Telefonbuch unter der Rubrik »Government – Canada Post«.

Falls man sich Post nachsenden lassen möchte (wird etwa vier Wochen zur Verfügung gehalten), kann man dies postlagernd nach folgendem Schema tun:
(Name des Empfängers)
c/o General Delivery Main Post Office (die Stadt und die Provinz, in der man sich aufhalten wird). Nicht vergessen: der ZIP-Code (Postleitzahl) gehört in Kanada hinter den Namen der jeweiligen Provinz. Sie besteht aus einer 6-stelligen Zahlen-Buchstaben-Kombination.

Ein **Standardbrief** oder eine **Postkarte** nach Deutschland kosten per Luftpost (bis 30 g) 1,55 $ (Feb. 2007). Die Laufzeit beträgt für Luftpost fünf bis acht Tage nach und von Europa.

Telefonieren

Von Deutschland, Österreich und der Schweiz wählt man nach Kanada **001,** gefolgt vom *area code* für die jeweilige Provinz und der Teilnehmernummer. Innerhalb der kanadischen Städte wählt man nur die siebenstellige Rufnummer. Zu Auswärtsgesprächen *(long distance calls)* innerhalb der eigenen Provinz wählt man eine »1« vorweg.

R-Gespräche *(collect calls)* und die sogenannten *person-to-person calls,* bei denen man gegen einen Aufpreis eine bestimmte Person ans Telefon rufen lassen kann, vermittelt ebenfalls der Operator. Telefonnummern mit der **Vorwahl 1-800** (auch andere 800er-Nummern wie etwa 888) sind **gebührenfrei,** z. B. zur Hotel-, Flug- oder Autoreservierung.

Telefonieren mit dem Handy (cell phone): In Kanada benötigt man ein Triband- oder Quadband-Handy, das auch die in Nordamerika üblichen GSM 900/1900 unterstützt. Vor der Abreise ist außerdem zu prüfen, ob das Ladegerät mit einer Netzspannung von 110 bis 240 Volt arbeitet, anderenfalls sollte man Adapter oder Reserveakkus dabeihaben. Ist das Handy für das Roaming freigeschaltet, sollte es sich automatisch einwählen. Geschieht dies nicht, stellt man das kanadische Netz selbst ein. Details zum Roaming erfährt man von seinem Provider in Deutschland oder unter www.teltarif.de/i/reise-nam.html. Man kann sich in Kanada auch eine preiswertere *prepaid card* kaufen. Die sonst kostenfreien 800er-Nummern sind beim Handytelefonat allerdings gebührenpflichtig.

Von Kanada aus kann auch nach Europa durchgewählt werden: zuerst die **Vorwahl 011** und danach die jeweilige Landesvorwahl (BRD 49, Österreich 42, Schweiz 41).

Dies ist auch von jedem Münzfernsprecher *(Pay Phone)* aus möglich. Um das langwierige Münzeneinwerfen (und die sonst bei Überseegesprächen notwendige Vermittlung durch den Operator) zu vermeiden, benutzt man am besten die von verschiedenen Telefonfirmen angebotenen **Prepaid Phone Cards,** die mit einem Guthaben ab 5 $ in Hotels, Tankstellen und Supermärkten angeboten werden. Dies ist die bei weitem preisgünstigste Möglichkeit, und man kommt in der Regel auch bei längeren Gesprächen mit 5–10 $ Guthaben aus (innerhalb Kanadas kostet ein Gespräch ca. 8 Cent, nach Europa 10–20 Cent/Min.). Man wählt die angegebene 1-800-Nummer und gibt nach der Ansage die Kartennummer und die gewünschte Teilnehmernummer ein. Dabei wird angesagt, wie viel Guthaben noch auf der Karte ist und wie viele Minuten man mit der jeweiligen Verbindung noch telefonieren kann. Auch vom Hotelzimmer kann man mit einer Prepaid-Karte preiswert telefonieren und vermeidet so die (wie bei uns) üblichen Preisaufschläge.

Darüber hinaus kann man auch gebührenfrei eine Vermittlungsstelle in Frankfurt/M. anrufen, um eine Verbindung innerhalb der BRD herstellen zu lassen: 1-800-465-0049.

Für Telefongespräche von Europa nach Kanada lassen sich auch die 800-Nummern (1-800, 1-866, 1-877, 1-888) verwenden – nur sind sie dann nicht gebührenfrei. Es gelten die normalen Tarife, die auch angesagt werden. Über die günstigsten Anbieter informiert die Webseite: www.billiger-telefonieren.de.

Vorwahlen (area code)

Toronto	416
Südontario	905
Südwestontario	519
Westontario	807
Ottawa und Ostontario	613
Montréal	514, 450
South Shore und Laval (Teile)	450
New Brunswick und Gaspé-Halbinsel	506
Newfoundland und Labrador	709
Nova Scotia	902
Québec City	418
Prince Edward Island	902
West-Ontario	807

Zeitungen

Größere Orte haben eine Lokalzeitung. Eine überregionale Tageszeitung mit hohem Niveau ist die »Globe and Mail« (www.theglobeandmail.com), die fast überall erhältlich ist. Die konkurrierende nationale Tageszeitung »National Post« ist stärker im Entertainment-Sektor. Das wöchentlich erscheinende »McLeans Magazine« (www.macleans.ca) ist Kanadas führendes Nachrichtenjournal. In der Provinz Québec dominieren in Montréal die französischsprachigen Zeitungen »La presse« (www.cybepresse.ca) und »Le Devoir« (www.ledevoir.com) sowie »Le Soleil« (www.cyberpresse.ca) in Ville de Québec. Die Anglo-Montréaler lesen die »Montréal Gazette« (www.canada.com/montrealgazette). Interessanter noch für Kanadaurlauber ist die zweimonatlich erscheinende »Canadian Geographic« (www.canadiangeographic.ca) mit ausführlichen Artikeln zu Kanadas Geografie, Flora, Fauna und Gesellschaft. Einen sehr guten Überblick über Kanadas Zeitungen im Internet, nach Provinzen und Territorien geordnet, vermittelt die Homepage der *Canadian newspaper Association* (www.cna-acj.ca/client/cna/cna.nsf/web/online).

Fernsehen und Rundfunk

Fast alle größeren Orte haben einen (oder mehrere) lokalen Fernseh- und Rundfunksender, und in fast jedem Hotel- oder Motelzimmer steht auch ein Fernseher. Das in Kanada (wie auch in den USA) übliche NTSC-System ist nicht mit dem in Deutschland gebräuchlichen PAL-Standard kompatibel. Dies sollte man beachten, wenn man Videokassetten verwenden oder kaufen möchte.

Sprachführer Flora und Fauna

Bäume und Pflanzen

Balsam Fir	Balsamkiefer
Blue Elder	Holunder
Douglas Fir	Douglastanne
Eel Grass	Seegras
Engelmann Spruce	Engelmann-Fichte
Fireweed	Weidenröschen
Juniper	Wacholder
Larch	Lärche
Lodgepole Pine	Drehkiefer
Maple	Ahorn
Red Alder	Roterle
Aspen	Zitterpappel
White Birch	Papierbirke
White Pine	Amerikanische Weymouthskiefer
White Spruce	Weißfichte
Yew	Eibe

Säugetiere

Badger	Dachs
Beaver	Biber
Caribou	Karibu
Chipmunk	Erdhörnchen
Elk	Wapitihirsch
Lynx	Luchs
Marten	Marder
Mink	Nerz
Moose	Elch
Mule Deer	Maultierhirsch
Muskrat	Bisamratte
Porcupine	Stachelschwein
Wolverine	Vielfraß

Meeressäuger

Blue Whale	Blauwal
Bowhead Whale	Grönlandwal
Fin Whale	Finnwal
Humpback Wale	Buckelwal
Killer Whale/Orca	Orka
Right Wale	Glattwal
Sperm Whale	Pottwal
Grey Seal	Kegelrobbe
Harbour Seal	Seehund

Fische

Arctic Char	Eismeersaibling
Arctic Grayling	Arktische Äsche
Bass	Barsch
cod	Kabeljau
Dolly Varden	Saibling
Flounder	Scholle/Flunder
Haddock	Schellfisch
Halibut	Heilbutt
Lake Trout	Seesaibling
Mackerel	Makrele
Muskie	Muskelunge
Northern Pike	Hecht
Perch	Flussbarsch
Pickerel	Zander
Rainbow Trout	Regenbogenforelle
Salmon	Lachs
Smelt	Stint
Steelhead	Stahlkopfforelle
Striped Mullet	Meerbarbe

Vögel

Bald Eagle	Weißkopfseeadler
Black Canada Warbler	Grasmücke
Black-legged Kittiwake	Dreizehenmöwe
Fulmar	Sturmvogel
Gannet	Basstölpel
Grouse	Birkhuhn
Harlequin Duck	Kragenente
Heron	Reiher
Herring Gull	Silbermöwe
Jay	Häher
Kingfisher	Eisvogel
Loon	Eistaucher
Oystercatcher	Austernfischer
Petrel	Sturmvögel
Puffin	Papageientaucher
Razorbill	Tordalk
Robin	Drossel
Sandpiper	Strandläufer
Storm Petrel	Sturmschwalbe
Tern	Seeschwalbe
Woodpecker	Specht

Fischerhütte an der betörend schönen Küste von Nova Scotia

Unterwegs in Ostkanada

Abends erwacht die Glitzerwelt von Downtown Toronto

Kapitel 1

Toronto

Auf einen Blick: Toronto

Kanadas größte Stadt

2,5 Mio. Menschen innerhalb der Stadtgrenzen; 5,3 Mio. im Großraum Toronto, der Greater Metropolitan Area; 8 Mio. im dicht besiedelten Golden Horseshoe, ihrem Einzugsgebiet am Westufer des Lake Ontario: Damit trägt Ontarios Hauptstadt maßgeblichen Anteil an jener Statistik, die die 33 Mio. Kanadier, bei aller Weite und Wildnis, zur urbanisiertesten Gesellschaft der Welt erklärt. Doch trotz supermoderner Skyline, dem demnächst ersten Trump Tower außerhalb der USA und den neuesten Kabinettstückchen internationaler Reißbrett-Stars wie Frank Gehry und Daniel Libeskind, bringt Toronto ein Kunststück fertig, das es deutlich von der Konkurrenz absetzt: Diese Megalopolis fühlt sich an wie ein Dorf. Oder besser, wie viele Dörfer, die obendrein sauber sind und sicher und in denen man auch nachts unbesorgt auf Tour gehen kann. Dass diese Dörfer erhalten blieben, ist auch Jane Jacobs (1916–2006) zu verdanken. 1971 half die legendäre Aktivistin und Kämpferin für menschengerechtes Wohnen, den Spadina Expressway zu verhindern. Der hätte die Downtown auseinandergerissen und so manches historische Viertel zum Tode verurteilt. Heute ist Toronto ein urbanes Paradies: ein sympathisches Ineinander dicht bewohnter, nicht immer gepflegter, aber stets

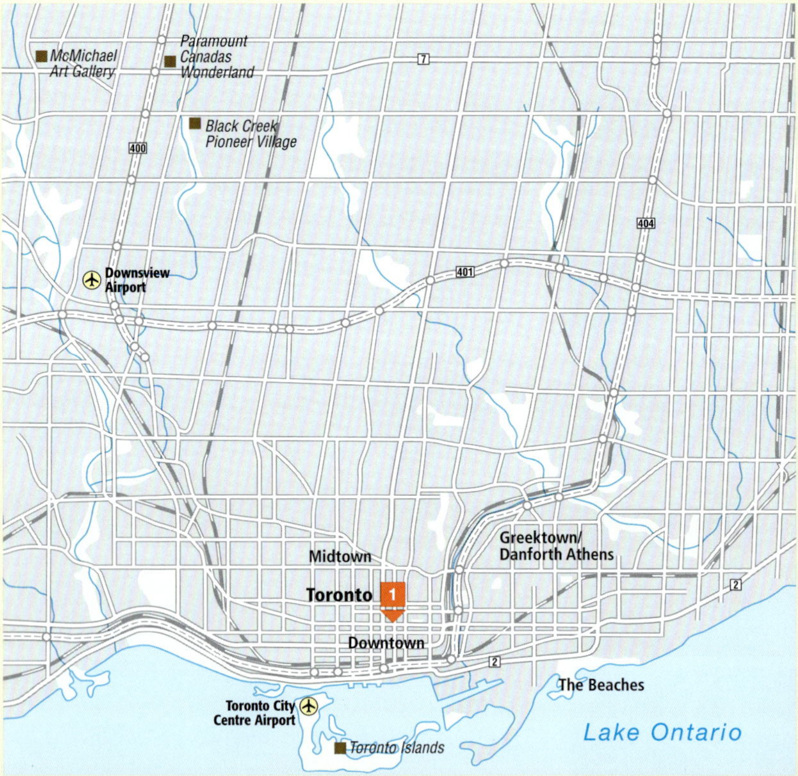

lebhafter polyglotter Stadtviertel, mit neuen Häusern neben alten und dem Bäcker an der Ecke. Sehenswürdigkeiten mit Muss-Charakter besitzt Toronto nur wenige: den 553 m hohen **CN Tower,** die **Art Gallery of Ontario,** das **Royal Ontario Museum,** die **Hockey Hall of Fame.** Das eigentliche, das wahre Toronto liegt in den ethnischen Neighbourhoods, in **Greektown, Chinatown** und **Portugal Village,** in **Kensington Market** und **Little Italy.** Dorthin geht man am besten zu Fuß. Und nimmt dabei alles mit, was sich unterwegs anbietet, die Wochenmärkte, den Lunch im Straßencafé, den Hot Dog am Würstchenstand, vor allem aber die Kontraste: Bay Street, wo Tag und Nacht die Aktienkurse über digitale Werbetafeln flimmern. Yonge Street, früher Rotlichtviertel und heute Konsummeile, wo man, in Pulks aus Menschen aller Rassen, erstmals das Gefühl hat, wirklich in Toronto angekommen zu sein. Und natürlich den **Entertainment District** mit seinen Theatern, Music Halls und Kleinkunstbühnen – Toronto bietet nach New York die produktivste Theater- und Musicalszene Nordamerikas.

Highlight

1 **Toronto:** Dank ihrer polyglotten Stadtviertel, einer niedrigen Verbrechensrate und ihres prall gefüllten Veranstaltungskalenders gehört die Millionenmetropole weltweit zu den Städten mit dem höchsten Lebensstandard.

Reise- und Zeitplanung

Da sich die meisten Sehenswürdigkeiten in der kompakten Downtown befinden, mag ein Tag reichen, um sich einen ersten Eindruck zu verschaffen. Das immense kulturelle Angebot – Toronto hat u. a. über 90 Theater und eine blühende Musical- und Jazzszene – bliebe dem eiligen Besucher jedoch verschlossen. Wer auskosten will, was Toronto zu bieten hat, sollte zwei, besser noch drei ganze Tage einplanen. Und mindestens drei Nächte. Einen Tisch in einem der 7000 Restaurants zu ergattern und eines von 36 000 Hotelzimmern zu reservieren ist in der Regel kein Problem.

Richtig Reisen-Tipps

Reif für die Insel(n)? Die dicht vor Toronto im Lake Ontario liegende Inselkette der Toronto Islands steht für den schönsten Ausflug im Stadtgebiet und bietet vor allem nachts und bei Sonnenuntergang unvergessliche Ansichten der futuristischen Skyline Torontos (s. S. 108).

Gute Laune garantiert! Im plüschigen Royal Alexandra Theatre von 1907 stehen oft auch potenzielle Broadway-Produktionen auf dem Programm. Häufig hält es das Publikum dann nicht mehr auf den Sitzen (s. S. 112).

Schlüssel zur kanadischen Seele: Mit ihrer wunderschönen Sammlung von Werken der legendären Group of Seven hält die McMichael Canadian Art Collection im Norden Torontos einen Schlüssel zum Verständnis der kanadischen Seele bereit (s. S. 126).

Klima und Reisezeit

Toronto ist zu allen Jahreszeiten ein lohnendes Reiseziel. Top-Musicals und Konzerte internationaler Stars füllen Sommer wie Winter die Säle. Museen und Galerien stellen nordamerikanische und internationale Kunstschaffende aus. Der Lake Ontario macht die Winter mit Durchschnittstemperaturen um den Gefrierpunkt unkanadisch schneearm und mild. Im Sommer findet das Leben auch in Toronto draußen statt – in ungezählten Straßenrestaurants, zur Straße hin geöffneten Musikkneipen und auf schön begrünten Dachterrassen.

1 Downtown Toronto

Cityplan S. 104–106

Hauptstadt Ontarios, Wirtschaftsmotor des Landes, internationalste Stadt Nordamerikas, »sexy«: Die meist kurz ›T. O.‹ (Ti-Ouh) genannte Metropole am Ontario-See schmücken viele Titel. Die Downtown allein vermag sie abzuräumen. Nicht schlecht für eine Stadt, der Kritiker noch vor 20 Jahren das Temperament einer Schlaftablette bescheinigten.

»Toronto the Good« nannte man sie damals, weil hier absolut nichts los war. Jean-Paul Sartre sah Toronto gar in einer Reihe mit Timbuktu und Nischni Nowgorod. Wenn ihre Bewohner sich amüsieren wollten, dann fuhren sie nach Montréal – kein Wunder, denn in diesem noch bis zum Zweiten Weltkrieg durch und durch puritanischen Bollwerk erzkonservativer »White Anglo-Saxon Protestants« gab es sonntags weder Alkohol noch Entertainment. Selbst die Kinos blieben dicht. Der Polizeichef schickte seine Beamten ins Royal Alexandra Theatre, wo diese mit Stoppuhren darüber wachten, dass ein Bühnenkuss nicht länger als 20 Sekunden dauerte. Und noch 1950 ließ das große Kaufhaus Eatons am heiligen Sonntag seine Schaufenster verhängen – um sündiges *window shopping* zu verhindern ...

Das alles ist längst Vergangenheit. Die Stadt, die im Schatten des englischen, 1759 von den Franzosen übernommenen Fort York begann und 1834 in Toronto (Iroquois für ›Treffpunkt‹) umbenannt wurde, hat heute – nach Miami – den höchsten Einwandereranteil der Welt: Die Hälfte aller Torontonians wurden außerhalb Kanadas geboren. Über hundert Sprachen sind in Toronto zu hören, 79 nicht englischsprachige Zeitungen werden gedruckt. So viel Multikulti färbte zwangsläufig auf die Kulturszene ab: Musicals, Theater, Kleinkunst, Jazz – Toronto gilt nach New York als die produktivste Bühnenstadt Nordamerikas. Vielleicht hinterlassen Stararchitekten wie Frank Gehry und Daniel Libeskind gerade deshalb ihre Visitenkarten hier besonders gern.

Toronto ist das wirtschaftliche und finanzielle Zentrum Kanadas. Zugleich verwandelte die farbenfrohe Melange fremder Kulturen die Metropole am Lake Ontario in eine weltoffene, lebensfrohe Stadt, deren Herz am lautesten in den **Neighbourhoods** schlägt. Jedes dieser von einer Einwanderergruppe geprägten Viertel hat seinen eigenen, unverwechselbaren Charakter. Und über allen wacht der **CN Tower,** Symbol des neuen modernen Toronto, als immer und überall sichtbarer Orientierungspunkt. Die **Downtown,** ein repräsentatives Toronto-Konzentrat, pflegt im Fadenkreuz der Besucher zu stehen. Die Orientierung ist denkbar einfach. Das Straßennetz wurde im Schachbrettmuster angelegt. An der vom Lake Ontario aus nordwärts strebenden **Yonge Street** beginnen die Hausnummern der in Ost-West-Richtung verlaufenden Straßen. Der Großteil der Sehenswürdigkeiten liegt in Downtown Toronto, einem in etwa von Spadina Avenue, Bloor Street und Yonge Street begrenzten, auf dem Seeufer ›stehenden‹ Rechteck. Alles ist hier zu Fuß erreichbar. Das Gebiet nördlich der Bloor Street wird **Midtown** genannt, die Gegend westlich der Bathurst Street heißt **West End.** Als **East Side** ist schließlich das Gebiet östlich vom Don Valley Parkway bekannt. Die meisten der Sehenswürdigkeiten außerhalb der Downtown sind mit der Subway zu erreichen.

Am Seeufer

Queen's Quay

Noch vor zwanzig Jahren lag zwischen Front Street und Lake Ontario ein Niemandsland, durch das nur der Gardiner Expressway eilte. Inzwischen hat man das trostlose Gelände jedoch revitalisiert. Großzügige Parks wurden angelegt, und mit dem Harbourfront-Projekt L, einer architektonisch ansprechenden Mischung neuer und restaurierter Gebäude, ist ein Freizeit- und Kulturzentrum entstanden, das jährlich rund vier Millionen Besucher anlockt. Zwischen den metallic schimmernden Kondominiumtürmen am Queen's Quay laufen Segeljachten und Passagierschiffe ein, legen Ausflugsboote und Oldtimer-Fähren zu den vorgelagerten, autofreien **Toronto Islands** ab (s. Richtig Reisen-Tipp S. 108).

Am Festlandsufer steht derweil Kunst und Kultur auf dem Programm. Im **Queen's Quay Terminal** **1** (207 Queens Quay W., www.queens-quay-terminal.com), einst ein verwahrlostes Lagerhaus, warten heute rund 30 teure Boutiquen auf – betuchte – Kunden und schicke Restaurants mit Seeblick auf Gäste.

Das **York Quay Centre** **2** (235 Queen's Quay W.) ein paar Schritte weiter beherbergt Ausstellungs- und Theaterräume, in denen die Kulturorganisation **Harbourfront Centre** (Info-Hotline Tel. 416-973-4000, www.harbourfrontcentre.com) neue Künstler und Theatertruppen vorstellt. Über die Stadtgrenzen hinaus bekannt sind das hier angesiedelte **Premiere Dance Theatre** **3** (Programm, Tickets s. Harbourfront Centre) und die in einem ehemaligen Kraftwerk untergebrachte **Power Plant Gallery** **4** (231 Queens Quay W., Tel. 418-973-4949,www.thepowerplant.org, Di–So 12–18, Mi 12–20 Uhr, Mo geschl.) für zeitgenössische Kunst.

Mit den Autoren unterwegs

Pop-Kultur

Auf geführten Touren kann man **CHUM City,** die interaktive Fernsehfabrik der Mediengesellschaft CHUM Ltd., besuchen und – mit etwas Glück – Live-Interviews amerikanischer Stars und Sternchen miterleben (s. S. 111).

Made in Canada

Was haben Céline Dion, Bryan Adams, Donald und Kiefer Sutherland, Paul Anka, Jim Carrey, William Shatner, Shania Twain, Wayne Gretzky und Pamela Anderson gemeinsam? Sie sind Kanadier – und auf **Canada's Walk of Fame** im Bürgersteig verewigt (s. S. 111).

Shopping

Wem Textilien von der Stange ein Gräuel sind, wird in den **Indie-Boutiquen** an der Queen Street auf seine Kosten kommen (s. S. 111).

Brunch

Das **Le Royal Meridien King Edward,** in Toronto nur liebevoll »King Eddy« genannt, richtet in der ›Merry Old England‹-Atmosphäre seines **Café Victoria** seit vielen Jahren den besten Sonntags-Brunch der Stadt aus (s. S. 113).

Clubbing

Nach Sonnenuntergang von Bar zu Bar schlendern, Cocktails und Jazz genießen: *Clubbing* ist im auch nachts sicheren T. O. ein absolutes Vergnügen. Besonders dicht ist die Konzentration guter Jazz- und anderer Musikkneipen an der **Queen Street** und im **St. Lawrence-Viertel.** Die schönste Endstation einer langen Nacht: **Healey's** (s. S. 130).

Exhibition Place und Ontario Place

Vom Harbour Front Centre ist es nur eine halbe Stunde zu Fuß auf Queen's Quay und Lakeshore Boulevard West bis zum etwas landeinwärts liegenden Ausstellungs- und Veranstaltungsgelände **Exhibition Place** **5** (Bloor Subway bis Dufferin Station, weiter mit Bus 29). Auf dem weitläufigen Gelände hinter den viktorianischen Princes' Gates finden seit über 130 Jahren neben der alljährlichen **Canadian National Exhibition** (August bis Sept.) über 100 weitere Großveranstaltungen in den verschiedensten Bereichen – Sport,

Toronto: Cityplan

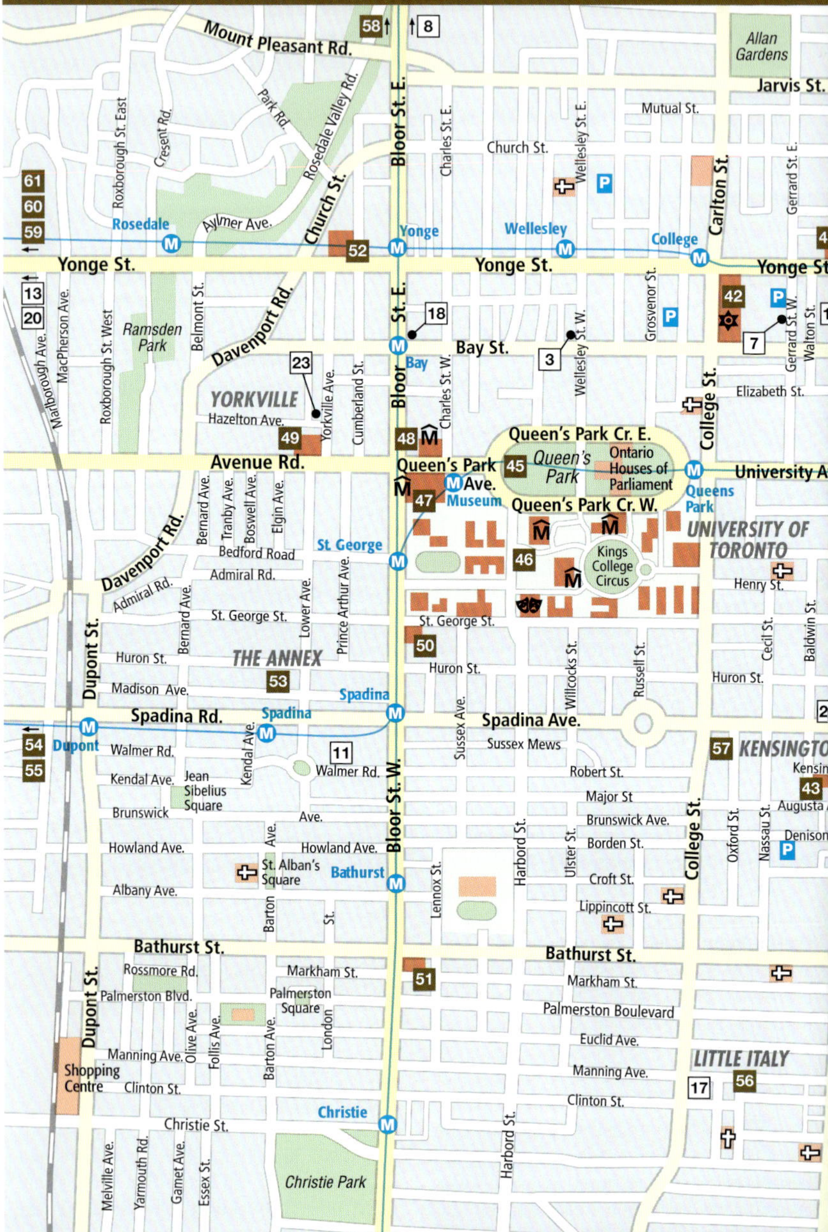

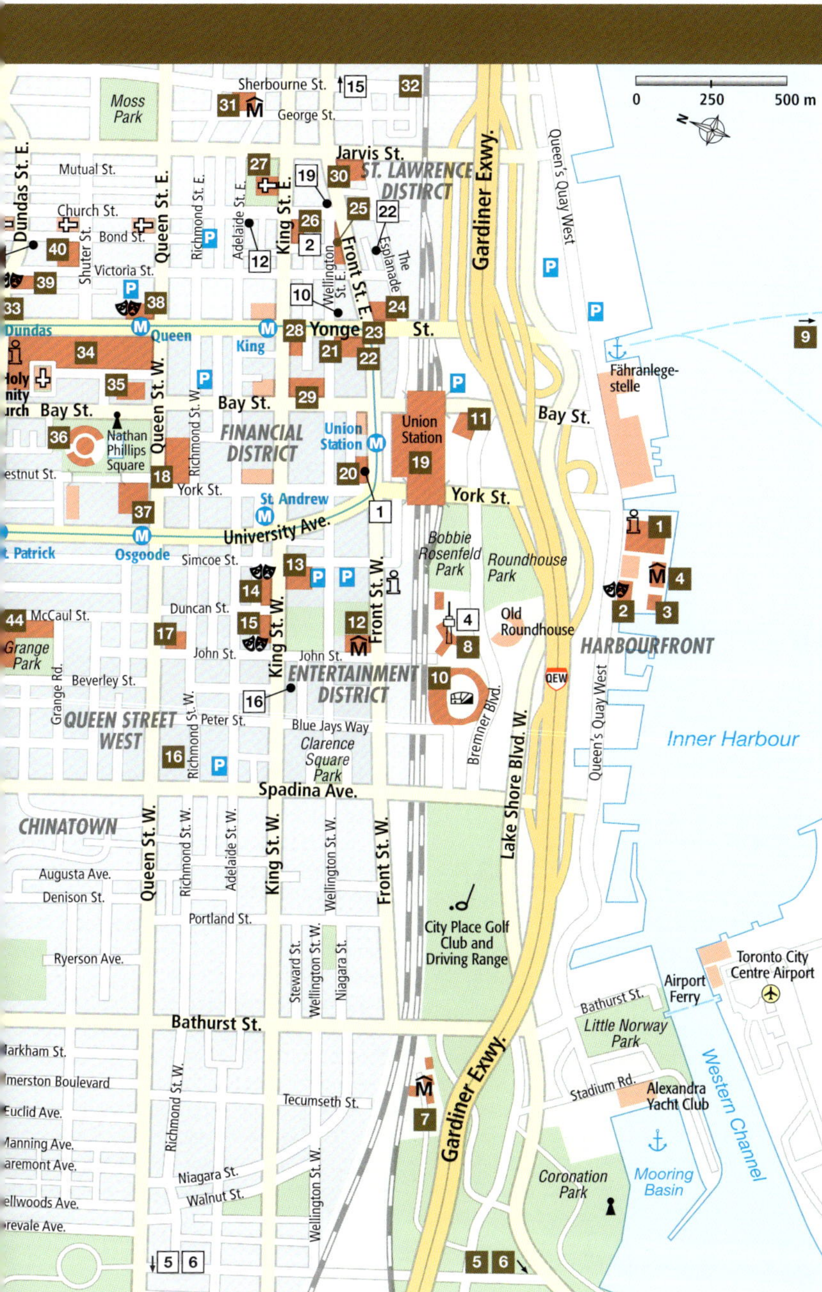
0
250
500 m
N
Moss Park
Sherbourne St.
15
32
31
George St.
Jarvis St.
ST. LAWRENCE DISTRICT
Gardiner Exwy.
Queen's Quay West
Mutual St.
Church St.
Bond St.
Victoria St.
Shuter St.
Dundas St. E.
Queen St. E.
Richmond St. E.
Adelaide St. E.
King St. E.
Wellington St. E.
Front St. E.
The Esplanade
27
19
30
25
22
26
2
12
10
24
40
39
33
38
Dundas
Queen
King
28
Yonge
St.
23
21
22
34
35
Holy Trinity Church
Bay St.
Queen St. W.
Richmond St. W.
FINANCIAL DISTRICT
29
Union Station
Union Station
19
11
Bay St.
Fähranlegestelle
9
36
Nathan Phillips Square
18
20
Chestnut St.
York St.
St Andrew
York St.
1
37
University Ave.
St. Patrick
Osgoode
Simcoe St.
13
Bobbie Rosenfeld Park
Roundhouse Park
1
4
14
Front St. W.
Duncan St.
4
Old Roundhouse
2
3
44
McCaul St.
Grange Park
15
17
12
8
HARBOURFRONT
John St.
King St. W.
John St.
ENTERTAINMENT DISTRICT
10
QEW
Beverley St.
Grange Rd.
16
Bremner Blvd.
QUEEN STREET WEST
Peter St.
Blue Jays Way
Clarence Square Park
Lake Shore Blvd. W.
Queen's Quay West
Inner Harbour
16
Richmond St. W.
Spadina Ave.
CHINATOWN
Queen St. W.
Richmond St. W.
Adelaide St. W.
King St. W.
Wellington St. W.
Front St. W.
Augusta Ave.
Denison St.
Portland St.
City Place Golf Club and Driving Range
Ryerson Ave.
Steward St.
Wellington St. W.
Niagara St.
Toronto City Centre Airport
Airport Ferry
Bathurst St.
Bathurst St.
Little Norway Park
Markham St.
Palmerston Boulevard
Euclid Ave.
Manning Ave.
Claremont Ave.
Bellwoods Ave.
Trevale Ave.
Richmond St. W.
Tecumseth St.
7
Gardiner Exwy.
Stadium Rd.
Alexandra Yacht Club
Western Channel
Niagara St.
Walnut St.
Wellington St. W.
Coronation Park
Mooring Basin
5
6
5
6

Toronto: Cityplan

Sehenswürdigkeiten

1 Queen's Quay Terminal
2 York Quay Centre
3 Premiere Dance Centre
4 Power Plant Gallery
5 Exhibition Place
6 Ontario Place
7 Historic Fort York
8 CN Tower
9 Toronto Islands
10 Roger's Centre
11 Air Canada Centre
12 CBC Museum
13 Roy Thompson Hall
14 Royal Alexandra Theatre
15 Princess of Whales Theatre
16 Queen Street Village
17 CHUM City
18 Four Seasons Centre for the Performing Arts
19 Union Station
20 Fairmont Royal York Hotel
21 Bank of Montréal Building
22 BCE Place
23 Hockey Hall of Fame
24 Hummingbird Centre for the Performing Arts
25 Gooderham Building
26 Royal Meridien King Edward Hotel
27 St. James Cathedral
28 Dominion Bank Building
29 Toronto Dominion Centre
30 St. Lawrence Market
31 Toronto's First Post Office
32 Distillery Historic District
33 Dundas Square
34 Eaton Centre
35 Old City Hall
36 New City Hall
37 Osgoode Hall
38 Elgin and Winter Garden Theatres
39 Canon Theatre
40 Mackenzie House
41 Sam the Record Man
42 Toronto Police Museum and Discovery Centre

Handel, Festivals – statt (zwischen Strachan Ave. und Dufferin St., Tel. 416–263-3600, www.explace.on.ca).

Südlich vom Lakeshore Boulevard W. ragt der Vergnügungspark **Ontario Place 6**, eine Art kanadisches Disneyland, weit in den Lake Ontario hinein. Aus der Luft gleicht das 39 ha große Gelände mit seinen künstlichen Inseln, Lagunen und futuristischen Gebäuden, die auf Stelzen im Wasser stehen, einer schwimmenden Raumstation. Kleine Brücken spannen sich von einer grünen Insel zur anderen. Neueste Entertainment-Technologie ist zu sehen, in der ›Marina‹ drängen sich Segelboote neben einer chinesischen Dschunke und einem alten Flussdampfer. Das Richtige für kleine und große Kinder (955 Lake Shore Blvd., Tel. 416-314-9900, www.ontarioplace.com, Mai–Sept., variierende Zeiten. Stündlich Gratis-Shuttles ab Union Station. Erw. 22–45 $).

Historic Fort York

Die Waterfront bietet jedoch auch Historisches. Auf halbem Weg zwischen York Quay Centre und Ontario Place liegt, erreichbar auf der landeinwärts strebenden Bathurst Street Torontos Keimzelle. **Historic Fort York 7** wurde 1793 von den Engländern auf den Trümmern des französischen Fort Rouillé errichtet. Vor ihren Wällen entstand die Siedlung York, später Toronto. Zwanzig Jahre darauf, während des britisch-amerikanischen Krieges von 1812, wurde das Fort von den Amerikanern zerstört. Im Jahr darauf eroberten die Engländer jedoch Washington und brannten das Weiße Haus nieder. Fort York wurde wieder aufgebaut und musste schon 1814 wieder verteidigt werden, diesmal erfolgreich. Heute erinnern insgesamt sieben Blockhäuser, Pulvermagazine und Offiziersquartiere an diesen Krieg. Kundige Studenten in den leuchtend roten Uniformen der Ko-

43 Kensington Market
44 Art Gallery of Ontario
45 Queen's Park
46 University of Toronto
47 Royal Ontario Museum
48 Gardiner Museum of Ceramic Art
49 Hazelton Lanes
50 Bata Shoe Museum
51 Honest Ed's
52 Toronto Public Library
53 The Annex
54 Casa Loma
55 Spadina House
56 Little Italy
57 Portugal Village
58 Greektown
59 Black Creek Pioneer Village
60 Paramount Canada's Wonderland
61 McMichael Canadian Art Collection

Übernachten

1 The Fairmont Royal York
2 The Royal Meridien King Edward Hotel
3 The Sutton Place Hotel
4 Marriott Renaissance Hotel
5 The Drake Hotel
6 The Gladstone Hotel
7 Delta Chelsea Hotel Toronto
8 Clarion Hotel & Suites Selby
9 Bond Place Hotel
10 Hotel Victoria
11 Casa Loma Inn
12 Hostelling International Toronto

Essen und Trinken

13 Scaramouche
14 Barberian's Steak House
15 The Boiler House
16 La Fenice
17 Trattoria Giancarlo
18 Panorama
19 Hot House Café
20 Rosedale Diner
21 Lee Garden
22 The Old Spaghetti Factory
23 Hero Certified Burgers

lonialzeit interpretieren die Geschichte und führen zum Trommelschlag Drillübungen vor (100 Garrison Rd., Tel. 416-392-6907, www.fortyork.ca, Labour Day–Victoria Day Mo–Fr 10–16, Sa–So 10–17, sonst tgl. 10–17 Uhr, 6 $).

Entertainment District

Straßenschilder mit dem Namen des Viertels weisen unmissverständlich darauf hin, worum es in diesem Rechteck zwischen Front Street West, Spadina Avenue, Queen Street West und Yonge Street geht. Torontonians wie Besucher kommen hierher, um sich zu amüsieren und unterhalten zu lasssen – in Theatersälen, Konzerthallen, Radio- und Fernsehstudios, Vielzweckhallen und zahllosen Bars. Die spektakulärsten Schreine errichtete man der Unterhaltungsindustrie im Süden dieses Viertels.

Der elegante **CN Tower** 8, Torontos höchste Skulptur, ist der augenfälligste. Die 553 m hohe Fernsehantenne wurde 1976 nach 40-monatiger Bauzeit fertiggestellt und ist als höchstes freistehendes Gebäude der Welt das prägende Element der Skyline. In der Stadt selbst ist sie allgegenwärtig. Scherzend antwortete deshalb ein Torontonian auf die Frage, ob er häufiger auf den Turm fahre: »Natürlich, das ist die einzige Stelle in der ganzen Stadt, wo ich das verflixte Ding nicht sehe.« Nun, das allein wird es nicht sein, es ist schon ein Erlebnis, die Stadt von oben zu betrachten. Von der obersten Aussichtsplattform, dem »Skypod« in 447 m Höhe, schweift der Blick weit über die 800 km² große, zwischen Farmland und Lake Ontario gelegene Megacity. An klaren Tagen reicht die Sicht bis zur Gischtwolke der Niagarafälle im Südosten. Das Drehrestaurant »360 Restaurant« (tgl. 11–14, 16.30–22.30 Uhr) in 351 m Höhe

Richtig Reisen-Tipp: Reif für die Insel(n)?

Etwas westlich vom Westin Harbour Castle (1 Harbour Square, am Ende der Bay Street), verkehren mehrmals stündlich kleine Fähren zwischen dem Toronto Ferry Terminal und Hanlan's Point, Centre Island und Ward's Island (Fahrpläne Tel. 416-392-8193, Ticket Erw. 6 $). Geruhsam, grün und ohne Großstadtgeräusche, sind die **Toronto Islands** **9** beliebtestes Naherholungsziel der Großstädter. Sieben Kilometer lang und 250 ha groß, laden sie mit Wäldchen, weitläufigen Rasenflächen und Stränden zum Grillen, Picknicken und Angeln ein, man spielt Tennis, paddelt oder vergnügt sich auf zahlreichen Radwegen. Es gibt einen Yachthafen, einen Vergnügungspark und einen kleinen Bauernhof mit Kinderzoo. Von der Terrasse des Gartenlokals auf **Centre Island** hat man einen ungetrübten Blick auf die Stadt, der besonders eindrucksvoll ist, wenn die Glitzertürme des Financial District vom Licht der untergehenden Sonne angestrahlt werden: tiefschwarz die Türme des Toronto Dominion Centre, weiß glänzend die Bank of Montréal, in rotem Marmor die Bank of Nova Scotia, silberglänzend der Commerce Court, wie pures Gold schimmernd die Glasfronten der Royal Bank. Centre Island richtet im Sommer Festivals und Konzerte aus. Dann herrscht hier dichtes Gedränge und Volksfeststimmung. Sollten die Warteschlangen an der Centre-Island-Fähre zu lang sein, nimmt man die Fähre nach **Hanlan's Point,** zum Yachthafen der Inseln. Dort kann man Fahrräder mieten oder mit einer kleinen Bahn fahren, die zwischen den Fährpunkten verkehrt. Sie führt am **Gibraltar Point Lighthouse** vorbei, einem der ältesten Leuchttürme Ontarios. Die wenigsten Torontonians wissen, dass auf **Ward's Island** ein Dorf mit mehreren hundert Bewohnern existiert. Es sind Angehörige aller Alters-, Berufs- und Einkommensgruppen, aber ihr Lebensstil erinnert an vergangene Zeiten. Einige Familien leben schon seit über hundert Jahren hier, andere sind vor der Großstadt geflüchtet. Allen gemeinsam ist die Vorliebe für Alternatives – ohne Autos, Kriminalität und Stress. Dafür nimmt man die Nachteile in Kauf: keine Geschäfte, keine Schule, kein Arzt in unmittelbarer Nähe. Einkaufen, der Weg zur Arbeit und zur Schule, alles ist vom Fährenfahrplan abhängig.

Idylle abseits der pulsierenden Downtown: Ward's Island

erreicht man in einem gläsernen Aufzug, der an der Außenseite des Turms emporschießt. Beim Essen oder bei einem Drink genießt man das Seepanorama der Waterfront mit den Fährschiffchen, die zwischen Seeufer und Toronto Islands pendeln, und den Hunderten von Segelbooten. Winzig erscheinen auch die Sportflugzeuge, die lautlos den kleinen Toronto Islands Airport anfliegen. Zweimal im Jahr kann man auch zu Fuß hinauf: Sportliche Torontonians erklimmen im Frühjahr und Herbst während des »CN Tower Stairclimb« die 1776 Stufen – der Rekord steht bei 7 Minuten 52 Sekunden – für wohltätige Zwecke. Auf dem Glasboden in 342 m Höhe verspürt man ein Kribbeln in der Magengegend, da man sich scheinbar auf Luft bewegt und unter seinen Füßen 113 Stockwerke tief auf ameisengroße Menschen, Autos und Gebäude herabblickt. Hier befindet sich auch das »Outdoor Observation Deck«, wo man sich den Wind um die Nase wehen lassen kann. Und wenn im Roger's Centre neben dem Tower im Sommer bei geöffneter Kuppel ein Football-Spiel stattfindet, hat man hier praktisch einen Logenplatz. Außer der grandiosen Aussicht bietet der CN Tower im Sockel besonders für Jugendliche und Technik-Fans noch weitere Attraktionen: interaktive Laserspiele und Cyber Space, eine dreidimensionale Reise in die virtuelle Realität (301 Front St. W., Tel. 416-868-6937, www.cntower.ca, tgl. 9–23 Uhr, Observation Decks, Skypod, Glasboden, Erw. 26 $).

Roger's Centre

Der 1989 fertiggestellte Skydome neben dem Tower wurde im Februar 2005 in **Roger's Centre** 10 umbenannt. Die 32 Stockwerke hohe Vielzweckarena mit bis zu 60 000 Plätzen hat ein strahlend weißes Kuppeldach, das mehr als drei Hektar Fläche überspannt und sich in knapp 20 Minuten öffnen lässt. Hier sind das Baseball-Team der »Toronto Blue Jays« und das Football-Team der »Argonauts« zu Hause. Welche Rolle diese Sportarten im Leben der Kanadier einnehmen, spürt man bei einer Tour durchs Stadion. Mit leuchtenden Augen besichtigen die Fans Spielfeld und Umkleidekabinen. Im Andenkenladen finden Mützen und T-Shirts mit den Emblemen der Mannschaften reißenden Absatz. Zum Komplex gehören auch mehrere Bars, ein Hard Rock Café und das luxuriöse Marriott Renaissance Toronto Downtown Hotel. Fans, die ihrer Mannschaft ganz nahe sein wollen, können hier nicht nur übernachten: Als besondere Attraktion hat man die 70 Zimmer des Hotels wie große Waben rings um die 35 m breite Stadionleinwand arrangiert, sodass die Zimmerfenster alle auf das Spielfeld blicken – der perfekte Logenplatz für sportverrückte Hotelgäste (1 Blue Jays Way, Tel. 416-341-1707, www.rogerscentre.com, einstündige geführte Touren, Erw. 13,50 $).

Air Canada Centre

Das 1999 hinter der Union Station eröffnete **Air Canada Centre** 11, Heimat der Spitzenteams der »Toronto Maple Leafs« (Eishockey) und »Toronto Raptors« (Basketball) nimmt sich relativ bescheiden aus. Auf geführten Touren hinter die Kulissen erlebt man dieses supermoderne Veranstaltungszentrum aus der Perspektive der Stars und Spieler (40 Bay St., Touren und Veranstaltungsplan, Tel. 416-815-5982, www.theaircanadacentre.com, geführte Touren Sept.–Juni Mi–Sa 11, 12, 13, 14, 15 Uhr, Erw. 12 $).

Theater, Konzerthallen

Parallel zum Lakeshore Boulevard verläuft einen Block landeinwärts die belebte Front Street. In dem postmodernen Glasbau mit den roten und blauen Fensterrahmen befindet sich der Sitz des nationalen Fernsehsenders **CBC.** Das kleine **CBC Museum** 12 erinnert an die Gründung der Canadian Broadcasting Corporation 1936, als die USA den Äther mit amerikanischen Sendungen zu überfluten drohten, und dokumentiert die Schwierigkeiten, auch den entlegensten Winkel des Riesenlandes zu erreichen (250 Front Street West, Tel. 416-205-5574, www.cbc.ca/museum/, Mo–Fr 9–17, Sa 12–16 Uhr, So geschl., Eintritt frei). An der Ecke Simcoe und King Steet, umgeben von Bürotürmen, setzt die trommelförmige **Roy Thompson Hall** 13

Blue
Blue Blue Blue
Light

einen augenfälligen Akzent. Von Arthur Erickson entworfen und 1982 eröffnet, beherbergt sie das Toronto Symphonic Orchestra. In dem für seine gute Akustik berühmten, 2600 Besucher fassenden Konzertsaal treten jedoch auch Rock- und Popgrößen auf (60 Simcoe St., www.roythomson.com, Tel. 416-872-4255, geführte Touren, vorher anrufen).

Geht man auf der King Street weiter Richtung Westen, gelangt man nach wenigen Minuten zum **Royal Alexandra Theatre** 14 und dem **Princess of Whales Theatre** 15 gleich daneben. Die beiden Häuser begründeten Torontos Ruf als Musical-Stadt fast im Alleingang und sind das Herz des Entertainment District (s. Richtig Reisen-Tipp S. 112). Den Bürgersteig davor zieren in diesem Abschnitt übrigens rund einhundert in den Zement eingelassene Ahornblätter. Sie markieren den **Canada's Walk of Fame,** Torontos Antwort auf Hollywoods berühmten Walk of Fame. Wer die Namen unter den Ahornblättern aufmerksam studiert, wird feststellen, dass viele berühmte Filmstars aus Kanada stammen. Zwei Blocks weiter nördlich endet der Entertainment District an der Queen Street.

Queen Street West

Queen Street Village

Einst Rotlichtviertel der damals properen Puritanerstadt Toronto, ist die Queen Street heute eher das lifestylige, noch immer leicht verlebte Alter Ego des geschäftigen Financial District. Landesweit als **Queen Street Village** 16 bekannt, ist sie die wohl einzige Straße in Nordamerika, die zugunsten breiterer Bürgersteige schmaler gemacht wurde. Den Besucher erwartet ein Gewusel aus Sexshops, teuren Galerien, Jazzkneipen und Starbuck-Cafés. Das Village der Künstler und Lebenskünstler, wie es früher war, hat sich dank der grassierenden ›Gentrification‹, der Anhebung der Mieten durch kostspielige Renovierung, westlich von Spadina Avenue verlagert. **West Queen West** heißt dieses inzwischen weit über die Bathurst Street hinausreichende neue Viertel, wo junge Wilde in abbruchreifen Klitschen ihre Werke ausstellen und lebende Models im Schaufenster gewagte Dessous zeigen.

Von den Toronto Islands hat man den schönsten Blick auf die Skyline der Downtown

CHUM City

CHUM City 17 (277 Queen St. W., Tel. 416-591-7400, www.chumlimited.com) hätte sich kein passenderes Biotop aussuchen können. Im Hauptquartier der Mediengesellschaft CHUM Ltd. erfand Moses Znaimer in den 1970er-Jahren die interaktive Fernsehfabrik und ließ etwas später, lange vor MTV, seine jungen Moderatoren erstmals mit wackelnden Handkameras im überfallartigen *grab and smash*-Stil auf gastierende Rockstars los. Studios gibt es nicht, alle Etagen, Räume und Korridore sind vernetzt und lassen sich blitzschnell in Sets verwandeln. Auf geführten Touren durch das Gebäude hat man gute Chancen, Moderatoren beim Interview berühmter Musiker über die Schulter zu schauen. Kultsendungen wie das weltweit ausgestrahlte Fashion TV und der Musiksender MuchMusic wurden hier aus der Taufe gehoben.

Im Haus zeichnet das **MZTV Museum** den Weg des kanadischen TV-Pioniers Znaimer nach – die über 200 historischen Fensehgeräte stammen meist aus seiner Privatsammlung. Wer etwas an der Programmgestaltung von CHUM Ltd. auszusetzen hat, kann seine Kritik in einer kleinen Glasbox namens *Speakers Corner* draußen auf der Straße loswerden: Ein Dollar genügt, und man ist auf Sendung – und hat gute Chancen, sein Gesicht später im Fernsehen zu sehen (www.mztv.com, Tel. 416-599-7339, geführte Touren Mo–Fr 14, 16 Uhr, Erw. 6 $).

Four Seasons Centre for the Performing Arts

Östlich vom CHUM City, bereits im Hochhaus-Bezirk des Financial District, nimmt das im Sommer 2006 eingeweihte **Four Seasons Centre for the Performing Arts** 18 einen

Richtig Reisen-Tipp: Gute Laune garantiert!

Die Erwartungen waren anfänglich nicht allzu hoch. Wie sollte ein Musical, das auf den Liedchen der schwedischen Popgruppe Abba basierte, das Licht der Bühnenwelt erblicken können? Doch es sollte alles anders kommen. Die Nordamerika-Premiere des Musicals »Mamma Mia« im Mai 2000 im **Royal Alexandra Theatre** wurde ein Riesenerfolg. Die Torontonians hielt es nicht auf den Sitzen, sie verwandelten den Saal in eine Tanzhalle und rockten mit dem Ensemble ausgelassen bis lange nach Ende der Show. Heute gehört »Mamma Mia« weltweit zu den erfolgreichsten Musicals überhaupt und wird auf allen Kontinenten aufgeführt.

Dabei wäre dem »Royal Alex« das Abba-Musical – und viele andere – um ein Haar entgangen. Anfang der 1960er-Jahre drohte dem 1907 eröffneten Theater, in dem bis dahin Hollywod-Ikonen wie Orson Welles, Mary Pickford, Fred und Adele Astair und die Marx Brothers aufgetreten waren, der Abriss. 1962 übernahm »Honest« Ed Mirvish, Geschäftsmann und stadtbekannter Mäzen (s. S. 123 f.), jedoch das Royal Alexandra und ließ es in seiner ursprünglichen Pracht mit viel Brokat und rotem Plüsch wieder auferstehen. Statt auf die Klassiker setzte Mirvish – trotz heftiger Kritik von Theater-Puristen – auf leicht Verdauliches. Heute laufen im »Royal Alex« Produktionen aus London und New York, oft mit internationalen Stars. Häufig werden hier auch aufwendige Produktionen auf ihre Broadway-Tauglichkeit getestet (260 King St. W., Tel. 416-872-1212, www.mirvish.com).

Gleich daneben steht das **Princess of Wales Theatre.** Mit Geld der Mirvish-Familie als erstes seit 30 Jahren privat finanziertes Theater in Nordamerika erbaut, eröffnete das 2000-Plätze-Theater 1993 mit dem Erfolgsmusical »Lady Saigon« (300 King St. W., Tel. 416-872-1212, www.mirvish.com).

ganzen Block ein. Das knapp 200 Mio. Dollar teure Gebäude mit der gläsernen Front wurde von Jack Diamond aus Toronto entworfen und vereint die große Tradition der europäischen Opernhäuser mit den neuesten Technologien in Optik und Akustik. Als Heimat der Canadian Opera Company und des National Ballet of Canada wird es auch Mammutproduktionen wie Richard Wagners Ring-Trilogie aufführen (145 Queen St. W., www.fourseasonscentre.ca, Tel. 416-363-6671).

Financial District und St.-Lawrence-Viertel

Im Quadrat zwischen Front, York, Richmond und Yonge Street, wo es das Tageslicht nur so gerade auf die Straßen der Häuserschluchten schafft, summt und brummt es wie im Bienenstock. Der Financial District, Resultat des Baubooms der 1970er- und 80er-Jahre, ist Kanadas Powerhouse: Alle kanadischen Banken haben hier ihr Hauptquartier. Mitten hindurch läuft in Süd-Nord-Richtung die Bay Street, die Wall Street Kanadas.

Union Station

Den Bummel durch diesen beeindruckenden Wald aus Glas und Stahl beginnt man am besten an der **Union Station** 19 am Südrand des Viertels. Der altehrwürdige Bahnhof mit dem 15 m hohen Säulenportal wurde 1927 vom Prince of Wales eröffnet. Von den Eisenbahngesellschaften Canadian Pacific und Grand Trunk Railway gebaut, gedenkt er jenes Verkehrsmittels, das dieses Riesenland einst erschließen half. Nach dem Zweiten Weltkrieg ging die Bedeutung des Bahnhofs jedoch zurück. Heute dient er u. a. dem Personenverkehr der Toronto und Montréal verbindenden Via Rail und als Endstation des legendären »Canadian«, der Toronto mit Vancouver verbindet (65 Front St. W.).

Ein anderes Denkmal der Eisenbahn-Ära ist das schlossähnliche **Fairmont Royal York Hotel** 20 gegenüber. 1929 von Canadian Pacific Railways eröffnet, war das 28 Stockwerke hohe 1000-Zimmer-Luxushotel das größte Gebäude des Commonwealth. Seine Küche ist die größte Hotelküche des Landes, und die größte der Luxussuiten ist noch immer der Queen vorbehalten. Allein die Lobby mit ihrer handgemalten Decke, den goldenen Riesenlüstern und dicken Marmorsäulen ist einen zweiten Blick wert (100 Front St. W.).

Die Banken

Doch längst wird das Royal York vom Glas und Stahl des Financial District überragt. Verantwortlich für Formen, Linien, Materialien waren Star-Architekten wie Mies van der Rohe, Santiago Calatrava und Eberhard Zeidler. Besonders beeindrucken die goldschimmernden Säulen der **Royal Bank Plaza**. Über 7000 Kilogramm reines Gold wurden hier zwecks besserer Klimakontrolle in den Glasfassaden verarbeitet (200 Bay St.).

Einen bemerkenswerten Kontrast dazu bildet das Mitte der 80er-Jahre des 19. Jh. erbaute **Bank of Montréal Building** 21 mit seiner reichen Ornamentik an der Ecke Front und Yonge Street (30 Yonge St.). Mit dem **BCE Place** 22 aus Glas und Stahl entstand 1990 um das historische Bankgebäude herum ein neuer Komplex aus zwei Bürotürmen und mehreren 25 m hohen Galerien mit Cafés und Restaurants, der die Fassaden historischer Gebäude, darunter das der alten Wellington Bank, integriert (161–181 Bay St.).

Hier ist auch Kanadas Eishockey-Ehrenhalle, die **Hockey Hall of Fame** 23, untergebracht. Der Schrein des kanadischen Nationalsports informiert mit Filmen und Original-Memorabilia wie Schlägern und Schutzhelmen berühmter Kufenflitzer über die Geschichte des schnellen Sports und präsentiert in einem begehbaren Safe die berühmteste aller nordamerikanischen Eishockey-Trophäen, den Stanley Cup (30 Yonge St., www.hhof.com, Tel. 416-360-7765, 26. Juni–Labour Day Mo–Sa 9.30–18, So 10–18, sonst Mo–Fr 10–17, Sa 9.30–18, So 10.30–17 Uhr, 13 $).

Schräg gegenüber, an der Ecke Front und Yonge Street, liegt Torontos langjähriger ›Kulturtempel‹, das **Hummingbird Centre for the Performing Arts** 24. Seit dem Umzug seiner berühmtesten Mieter, der Canadian Opera Company und des National Ballet of Canada, in das Four Seasons Centre for the Performing Arts (s. o.) wird sich die 3100-Plätze-Halle künftig wohl vor allem auf Rock- und Popstars konzentrieren (www.hummingbirdcentre.com, Tel. 416-393-7476).

Etwas weiter östlich liegt eines der beliebtesten Fotomotive der Stadt. Das keilförmig zulaufende **Gooderham Building** 25, ein schmucker Ziegelbau mit gewölbten Fenstern auf der einen und einer attraktiven Wandmalerei auf der anderen Seite, wurde 1892 von den Gooderhams gebaut, einer einflussreichen Torontoer Familie, die ihr Vermögen im Whiskey-Geschäft machte (Front St. und Wellington St.).

Durch die Straßenschluchten

An der Ecke King und Church Street zeigt das 1903 während der Regierungszeit des englischen Königs Edward VII. erbaute **Royal Meridien King Edward Hotel** 26 (37 King St. E.) Flagge. Torontos erstes Grand Hotel ist bis heute eine der vornehmsten Herbergen. Selbst wenn man hier nicht übernachten möchte, lohnt sich eine kurze Stippvisite – vielleicht im schön altmodischen Café Victoria oder in Chiato's Restaurant. Schräg gegenüber steht die **St. James Cathedral** 27 (65 Church St., Mo–Fr 7.30–17.30, Sa 9–15, So 7.30–17.30 Uhr) mit ihren gotischen Kirchtürmen. Es ist die vierte Kirche der 1797 gegründeten anglikanischen Gemeinde an dieser Stelle. Die dritte brannte 1844 nieder.

An der Ecke King und Yonge Street ist man dann wieder im Financial District. Hier stehen Torontos erste Hochhäuser: das 1914 errichtete **Dominion Bank Building** 28 (1 King St. W.) mit seiner Marmorhalle und herrlichen Stuckverzierungen, die **Trader's Bank** (67 Yonge St.), 1905 mit 15 Stockwerken Torontos erster Wolkenkratzer, und das **Old Royal Bank Building** (King St. W. und Yonge St.) von 1913 mit seinen griechischen Säulen. An

St. Lawrence Market

der Ecke King und Bay Street folgen der trapezförmige, 66 Stockwerke hohe **Bank of Nova Scotia Tower** (44 King St. W.) aus rotem Granit sowie die vier Gebäude des Commerce Court (King und Bay St.). Prachtvoll präsentiert sich die Halle des **Commerce Building** von 1931 mit ihrem Mosaik in Gold und Blau.

Auf der anderen Seite der Bay Street ragen die beiden schlichten schwarzen Türme des aus fünf Gebäuden bestehenden **Toronto Dominion Centre** 29 (66 Wellington St.) empor. Sie bestimmten als erste moderne Wolkenkratzer lange die Skyline der Stadt und wurden zwischen 1963 und 1969 von Ludwig Mies van der Rohe gebaut. Zum Schwarz des Toronto Dominion Centre bildet das mit 72 Stockwerken höchste Bürogebäude Kanadas, die strahlend weiße **Bank of Montréal** (10 King St. W.), den passenden Kontrast. Etwas weiter östlich befindet sich Nordamerikas drittgrößte Börse, die **Toronto Stock Exchange** (130 King St. W.). Im alten Gebäude der Börse ist heute das Design-Museum **Design Exchange** (234 Bay St., www.dx.org, Mo–Fr 10–18, Sa–So 12–17 Uhr, 5 $) untergebracht.

St.-Lawrence-Viertel und Umgebung

Östlich der Yonge Street, zwischen Front und King Street, gelangt man zum Herz der alten Siedlung York. Dort beherbergen die – für Toronto – alten Gebäude und Lagerhallen inzwischen Künstlerateliers, Boutiquen, Theater, Jazzclubs, Restaurants und Straßencafés. Hier befinden sich die Geschäfte der Schiffsausrüster, das erste Rathaus der Stadt und die Markthalle St. Lawrence Market, in der Farmer und Händler ihre Produkte anbieten.

Der belebteste Teil des Viertels konzentriert sich um den **St. Lawrence Market** 30 mit seinen beiden schön restaurierten Hallen beiderseits der Front Street. Im südlichen Teil hat man Torontos erste City Hall aus dem Jahre 1845 integriert. Drinnen blickt man auf die Frontseite des alten Rathauses, in dessen alten Kammern jetzt die Market Gallery (Mi–Fr 10–16, Sa 9–16, So 12–16 Uhr) mit Ausstellungen zur Geschichte Torontos untergebracht ist (92 Front St. E. und Jarvis St., Di–Do 8–18, Fr 8–19, Sa 5–17 Uhr). Weiter nördlich, an King und Jarvis Street, steht die St. Lawrence Hall, 1850 als Torontos erste öffentliche Versammlungshalle gebaut.

Noch weiter nördlich, an Jarvis und Adelaide Street, befindet sich **Toronto's First Post Office** 31. Das in den 1830er-Jahren eröffnete Postamt ist immer noch in Betrieb. Die originalgetreue Ausstattung vermittelt einen authentischen Eindruck vom britischen Postdienst vor 1851. Man darf mit dem Federkiel schreiben, ein Postbeamter in historischer Uniform verkauft Briefmarken und nimmt Postsendungen entgegen. Das Gebäude, in dem das Postamt untergebracht ist, und das der Bank of Upper Canada im gleichen Block sind die einzigen unverändert stehengebliebenen Gebäude des alten York und als National Historic Sites eingetragen (260 Adelaide St. E. und George St., Tel. 416-865-1833, www.townofyork.com, Mo–Fr 9–16, Sa–So 10–16 Uhr, Eintritt frei).

Ein paar Straßen weiter östlich, Ecke Parliament und Mill Street, hat man die alten Brennereien der Gooderham and Worts Distillery aus dem Jahr 1832 restauriert. Seit 2003 ist der **Distillery Historic District** 32 Torontos neuestes ›Viertel‹. Der wohl am besten erhaltene Komplex viktorianischer Industriearchitektur in Nordamerika beherbergt Galerien, Museen, Boutiquen und Geschäfte sowie Restaurants, Cafes und eine Brauerei. Außerdem wird ein buntes Programm von Festivals geboten. Die rotziegelige Kulisse war bereits in etlichen Hollywoodfilmen zu sehen, darunter »Chicago« und »X-Men« (55 Mill St., Tel. 416-364-1177, www.thedistillerydistrict.com).

Rund um die Yonge Street

Die vierspurige Yonge Street ist die traditionsreiche Nord-Süd-Achse der Stadt. Elegant ist sie nicht, dafür ist sie die längste Straße der Welt. Ob das stimmt, mag dahingestellt bleiben – zumindest ist sie die längste Straße der Provinz. Sie beginnt am Lake Ontario und strebt landeinwärts durch Downtown Toronto, wobei sie die Stadt in West und Ost unterteilt. Nördlich der Stadtgrenze gibt sie die Main Street für mehrere Dutzend Städte und Dörfer und endet als Highway 11 über 2000 Kilometer später am Lake Superior. Während Toronto um sie herum wuchs, sah sie alle bedeutenden Lokalereignisse. 1861 wurde hier Kanadas erste Straßenbahnlinie eröffnet und Anfang der 1950er-Jahre die erste U-Bahn des Landes. Bis heute finden die großen Paraden, Protest- und Friedensmärsche hier statt.

Dundas Square

Heute ist die Yonge Street das Herz der Downtown. Dort gleicht sie einer ›Kakophonie‹ kleiner Läden, großer Kaufhäuser und abgerissener Straßenhändler. Auch die in den letzten Jahren mit viel Neonreklame und einem neuen Park aus Granit vorangetriebene Entwicklung des **Dundas Square** 33 zu einem zweiten Times Square konnte, wie ursprünglich vorgesehen, die vielen kleinen Billigläden nicht restlos vertreiben. Dort gibt es alles, was nicht niet- und nagelfest ist: Schallplatten für Sammler, Schwangerschaftstests, Sexartikel, geschmacklose T-Shirts, Bodybuilding, Flipperspiele, Nonstop Oben-ohne-gehopse, Stereogeräte, Aktmodelle, skandinavische Möbel, Hunderte verschiedener Nusssorten und ofenfrische Croissants. Wer bis dahin vergebens nach Stadtneurotikern Ausschau gehalten hat, findet sie hier garantiert: Die Palette der Originale reicht von Jünglingen, die sich für Jesus halten, bis zu entfesselt trommelnden Punkern. Dazwischen, als wollten sie den Besucher auf dem Boden der Realitäten halten, stehen elegante Hotels, Zeitungsverlage – und Torontos berühmtestes Einkaufszentrum.

Eaton Centre

Das **Eaton Centre** 34 nimmt den gesamten Block zwischen Dundas und Queen Street. ein. Das in den 1970er-Jahren von Eberhard Zeidler entworfene Einkaufszentrum beherbergt über 300 Geschäfte, Restaurants und zwei Dutzend Kinos und registriert eine Million Besucher wöchentlich! Hier shoppt auch das Auge mit: Das 244 m lange Glasgewölbe mit den vier umlaufenden Galerien wird von Bäumen, Springbrunnen und Wasserfällen verschönert (1 Dundas St. W., Tel. 416-598-8560, www.torontoeatoncentre.com, Mo–Fr 10–21, Sa 9.30–19, So 12–18 Uhr).

Old und New City Hall

Gleich nebenan wird Toronto regiert. Der Weg zum Sitz des Bürgermeisters führt zunächst an der **Old City Hall** 35 vorbei. Das alte Rathaus, ein humorloser Backsteinbau im neoromanischen Stil, war 1899 fertig und kostete damals astronomische 2,5 Mio. Dollar. Die als Verzierungen angebrachten Figuren sind angeblich Karikaturen damaliger Stadtpolitiker (60 Queen St. W.). 1965 wurde gleich daneben die **New City Hall** 36 eingeweiht. Der kühne Entwurf des finnischen Architekten Viljo Revell – zwei gewölbte Türme, die schützend den runden Mittelbau mit dem Ratssaal umschließen – wurde zum Symbol der Aufbruchstimmung in den 1960er-Jahren (100 Queen St. W.). Noch ein paar Meter weiter westlich, schon fast am Rand von Chinatown, trotzt die in einer von schwarzen, gusseisernen Zäunen abgeschirmten Oase liegende **Osgoode Hall** 37 dem Großstadttrubel. Das 1858 fertiggestellte, neoklassische Gebäude beherbergte früher die juristische Fakultät der Universität von Toronto. Der Zaun ist Stadtführers Liebling: Sein Eingang ist so konstruiert, dass die damals auf der Queen Street grasenden Kühe nicht hindurchgelangten (130 Queen St. W., Tel. 416-947-3300, www.osgoodehall.com, Mo–Fr 8.30–17 Uhr).

Weitere Theater

Gegenüber vom Eaton Centre findet man auf der anderen Seite der Yonge Street drei Leckerbissen für Theaterliebhaber. Jedes ist ein quell an Stadtgeschichte und Anekdoten. Das **Elgin and Winter Garden Theatres** 38 besteht aus zwei übereinander angeordneten Theatern und ist damit das einzige noch genutzte ›Huckepack‹-Theater der Welt. Das siebenstöckige Gebäude wurde 1913 von der Loew's Vaudeville-Kette errichtet. Beide Theater wurden bis ins kleinste Detail restauriert. Die Besichtigung beginnt in der Yonge-Street-Lobby des »Elgin«. Der für 1500 Besucher ausgelegte Theatersaal mit seiner üppigen, rotgoldenen Pracht ist nicht weniger eindrucksvoll. Das »Winter Garden Theatre« darüber präsentiert sich mit einer Saaldecke mit Tausenden echter Buchenzweige und farbigen Laternen, die Säulen sind Baumstämmen nachempfunden. Auch die Wandmalereien, die den ›Garten-Effekt‹ verstärken, sind echt –

die Restaurateure mussten nur die 70 Jahre alte Patina entfernen (189 Yonge St., Tel. 416-314-2884, tgl. 8–12 Uhr).

Kaum 100 m weiter, zwischen Yonge und Victoria Street, liegt das 2001 in **Canon Theatre** 39 umbenannte Pantages Theatre, ein Vaudeville-Palast mit 2200 Plätzen. Das alte Theater wurde in den 1980er-Jahren durch eine 20 Mio. Dollar teure Renovierung zu ursprünglichem Glanz wiedererweckt und 1989 stilgemäß mit Andrew Lloyd Webber's Musical »The Phantom of the Opera« revitalisiert. Als das Theater 1920 eröffnet wurde, war es das größte seiner Art im britischen Empire. Man muss nicht eine Vorstellung besuchen, sollte aber wenigstens an einer Führung teilnehmen. Allein das Yonge Street Foyer mit seinen Deckenmalereien und weißen Stuckverzierungen auf pastellfarbenem Grund lohnt den Besuch (244 Victoria St., Tel. 416-872-1212, www.mirish.com).

Mackenzie House und Police Museum

Das **Mackenzie House** 40 war Mitte des 19. Jh. das Stadthaus des ersten Torontoer Bürgermeisters und politisch kontroversen Zeitungsverlegers William Lyon Mackenzie (1795–1861). Das bis zu den Gaslaternen und der alten Druckerpresse detailgetreu restaurierte viktorianische Ziegelhaus wird heute als Museum und Bibliothek genutzt und zeigt u. a. eine Druckerpresse aus dem 19. Jh. (82 Bond St., Tel. 416-392-6915, 4 $).

Weiter nördlich residiert **Sam the Record Man** 41**,** einst Nordamerikas größter Schall-

Yonge Street – das Herz der Downtown

platten- und CD-Laden. Leicht erkennbar: Die überdimensionalen, herrlich geschmacklosen Neon-Schallplatten an der Fassade, waren jahrzehntelang so etwas wie die Anti-Skyline Torontos. Sam Sniderman, der Mann hinter dem Namen, war lange Kanadas Schallplattenkönig und eine Legende im Musikgeschäft. Inzwischen ist davon nur noch wenig übrig geblieben, doch das Stöbern in den endlosen Regalen nach seltenen Indie-Labels wird noch immer belohnt (347 Yonge St., Tel. 416-646-2775, www.samtherecordman.com, Mo–Do 10–21, Fr–Sa 9–23, So 12–18 Uhr).

Nur ein paar Schritte von der Yonge Street entfernt liegt das Hauptquartier der Polizei. In dem in der Lobby eingerichteten **Toronto Police Museum and Discovery Centre** 42 (40 College St., Tel. 416-808-7020, www.torontopolice.on.ca/museum, Mo–Fr 8.30–16, Sa–So 12–17 Uhr) informieren Ausstellungen und interaktive Displays über die Fahndungstechniken einer modernen Großstadtpolizei. Höhepunkte sind die Präsentationen berüchtigter Fälle, Uniformen, eines alten Streifenwagens sowie die historische Polizeistation aus dem Jahr 1929.

Chinatown und Kensington Market

Rund um den Kreuzungsbereich Dundas Street West und Spadina Avenue liegt das wuselige Herz der ältesten der insgesamt fünf Chinatowns Torontos. Das farbenfrohe Ensemble aus exotischen Werbetafeln und Gemüseständen ist eine Welt für sich. Längst hat Torontos **Chinatown** erfolgreiche Unternehmer hervorgebracht, die hier ihr Vermögen gemacht haben, ohne ein Wort Englisch zu sprechen (s. S. 119).

Nur ein paar Straßen weiter, in **Kensington Market** 43**,** geht es kaum weniger geschäftig zu. Noch bis in die 60er-Jahre war das Gebiet an der Spadina Avenue, zwischen College und Baldwin Street, der jüdische Markt. Einwanderer aus allen Teilen der Welt

Eines der besten Kunstmuseen Kanadas: Die Art Gallery of Ontario

Torontos Chinatown: Fernost unterm CN-Tower

Thema

Kanada war nicht immer ein gastfreundliches Einwandererland. Bis nach dem Zweiten Weltkrieg bevorzugten die kanadischen Einwanderungsgesetze unverhohlen weiße Immigranten aus Westeuropa. Torontos chinesischstämmige Bürger haben sich trotzdem durchgesetzt und sind heute ein fester Bestandteil der Bürgerschaft.

Chinesische Kinos, Rechtsanwaltsbüros, Arzt- und Akupunkturpraxen. Banken aus Hongkong unterhalten hier Niederlassungen, aus den Läden schallt Mandarin-Pop. Aus den Lebensmittelgeschäften dringen undefinierbare Gerüche. Chinesische Mütter, mit Einkaufstüten und Taschen bepackt, die Kinder im Schlepptau, drängen sich um die Auslagen. Dutzende von Obst- und Gemüsesorten, Meeresfrüchte und Fleischspezialitäten leuchten in allen Farben des Regenbogens: knallrote Fische auf zerstoßenem Eis, zartgrüne Wassermelonen, eine Wanne mit lebenden Krebsen, eine Reihe von rötlichbraunen, fettig glänzenden Enten am Spieß ...

Die ersten Chinesen kamen gegen Ende des 19. Jh. nach Toronto. Der Bau der Canadian Pacific Railway, der viele Chinesen als Arbeiter nach West-Kanada gebracht hatte, und auch der Goldrausch am Klondike waren vorüber. In den Stadtarchiven wurde 1878 als erster chinesischer Bürger Torontos ein Sam Ching vermerkt, der an der Adelaide Street Nr. 9 eine Wäscherei betrieb. Um 1900 zählte man um die 200 Chinesen, die 95 Geschäfte besaßen. Auch um 1950 waren es kaum mehr als 4000 chinesische Bürger, denn zwischen 1923 und 1947 verbot der rassistisch gefärbte Chinese Immigration Act den Chinesen die Einwanderung. Trotz ordnungsgemäßer Papiere durften sie nicht wählen und sich politisch betätigen. Auch davor schon wurden die chinesischen Einwanderer diskriminiert. So mussten sie 1885 eine Kopfsteuer (eine Art ›Ausländersteuer‹) von 50 Dollar bezahlen, 1890 waren es 100 Dollar, die dann drei Jahre später schon auf die Summe von 500 Dollar erhöht wurde, nach heutigem Kaufwert immerhin 5000 Dollar. Erst nach der Liberalisierung der Einwanderergesetze in den 1960er-Jahren konnten chinesische Immigranten problemlos einwandern. Die letzte größere Einwanderungswelle kam 1989 vom chinesischen Festland, nach den fehlgeschlagenen Demokratisierungsbestrebungen.

Heute leben und arbeiten die meisten der etwa 500 000 Chinesen über die ganze Stadt verteilt. Ihr rund um die Dundas Street liegendes Viertel summt wie ein Bienenstock. In den Apotheken gibt es sonderbare Mixturen gegen alle möglichen Gebrechen: getrocknete Seepferdchen oder zerstoßene Geweihstangen etwa. In zahlreichen Kuriositäten- und Spezialitätenläden ist alles zu haben, was man auch in Hongkong, China oder Taiwan kaufen könnte, von reich bestickter Seidenkleidung, Jadeschmuck, Elfenbeinschnitzereien, lackiertem Porzellan, Kunstgegenständen und Räucherstäbchen bis zu chinesischem Koch- und Essgeschirr, Bambuskörben und Rattanmöbeln, oft in den bizarrsten Zusammenstellungen. Chinesische Restaurants gibt es natürlich überall in der Stadt, nur sind Speisen und Ambiente hier authentischer, und mitunter räumt der Kellner den Tisch ab, indem er einfach das Tischtuch hebt und das schmutzige Geschirr darin wie in einem Sack abtransportiert.

Farbenfrohe Häuser spiegeln den bunten Bevölkerungsmix in Kensington Market

gaben ihm dann ein neues Gesicht. Portugiesische Fischhändler, koschere Schlachter, karibische Gemüse- und Obsthändler und Gebrauchtwarenverkäufer palavern hier mit ihren aus dem Viertel stammenden Kunden – eine babylonische Sprachenvielfalt inmitten orientalisch anmutendem Straßentrubel. Eine Biobäckerei verkauft Vollkorncroissants, Jamaikaner bieten zuckersüßes Maisbrot an.

Daneben gibt es aber auch kleine gemütliche Ecken, und hinter den alten Buden und Häusern finden sich auch modische Boutiquen und Szene-Bistros. Das Viertel wirkt auf charmante Art verlottert. Viele der alten Häuser wirken renovierungsbedürftig, sind dafür aber umso bunter angemalt. Seit den 1960er-Jahren versuchte die Stadtverwaltung mehrmals, das Gebiet zu sanieren, doch die Einwohner wehrten sich jedes Mal energisch. Das Rathaus hat sich inzwischen auf einen Kompromiss eingelassen: Heute wird Kensington Market als eine Bereicherung der ethnischen Kultur der Stadt gesehen …

Art Gallery of Ontario

Gleich in der Nähe, an der Ecke Dundas und McCaul Street, liegt die **Art Gallery of Ontario 44**, eines der berühmtesten Kunstmuseen Kanadas, mit einer Sammlung von über 11 000 Exponaten in derzeit noch 50 Ausstellungsräumen. Zu den vielen Kunstschätzen gehören Werke der alten europäischen Meister und umfangreiche Sammlungen zeitgenössischer kanadischer Künstler. Ein Höhepunkt ist das Henry Moore Sculpture Centre, mit 131 Skulpturen, 73 Zeichnungen und 689 Drucken die größte Moore-Sammlung der Welt. Die AGO wurde 1900 gegründet und seither ständig erweitert. Derzeit befindet sie sich im teuersten Umbau ihrer Geschichte: Kein Geringerer als der aus Toronto stammende Star-Architekt Frank Gehry wurde für das mehrere 100 Mio. Dollar teure Projekt »Transformation AGO« gewonnen, an deren Ende im Jahr 2007 eine komplett neue Außenfassade sowie 50 Prozent mehr Ausstellungsfläche stehen werden (317 Dundas St. W., www.ago.net, Mi–Fr 12–21, Sa–So 10–17.30 Uhr, 8 $).

Universität und Queen's Park

Das englische Erbe der einstigen WASP-Bastion zeigt sich nördlich der College Street zwischen Spadina Avenue und Bay Street. **Queen's Park** 45 heißen die gepflegten ovalen Parkanlagen zwischen College und Bloor Street, der grünen Oase der Downtown. Genauso nennen die Torontonians auch ihre Regierungsgebäude im unteren Teil des Parks. Die mächtigen, rosa schimmernden Gebäude des Ontario Parliament, zwischen 1886 und 1892 aus Granit und Sandstein erbaut, können besichtigt werden. In den langen Hallen hängen Hunderte von Gemälden kanadischer Künstler (Queen's Park, Tel. 416-325-7500, www.ontla.on.ca, Mo–Fr 10–16, Sa–So 9–16 Uhr, Eintritt frei).

University of Toronto

Westlich vom Queen's Park liegt das Gelände der **University of Toronto** 46 mit seinen verschiedenen Colleges. 60 000 Studenten studieren hier. Die Campus-Architektur, ein Mix romanischer und gotischer Stile, ist so ungewöhnlich wie seine Entstehung Mitte des 19. Jh., als die verschiedenen Kirchencolleges die Zweckehe mit dem Staat eingingen. Heute stehen hier 17 Colleges und Fakultäten unter einer Verwaltung. Im Gegensatz zu den USA, wo viele Colleges, Museen und Bibliotheken mit Spenden reicher Philanthropen gegründet wurden, vertraute man hier dem Staat als Garant von Lehre und Forschung. Der Ruf der University of Toronto ist ausgezeichnet. Hier wurde das Insulin entdeckt, der erste Herzschrittmacher produziert, entwickelte Northrop Frye seine weltweit diskutierte Literaturtheorie. Marshall McLuhan sah von hier aus die Welt als »globales Dorf«. Vom Hart House (7 Hart House Circle, Tel. 416-978-2452, www.harthouse.utoronto.ca) aus, dem im gotischen Stil in Anlehnung an Oxford und Cambridge gebauten Studenten-Zentrum, finden Führungen statt. Im stilvollen Speisesaal kann man preiswert und gut essen (Queen's Park, Tel. 416-325-7500, www.ontla.on.ca, Mo–Fr 10–16, Sa–So 9–16 Uhr, Eintritt frei).

Royal Ontario Museum

Einen Steinwurf entfernt steht das **Royal Ontario Museum** 47. Früher mit der Universität verbunden, ist das interdisziplinäre Museum am Nordrand der Downtown noch immer ein wichtiges Forschungszentrum. Mit über sechs Millionen Objekten ist es Kanadas größtes Museum. Zu seinen Schätzen zählt u. a. die wohl umfangreichste Kollektion chinesischer Kunstwerke und Grabschätze außerhalb Chinas. Zum ROM gehört auch die Sigmund Samuel Canadiana Collection mit schönen kanadischen Möbeln und anderen Einrichtungsgegenständen aus dem 18. und 19. Jh. Die derzeit als »Renaissance ROM« bekannte Erweiterung soll 2007 abgeschlossen sein. Ziel des mehrere hundert Millionen Dollar teuren Mega-Projekts sind 27 weitere Galerien. Sieben davon entstehen unter der Federführung des Reißbrettkünstlers Daniel Libeskind und werden der Blickfang der der Bloor Street zugewandten Seite sein (100 Queen's Park und Avenue Rd., Tel. 416-586-8000, www.rom.on.ca, tgl. 10–18, Fr 10–21.30 Uhr, 15 $).

Auf der anderen Straßenseite liegt das **Gardiner Museum of Ceramic Art** 48, Kanadas einziges Museum für Keramik. Im Juni 2006 nach mehrjähriger Restaurierung und Erweiterung neu eröffnet, präsentiert es u. a. herrliche Porzellansammlungen aus dem Europa des 18. Jh. und Porzellan aus China, Japan und Indochina (111 Queen's Park, Tel. 416-586-8080, www.gardinermuseum.on.ca, Mo–So 10–18, Fr 10–21 Uhr, 12 $).

Stadtviertel rund um die Downtown

Cityplan S. 104

Wenn die Downtown der Schrittmacher der Stadt ist, dann sind die Neighbourhoods Groß-Torontos ihr Herz. Die Torontonians kommen hierher, um gut zu essen, sich zu amüsieren, um schöner zu wohnen oder um in der ruhigen Nachbarschaftsatmosphäre von der Hektik in der Downtown zu verschnaufen.

Midtown

Yorkville

Die in Ost-West-Richtung verlaufende Bloor Street trennt Downtown von Midtown Toronto. Das nördlich anschließende Stadtgebiet gehört bereits zum urbanen Siedlungsbrei, der als ›Golden Horseshoe‹ rund um das Westende des Lake Ontario wuchert. Bloor Street zwischen Church Street und Spadina Avenue hat sich während der letzten Jahre zu einem zweiten Stadtzentrum entwickelt. Im 19. Jh. war dies die Südgrenze der bis 1883 eigenständigen Stadt Yorkville. In den 1960er-Jahren war Yorkville das Haight-Ashbury Kanadas: Liedermacher-Ikonen wie Gordon Lightfoot und Joni Mitchell begannen hier ihre Karriere. Heute ist das Viertel mit den schönen viktorianischen Stadthäusern, blumen- und grüngeschmückten Straßen, Durchgängen und Innenhöfen eine der teuersten Einkaufsadressen Torontos. In der Lifestyle-

Eine Institution in Yorkville: Honest Ed's

Mall **Hazelton Lanes** 49 zwischen Cumberland Court und York Square residieren Nobelmarken wie Vidal Sassoon und Fabiani (55 Avenue Rd., Tel. 416-968-8600, www.hazeltonlanes.com, Mo–Mi 10–18, Do 10–19, Fr–Sa 10–18, So 12–17 Uhr). Außer schicken Boutiquen gibt es in Yorkville exklusive Galerien, Buchläden, Gourmetrestaurants und Straßencafés, wo man im Grünen sitzt, sehen und gesehen werden kann. Shopper werden also viel laufen, und so ist es naheliegend, die Erkundung Yorkvilles mit dem Besuch des **Bata Shoe Museum** 50 zu beginnen. Das einer halb geöffneten Schuhschachtel nachempfundene Museum der Bata-Schuhdynastie führt ebenso informativ wie amüsant durch die Kulturgeschichte des Schuhs. Über 10 000 Schuhe aus mehreren tausend Jahren gibt es zu bewundern, darunter holländische Schmugglerschuhe und die Riesentreter prominenter NBA-Basketballspieler. Sonderausstellungen beschäftigen sich mit Themen wie den einflussreichsten Schuhdesignern des 20. Jh. (327 Bloor St. W., Tel. 416-979-7799, www.batashoemuseum.ca, Di–Mi, Fr–Sa 10–17, Do 12–17 Uhr, 8 $).

Honest Ed's

Westlich vom Bata Shoe Museum übernehmen kleine Läden die Regie an der Bloor Street. Italienische Barbiere schneiden Haare und stutzen Bärte, es gibt Blumenläden, Gemüsestände und Möbelläden – das passende Biotop also für Torontos verrücktestes Kaufhaus. Als wäre ein Stück Las Vegas nach Toronto versetzt worden, flackern 22 000 Glühbirnen den Namen **Honest Ed's** 51 von einem haushohen, mehrere Dutzend Meter langen Schild. Den Besitzer, Ed Mirvish, der es mit Cleverness und einem sechsten Sinn für originelle Werbegags zum Multimillionär brachte, kennt in Toronto jedes Kind. Das 1941 eröffnete »World Famous Bargain House« des ehrlichen Ed ist das moderne Äquivalent eines mittelalterlichen Marktplatzes.

Es sind nicht nur die Superniedrigpreise, die die Kunden in Scharen – bis zu 30 000 täglich – in sein Kaufhaus locken, es ist auch die Zirkusatmosphäre mit oft bizarren Gags und buntem Werbegetöse. Da veranstaltet er 72-Stunden-Nonstop-Verkäufe, verschenkt schon mal Pelzmäntel bei einer Sonderaktion, lässt einen Elefanten durch sein Haus trampeln und warnt seine Kunden mit Schildern wie »Fallen Sie nicht in Ohnmacht über meine niedrigen Preise – hier ist kein Platz zum Hinlegen« (581 Bloor St. W., Tel. 416-537-1574,www.honesteds.sites.toronto.com, Mo–Fr 10–21, Sa 10–18, So 11–18 Uhr).

Mit den Autoren unterwegs

(Überlebens-)Wichtige Uhrzeiten

Im trendigen **Yorkville** öffnen die Läden um zehn Uhr morgens. Danach sieht man bis 18 Uhr übermäßig viele gut angezogene Damen und Herren sowie braungebrannte Muskelpakete. Zwischen 18 und 18.30 Uhr ist Cocktailzeit. Dinner wird um 20 Uhr eingenommen. Danach beginnt das beliebteste Gesellschaftsspiel in Toronto: Bar-Hopping.

People Watching

Draußen sitzen, es sich schmecken lassen und dabei Leute gucken: In lauen Sommernächten geht das in den Straßenrestaurants von **Greektown** und **Little Italy** am besten (s. S. 125).

Paramount Canada's Wonderland

Wer mit Kindern unterwegs ist, wird die Existenz dieses Vergnügungsparks mit Dankbarkeit registrieren. So dürfen die Aussicht auf Achterbahnen und Wasserrutschen ausnahmsweise einmal dazu dienen, die lieben Kleinen während des Sightseeing-Programms bei der Stange zu halten (s. S. 126 f.).

Luxusburger

Bei **Hero Certified Burgers** in der Nobel-Mall Hazelton Lanes werden die Hamburger aus bestem Angus-Beef und ohne Konservierungsstoffe hergestellt. Tipp: Die *Soulburger* sind für Vegetarier … (s. S. 129).

Als übrigens hinter Eds Kaufhaus ein Viertel mit alten viktorianischen Häusern abgerissen werden sollte, kaufte Ed kurzerhand drei Blocks zwischen London und Herrick Street und ließ sie bis hin zu den Gaslaternen stilvoll restaurieren. Heute gehört das beschauliche **Mirvish Village** mit seinen Antiquitätenläden, Studios, Kunstgalerien, Buchhandlungen und Restaurants zu den gefragtesten Adressen für Wohnungssuchende.

Toronto Public Library

Ein paar Blocks östlich vom Bata Shoe Museum liegt der stets hektische Kreuzungsbereich von Bloor und Yonge Street. Hier sollte man sich die von Raymond Moriyama entworfene **Toronto Public Library** 52 ansehen. Der Übergang von der geschäftigen Yonge Street ist gelungen: Im Foyer plätschert beruhigend ein Wasserfall in einen kleinen Pool mit großen Grünpflanzen. Rings um das weitläufige, lichtdurchflutete Atrium ›ranken‹ sich wie Galerien die einzelnen Stockwerke. 1,5 Mio. Bücher birgt die Bibliothek, ein Drittel davon ist für jedermann zugänglich. Freunde klassischer Detektivgeschichten sollten sich den **Arthur Conan Doyle Room** (Di, Do, Sa 14–16 Uhr) nicht entgehen lassen. Hier finden sie die umfangreichste, dem Vater des genialen Detektivs Sherlock Holmes gewidmete Sammlung von Büchern und Manuskripten der Welt (789 Yonge St., Tel. 416-393-7131, www.torontopubliclibrary.com, Mo–Do 10–20, Fr–Sa 10–17, So 13.30–17 Uhr).

The Annex

53 Kleine Straßen rund um die Spadina Avenue nördlich der Bloor Street charakterisieren das Viertel. Es ist Torontos begehrteste Adresse für Trendsetter: Yuppies, Rechtsanwälte, die ›Moguln‹ aus der Medien- und Werbeszene – und für betuchte Studenten der University of Toronto. Ruhige Alleen, historische Residenzen, gepflegte Häuser im klassischen Villenstil, oft mit exzentrischen architektonischen Details. Die Bloor Street, die den Südrand des Viertels bildet, bietet in diesem Abschnitt etliche hervorragende Restaurants. Im Annex wurde übrigens damals eine der ersten der zahlreichen Bürgerinitiativen der Stadt gegründet, die erreichte, dass hier keine architektonischen Scheußlichkeiten, keine Hochhäuser und Tiefgaragen gebaut wurden.

Casa Loma

Am nördlichen Rand des Viertels fügt sich das ordentliche Schachbrettmuster Torontos dem hügeligen Terrain und geht in ein kurvenreiches Layout über. Hoch über den Dächern thront auf dem Spadina Hill Torontos einziges Schloss, die **Casa Loma** 54**,** ein Fantasieprodukt von Sir Henry Pellats. Der Selfmade-Millionär und Mittelalter-Fan hatte sein Geld mit Elektrizität von den Niagarafällen gemacht und war 1905 dafür in den Adelsstand erhoben worden. 1911 baute er sich für damals sagenhafte 3 Mio. Dollar eine mittelalterliche Burg, mit Türmen, Zinnen, einer 20 m hohen Schlosshalle und unterirdischen Gängen. Die 98 Räume waren mit jedem nur denkbarem Luxus, einschließlich vergoldeter Wasserhähne, ausgestattet. Sir Henry hielt Hof für Industriemagnaten, Stars und königliche Hoheiten – bis sich der ganze Zauber doch als eine Nummer zu groß erwies. 1920 konnte Sir Henry seine Steuern nicht mehr bezahlen und machte bankrott. Seine Casa Loma wurde von Toronto übernommen. Nach einem kurzen Intermezzo als Hotel wurde die Casa Loma eine Touristenattraktion und ein beliebter Ort zum Heiraten (1 Austin Terrace, Tel. 416-923-1171, www.casaloma.org, tgl. 9.30–17 Uhr, 12 $).

Spadina House

Seinen betuchten Zeitgenossen galt Pellat als neureicher Emporkömmling. Wie das ›alte Geld‹ wohnte, zeigt der Besuch des **Spadina House** 55 nebenan. In der eleganten, 1866 von Bankier James Austin gebauten 50-Zimmer-Residenz wuchsen vier Generationen der Bankiersfamilie, die u. a. die Toronto Dominion Bank gründete, auf. Die meisten der viktorianischen und edwardianischen Möbelstücke stehen unverändert an ihren Plätzen und vermitteln einen hervorragenden Eindruck vom Alltag der damaligen Oberschicht.

Eine wichtige Verkehrsader verdankt ihre Existenz übrigens der Freude des Hausherrn an Fernsicht: Um einen ungehinderten Blick auf den Lake Ontario zu haben, ließ er eine breite Schneise durch den Wald schlagen – die heutige Spadina Avenue (285 Spadina Rd., Tel. 416-392-6910, April–Labour Day Di–So 12–17, Sept.–Jan. Di–Fr 12–16, Sa–So 12–17, Jan.–März Sa–So 12–17 Uhr, 6 $).

West End

Als West End wird gemeinhin das westlich der Bathurst Street anschließende Stadtgebiet bezeichnet. Die besten Straßen ins West End sind Queen Street West und College Street. Dies ist meist trendiges Wohngebiet – und doch zu geschäftig, um so genannt zu werden.

Little Italy

Vor allem die kleinen Straßen rund um die College Street haben Neighbourhood-Charakter – dank der Italo-Kanadier, deren meist aus Kalabrien stammende Vorfahren sich nach dem Zweiten Weltkrieg hier niederließen und mit Straßencafés, Gelaterias, Hochzeitsausstattern und zahllosen Restaurants das älteste von mehreren über Toronto verstreuten **Little Italys** 56 schufen. Heute sind über eine halbe Million Torontonians italienischer Abstammung. Vor allem im Kreuzungsbereich von College und Clinton Street fließen Espresso und Cappuccino in Strömen, duftet es in lauen Sommernächten nach Hummer-Risotto: Hier und in den Stichstraßen wartet die höchste Konzentration italienischer Restaurants auf Gäste.

Portugal Village

Südlich von der Dundas Street West schließt die größte portugiesische Gemeinde – immerhin gibt es knapp 350 000 portugiesischstämmige Torontonians – der Stadt an. Die Vorfahren des rund um den Trinity Bellwoods Park konzentrierten **Portugal Village** 57 stammen von den Azoren und aus Madeira. Die Männer kamen in den 1950er-Jahren, später folgten ihre Familien. Derzeit erlebt auch dieses Viertel ein ›Gentrification‹ genanntes Facelifting: Ältere Bürger verkaufen ihre Häuser gut situierten Jungverdienern, die die traditionellen Sportbars und portugiesischen Social Clubs in teure Trendlokale verwandeln. Noch lebt das alte Portugal Village jedoch fort. Vor allem in der Gegend um den Kreuzungsbereich **Dundas Street West** und **Dovercourt Road** gibt es noch viele Tante-Emma-Läden, portugiesische Reisebüros, Fleischer und Bäckereien.

Greektown

Die griechische Neighbourhood rund um die Danforth Avenue ist die größte Nordamerikas. Über 150 000 Kanadier griechischer Abstammung leben hier, und so verwundert es auch nicht, dass **Greektown** 58**,** ein kleinstädtisch wirkendes Ensemble aus zweistöckigen Häusern, dunklen Kafenions und in griechischen Farben dekorierten Reisebüros, Bäckereien und Obstständen, als Kulisse für die erfolgreiche Komödie »My Big Fat Greek Wedding« (2002) diente. Mehr als 80 Restaurants rund um die Danforth Avenue bieten Spezialitäten aus der alten Heimat, meist in herrlich kitschigem, mit weißen Götterstatuen und griechischen Landkarten angereichertem Ambiente. Leicht mit der Subway zu erreichen – die Danforth Avenue ist eine Verlängerung der Bloor Street East – firmiert Greektown im Toronto-Lingo auch als »The Danforth«.

Ausflüge von Toronto

Black Creek Pioneer Village

Eine halbe Stunde nordwestlich der Downtown und schon am Rand der Greater Metropolitan Area liegt das **Black Creek Pioneer Village** 59**,** ein Museumsdorf, in dem über 40 Häuser des 19. Jh. aus den verschiedensten Regionen Ontarios zusammengetragen und liebevoll restauriert wurden. Keineswegs eine kitschige Verklärung der Vergangenheit zur ›guten, alten Zeit‹, präsentiert das Pioneer

Village die frühen Tage Ontarios, wie sie wirklich waren. Es wird Korn gemahlen und gebacken, die alten Druckmaschinen sind in Betrieb, und im General Store kann man einkaufen. Ein Pferdefuhrwerk kutschiert Besucher durch das Dorf (1000 Murray Ross Parkway, Tel. 416-736-1733, www.blaccreek.ca, Mai–Juni Mo–Fr 9.30–16, Sa–So 11–17, Juli–Labour Day Mo–Fr 10–17, Sa–So 11–17, Labour Day–Dez. Mo–Fr 9.30–16, Sa–So 11–16.30 Uhr, 12 $).

Paramount Canada's Wonderland

60 Ein paar Kilometer weiter nördlich (Subway bis Yorkdale, weiter mit Wonderland Express »Go«-Bussen auf Rtes. 165 A, 4 und 20) liegt Kanadas Gegenstück zu Disneyland. In dem 150 ha großen Vergnügungspark mit Hunderten von Attraktionen locken ein Fantasieland mit Märchenfiguren und ein Kindertheater die kleinen Besucher an, und ein Dutzend Riesen-Achterbahnen mit Namen wie »The Bat«, »Skyrider« und »The Mighty Canadian Mindbuster« buhlen um die Gunst der Älteren. Darüber hinaus gibt es einen Wasserpark mit richtigen Wildwasserfahrten – den Ritt über einen fünfstöckigen Wasserfall eingeschlossen –, einen Salzwasserzirkus mit Seelöwen als Stars, Eiskunstlauf-Shows und zahlreiche Musikveranstaltungen mit Top-Entertainern (9580 Jane St., Vaughan, Tel. 905-832-8131, www3.paramountparks.com/canadaswonderland/), Ende Mai–Mitte Juni tgl. 10–18, Mitte Juni–Aug. tgl. 10–22, Sept.–Mitte Okt. Sa–So 10–20 Uhr, 52 $).

i **Toronto Convention & Visitors Association:** 207 Queen's Quay W., Harbourfront, Tel. 416-203-2600, 1-800-499-2514, Fax 416-203-6753, www.torontotourism. com.

www.Toronto.com: Torontos umfangreichster Online City Guide, mit ständig aktualisierten Informationen zu Kunst, Kultur, Attraktionen, Restaurants, Hotels und Veranstaltungen.

www.JazzInToronto.com: Tel. 416-599-5486. Torontos Online-Veranstaltungskalender für Jazzfreunde.

Travel Ontario: 1 Dundas St. W. und Yonge St. (im Eaton Centre), www.ontariotravel.net, Mo–Fr 10–21, Sa 9.30–19, So 12–18 Uhr.

Richtig Reisen-Tipp: Schlüssel zur kanadischen Seele

Inmitten eines bezaubernden, 40 ha großen Landschaftsschutzgebietes, 45 km nördlich der Stadt bei Kleinburg gelegen, bietet die **McMichael Canadian Art Collection** 61 die beste Einführung in das Kunstschaffen des Vielvölkerstaates Kanada. Insbesondere die Arbeiten der Künstler der »Group of Seven«, deren mit rauem Pinselstrich hingeworfene Landschaften erstmals eine von Europa unabhängige kanadische Malerei begründeten, fanden hier das passende Umfeld. Im Blockhüttenstil mit massiven, grob behauenen Holzbalken, Feldstein und Glas wurde das Museum architektonisch hervorragend in die Waldlandschaft des Humber River integriert. Außer den Gemälden ist eine umfangreiche Sammlung zeitgenössischer indianischer Kunst und Inuit-Skulpturen zu sehen. Gegründet wurde die Galerie 1965 von Robert und Signe McMichael, die ihr Grundstück mit Haus und Kunstsammlung der Provinz Ontario stifteten. Inzwischen ist hier mit mehr als 6000 Exponaten eines der bedeutenden Kunstmuseen des Landes entstanden. Zum Museum gehört ein hübsches Restaurant, wo man im Sommer auch draußen sitzen kann. Der Ort Kleinburg selbst ist für Kunsthandwerk und seine zahlreichen Antiquitätengeschäfte bekannt (10365 Islington Ave., Kleinburg, Tel. 905-893-1121, www.mcmichael.com, tgl. 10-16 Uhr, 15 $. Subway bis Islington, weiter mit TTC-Buslinie 37 bis Steele Ave. Dort umsteigen auf YRT Buslinie 13A nach Kleinburg).

Buchungs- und Informationsservice: The Downtown Toronto Association of Bed and Breakfast Guest Houses, Tel. 416-410-3938, Fax 416-483-8822, www.bnbinfo.com, Vermittlung von B & Bs in Toronto, nur telefonisch und per Internet. 80–190 $. Across Toronto Bed and Breakfast Reservation Service, 253 College St., Tel. 705-738-9449, 1-877-922-6522, Fax 416-738-0155, www.bbcanada.com. Informationen über bezahlbare Privatquartiere in Toronto und in anderen Städten Ontarios.

Die Preisangaben der Hotels enthalten in der Regel das Frühstück.

The Fairmont Royal York [1]: 100 Front St. W., Financial District, Tel. 416-368-2511, 1-800-441-1414, Fax 416-368-9040, www.fairmont.com/royalyork/. Das berühmteste Nobelhotel vor Ort, eine Institution: beeindruckende Lobby, viele Geschäfte, Lounges, Restaurants, Cafés, Fitness Centre, Pool. DZ 250–400 $.

The Royal Meridien King Edward Hotel [2]: 37 King St. E., Financial District, Tel. 416-863-9700, 1-800-543-4300, Fax 416-863-4102, www.toronto.lemeridien.com. Torontos ältestes Grand Hotel, liebevoll ›King Eddy‹ genannt, mit hoher Lobby im viktorianischen Glanz. DZ 200–400 $.

The Sutton Place Hotel [3]: 955 Bay St., Midtown, Tel. 416-924-9221, 1-800-268-3790, Fax 416-924-1778, www.suttonplace.com. Intime Eleganz in ruhigerem Abschnitt der Bay Street. DZ 240–360 $ (auch günstigere Pakete für zwei Personen).

Marriott Renaissance Toronto Downtown Hotel [4]: 1 Blue Jays Way, Entertainment District, Tel. 416-341-7100, 1-800-237-1512, Fax 416-341-5091, www.marriott.com/property/propertypage/YYZBR. Im ehemaligen SkyDome: das Richtige für Sportbegeisterte, viele Zimmer mit *field view,* Stadionblick; Café, Restaurant. DZ 200–250 $.

The Drake Hotel [5]: 1150 Queen St. W., West End, Tel. 416-531-5042, Fax 416-531-9493, www.thedrakehotel.ca. Neues Boutiquehotel im Queen Street Village. Designer-Chic in durchgestylten, *crash pads* genannten Zimmern, weitläufige Lounge, gute Bar und Dachterrasse. DZ 160–290 $.

The Gladstone Hotel [6]: 1214 Queen St. W., West End, Tel. 416-531-4635, Fax 416-539-0953, www.gladstonehotel.com. Schönes altes, unlängst restauriertes Grand Hotel. Dient der Kunstszene des Village als Galerie und Event Spot. DZ 150–250 $.

Delta Chelsea Hotel Toronto [7]: 33 Gerrard St. W., Downtown, Tel. 416-595-1975, 1-800-243-5732, Fax 416-585-4375, www.deltachelsea. com. Das mit 1590 Zimmern größte Hotel des Landes bietet Luxus zu moderaten Preisen. DZ 130–250 $.

Clarion Hotel & Suites Selby [8]: 592 Sherbourne St., Downtown, Tel. 416-921-3142, Fax 416-923-3177, www.hotelselby.com. Viel Hotel für wenig Geld im Norden von Downtown: altmodische Backsteinherberge, Zimmer mit viktorianischem Dekor. DZ 100–200 $.

Bond Place Hotel [9]: 65 Dundas St. E., Downtown, Tel. 416-362-6061, 1-800-268-9390, Fax 416-360-6406, www.bondplacehoteltoronto.com. Attraktives Preis-Leitungs-Verhältnis, guter Standort in Theaternähe, daher frühzeitige Vorausbuchung erforderlich. DZ 80–180 $.

Hotel Victoria [10]: 56 Yonge St. (Ecke Wellington St.), Downtown, Tel. 416-363-1666, 1-800-363-8228, Fax 416-363-7327, www.hotelvictoria-toronto.com. Kleine Zimmer, dafür aber viktorianischer Charme, und viele Attraktionen sind zu Fuß zu erreichen. DZ 90–160 $.

Casa Loma Inn [11]: 21 Walmer Rd., The Annex, Midtown, Tel. 416-924-4540, Fax 416-975-5485, www.casalomainn.com. Hübsches viktorianisches Gasthaus mit Türmchen und 26 geschmackvoll eingerichteten Zimmern, in Fußgängernähe zur Casa Loma. DZ 85–140 $.

Hostelling International Toronto [12]: 76 Church St., Downtown, Tel. 416-971-4440, 1-877-848-8737, Fax 416-971-4088, www.hostellingtoronto.com. Torontos zentral gelegene Jugendherberge, 180 Betten, 24 Stunden geöffnet. Schlafsaal 31 $, Einzel- und Mehrbettzimmer 79 bzw. 31 $ (Ermäßigung für DJH-Mitglieder).

Ausgeh-Tipps für den Sommer
Wenn die nette Kellnerin einen *pitcher* Sangria bringt, eine randvoll gefüllte Plastikkanne, und vom Nebentisch der Duft gegrillter Shrimps herüberweht, ist Sommer in Toronto. Und wo die lauen Abende am Lake Ontario besser genießen als unter freiem Himmel? Hier drei der schönsten ›Outdoor‹-Adressen:
The Roof Lounge (4 Avenue Rd., im 18. Stock des Park Hyatt Toronto, Tel. 416-925-1234) bietet Mojitos, Caipirinhas und einen tollen Blick auf die Skyline.
Abra ca Dabra (137 Peter St., Tel. 416-593-1550) besteht aus einem Nachtklub im Erdgeschoss, einem Restaurant mit *Fusion-Cuisine* im ersten und einer Dachterrasse mit vorzüglichen Snacks im zweiten Stock.
The Docks (11 Polson St., Tel. 416-469-5655) steht für Tanzen, Trinken und Essen auf Kanadas größtem Patio, mit unverstelltem Blick auf den Lake Ontario.

Toronto ist mit über 7000 Restaurants eines der kulinarischen Zentren Nordamerikas. Besonders die ethnische Küche ist so vielseitig wie in kaum einer anderen Stadt.
Scaramouche 13: 1 Benvenuto Place, Avenue Rd., Little Italy, Tel. 416-961-8011, Mo–Sa 18–22 Uhr. Hier trifft sich ›Tout Toronto‹ bei zeitgenössischer französischer Cuisine; besonders zu empfehlen: das unprätentiöse Filet Mignon mit Sauce Bordelaise. Vorspeisen 13–25 $, Hauptspeisen 39–46 $.
Barberian's Steak House 14: 7 Elm St. (an der Yonge St.), Downtown, Tel. 416-597-0335, tgl. 17–24 Uhr. Gemütliches Steakhaus mit einer authentischen Canadiana-Sammlung eingerichtet, hervorragende Steaks und Meeresfrüchte. Weinkarte mit 800 Weinen! Vorspeisen 5–22 $, Hauptspeisen 26–49 $.
The Boiler House 15: 55 Mill St., Distillery Historic District, Tel. 416-203-2121, Di–Sa ab 17 Uhr, Sa/So 11–15 Uhr Brunch. *Industrial chic* nennt die Leitung das funktionale und doch gemütliche Interieur dieses Restaurants, kreative Fusion Cuisine, Live-Jazz. Vorspeisen 8–16 $, Hauptspeisen 24–35 $.
La Fenice 16: 319 King St. W., Entertainment District, Tel. 416-585-2377, Mo–Fr 12–14.30, Mo–Sa 17–22.30 Uhr, So geschl. Traditionelle italienische Küche in terrakottafarbenem, von Kerzenlicht erhelltem Ambiente. Köstlich: *Carpaccio all'Emiliana* und Lamm in Minzsauce! Vorspeisen 5–11 $, Hauptspeisen 18–30 $.
Trattoria Giancarlo 17: 41 Clinton St., Little Italy, Tel. 416-533-9619, Di–Sa 18–22 Uhr, So, Mo geschl. Intimes Bistro an der Ecke College St. Schon Sophia Loren mochte den in Schinken gewickelten Camembert! Vorspeisen 5–11 $, Hauptspeisen 13–26 $.
Panorama 18: 55 Bloor St. W., Yorkville, 51st floor, Tel. 416-967-0000, Mo–So 17–2 Uhr. Restaurant, Bar und Lounge in urbanem Design, mit Postkartenblick von der Spitze des Manulife Centre auf Torontos Skyline. Zu empfehlen: die herzhafte *Sky High Pizza* und die *BBQ Chipotle Back Ribs.* Vorspeisen 7–24 $, Hauptspeisen 12–24 $.
Hot House Café 19: 35 Church St., St. Lawrence District, Tel. 416-366-7800, So 9.30–23, Mo–Do 11–24, Fr–Sa 11–1 Uh. So Brunch mit Live-Jazz, gestyltes Restaurant in fröhlichen Farben, Spezialitäten: Pasta, Pizza und kreative Salate. Vorspeisen 5–13 $, Hauptspeisen 9–26 $.
Rosedale Diner 20: 1164 Yonge St., Rosedale, Tel. 416-923-3122, Mo–Do 11.30–23, Fr–Sa 11.30–24, So 11–23 Uhr. Historischer Diner im Herzen von Rosedale, internationale Köstlichkeiten wie *Hummus Masabacha* und *Veal Knockwurst*. Vorspeisen 6–9 $, Hauptspeisen 10–25 $.
Lee Garden 21: 331 Spadina Ave., Chinatown, Tel. 416-593-9524, Fr–Sa 16–1, So–Do 16–24 Uhr. Populäres kantonesisches Restaurant, empfehlenswert: alle Fisch- und Gemüsegerichte. Vorspeisen 4–9 $, Hauptspeisen 10–24 $.
The Old Spaghetti Factory 22: 54 Esplanade, am Seeufer, Tel. 416-864-9761, Fr–Sa 11.30–24, So 11.30–22, Mo–Do 11.30–23 Uhr. Uriges, in früherem Lagerhaus untergebrachtes Familienrestaurant, leckere Pasta-

gerichte, große Portionen, fünf Minuten vom St. Lawrence Market entfernt. Vorspeisen 4–9 $, Hauptspeisen 10–18 $.

Hero Certified Burgers 23: Hazelton Lanes Shopping Centre, 55 Avenue Rd., Yorkville, Tel. 416-963-5526, Mo–Mi 11–18, Do–Sa 11–19, So 12–18 Uhr. Edel-Burger aus bestem Angusfleisch und marktfrischen Zutaten. Auch eine vegetarische Variante. 6–12 $.

Toronto ist ein Einkaufsparadies ersten Ranges: In der Greater Metropolitan Area buhlen allein über 200 Einkaufszentren um die Gunst der Konsumenten. Die meisten Geschäfte sind Mo–Mi 9.30–18, Do, Fr bis 20 oder 21 und Sa/So 10–17 Uhr geöffnet.

In **Downtown** konzentriert sich der Einkaufsspaß auf mehrere attraktive Brennpunkte. Am populärsten ist das Eaton Centre mit seinen über 300 Geschäften und die unterirdisch angelegte Konsummeile PATH, ein 27 km langes System aus Tunneln und Korridoren mit über 1200 Geschäften, Restaurants und Cafés und Verbindungen zu sechs Hotels und fünf Subway-Stationen. In **Midtown** steht **Yorkville** für exklusive Boutiquen und das Nobelkaufhaus **Holt Renfrew** (50 Bloor St. W., Mo–Mi 10–19, Do–Fr 10–20, Sa 10–18, So 12–18 Uhr). **Queen Street West** ist bekannt für Ungewöhnliches, West Queen West für gewagte Avantgarde. Hier wie dort gibt es auch Buch- und Antiquitätengeschäfte. Vintage- und Second-Hand-

Designermode zu Top-Preisen

In **Tom's Place** (190 Baldwin St., Tel. 416-596-0297, Mo–Mi 10–18, Do–Fr 10–19, Sa 9–18, So 12–17 Uhr) in Kensington Market verkauft der bei der Konkurrenz berühmt-berüchtigte Discounter Tom Mihalik Designerware bis zu 40 Prozent günstiger. Mitunter steht Tom selbst an der Kasse und gibt noch zehn Prozent mehr Abschlag, wenn ihm der Kunde/die Kundin gefällt.

Beim Shopping in Little Italy kann man sich nach Indien verirren

Klamotten findet man am ehesten in den winzigen Boutiquen von **Kensington Market.** Asiatische Importwaren neben altmodischen Damen- und Herren-Schneidereien bietet **Chinatown,** vor allem im Kreuzungsbereich von Spadina und Dundas Street.

Arctic Nunavut Development Corp.: 207 Queen's Quay W., am Seeufer, Tel. 416-203-7889. Wunderschöne Inuit-Schnitzereien, -Textilien und -Geschenkartikel in mehreren Läden unter dem Dach der Nunavut Development Corporation.

David Mason Bookstore: 366 Adelaide St. W., Downtown, Tel. 416-598-1015, Mo–Sa 10–17 Uhr. Ein Mekka für Liebhaber antiquarischer Bücher.

Dragon City: 280 Spadina Ave., Chinatown, Tel. 416-596-8885, Mo–Sa 11–20 Uhr. Modernes chinesisches Einkaufszentrum mit rund 30 Geschäften und guten Restaurants.

Henry's: 119 Church St., Downtown, Tel. 416-868-0872, Mo–Mi 9–18, Do–Fr 9–20, Sa 10–18 Uhr. Fotofachgeschäft mit Riesenauswahl auf mehreren Etagen, Ausrüstung, Filme, Reparatur – die Wahl der Profis.

The Distillery Historic District: 55 Mill St. (Ecke Parliament und Mill St.), Tel. 416-364-1177, www.thedistillerydistrict.com. Historischer Komplex schön restaurierter Backsteinlagerhallen aus der viktorianischen Ära, mit Museen, Kunstgalerien, Ateliers, Boutiquen, Restaurants und Cafés. Ausstellungen, Konzerte und Festivals das ganze Jahr über.

The Guild Shop: 118 Cumberland St., Yorkville, Tel. 416-921-1721, Mo–Mi, Sa 10–18, Do–Fr 10–19, So 12–17 Uhr. Verkaufsstelle für den Ontario Crafts Council, älteste Galerie für Kunst und Kunsthandwerk der Inuit und Indianer, Objekte in allen Preiskategorien.

The Toy Shop: 62 Cumberland St., Yorkville, Tel. 416-961-4870, Mo–Mi 10–18, Do–Fr 10–20, Sa 10–18, So 12–17 Uhr. Alles, was das Kinderherz begehrt, im angeblich ältesten Spielzeugladen Nordamerikas.

Toronto Antique Centre: 276 King St. W., Entertainment District, Tel. 416-345-9941, Di–So 10–18 Uhr. Whoopi Goldberg stöbert hier nach Antiquitäten, Christopher Plummer und Goldie Hawn sind Stammkunden. Knapp 100 Händler bieten im ehemaligen Harbourfront Antiques Market ihre Waren an.

Sam the Record Man: 347 Yonge St., Downtown, Tel. 416–646-2775, Mo–Do 10–21, Fr–Sa 9–23, So 12–18 Uhr. Legendäres-Musikgeschäft, große Auswahl an Schallplatten und CDs.

World's Biggest Bookstore: 20 Edward St., Downtown, Tel. 416-977-7009, variierende Öffnungszeiten. Mehrere Millionen Bücher auf rund 27 Regalkilometern.

Traditioneller Livemusik-Treff

Eine steile Treppe führt in einen weitläufigen Keller mit niedriger Decke und schummriger Beleuchtung. Zwei Theken, ein paar Tische, an den Wänden Sitzbänke und Stühle. **Healey's,** die Kellerkneipe des blinden Rock- und Jazzmusikers Jeff Healey, ist ein Treff wie aus dem Jazzlexikon – und wohl Torontos beste Adresse für hochklassige Livemusik und Jam Sessions. Donnerstags wildert Healey von 22–2 Uhr mit *special guests* in Blues, Rock'n Roll und R & B. Samstagnachmittags tritt er von 16–19 Uhr mit seinen Jazz Wizards auf (Healey's, 178 Bathurst St., Queen Street Village, Tel. 416-703-5882, www.jeffhealey.com).

Das aktuelle Programm der Diskotheken, Bars und Clubs findet man in den Tageszeitungen und in ›Where Toronto‹, einer umfangreichen monatlichen Publikation, die kostenlos in Hotels und Fremdenverkehrsbüros zu haben ist. Die Begriffe Nightclub, Lounge und Bar werden unterschiedlich angewandt. Auch die Diskotheken bieten häufig Live-Entertainment.

Crocodile Rock: 240 Adelaide St. W., Entertainment District, Tel. 416-599-9751, Di–Fr 16–2, Sa 19–2 Uhr. Classic-Rock, dazu Pool-Tische, Tanz-Bar und Restaurant mit Cajun- und kreolischen Spezialitäten.

Joker Nightclub: 318 Richmond St. W., Entertainment District, Tel. 416-598-1313. Die Grande Dame unter Torontos Tanzschuppen mischt auf drei Etagen Hip-Hop und R & B.

Roxy Blu: Brant und King St., Entertainment District, Tel. 416-504-0949, Fr–So 22–3 Uhr. In Wohnzimmeratmosphäre zu urban Soul und Hip-Hop abtanzen.
Horseshoe Tavern: 368 Queen St. W., Queen Street Village, Tel. 416-598-4753, www.horseshoetavern.com (Spielplan). Seit einem halben Jahrhundert legendäre Musikbar, Live-Country, Blues, Rock und Pop.
The Rex Hotel Jazz & Blues Bar: 194 Queen St. W., Queen Street Village, Tel. 416-598-2475, www.therex.ca (Spielplan), Mo–Fr 18.30, 21.30, Sa–So 12, 15.30, 19, 21.30 Uhr. Seit fast 30 Jahren ein Fixpunkt an der Queen St. W., 18 Jazzkonzerte pro Woche.

The Second City: 51 Mercer St., Entertainment District, Tel. 416-343-0011, www.secondcity.com (Spielplan). Torontos legendäre Bühne für Kleinkunst, Komödien, Sketche und Satire.
Yuk-Yuk's Comedy Cabaret: 224 Richmond St. W., Entertainment District, Tel. 416-967-6425, www.yukyuks.com. Witzige Dinner-Shows mit Amateuren und Profi-Darstellern.
Mysteriously Yours: 2026 Yonge Street, Yorkville, Tel. 416-486-7469, www.mysteriouslyyours.com. Dinner und Krimi-Komödie, Fr, Sa (manchmal auch Do).
The Hummingbird Centre: 1 Front St. E., St. Lawrence District, Tel. 416-393-7476, www.hummingbirdcentre.com. Das ehemalige O'Keefe Centre bietet erstklassige Aufführungen: Rock, Pop und Country.
Four Seasons Centre for the Performing Arts: 145 Queen St. W., Financial District, Tel. 416-363-6671, www.fourseasonscentre.ca. Das neue Opernhaus Torontos erlebte im Herbst 2006 seine ersten Aufführungen.
Roy Thompson Hall: 60 Simcoe St., Entertainment District, Tel. 416-872-4255, www.roythomson.com. Die für ihre gute Akustik berühmte Konzerthalle ist Heimat des Toronto Symphony Orchestra und richtet auch Popkonzerte aus.
Royal Alexandra Theatre: 260 King St. W., Entertainment District, Tel. 416-872-1212, www.mirvish.com. Musicals und Broadwayshows.

Ticketverkauf
Eintrittskarten für alle Veranstaltungen sind außer vor Ort auch bei den Verkaufsstellen von **Ticketmaster Canada** (u. a. im Roger's Centre, Suite 3900, Tel. 416-870-8000 und Sunrise Records, 784 Yonge St., Tel. 416-870-8000) erhältlich.
Tickets zum halben Preis, und zwar am Tag der Aufführung, erhält man bei **T. O. Tix** (T. O. Tix Booth, Dundas Square, Infoline Tel. 416-536-6468, www.totix.ca, Di–Sa 12–18.30, So–Mo geschl.).

Princess of Wales Theatre: 300 King St. W., Entertainment District, Tel. 416-872-1212, www.mirvish.com. Musicals.
Canon Theatre: 244 Victoria St., Downtown, Tel. 416-872-1212, www.mirvish.com. Musical-Darbietungen.
Factory Theatre: 125 Bathurst St., Entertainment District, Tel. 416-504-9971, www.factorytheatre.ca. Die 1970 gegründete Bühne führt ausschließlich Stücke moderner kanadischer Dramatiker auf.
Lorraine Kimsa Theatre for Young People: 165 Front St. E., St. Lawrence District, Tel. 416-862-2222. Faszinierendes Theater für Kinder.

Feste & Veranstaltungen
Inside Out Toronto Lesbian & Gay Film & Video Festival: 10 Tage im Mai, Tel. 416-977-8847, www.insideout.on.ca. Inside Out ist Kanadas größtes homosexuelles Filmfestival und zeigt in mehreren Kinos zugleich relevante Filme aus aller Welt.
Festival Caravan: 9 Tage Ende Juni, Tel. 416-856-6482, www.caravan-org.com. Torontos multikulturellster Event – in über die ganze Stadt verteilten Pavillons präsentieren sich die Nationen der Stadt mit Speis, Trank und Tanz.
Pride Week: 6 Tage Ende Juni, Tel. 416-927-7433, www.pridetoronto.com. Über eine Million Menschen besuchen die ausgelassenen Paraden und Partys der Schwulen- und Lesbengemeinde der Stadt.

Original kanadische Atmosphäre herrscht bei den Top-Spielen der »Toronto Maple Leafs« im Air Canada Centre

Toronto Downtown Jazz Festival:10 Tage Ende Juni/Anfang Juli, Tel. 416-928-2033, www.torontojazz.com. Das zu den besten Jazzfestivals Nordamerikas zählende Event zieht Spitzenmusiker aus Kanada und der ganzen Welt an.

Toronto International Dragon Boat Race Festival: 2 Tage Ende Juni, Tel. 416-598-8945, www.dragonboats.com. Das Rennen der farbenprächtigen Drachenboote vor den Toronto Islands ist der Höhepunkt des Festivals der chinesischen Gemeinde.

Toronto International Carnival: 14 Tage Ende Juli/Anfang August, Tel. 416-285-1609, www.torontocarnival.com. Das früher Caribana genannte Festival ist Nordamerikas größter karibischer Karneval und zieht mit seinen über Downtown Toronto verstreuten Paraden, Partys und Konzerten alljährlich mehrere Millionen Besucher an.

Toronto International Film Festival: 9 Tage Mitte September, Tel. 416-968-3456. Während des glamourösen Events werden neue Filme uraufgeführt und üben sich Stars und Sternchen in Selbstdarstellung.

Canadian Aboriginal Festival: 3 Tage Ende November, Tel. 519-751-0040, www.canab.com. Kanadas Indianerstämme stellen sich im Roger's Centre mit Pow Wows, Tanzwettbewerben und Filmen vor.

Cavalcade of Lights: Adventszeit, Tel. 416-395-7350, www.toronto.ca/special_events/cavalcade2006.htm. Mit Lightshows, Feuerwerken, Schlittschuhpartys und vorweihnachtlicher Beleuchtung bereiten sich die Torontonians auf Weihnachten vor.

Bootstouren: Toronto Harbour Tours, 145 Queens Quay W., Tel. 416-868-0400, am Seeufer, www.harbourtours. com, Mai–Ende Okt., stündlich. Zauberhafte Bootstouren zu den Toronto Islands.

The Tall Ship Kajama, 249 Queen's Quay W., Suite 111, am Seeufer, Tel. 416-203-2322, 1-800-267-3866, www.greatlakesschooner.com, Mitte Juni bis Sept. Fahrten mit historischen Großseglern und Schaufelraddampfern auf dem Lake Ontario.

Kayaking: Harbourfront Canoe and Kayak Centre Toronto, 283A Queen's Quay W., am Seeufer, Tel. 416-203-2277, 1-800-960-8886, www.paddletoronto.com. Kanu- und Kajakkurse rund um die Toronto Islands. Auch geführte Touren.

Rundflüge: The Helicopter Company Inc., Toronto Island Airport, Toronto Islands, Tel. 416-203-3280, 1-888-445-8542, www.heli tours.ca. Downtown Toronto aus 600 m Höhe!

Stadtführung: A Taste of the World, Tel. 416-923-6813, www.torontowalksbikes.com. Geführte Touren durch Torontos vitale ethnische und historische Viertel, u. a. Kensington Market und Old Chinatown, mit Besuch beim Kräuterspezialisten, Tee-Zeremonie und Dim-Sum-Lunch.

Die etwas andere Stadtführung

Was lag einmal unter diesem Parkplatz? Welche Gangster gingen während der Prohibition in dieser Destille ein und aus? Und wer in der Stadtregierung gab ihnen Rückendeckung? Wer mit **Bruce Bell,** dem stadtbekannten Dramaturgen, Historiker und anekdotensicheren Kabarettisten Toronto unter die Füße nimmt, lernt das alte Toronto aus einer völlig neuen Perspektive kennen und kommt dabei garantiert auf seine Kosten (Bruce Bell Tours, 92 Front St. E., Tel. 416-350-1295, Fax 416-392-0120, www.brucebelltours.com).

Flugzeug: Der **Lester B. Pearson International Airport** (Terminals 1 und 2 Tel. 416-247-7678; Terminal 3 Tel. 416-776-5100, www.gtaa.com) liegt im Nordwesten der Metropolitan Area und wird jährlich von 30 Mio. Menschen genutzt. Pearson ist problemlos mit öffentlichen Verkehrsmitteln zu erreichen. Die meisten der großen Hotels in Downtown Toronto unterhalten gratis Shuttleverbindungen, die zwischen 20 und 40 Min. für die Strecke benötigen und ihre Passagiere im gewünschten Hotel absetzen. **Pacific Western Airport Express** (Tel. 905-564-6333, www.to rontoairportexpress.com) unterhält Haltestellen in allen Terminals. Die Busse verkehren halbstündlich, die einfache Fahrt Richtung Downtown zu allen großen Hotels kostet 16,45 $ und dauert zwischen 1,5 und 2 Stunden. Am schnellsten – und teuersten – ist das Taxi. Die meisten Gesellschaften verlangen eine Pauschale, sie liegt derzeit bei 45 $ für die einfache Fahrt.

Bahn: Die Züge der **VIA Rail** (Tel. 1-888-842-7245, www.viarail.ca) gehen von der **Union Station** (65 Front St. W.) aus nach Osten, Westen und in die USA. Die Union Station ist mit dem Rest der Stadt durch die Subway verbunden. Via-Rail-Tickets kauft man am besten schon in Deutschland bei der VIA-Vertretung CRD International (Stadthausbrücke 1–3, 20355 Hamburg, Tel. 040-300-616-70, Fax 040-300-616-55).

Bus: Greyhound Canada (Tel. 416-367-8747, 1-800-661-8747, www.greyhound.ca) verbindet Toronto mit dem Rest des Landes und den USA. Der **Busbahnhof** befindet sich an der Ecke Bay und Edward Sts. und hat von 5 bis 1 Uhr morgens geöffnet.

Mietwagen: Alle großen Mietwagengesellschaften haben Schalter am Flughafen.

Fortbewegung in der Stadt

Mit dem eigenen Fahrzeug: Die Rushhour am Morgen und späten Nachmittag und chronischer Parkplatzmangel machen die Erkundung mit dem eigenen Fahrzeug zu einer ermüdenden Angelegenheit. Subway, Busse und die eigenen Füße sind in der Downtown die besten Fortbewegungsmittel.

Öffentliche Verkehrsmittel: Die Toronto Transport Commission (TTC) deckt mit Bussen, Straßenbahnen und der Subway den Großraum Toronto optimal ab. Das Ticket für die Subway (Mo–Sa 6–1.30, So 9–1 Uhr) kostet 2,75 $ und gilt auch für Bus und Straßenbahn. Der Tagespass (Day Pass) kostet 8,50 $.

Taxis: Taxis sind zahlreich, aber teuer und werden telefonisch bestellt oder vom Straßenrand aus herbeigewunken. Das Taxameter beginnt bei 2,75 $ und addiert alle 190 gefahrenen Meter bzw. alle 31 Sekunden (Ampel, Stau etc.) 0,25 $ hinzu.

Nur knapp zwei Stunden von Torontos Wolkenkratzern entfernt beginnt die kanadische Wildnis: der Algonquin Provincial Park

Kapitel 2

Ontario

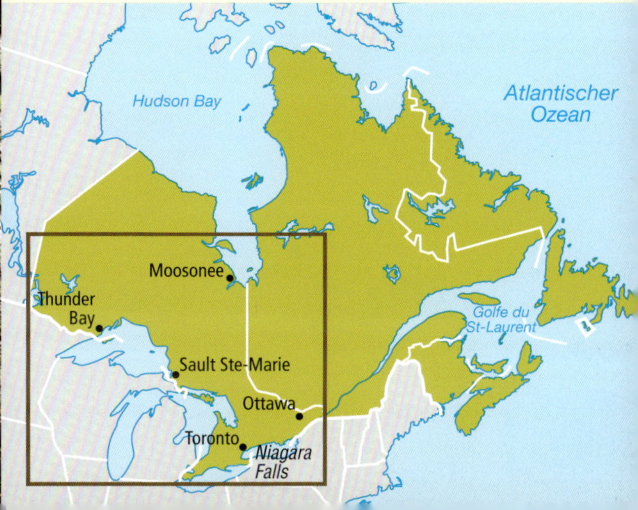

Auf einen Blick: Ontario

Das Herz Kanadas

Wohl nirgend sonst wirkt das Land amerikanischer und zugleich britischer als in Ontario. Die Bewohner bezeichnen sich selbst – anders als ihre Nachbarn in Québec – als Kanadier, dann erst als Ontarians. TROC (›The Rest Of Canada‹) wiederum hält Ontario für konservativ, liberal, spießig und modern. Tatsächlich ist die Provinz all dies – und gerade in dieser Vielfalt typisch kanadisch. Vor allem ist Ontario die bevölkerungsreichste (12,5 Mio. Einw.) und die finanzstärkste Provinz des Landes. Haupteinnahmequellen sind die verarbeitende Industrie und der Tourismus.

Doch selbst wenn mehr als ein Drittel aller Kanadier in Ontario wohnt: Überbevölkert ist die Provinz nicht. Mit 1,07 Mio. km² ist Ontario größer als Spanien und Frankreich zusammen und reicht im Norden bis an die straßenlosen, subarktischen Gefilde der Hudson Bay und im Süden weit in den Lake Erie hinein, der auf gleicher Höhe wie Nordkalifornien liegt.

Der Name – Ontario ist angeblich ein Iroquois-Wort für ›glitzerndes Wasser‹ – ist gut gewählt: Die Provinz bietet rund 250 000 Seen und 60 000 Flüsse, vor allem im dünn besiedelten, drei Autostunden nördlich von Toronto beginnenden Norden, zu dem 80 % der Provinz gerechnet werden. Für Landwirtschaft ungeeignet und von Wäldern und Seen bedeckt, ist diese zum Kanadischen Schild gehörende Wildnis nördlich von Lake Huron und Lake Superior ein Dorado für Outdoorfans. Hier wohnen kaum 20 % der Ontarians. Die übrigen 80 % wohnen im Süden, und die meisten davon im landwirtschaftlich geprägten Dreieck zwischen Lake Ontario, Lake Erie und Lake Huron. Hier befindet sich mit dem sogenannten ›Golden Horseshoe‹, zu dem Toronto, die Industriestadt Hamilton und zahlreiche Satellitenstädte gehören, auch das größte Ballungsgebiet der Nation.

Zahlreiche **Wildnisgebiete,** wie der Point Pelee National Park oder der Algonquin Pro-

vincial Park, präsentieren die enorme Bandbreite kanadischer Fauna und Flora. Und mit den **Niagarafällen** fährt die Provinz eines der berühmtesten Naturschauspiele der Welt auf.

Weniger bekannt ist Ontario als Kulisse spannender Episoden der kanadischen **Geschichte.** Zahlreiche Museen, Museumsdörfer und historische Städtchen reflektieren diese Entwicklung. Kunst und Kultur kommen ebenfalls nicht zu kurz: In Toronto und der Bundeshauptstadt Ottawa sind einige der besten **Museen, Galerien** und **Theater** des Kontinents beheimatet.

Highlights

2 **Niagara Falls:** Weltberühmt und millionenfach fotografiert, sind die Niagarafälle noch immer eine Reise wert (s. S. 143 ff.).

3 **Algonquin Provincial Park:** 2,5 Autostunden nördlich von Toronto begegnet man Elchen, Bibern und Wölfen (s. S. 173 ff.).

4 **Ottawa:** Die Bundeshauptstadt bietet die meisten Nationalmuseen Kanadas (s. S. 192 ff.).

5 **Fort William Historical Farm:** Das ehemalige Pelzhandelsfort am Lake Superior ist das beste Ticket in die spannende kanadische Geschichte (s. S. 214 f.).

Die besten Routen

Niagara Parkway: Für Winston Churchill war die Straße von Niagara-on-the-Lake nach Niagara Falls die schönste Spazierfahrt der Welt (s. S. 142 ff.).

Route 87 von St. Jacobs nach Elora: Hier teilt man sich den Asphalt mit den Pferdekutschen der Alt-Mennoniten (s. S. 159).

Thousand Islands Parkway von Gananoque nach Morristown: Baumbestandene Inselchen mit hübschen Cottages am St.-Lorenz-Strom begleiten die Fahrt (s. S. 187 f.).

Trans-Canada Highway von Ottawa nach Kenora: Der Weg wird zum Ziel – kaum Gegenverkehr, kraftvolle Landschaften, Fahrvergnügen pur (s. S. 204 ff.).

Richtig Reisen-Tipps

Mit dem Schiff ins Inferno: Die Fahrt mit der »Maid of the Mist« ist nach wie vor der Höhepunkt jedes Niagara-Besuchs (s. S. 147).

Kanadas subtropisches Paradies: Sykomoren und Kakteen statt Nadelwälder sowie tropisch bunte Vögel sorgen für geografische Amnesie (s. S. 150).

Paddeltour im Algonquin Park: Im Kanu zu Elchen, Bibern und Eistauchern – das klassische Kanada-Erlebnis (s. S. 176).

Kayaking im Insellabyrinth: Nur im Kajak erschließt sich der Zauber der **Thousand Islands** vor Gananoque (s. S. 188 f.).

Rafting auf dem Ottawa River: Die Achterbahnfahrt durch die stärksten Stromschnellen östlich der Rocky Mountains ist ein spritziges Erlebnis für die ganze Familie (s. S. 206).

Algoma Central Railway: Bequem durch die Wildnis des Kanadischen Schilds (s. S. 210).

Reise- und Zeitplanung

Für die Niagara Peninsula reichen zwei Tage, für den Süden Ontarios sollte man wegen der großen Entfernungen vier bis fünf Tage einplanen. Vier Tage braucht man für die Region rund um die Georgian Bay, eine Woche, nimmt man den Algonquin Provincial Park dazu. Die Strecke von Toronto nach Ottawa ist an einem Tag zu schaffen. Der Trans-Canada Highway von Ottawa nach Kenora nimmt mindestens drei Tage reiner Fahrzeit in Anspruch. Beste Reisezeit ist der Sommer, wobei von Juni bis August zumindest in den größeren Orten mit Engpässen bei den Unterkünften zu rechnen ist, sowie der Herbst zur Zeit des Indian Summer.

Niagara Peninsula

Karte S. 138
Citypläne
S. 141, 146

Grandioses Naturschauspiel, geschmackloser Rummelplatz: Die Niagarafälle sind beides, und deshalb umso faszinierender. Im Schatten des Fälle-Rummels verbergen sich zudem ein paar stille Stars, die man nicht verpassen sollte, darunter die Weingüter bei Niagara-on-the-Lake.

Die erste Etappe der Ontario-Rundfahrt bietet bereits einen Höhepunkt: die **Niagara Peninsula.** Dazu fährt man von Toronto auf dem sechsspurigen QEW (Queen Elizabeth Way) rund um den dicht besiedelten Bogen des Lake Ontario nach Süden. Bis Niagara Falls wären es auf direktem Wege etwa 130 km, knapp 1,5 Stunden Autofahrt. Zu empfehlen ist jedoch ein kleiner Umweg über das Städtchen **Niagara-on-the-Lake** an der Mündung des Niagara River in den Lake Ontario. Dazu verlässt man den QEW an einer der Abzweigungen kurz hinter St. Catharines (s. Reiseatlas S. 4, E3). Die Landstraßen führen durch eine Landschaft mit alten Bäumen, ausgedehnten Weinfeldern und Obstplantagen. Dies ist Kanadas berühmteste Weinbau-Region.

Niagara-on-the-Lake

Cityplan: S. 141

Niagara-on-the-Lake 1 (gut 14 000 Einw.) besitzt noch ganz den Charme der viktorianischen Vergangenheit. Schöne Parks, makellose alte Villen, von denen viele in B & B verwandelt wurden, elegante Geschäfte und gute Restaurants in historischen Gebäuden entlang der Queen Street bieten indes nicht nur Augenschmaus, sondern auch Geschichte. Das Städtchen an der Mündung des Niagara River in den Lake Ontario wurde 1791 als Newark am Ende der amerikanischen Revolution von königstreuen Loyalisten gegründet und war kurze Zeit die erste Hauptstadt von Upper Canada (s. S. 33 f.). Die Einweihung des Welland Canal 1829, der Niagara-on-the-Lake und Queenston flussaufwärts umging, brachte den Schiffsbau des Ortes zum Erliegen. Seitdem sind der Tourismus und – seit den 1970er Jahren – der Weinbau die Haupteinnahmequellen.

Fort George

Im Krieg von 1812 brannten amerikanische Truppen den auf dem Westufer liegenden Ort nieder, doch seine Bürger bauten ihn schnell wieder auf. Das 1797–1802 erbaute **Fort George** 1 wurde 1813 von den Amerikanern besetzt und ebenfalls zerstört. Originalgetreu rekonstruiert, bietet die Anlage heute als ›lebendiges Museum‹ einen spannenden Einblick in das Soldatenleben um 1812. »Englische Rotröcke« exerzieren zum Trommelschlag. In der Kommandantur wird eine Lagebesprechung abgehalten, Mägde hantieren in der Küchenbaracke ... (Fort George National Historic Site, www.pc.gc.ca/lhn-nhs/on/fortgeorge/index_e.asp, 1. Mai–31. Okt. tgl. 10–17 Uhr, Erw. 10,90 $).

Rund um die Queen Street

Die Hauptstraße Queen Street schwelgt in wonniger ›Merry old England‹-Atmosphäre: stille Parks mit freundlichen Schwänen, repräsentative Stadthäuser in allen im 19. Jh. modernen Stilen und herrliche Villen auf penibel gestutztem englischen Rasen erinnern an die alte Heimat. Sehenswert ist das dreigeschossige, 1847 mit roten Ziegeln errichtete **Court House** 2**,** das später als Rathaus diente und heute neben der Polizeistation und der Bibliothek auch eines der drei Theater des berühmten Shaw Festival beherbergt (26 Queen St.).

Ein Schmuckstück ist die Rekonstruktion des **Niagara Apothecary Shop** 3 mit seiner schön polierten alten Theke aus Walnussholz, den langen Reihen antiker Glasbehälter mit all den Pülverchen, die dazumal Heilung versprachen. Von 1820 bis 1964 in Betrieb, ist dies eine der ältesten Apotheken Kanadas. Seit 1971 als Apotheken-Museum zugänglich, wurde das Innere auf den Stand von 1869 gebracht (5 Queen St., Mitte Mai–Labour Day, tgl. 12–18 Uhr, Eintritt frei).

Über die Gründer des Städtchens, die sogenannten United Empire Loyalists, informiert das kleine, aber feine **Niagara Historical Society Museum** 4 (43 Castlereagh St. und Davy St., Mai–Okt. tgl. 10–17.30, sonst tgl. 13–17 Uhr, Erw. 5 $).

Am Stadtrand

Das **McFarland House** 5**,** ein georgianisches Backsteinhaus von 1800, liegt außerhalb des Ortes am Niagara Parkway in einem hübschen Park, in dem es sich angenehm picknicken lässt. Sein mit kostbaren Empire-Möbeln ausgestattetes Inneres bietet einen

Mit den Autoren unterwegs

Wein-Probe(n)

Einen Pinot Noir? Einen Pinot Blanc? Oder doch lieber einen Gewürztraminer? Die Weinprobe auf dem **Weingut Inniskillin** ist einer der Höhepunkte auf dem Weg zu den Niagarafällen (s. S. 140).

Niagara für Radler

Eine Radtour hatte der erklärte Nicht-Sportler Winston Churchill sicher nicht im Sinn, als er vom **Niagara Parkway** schwärmte. Von Niagara-on-the-Lake begleitet ein herrlicher Radweg die Straße bis kurz vor Niagara Falls – mit idyllisch gelegenen Picknickplätzen und schönen Blicken auf den Fluss und die Weinfelder (s. S. 142).

Entspannend

Nur das Klunk-Klunk der Weingläser ›stört‹ das wohlige Urlaubsgefühl: Der Blick vom Dining Room des **Queenston Heights Restaurant** über das Grün des welligen Niagara Escarpments bis zum Blau des Lake Ontario gehört zu den wohl entspannendsten in Ontario (s. S. 143).

Wasserkraft, steingeworden

Die Wanderung durch die bizarre Felsenlandschaft der **Niagara Glen Nature Conservation Area** führt auf beeindruckende Weise die gestalterische Kraft des Niagara River vor Augen (s. S. 143).

Ohne Staus und Parkplatzsorgen
Um die Niagarafälle ganz entspannt zu genießen, empfiehlt sich die Übernachtung in Niagara-on-the-Lake. Vom etwas südlich gelegenen **Queenston Heights Park** aus – hier kann man den Wagen stehen lassen – sind die Fälle sowie ein Dutzend weiterer interessanter Punkte bequem mit den mehrmals stündlich verkehrenden Bussen des **People Mover System** zu erreichen (Queenston Heights Park, 7,50 $).

guten Eindruck vom Leben der kanadischen Oberschicht des frühen 19. Jh. (McFarland House: 15927 Niagara Parkway, Ende Mai–Ende Juni, tgl. 11–16, Ende Juni–Anfang Sept. tgl. 11–17 Uhr, 3,50 $).

Man kann das Städtchen auch stilgerecht mit der **Pferdekutsche** erschließen (Sentineal Carriages, 128 Anne St., Tel. 905-468-4943, www.sentinealcarriages.ca). Die Seitenstraßen eignen sich hervorragend für **Radtouren,** und am kleinen Hafen unterhalb von Fort George lassen sich Fischerboote und Jachten beobachten. Hier startet auch ein Ausflug mit der **»M. V. Senator«** auf dem Niagara River, vorbei an malerischen Uferbänken und alten Befestigungsanlagen wie Fort Mississauga auf der amerikanischen und Fort George auf der kanadischen Seite (s. S. 142).

Shaw-Festival

Viele Besucher kommen wegen des **Shaw-Festivals,** das seit 1962 alljährlich stattfindet und international einen guten Ruf genießt. Von Ende März bis Mitte November werden täglich in drei Theatern Stücke Bernhard Shaws und seiner Zeitgenossen gespielt. Während der neunmonatigen Saison gibt es weit über 800 Aufführungen. Angefangen hat man mit Shaws »Candida« und »Don Juan« in einem kleinen Theater im umgebauten **Court House.** Später kamen das **Royal George Theatre** 6 (85 Queen St.) und das **Shaw Festival Theatre** 7 (10 Queen St.) dazu (www.shawfest. com, Tickets Tel. 905-468-2172, 1-800-511-7429).

Die Weingüter

In den 1970er-Jahren wurden die guten Böden und das feuchtwarme Klima der Niagara Peninsula von europäischen Weinbauern für den Weinbau entdeckt. Seitdem haben sich die Niagara-Weine einen festen Platz in den Herzen der Kenner erobert. Die meisten der hiesigen Güter laden zu kostenlosem *wine tasting* und zu Touren über ihre Anwesen ein. Zu den Pionieren zählen die **Hillebrand Estate Winery** 8 (Niagara Stone Rd., Tel. 905-468-7123, www.hillebrand.com), die auch ein schönes Café-Restaurant unterhält, sowie das **Weingut Inniskillin** (Niagara Parkway, Tel. 905-468-2187,www.inniskillin.com, s. Karte S. 138), das vor allem für seinen Eiswein berühmt ist.

i **Niagara-on-the-Lake Chamber of Commerce:** 26 Queen St., Tel. 905-468-1950, Fax 905-468-1950, www.niagaraonthelake.com, April–Okt. tgl. 10–19, sonst tgl. 10–17 Uhr. Informationen zum Ort, Gratisbuchung von Unterkünften.

Prince of Wales Hotel [1]**:** 6 Picton St., Tel. 905-468-3246, 1-888-669-5566, Fax 905-468-5521, www.vintage-hotels.com. Traditionsreiches Hotel seit 1864, viktorianisches Ambiente mit allen modernen Annehmlichkeiten u. a. Spa und Hallenbad. Vornehmes Restaurant, Weine der Umgebung. DZ 250–365 $ (Nebensaison: 150–275 $).

The Old Angel Inn [2]**:** 224 Regent St., Tel. 905-468-3411, www.angel-inn.com, Lunch 12–17, Dinner 17–22 Uhr. Historisches Gasthaus von 1825, Restaurant, Pub, gemütliche Gästezimmer, hübscher Wintergarten. Beliebt bei Besuchern des Shaw-Festivals, im Sommer Reservierung erforderlich. DZ 135–160 $.

King George III Inn [3]**:** 61 Melville St., Tel. 905-468-4800, 1-888-438-4444, www.niagarakinggeorgeinn.com. Einfaches Gasthaus mit umlaufendem Balkon und Flussblick, gemütliche Zimmer, alle Attraktionen in Fußgängernähe, Whirlpool Jet Boat Tours im Haus. DZ 99–129 $.

The Anchorage Motel [4]**:** 186 Ricardo St., Tel. 905-468-2141, www.theanchorage.ca.

Niagara-on-the Lake

Sehenswürdigkeiten

1 Fort George
2 Court House Theatre
3 Niagara Apothecary Shop
4 Niagara Historical Society Museum
5 McFarland House
6 Royal George Theatre
7 Shaw Festival Theatre
8 Hillebrand Estate Winery

Übernachten

1 Prince of Wales Hotel
2 The Old Angel Inn
3 King George III Inn
4 The Anchorage Motel

Essen und Trinken

5 Shaw Café & Wine Bar
6 Buttery Theatre Restaurant
7 The Epicurean Restaurant & Bistro

Einfaches, modernes Motel am Jachthafen, Nähe Queen St., mit Restaurant The New Italian Place und Bar. DZ 65–105 $.

Shaw Café & Wine Bar 5: 92 Queen St., Tel. 905-468-4772, tgl. 11–23 Uhr. Europäisch inspiriertes Café-Restaurant mit schöner, zur Queen Street ausgerichteten Terrasse. Mediterrane Fusion Cuisine, passend zum Theater-Thema: die Prosciutto-Platte mit Cantaloupe, danach Basil Linguine. Vorspeisen 7–15 $, Hauptspeisen 16–28 $.

Buttery Theatre Restaurant 6: 19 Queen St., Tel. 905-468-2564, tgl. 17.30–23 Uhr. Lebhafte Essstube, solide Küche, besonders zu empfehlen: Lamm und Ente, am Wochenende Mittelalter-Bankett ›King Henry VIII Dinner Theatre‹. Vorspeisen 6–12 $, Hauptspeisen 10–16 $.

The Epicurean Restaurant & Bistro 7: 84 Queen St., Tel. 905-468-0288, tgl. 17.30–22.30 Uhr (wegen Theateraufführungen zwischen 17.30 und 19 Uhr reservieren!). Nettes, zeitgemäßes Restaurant mit intimem Patio, beliebt bei Theaterbesuchern, kreative Küche mit thailändischen, französischen und kalifornischen Elementen. Sehr gut: Lachs in Sambal und Zitronengras. Vorspeisen 8–12 $, Hauptspeisen 20–25 $.

Die meisten der Galerien, Antiquitätenläden und Bekleidungsgeschäfte liegen an der Queen Street und den in diese einmündenden Straßen. Die Preise liegen im oberen Bereich. Schnäppchen-Jäger müssen sich bis Niagara Falls gedulden.
Angie Strauss Art Gallery: 129 Queen St., Tel. 905-468-2255, www.angiestrauss.com. Angie ist Malerin und Modedesignerin und lässt sich vor allem von der sommerlichen Blumenpracht in Niagara-on-the-Lake inspirieren.
Ciutadella Gallery: 219 Victoria St., Tel. 905-468-8190. Preisgekrönte hiesige Künstler präsentieren hier die schönsten ihrer Werke, v. a. Gemälde, Schmuck und Deko.
Mystical Moon Creations: 122 Queen St., Tel. 905-468-0666. Schmuck aus Gold und Lapislazuli, angefertigt von ›magnetic therapists‹.

Das **Shaw Festival** dominiert den Veranstaltungskalender der Stadt. Daneben gibt es jedoch zahlreiche weitere Events. Viele davon finden auf den umliegenden Weingütern statt, z. B. das alljährliche **Hillebrand Jazz at the Winery** in der zweiten Juliwoche. Was gerade wo passiert, erfährt man am besten auf dem Online-Veranstaltungskalender des Chamber of Commerce (s. S. 140.)

Bootstouren: Niagara River Cruises, 47 Mississauga St., www.niagarariver cruises.com. Mehrmals täglich Fahrten mit der »M.V. Senator« auf dem Niagara River und zum Fort Missisauga. Erw. 24 $, Kinder 17 $. Whirlpool Jet Boat Tours, 61 Melville St., Tel. 905-468-4800, 1-888-438-4444, www.whirl pooljet.com. Wem Niagara-on-the-Lake etwas zu beschaulich wird, sollte sich zum Hotel King George III Inn (s. o.) begeben und in eines der dort liegenden Jet Boats steigen. Breit, robust und mit mehreren tausend PS ausgerüstet, reiten sie mit ihren Gästen so lange durch die Stromschnellen unterhalb der Niagarafälle, bis auch der Letzte an Bord gründlich nass geworden ist. Ein Heidenspaß!
Radtour: Zoom Leisure, 2017 Niagara Stone Rd., www.zoomleisure.com, Tel. 905-468-2366, 1-866-811-6993. Erholsam ist eine Radtour auf dem **Niagara Parkway.** Der die Straße begleitende Radweg bietet schöne Blicke auf den Fluss und die Wein- und Obstfelder.

Von Niagara-on-the-Lake zu den Niagarafällen

Von Niagara-on-the-Lake verläuft der **Niagara Parkway** über 56 km am Niagara River, der die Grenze zu den USA bildet, entlang bis Fort Erie (s. S. 149). Die Straße führt durch ein ungemein reizvolles Gebiet: Weingärten, Obstplantagen, alte Baumbestände am Flussufer, mit schönem Blick auf die Niagara Gorge, eine tiefe Schlucht, die sich der Niagara gegraben hat. Zu sehen gibt es auch historische Gebäude und Monumente, und weicht man gelegentlich etwas vom Parkway ab, entdeckt man weitere Weingüter. Besonders schön ist die Region im April und Mai, wenn Apfel-, Kirsch- und Pfirsichbäume blühen. Der Landschaftsgürtel, durch den die Straße führt, ist, anders als das US-amerikanische Ufer, seit 1885 Schutzgebiet unter Verwaltung der Niagara Parks Commission – eine Reaktion auf die schon damals wachsenden Klagen über die ausufernde Kommerzialisierung der Wasserfälle.

Queenston

Nach einer Viertelstunde Fahrt ist das unter alten Eichen und Ulmen fast verborgene Dörfchen **Queenston** 2 erreicht. Hier lohnt ein Besuch der **Mackenzie Heritage Printery,** ein lebendiges Druckmuseum in der historischen Residenz von Wiliam Lyon Mackenzie, Verleger und Redakteur des »Colonial Advocate« und zugleich ein radikal-demokratischer Reformer, der die Rebellion von 1837 anführte (1 Queenston St., www.mackenzie printery.ca, Tel. 905-262-5676, 6. Juni–30. Juni Mo–Fr 9.30–15.30, Sa–So 11–17, 1. Juli–4. Sept. tgl. 11–17 Uhr, sonst geschl., Erw. 4 $, Kinder 3,50 $). Das 64 m hohe **Brock's Monument,** zwischen 1853 und 1856 an der höchsten Stelle des **Queenston Heights Park** errichtet, erinnert an den siegreichen General Isaac Brock, der hier 1812 im Kampf gegen die Amerikaner sein Leben ließ. Von der Spitze der Siegessäule – eine 250 Stufen zählende Wendeltreppe führt zu einer engen Aussichtskanzel – hat man einen herrlichen Rundblick über Niagara River, Lake Ontario und das Niagara Escarpment. Ist man hier zur Mittagszeit, sollte man sich auch den Blick von dem an einer Abbruchkante liegenden Queenston Heights Restaurant nicht entgehen lassen (www.friendsoffortgeorge.ca/bm.htm, Anfang Mai–Mitte Okt. tgl. 10–17 Uhr, sonst geschl., Eintritt frei).

Niagara Parks Botanical Gardens

Etwas weiter südlich von Queenston laden die **Niagara Parks Botanical Gardens** 3 zu einem Spaziergang durch gepflegte Blumenanlagen und ein kleines Arboretum ein. In der Nähe befindet sich auch die Glaskuppel des modernen **Niagara Parks Butterfly Conservatory.** Durch einen tropischen Regenwald flattern rund 2000 exotische Schmetterlinge, man begegnet Arten, die sogar schwimmen können (2405 Niagara Parkway, Jan.–März 9–17, März–Juni 9–18, Juni–Sept 9–21, Sept.-Okt. 9–18, Okt.–Dez. 9–17 Uhr, Erw. 11 $, Kinder 6,50 $).

Niagara Glen Nature Area

4 Insgesamt vier Kilometer schöner Pfade schlängeln sich durch die vor 7000 Jahren entstandene, zerklüftete Senke mit den mächtigen, wie von Riesenhand durcheinandergewürfelten Sandsteinfelsen. Nur wenige Touristen machen sich die Mühe, dieses kleine Stück Wildnis mit Laubbäumen und Wildblumen zu erschließen. Einen Kilometer weiter südlich macht die nur noch 137 m breite Niagara Gorge plötzlich einen 90-Grad-Knick. Hier schwingt sich eine Seilbahn über die weiß schäumenden Wasser der ›Whirlpool‹ genannten Strudel. Das **Whirlpool Aero Car** wurde 1913 von einer spanischen Firma als Touristenattraktion gebaut. Auch wenn man nicht mit der altmodischen roten Gondel fahren will, der Blick über die tief eingeschnittene Schlucht lohnt allemal (3850 Niagara Pkwy., 10. März–23. Juni, tgl. 9–16.45, 24. Juni–3. Sept. 9–19.45, 5. Sept.–6. Okt. Mo–Fr 9–17, Sa/So 9–18, 9. Okt.–26. Nov. tgl. 9–17 Uhr, Erw. 11$, Kinder 6,50 $). Mit **Great Gorge Adventure** gelangt man hier per Aufzug direkt bis an den Rand der schäumenden Wasser des Whirlpool.

2 Die Niagarafälle

Der Niagara River, der die Seen Erie und Ontario verbindet, gehört mit knapp 60 km Länge und einer Fließgeschwindigkeit bis zu 50 km/h zu den kürzesten und zugleich wildesten Flüssen der Welt! Bei Queenston, 11 km unterhalb der Fälle, begannen vor 12 000 Jahren die riesigen Wasserfälle, die die Indianer *niagara,* ›donnerndes Wasser‹ nannten. Damals, als die Gletscher sich zurückzogen, entstand die Niagara-Schichtstufe. Seither sind die Fälle durch die erodierende Kraft des Wassers immer weiter nach Süden gewandert und haben dabei eine tiefe Schlucht, die Niagara Gorge, in die Stufe gegraben. Diese ›Wanderung‹ von etwa einem Meter pro Jahr hat sich in den letzten Jahrzehnten jedoch auf nur 10 cm reduziert – seit ein großer Teil des

Der **Niagara Falls and Great Gorge Adventure Pass** beinhaltet den Besuch bzw. die Nutzung der schönsten Attraktionen, wie die Fahrt mit der »Maid of the Mist« und die Teilnahme einer »Journey behind the Falls«. Der Pass kann online gekauft werden (www.niagarafallslive.com/attractions_in_Niagara_Falls.htm, Erw. 37,95 $, Kinder 23,95 $).

Wassers aus dem Niagara River oberhalb der Fälle für die Elektrizitätswerke abgezweigt wird. Trotzdem fließen noch stündlich bis zu 15 Mio. m^3 Wasser aus dem Lake Erie über die hufeisenförmigen Horseshoe Falls auf der Ontario- und über die American Falls auf der New-York-State-Seite in den Ontariosee.

Niagara Falls

Cityplan: S. 146

Auf beiden Seiten der Grenze gibt es einen Ort mit Namen **Niagara Falls** 5. Die beiden Städte sind durch eine internationale Brücke miteinander verbunden. Beide nutzen die Fälle als Energiequelle und Touristenattraktion. An die zwölf Millionen Besucher kommen jedes Jahr. Eine Stippvisite von der kanadischen auf die amerikanische Seite der Fälle ist problemlos möglich, allerdings muss mit langen Wartezeiten gerechnet werden.

Die Niagarafälle sind weltberühmt und werden leider auch entsprechend vermarktet – besonders in der Karnevalsatmosphäre auf dem Clifton Hill auf der kanadischen Seite. Hier konzentrieren sich einschlägige Vergnügungsetablissements wie »Ripley's Believe-it-or-Not«, »Tussaud's Waxworks« und ein »Guinness World of Records«-Museum. Allerneueste Attraktion: das Niagara SkyWheel, ein 53 m hohes Riesenrad! Glücklicherweise wird der Uferstreifen von der Niagara Parks Commission verwaltet, sodass kommerzieller Wildwuchs zumindest in unmittelbarer Nähe der Fälle verhindert wurde.

Der Blick auf die **Horseshoe Falls** 1 lässt dann aber den Touristenrummel vergessen. Gischt und Donner der aus 54 m Höhe auf einer Breite von fast 700 m hinunterstürzenden Wassermassen haben ozeanische Dimensionen, das Getöse der Fälle ist weithin zu hören. Aus dem weiß schäumenden Kessel am Fuße des Kataraktes steigen ständig dichte Nebelschwaden auf, die bei Sonnenschein farbenprächtige Regenbogen bilden.

Einen schönen Überblick hat man vom 236 m hohen **Skylon Tower** 2, wo man die Fälle vom Observation Deck und von einem Tisch im Drehrestaurant bewundern kann (5200 Robinson St., www.skylon.com, Sommer tgl. 8–24, Winter tgl. 11–21 Uhr, Erw. 10,95 $, Kinder 6,45 $). Außerdem sind **Rundflüge** mit dem Hubschrauber möglich. Journey Behind the Falls bietet ein besonders hautnahes (und feuchtes) Erlebnis. Hier bringt ein Aufzug im **Table Rock House** 3 die Be-

Wasserdichtes Outfit empfohlen: die »Maid of the Mist« bringt Besucher bis auf Tuchfühlung an die Fälle

sucher in ein 38 m tief in den Felsen gesprengtes Tunnelsystem, das zu Aussichtspunkten direkt neben oder gar hinter die herabstürzenden Wassermassen führt (6650 Niagara Parkway, niagaraparks.com, 2. Jan.–15. Juni Mo–Fr 9–17.30, Sa 9–19.30, So 9–18.30; 16. Juni–3. Sept. Mo–Do 9–20.30, Fr–So 9–21.30; 5. Sept.–4. Nov. So–Fr 9–19.30, Sa 9–20.30; 5. Nov.–30. Nov. 10–18.30 Uhr, Erw. 11 $, Kinder 6,50 $).

Warum das Wasserspektakel besonders bei Hochzeitsreisenden so beliebt ist, bleibt

Niagara Falls

Sehenswürdigkeiten

1 Horseshoe Falls
2 Skylon Tower
3 Table Rock House
4 Imax Theatre

Übernachten

1 Sheraton on the Falls
2 Brock Plaza Hotel
3 Niagara Falls KOA Campground

Essen und Trinken

4 Victoria Park Restaurant
5 Table Rock Restaurant

rätselhaft. Jedenfalls überschlagen sich die Hotels der 80 000-Einwohner-Stadt geradezu mit Sonderangeboten für junge Paare.

Die alte Daredevil Hall of Fame gibt es nicht mehr. Jetzt wird die Geschichte der Wahnsinnigen, die die Fälle herausgefordert und dies oft genug mit dem Leben bezahlt haben, im Daredevil Exhibit des **Imax Theatre** 4 gezeigt – mit historischen Fotos, Originalfässern und einer umwerfenden Filmshow (www.imaxniagara.com, 6170 Fallsview Blvd., Mai–Okt. tgl. 9–21, Nov.–April So–Do 10–16 Uhr, Erw. 14 $, Kinder 9,95 $).

i **The Niagara Parks Comission:** P. O. Box 150, Niagara Falls, ON L2E 6T2, Tel. 905-371-0254, 1-877-642-7275, www.niagaraparks.com.

Niagara Falls Tourism: 5515 Stanley Ave., Tel. 905-356-6061, 1-800-563-2557, Fax 905-356-5567, www.niagarafallstourism.com. Hilft bei Planung des Aufenthalts, Hotelbuchung und Tischreservierung.

Niagara Falls bietet Unterkünfte jeder Preiskategorie. Während der kanadischen Schulferien im Juli und August, an Feiertagen und Wochenenden wird es eng, obwohl die Hoteliers mitunter bis zu 200 % aufschlagen.

Sheraton on the Falls 1**:** 5875 Falls Ave., Tel. 905-374-4445, Fax 905-371-0157, www.www.niagarafallshotels.com. Modernes Hotel der Nobelkette hoch über den Fällen, bietet oft auch interessante Ermäßigungen. DZ 180–300 $.

Brock Plaza Hotel 2**:** 5685 Falls Ave., Tel. 905-374-4444, 1-800-263-7135, Fax 905-371-8349, www.niagarafallshotels.com/brock. 1920 erbaut, 1999 renoviert, bietet dieses alte Grand Hotel neben dem Sheraton sowohl die Eleganz der 1920er-Jahre als auch einen modernen Wasserpark für Kids. DZ 80–240 $.

Camping:

Niagara Falls KOA Campground 3**:** 8625 Lundy's Lane, Tel. 905-356-2267, 1-800-562-6478, www.niagarakoa.com. 10 Min. westlich der Fälle, Frei- und Hallenbad, diverse Aktivitäten, Dinner-Theater auf dem Gelände.

Richtig Reisen-Tipp: Mit dem Schiff ins Inferno

Kaum eine Ansichtskarte der Fälle ohne das weißblaue Schiffchen unmittelbar vor ihnen: Mutig und sogar ein wenig unverfroren scheint es, umhüllt von weißer Gischt, dem Verderben direkt in die Augen zu schauen. Je nach Karte sieht man auch jede Menge Menschen auf den Decks, in blaue Regenumhänge gehüllt. Die braucht man auch bei diesem wohl faszinierendsten Niagara-Erlebnis: einer halbstündigen Bootstour bis dicht an die **Horseshoe-Fälle.** Schon von oben sieht man das Schiffchen im kabbeligen Wasser des Niagara River schlingern. Dann geht es an Bord der **»Maid of the Mist«,** wie seit mehr als 150 Jahren alle Dampfer der kleinen Flotte heißen. Man klettert an Bord des ›Nebelmädchens‹, streift den im Preis eingeschlossenen Regenumhang über und verpackt die Kamera so wasserdicht wie eben möglich. Dann geht es 500 m flussaufwärts.

Die **American Falls** gleiten vorbei. Wie eine endlose Reihe großer gelber Ameisen kraxeln hier Touristen in leuchtend gelben Regencapes die Zick-Zack-Treppen hinunter zum Fuß der weitaus weniger beeindruckenden Fälle. Nun stampft das Boot durch die brodelnden Wasser des Whirlpool bis dicht vor die Hufeisenfälle. Wie eine himmelhohe Wasserwand ragt diese gigantische Arena vor dem Bug auf, bald ist man auf drei Seiten von ihr umgeben. Das Dröhnen der herabstürzenden Wasser lässt keine Verständigung zu. Heftige Schauer prasseln auf die Passagiere nieder, es geht zu wie in einer überdimensionalen Waschstraße. Immer näher schiebt sich die »Maid of the Mist« der Wasserwand entgegen, doch Sorge ist nicht angebracht – der Kapitän versteht sein Handwerk! Er legt nicht eher den Rückwärtsgang ein, bis auch der letzte Passagier wenigstens nasse Füße hat.

»Maid of the Mist«: 5920 River Rd., Tel. 905-358-5781, Mitte April–Ende Okt. tgl. 9–17.30 Uhr alle 30 Min., Erw. 14 $, Kinder 8,60 $.

Zur Rummelplatz-Atmosphäre der Stadt passen die ungezählten Fastfood Joints und Take-outs. Gute Restaurants sind Mangelware, allerdings gibt es ein paar nette Ausnahmen.

Victoria Park Restaurant [4]**:** Niagara Parkway (im Victoria Park), Tel. 905-356-2217, April–Nov. tgl. 11.30–22 Uhr. Kontinentale Küche ohne böse Überraschungen, schöne Terrasse, drinnen wie draußen toller Blick auf die Fälle, Niagara-Weine. Vorspeisen 6–11 $, Hauptspeisen 13–21 $.

Table Rock Restaurant [5]**:** Niagara Parkway (unmittelbar bei den Horseshoe-Fällen), Tel. 905-354-3631, variierende Öffnungszeiten. Kanadische und internationale Küche, von Shrimps bis Schnitzel, mit faszinierendem Gratisblick auf die Kante der Horseshoe-Fälle. Vorspeisen 7–13 $, Hauptspeisen 30–35 $.

Fester Bestandteil des Niagara-Rummels ist die **nächtliche Lightshow:** 22 Schweinwerfer tauchen nach Sonnenuntergang die Fälle abwechselnd in rosa, rotes, blaues und grünes Licht. Danach steht Nachtschwärmern eine große Auswahl unterschiedlichster Etablissements zur Wahl. Drei **Kasinos** – Seneca, Fallsview und Niagara – bieten Glücksspiele und Entertainment rund um die Uhr. Hinzu kommen, v. a. auf dem Clifton Hill, zahllose Pubs und Kneipen mit Live-Musik.

Rumours Night Club: 4960 Clifton Hill, Tel. 905-358-6152, tgl. 19–2 Uhr. Der angesagteste Nachtklub der Stadt, mit weitläufiger Disco, Videobildschirmen und mehreren Bars.

Sports Zone: 4960 Clifton Hill (im Boston Pizza), Tel. 905-358-2750, tgl. 11–2 Uhr. Für Nordamerika typische Sport-Bar, mit 40 Vi-

Die Fallsüchtigen von Niagara

Thema

Seit der Tourismus sie im 19. Jahrhundert entdeckte, ziehen die Niagarafälle nicht nur Besucher magisch an. Eine bunte Schar aus Abenteurern, Ruhmsüchtigen und Lebensmüden versucht bis heute, die Fälle auf eigene Faust zu bezwingen. Manche schafften es. Andere verschwanden für immer.

Würde man sie nach dem Warum fragen, sie würden sicher die Schultern zucken und dieselbe Antwort geben wie Bergsteiger: »Weil sie da sind ...« Als Erster überquerte 1859 ein französischer Drahtseilakrobat, genannt »Der große Blondin«, mit einem Fahrrad die Fälle. Danach nahm er einen Kocher mit auf das schwankende Seil, bereitete sich in schwindelnder Höhe ein Omelett zu und ließ es sich mit einem Glas Wein schmecken. Zum Finale trug er dann noch seinen Manager auf dem Rücken über die ›donnernden Wasser‹. Dies war der Startschuss zu immer tollkühneren Stunts, ausgeführt von Ruhmsüchtigen, Abenteurern und schlichtweg Lebensmüden.

Anna Taylor, eine Tänzerin aus Michigan, ließ sich 1901 – letztlich eher unfreiwillig – als erster Mensch in einem Fass über die Fälle treiben: In letzter Minute wollte sie ihr Vorhaben rückgängig machen, aber ihre Helfer kappten die Halteseile. Sie überlebte den Höllensturz. Ihre Nachfolger begannen nun in oft kuriosen Gefährten und Behältern den Sturz über die Fälle – nicht selten mit tödlichem Ausgang. 1920 band Charles Stephens sich in einem hölzernen Fass fest. Nur sein rechter Arm wurde in dem Fass gefunden. George Stathakis, ein griechischer Kellner, erstickte 1930, nachdem sein Fass 14 Stunden hinter den Fällen steckenblieb.

Solche riskanten Abenteuer sind allerdings seit 1912 verboten. Trotzdem muss die Polizei immer noch Waghalsige von ihrem Vorhaben abbringen. Und manche lassen sich auch nicht durch die hohen Strafen von ihrem publicityträchtigen Auftritt abhalten. David Munday, ein kanadischer Automechaniker, ließ sich 1985 in einem doppelwandigen, gepolsterten Metallfass über die Fälle treiben. Er war der siebte, der überlebte und wurde mit einer Strafe von 500 Dollar belegt.

1990 hob die Niagara Parks Commission das Strafgeld auf 10 000 Dollar an, doch echte *daredevils* schreckte das nicht ab. David Munday schaffte im September 1993 den zweiten erfolgreichen Abgang über die Fälle, natürlich von seinen Helfern mit der Videokamera gefilmt. Jessie Sharp aus Tennessee hatte 1989 weniger Glück. Er versuchte es mit dem Kajak – und verschwand spurlos. Am 18. Juni 1995 gelang einem Barmixer aus Rhode Island, Steven Trotter, sein zweiter Sturz über die Fälle, diesmal mit Gefährtin, Lori Martin, einer Kellnerin aus Georgia. Sie waren das erste Paar, das gemeinsam überlebte.

Neben diesen waghalsigen Aktionen gab es auch unbeabsichtigte Wahnsinnsreisen. Am spektakulärsten war wohl die des siebenjährigen Roger Woodward, der 1961 nach einem Bootsunglück auf dem oberen Niagara River, glücklicherweise mit einer Schwimmweste bekleidet, über die Fälle getrieben wurde. Nach seinem Fünfzigmetersturz wurde er vom Kapitän der »Maid of the Mist« wohlbehalten aus dem Wasser gefischt. Wie der kleine Junge das tosende Inferno überleben konnte, ist bis heute ein Rätsel.

Durch Südontario

Karte
S. 152/153

Amischen und Alt-Mennoniten, Shakespeare und ›good ol' England‹, alte Ölfördertürme und Onkel Tom's (wahre) Hütte: Der Süden von Ontario bietet viele Überraschungen. Am südlichsten Punkt der Provinz wachsen sogar – reichlich unkanadisch – Kakteen und Sykomoren. Mutter Natur spielt in diesem landwirtschaftlich geprägten, tief in die USA reichenden Dreieck eher die zweite Geige.

Mit etwas mehr als 10 Menschen pro Quadratkilometer ist dieser wie ein spitzes Dreieck in die USA ragende Teil der Provinz – für kanadische Verhältnisse – dicht besiedelt. Wegen der guten Böden zog Südontario Pioniere unterschiedlichster Herkunft an: englische und schottische Siedler im 18. und frühen 19. Jh., strenggläubige Amischen und Alt-Mennoniten, entflohene Sklaven aus den amerikanischen Südstaaten. Mit den frommen Mennoniten kamen übrigens auch viele deutsche Einwanderer. Städtenamen wie Fergus, Stratford, St. Jacobs/Jacobsstettl, Hamburg und Heidelberg erinnern an das Vielvölkermosaik in dem friedvollen, Mennonite Country genannten Hügelland.

Fort Erie

Von Niagara Falls bis Fort Erie ist es nur noch eine knappe halbe Stunde Fahrt auf dem Niagara Parkway. **Fort Erie** 1 an der südlichsten Spitze der Niagara Peninsula wurde in den 1780er-Jahren von Loyalisten gegründet. Die Peace Bridge verbindet das 28 000-Einwohner-Städtchen mit der Großstadt Buffalo auf der amerikanischen Seite. Vor Ort sehenswert sind die imposanten Befestigungsanlagen des **Historic Fort Erie** von 1764 mit Graben und Zugbrücke. Heute sind originalgetreu restaurierte Gebäude und Gegenstände der britischen und amerikanischen Truppen zu sehen (Niagara Parkway, etwas südlich der Peace Bridge, Mai–Juni tgl. 10–17, Juli–Sept. tgl. 10–18, Sept.–Okt. tgl. 10–16 Uhr, Erw. 8,50 $, Kinder 4,50 $).

Von Fort Erie zum Point Pelee National Park

Von Fort Erie folgt man nun dem Highway 3 durch fruchtbares grünes Agrarland. Das flache Land ist Ontarios Gemüse- und Obstgarten, immer wieder sieht man links und rechts am Straßenrand kleine Stände, an denen man sich fürs Picknick mit erntefrischen Produkten eindecken kann. Die etwa 450 km von Fort Erie bis Windsor am Lake St. Clair lassen sich leicht an einem Tag zurücklegen. Hat man etwas mehr Zeit und Muße, bieten sich Abstecher auf einer der zahlreichen Landstraßen an, die oft schon nach wenigen Kilometern zu hübschen Provinzparks mit Stränden und Campingmöglichkeiten am Ufer des Lake Erie führen.

Port Colborne

Aussteigen lohnt auch im Binnenhafen **Port Colborne** 2, wo der Welland-Kanal in den Lake Erie mündet. Vom **Fountain View Park** überblickt man eine der längsten Schleusen der Welt, während das **Port Colborne Historical & Marine Museum** über den Bau des Kanals und seine Bedeutung für die Region

Richtig Reisen-Tipp: Kanadas subtropisches Paradies

Der **Point Pelee National Park** ist mit 1618 ha Fläche einer der kleinsten, doch mit 500 000 Besuchern im Jahr auch einer der beliebtesten Nationalparks des Landes. Die 10 km lange und 4 km breite Halbinsel, die wie eine Pfeilspitze in den Lake Erie ragt, liegt auf dem gleichen Breitengrad wie Nord-Kalifornien. Sandstrände und Dünenlandschaften wechseln mit urwaldähnlicher Vegetation aus Walnussbäumen, Rotzedern, Silberahorn und Schwarzeichen ab. Sogar die zitronengelb blühenden Feigenkakteen wachsen hier. Mehrere Dutzend Baumarten, die sonst nur im Süden Nordamerikas heimisch sind, gedeihen hier.

Point Pelee ist auch eines der bedeutendsten Vogelschutzgebiete des Kontinents. Die Halbinsel liegt im Schnittpunkt zweier großer Vogelfluglinien. Hochbetrieb herrscht im September und Oktober, wenn die Vogelschwärme in die Wärme ziehen, und von April bis Mai, wenn sie zu ihren Nistplätzen im Norden zurückkehren. Point Pelee ist ein willkommener Rastplatz. Vogelliebhaber, sogenannte *bird watcher,* zählen dann über 350 Vogelarten, wovon 90 ständig hier leben.

Ebenfalls im Herbst bereitet sich der Monarch-Schmetterling auf die 3000 km lange Reise nach Mexiko vor. Mehrere Tage im Herbst fallen Zehntausende dieser schönen Falter in Point Pelee ein, um hier vor der Überquerung des Lake Erie Kraft zu sammeln.

Der Park bietet mehrere schöne Wanderpfade, in den Feuchtgebieten hat man kilometerlange Plankenwege mit erhöhten Aussichtsplattformen angelegt. Im Besucherzentrum erfährt man mehr über die etwa 700 verschiedenen Pflanzen und Bäume, die 350 Vogelarten sowie die seltenen Reptilien und Insekten, die im Park leben.

Point Pelee National Park: 407 Monarch Lane, RR 1, Leamington, Tel. 519-322-2365, 1-888-773-8888, www.pc.gc.ca/pn-np/on/pelee/index_e.asp, Sonnenauf- bis -untergang, Erw. 6,90 $, Kinder 3,45 $.

Plankenwege mit Beobachtungshütten führen durch das Vogelschutzgebiet

informiert (280 King St., Mai–Dez. tgl. 12–17 Uhr, Eintritt frei).

Point Pelee National Park

Einen ganzen Tag sollte man sich für den **Point Pelee National Park** 3 (s. S. 150) bei **Leamington** Zeit lassen. In der selbsternannten ›Tomato Capital of Canada‹ führt die Country Road 33 nach 10 km zu diesem Park, dem südlichsten Punkt Kanadas. Während der Vogelmigrationen im Frühjahr und Herbst müssen die Hotels der Umgebung so weit wie möglich im Voraus gebucht werden.

... in Leamington:
Leamington and District Chamber of Commerce: 33 Princess St., Suite 303B, Tel. 519-326-2721, 1-800-250-3336, www.leamingtonchamber. com. Die Homepage bietet Links zu Unterkünften in der Umgebung.

... in Leamington:
Seacliffe Inn: 388 Erie St. S., Tel. 519-324-9266, Fax 324-9028, www.seacliffeinn.com. Schönes Hotel unweit der Fähren nach Pelee Island, geräumige Zimmer, viele mit Seeblick, Restaurant. DZ 145–195 $.
Pelee Days Inn: 566 Bevel Line Rd., Tel. 519-326-8646, 1-800-3297466, www.peleedaysinn.com. Modernes Mitglied der Preiswert-Kette, am Seeufer, mit Pools, Wasserrutschen und Sauna. DZ 80–175 $.

... in Leamington:
Jordan's Favorite Eating Place: 5 Nelson St., Tel. 519-322-1928, tgl. 17–21.30 Uhr. Charmantes Restaurant, bekannt für seine hervorragenden Steaks und Fischgerichte, auch Pasta und Salate. Vorspeisen 5–10 $, Hauptspeisen 12–25 $.

Von Leamington nach Windsor

Von Leamington geht es auf dem Highway 18 weiter. Fünf Kilometer nördlich von Kingsville, über die County Road 29 zu erreichen, liegt das **Jack Miner's Bird Sanctuary** 4, ein Schutzgebiet für Kanadagänse. Ende März und Anfang November verdunkelt sich an manchen Tagen der Himmel, wenn bis zu 10 000 Gänse hier einfallen und rasten (332 Rd. 3 W., www.jackminer.com, Mo–Sa 8–17 Uhr, So geschl.).

An der County Road 23 liegt auf halbem Wege zwischen Kingsville und Essex das **Southwestern Ontario Heritage Village and Transportation Museum** 5 mit 20 historischen Gebäuden aus der Zeit von 1826–1925 und dinosaurierähnlichen Traktoren (6155 CR 23, Juli–Aug. tgl. 10–17, Apr.–Juni, Sept.–Nov. Mi–So 10–17 Uhr, Erw. 5 $, Kinder 4 $).

Fort Malden National Historic Site

20 Autominuten später ist der Detroit River erreicht. Die den Lake Erie mit dem Lake Huron verbindende Enge bildet die Grenze zwischen Kanada und den USA und bietet

Mit den Autoren unterwegs

Bird Watching

Mit dem Kopf im Nacken durch den dschungelähnlichen Wald des **Point Pelee National Park** zu wandern und die Begeisterung über die bunten Federbällchen mit Vogelbeobachtern aus aller Welt zu teilen, ist erholsam und unvergesslich (s. S. 150).

Underground Railroad

Die Bluthunde kommen immer näher, ihr Gekläff mischt sich mit dem Geschrei der Sklavenjäger, der Puls geht schneller. In Bäumen und Büschen versteckte Lautsprecher erinnern auf der **John Freeman Walls Historic Site** eindringlich daran, wie sich Sklaven auf der Flucht gefühlt haben müssen (s. S. 155).

Roadtrip beschaulich

Nur auf die schwarzen Pferdedroschken, die ›Dachwägele‹, muss man Acht geben. Sonst bietet die Strecke durch das sanft hügelige **Mennonite Country** das wohl friedvollste Fahrterlebnis in Kanada (s. S. 158 f.).

daher viele geschichtsträchtige Attraktionen, u. a. **Fort Malden National Historic Site** 6 an der Mündung des Detroit River, eine Befestigungsanlage mit Erdwällen und restaurierten Baracken. Das Fort diente den Engländern ab 1796 als Stützpunkt für den Handel mit den Sauk-Indianern und 1812 als Basis für Angriffe auf das amerikanische Detroit (100 Laird Ave., Mai–Okt. tgl. 10–17, sonst Mo–Fr nach Voranmeldung, So 13–17 Uhr, Erw. 3,95 $, Kinder 1,95 $).

Amherstburg

Interessanter ist allerdings ein Bummel durch den alten Teil der 21 000-Einwohner-Stadt **Amherstburg** 7. Der Ort war einst der erste und wichtigste Anlaufpunkt für schwarze Sklaven, die mit Hilfe des Fluchthelfernetzwerks der Underground Railroad von den Plantagen im Süden der USA nach Kanada flüchteten. Ihre dramatische Geschichte erzählt das **North American Black Historical Museum**. Im unteren Stockwerk des Gebäudes sind Gegenstände, Literatur und Fotos über den Leidensweg der Sklaven und ihr freies Leben in Kanada zu sehen, so eine Truhe, in der Kinder versteckt und in die Freiheit geschmuggelt wurden (277 King St., www.blackhistoricalmuseum.com, April–Okt. Di–Fr 10–17, Sa–So 13–17 Uhr, Erw. 5,50 $, Kinder 4,50 $).

Windsor

Windsor 8, Grenzübergang zu den USA, ist eine nüchterne 210 000-Einwohner-Stadt. Bemerkenswert ist jedoch **Old Sandwich Town** am Highway 18 südlich der Freedom Bridge nach Detroit. Wo die Brücke heute den Fluss überspannt, stand schon 1747 eine Jesuitenmission. Acht Jahre später war Sandwich die einzige europäische Siedlung in Ontario. Hier gründeten ehemalige Sklaven auch die erste schwarze Kirchengemeinde Kanadas. Die ursprüngliche **First Baptist Church** wurde 1841 aus Baumstämmen errichtet. Unter der Kanzel ist ein Geheimgang zum Keller verborgen. Hier versteckte man geflohene Sklaven vor Sklavenjägern (3652 Peter St., Tel. 519-252-4917, geführte Touren nach Vereinbarung, Messe So 10.30–13 Uhr).

i **Convention & Visitors Bureau of Windsor, Essex County & Pelee Island:** 333 Riverside Dr. W., Tel. 519-255-6530, 1-800-265-3633, Fax 519-255-6192, www.visitwindsor. com, Mo–Fr 8.30–16.30 Uhr.

Cadillac Motel: 2498 Dougall Ave., Tel. 519-969-9340, Fax 519-969-9342, www.cadillacmotel.com. Gepflegtes, modernes Motel, zentral gelegen, geräumige Zimmer, Pool und Whirlpool. DZ 95–120 $, Suite 150–200 $.

Jordan House: RR 6, außerhalb von Windsor in Chatham-Kent, über Hwy. 401 zu erreichen (Ausfahrt Bloomfield), unweit North Buxton, Tel. 519-436-0839, www.jordanhouse.com. Hübsches B & B in viktorianischem Backsteinhaus inmitten weiter Felder, nach den Counties Ontarios benannte, mit stilvollem altem Mobiliar ausgestattete Zimmer, mit Bad. DZ 99–110 $.

City Beer Market: 119 Chatham St. W., Tel. 519-253-3511. Steaks, Martinis und Jazz in Kellerbar-Ambiente, zentral gelegen. Gute Lamm-, Steak- und Fischgerichte, außerdem 20 Biersorten. Vorspeisen 5–10 $, Hauptspeisen 18–28 $.

African-Canadian Heritage Tour

Während der ersten Hälfte des 19. Jh. war der Süden Südontarios eine sichere Anlaufstelle für Zehntausende geflohener Sklaven. Schlüsselorte afrokanadischer Geschichte sind heute als Museen zugänglich und auf der offiziellen Straßenkarte durch die **African-Canadian Heritage Tour** miteinander verbunden. Sehenswert sind vor allem Essex, North Buxton und Dresden.

Essex

Zehn Minuten östlich von Windsor informiert in **Essex** 9 im Maidstone Township das von

Die Underground Railroad Thema

Während der ersten Hälfte des 19. Jh. flüchteten rund 60 000 schwarze Sklaven von den Plantagen im Süden der USA nach Kanada. Dabei wurden sie von der Underground Railroad unterstützt. Die Spuren dieses Fluchthelfernetzwerks, das in die nordamerikanische Geschichte einging, findet man überall im Süden Ontarios.

Kanada versprach Freiheit. Ganze Familien folgten daher »dem Nordstern ins gelobte Land Canaan« auf einer epischen Reise von biblischen Dimensionen. Sie reisten in der Dunkelheit, abseits der Straßen, durch Sümpfe und dichte Wälder, immer in der Furcht vor den Bluthunden der Sklavenjäger und aufgebrachten weißen Mobs. Oft genug wurden sie dazu von Angstvorstellungen über ihr ungewisses Schicksal geplagt, da ihnen im Süden eingehämmert worden war, dass die Gegner der Sklaverei Kannibalen seien oder dass der Detroit River 3000 Meilen breit und niemals zu überwinden wäre. Geholfen haben ihnen mutige Leidensgenossen wie die legendäre Fluchthelferin Harriet Tubman (1822–1913), die sich nach gelungener Flucht immer wieder zurückwagte, um als kundige Führerin Fluchtwillige in den Norden zu schleusen. Aber auch Weiße, vor allem die glaubensstrengen Quäker, die die Sklaverei aus moralischen wie religiösen Gründen ablehnten, kämpften seit Anfang des 19. Jh. entschieden dagegen und waren in der Fluchthelferszene aktiv.

Pazifistische Überzeugungen, soziales Engagement und Verschwiegenheit waren schon immer die Stärke der Quäker. Sie gründeten die geheime Organisation, die unter dem Decknamen »Underground Railroad« agierte, als ein Netzwerk von Sympathisanten und Aktivisten, die zur Tarnung Begriffe aus der Eisenbahn-Terminologie benutzten. So führten *conductors* (Zugbegleiter bzw. Fluchthelfer) die Sklaven zu *stockholders* (Teilhabern bzw. Hausbesitzern, die Unterschlupf gewährten), die sie in *stations* (Bahnhöfen bzw. Dörfern oder geheimen Unterkünften) entlang der Fluchtroute versteckten. Die *terminals* (Zielbahnhöfe bzw. Zielorte) waren die Städte im Norden. Viele dieser Anlaufpunkte befanden sich in Kanada, besonders in der Region zwischen Lake Erie und dem Detroit River: Amherstburg, Windsor, Sandwich, Chatham, North Buxton, Dresden. Die einzelnen Stationen lagen in der Regel 25 bis 30 km auseinander, eine angezündete Laterne war oft das Zeichen für eine sichere Herberge. Die »Underground Railroad« war trotz Androhung scharfer Strafmaßnahmen erstaunlich erfolgreich und langlebig. Beispiellos war der Mut und Einsatz der *conductors.* Harriet Tubman beispielsweise wagte sich mehr als ein Dutzend Mal über die Mason-Dixon-Linie zurück in die Sklaven-Staaten und führte nicht weniger als 300 Männer, Frauen und Kinder in die Freiheit.

Dabei war Kanadas Verhältnis zur Sklaverei nicht ohne Zweideutigkeiten. Zwar hatte Ober-Kanadas Legislative 1793 ein Gesetz verabschiedet, das die Einfuhr von Sklaven verbot, dabei aber die Sklaverei selbst nicht als illegal erklärt. Auch Rassenvorurteile waren eher die Regel als die Ausnahme. Das kalte Kanada war also alles andere als das ›gelobte Land‹. Dennoch bedeutete es die Freiheit, und schließlich halfen Kirche und Obrigkeit bei der Gründung von Siedlungen.

der Walls-Familie betriebene **John Freeman Walls Historic Site and Underground Railroad Museum** über das Leben von Freeman Walls, der 1846 als Sklave aus South Carolina flüchtete. Mit Hilfe der von weißen und schwarzen Abolitionisten betriebenen Refugee Home Society errichtete er hier eine Siedlerstätte. Zu den verstreut auf grünen Matten liegenden Gebäuden gehört auch die alte Blockhütte, in der Walls mit seiner neunköpfigen Familie gelebt hat. Dargestellt wird u. a. die dramatische Flucht auf der »Underground Railroad«. Auf dem Gelände findet man außerdem einen alten Holzwagen mit doppeltem Boden. Das ›Geheimfach‹ diente flüchtenden Sklaven als Versteck (Hwy. 401, Puce Rd. Exit, Tel. 519-258-6253, www.undergroundrailroadmuseum.com, Mai–Okt. tgl. 9–16.30 Uhr, Erw. 4,50 $, Kinder 2,50 $).

North Buxton

10 Zwei Dutzend Häuser und Farmen, ein paar Trailer unter alten Bäumen und Postfächer an der Country Road 6, die fünf Minuten von hier am Lake Erie endet: Auf den ersten Blick ist der Flecken ein Dorf wie jedes andere. Dass er voller dramatischer Geschichten von Flucht, Verfolgung und Überleben steckt, daran erinnert nur ein Schild mit der Aufschrift »Buxton National Historic Site & Museum«. Dort haben die Buxtoner die Visitenkarten ihrer Vergangenheit zusammengetragen. Gerahmte Pacht- und Landkaufverträge, über hundert Jahre altes Ackerbaugerät aus Holz und Eisen sowie handgefertigte Haushaltsgegenstände sind zu sehen. Weniger rührende Objekte wie »Wanted«-Steckbriefe sowie Fußketten und Handschellen, auch für Kinder, stören die Beschaulichkeit jedoch. Eine große Nordamerika-Karte zeigt Pfeile, die von Süden nach Norden, nach Ontario, nach North Buxton, weisen. Alle Vorfahren der Buxtoner sind geflohene Sklaven aus den einstigen Südstaaten der USA. Auf der Underground Railroad gelangten sie nach Kanada. 1849 von einem Priester namens William King und 15 Sklaven aus Louisiana gegründet, zählte North Buxton 1855 bereits 300 und während des Bürgerkriegs 2000 schwarze Einwohner. Nach dem Bürgerkrieg kehrten die meisten in die USA zurück. Andere blieben. Das von ihnen mit Liebe und Kenntnis zahlloser persönlicher Geschichten betriebene Museum liegt heute nicht mehr an der Underground Railroad, sondern auf dem **Canadian African Heritage Trail** (21975 A. D. Shadd Rd., Tel. 519-352-4799, www.buxtonmuseum.com, Mai–Juni Mi–So 13–16.30, Juli–Aug. tgl. 10–16.30, Sept.–Okt. Mi–So 13–16.30, Nov.–April Mo–Fr 13–16.30 Uhr, 6 $).

Dresden

Dresden 11, ein verschlafenes 2600-Einwohner-Städtchen, ist der Höhepunkt der African-Canadian Heritage Tour. Am Stadtrand steht auf dem Gelände der **Uncle Tom's Cabin Historic Site** jene Behausung – eher ist es ein schönes Holzhaus – die durch Harriet Beecher-Stowes »Onkel Tom's Hütte« weltberühmt wurde. Der Roman wurde schon in seinem Erscheinungsjahr 1852 über 300 000 mal verkauft und mobilisierte in den USA wie kein anderes Buch die öffentliche Meinung gegen die Sklaverei. Das Haus in Dresden war die Heimstätte des Reverend Joshua Henson, der 1789 in Maryland als Sklave geboren wurde. 1830 gelang ihm mit Frau und Kindern die Flucht nach Kanada. In der Nähe von Dresden wurde er Pfarrer und gründete eine Siedlung für geflüchtete Sklaven. 1841 schuf er das British American Institute, eine Berufsschule für ehemalige Sklaven. Seine Lebensgeschichte diente Harriet Beecher-Stowe als Vorbild für ihre Titelfigur.

Heute sind in der Heimstätte von Reverend Henson informative Ausstellungen über dessen Leben und die frühe afrokanadische Geschichte zu sehen (29251 Uncle Tom's Rd., Mai–Okt. Di–So 10–16, So 12–16 Uhr, sonst geschl., Erw. 6,25 $, Kinder 4,50 $).

Nach Oil Springs und zum Lake Huron

30 km nördlich auf dem Highway 21 gelangt man in ein Gebiet, in dem Industriegeschichte geschrieben wurde.

Oil Springs

Bei dem 800-Seelen-Nest **Oil Springs** 12 begann 1855 das Ölzeitalter, hier wurden Nordamerikas erste Ölquellen entdeckt und kommerziell genutzt. Über 100 Bohrtürme aus Holz holten das schwarze Gold damals aus der Erde. Der einsetzende Boom verhundertfachte die Grundstückspreise, die Bevölkerung schwoll auf 4000 Einwohner an. Es gab neun Hotels, einen Telegrafendienst und von Pferden gezogene ›Busse‹, die alle fünf Minuten verkehrten. In zwei Jahrzehnten wurden 15 Ölquellen erschlossen und über ein Dutzend Raffinerien errichtet. Technisches Knowhow und Gerät aus Oil Springs leisteten Entwicklungshilfe für den Rest der Welt.

Noch heute erhält man einen guten Eindruck von der Pionierzeit der Ölförderung, denn die alten Einrichtungen des 24 ha großen Petrolia Discovery Oilfield wurden restauriert. In einer 20-minütigen Tour kann man das Feld besichtigen, auf dem auch heute noch gefördert wird. Und im **Oil Museum of Canada** in Oil Springs zeigt man mit Modellen und 150 Jahre alten originalen Bohrtürmen, wie früher Öl gewonnen wurde. Oil Springs lebt noch immer von der Ölförderung, die rund 300 Quellen produzieren etwa 25 000 Barrel Rohöl im Jahr. Man schätzt, dass erst ein Drittel der Reserven verbraucht ist (Hwy. 21, Mai–Okt. tgl. 10–17, sonst Mo–Fr 10–17 Uhr, Erw. 5 $, Kinder 3 $).

Zum Lake Huron

Nach diesem Sprung in die Anfänge des Industriezeitalters hat man die Wahl, ob man zuerst einen Badeausflug zu den besten Stränden Ontarios am Lake Huron unternehmen oder gleich zur idyllischen Festival-Stadt Stratford weiterfahren möchte. Das hübsche Resortstädtchen **Grand Bend** 13 und der 2500 ha große **Pinery Provincial Park** 14 mit seinen endlosen Stränden und Dünen aus feinstem Sand, schönen Campingplätzen und lichten Wäldern sind beliebte Wochenendziele der Städter aus Windsor, London und Kitchener. Das flach abfallende, warme Binnenmeer ist hervorragend geeignet für Familien mit kleinen Kindern, es gibt genügend ruhige Ecken fürs gemütliche Picknick und zum Wandern, aber auch die typische Strandszene mit Heerscharen sonnengebräunter Körper und lauten Beach Partys (RR2, Tel. 519-243-2220, www.pinerypark.on.ca, tgl. 8–22 Uhr, Eintritt frei).

Für Geschichtsbewusste lohnt der Besuch des **Lambton Heritage Museum** 15, 8 km südlich am Highway 21. Neben den üblichen Pioniergebäuden und heimatkundlichen Exponaten gibt es antike Kutschen und eine Sammlung handkolorierter Lithografien zu sehen. Im Sommer finden Theateraufführungen im **Huron County Playhouse** statt (10035 Museum Rd., RR2, März–Okt. Mo–Fr 10–17, Sa–So 11–17, sonst Mo–Fr 10–17 Uhr, Sa–So geschl., Erw. 5 $, Kinder 3 $).

... in Grand Bend:
Grand Bend and Area Chamber Tourism Centre: 1–81 Crescent St., Tel. 519-238-2001, Fax 519-238-5201, www.grandbendtourism.com. Bietet Infobroschüren, Kartenmaterial und Hilfe bei der Buchung des Hotels.

... in St. Joseph:
Brentwood on the Beach: RR2 Zurich, nördlich von Grand Bend (s. Reiseatlas S. 3, B 2), Tel. 519-236-7137, Fax 519-236-7269, www.brentwoodonthebeach.com. B & B und schönes Ensemble bequemer Strandcottages unmittelbar am Seeufer. DZ mit Frühstück 180–260 $, Cottages für 2–6 Pers.1400–2400 $/Woche, 325–550/Nacht,

... in Grand Bend:
Lakeview Café: 85 Main St., Tel. 519-238-2622, Mai–Okt. tgl. 11.30–22.30 Uhr, sonst Do–So nur abends. Viel Holz und blaue Tischdecken, dazu große Fenster, durch die der Sonnenuntergang über dem See besonders schön ist. Fangfrischer Fisch, Steaks, Hamburger, Salate. Vorspeisen 3,75–12 $, Hauptspeisen 8,50–38 $.

Stratford

16 Am Anfang dieses 30 000-Einwohner-Städtchens stand ein in der Wildnis verlorener Shakespeare-Fan. 1832 baute William Sargeant an einem Flüsschen ein Hotel und

Flussidylle am Avon River in der Shakespeare-Stadt Stratford

nannte es Shakespeare Inn. Den Fluss taufte er Avon, und irgendwie kam der Name der allmählich entstehenden Siedlung von selbst: Stratford. ›Very british‹ ist die Stadt bis heute. Weitläufige Parks mit Trauerweiden, Teichen, Schwänen und Gazebos, dazu rotziegelige Stadthäuser aus dem 19. Jh. – alles erinnert an »good ol' England«. 1953 schloss sich der Kreis: Geschäftsleute und Journalisten hoben das **Stratford Festival** aus der Taufe, teils auch aus ökonomischen Überlegungen, denn die devisenbringende Möbelindustrie der Stadt lag am Boden. Am 13. Juli gab das Festival in einem einfachen Zelt mit »Richard III.« sein Debüt, mit niemand Geringerem als Sir Alec Guiness in der Titelrolle. Über 50 Jahre später gehört das heute auf vier Bühnen stattfindende Festival zu den angesehensten Theater-Events Nordamerikas. Über 500 Aufführungen locken alljährlich über eine Million Besucher nach Stratford. Das Repertoire beschränkt sich jedoch nicht auf den englischen Dichterfürsten. Neben Shakespeare werden auch Klassiker wie Molière und Sophokles sowie zeitgenössische Kanadier wie Sharon Pollock und Michel Tremblay gespielt.

Tourism Stratford: 47 Downie St., Tel. 519-271-5140, 1-800-561-7926, Fax 519-273-1818, www.city.stratford.on.ca. Mo 8.30–16.30, Di–Fr 8.30–17 Uhr. Infobroschüren, Hotel- und Restaurantverzeichnisse.

Queen's Inn: 161 Ontario St., Tel. 519-271-1400, Fax 519-271-7373, www.queensinnstratford.ca. Schön restauriertes historisches Stadthotel mit 32 Zimmern, feinem Restaurant und zünftigem Pub. DZ 70–180 $.

Stone Maiden Inn: 123 Church St., Tel. 519-271-7129, Fax 519-271-4615, www.stonemaiden inn.com. Historisches Inn von 1873, mit viktorianischem Originalmobiliar eingerichtet. DZ 135–270 $.

Church Restaurant: 70 Brunswick St., Tel. 519-273-3424, tgl. 11.30–14, 17–1 Uhr, Mo Ruhetag. Stilvolles Restaurant in ehemaliger Kirche, auf der Speisenkarte: neue kanadische Küche mit Gerichten wie Karibu in Portwein-Sauce. Viele Theaterbesucher, deshalb Reservierung erforderlich. Vorspeisen 9–15 $, Hauptspeisen 17–46 $.

York Street Kitchen: 41 York St., Tel. 519-273-7041, tgl. 8–20 Uhr. Kleines, farbenfrohes Restaurant, internationale Küche, besonders gut: Shrimps-Curry mit Thai-Gurkensalat. Vorspeisen 3–7 $, Hauptspeisen 13–16 $.

Stratford Festival: Mai–Ende Okt. Die Aufführungen des Festivals finden im Festival Theatre (55 Queen St.), im Tom Patterson Theatre (111 Lakeside Dr.), im Avon Theatre (99 Downie St.) und im Studio Theatre (Waterloo und George St.) statt. Die Ticketpreise bewegen sich zwischen 40 und 125 $. Tickets können telefonisch unter 1-800-567-1600 oder elektronisch auf der Festival-Hompage, www.stratfordfestival.ca, gekauft werden. Dort ist auch der Veranstaltungskalender einsehbar.

Mennonite Country

Von Stratford gelangt man auf den Highways 8 und 85 in das alte Siedlungsgebiet der Mennoniten. Zehn Autominuten nordwestlich von **Kitchener-Waterloo,** dessen deutsches Erbe in der gesichtslosen Doppelstadt nicht mehr zu erkennen ist, liegt das 1200-Einwohner-Städtchen St. Jacobs, ein Zentrum der Mennoniten Kanadas (s. S. 159).

Kaum hat man das hierzulande nur »K-W« genannte Ballungsgebiet verlassen, rollt man auch schon durch hügeliges Farmland mit Weizen- und Roggenfeldern, durchzogen von einem Netz schmaler Landstraßen, von denen Feldwege zu schmucken Bauernhäusern mit gepflegten Blumen- und Gemüsegärten führen. Frauen verkaufen an kleinen Ständen am Straßenrand frisches Obst und Gemüse. Ab und zu begegnet man einer Kutsche und wundert sich zunächst über die seltsam altmodisch gekleideten Leute darin – Männer mit schwarzen Anzügen und Hüten, Frauen in schlichten langen Kleidern und mit Haube. Es sind Alt-Mennoniten, Angehörige der konservativsten Gruppe innerhalb dieser Religionsgemeinschaft, die versuchen, sich von allen modernen Einflüssen fernzuhalten und nach jahrhundertealten Traditionen zu leben. Sie haben diese Landschaft mit den kleinen Orten wie New Hamburg, Baden, St. Agatha, Heidelberg, St. Jacobs, Elmira und Conestogo im 19. Jh. urbar gemacht. Ihre Dörfer liegen dicht beieinander, und es lohnt sich, in der Region ein oder zwei Tage zu verweilen, einfach kreuz und quer durchs Land zu fahren und in einem der gemütlichen Country Inns zu übernachten und herzhaft zu speisen.

St. Jacobs

Vor allem das um die **King Street** konzentrierte **St. Jacobs** 17 zeigt noch seine altmennonitische Tradition, mit Hufschmiede und alten Dorfläden, obwohl sich hier in den letzten Jahren über 100 auswärtige Ladeninhaber niedergelassen haben, um die touristische Anziehungskraft des hübschen Ortes zu nutzen. Auf jeden Fall einen Besuch wert ist der **St. Jacobs Farmers' Market and Flea Market** vor der Stadt. Mit über 20 000 Besuchern pro Markttag hat sich dieser ehemalige Bauernmarkt, wo man mennonitische Spezialitäten wie *Summer Sausage* (eine Dauerwurst) und *shoeflypie* (eine süße Sünde aus Maissirup und braunem Zucker) probieren kann, zu einem der größten Wochenmärkte Ontarios entwickelt. In den Gebäuden hinter der großen Markthalle finden regelmäßig, meist frühmorgens, öffentliche Viehauktionen statt – fotogenes Stelldichein knorrriger Farmer, darunter auch Alt-Mennoniten und ihre Vettern, die Amischen (Do, Sa 7–15.30 Uhr).

St. Jacobs County: 1386 King St. N., Tel. 519-664-2293, www.stjacobs.com. Hier erhält man interessantes Infomaterial zur Region und zur Geschichte der Mennoniten in Nordamerika.

Jacobsstettel Guest House: 16 Isabella St., Tel. 519-664-2208, 1-800-431-3035, Fax 519-664-1326, www.jakobsstettel.com. Elegantes viktorianisches Gasthaus in weitläufigem Garten, zwei Spazierminuten von der King Street entfernt, Pool, Massage. DZ 250–400 $.

St. Jacobs Country Inn: 50 Benjamin Rd. E., Tel. 519-884-9295, Fax 519-884-2532, www.stjacobscountryinn.com. Von Best Western vermarktetes Hotel im viktorianischen Stil, in Sichtweite des Farmers' Market, moderne Zimmer mit allem Komfort. DZ 160–230 $.

Stone Crock Restaurant: 1396 King St. N., Tel. 519-664-2286, tgl. 7–20.30 Uhr. Deftige, gutbürgerliche Küche mit deutsch-thailändischem Akzent. Vorspeisen 5–8 $, Hauptspeisen 8–16 $.

Benjamin's Restaurant: 17 King St., Tel. 519-664-3731, tgl. 11.30–21 Uhr. Herzhafte mennonitische Rezepte, aber auch international bekannte Gerichte. Vorspeisen 5–9 $, Hauptspeisen 17–30 $.

Ein Dorado für alle, die gern stöbern, sind die Möbel- und Kunsthandwerksläden an der **King Street**.

Outlet Mall: 25 Benjamin Rd. E., drei Kilometer südlich von St. Jacobs, tgl. 10–21 Uhr. Rund 30 in einem riesigen Scheunennachbau untergebrachte Factory Outlets bieten Schuhe, Ober- und Unterbekleidung sowie Haushaltsartikel zu stark reduzierten Preisen.

Quilt-Festival: 4. Woche im Mai. Das mit der **Mennonite Relief Sale & Quilt Auction** in New Hamburg einhergehende Festival ist seit vielen Generationen für die Einheimischen der Anlass, die schönsten ihrer von Mennoniten gestickten Patchwork-Decken aus den Fenstern zu hängen. Herrliche Stücke können auf der Auktion in New Hamburg ersteigert werden.

Elora und Fergus

Zurück nach Toronto fährt man dann am besten über die beiden malerischen Orte **Elora** 18 und **Fergus** 19, die im 19. Jh. von schottischen Einwanderern gegründet wurden. Sehenswert ist auch ein Naturschutzgebiet in der Nähe, die **Elora Gorge**, eine Sandsteinschlucht mit ungewöhnlichen Felsformationen und einem Flüsschen mit Wasserfall.

Leben wie vor hundert Jahren: Die Alt-Mennoniten

Thiessen, Schantz, Schneider, Erb: Die Namen auf den Briefkästen am Straßenrand erzählen lange Familiengeschichten. Die der Mennoniten reichen bis ins 16. Jh. zurück, als in den Niederlanden ein katholischer Priester, Menno Simons, seinem Glauben abschwor und sich wieder taufen ließ. Seine Anhänger nannten sich Mennoniten.

Sie glaubten, dass die Kirche sich von der Bibel entfernt habe, sahen Gewalt und Krieg als unvereinbar mit der Lehre Jesu an und waren überzeugt, dass der Mensch nicht einer weltlichen Obrigkeit, sondern nur Gott verantwortlich sei. Da für die Mennoniten der Glaube eine tiefe persönliche Verpflichtung bedeutet, werden nur Erwachsene getauft und in die Glaubensgemeinschaft aufgenommen. Diesen Grundsätzen blieben die Mennoniten trotz vieler Anfeindungen bis heute treu. Jahrhundertelange Verfolgungen schweißten sie eng zusammen. Ihre Wanderungen auf der Suche nach Glaubensfreiheit und besseren wirtschaftlichen Bedingungen führten sie aus Holland und der Schweiz nach Deutschland und Russland und schließlich nach Nord- und Lateinamerika. Im Laufe der Zeit entwickelte sich Deutsch, so wie es im Norddeutschland des 16. und 17. Jh. gesprochen wurde, zu ihrer gemeinsamen Sprache.

Kanadas Mennoniten stammen vor allem aus Pennsylvania. Als dort um 1800 das Siedlungsland knapp wurde, packten die Webers, Brubachers, Bechtels, Shantz und Schneiders ihre Habe auf vierspännige Planwagen, *conestoga wagons* genannt, und machten sich auf die 900 km lange Reise nach Südontario, um dort die Wildnis urbar zu machen. Mit den Indianern kamen die friedfertigen Neuankömmlinge gut zurecht, tauschten Milch und Brot gegen Fische oder Wild ein. Das gegenseitige Vertrauen ging so weit, dass nachts kommende Indianer in der Küche warteten, bis die Siedler am Morgen aufwachten.

Neuerungen anzunehmen ist für die Mennoniten eine Glaubensfrage, die häufig zu Problemen in der Gemeinschaft führt und bis in die heutige Zeit hinein immer wieder Kirchenspaltungen zur Folge hat, besonders dann, wenn ein Kirchenführer für seine Ansichten keine Unterstützung bei der Mehrheit der Gemeinde findet. Das Prinzip, dass schon zwei oder drei Menschen, im Glauben an Jesus miteinander verbunden, eine Gemeinde bilden, erleichtert solche Abspaltungen. So gibt es heute bei den Mennoniten in Ontario ein Spektrum von 17 Gruppierungen, von konservativ über moderat bis progressiv. Etwa zwei Drittel zählen sich zu den moderaten bzw. progressiven Gruppen und führen weitgehend ein kanadisches Normalbürger-Leben.

Dagegen lehnen die konservativen Alt-Mennoniten Elektrizität, Telefon, Autos und moderne Produktionsmethoden kategorisch ab. Sie tragen altmodische Kleidung, meist in schlichtem Schwarz – nur bei den Kindern ist ein wenig Farbe erlaubt –, und als Fortbewegungsmittel werden Pferd und Wagen benutzt. Sie nehmen nicht am politischen Leben teil, lehnen den Wehrdienst ab, ebenso eine über die achte Klasse hinausgehende Schulbildung, und vertrauen statt den öffentlichen Versicherungssystemen dem Prinzip der Selbsthilfe, das sich von der Fürsorge für Kranke und Alte bis zum *barn raising,* dem

Thema

gemeinschaftlichen Wiederaufbau einer abgebrannten Scheune, erstreckt.

Bei den gemäßigten Gruppen hat man schon einmal Telefon und elektrischen Strom auf dem Bauernhof, fährt vielleicht auch Auto, und beteiligt sich mitunter an der örtlichen Politik, z. B., wenn es um Schulprobleme geht. Es gibt aber auch dort Unterschiede, die bis ins Detail gehen können, wie »Radio ja, Fernsehen nein«. Die Kirche erfüllt den Zweck als Filter und Puffer gegen äußere Einflüsse und ist für die Mennoniten im wahrsten Sinne ›eine feste Burg‹ gegen den immer rascheren Fortschritt. Denn wo die progressiven Mennoniten neue Produktionsmethoden und Erfindungen als Fortschritt betrachten, sehen ihre konservativeren Glaubensbrüder Bedrohungen ihrer Religion. Die traditionelle Kleidung ist wohl das augenfälligste kulturelle Merkmal, das die Alt-Mennoniten vom Rest der Welt unterscheidet. Solange Mennoniten in abgeschiedenen Kommunen lebten, gab es kaum Probleme. Im heutigen Kommunikationszeitalter sind es vor allem die Jüngeren, die sich am restriktiven Alltag der Alt-Mennoniten reiben.

Trotz der vielen unterschiedlichen Auffassungen sind die gesellschaftlichen Beziehungen der Gruppierungen untereinander im Allgemeinen gut. Gemeinsam unterhält man z. B. eine internationale Hilfsorganisation, das *Mennonite Central Committee.* Über 700 Mennoniten, Männer wie Frauen, sind hier aktiv tätig, leisten Dienst als Entwicklungshelfer in rund 40 Ländern der Erde, unterstützen Flüchtlingsfamilien bei der Einwanderung und helfen bei Naturkatastrophen in Amerika und in Übersee.

Mennoniten auf dem Weg zur Kirche

Rund um die Georgian Bay

Karten S. 166/167, 174/175

Pow Wows, Elche, Biberdämme, klare Seen und Flüsse, viel nackter Granit und endlose Wälder: Rund um die gewaltige, zum Lake Huron gehörende Bay begegnet man dem ›typischen‹ Kanada. Einst herrschte hier die mächtige Huronenföderation. Später kamen die kanufahrenden Pelzhändler hier durch. Ihrem Erbe begegnet man überall.

Eine Autostunde nördlich von Toronto beginnt **Cottage Country.** So nennen die Torontonians ihr liebstes Wochenendziel. Es umfasst die Strände am Lake Huron und an der Georgian Bay sowie die klaren, in den Granit des Kanadischen Schildes gepressten Seen der Muskoka-Lakes-Region. Wer etwas auf sich hält – und über das notwendige Kleingeld verfügt – besitzt hier ein Wochenenddomizil mit Barbecue, Bootshaus und Pier. Auf den Highways nach Norden herrscht deshalb am Wochenende reger Verkehr, und man tut gut daran, nicht gerade freitags nachmittags in diese Region aufzubrechen. Erst nördlich von Huntsville dünnt der Wochenendtourismus allmählich aus. So oder so sollte man die Überfahrt mit der Fähre von Tobermory nach Manitoulin Island reservieren. Vor allem im Juli und August sowie an den Wochenenden sind sie lange im Voraus ausgebucht. Wer nicht reserviert, sollte möglichst mehrere Stunden vor der Abfahrt am Terminal sein. An den Hochsommer-Wochenenden, besonders dann, wenn noch ein Feiertag darauf folgt, sind in den Ferienorten auch Unterkünfte ohne Reservierung nur schwer zu bekommen.

Bruce Peninsula

Von Toronto gelangt man am besten auf den Highways 10 und 6 über Owen Sound zur Bruce Peninsula.

Sauble Beach

Sauble Beach 1 am Lake Huron südwestlich der Halbinsel ist ein Badeort mit kilometerlangen Stränden und seit Jahrzehnten ein Mekka für Sonnenanbeter. Es gibt eine hippe Strandszene mit Musikveranstaltungen, Festivals und alle Arten von Wassersport. Auch junge Familien machen hier gerne Badeurlaub. Man kann Ferienhäuser mieten, und im Provinzpark stehen schöne Camping- und Picknickplätze zur Verfügung.

Die Halbinsel

Beim Örtchen **Wiarton** mit seinen alten Häusern beginnt die **Bruce Peninsula.** Die Halbinsel ragt wie ein dünner Finger in den Lake Huron hinein und trennt diesen von der Georgian Bay. Rund 80 km lang und mit 800 km Küstenlinie, ist sie ein Paradies für Naturfreunde, Geologen und Wassersportler. In den zerklüfteten Küstenlandschaften sowie in den Wäldern und Marschen wachsen Dutzende seltener Farne und 44 Orchideenarten. Mehr als 170 Vogelarten brüten in dem Gebiet, das zahlreiche Wanderpfade erschließen. Besonders schön ist der **Bruce Trail,** der an der felsigen Ostküste entlangführt. Dies ist der nördlichste Teil des Fernwanderwegs, der von Queenston aus dem quer durch Ontario verlaufenden Niagara Escarpment über 780 km weit folgt.

Den Westen der Halbinsel säumen Sandstrände. Bei **Cape Croker** 2, wo sich das Niagara Escarpment 120 m über die Georgian Bay erhebt, hat das Wasser bizarre Formen und Höhlen aus dem Kalkstein gewaschen. Hier betreiben die Chippewa-Indianer einen Campingplatz. Beim malerischen Örtchen **Lion's Head** gibt es lohnende Kletterfelsen, die passionierte Climber zu den besten Nordamerikas rechnen.

i **... in Wiarton:**
Bruce County Tourism: 578 Brown St., Tel. 519-534-5344, Fax 519-534-2442, www. naturalretreat.com. Versenden Informationsmaterial, Hotel- und Restaurantverzeichnisse und stellen maßgeschneiderte Ferienprogramme zusammen.

Die Nationalparks

Zwei Nationalparks schützen die empfindliche Ökologie der Halbinsel. Der 1987 geschaffene **Bruce Peninsula National Park** 3 ist eines der sechs Biosphere Reserves in Kanada, die von der Unesco ökologisch als besonders schützenswert ausgewiesen wurden. Er umfasst den größten Teil des nördlichen Zipfels der Bruce Peninsula (Tobermory, Tel. 519-596-2233, www.pc.gc.ca/pn-np/on/bruce/index_e.asp, tgl. geöffnet). Die nordwestlich vorgelagerten Inseln Cove, Russel, North und South Otter, Bear's Rump und Flowerpot sowie 13 weitere kleinere Inseln mit den umliegenden Gewässern gehören zum **Fathom Five National Marine Park** 4. Mehrmals am Tag fahren Ausflugsboote von Tobermory durch diese Inselwelt mit steilen Kalksteinklippen, Höhlen und seltsam geformten Felsskulpturen, besonders ausgeprägt auf **Flowerpot Island.** Der große ›Blumentopf‹ ist 12 m, der kleine 6 m hoch. Auf der Insel gibt es lauschige Wanderwege und ein halbes Dutzend Zeltplätze. Man kann sich für einige Stunden absetzen lassen oder ein paar Tage bleiben. Eine knapp dreistündige Wanderung reicht aus, um die schönsten Stellen der Insel zu sehen.

Noch interessanter für manche Besucher ist, was unter der Oberfläche auf den scharfkantigen Riffen liegt. Denn Sommernebel und Novemberstürme forderten ihren Tribut an Schonern, Dampfern und Schleppern, die im 19. Jh. dieses tückische Gewässer passierten. Neben natürlichen Attraktionen wie Unterwasserhöhlen und interessanten Felsformationen ruhen in den glasklaren Wassern der Georgian Bay deshalb auch die Reste von rund zwei Dutzend **Schiffswracks.** Ausrüstung, Kurse und Exkursionen werden in Tobermory von mehreren Dive Shops angeboten. Nichttaucher können mit Glasbodenschiffen zu den Wracks fahren (Tobermory,

Mit den Autoren unterwegs

Orchideen

Ende Mai blühen die meisten der über **40 Orchideenarten** in der Bruce Peninsula. Der beste Ort, die höchste Konzentration dieser Blumen nördlich von Florida zu bewundern, ist die **Old Dorcas Bay Road** etwas südlich von Tobermory (s. S. 162).

Beim Pow Wow mittanzen

Am dritten Tag des Pow Wow in **Wikwemikong** dürfen Bleichgesichter mittanzen. Ziehen Sie sich ehrenhaft aus der Affäre, können Sie mit – mitunter nicht gerade ehrenhaften – Beinamen wie »Wind in his Pants« oder »Dances the wrong way« rechnen. Eine gute Gelegenheit, neue Freunde zu finden (s. S. 168 ff.).

Stopover am French River

Jean Nicolet (1634, Entdecker des Lake Michigan), Pierre Radisson und Médard des Groselliers (1659, die Paten der Hudson's Bay Company) und viele andere kamen hier durch: Beim Stopover an der **Brücke** über den historischsten Fluss Kanadas mag man der Abenteurer, die Kanada entdeckten, gedenken (s. S. 171).

Cottage Country

Hochgeschlossene Damen, zylindertragende Herren: Ein Besuch im nostalgischen **Muskoka Lakes Museum** (s. S. 172) in Port Carling führt zurück in die Kindertage des Tourismus im **Muskoka-Seengebiet** (s. S. 171 ff.).

Tel. 519-596-2233, Taucher-Registrierung Tel. 519-596-2503, www.pc.gc.ca/amnc-nmca/on/fathomfive/index_e.asp, tgl. geöffnet).

Tobermory

Die beiden Naturhäfen von **Tobermory** 5, der selbsternannten ›Fresh Water Scuba Diving Capital of the World‹, werden treffend ›Little Tub‹ und ›Big Tub‹ (*tub:* Wanne) genannt. Rings um den Little Tub Harbour liegt das Zentrum des Ortes. An den Stegen drängen sich im Sommer die Segeljachten und Tourschiffe, den Hafen umsäumen Holzhäuser mit Läden, Restaurants, Dive Shops, Andenkengeschäfte und Galerien. Im kleinen **Peninsula and St. Edmund's Museum** (Hwy. 6, 3 km südlich von Tobermory, tgl. 11–16 Uhr, Eintritt frei, Spende erbeten) sind auch Relikte der Schiffswracks zu sehen. Von den Fischerbooten ist fangfrischer Weißfisch zu haben, und wenn man ihn selbst nicht braten will, kann man die örtliche Delikatesse auch im Restaurant bestellen. Einen wunderschönen Blick über die Georgian Bay und die beiden Häfen hat man von Restaurant und Terrasse des Grandview Motels – Logenplätze für die nicht selten spektakulären Sonnenuntergänge.

Grandview Motel: Earl St., Tel. 519-596-2220, www.grandview-tobermory.com. Freundliche Unterkunft gegenüber vom Little Tub Harbour. Geräumige Zimmer mit Blick aufs Wasser und vom Restaurant aus auf die Fähre nach Manitoulin Island. DZ 75–135 $.
Big Tub Harbour Resort: 236 Big Tub Rd., Tel. 519-596-2219, www.bigtubresort.ca. Schön gelegen, mit Blick aufs Wasser, Zimmer mit Kitchenette, Restaurant, Dive-Shop, Tauch-Exkursionen, Kanuverleih. DZ 60–120 $.

Stone Orchid Restaurant: 7078 Hwy. 6, Tel. 519-596-2800, Juni–Aug. Di–So 11.30–22 Uhr, sonst verkürzte Öffnungszeiten. Indonesische Küche, besonders zu empfehlen: Gado Gado mit Ingwersauce. Vorspeisen 5–11 $, Hauptspeisen 14–20 $.

Kanuwanderer am Lake Huron, Bruce Peninsula

Outdoor wird auch hier großgeschrieben. Wandern, Wassersport, Tauchen, Angeln und Kayaking sind die beliebtesten Aktivitäten, auch Bootsausflüge in den Fathom Five National Marine Park sind populär.
Tauchen, Kayaking: G & S Watersports: 8 Bay St. S., Tel. 519-596-2200, www.gswatersports.com. Profilierter Dive Shop mitten in Tobermory: Tauchtouren, Kayaking-Kurse und Verleih von Wasserfahrzeugen.
Bootstouren: Im Little Tub Harbour warten mehrere Ausflugsboote, darunter auch welche mit Glasböden, auf Gäste.

Fähre Tobermory–Manitoulin Island: Chi Cheemaun Ferry Service, Tobermory Terminal (Tel. 519-596-2510) und South Baymouth Terminal auf Manitoulin Island (Tel. 705-859-3161), www.ontarioferries.com/chi/english/about.html. Die 143 Pkw fassende Fähre verkehrt Anfang Mai bis Ende Oktober, die Überfahrt dauert knapp 2 Stunden. Erw. 14 $, Kinder 7 $, pro Pkw (ohne Fahrer) ab 30 $.

Für umweltbewusste Gäste
So exklusiv, dass selbst die Homepage die genaue Adresse verschweigt: **E'Terra,** die neue Öko-Lodge bei Tobermory, bietet dem ebenso verwöhnten wie umweltbewussten Gast ein holistisches Umwelterlebnis der Extraklasse. Auf hoher Klippe über der Georgian Bay thronend und von altem Zedernbestand umgeben, wurde die sechs urgemütliche Zimmer bietende Herberge aus hiesigem Gestein und altem, vor industrieller Verwertung gerettetem Holz erbaut. Drinnen reicht die Palette von organischen Toiletten bis zu mit Gänseflaum gefüllten Federbetten (E'Terra, Tel. 519-596-8300, www.eterra.ca, verschiedene mehrtägige Pakete, ab 900 $).

Manitoulin Island

Die »Chi-Cheemaun« – in der Sprache der Ojibwe-Indianer ›Großes Kanu‹ – ist das größte der auf den Great Lakes verkehrenden Fährschiffe. Auf der knapp zweistündigen Fahrt von Tobermory nach **South Baymouth** am Südzipfel von Manitoulin Island ist sie umgeben von den weißen Segeln der Jachten, die das tiefblaue Wasser durchpflügen. Eine richtige Seefahrt – im Herzen Kanadas. Die Route führt zunächst durch die Inselwelt des Fathom Five National Park und dann hinaus auf die ›offene See‹.

Manitoulin Island, von den Ojibwe-Indianern *Gitchi Manitou,* ›Heimat des großen Geistes‹, genannt, bietet lauschige Kiefernwälder, Wasserfälle, Sandbuchten, schroffe Felsklippen und warme Seen zum Baden und Kanufahren. Mit 2800 km² Fläche und über 1600 km Küstenlinie ist sie die größte Insel der Welt in einem Binnenmeer. Rund ein Drittel der etwa 15 000 Bewohner sind Indianer, die fast alle in den beiden Reservaten der Insel leben. Archäologen haben bei Sheguiandah Reste 11 000 Jahre alter Siedlungen gefunden. Als erste Europäer trafen französische Jesuiten in den 1640er-Jahren auf die indianischen Bewohner der Insel, auf deren deren Geschichte man stolz ist. Alte Gefängnisse, Leuchttürme und Kirchen wurden liebevoll restauriert, die meisten Orte haben ein

kleines Heimatmuseum mit kunterbuntem Sammelsurium. In mehreren Orten werden **Pow Wows,** die farbenprächtigen Indianertreffen veranstaltet – das berühmteste in Wikwemikong im Osten der Insel (s. S. 168 f. und S. 170). Man sollte sich ein paar Tage Zeit nehmen, um die verschlafenen kleinen Orte kennenzulernen.

Von Providence Bay zum Mississagi Lighthouse

Bei **Providence Bay** 6 am Südufer reihen sich schöne Sandstrände aneinander. In **M'Chigeeng** 7 (früher: West Bay), dem zweitgrößten Indianerort der Insel, unterhält die Ojibwe Cultural Foundation ein Kulturzentrum, in dem Kunst und Kunsthandwerk der Indianer verkauft und regelmäßig Tänze veranstaltet werden (Tel. 705-377-4902, Juni–Aug. Mo–Fr wechselnde Öffnungszeiten, Erw. 7,50 $, Kinder 4 $).

Kurz vor Kagawong führt von der Rte. 540 ein Pfad zu den **Bridal Veil Falls** 8. ›Wo Nebel von den fallenden Wassern aufsteigen‹ bedeutet der indianische Name des Ortes. Treppen führen hinunter zum herrlich erfrischenden Wasser. Die beste Tageszeit zum Fotografieren ist der späte Vormittag. **Kagawong** an der West Bay mit seinen Bootsstegen, den pittoresken Holzhäusern, einem altmodischem *General Store* und dem Leuchtturm lohnt ebenfalls einen Bummel.

Gore Bay 9, über die Route 540 B zu erreichen, ist einer der größeren Hafenorte der Insel, hübsch eingebettet zwischen den Klippen des Nordufers. Vornehme Villen und große Sandsteingebäude zeugen vom Wohlstand der frühen Siedlung. Hier hat man ein altes Gefängnis, das zugleich Wohnhaus des Wärters war, in ein Museum für die Pionierzeit verwandelt (Gore Bay Museum, Dawson St., Mai–Okt. Mo–Sa 10–16, So 14–16 Uhr, Erw. 3 $, Kinder 1 $).

Mississagi Lighthouse

Am westlichen Ende der Insel, 10 km von **Meldrum Bay** entfernt, steht das schmucke, rotweiße **Mississagi Lighthouse** 10. In dem historischen Leuchtturmgebäude von 1873 sind ein Museum und ein kleines Restaurant untergebracht. Die komplett eingerichtete Wohnung mit dem alten Kanonenofen vermittelt einen Eindruck vom Alltag des Leuchtturmwärters. Auch der alte Reflektor und das Nebelhorn, 2003 nach 33 Jahren reaktiviert, sind zu besichtigen. Die tückischen Gewässer der Mississagi Strait liegen voller Schiffswracks. Auch de La Salles »Griffon« soll 1670 hier untergegangen sein, einige der Ausstellungsstücke stammen angeblich vom Schiff des französischen Entdeckers. Im **Lighthouse Park** gibt es Camping- und Picknickplätze, einige kurze Trails folgen der schroffen Kalksteinküste. Im Ort kann man Boote für Angeltouren mieten.

Pow Wow auf Manitous Insel

Auf Manitoulin Island feiern die Ojibwe und ihre aus allen Reservaten Nordamerikas anreisenden Gäste einmal jährlich das Überleben ihrer uralten Kulturen. Bleichgesichter sind beim größten Indianertreffen in Kanada willkommen und erleben drei Tage lang ein farbenprächtiges Spektakel.

Das dreitägige, Anfang August auf Manitoulin Island stattfindende Pow Wow ist die größte Zusammenkunft nordamerikanischer Indianer in Kanada. Blackfeet, Bloods, Crees, Cheyennes, sie alle reisen an, um an den Tanzwettbewerben teilzunehmen. Im indigenen Kanada ist Manitoulin Island ein Symbol: Die Bewohner von Wikwemikong haben als einzige Indianer Kanadas keinen jener Verträge unterzeichnet, mit denen auch die kanadische Regierung den Ureinwohnern einst ihr Land abluchste. Wikwemikong nennt sich deshalb stolz ›Unceded Indian Reserve‹.

In der Mitte der Thunderbird-Arena spielt die Musik. Von hier aus begleiten Sänger und Trommler die Tänzer mit Klängen und Rhythmen, die dem Bleichgesicht zunächst eine Gänsehaut verursachen. Der Moderator erinnert an die Pow-Wow-Etikette: Keine Drogen, kein Alkohol, keine Fotos während der Gebete. »Erklärt unseren weißen Brüdern und Schwestern, was sie sehen«, schmunzelt er. »Damit sie verstehen, was sie sehen ...« Tatsächlich sehen die Tänze geradezu lächerlich einfach aus: »Der Teufel liegt im Detail«, erklärt Dawn Madahbee. Die hoch gewachsene Ojibwe ist Direktorin der indianische Unternehmer unterstützenden Waubetek Business Development Corporation. »Bei den Women's Traditionals symbolisieren die Frauen ihre enge Verbindung zu Mutter Erde, indem sie mit ihren Füßen so dicht wie möglich am Boden bleiben, dabei aber aus Respekt so leicht wie möglich auftreten.« Auch der perfekte Schwung der Fransen von Cape, Rock und über den rechten Arm gelegtem Schal sei für die Benotung wichtig.

Von 1930 bis in die 1970er-Jahre war das Pow Wow verboten. »Während dieser Zeit gingen die katholischen Priester von Haus zu Haus und forderten die Leute auf, ihre Regalia, Friedenspfeifen und Trommeln abzuliefern«, erinnert sich Dawn an die Erzählungen ihrer Mutter. Viele seien der Aufforderung gefolgt. Andere führten die rituellen Zusammenkünfte und Tänze tief in den Wäldern durch, außerhalb der Hörweite unbefugter Ohren. Das Wissen um ihre Bedeutung wurde in dieser Zeit nur von einer Handvoll Ältester bewahrt. Das Pow Wow wurde aus ihren Erinnerungen rekonstruiert. Die Zuschauer erklären gern. »Die Disziplinen der Teilnehmer«, sagt Tipi-Hersteller Stanley Peltier, «sind an deren Kostümen erkennbar. Die der *Men's Traditional Dancer* sind am einfachsten gehalten.« Auch Stanley tanzt in dieser Disziplin. Seine Frau Shaila, eine Gesprächstherapeutin, zupft ein letztes Mal an seinem Federschmuck, bevor er sich zu den übrigen Teilnehmern gesellt. »Dieser Tanz stammt von den alten Kriegstänzen ab«, sagt sie, während sie ein paar rebellische Federkiele wieder an ihren Platz rückt. »Mit ihren Bewegungen erzählen die Männer Episoden von ihrem Kriegszug.« Die Fancy Feather Dancers dagegen sind über und über von bunten Federn bedeckt, sie tanzen sie die Tänze der alten Geheimgesellschaften. Die rasante Choreo-

Thema

Tänzer in den farbenprächtigen Trachten ihrer Vorfahren

grafie erfordert Kondition und lässt die Umrisse der Tänzer verschwimmen. Die Kostüme der *Grass Dancers* wiederum tragen Reihen überlanger Fransen, die so zu bewegen sind, dass sie an das im Wind wogende Präriegras erinnern. Ihre Aufgabe war es damals, das Gras für die nachfolgenden Tänzer flachzutreten.

Die Kostüme der Frauen sind nicht minder beeindruckend. Die mit Hunderten von Glöckchen behängten Kostüme gehören den *Jingle Dress Dancers.* »Einst träumte der Vater eines kranken Ojibwe-Mädchens, dass ein Jingle Dress seine Tochter wieder gesund machen würde. Seitdem gilt dieser Tanz als Heilungstanz.« Viele der jungen Frauen und Mädchen tragen bunte, reich verzierte Schals um die Schultern. »Das sind die Fancy Shawl Dancers«, sagt Shaila. »Der Schal symbolisiert die Decke, die die jungen Frauen früher trugen. Mit ihr imitierten sie, mit federnden Schritten auf und ab springend, den Flug des Schmetterlings.« Stanley ist konkreter. »Damit auch der dümmste Krieger sah, dass sie zu haben waren.«

Die Trommeln erklingen, Gesang hebt an. Die um die Trommeln versammelten Sänger drücken auf ihre Stimmbänder, um ihnen noch höhere Töne zu entlocken. »Das sind Klänge tief aus dem Bauch«, sagt Stanley, »von dort aus gehen sie ohne den Umweg übers Gehirn in den Mund. Das ist fast so wie bei Babys. Wir drücken damit unsere Gefühle aus.» Shaila verabschiedet ihn mit einem Klaps auf den Hintern zu seinen Tänzer-Kollegen. Sie ist stolz auf ihren Mann. Und auf ihre Wurzeln, die sie in der von Weißen dominierten Welt sorgfältig pflegt.

Manitowaning

Von South Baymouth fährt man auf dem Highway 6 eine halbe Stunde bis **Manitowaning** 11 am Südufer der gleichnamigen Bucht. Der kleine Ort hat einiges zu bieten: Im **Assiginack Museum** sind Gegenstände aus der Pionierzeit ausgestellt (Arthur St., Juni–Sept. tgl. 10–17 Uhr, Erw. 2, Kinder 1 $). Im nur einen Steinwurf entfernten **SS Norisle-Heritage Park** liegt neben einer alten Mühle die **»S. S. Norisle«** vor Anker. Auf dem historischen Schiff, dem letzten auf den Großen Seen verkehrenden Passagierdampfer, wird im Sommer ein Restaurant betrieben. Die **St. Paul's Church** von 1885 ist die älteste anglikanische Kirche in Nordontario. Der alte **Leuchtturm** gleich nebenan ist noch in Betrieb, von hier bietet sich ein schöner Blick über die Manitowaning Bay (Juli–Aug. tgl. 10–17, Erw. 2 $, Kinder 1 $).

Wikwemikong

Wie die Indianer heute auf Manitoulin Island leben, erfährt man in **Wikwemikong** 12. 1648 gründete der Jesuitenpater Joseph Poncet hier eine Missionsstation. Noch vor Manitowaning führt eine Stichstraße in das Ojibwe-Reservat. Das hügelige Gelände der Siedlung Wikwemikong (Ojibwe für ›Bucht der Biber‹) erstreckt sich über die gesamte Halbinsel. Weit verstreut liegen die einfachen Holzhäuser an den meist ungeteerten Straßen. Wikwemikong bietet einen beeindruckenden Kontrast zwischen alten Traditionen und modernem Lebensstil. So gibt es ein Krankenhaus, einen Supermarkt, Läden, Restaurants und Kunstgalerien.

Pow Wow in Wikwemikong

Jedes Jahr am ersten Wochenende im August versammeln sich Indianer aus ganz Nordamerika in Wikwemikong, hier nur ›**Wiki**‹ genannt, zum größten Pow Wow Kanadas. Während des mehrtägigen indianischen Volksfests, das in der Thunderbird Arena stattfindet, ist der monotone, dumpfe Klang der Trommeln schon von weitem zu hören. Man zahlt ein paar Dollar Eintritt – und ist plötzlich in einer für Europäer völlig ungewohnten Atmosphäre. Stände verkaufen neben indianischem Kunsthandwerk auch allerlei Tand und Trödel.

Sheguiandah

Auf dem Weg nach Little Current führt die Straße noch vor **Sheguiandah** 13 an einem Aussichtspunkt mit schönem Panoramablick auf die La Cloche Mountains auf dem Festland vorbei. Hier am **Ten Mile Point** erinnert ein Schild an die Jesuiten, die in der Region um 1648 missioniert haben. Ein guter Souvenirladen verkauft hochwertigen, von indianischen Künstlern gefertigten Schmuck. In der Nähe befindet sich auch das Reservat der Sheguiandah First Nation, die jedes Jahr Anfang Juli ihr traditionelles Pow Wow feiert (Centennial Museum: Hwy. 6, Mai–Okt. tgl. 10–16.30 Uhr, Erw. 3 $, Kinder 2 $).

Little Current

Der **North Channel,** der die Insel vom Festland trennt, ist mit seinen Hunderten von Inseln, Halbinseln und Passagen ein Mekka für Segler und Kanuwanderer. Wo heute Freizeitskipper ihren Spaß haben, kamen bis zum frühen 19. Jh. indianische und frankokanadische Pelzhändler, die legendären Voyageurs, auf ihrem Weg zum Lake Superior vorbei. Am Südrand dieses herrlichen Freizeitreviers liegt **Little Current** 14 (1500 Einw.). Der größte Ort der Insel begann als Handelsposten der Hudson's Bay Company. Heute sind die bunten Häuschen Anlaufpunkt für Segeljachten und Sportboote auf dem Weg in die Georgian Bay oder zum Lake Superior. Vor der Stadt verbindet eine eiserne Drehbrücke, 1913 ursprünglich als Eisenbahnbrücke gebaut, die Insel mit dem Festland. Tagsüber öffnet sie sich alle 45 Min. für eine Viertelstunde, um den Schiffsverkehr durchzulassen.

i **... in Little Current:**
Manitoulin Tourism Association: P. O. Box 119, ON POP 1KO, Tel. 705-368-3021, Fax 705-368-3802, www.manitoulintourism.com. Die Mitarbeiter helfen u. a. bei der Hotelsuche und reservieren die Fähre.

... in Little Current:
Shaftesbury Inn: 19 Robinson St., Tel. 705-368-1945, www.rockgardenresort.on.ca/shaftesburyinn/aboutus.htm. Neun heimelige, meist mit alten Möbeln eingerichtete Zimmer in einem Steinhaus von 1884. DZ 110–185 $.
... in Providence Bay:
Huron Sands Motel: Hwy. 551, Tel. 705-377-4616, www.huronsandsmotel.com. DZ 60–80 $.

... in Little Current:
Anchor Inn Bar & Grill: 1 Water St., Tel. 705-368-2023, tgl. 7–23 Uhr. Gemütliches Kneipenrestaurant im historischen Anchor Inn, kanadische Küche: alle Fischgerichte sind zu empfehlen. Vorspeisen 3–6 $, Hauptspeisen 7–18 $.
... in Mindemoya:
Mum's Restaurant & Bakery: Hwy. 551, Tel. 705-377-4311, tgl. 7–21 Uhr. Einfache Essstube der Einheimischen, frischer Fisch aus dem Lake Huron, Pizza, Pasta, täglich frische Backwaren. 6–14 $.

... in Wikwemikong:
Pow Wow (Anfang August): Wikwemikong Heritage Organization, 64 Beach Rd., Tel. 705-859-2385, www.wikwemikongheritage.org. Außer Sprachkursen und vielen kulturellen Ereignissen veranstaltet diese Organisation das alljährlich stattfindende Pow Wow. Die genauen Termine findet man auf der Homepage.

Von Manitoulin Island zu den Muskokas

Die Fahrt von Little Current nach Sudbury auf dem Festland bietet wenig Abwechslung. Das ändert sich auch auf den nächsten 180 km auf dem Highway 69 von Sudbury nach Parry Sound nicht. Das Aussteigen lohnt nur an der Brücke über den **French River** 15, der sich hier durch eine tiefe Schlucht zwängt. Historische Tafeln auf dem kleinen Parkplatz erinnern an die Bedeutung der alten »Rivière des Français«: Das Bindeglied zwischen Lake Nipissing und Lake Huron war einst Teil der meistbenutzten Kanuroute in den Westen und hinunter zum Mississippi-Delta. Heute ist der buchtenreiche French River ein beliebtes Kanurevier.

Das adrette Städtchen **Parry Sound** 16 (6000 Einw.) am gleichnamigen Sund ist vor allem ein Ferienparadies für Wassersportler. »Thirty Thousand Islands« (es können auch etliche mehr sein) wird das Gewirr vorgelagerter Inseln genannt. Es gibt viele Resorts und Motels, die im Sommer und an langen Wochenenden gut gebucht sind. Einen weiten Blick über die Inselwelt vor der Küste genießt man von einem alten, 30 m hohen Aussichtsturm im **Tower Hill Park** (17 George St.), der in den 1920er-Jahren als Feuerwachtturm errichtet wurde. Im Park befindet sich auch das **West Parry Sound District Museum** mit Ausstellungen zur Kultur der Ureinwohner und der europäischen Entdecker und Pioniere in der Region (17 George St., Juli–Sept. tgl. 10–17, sonst Do–So 10–16 Uhr, Erw. 5 $, Kinder 2,50 $). Von der Pier an der Bay Street fahren die Ausflugsschiffe ab, um den ›Irrgarten‹ der 30 000 Inseln zu erkunden.

In den Muskokas

20 km weiter südlich erreicht man schließlich die älteste Ferienregion Ontarios. Die waldreiche, von nackten Granitkuppen durchbrochene Seenplatte rund um die Seen Joseph, Rosseau, Muskoka und Lake of Bays wird schlicht **Muskoka** genannt. Hierher fuhren die Torontonians schon vor hundert Jahren in die Sommerfrische, hier stehen die teuersten Cottages des Landes. Hier findet man vornehme Resorts mit Parkanlagen und breitem Seeufer, gemütliche Familienhotels, viktorianische Inns und versteckte B & Bs.

Als die ersten Siedler in den 1850er-Jahren in diese Region kamen, fanden sie sie für Landwirtschaft ungeeignet. Die rund 1600 Seen zwischen Huntsville, Gravenhurst und Severn River behinderten zudem die verkehrstechnische Erschließung. Den Freizeitwert der Region erkannte man hingegen schnell. Bald verkehrten die ersten Dampfschiffe auf den Seen. 1875 erreichte die Eisenbahnlinie Gravenhurst und 1886 Huntsville. Wohlhabende Touristen aus Toronto, Kingston und den USA, Komfort in der Wildnis suchend, ließen nicht lange auf sich warten. Grand Hotels wie Windermere House, Deerhurst und Clevelands House wurden eröffnet. 1903 versorgte eine regelrechte Dampfschiffflotte die florierende Ferienregion.

Schließlich beendete das Auto diese romantische Ära. Die Wohlhabenden kommen zwar immer noch in das Seengebiet und haben auch entsprechende Ferienhäuser hier, doch sind die ›Lakelands‹ heute auch für Normalbürger erschwinglich.

Am hübschesten ist die 700-Einwohner-›Puppenstube‹ **Port Carling** 17, die zwischen Lake Rousseau und Lake Muskoka am Indian River liegt. Hier sollte man unbedingt dem in einem Blockhaus untergebrachten **Muskoka Lakes Museum** im Island Park einen Besuch abstatten. Es informiert über die Entwicklung der Region und die glanzvolle Tradition des Bootsbaus, die u. a. die heute unbezahlbaren, *runabouts* genannten Motorboote aus Edelhölzern hervorbrachte (CR 118, Island Park, Mai–Juni Mi–Sa 10–16, So 12–16, Juli–Aug. Mi–Sa 10–17, So 12–16, Sept.–Okt. Mi–Sa 10–16, So 12–16 Uhr, Eintritt frei, Spende erbeten).

Rundflüge mit dem Wasserflugzeug vermitteln einen guten Eindruck dieser Welt aus Seen und Wäldern. Höhepunkt ist jedoch eine klassische Kreuzfahrt mit dem historischen Dampfschiff **»R.M.S. Segwun«** ab

Cottage bei Port Carling im Muskoka-Seengebiet

Gravenhurst oder **Port Carling.** Der sorgfältig restaurierte Oldtimer, ein wahres Schmuckstück aus dem Jahr 1887, verkehrt von Anfang Juni bis Mitte Oktober und bietet 99 Passagieren die nostalgische Atmosphäre aus den Anfängen des Muskoka-Tourismus. Das Angebot reicht von mehrstündigen Sightseeing-Touren bis zu romantischen Dinner-Kreuzfahrten.

... in Kilworthy:
Muskoka Tourism: 1342 Hwy. 11 N., RR2, Tel. 705-689-0660, Fax 705-689-9118, www.muskoka-tourism.on.ca. Hält Kartenmaterial, Hotel- und Restaurantverzeichnisse bereit.

... in Minett:
Clevelands House: 1040 Juddhaven Rd., unweit Port Carling, Tel. 705-765-3171, Fax 705-765-6296, www.clevelandshouse.com. Klassisches Ferienresort am Lake Rosseau, hübsche Zimmer und Cottages, alle Mahlzeiten und die meisten Sportarten inbegriffen. DZ 215 $, Cottage ab 260 $.
... in Port Carling:
Crestwood Inn & Restaurant: 177 Medora St., Tel. 705-765-3743, www.crestwoodinn.ca. Neues kleines Hotel mitten im Städtchen, modern eingerichtete Zimmer, mit Frühstück. DZ 70–120 $.

... in Gravenhurst:
Elements Restaurant, Culinary Theatre & Lounge: Muskoka Beach Rd., RR1, im Taboo Resort, Tel. 705-687-2233, tgl. 17.30–22.30 Uhr. Trendiges *fine dining,* unbedingt Probieren: Penne mit *Chipotle Smoked Chicken*, dazu wie gemalte Sonnenuntergänge über dem Lake Muskoka. Im Culinary Theatre schaut man bei der Zubereitung seiner Bestellung zu und wählt die Zutaten selbst aus. Vorspeisen 9–15 $, Hauptspeisen 22–38 $.

... in Gravenhurst:
Schiffstouren und Dinner Cruises: Muskoka Steamships: 185 Cherokee Lane, Tel. 705-687-6667, Fax 705-687-7820, 1-866-6876667, www.muskokasteamships.com. Dinner Cruises mit dem historischen Dampfschiff »R.M.S. Segwun« ab Gravenhurst oder Port Carling. 38,75 $–72,25 $.

3 Algonquin Provincial Park

Das berühmte Wildnisgebiet liegt eine knappe Autostunde östlich von Huntsville. 1893 gegründet, ist der 7725 km² große Park der älteste und größte unter Ontarios Provinzparks. Benannt wurde er nach den Algonquin-Indianern, die einst in der Region lebten. Die ersten Weißen vor Ort waren Holzfäller, die hier von 1850 an nach den mächtigen Weymouthkiefern suchten, die wegen ihres hervorragenden Holzes begehrt waren. Diese ›Lumberjacks‹ hausten im Winter in entlegenen Camps und fällten die mächtigen Bäume mit Muskelkraft, jede Minute Tageslicht ausnutzend. Die Stämme wurden behauen und im Frühjahr, wenn die Flüsse Hochwasser führten, in Flößen den Ottawa River hinunter bis nach Québec befördert. Während der langen und gefährlichen Fahrt lebten die Holzfäller in primitiv gezimmerten Hütten auf den

Elche oder Indian Summer?
Der Mai ist die beste Zeit zur **Elchbeobachtung.** Die Könige der Wälder verlassen dann ihr Reich, um neben dem Highway 60 das nach der Schneeräumung salzige Wasser in den Straßengräben zu trinken. In den ersten zwei, drei Juniwochen herrschen die sogenannten *black flies* im Park. Moskitoschutzmittel und entsprechende Kleidung sind dann unverzichtbar. Der **Herbst** mit dem *Indian Summer* Ende September/Anfang Oktober ist die ›fünfte‹ touristische Jahreszeit: Die **Laubfärbung,** insbesondere der Ahornbäume, Espen und Roteichen, gehört zum prächtigsten Farbenspiel der Natur nördlich von Neuengland. Kühle Nächte und warme klare Tage ohne Mücken – für viele ist dies die beste Zeit für die lang geplante Kanuwanderung in Ostkanada.

First come, first served ...
Wegen der großen Beliebtheit des Algonquin Provincial Park müssen die Campingplätze sowohl am Hwy. 60 als auch die im Innern des Parks möglichst weit im Voraus gebucht werden. Die Homepage des Parks hilft dabei. Auch die Kanutour mit dem Outfitter und die Zimmer in den Hotels und Lodges im Park sollten frühzeitig reserviert sein.

Flößen, die auf dem St.-Lorenz-Strom zu riesigen ›Konvois‹ anwuchsen. Angesichts des drohenden Kahlschlags wurde der Park gegründet, um den Holzeinschlag zu quotieren und zu regulieren. Bald darauf kamen auch Touristen in das Gebiet, die von Anglerberichten und den Bildern der Group of Seven angezogen wurden (s. S. 50 f.).

Heute ist der Algonquin Park, trotz weiterer – maßvoller – forstwirtschaftlicher Nutzung wieder ein urwüchsiges Wildnisgebiet, mit Laub- und Nadelwäldern, Mooren, Flüssen und oft miteinander verbundenen Seen. Hinzu kommt eine reiche **Tierwelt** mit 40 Säugetier- und 130 Vogelarten. Typische Algonquin-Erinnerungen: das Lagerfeuer am einsamen See, der geisterhafte Ruf des Eistauchers, die Bugwelle eines Bibers an der spiegelglatten Oberfläche. Abends ist mitunter das langgezogene Heulen eines Wolfsrudels zu hören. Dem Paddler bietet sich nicht selten das beeindruckende Erlebnis, hinter einer Flussbiegung auf einen grasenden Elch zu treffen, der gerade seinen riesigen Kopf aus dem Wasser hebt. Auch Bären, Otter, Füchse und Waschbären leben im Park.

Kanuwandern, Paddeltouren und Angeln

Kanuwanderern steht ein Netz von insgesamt 1600 km Kanurouten zur Verfügung. Sie folgen den Seen, Flüssen und Portagen in das urwüchsige, straßenlose Herz des Parks. Dort gibt es zahlreiche kleine, oft sehr reizvoll gelegene Wildnis-Zeltplätze. Die komplette Ausrüstung, einschließlich Kanu und Verpflegung, kann bei Ausrüstern im Park gemietet werden. Für mehrtägige Touren in die Wildnis ist Erfahrung unbedingt notwendig. Wildnis-Neulinge können sich für ein paar Stunden ein Kanu mieten und auf einem der Seen entlang des **Parkway Corridor,** der erschlossenen Zone beiderseits des Hwy. 60, der auf 56 km Länge durch den Süden des Parks verläuft, erste Paddelerfahrungen sammeln. Hier gibt es auch zahlreiche Zeltplätze und Seen mit Badestränden, Wanderwegen und Naturlehrpfaden. Wildnis-Unerfahrene, die tiefer in den Park vordringen wollen, sollten sich einer der von hiesigen Veranstaltern organisierten, geführten mehrtägigen Exkursionen anschließen.

Wandern

Die **Wanderwege** des Parks verlaufen zwar nur an den Randzonen, sind jedoch gleichwohl empfehlenswert. Fast alle beginnen am Highway 60. Zu den schönsten gehören der **Hardwood Lookout Trail** (0,8 km) mit Blick auf den verwunschen daliegenden Smoke Lake, der **Track and Tower Trail** (7,7 km) mit Aussicht auf den Cache Lake, der anstrengende **Centennial Ridges Trail** (10 km) zu spektakulären Aussichtspunkten über den

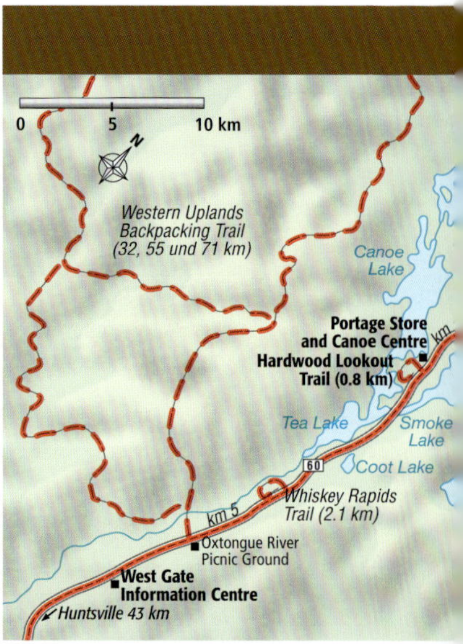

Park sowie der **Booth's Rock Trail** (5,1 km), der an zwei Seen und einem Aussichtspunkt vorbeiführt.

Museen und Galerien

Sehenswert im Park sind auch die Museen und Galerien. Das **Algonquin Visitor Centre** stellt mit Landschaftsmodellen und modernen Displays die Ökologie des Parks vor und zeigt im »Algonquin Room« Gemälde und Kunstwerke, die von der hiesigen Wildnis inspiriert wurden (Hwy. 60, km 43, April–Mai tgl. 10–17, Juni tgl. 10–18, Juli–Sept. tgl. 9–21, Okt. tgl. 10–17, Nov.–Dez. Sa–So 10–16, sonst Sa–So 10–17 Uhr).

Das unweit des Osteingangs in mehreren Blockhütten untergebrachte **Algonquin Logging Museum** erinnert mit Videos und altem Arbeitsgerät an das heute unvorstellbar harte Leben der Holzfäller vor 100 Jahren. Hinter den Gebäuden führt ein kurzer Trail zu einem nachgebauten Camp, wo alte Dampfmaschinen und ein originelles Amphibienfahrzeug, mit dem die gefällten Stämme aus dem weglosen Gelände geschafft wurden, zu sehen sind (20. Mai–9. Okt. tgl. 9–17 Uhr, Eintritt frei). Das neue, neben dem Found Lake an km 20 gelegene **Algonquin Art Centre** zeigt, wie Künstler vergangener Jahrzehnte den Park wahrgenommen haben (Ende Juni–Mitte Okt. tgl. 10–17.30 Uhr, Eintritt frei, Spende erbeten).

Algonquin Provincial Park: Superintendent, Whitney, On, K0J 2M0. Tel. 705-633-5572, Zeltplatzreservierungen Tel. 1-866-668-7275, www.algonquinpark.on.ca, tgl. 9–16 Uhr.

Killarney Lodge: Hwy. 60 (km 32), auf einer kleinen Felsenhalbinsel im Lake of Two Rivers, Tel. 705-633-551, Fax 705-633-5667 (Mai–Okt.), Tel. 416-482-5254, 416-Fax 482-5254 (Nov.–April), www.killarneylodge.com. Luxuriöse Blockhütten und feine Küche. 2-Personen-Hütte pro Person, inkl. zwei Mahlzeiten 159–300 $.
Arowhon Pines: Hwy. 60 (ausgeschildert), Tel. 705-633-5661, Fax 705-633-5795 (Mai–Okt.), Tel. 416-483-4393, Fax 416-483-4429 (Nov.–Apr.), www.arowhonpines.ca. Schönes altes Resort mit eigenem See und ausgezeichneter Küche. DZ inkl. drei Mahlzeiten 220–360 $.

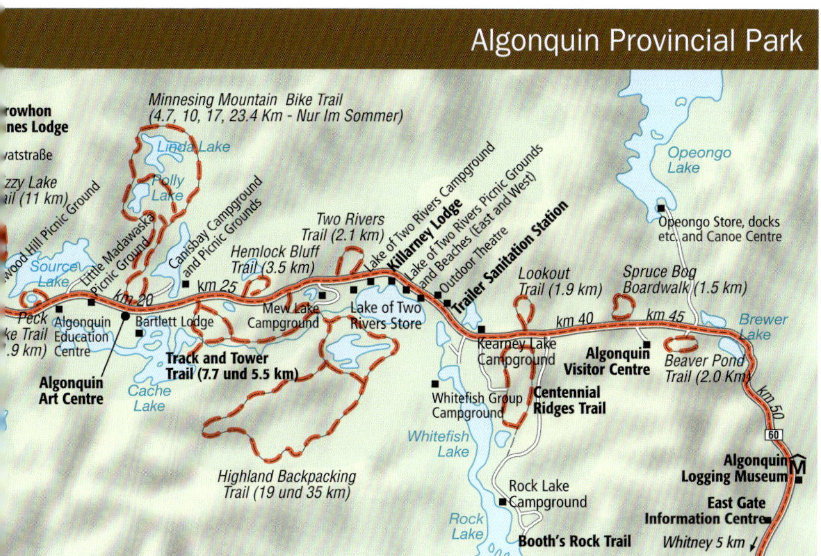

Richtig Reisen-Tipp: Paddeltour im Algonquin-Park

Wir machen alles falsch, was falsch zu machen ist. Vordermann Pascal ist zur Salzsäule erstarrt und presst sein Paddel wie eine Balancierstange vor die Brust. Hinten halte ich mich mit beiden Händen an den Rändern fest. Wir haben ein Problem. Urplötzlich hat sich der Pen Lake von einem ruhigen Anfängersee in ein kabbeliges graues Gewässer verwandelt. Jetzt prügeln halbmeterhohe Wellen auf unser Kanu ein. Wir sind gründlich überfordert. Gischt schlägt über die Kante und klatscht auf die in der Mitte verstauten Packsäcke. Wir sind für drei Tage in der Wildnis ausgerüstet, entsprechend tief liegen wir, entsprechend mulmig ist uns. Unseren Führer Gord Baker haben wir in der Euphorie der ersten Stunde abgehängt.»Paddelt, Jungs, hört bloß nicht auf zu paddeln!« brüllt er jetzt von hinten. Als er endlich zu uns aufschließt, haben wir schon fast mit unserem Leben abgeschlossen. Unser sensibles Gefährt zu wenden haben wir uns nicht getraut, dazu hätten wir Breitseiten – und Kentern – riskieren müssen, was unsere Paddelfähgkeiten überfordert hätte. Breit grinsend legt Gord steuerbord an und stabilisiert damit augenblicklich die Lage. Abends ist Lagerfeuer angesagt. Holz nachlegen, die Feuer stieben hinaus in die sternenklare Nacht. Das Tagwerk ist vollbracht: Die Kanus liegen umgedreht am Ufer, die Lebensmittel hängen – der Bären wegen – in sicherer Entfernung in einem Baum. Unser Lager am Südende des Pen Lake liegt zwischen alten Kiefern auf einem Felsen hoch über dem See.

Nur im Kanu gelangt man tief in den Algonquin Park. Von See zu See wird das ur-kanadische Transportmittel auf den Schultern getragen, ganz in der Tradition der legendären Voyageurs, der frankophonen Pelzhändler, die so einst bis zum Fuß der Rocky Mountains reisten. Unsere erste Portage kommt gleich am nächsten Morgen. 600 m zwischen Pen Lake und Rock Lake wollen zu Fuß bewältigt werden. 600 m mit zwei Kanus und 80 kg Gepäck durch wurzelverkrustetes Terrain! »Das ist noch gar nichts«, grinst Gord und schultert gekonnt sein Kanu, »andere Tragstellen sind viele Kilometer lang und steil wie Hausdächer!« Dann verschluckt ihn der Wald, nur der Rumpf seines Kanus schimmert noch kurz durch das Grün. Wir brauchen für die Portage etwas länger und schwitzen dafür mehr. Doch der Rock Lake entschädigt für alle Strapazen. Die Luft ist klar und zaubert so klare Bilder, dass die fernsehgewohnten Augen schmerzen. Die Farben sind kräftig wie auf den Bildern von Tom Thomson & Co. Glatt und ruhig liegt der See vor uns. Die Fahrt wird zu einem unvergeßlichen Genuß. Das Kanu öffnet die stille, dunkle Oberfläche wie einen Vorhang. Alles, was wir hören, ist das Lied der Paddel im Wasser und das Gurgeln des Sees unter dem Kiel. An einer über 100 Meter hohen Wand zeigt Gord uns prähistorische Felsmalereien.

Abends haben wir eine ganze Insel für uns allein. Ausladen, Zelte aufbauen, Feuer an, Kaffee aufgesetzt: Als wir auf Jean Island landen, sind alle Handgriffe bereits in Fleisch und Blut übergegangen. Anderntags genießen wir ein Kanuerlebnis der ganz besonderen Art. Noch während der Morgennebel in dicken Schwaden über dem Rock Lake liegt, steigen wir in die Kanus und gleiten lautlos auf den See hinaus, vorbei an einem verschlafenen Eistaucher und einem verdutzten Biberpärchen. Schon wenige Meter vom Ufer entfernt hat uns der Dunst verschluckt. Die Sicht reicht nur bis zum Bug, davor verschwimmt Kanada in einem riesigen Weichzeichner.

Der Abschied von Gord Baker fällt uns nicht leicht. Drei Tage miteinander in der Wildnis, das verbindet. Und offenbar haben wir uns dabei nicht allzu dumm angestellt. Denn nächstes Jahr will Gord mit uns den ganzen Park im Kanu machen.

Ein letzter Check der Ausrüstung – dann kann es losgehen

Algonquin Lakeside Inn: 4382 Hwy. 60, Dwight, am Oxtongue Lake kurz vor dem Westeingang, Tel. 705-635-2434, 1-800-387-2244, www.algonquininn.com. Nette Unterkunft, große Zimmer, neuere Cottages. DZ 80–160 $, Cottages für 2 Pers. 130–225 $.

Ausrüstung und Kanutouren: Algonquin Outfitters, RR 1, Dwight, kurz vor dem Westeingang, Tel. 705-635-2243, Fax 705-635-1834, www.algonquinoutfitters.com. Ältester und erfahrenster Ausrüster im Park, hier kann man sich vor dem Trip in den Busch mit allem Notwendigen eindecken oder an geführten Kanutouren teilnehmen.
Voyageur Quest, www.voyageurquest.com, Kontakt: 22 Belcourt Rd., Toronto, Tel. 416-486-3605, Fax 486-3604. Organisierte Hiking- und Kanutouren im Park, z. T. mit Übernachtung in rustikalen Park-Lodges.

Rund um den Severn Sound

Liebliches Land, umspült vom Wasser der südlichen Georgian Bay: Kein Wunder, dass das Gebiet rund um den Severn Sound zu Beginn des 17. Jh. das Kernland der mächtigen Huronenföderation war. Heute ist die Kombination aus historischen Attraktionen und reizvollem Naturschauspiel die Trumpfkarte dieser südlich anschließenden Region.

Georgian Bay Islands National Park

Einen ersten Stopp lohnt der **Georgian Bay Islands National Park** 18. Er ist über den Highway 69 und die Muskoka County Road 5 vom Resortstädtchen **Honey Harbour** aus erreichbar, wo Wassertaxen zu den Inseln übersetzen. Insgesamt 60 Inseln und Inselchen bilden den 24 km² großen Park, den kahle, von Gletschern blankgeschliffene Felsen, windzerzauste Kiefern und einsame Buchten prägen. Die herbschönen Szenen, wie man sie von den Bildern der Group of Seven (s. S. 50 f.) kennt, findet man vor allem im nördlichen Teil von **Beausoleil Island,** der größten Insel des Parks. Hier ragt der rosaschimmernde Granit in Form von Halbinseln in die Bucht. Auf den meisten Inseln kann man gut zelten, gibt es schöne Wanderwege und ideale Bade- und Wassersportmöglichkeiten. Honey Harbour verfügt über mehrere Unterkünfte, Restaurants und Marinas. Mit

Wandgemälde in Midland

dem Wassertaxi kann man sich von hier aus zu den Inseln übersetzen lassen.

Georgian Bay Islands National Park: 911 Wye Valley Rd., Midland, Tel. 705-526-984, Fax 705-526-5939, www.pc.gc.ca/pn/on/georg/visit/visit3_E.as, ganzj. geöffnet, Service Mai–Okt., Erw. 5,45 $, Kinder 2,70 $. Privat betriebene Wassertaxen und der »GBI Day Tripper« des Nationalparks (Juli–Aug., Erw. 16 $, Kinder 12 $) setzen von Honey Harbour aus zu den Inseln über.

... in Honey Harbour:
Blue Water Resort: Tel. 705-756-2454, 1-888-523-2503, www.bluewaterresorts.com. 10 voll ausgestattete Cottages für 2–4 Personen, die meisten mit Grill, direkt am Wasser, auch Zelten ist möglich. Cottage 60–140 $.

Penetanguishene

Penetanguishene 19, vor Ort nur kurz Penetang (gesprochen ›Pientäng‹) genannt, ist zweisprachig. Seine 8500 Einwohner sprechen Englisch und Französisch, und ebenso interessant wie das kulturelle Erbe des netten Städtchens am Südostende der Georgian Bay ist seine Geschichte. Die britische Navy errichtete hier 1817 ein Fort, um ihre Präsenz auf den Großen Seen zu verstärken. Heute sind 15 Gebäude wieder rekonstruiert und der damaligen Zeit entsprechend eingerichtet. Als ›Seeleute‹ und ›Soldaten‹ des britischen Königs kostümierte Guides verleihen dem Ganzen die richtige Atmosphäre.

Hauptattraktion des **Discovery Harbour** sind die historischen Schiffe seiner Majestät, »Bee« und »Tecumseth«, mit denen auch kurze Törns möglich sind (Jury Dr., Tel. 705-

549-2150, Mai–Juni Mo–Fr 10–17, Juli–Sept. tgl. 10–17 Uhr, Erw. 6,40 $, Kinder 4,50 $). Längere Kreuzfahrten durch die Inselwelt der Thirty Thousand Islands lassen sich von ›Penetang‹ aus auch an Bord der **»M.S. Georgian Queen«** unternehmen.

Kreuzfahrten: 30 000 Islands Cruises, Town Dock, Tel. 705-549-7795, www.georgianbaycruises.com. Der weißblaue Ausflugsdampfer »M.S. Georgian Queen« legt im Sommer am Ende der Main Street zu dreistündigen Touren durch das Insellabyrinth ab. Juli–Sept., Erw. 22 $, Kinder 10 $.

Midland

In **Midland** 20, das sich rund um die King Street konzentriert, sollte man noch einen Besuch des **Huronia Museum** einplanen. Es bietet ein kunterbuntes, aber nicht uninteressantes Sammelsurium von Gegenständen aus der Pionierzeit der Region und der Stadtgeschichte. Auch die Galerie mit Bildern der Group of Seven ist sehenswert (s. s. 50 f.). Unbestrittener Höhepunkt ist jedoch das zum Museum gehörende rekonstruierte **Huron-Ouendat Village.** Mit Masispflanzung, Palisaden, Langhäusern und Werkzeugen ist es die originalgetreue Wiedergabe der Umgebung der Huronen zur Zeit der ersten Begegnung mit den Weißen (Little Lake Park, King St., Mai–Juni, Sept.–Dez. tgl. 9–17, Juli–Aug. tgl. 9–18, sonst Mo–Sa 9–17 Uhr, Erw. 5 $, Kinder 4,50 $).

Die großen schönen Backsteingebäude entlang der Main Street zeugen vom einstigen Wohlstand der Stadt um 1900. Holzindustrie, eine Gießerei und Schiffsbau florierten. Heute lebt man zunehmend vom Tourismus und hat sich entsprechend herausgeputzt.

Samuel de Champlain, der Vater Neufrankreichs, erreichte 1615 als erster Europäer das Land der Wendat, die von den Franzosen Huronen genannt wurden. 1639 gründeten die beiden Jesuitenpater Jean de Brébeuf und Gabriel Lalemant unweit von Midland die Missionsstation Sainte-Marie among the Hurons. Da die Wendat sesshafte Bauern waren, versprachen sich die Jesuiten hier den größten Missionierungserfolg – eine Einschätzung, die letztlich das Ende der Huronen bedeuten sollte. Die mit Palisaden befestigte Siedlung war damals der westlichste Außenposten Europas in der Neuen Welt. Handelswaren, Saatgut, Vieh, europäische Nahrungsmittel, Metall, sakrale Gegenstände – alles wurde in Birkenrindenkanus aus dem 1200 km entfernten Québec herbeigeschafft.

Southern Georgian Bay Chamber of Commerce: 208 King St., Tel. 705-526-7884, Fax 705-526-1744, www.southerngeorgianbay.on.ca, 20. Mai–30. Juni tgl. 9–18, 1. Juli–4. Sept. tgl. 9–20, Sept.–Okt. Do–Mo 9.30–18 Uhr. Verschickt u. a. den ausgezeichneten offiziellen Reiseführer der Region.

Little Lake Inn: 669 Yonge St., Tel. 705-526-2750, Fax 705-526-9005, www.littlelakeinn.com. Hübsche Herberge in ruhiger Gegend, von englischem Park umgeben, am Ufer des Little Lake. DZ 125–155 $.
Kings Inn: 751 King St., Tel. 705-526-7744, Fax 705-527-0785, www.kingsinn.ca. Zentral gelegen, Läden und Restaurants wenige Gehminuten entfernt. DZ 55–85 $.

The Riv Bistro: 249 King St., Tel. 705-526-9432, 11–15, 17.30–21.30 Uhr. Mediterrane Küche mit starkem griechischem Akzent, köstliches Spanakopita, leckeres Chicken Bahari. Vorspeisen 5–11 $, Hauptspeisen 12–28 $.
The Ultimate Eatery: 295 King St., Tel. 705-526-0509, tgl. 8–22 Uhr. Einfache Essstube, Treffpunkt der Einheimischen, gut für Sandwiches, Suppen und Salate. 4–12 $.

»Sainte Marie among the Hurons«

Sainte-Marie 21 wuchs schnell. Zur Blütezeit lebten hier rund 60 Weiße, ein Fünftel der europäischen Bevölkerung Neufrankreichs. Von hier aus wurden auch die anderen Missionsdörfer der Region unterstützt. Doch mit wachsendem Wohlstand der Mission nahmen auch die Ablehnung der Weißen und

Streitigkeiten innerhalb der Wendat-Dörfer zu. Europäische Krankheiten wie Masern, Grippe und Blattern wirkten verheerend. Hinzu kam, dass die Allianz zwischen Europäern und Huronen von den Irokesen, den traditionellen Feinden der Huronen, als Kriegserklärung angesehen wurde. Blutige Zwischenfälle häuften sich. Im Sommer 1648 überfielen die Irokesen das Huronendorf St. Joseph. Viele Wendat und der Jesuit Antoine Daniel kamen ums Leben. Sainte-Marie wurde zur Fluchtburg für Jesuiten und ihre missionierten Schützlinge. Weitere Überfälle auf Huronendörfer folgten. Im Frühjahr 1649 wurden Hunderte Wendat sowie die Jesuiten Brébeuf und Lalemant massakriert. Überlebende begruben die Überreste der beiden Priester in Sainte-Marie. Angesichts der vorrückenden Irokesenverbände entschlossen sich die Franzosen zum Rückzug nach Québec. Sie brannten Sainte-Marie nieder, um die Früchte ihrer Arbeit nicht den Irokesen zu überlassen, und flohen auf eine Insel (heute Christian Island), um dort Sainte-Marie II zu etablieren. Ein qualvoller Winter und Hungersnot führte jedoch zur Aufgabe auch dieser Mission. Mit einigen hundert bekehrten Wendat zogen die Jesuiten 1650 schließlich nach Québec. Pater Paul Ragueneau, das geistliche Oberhaupt in den letzten Jahren der Mission, hat in seinen »Jesuiten-Briefen« nach Frankreich das Drama vom Ende Sainte-Maries und den schrecklichen Tod der Märtyrer am Marterpfahl beschrieben.

In den 1940er-Jahren begann die Rekonstruktion der historischen Stätte. Anhand der archäologischen Funde und der Zeichnungen und Berichte der Jesuiten baute man die Missionsstation bis ins kleinste Detail wieder auf. Wie vor über 350 Jahren umschließen heute mächtige Palisaden aus angespitzten Baumstämmen Gemüsegärten, Werkstätten, Lager- und Stallgebäude sowie Behausungen für Missionare und Handwerker. Auch die großen, aus Stämmen und Zweigen gebauten Langhäuser der Wendat wurden nachgebaut. Da seit der Errichtung des Museumsdorfes Wind und Wetter für die Patina gesorgt haben, wirkt die gesamte Anlage verblüffend echt. Der Alltag auf der Station wurde ebenfalls wieder zum Leben erweckt. Im schlichten Quartier der Jesuiten schreiben bärtige Männer in schwarzen Roben mit Federkiel, in den Werkstätten wird gehämmert und geschmiedet. Zur Anlage gehört auch ein hervorragendes Museum, ein Archiv, eine Buchhandlung und ein Restaurant. Vor der historischen Missionssiedlung befindet sich ein modernes Gebäude mit Museum, Vortragssaal, Buchhandlung und Restaurant. Der Besuch der Station beginnt mit einer kurzen audiovisuellen Präsentation. Dann öffnet sich die Wand und man blickt auf die mittelalterlichen Gebäude des Dorfes – der Rundgang beginnt (Hwy. 12, 13 km östl. von Midland, Mai–Okt. tgl. 10–17, Erw. 10 $, Kinder 8,90 $).

Martyrs Shrine

Die insgesamt acht getöteten Jesuiten von Huronia wurden 1925 von Papst Pius XI. als Märtyrer heiliggesprochen. Im Jahr darauf errichtete man zu ihrem Gedenken gegenüber von Sainte-Marie eine Kirche. Der **Martyrs Shrine** wurde zu einem Wallfahrtsort für Amerikas Katholiken. Auch Papst Johannes Paul II. besuchte 1984 auf seiner Kanadareise diese Kirche, von deren Stufen man einen ausgezeichneten Blick auf den blauen Severn Sound hat. Im Martyrs Shrine werden täglich Messen gehalten. Er kann auch besichtigt werden (Hwy. 12, gegenüber Sainte-Marie, tgl. 8.30–21 Uhr, Erw. 3 $, Kinder frei).

Wasaga Beach

Möchte man zum Schluss der Georgian-Bay-Tour noch einmal Strandferien machen, findet man unter den zahlreichen Stränden der **Nottawasaga Bay** sicher den richtigen. Hier am südlichsten Zipfel der Georgian Bay erstrecken sich kilometerweite Dünen- und Strandlandschaften. Beim modernen Badeort **Wasaga Beach** 22 gibt es einen großen Provinzpark mit Campingmöglichkeiten. Nur eine gute Autostunde von Toronto entfernt, liegen hier die Lieblingsbadestrände der Großstädter, und entsprechend lebhaft geht es dort vor allem an den Sommerwochenenden zu.

Vom Lake Ontario zur Landeshauptstadt

Karte S. 182
Cityplan S. 185

Das Nordufer des Lake Ontario, noch immer ländlich geprägt, ist das Herzland des englischsprachigen Kanada: In den rotziegeligen Städtchen am See und am St.-Lorenz-Strom wird noch immer gern der Union Jack gehisst. Großstädter, die es ruhig lieben, finden hier unaufgeregte Fluchtpunkte – zu Lande und zu Wasser.

Nach der Vernichtung der Huronen durch die Irokesen rückten die Ojibwe in diesem Teil Südontarios nach. 150 Jahre lang jagten und sammelten sie in den Wäldern zwischen Lake Ontario und Ottawa, dann wurden sie von englischsprachigen Weißen verdrängt. Die nach der amerikanischen Unabhängigkeit einwandernden Loyalisten überschritten zunächst den St. Lawrence River und setzten sich dann am Nordufer des Lake Ontario fest. Mit dem Bau des Rideau Canal 1826 von Kingston nach Ottawa und des Trent-Severn-Waterway zur Georgian Bay richtete sich ihr Augenmerk landeinwärts: Die kerzengerade wachsenden Kiefern waren ideale Masten für die königlich-englische Navy, das Land idealer Lebensraum für königstreue Amerikaner und Einwanderer aus dem Königreich. Die nächsten 100 Jahre florierte das Gebiet, dann aber zog das aufstrebende Toronto mit Riesenschritten davon. Das alte Upper Canada fiel zurück, und bis heute begegnet der Reisende in den gepflegten Städtchen einer – durchaus angenehmen – Schläfrigkeit, die trotz der erfolgreichen Dezentralisierung der letzten Jahre anhält.

Die schönste Strecke von Toronto nach Ottawa führt am Nordufer des Lake Ontario und des St. Lawrence River entlang. Mit einigen kleinen Abstechern sind es etwa 500 km, für die man sich mindestens zwei Tage Zeit nehmen sollte. Auf halbem Wege bietet sich ein Stopp in der historischen Stadt **Kingston** an. Bei etwas mehr Zeit lohnt auch ein Extra-Tag zur Erkundung der idyllischen Halbinsel **Quinte's Isle.** Gananoque steht für Schiffsausflüge durch die **Thousand Islands,** Morrisburg für das **Upper Canada Village,** eines der besten Museumsdörfer im Osten. Für beide Ziele sollte man jeweils einen halben Tag einplanen. Von Morrisburg nach Ottawa ist es dann nur noch eine knappe Stunde. Toronto verlässt man auf dem Highway 2 East oder dem Highway 401. Bis Port Hope sind beide Strecken wenig reizvoll. Danach wählt man mit dem Highway 2 dann die schönere Route.

Von Toronto nach Quinte's Isle

Die hübschen Kleinstädte **Port Hope** 1 und **Cobourg** 2 sind eingebettet in die Hügellandschaft der Northumberland Hills. Beide wurden um 1800 von britischen Loyalisten gegründet. Besonders Cobourg hat schöne alte Bürgerhäuser aus rotem Backstein und eine attraktive Hafenpromenade mit gepflegten Parkanlagen. Sehenswert ist die **Victoria Hall** im historischen Stadtkern, ein stattliches Gebäude von 1860 mit korinthischen Säulen, einer Kunstgalerie und einer Konzerthalle (55 King St., Mo–Fr. 8.30–16 Uhr, Eintritt frei, Spende erbeten). Ende Juni/Anfang Juli feiert die Stadt während der Highland Games mit traditionellen Wettkämpfen, farbenprächtigen Paraden, Dudelsack-Musik und Kon-

zerten das Erbe seiner schottischstämmigen Einwohner.

Bei **Colborne** und **Brighton** führt der Highway 2 durch Ontarios Apfelgarten mit zahlreichen Obstständen an der Straße. Im gesichtslosen Trenton kann man auf direktem Weg in weniger als zwei Stunden nach Kingston fahren oder den – schöneren – Umweg über den 94 km langen **Loyalist Parkway** (Hwy. 33) nach Quinte's Isle nehmen. Das **RCAF Memorial Museum** auf dem Stützpunkt der Royal Canadian Airforce in **Trenton** 3, seit dem Sommer 2006 mit verdoppelter Ausstellungsfläche, zeigt historische Flugzeuge aus den beiden Weltkriegen (8 Wing Trenton, Mai–Sept. tgl. 10–17, sonst Mo–Fr 10–17 Uhr, Eintritt frei). **Belleville** 4 wiederum, an der Mündung des Moira River in die Bay of Quinte, ist eine alte Loyalisten-Stadt mit vielen viktorianischen Bürgerhäusern.

Wine Tasting
Ein halbes Dutzend Weinbauern produziert auf den kreidehaltigen Böden der Halbinsel wettbewerbsfähige Weiß- und Rotweine. Bei manchen, u. a. **Waupoos Estates Winery,** lässt sich die Weinprobe mit einem ausgezeichneten Mittag- oder Abendessen kombinieren (3016 County Rd. 8, Picton, Tel. 613-476-8338, www.waupooswinery.com).

Quinte's Isle

Beim Örtchen Carrying Place gelangt man nach **Quinte's Isle,** offiziell auch Prince Edward County genannt. Hier führt der Highway 33 über den Murray Canal, der im 19. Jh. die Bay of Quinte mit dem Lake Ontario verband und heute ein beliebtes Revier für Freizeitkapitäne ist. Die Straße schlängelt sich jetzt durch eine liebliche Hügellandschaft mit gepflegten Farmen und kleinen Dörfern. Hin und wieder gleiten Weinfelder vorbei: Quinte's Isle, wo erst seit dem Jahr 2000 Weinreben gepflanzt werden, ist die am schnellsten wachsende Weinbauregion Kanadas.

Das verschlafene **Picton** 5 ist mit ein paar tausend Einwohnern der größte Ort der Halbinsel. Die Bridge Street führt zum kleinen Bootshafen. Im historischen Gerichtsgebäude war John A. Macdonald, Kanadas erster Premierminister, als Rechtsanwalt tätig.

om Lake Ontario nach Ottawa

Die restaurierte St. Mary Magdalene Church von 1825, das liebevoll zusammengetragene Prince Edward County Museum und einige historisch relevante Häuser bilden zusammen den der Regionalgeschichte gewidmeten **Macualay Heritage Park** (Union und Church St., Juli–Sept. Di–So 10–16.30 Uhr, Erw. 4 $, Kinder 2 $).

In Waupoos an der County Road 8 hat man vom 60 m höher liegenden **Lake of the Mountain Provincial Park** einen schönen Blick über die Bucht und Waupoos Island. Ein paar Kilometer weiter bei South Bay bietet das **Mariner's Park Museum** 6 einen Bummel durch die maritime Vergangenheit des County. Zu sehen ist ein hier wiederaufgebauter alter Leuchtturm, Ausstellungen zum Rumschmuggel und eine Karte, die über 50 vor diesen Gestaden liegende Schiffswracks lokalisiert, die heute für Sporttaucher interessant sind. Einsam wird es dann am Ende der Straße zum **Long Point Lighthouse**, wo im Morgengrauen die Fischerboote auslaufen. Auch in anderen Orten, wie z. B. **Ameliasburg**, gibt es kleine Pioniermuseen in restaurierten Gebäuden. Der **Sandbanks Provincial Park** 7 im Südwesten mit schönen weißen Badestränden und riesigen Sanddünen ist ein beliebter Camping- und Picknickplatz.

Mit einer 21 Autos fassenden, halbstündlich verkehrenden Fähre gelangt man auf dem Highway 33 bei Glenora kostenfrei nach **Adolphustown** 8 auf dem ›Festland‹. Hier dokumentiert im United Empire Loyalist Park das Heritage Centre die Rolle der ›Königstreuen‹ in Upper Canada (Mai–Sept. Di–Sa 10–16, Erw. 3 $, Kinder 2 $). Über Sandhurst

Mit den Autoren unterwegs

Upper Canada heute

Port Hope, Cobourg, Brighton: Die Namen erinnern an die alte Verbundenheit mit dem Königreich. Vielfach wird sogar noch der *High Tea* serviert, vor allem in den kleinen Restaurants der meist »Main« oder »King Street« genannten Hauptstraße (s. S.181 f.).

Thousand Islands

Von Kingston oder Gananoque aus durch die **Inselwelt** zu schippern ist ein erholsamer Spaß für die ganze Familie. An Bord werden kleine Snacks gereicht, auf dem Oberdeck kann man sich während der Fahrt auch sonnen (s. S. 187 ff.).

Übernachtung

Der geisterhafte Ruf des Eistauchers kündigt die Nacht an. Wasser plätschert leise um die Behausung. Die vielleicht schönste Art, die Thousand Islands zu erleben, ist die Übernachtung im **Amaryllis House Boat B & B** mitten im Insellabyrinth (s. S. 190).

Altes Upper Canada

Beschaulich, amüsant und informativ zugleich: Das **Upper Canada Village,** wo die Uhren im Tempo der 1860er-Jahre schlagen, verspricht eine erinnernswerte Zeitreise in eine prägende Phase der kanadischen Geschichte (s. S.191).

und Bath führt die Straße am Seeufer entlang, und in weniger als einer Stunde ist man in Kingston.

... in Picton:
Prince Edward County Chamber of Commerce: 116 Main St., Tel. 613-476-2421, Fax 476-7461, www.pecchamber.com, Mai–Juni Mo–Sa 9–17, Juli–Sept. Mo–Mi 9–18, Do–Fr 9–20, Sa 10–16, Sept. Mo–Sa 9–17, Okt.–Nov. Mo–Fr 9–17, Dez.–März Mo–Fr 9–16.30 Uhr.

... in Picton:
Merrill Inn: 343 Main St. E., Tel. 613-476-7451, Fax 613-476-8283, www.merrill inn.com. Historisches Haus von 1870 an schöner Allee, mit preisgekröntem Dining Room. DZ 160–220 $.
Camping:
Sandbanks Provincial Park: RR 1, südwestlich von Picton, Tel. 613-393-3319. Fünf Zeltplätze mit allen Einrichtungen und Einkaufsmöglichkeiten. 15–25 $.

... in Picton:
The Bean Counter Café: 14 Elizabeth St., Tel. 613-476-1718, Mo–Fr 8–20, Sa 8–18, So 9–17 Uhr. Neues Bistro im Stadtzentrum, leichte Mittagsgerichte, hausgemachter Kuchen und Eiscreme. Hauptspeisen 4–10 $, Desserts 3–6 $.

Kingston

9 Die Stadt hat für kanadische Verhältnisse eine lange Geschichte. 1615 erreichte Samuel de Champlain die Region, 1673 gründete Neufrankreichs Gouverneur Frontenac hier an der Mündung des Lake Ontario in den St.-Lorenz-Strom einen Militär- und Pelzhandelsposten. 1678 lief hier Ontarios erstes Segelschiff vom Stapel, und von 1841 bis 1844 war Kingston sogar Hauptstadt von Kanada. Schöne alte Bürgerhäuser und imposante öffentliche Kalksteinbauten im zum Lake Ontario offenen Stadtzentrum erinnern an die kurze Zeit der Universitätsstadt im Rampenlicht.

Sehenswürdigkeiten
1 City Hall
2 Farmers' Market
3 Confederation Park
4 Bellevue House
5 Correctional Service of Canada Museum
6 Fort Henry
7 Marine Museum of the Great Lakes

Übernachten
1 Hotel Belvedere
2 Hochelaga Inn
3 Frontenac Club Inn

Essen und Trinken
4 Le Chien Noir
5 King Street Sizzle Restaurant & Bar
6 Kingston Brewing Company

Vor allem die **City Hall** 1 von 1843/44 im britischen Renaissance-Stil reflektiert die einstige Bedeutung der heute 115 000 Einwohner zählenden Stadt (2162 Ontario St., kostenlose geführte Touren, Mo–Fr 10–16, Sa–So 11–15 Uhr). Hinter dem Rathaus lockt der bunte **Farmers' Market** 2 (Di, Do und Sa 6–18 Uhr). Von den Treppen der säulenbewehrten City Hall blickt man über den schönen Jachthafen hinaus auf den See und sieht die zu den Thousand Islands aufbrechenden Ausflugsdampfer. Dazwischen liegt der **Confederation Park** 3, wo häufig Freiluftkonzerte stattfinden. Hier befindet sich auch das Kingston Tourist Information Office, und hier kann man mit dem **Confederation Tour Trolley**, einem wie ein Straßenbahnwaggon aussehenden Bus, eine 50-minütige Stadtrundfahrt antreten.

Kingston gilt als Museumsstadt – zu Recht, gibt es hier doch insgesamt 17 Museen, Kunstgalerien und historische Stätten. Ein Muss ist **Bellevue House** 4, eine schöne, im mediterranen Stil erbaute Villa aus den 1840er-Jahren und Pilgerziel patriotischer Kanadier. Hier lebte Kanadas erster

Kingston: Cityplan

Premierminister Sir John A. Macdonald. Personal in historischen Kostümen vermittelt einen Eindruck, wie es im Haushalt der Macdonalds-Familie aussah (35 Centre St., April–Okt. tgl. 9–17 Uhr, Erw. 4 $, Kinder 3,50 $).

Zu den vielleicht ungewöhnlichsten Museen des Landes gehört das **Correctional Service of Canada Museum** **5** auf dem Gelände des Stadtgefängnisses. Es beschäftigt sich mit der Geschichte des Strafvollzugs in Kanada und dokumentiert mit von Häftlingen gefertigten Waffen, Fluchtwerkzeugen und verschiedenen Techniken zur Wahrung der Disziplin die interessantesten Facetten des Gefängnisalltags (555 King St. W., Mai–Okt. Mo–Fr 9–16, Sa/So 10–16 Uhr, sonst nach Voranmeldung, Eintritt frei, Spende erbeten).

Unbestrittener Höhepunkt ist das trutzige, auf einer Anhöhe über der Mündung des Cataraqui River liegende **Fort Henry** **6**. Die Festung am Ostrand der Stadt wurde während des Krieges von 1812 errichtet und später verstärkt, um eine amerikanische Invasion abzuwehren, die dann doch nicht stattfand. Man bewundert die prächtigen Shows, wenn Rekruten in scharlachroten Uniformen Britaniens Glanz und Gloria wieder auferstehen lassen – Wachwechsel, Drills und Paraden inklusive. Im Juli und August findet samstags um 19.30 Uhr eine feierliche Sunset-Zeremonie statt, mit Salutschüssen, Trommelwirbeln und Einholen des Union Jack. Offiziers- und Mannschaftsquartiere vermitteln einen Eindruck vom Alltagsleben der Soldaten (Rte. 2, Mai–Okt. tgl. 10–17 Uhr, Erw. 11 $, Kinder 5,70 $; Sunset-Zeremonie Erw. 17 $, Kinder 10 $).

Die Entwicklung der Schifffahrt auf den Großen Seen kann man im **Marine Museum of the Great Lakes** **7** verfolgen – von den Segelschonern bis zu den modernen Massengut-Frachtern. Das Museum steht auf dem Gelände einer alten Werft, wo schon 1790 Schiffe gebaut wurden. Das Trockendock von 1889 wird heute als Marina für Jachten und Sportboote benutzt. Hier liegt auch die 3000 t große **»Alexander Henry«**. Das Museumsschiff diente früher als Eisbrecher und bietet heute neben einem interessanten Museum ein originelles Bed & Breakfast (55 Ontario St., Mai–Okt. tgl. 10–17, sonst Mo–Sa 10–16 Uhr, Erw. 6,50 $, Kinder 6 $).

Britische Tradition auf Fort Henry

Kingston Economic Development Corporation – Tourism Information Office: 209 Ontario St., Tel. 613-548-4415, www.kingstoncanada.com. Hier erhält man Hotel- und Restaurantverzeichnisse und kann schon einmal einen Blick in die Speisekarten vieler Restaurants werfen.

Hotel Belvedere [1]: 141 King St. E., Tel. 613-548-1565, Fax 546-4692, www.hotelbelvedere.com. Elegantes viktorianisches Inn von 1880, mit 22 individuell eingerichteten Zimmern, einige auch mit Kitchenette. DZ 150–220 $.

Hochelaga Inn [2]: 24 Sydenham St. S., Tel. 613-549-5534, www.hochelagainn.com. Viktorianische Prachtvilla mit Türmchen und Veranda, in weitläufigem Garten, stilvoll mit zeitgenössischen Möbeln eingerichtete Zimmer. DZ 115–215 $.

Frontenac Club Inn [3]: 225 King St. E., Tel. 613-547-6167, www.frontenacclub.com. Geschmackvoll dekorierte Zimmer in ehemaligem Bankgebäude, ›mitten drin‹, weitläufiger, lichtdurchfluteter Aufenthaltsraum mit Ledersofas. DZ 100–170 $.

Le Chien Noir [4]: 69 Brock St. 4, Tel. 613-549-5635, Mo–Mi 11–22, Do–Sa 11–23 Uhr. Freundliches Bistro mit allen französischen Bistro-Klassikern auf der Speisenkarte, allen voran Steak mit Pommes und Muscheln. Vorspeisen 5–23 $, Hauptspeisen 17–34 $.

King Street Sizzle Restaurant & Bar [5]: 279–287 King St. E., Tel. 613-544-6226, Mo–

Sa 6.30–23, So 7–23 Uhr. Trendige Fusion Cuisine, reichhaltige Auswahl an Fischgerichten. Vorspeisen 3–12 $, Hauptspeisen 13–29 $.

Kingston Brewing Company [6]**:** 34 Clarence St., Tel. 613-542-4978, Mo–Sa 11–1, So 11.30–1 Uhr. Brauerei und Weinlokal in historischem Gebäude, herzhafte Menüs, gemütliche Terrasse, Führungen durch die kleine Brauerei. Vorspeisen 3–6 $, Hauptspeisen 7–15 $.

Raddampferfahrten: Kingston 1000 Islands Cruises, 1 Brock St., Mai–Mitte Sept., Tel. 613-549-5544, www.1000islandscruises.on.ca. Mit der »Island Queen«, dem Nachbau eines historischen dreistöckigen Schaufelraddampfers, kann man dreistündige Ausflüge durch das Insellabyrinth der **Thousand Islands** unternehmen (s. u.). Daneben werden Touren auf dem Lake Ontario, Hafenrundfahrten sowie Lunch und Dinner Cruises angeboten.

Thousand Islands

Kingston ist das westliche Gateway zu den **Thousand Islands,** einem Gewirr kleiner und kleinster Inseln zwischen Kingston und Brockville im St. Lawrence River. Die Zahl Tausend muss man dabei nicht so genau nehmen, eigentlich sind es über 1700 Inseln, wobei die allerkleinsten, größere Felsbrocken nur, nicht einmal mitgezählt sind. Als südlichste Ausläufer des Kanadischen Schilds bilden sie heute ein von der letzten Eiszeit zurechtgeschliffenes, idyllisches Insellabyrinth, das die einst hier lebenden Cataraqui-Indianer treffend ›Garten des Großen Geistes‹ nannten. Im 19. Jh. entdeckte die städtische Elite sie als Sommerfrische und bedeckte sie – jedem seine Insel – mit meist sehr luxuriösen Cottages. Bis heute sind deshalb bis auf rund zwei Dutzend Inseln, die zum St. Lawrence National Park (s. S. 190 f.) gehören, alle in Privatbesitz. Bei einigen der Cottages handelt es sich jedoch um wahre Paläste.

Bold Castle

Das berühmteste, nie vollendete, ist **Bold Castle** [10] auf Heart Island auf der amerikanischen Seite des Wasserwegs. George C. Boldt, der es vom Tellerwäscher zum Multimillionär und Besitzer des Waldorf Astoria Hotels in New York gebracht hatte, ließ kurz nach 1900 den fantastischen Bau im Stil einer rheinischen Burg mit 120 Zimmern, Zinnen und Türmen als Geschenk für seine Frau bauen. Diese starb jedoch noch vor der Vollendung. Boldt ließ daraufhin die Arbeiten an dem fast fertigen Anwesen einstellen und kehrte nie wieder auf die Insel zurück. 70 Jahre lang war das Bauwerk dem Verfall preisgegeben. Seit 1977 stehen Heart Island und Boldt Castle unter Verwaltung der Thousand Island Bridge Authority, und die Ruine wurde restauriert. Heute ist das ›Schloss‹ eines der Highlights der Inseltouren, wobei jedesmal die Herz-Schmerz-Geschichte des Mr. Boldt erzählt wird (Bootstransfer ab Gananoque s. u.).

Gananoque

Das hübsche 5200-Einwohner-Städtchen **Gananoque** [11] 30 km stromabwärts ist einer der Hauptausgangspunkte für Schiffstouren durch die Thousand Islands. Die **Gananoque Boat Line**, größter und ältester Tourveranstalter vor Ort, führt Exkursionen verschiedener Länge im Programm. In der Fünfstunden-Tour ist auch die Besichtigung von Boldt Castle enthalten (s.o.).

Die Inselwelt der Thousand Islands hat ihren eigenen Lebensstil. So werden in der **Half Moon Bay** auf Bostwick Island unweit Gananoque seit nunmehr 130 Jahren im Sommer sonntagnachmittags um 16 Uhr Freiluft-Gottesdienste auf dem Wasser abgehalten. Von der Felsenkanzel eines natürlichen Amphitheaters hält ein Geistlicher die Predigt für die in ihren Booten versammelte Gemeinde. Die Kollekte wird mit Hilfe von Kanus eingesammelt. In Gananoque beginnt im Übrigen der 38 km lange **Thousand Islands Parkway**, eine das Ufer begleitende Panoramastraße, die immer wieder schöne Blicke auf die Thousand Islands mit ihren Cottages freigibt.

Richtig Reisen-Tipp: Kayaking im Insellabyrinth

Der Veranstalter hat »luxury explorations« versprochen: zwei Tage Kayaking, und übernachtet wird in gemütlichen Inns. Doch ohne Fleiß kein Preis. »Es gibt keinen eleganten Weg, in ein Kajak zu klettern«, spricht Guide Scott Heward aus, was alle denken. Erst das eine Bein, dann den Po, dann das andere, erst dann sitzt man in einem der 17-Fuß-Touring-Kajaks der 1000 Islands Kajaking Company, die Füße gegen Fußrasten gestemmt und dem auf jeden Atemzug reagierenden Sensibelchen unterm Hintern von Herzen misstrauend. Die nächste Lektion dreht sich darum, nicht zu kentern. Nachdem wir auch noch Kurven und rückwärts paddeln gelernt haben, spricht Scott die ersehnten Worte: »Let's go!«

Schnell wird das Wasser kabbelig. Beim Verlassen der Bucht Smuggler's Cove sehen wir eine dunkle Linie an der Wasseroberfläche, die Strömung. Der St. Lawrence River ist hier am engsten, sein Wasser verdreifacht in diesem ›Nadelöhr‹ die Fließgeschwindigkeit. »Ich zuerst«, ruft Scott über die Schulter, dann gleitet er in die Hauptströmung. Sofort versucht sein Kajak die Nase flussabwärts zu drehen, doch souverän bringt Scott sein Gefährt wieder in die richtige Richtung. Die Teil-

Im Thousand Islands National Park

nehmer hingegen brauchen ein paar Schrecksekunden, um sich auf das jetzt nötige Manöver zu besinnen. Während die Strömung die Kajaks umzudrehen droht, paddeln sie hektisch gegen die unfreiwillige Kehrtwende an und driften dabei immer weiter Richtung Flussmitte. Erst als sie mit dem Paddel große Cs ins Wasser malen, stellen sich die Bugspitzen wieder flussaufwärts.

Natürlich zählten die französischen Pelzhändler damals nicht so genau. »Mille-Îles«, darunter verstanden sie «unendlich viele Inseln«, und selbst heute wagen Experten keine genaue Zahl zu nennen. 1700 sollen es insgesamt sein – hält man sich an den von Parks Canada benutzten Maßstab, wonach eine Insel sich erst als solche qualifiziert, wenn auf ihr mindestens zwei verschiedene Pflanzenarten wachsen.

Gemütlich paddeln wir an hundert Jahren Freizeitkultur vorbei. Ein Geschäftsmann aus Colorado hat sich sein palastartiges Sommerhäuschen 17 Mio. Dollar kosten lassen. Andere Cottages integrieren sich so perfekt in den Granit des Kanadischen Schilds, dass nur der Steg sie verrät. Manche sind viktorianische Lebkuchenhäuschen aus der Zeit, als sich die Kosmetik-Königin Helena Rubinstein hier erholte. Inseln der Glückseligen sind sie alle, mit Pier und Bootshaus, von wo aus sie die Verbindung zur Außenwelt halten.

1904 wurde der **Thousand Islands National Park** aus der Taufe gehoben. Er besteht aus 24 Inseln – allesamt herben Schönheiten, auf denen schlanke Kiefern sich an glatten Granit klammern, Blaubeerbüsche wachsen und schöne kleine Buchten zum Landen, Baden und Faulenzen einladen.

Scott steuert Constance an, eine Mini-Insel mit Steg und Picknickbänken. Während wir Kranichen beim Fischen zuschauen und die Hechte unter dem Steg zählen, sorgt Scott für den gebuchten Luxus: Avocado-Salat mit Käseplatte und selbst gebackenem Brot, Fruchtsäfte, frisches Obst. Streifenhörnchen flitzen um den Tisch herum, ein Waschbär wartet in sicherer Entfernung, bis die Luft rein ist. Anderntags zeigt Scott uns die enge Landon Bay. Truthahngeier kreisen über uns, ein paar Dutzend Karpfen lassen sich nicht beim Laichen stören. Scott will weiter, doch bei einem Wasserfall streiken wir. »You're the boss«, grinst er. Und springt mit uns ins kühle Nass.

1000 Islands Kayaking Company: Gananoque, Tel. 613-329-6265, www.1000islandskayakingco.com.

1000 Islands Gananoque Chamber of Commerce: 10 King St. E., Tel. 613-382-3250, 1-800-561-1595, Fax 382-1585, www.1000islandsgananoque.com, tgl. 9–17 Uhr. Verschickt den offiziellen Thousand-Islands-Guide und listet auf seiner Homepage Unterkünfte, Restaurants und Attraktionen.

Gananoque Inn: 550 Stone St. S., Tel. 613-382-2165, Fax 613-382-7912, www. gananoqueinn.com. Das Vorzeigehotel der Thousand Islands liegt unmittelbar am Wasser, bietet schöne Gärten und Zimmer mit Blick auf die Inseln. DZ 130–335 $.
Trinity House Inn: 90 Stone St., Tel. 613-382-8383, Fax 613-382-1599. www.trinityinn.com. Historisches Inn aus rotem Backstein in Sichtweite des Wassers, mit zeitgenössischem Mobiliar des 19. Jh. eingerichtet, opulentes Frühstück, organisiert auch Kajak- und Bootstouren. DZ 100–235 $.

Athlone Inn Dining Room: 250 King St. W. (im Athlone Inn), Tel. 613-382-3822, tgl. 17–22 Uhr. Das Restaurant des viktorianischen Athlone Inn ist bekannt für seine französisch inspirierte Küche. Unbedingt probieren: Seebarsch in Gewürztraminer-Sauce. Vorspeisen 5–8 $, Hauptspeisen 17–28 $.
Casa Bella: 110 Clarence St., Tel. 613-382-1618, Di–Sa 17.30–21 Uhr. Unkonventionelle, von marktfrischen Zutaten geprägte Küche in klassischem Ambiente, zu empfehlen: Karibu in Preiselbeer-Saft. Vorspeisen 8–19 $, Hauptspeisen 10–36 $.

Boots- und Kajaktouren: Gananoque Boat Line, 6 Water St., Tel. 613-382-2144, 1-888-717-4837, www.ganboatline.com. Mehrmals täglich ein- und dreistündige Besichtigungstouren durch die Inselwelt.
1000 Islands Kayaking, Tel. 613-329-6265, www.1000islandskayakingco.com. Wer es sportlich mag, zugleich aber nicht auf ein weiches Bett verzichten möchte, sollte an einer mehrtägigen, geführten Kajaktour von 1000 Islands Kayaking teilnehmen: Übernachtet wird in Inns!

St. Lawrence Islands National Park

Der kleine Ort **Mallorytown Landing** ist Ausgangspunkt für die Erkundung der 24 Inseln und 90 Inselchen des **St. Lawrence Islands National Park** 12. In Mallorytown befindet sich an einem hübschen Badestrand das Besucherzentrum der Parkverwaltung. Dazu gehört auch ein komplett eingerichteter Zeltplatz in der Nähe. Mit weniger als 3,5 km² ist dies Kanadas kleinster Nationalpark. Auf den Georgina- und Grenadier-Inseln wächst die heute sehr seltene Pechkiefer, die früher den Pionieren das Pech für die Abdichtung von Holzbooten lieferte. Auch seltene Tiere wie die Blanding-Wasserschildkröte und die harmlose, bis zu 2,5 m lange Schwarze Rattenschlange kommen hier vor.

Auf elf der Inseln, die sich über einen 80 km langen Flussabschnitt zwischen Kingston und Brockville erstrecken, gibt es Zeltplätze und gute Möglichkeiten zum Picknick, Wandern, Schwimmen und Angeln. Man mietet sich ein Boot oder lässt sich mit dem Wassertaxi übersetzen. Für einen längeren Aufenthalt kann man auch Hausboote chartern. Bootsverleihe und Veranstalter von Exkursionen gibt es in Rockport, Ivy Lea, Gananoque und Mallorytown.

... in Rockport:
Amaryllis Houseboat B & B: Tel. 613-659-3513, www.bbamaryllis.com. Urgemütliche Unterkunft in altem Doppeldecker-Hausboot mitten in den Thousand Islands, Abholung an der Pier in Rockport. DZ 95–125 $.

Morrisburg und Upper Canada Village

Morrisburg 13 verdankt sein heutiges Erscheinungsbild der Vergrößerung des St. Lawrence Seaway und dem Bau eines Staudamms. Als die Wasserstraße 1959 eröffnet wurde, versank ein Teil des alten Morrisburg und mit ihm ein halbes Dutzend weiterer Orte im St.-Lorenz-Strom.

Schon während der Planung des Wasserwegs hagelte es Proteste. Historiker und Heimatpfleger überzeugten die Politiker, dass man die Gebäude, die oft noch aus den ersten Jahren der Besiedlung durch die Flüchtlinge der Amerikanischen Revolution stammten, nicht den Fluten preisgeben dürfte. So begann 1956 die Rekonstruktion eines typischen Loyalistendorfes aus der Zeit um 1860. Man trug ausgewählte Gebäude und Geräte zusammen, in Einzelteile zerlegt oder komplett, restaurierte sie und stellte sie zu einem Museumsdorf zusammen. Auch die Wahl des Ortes in der Nähe von Crysler Farm hat historische Bedeutung. Hier schlugen 1813 britische Truppen und ihre indianischen Verbündeten die zahlenmäßig überlegenen Amerikaner. Heute ist das **Upper Canada Village** 14, 11 km östlich von Morrisburg am Ufer des St.-Lorenz-Stroms, eine der größten Attraktionen Ontarios. Zum Dorf gehören rund drei Dutzend Gebäude, darunter zwei Kirchen, eine dampfbetriebene Kornmühle, eine Sägemühle und zwei Farmen mitsamt Viehzucht und bebauten Feldern. Die über 150 ›Bewohner‹ des Dorfes – Pfarrer, Doktor, Bauern, Handwerker, Küchenpersonal – sind wie im 19. Jh. gekleidet und gehen ihren Tätigkeiten nach. Man kann mit einem Pferdegespann oder per Boot auf dem Kanal durch das weitläufige Gelände fahren. Dabei sieht man, wie Land bestellt und geerntet wird – mit Gerät, das in der Schmiede und vom Schreiner hergestellt wurde. In der mechanischen Spinnerei und Weberei surren und rattern die alten Maschinen. Nebenan grasen die Schafe, die die Wolle dafür liefern. Von der **Schmiede** klingt der helle Klang des Hammers auf dem Amboss, und der Duft frischen Brotes lockt die Gäste in Willards Hotel. Man bewundert das schöne Zinngeschirr in **Cook's Tavern** und schaudert beim Anblick der Operationsinstrumente im **Doctor's Office.** Die von den Farmen des Ortes erzeugten Produkte werden im Restaurant des Dorfhotels und in der Bäckerei verwertet, die hier hergestellten Handwerkserzeugnisse verkauft oder als Auftragsarbeit für andere Museumsdörfer in Ontario gefertigt.

Vier Stunden Zeit sollte man sich auf jeden Fall für diese Zeitreise ins 19. Jh. nehmen (13740 County Rd. 2, Mai–Okt. tgl. 9.30–17 Uhr, Erw. 17 $, Kinder 7,50 $).

Danach gelangt man in einer guten Stunde auf dem Highway 31 nach Ottawa.

Alternativroute: Den Rideau Canal entlang nach Ottawa

Eine andere lohnende Strecke von Kingston in Richtung Ottawa führt entlang des **Rideau Waterway.** Die 200 km lange Wasserstraße verbindet Cataraqui und Rideau River über zahlreiche Seen und Kanäle mit Schleusen. Einst Handels- und militärischer Nachschubweg, ist der Rideau heute hauptsächlich die Domäne von Freizeitskippern. Man muss für diesen Ausflug aber nicht unbedingt ein Boot mieten. Eine gemütliche Tagesfahrt auf den Hwys. 15, 43 und 16 mit Abstechern auf friedlich mäandernden Landstraßen oder eine Radtour entlang des Kanals tut es auch. Verträumte Farmen, kleine Wäldchen, bekannte Gestüte und immer neue, gemütliche Bootshäfen säumen die engen Straßen. An den über 150 Jahre alten, handbetriebenen Schleusen fischen barfüßige Kinder wie auf einer Norman-Rockwell-Zeichnung. Jones Falls, Chaffeys Lock, Newboro und Rideau Ferry sind einige der Schleusenstationen, zu denen County Roads abseits des Highway 15 führen.

In dem netten 9000-Einwohner-Städtchen **Smith Falls** 15 befindet sich das Hauptquartier der Rideau-Canal-Parkverwaltung und das **Rideau Canal Museum**. Hier kann man sich über die interessante Geschichte des Kanals und seiner Schleusentechnologie sowie über die Pionierorte entlang des Kanals informieren (34 Beckwith St. S., Mitte Mai–Mitte Okt. tgl. 10–16.30 Uhr, sonst nach Voranmeldung, Erw. 3 $, Kinder 2 $). Weiter geht es auf dem Hwy. 43 zum schläfrigen, um eine Kreuzung gruppierten Ort **Merrickville** und anschließend auf dem Hwy. 16 über Manotick nach Ottawa.

4 Ottawa

Cityplan S. 194/195

Nicht hinein gewachsen, sondern dazu ernannt, wirkte die kanadische Bundeshauptstadt lange spröde und bemüht. Erst in den letzten Jahren mauserte sie sich zu einer sprühenden kulturellen Metropole. So bietet sie unter anderem die höchste Konzentration internationaler Museen und Galerien im Land.

Selbst für kanadische Verhältnisse ist Ottawa noch jung. Zwar zog Samuel de Champlain, der ›Vater Neufrankreichs‹, schon 1613 den Ottawa River hinauf, doch erst um 1800 begann man mit der Besiedlung und Erschließung der Region, vor allem, um den immensen Holzreichtum zu nutzen. Auch als Colonel John By 1826 mit seinen Royal Engineers eintraf, um hier einen Kanal zu bauen, fand er außer einem rauen Holzfällercamp nur unbewohnte Wildnis vor. Den Krieg von 1812 mit den Amerikanern noch in Erinnerung, wollten die Engländer einen vor amerikanischen Kanonen sicheren Nachschubweg von Kingston zum Ottawa River schaffen. So entstand der 200 km lange **Rideau Canal.**

Very British
Die britische Tradition ist unverkennbar, besonders wenn im Sommer (Ende Juni–Ende Aug.) pünktlich um 10 Uhr das Wachregiment auf den weiten Rasenplatz zwischen den Parlamentsgebäuden marschiert – mit klingendem Spiel, scharlachroten Uniformen und den hohen schwarzen Bärenfellmützen. **Changing of the Guard,** der ›königliche Wachwechsel‹ ist zur unbestrittenen Touristenattraktion geworden. Abends präsentiert eine beeindruckende Ton- und Lichtschau, »Reflections of Canada«, die Geschichte Kanadas auf dem Parlamentsplatz (Anfang Juli–Mitte Sep., s. S. 195 f.).

Bis 1832 zogen sich die Bauarbeiten hin, und Colonel By kümmerte sich nicht nur um den Kanalbau, er errichtete auch die Siedlung Bytown. Da das englische Mutterland dringend Holz benötigte, entstanden dort und am gegenüberliegenden Ufer weitere Sägemühlen, und das kleine Holzfäller- und Kanalarbeiter-Camp, das ab 1855 **Ottawa** hieß, entwickelte sich rasch. Dennoch waren die Kanadier schockiert, als Queen Victoria 1857 ausgerechnet Ottawa zur Hauptstadt der damals aus Upper (Ontario) und Lower Canada (Québec) bestehenden Provinz Kanada ernannte. Victoria kenne Ottawa anscheinend nur von Ansichtskarten, giftete die kanadische Presse damals. Vorausgegangen war dieser Entscheidung ein Kopf-an-Kopf-Rennen zwischen den Mitbewerbern Montréal, Kingston und Toronto um die Hauptstadtwürde. Dass Victoria weise gewählt hatte, zeigte sich jedoch schon wenig später. Denn Ottawa lag nicht nur außerhalb der Reichweite amerikanischer Artillerie, sondern auch, heute wichtiger denn je, genau auf der Grenze zwischen den so oft einander eifersüchtig beäugenden Rivalen Englisch- und Französisch-Kanada.

Heute zählt Ottawa 810 000 Einwohner und ist Mittelpunkt einer Metropolitan Area, in der 1,2 Mio. Menschen leben und zu der auch die Schwesterstadt **Gatineau** auf dem bereits zu Québec gehörenden, gegenüberliegenden Ufer des Ottawa River gehört. Es ist die Hauptstadt des zweitgrößten und dezentralsten Landes der Erde, mit allen Nachteilen, die diese Ehre mit sich bringt. Beispielsweise sorgt die ausladende Geografie dafür, dass der kanadische Normalverbraucher selten über seine eigene Provinz hinausblickt. Und wenn, dann orientieren sich z. B. Vancouverites eher nach Kalifornien und Nova Scotians eher nach Boston als nach Ottawa. Kanadier verfolgen das Treiben der eigenen Provinzregierung weitaus genauer als das der fernen Bundesregierung. Am Pazifik und in den Prärien taucht Ottawa in der Regel nur als Kassierer der – natürlich – als viel zu hoch empfundenen GST *(General Sales Tax)* auf und ist auch deshalb »the city Canadians love to hate«.

Ohne glanzvolle Vergangenheit, galt Ottawa überdies lange Zeit als Mauerblümchen. Das Beste an Ottawa sei der Zug nach Montréal, pflegten Regierungsangestellte zu jammern. In den letzten Jahrzehnten hat die saubere Beamtenstadt dieses Manko jedoch mehr als wettgemacht. Dank großzügiger staatlicher Zuwendungen hat sie sich zu einer grünen Metropole mit hohem Lebensstandard gemausert. Die meisten **Nationalmuseen** des Landes, ein inzwischen akzeptables Nachtleben und ein attraktiver Veranstaltungskalender lohnen jederzeit einen mehrtägigen Aufenthalt. Zugleich ist die Stadt überschaubar geblieben. Wahrzeichen wie der **Parliament Hill,** die größten **Museen** und der **Rideau Canal** sind von den meisten Aussichtspunkten der Downtown sichtbar. Die Gebäude ›wachsen‹ nicht in den Himmel«, und fast alle Sehenswürdigkeiten sind von der Innenstadt aus bequem zu Fuß erreichbar.

Mit den Autoren unterwegs

Ottawa erradeln

Bei einem Extra-Tag im Zeitbudget sollte man es halten wie viele Hauptstädter und in die Pedale treten. Ottawa ist zu Recht stolz auf seine Radwege, die nicht nur Büros und Regierungsämter, sondern auch mehrere Museen und Attraktionen miteinander verbinden (Fahrradverleih s. S. 203).

Wandern und Baden im Gatineau Park

Was gibt es Schöneres, als nach dem Museumsbesuch in einen klaren kanadischen See zu springen? Nur 20 Minuten von Ottawas Downtown entfernt bietet der Gatineau Park feine Sandstrände dazu, und zwar am **Lac La Pêche,** am **Meech Lake** und am **Lac Philippe** (s. S. 202).

Nicht nur Ottawas Regierungsangestellte, auch Touristen atmen auf dem Champlain Parkway im Gatineau Park tief durch. Die beiden schönsten Aussichtspunkte sind der 333 m hoch gelegene **Champlain Lookout** und der **Huron Lookout** in 349 m Höhe. Der Blick von hier aus auf das fruchtbare Ottawa Valley ist vor allem im Indian Summer atemberaubend (s. S. 202).

Übernachten

Kanadas letzte öffentliche Hinrichtung fand hier statt, und hier wurde auch der erste – und bislang letzte – politische Gefangene des Landes festgehalten. Wer im **Ottawa Jail Hostel** übernachtet, schläft in – renovierten, aber noch immer vergitterten – Gefängniszellen und marschiert durch düstere Korridore zum Frühstück. Das etwas andere Schlaferlebnis im sonst so korrekten Ottawa (Adresse s. S. 203).

Confederation Square

Mittelpunkt Ottawas ist der **Confederation Square** **1**. In seinem Zentrum gedenkt das aus einem mächtigen Bogen wachsende, bronzene **National War Memorial** der Kriegstoten Kanadas. Hier steht auch das Grab des Unbekannten Soldaten. Am Confederation Square treffen im Übrigen die beiden Hauptverkehrsadern der Stadt zusammen: die von Süden kommende Elgin Street und die Wellington Street, die große Ost-West-Achse der Innenstadt. Der weitläufige Platz ist ein idealer Ausgangspunkt für einen Stadtbummel zu Fuß. Auch die Stadtrundfahrten mit den

Ottawa: Cityplan

Sehenswürdigkeiten

1 Confederation Square
2 National Arts Centre
3 Parliament Hill
4 Sparks Street Mall
5 Currency Museum
6 Château Laurier Hotel
7 Canadian Museum of Contemporary Photography
8 Ottawa Locks
9 Bytown Museum
10 Rideau Centre
11 Byward Market
12 24 Sussex Drive
13 National Gallery of Canada
14 Nepean Point
15 Rockcliffe
16 Canada Aviation Museum
17 Canadian War Museum
18 Canadian Museum of Nature
19 Canadian Museum of Civilization/ Musée Canadien des Civilisations
20 Gatineau Park

Übernachten

1 Fairmont Château Laurier
2 Lord Elgin Hotel
3 Arc The Hotel
4 Carmichael Inn & Spa
5 Albert House Inn
6 Doral Inn
7 Ottawa Jail Hostel

Essen und Trinken

8 Fishmarket Restaurant
9 Courtyard Restaurant
10 Beckta
11 Luxe Bistro

roten Doppeldeckerbussen starten hier. Strategisch günstig liegt das **Capital Info Centre**, das Stadtkarten und Broschüren verteilt (90 Wellington St., tgl. 8.30–21 Uhr).

An der Südseite des Confederation Square liegt das vielbesuchte **National Arts Centre** 2 mit Opernhaus, Theater- und Konzerthalle. Hier gastieren regelmäßig bekannte kanadische und internationale Ensembles mit Opern-, Tanz- und Theateraufführungen. Neben den Abendvorstellungen finden auf der Terrasse häufig kostenlose Mittagskonzerte und an den Wochenenden kunsthandwerkliche Ausstellungen statt. Die Bewohner Ottawas, statistisch gesehen übrigens hoch gebildet, sind außerordentlich kunst- und kulturbeflissen. Allein drei Symphonieorchester sorgen für einen reichhaltigen Spielplan. Im Sommer wird das Café auf der Terrasse zum Treffpunkt für Künstler und die Studenten der nahe gelegenen Universität (53 Elgin St., Tel. 613-947-7000, www.naccna.ca/splash.htm).

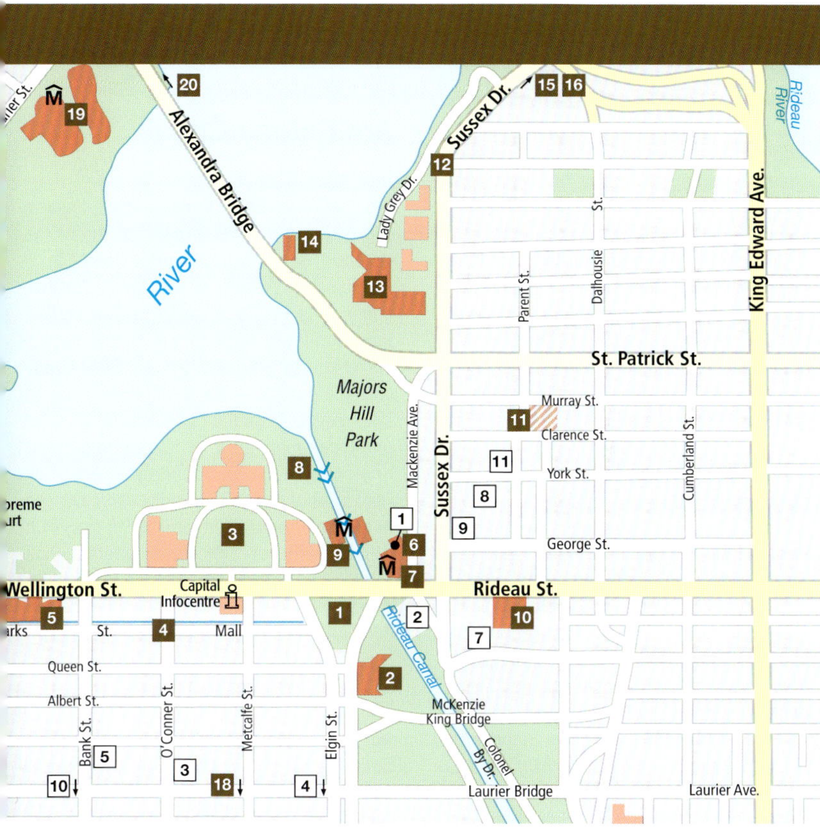

Parliament Hill

An der Nordwestecke des Platzes erhebt sich der **Parliament Hill** 3, wo hoch über dem Ottawa River die Regierungsgebäude stehen. Sie bestimmen die Silhouette der Stadt, und die Städteplaner achten darauf, dass das auch so bleibt. 1860 legte der englische Kronprinz Edward den Grundstein für die drei im ehrwürdigen, neogotischen Stil errichteten Gebäude. 1867 waren East, West und Centre Block fertig, rechtzeitig zur ersten Parlamentssitzung des neu gegründeten Dominion of Canada. Mit ihren Türmen und grünspanbedeckten Kupferdächern erinnern sie an Westminster und den Buckingham-Palast.

Der älteste Teil ist der 1865 vollendete **Ostflügel.** Hier vermitteln vier restaurierte Museumsräume die Atmosphäre zu Zeiten der Staatsgründung. Zu besichtigen sind der Kabinettssaal sowie die Arbeitszimmer des Governor General und der beiden Gründungsväter Sir John A. Macdonald und Sir George Etienne-Cartier. Im **Centre Block** mit dem davorgesetzten, 92 m hohen **Peace Tower** tagt Kanadas Parlament. Das Feuer von 1916 überstand nur der dahinterliegende Kuppelbau der **Parliament Library** mit seinen wunderschönen Holztäfelungen und einer überlebensgroßen Marmorstatue der jugendlichen Queen Victoria. Das Hauptgebäude mit den Sitzungen von Senat und

Abgeordnetenhaus sowie die Parlamentsbibliothek können während der täglichen öffentlichen **Führungen** besichtigt werden. Der Westflügel ist der Öffentlichkeit nicht zugänglich, hier befinden sich die Büros der Abgeordneten (tgl. geführte Touren zu variierenden Zeiten, Buchung im Infozelt zwischen Centre und West Block, tgl. 9–17 Uhr, www.parliamenthill.gc.ca).

Von der **Promenade** hinter den Parlamentsgebäuden bietet sich ein schöner Panoramablick hinüber zur National Art Gallery und auf das andere, bereits zu Québec gehörende Flussufer mit der Stadt Gatineau, dem Museum of Civilization und den grünen Hügeln des Gatineau Parks.

Sparks Street Mall

Parallel zur Wellington Street verläuft die **Sparks Street Mall 4,** ein mit Blumen geschmückter Fußgänger-Boulevard. Neben kühl schimmernden Bankpalästen findet man hier vor allem schicke Modegeschäfte, Antiquariate und Kunsthandwerksläden. Das eigentliche Leben spielt sich jedoch im Freien ab – in Straßencafés, an kleinen Ständen und bei Musikgruppen und Straßenkünstlern. Die Fußgängerzone endet am Place de Ville, einem Komplex mit Hotels, Bürohochhäusern und einem unterirdischen Einkaufszentrum. An der Sparks Street, zwischen Bank und Kent Street, erhebt sich das **Bank of Canada Building.** Zwei Türme aus Glas und Stahl umschließen das ursprüngliche, von Grün umgebene weiße Bankgebäude von 1937.

Im ersten Stock des alten Gebäudes befindet sich das **Currency Museum 5,** das außer der wohl umfangreichsten Sammlung kanadischer Münzen und Banknoten auch mehrere faszinierende Ausstellungen zur 3000-jährigen Geschichte der Zahlungsmittel in allen Erdteilen bietet: von den frühen chinesischen Dynastien, dem alten Rom und der griechischen Zivilisation bis zur amerikanischen Kolonialzeit, von Glasperlen, Muschelschnüren, Walzähnen und mühlsteinförmigem Steingeld bis zu Gold- und Silbermünzen, Noten und Kreditkarten (245 Sparks St., Di–Sa 10.30–17, So 13–17 Uhr, freier Eintritt).

Am Rideau Canal

Château Laurier Hotel

Am Ostende des Confederation Square, gleich neben dem Rideau Canal, thront majestätisch das **Château Laurier Hotel 6,** die kanadische Version eines Loire-Schlösschens. Das 1912 von Canadian Pacific Railways eröffnete Hotel ist bis heute Ottawas vornehmstes und Quartier für Staatsgäste und Königshäupter. Es stammt noch aus der Zeit, als die Eisenbahngesellschaften solch grandiose Hotels für ihr Image bauten und Kosten für heute als überflüssig erachtete Details nicht zu scheuen brauchten. Die großen Zimmer sind im Louis-XV-Stil eingerichtet und bieten besonders in den oberen Stockwerken herrliche Blicke über die Stadt bis zu den sich dunkelgrün vom Horizont absetzenden Gatineau Hills (1 Rideau St., s. S. 202).

Canadian Museum of Contemporary Photography

Auf der gegenüberliegenden Seite des Rideau Canal ist das **Canadian Museum of Contemporary Photography 7** in einem rekonstruierten Eisenbahntunnel untergebracht. Über 160 000 Fotos kanadischer Künstler aus 40 Jahren kreativen Schaffens sind hier zu bewundern (1 Rideau Canal, Mai–Sept. tgl. 10–17, Do bis 20, sonst Mi–So 10–17, Do bis 20 Uhr, Erw. 4 $, Kinder 2 $).

Ottawa Locks

Von der Terrasse des Château Laurier hat man einen schönen Blick auf die Schleusen und Staustufen des Rideau Canal, der hier in den Ottawa River mündet. Im Sommer drängen sich in den Staukammern die Boote der Freizeitkapitäne. Wie vor hundert Jahren werden

Sie überwinden 25 m Höhenunterschied: die Schleusen am Rideau Canal

die alten Schleusen, die **Ottawa Locks** 8, noch immer mit der Hand bedient. Insgesamt werden 25 m Höhenunterschied überwunden. Acht Kilometer zieht sich der Rideau Canal wie ein von Grünanlagen und Café-Terrassen gesäumtes Band durch die Stadt bis zum Dows Lake, wo er in den Rideau River übergeht. Die Parks und hübschen Uferstraßen mit den viktorianischen Häusern sind bei Joggern und Radfahrern beliebt, auf dem Kanal tummeln sich Motorboote und Paddler. Im Winter verwandelt sich der Rideau Canal in die längste Eislaufbahn der Welt. In der grünen Anlage am Fuß der Schleusen steht Ottawas ältestes Gebäude, das Commissariat Building. Dort wurden 1827 die Gehaltslisten der Kanalarbeiter geführt. Heute zeigt hier das **Bytown Museum** 9 Gegenstände aus dem Besitz des Colonel By und der Zeit des Kanalbaus sowie der frühen Stadtgeschichte (Ottawa Locks, April–Mitte Mai Mo–Fr 10–14, Mitte Mai–Mitte Okt. tgl. 10–17, Mitte Okt.–Nov. Mo–Fr 10–14 Uhr, Erw. 5 $, Kinder 2 $).

Rideau Centre und Byward Market

Auf der anderen Seite des Kanals liegt das moderne **Rideau Centre** 10, Ottawas eleganter Einkaufskomplex mit mehreren Kaufhäusern und Boutiquen, Geschäften und Restaurants. Insgesamt sind hier über 180 international bekannte Modenamen vertreten (50 Rideau St., Mo–Fr 9.30–21, Sa 9.30–18, So 11–17 Uhr). Anschließend gelangt man zum ältesten Teil der Stadt um den **Byward Market** 11. Der frühere Stadtmarkt – um ein hangarähnliches Gebäude mit rund 70 Ständen auf zwei Etagen gruppieren sich weitere Läden und Stände – ist bis heute ein Treffpunkt für Einheimische und Auswärtige. Hier gibt es das frischeste Obst und Gemüse, hier kaufen Diplomatenfrauen aus aller Herren Länder ein, mäandern schick gekleidete Pärchen durch die Bistro- und Galerienlandschaft. Doch die Stände und Geschäfte bieten nicht nur Nahrhaftes, dazwischen findet sich auch manch Alternatives, selbst gebastelte Geschenkideen oder handgenähte Leinenhemden zum Beispiel. Nach dem Marktbummel kann man sich in ein Café in einem der gemütlich restaurierten Innenhöfe zurückziehen. An den Tischen hört man Englisch und Französisch – Ottawa ist eine zweisprachige Stadt und entspricht sogar in etwa der demografischen Verteilung des ganzen Landes: 30 % der Bevölkerung sind Franko-, 70 % Anglokanadier (Mai–Nov. Mo–Sa 9–18, So 10–18, sonst tgl. 10–18 Uhr).

Sussex Drive

24 Sussex Drive

Der Sussex Drive ist Ottawas, wenn nicht sogar ganz Kanadas, bekannteste Straße. Denn zwischen Atlantik und Pazifik ist die Adresse **24 Sussex Drive** 12 so bekannt wie 10 Downing Street in London, England. In beiden residiert das jeweilige Staatsoberhaupt, beide sind bewusst bescheiden gehalten – wobei dem amtierenden kanadischen Premierminister noch das Privileg eines eigenen Gartens zuteil wird. Die Nachbarschaft ist im Übrigen nicht die schlechteste. Schräg gegenüber lebt und arbeitet, hinter überwachsenen Mauern, der Governor General, Stellvertreter der Queen in Kanada. Seine prunkvolle, in einem Park liegende Behausung **Rideau Hall** ist im Sommer Ziel kanadischer Schulklassen (Sussex Dr. 1).

Am Sussex Drive, der an der Rideau Street beginnt und dann dem Ottawa River folgt, liegen außerdem einige der besten Museen und Galerien des Landes, die neue amerikanische Botschaft (Nr. 490) und zahlreiche moderne Verwaltungsgebäude. Am Ende führt die Straße kurvenreich ins elegante Diplomatenviertel Rockcliffe.

National Gallery of Canada

Die 1988 eröffnete, von Kanadas Stararchitekt Moshe Safdie entworfene **National Gallery of Canada** 13 beherbergt eine der besten Sammlungen von Skulpturen, Zeichnungen und Gemälden kanadischer Künstler. Unter anderem sind hier die schönsten

Werke der Group of Seven, Emily Carr, David Milne, Paul Kane und Cornelius Krieghoff sowie eine beachtliche Sammlung von Inuit-Kunst zu finden. Auch berühmte Werke europäischer, amerikanischer und asiatischer Künstler werden gezeigt. Dazu kommen ständig spektakuläre Gastausstellungen der weltbesten Museen und Galerien. Ebenso beeindruckend wie die Kunstwerke selbst ist ihre Umgebung – die National Gallery mit ihrer lichtdurchfluteten Domstruktur aus Glas und rosafarbenem Granit, ihren Colonnaden und ruhigen Innenhöfen mit Skulpturen und stilvollen Pflanzenarrangements ist ein architektonisches Juwel. Wunderschön ist auch die in dem modernen Gebäude wiederaufgebaute **Rideau Street Convent's Chapel** von 1888 mit ihren Ornamenten, schlanken Säulen und Spitzbögen. Von der großen, gläsernen Halle mit dem Café bietet sich überdies ein großartiger Blick auf den Ottawa River und die Parlamentsgebäude. Auf dem weitläufigen Vorplatz finden gelegentlich Tanzdarbietungen und andere kulturelle Veranstaltungen statt (380 Sussex Dr., tgl. 10–17, Do bis 20 Uhr, Erw. 6 $, Kinder 3 $). Gegenüber der Nationalgalerie ragen die Doppeltürme der 1890 gebauten **Notre Dame Basilica,** Ottawas ältester Kirche, in den Himmel.

Nepean Point

Neben der National Gallery beginnt ein schöner Spazierweg durch Grünanlagen zum **Nepean Point** **14**. Die Stelle hoch über dem Ottawa River bietet fotogene Aussichten: auf die Alexandria Bridge nach Gatineau (bis 2002: Hull), vor allem aber über die National Art Gallery, deren Glastürme stilistisch die Neogotik des Parlaments zitieren, hinweg zum Parliament Hill, wo die ehrwürdigen Regierungsgebäude über das Schicksal des Riesenlandes wachen. Eine überlebensgroße Statue erinnert an **Samuel de Champlain.** Der Gründer Neufrankreichs kam 1613 hier erstmals vorbei. Visionär schweift sein Blick über den Ottawa River, der ausgestreckte Arm hält – verkehrt herum, wie kundige Historiker spöttisch anmerken – ein Astrolabium. Beide – der Ottawa River, der einst Teil der Kanuroute ins Landesinnere war, und das Navigationsinstrument – symbolisieren die Erschließung Kanadas.

Rockcliffe und Canada Aviation Museum

Hinter der National Art Gallery folgt der Sussex Drive dem Ottawa River stromabwärts. In schneller Folge passiert man mehrere Ministerien, die City Hall und kleinere Parks. Dann beginnt **Rockcliffe** **15**, das prestigeträchtigste Wohnviertel in Ottawa. An den schönen Alleen residieren Diplomaten und hohe Politiker, hier befinden sich die meisten Botschaften der Hauptstadt. Später geht der Sussex Drive in die Rockcliffe Avenue über, die ihrerseits bald den Aviation Parkway kreuzt. Hier liegt der für Sportflugzeuge und kleine Jets ausgelegte Rockcliffe Airport. In einem umgebauten Hangar befindet sich das **Canada Aviation Museum** **16**. Die zu den weltbesten Flugzeugsammlungen zählende Ausstellung – zu sehen sind rund 130 Flugzeuge aus 100 Jahren – pflegt beste kanadische Fliegertradition, beginnend bei den ersten Flugzeugen made in Canada über die Buschpiloten und ihre fliegenden Kisten bis hin zur legendären »Arrow«, einem Düsenjet, der trotz erfolgreicher Testflüge nie in Serie ging (11 Aviation Pkwy, Mai–Sept. tgl. 9–17 , sonst Mi–So 10–17 Uhr, Erw. 6 $, Kinder 3 $).

Canadian War Museum

Vom Parlament aus leicht zu Fuß auf der Wellington Street erreichbar, widmet sich das ebenfalls am Ottawa River gelegene **Canadian War Museum** **17** der Militärgeschichte Kanadas und der Rolle seiner weltweit respektierten Friedenstruppe seit dem Zweiten Weltkrieg. Des Weiteren befassen sich die permanenten Ausstellungen mit all jenen Kriegen, an denen Kanada teilgenommen hat (1 Vimy Place, Mai–Juni tgl. 9–18, Do 9–21, Juli–Sept. tgl. 9–18, Do–Fr 9–21, Sept.–Okt. tgl. 9–18, Do 9–21, Okt.–April Di–So 9–17, Do 9–21 Uhr, Erw. 10 $, Kinder 6 $).

Canadian Museum of Nature

18 Von außen wirkt es altehrwürdig und verstaubt. Drinnen jedoch bietet das 150 Jahre alte und Ende 2006 nach langer Renovierung und Erweiterung auf den neuesten Stand gebrachte Museum im Süden der Stadt naturwissenschaftlich fundiertes und multimedial aufbereitetes Entertainment. Glanzstücke der heiligen Hallen, die über zehn Millionen Objekte aus Fauna, Flora und Geologie beherbergen, sind die rekonstruierten Lebenswelten der Dinosaurier und Mastodons (240 McLeod St., Mai–Sept. tgl. 9.30–17, Do bis 20, sonst Di–So 9–17, Do bis 20 Uhr, 5 $, Sa 9–12 Uhr Eintritt frei).

Gatineau

Am Nordufer des Ottawa River liegt **Gatineau,** das französische Pendant zu Ottawa. Hier ließ sich um 1800 ein gewisser Philemon Wright, ein königstreuer Neuengländer aus Massachussetts, als erster weißer Siedler der Region nieder. Ein Jahrhundert lang träumte das Städtchen Gatineau vor sich hin, bis man schließlich auch ein Stück vom Regierungskuchen forderte. So wurden in den letzten beiden Jahrzehnten einige Bundesministerien in die Provinz Québec ans Nordufer des Ottawa verlegt. Dadurch entstand ein Labyrinth von Regierungsneubauten, das langsam den alten Stadtkern verdrängte. Aber die frankokanadische *joie de vivre* hat überlebt. So findet das **Nachtleben** von Ottawa hauptsächlich in Gatineau statt. Zwar haben sich auch in der Hauptstadt in letzter Zeit immer mehr Discos und Bars angesiedelt, doch ausgelassener ist das Nachtleben selbst nach Angleichung des Zapfenstreichs – seit kurzem auf beiden Seiten des Flusses um zwei Uhr morgens – noch immer in Gatineau.

Canadian Museum of Civilization

Das Gatineau-Ufer des Ottawa River bzw. Rivière Outaouais wird vom **Canadian Museum of Civilization** **19** bzw. **Musée Canadien des Civilisations** dominiert. Seit seiner Vollendung im Juni 1989 ist es eine der Hauptattraktionen der sogenannten Capital Region. Seinerzeit erregten Ausstellungskonzept und Architektur weltweit Aufsehen, und schon im ersten Jahr zählte man über eine Million Besucher.

Hauptthema des Museums sind **Kanadas Ureinwohner,** die abenteuerliche **Pionierzeit** des Landes und seine zahlreichen verschiedenen **Bevölkerungsgruppen.** Architektonisch ist das Museum ein Meisterwerk: Mit seinen eleganten geschwungenen Linien und weichen Rundungen, die wie von Wind und Wasser herausgearbeitet scheinen, fügen sich die Museumsgebäude harmonisch in die Flusslandschaft ein. Um die Verbundenheit

Architektonisches und spannendes Meisterwerk: das Museum of Civilization in Gatineau

von Mensch und Natur zu betonen, integrierte der Architekt **Douglas Cardinal** Symbole und Elemente indianischer Kultur und schuf so eine einzigartige Verbindung von Form und Material. Verwendet wurden überwiegend Naturstein aus Manitoba, darunter auch Kalkstein mit fossilen Einschlüssen, die der aufmerksame Beobachter in der Fassade deutlich erkennen kann. Von der etwas höher gelegenen Eingangsebene bietet sich dem Besucher ein beeindruckender Blick in die mehrere Stockwerke hohe **Grand Hall,** wo vor dem Hintergrund eines düsteren Regenwaldes ein Dorf aus mehreren Langhäusern der Westküsten-Indianer rekonstruiert wurde, komplett mit mächtigen Totempfählen, Masken und anderen Artefakten der Coast Salish, Haida, Nuxalk und Tsimshian. Auch moderne Kunstwerke indigener Künstler sind hier zu sehen. Besonderer Blickpunkt sind die Skulpturen des Nordwestküsten-Indianers **Bill Reid:** Durch eine Glaskuppel fallendes Licht unterstreicht die geschmeidigen Konturen seiner weiß schimmernden Plastik »Chief of the Undersea World«.

In der 17 m hohen **History Hall,** die so groß ist wie ein Fußballfeld, wurden faszinierende Szenen aus der kanadischen Geschichte nachgestellt. Hier ›erlebt‹ man die Ankunft der Wikinger in Neufundland, sieht baskischen Fischern auf einer Walfangstation um 1584 in Labrador bei der Verarbeitung von Waltran zu, besucht eine arkadische Siedlung und erfährt, wie Pelzhändler, Holzfäller und Pioniere an Kanadas nördlicher Grenze lebten – realistischer geht es kaum

(100 Laurier St., Mai–Juni tgl. 9–18, Do 9–21, Juli–Sept. tgl. 9–18, Do–Fr 9–21, Sept.–Okt. tgl. 9–18, Do 9–21, Okt.–Apr. Di–So 9–17, Do 9–21 Uhr, Erw. 10 $, Kinder 6 $).

Gatineau Park

Ansonsten hat Gatineau wenig Sehenswertes zu bieten. Auf jeden Fall sollte man einen Ausflug in den **Gatineau Park** 20 unternehmen. Welche Millionenstadt kann sich schon rühmen, ein 361 km² großes Wildnisgebiet quasi als Stadtpark zu haben? Kaum 20 Minuten von Ottawas Downtown und nur wenige Minuten nördlich von Gatineau entfernt beginnen die insgesamt 165 km langen Wanderwege durch die ausgedehnten Wälder. Manche Trails folgen alten Indianerpfaden. Der Park bietet eine reiche Palette von Freizeitmöglichkeiten: Wandern, Radfahren und Mountainbiking, Schwimmen, Kanufahren und Skilanglauf im Winter auf mehreren hundert Kilometern traumhafter Loipen. Am eindrucksvollsten ist der Park während des Indian Summer, wenn die Ahornbäume in glühenden Herbstfarben leuchten. Man trifft sich am Lake Meech, Lac Philippe oder La Pêche Lake zum Picknick oder genießt vom **Champlain Lookout,** dem steilen Südabbruch des Kanadischen Schildes, den weiten Blick über die fruchtbare, farmenübersäte Ebene des Ottawa River (von Ottawa via Macdonald-Cartier Bridge, dann Hwy. 5, Exit 12 nach Old Chelsea, Schildern folgen).

In dieser typisch kanadischen Wildnis gibt es auch eine historische Sehenswürdigkeit. Am Südrand des Parks liegt am Lake Kingsmere **Mackenzie King Estatev,** das 25 ha große Sommerrefugium des kanadischen Premierministers William Lyon Mackenzie King. 22 Jahre lang, von 1921–1930 und noch einmal von 1935–48, regierte der schrullige Politiker von diesem ›Hafen der Ruhe‹ aus das Land. Seine bekannteste Marotte ist heute die größte Attraktion: Er sammelte Ruinen. Griechische Säulen, Steine vom 1916 abgebrannten Parlament in Ottawa und Stücke des 1941 zerbombten englischen Parlaments umschließen als Ruinengarten das Landhaus. Mehrere schöne Spazierwege durchziehen das idyllische Anwesen, und im Moorside Tea Room kann man Tee oder Kaffee trinken und auch einen kleinen Imbiss einnehmen (Ende Mai–Mitte Okt. Mo–Fr 11–17, Sa/So 11–18 Uhr, pro Auto 8 $).

i **Ottawa Tourism:** 130 Albert St., Suite 1800, Tel. 613-237-5150, 1-800-363-4465, Fax 613-237-7339, www.ottawatourism.ca, Mo–Fr 9–17 Uhr. Hilft bei der Suche und Buchung von Hotels und der Tischreservierung fürs Dinner.

Fairmont Château Laurier 1: 1 Rideau St., Tel. 613-241-1414, 1-800-441-1414, Fax 613-562-7030, www.fairmont.com/laurier/. Schlossähnliches Traditionshotel in bester Lage, schönes Wintergartencafé, große Zimmer mit allem Komfort. DZ 210–360 $.

Lord Elgin Hotel 2: 100 Elgin St., Tel. 613-235-3333, 1-800-267-4298, Fax 613-235-3223, www.lordelginhotel.ca. Ottawas zweite, preiswertere Traditionsherberge, Zimmer im Biedermeier-Stil, gegenüber vom National Arts Centre. DZ 120–200 $.

Arc The Hotel 3: 140 Slater St., Tel. 613-238-2888, 1-800-699-2516, Fax 613-235-8421, www.arcthehotel.com. Minimalistisch, doch in warmen Tönen eingerichtetes Design-Hotel drei Blocks südlich der Sparks Mall, elegante Bar, Fitnessraum. DZ 160–260 $.

Carmichael Inn & Spa 4: 46 Cartier St., Tel. 613-236-4667, 1-877-416-2417, Fax 613-563-7529, www.carmichaelinn.com. Gemütliche Oase unweit Rideau Canal, Massage und Aromatherapie. DZ 150–225 $.

Albert House Inn 5: 478 Albert St., Tel. 613-236-4479, 1-800-267-1982, Fax 613-237-9079, www.albertinn.com. B & B in historischem Queen-Anne-Haus, alle Zimmer in viktorianischem Dekor, gemütliche Lounge mit Kamin. DZ 120–180 $.

Doral Inn 6: 486 Albert St., Tel. 613-230-8055, 1-800-263-6725, Fax 613-237-9660, www.doralinn.com. Gutes Preis-Leistungs-Verhältnis unweit Parliament Hill und War Museum, roter Ziegelbau, große, modern eingerichtete Zimmer, Frühstück. DZ 110–170 $.

Ottawa Jail Hostel 7: 75 Nicholas St., Tel. 613-235-2595, Fax 613-235-9202, www.hihostels.ca, s. auch S. 193. 19–24 $ für Bett im Schlafsaal, Einzelzellen 53–57 $ mit Frühstück.

Ottawas Gastronomie-Szene hat während des letzten Jahrzehnts zu der Torontos und Montréals aufgeschlossen und präsentiert heute eine interessante Auswahl ausgezeichneter Restaurants.
Fishmarket Restaurant 8: 54 York St., Tel. 613-241-3474, Mo–Sa 11–22, So 11–21.30 Uhr. Integraler Bestandteil von Byward Market: Ottawas beliebtestes Fischrestaurant, lebhafte Atmosphäre, solide Küche. Vorspeisen 6–14 $, Hauptspeisen 16–50 $.
Courtyard Restaurant 9: 21 George St., Tel. 613-241-1516, Mo–Sa 17.30–21.30, So 17–21 Uhr. Gepflegt speisen in altem Gemäuer von 1837, auf der Speisenkarte französisch inspirierte Cuisine mit überraschenden Arrangements. Vorspeisen 8–20 $, Hauptspeisen 18–42 $.
Beckta 10: 226 Nepean St., Tel. 613-238-7063, tgl. 17.30–21.45 Uhr. Neuer Szene-Star: Hier beschwört der Chefkoch die einfachen wie einzigartigen Zutaten. Vorspeisen 11–18 $, Hauptspeisen 29–37 $.
Luxe Bistro 11: 47 York St., Tel. 613-241-8805, tgl. 11.30–22.30 Uhr. Mitten in Byward Market, saftige Steaks, italienisch inspirierte, experimentierfreudige Küche. Vorspeisen 8 $, Hauptspeisen 16–33 $.

Die besten Einkaufsmöglichkeiten in der Downtown bietet Ottawa entlang der **Sparks Street Mall** (s. o.) und im **Rideau Centre** (s. o.). Kunsthandwerk, aber auch hochwertige Textilien, Bücher und Elektronikartikel bieten die Shops in **Byward Market.**

Der alte Witz, das Beste an Ottawa sei der Zug nach Montréal, kursiert nicht mehr. Zwar ist das Nachtleben noch immer nicht mit dem Montréals vergleichbar, doch für ein, zwei kurzweilige Nächte reicht es allemal – nicht zuletzt auch, weil inzwischen sowohl in Ottawa als auch in Gatineau um 2 Uhr morgens Schluss ist. Ottawas Kneipen, Musikbars und Diskotheken konzentrieren sich rund um Byward Market und an der Elgin Street.
Barrymore's Music Hall: 323 Bank St., Tel. 613-233-0307. Älteste Music Hall der Stadt, täglich Rock, Blues, Jazz und sogar Pop.
Mercury Lounge: 56 Byward St., Tel. 613-771-0712, Mi–Sa 20–3 Uhr. Jazzschuppen und Kunstgalerie in einem, dazu Tanzfläche.
Bar 56: 56 Byward St. (unter der Mercury Lounge), Tel. 613-562-2384. Martinibar mit 40 verschiedenen Martinis, dazu Tanzfläche, House und Fusion.
Heart & Crown: 67 Clarence St., Tel. 613-562-0674, tgl. 11–2 Uhr. Einer der beliebtesten Pubs der Stadt, mittwochs und samstags Live-Musik aus Irland.

National Arts Centre: 53 Elgin St., Tel. 613-497-7000, Programm und Tickets unter Ticketmaster Tel. 613-755-111. Der kulturelle Fackelträger der Bundeshauptstadt beherbergt drei Auditorien mit 2300, 950 und 350 Plätzen. Das National Arts Centre Orchestra sowie international renommierte Ensembles spielen hier. Modernes und klassisches Theater steht auf dem Spielplan.

Fahrradverleih: Rent-a-Bike, East Arch Plaza Bridge, Tel. 613-241-4140, www.rentabike.ca, 8 $/Std., 4 Std. 20 $.

Flugzeug: Der **Ottawa International Airport** (Tel. 613-248-2000, www.ottawa-airport.ca) liegt am südlichen Stadtrand und wird von Air Canada und verschiedenen US-amerikanischen Airlines angeflogen. Hotelshuttles (Tel. 613-260-2359, www.yowshuttle.com) bringen Besucher in ihre Hotels in der Innenstadt (14 $). Ein Taxi kostet etwa 30 $.
Bahn: Ottawa Station (200 Tremblay Rd., Tel. 613-244-8289, www.viarail.ca) wird von den Zügen der kanadischen Via Rail bedient und durch Busse mit der Innenstadt verbunden.
Bus: Die Central Bus Station (265 Catherine St., Tel. 613-238-5900) bietet Verbindungen nach Westen und Osten.

Von Ottawa zum Lake Superior

Karte S. 204/205

Der Gedanke hat für Enge gewohnte Mitteleuropäer etwas Bestechendes: im Auto quer durch den Kontinent. 2000 der insgesamt 7821 km langen kanadischen Straßenlegende des Trans-Canada Highway (TCH) führen durch die Wildnis des Kanadischen Schilds. Durch Nordontario, wo menschliche Siedlungen wie Inseln fernab der Schifffahrtsrouten wirken und Elche, Bären und Biber hausen.

Ein weißes Ahornblatt auf grünem Grund, darüber der grüne Schriftzug »Trans-Canada« auf weißem Querstreifen: So signalisieren die Verkehrsschilder dem Besucher, dass er Kanadas berühmte Überlandstraße unter den Reifen hat. 1962 eröffnet und 1970 fertiggestellt, verbindet sie die neufundländische Hauptstadt St. John's mit Victoria, der Hauptstadt von British Columbia auf Vancouver Island. Es handelt sich jedoch keineswegs um eine einzige Straße, sondern vielmehr um ein Straßensystem. So spaltet sich in Manitoba der Yellowhead Highway vom TCH ab, um – offiziell weiterhin als TCH, aber mit von Provinz zu Provinz verschiedener Nummer – auf einer nördlichen Route durch die Rockies zum Pazifik zu gelangen. In eine südliche und eine nördliche Route teilt sich der Trans-Canada Highway auch in Ontario. Dies ermöglicht dem Reisenden, die urwüchsigsten, landschaftlich schönsten Regionen Nordontarios auf einer abwechslungsreichen Rundreise zu erleben. Eventuelle Abstecher nicht mitgerechnet, sollte man sich mindestens zehn Tage Zeit für diese Tour nehmen.

Durch das Ottawa Valley

Von der Bundeshauptstadt folgt der Highway 17 zunächst dem Ottawa River durch eine von Weidewirtschaft geprägte Landschaft. Schon bald dünnt der Verkehr aus. Die makellos gepflegten Städtchen begannen fast alle im frühen 19. Jh. als Holzfällersiedlungen. Schon wenige Kilometer hinter Ottawa lohnt es sich, den Highway zu verlassen, um auf den kleineren Landstraßen, die

näher am Fluss verlaufen, diese hübsch altmodischen Gemeinden zu erkunden und sich auf ihren Main Streets die Beine zu vertreten.

Beachburg

Knapp zwei Autostunden nordwestlich von Ottawa liegt **Beachburg** 1, das Rafting-Mekka Ostkanadas. Von Mai bis September bieten hier verschiedene Unternehmen Wildwassertrips mit Schlauchbooten und Kajaks an. Auf geführten Touren können Abenteuerlustige hier jene Stromschnellen meistern, die einst die Indianer und weißen Pelzhändler mit ihren zerbrechlichen Birkenrindenkanus auf strapaziösen Portagen umgingen. Dabei bietet der Ottawa River hinsichtlich Wasservolumen, Fließgeschwindigkeit und Wellenhöhe Bedingungen, die denen der Raftingreviere in den Rocky Mountains nicht nachstehen. Wirklich gefährlich wird es jedoch nicht. Die Bootsführer sind erfahrene Wildwasser-Experten und kennen den Fluss aus dem Effeff. Zudem wird jeder Passagier mit Sturzhelm und Schwimmweste ausstaffiert, und das Wasser ist nicht allzu kalt. Die Rafting-Veranstalter bieten außerdem Verpflegung und Unterkunft in Blockhütten oder Zelten an und haben auch Mountain Biking und Kanufahren im Programm, sodass man hier leicht ein paar Tage Aktivurlaub machen kann (s. Richtig Reisen-Tipp S. 206).

Alternativroute
Von Pembroke bietet sich über die Highways 60 und 62 eine Alternativroute durch den **Algonquin Park** an. Anschließend würde man bei Huntsville auf dem Highway 11 in Richtung Norden fahren und bei North Bay wieder auf den Highway 17 stoßen. Wenn man den Algonquin Park noch nicht besucht hat, ist diese Strecke die landschaftlich reizvollere (Routenbeschreibung s. S. 173 ff.).

Von Ottawa zum Lake Superior

Richtig Reisen-Tipp: Rafting auf dem Ottawa River

Plötzlich geht es wie auf einer Achterbahn abwärts. Das Rauschen ringsherum ist ohrenbetäubend. Gegen das Getöse anbrüllend, erteilen die River Guides letzte Anweisungen. Unten angekommen, hebt eine Gegenströmung die Passagiere von ihren Sitzen und würfelt sie auf dem Boden des Gummifloßes unsanft durcheinander. Dann scheint sich der ganze Fluss über dem Raft zu ergießen. Kein Auge bleibt trocken, aber das ist durchaus so gewollt: Vor der Abfahrt wurden Jeans und Sweatshirts mit dünnen Polyester-Klamotten getauscht und Schwimmwesten, Gummimontur und Schutzhelme angelegt. Nass werden kann man daher ruhig, auch über Bord fallen ist nicht weiter dramatisch: Wie ein Gummipfropfen dümpelt man dann an der kabbeligen Wasseroberfläche, bis man wenige Lidschläge später schon wieder von den erfahrenen River Guides an Bord gehievt wird. Die Raftingtrips auf dem Ottawa River sind ein feucht-fröhliches Vergnügen, und es liegt in der Natur der Sache, dass sich die aus aller Welt kommenden Passagiere angesichts der haarsträubenden ›Gefahren‹ achteraus schnell kennenlernen. Für das leibliche Wohl ist ebenfalls gesorgt: Auf halber Strecke werden Hamburger gegrillt. Wilderness Tours, der größte Veranstalter in Beachburg, bietet dazu weitere Aktivitäten an, u. a. Reiten, Bungee Jumping und Kayaking. Übernachtet wird in Zelten, Jurten und gemütlichen Blockhütten.

Wilderness Tours: Foresters Falls, unweit Beachburg, 503 Rafting Rd., Tel. 613-646-2291, 1-888-723-8669, www.wildernesstours.com.

Pembroke

Hinter Beachburg übernehmen zunehmend Wälder die Regie. Orte wie Pembroke, Petawawa, Chalk River und Mattawa pflegen die Erinnerungen an ihre Holzfällerherkunft in netten kleinen Pioniermuseen.

In **Pembroke** 2 erinnert das **Champlain Trail Museum and Pioneer Village** zudem an ein spannendes Kapitel der kanadischen Geschichte. Samuel de Champlain, der Gründer Neufrankreichs, kam 1615 auf seiner Reise zu den Huronen an der Georgian Bay hier vorbei – damals war der Ottawa ein Teilstück der meistbefahrenen Kanuroute zu den Großen Seen. 1867 fand ein Bauernjunge in der Nähe ein Astrolabium mit der Jahreszahl 1613, das wohl Champlain während einer Portage verloren hatte. Der Entdecker hatte den Verlust in seinem Tagebuch beklagt. Neben einer Ausstellung zur Bedeutung der alten Kanu-Handelsrouten für die Erschließung Kanadas zeigt dieses schöne Museum Gegenstände der Algonquin-Indianer (1032 Pembroke St. E., Juni–Aug. Mo–Fr 9–17, Sa 10–15, So 13–16, Mai Mo–Fr 9–17, Sept.–Mitte Okt. Mo–Fr 9–17 Uhr, Erw. 5 $, Kinder 1 $).

Ottawa Valley Tourist Association: 9 International Dr., Tel. 613-732-4364, 1-800-757-6580, Fax 613-735-2492, www.ottawavalley.org.

Hillside Inn: 638 Pembroke St. E., Tel. 613-732-3616, 1-877-453-8883, www.hillsideinn.ca. Sauberes Motel am Ortsausgang, attraktives Preis-Leistungs-Verhältnis. DZ 50–80 $.

Victoria Rose Tea Room: 193 Victoria St., Tel. 613-732-1213, Mo–Sa 11–16, Fr–Sa Dinner ab 17.30 Uhr. Kreativ Verfeinertes in heimeligem Holz-Backstein-Ambiente. Vorspeisen 4–7 $, Hauptspeisen 15–24 $.

Rafting auf dem Ottawa River ist *die* Freizeitaktivität in diesem Routenabschnitt. Die Wirbel und Stromschnellen mit schaurig-schönen Namen wie ›Butcher's Knife‹ und ›Angel's Kiss‹ ziehen jeden Sommer Zehntausende magisch an. Der beste Veranstalter vor Ort ist **Wilderness Tours** (s. Richtig Reisen-Tipp S. 206).

Von Mattawa nach Sault Ste. Marie

Mattawa

Im Städtchen **Mattawa** 3 (2000 Einw.) zweigt der Ottawa in den nach Westen fließenden Mattawa River ab. 64 km weiter westlich in den Lake Nipissing mündend, war dieser einst der Schlüssel zum unerforschten Westen. Wer dorthin wollte, musste hier durch. Mattawa, ›Treffen der Flüsse‹ auf Ojibwe, sah deshalb so gut wie alles, was im nordamerikanischen Forscher- und Abenteurer-Pantheon Rang und Namen hatte: Samuel de Champlain, Etienne Brulé, Jean Nicolet, Père Jacques Marquette, Lois Joliet, Pierre de la Vérendrye, Simon McTavish, Simon Frasier, Alexander Mackenzie – Namen, denen man in Kanada immer wieder begegnet. Sie erkundeten die Großen Seen, fuhren den Mississippi hinab bis zum Golf von Mexiko und schlugen sich bis zu den Rocky Mountains und zur Beaufort-See durch. Sie alle quälten sich auf dem Mattawa auf knochenbrechenden Portagen an Hindernissen vorbei, die noch heute »portage de mauvaise musique« (›wo einem das Singen verging‹) oder »porte de l'enfer« (Höllentor) heißen. Ihnen und den ihnen gefolgten Holzfällern gedenkt das **Mattawa & District Museum** am Explorer's Point (285 First St., Juli–Aug. tgl. 10–20 Uhr, Erw. 1,50 $, Kinder 1 $). Einigen von ihnen, den unverwüstlichen Voyageurs, widmet sich etwas westlich von Mattawa das **Voyageur Heritage Centre** im Samuel de Champlain Provincial Park (tgl. 9–17 Uhr).

North Bay

Rund 60 km hinter Mattawa kommt **North Bay** 4 in Sicht. Die bereits frontier-mäßig wirkende Stadt am Lake Nipissing ist Knotenpunkt der Highways 11 und 17 und mit 54 000 Einwohnern das urbane Zentrum der »Ontario's near North« genannten Region. Ein Ring aus Shopping Malls und Parkplätzen scheint den historischen Kern zu ersticken,

Mit den Autoren unterwegs

Hiking

Kanada wie gemalt erlebt man auf den Trails durch den **Killarney Provincial Park.** Kein Wunder: Der Park inspirierte einst die Maler der Group of Seven und sieht bis heute Hiker mit Staffelei auf dem Rucksack auf seinen Wegen (s. S. 209).

Die kanadischsten Museen

Hartgesottene Pelzhändler, wagemutige Buschpiloten, abgehärtete Holzfäller: urkanadische Themen alle miteinander. Im **Mattawa and District Museum** (s. l.), im **Canadian Bushplane Heritage Centre** (s. S. 211), auf der **Fort William Historical Farm** (s. S. 214) und im **Lake of the Woods Museum** (s. S. 217) werden sie meisterhaft behandelt.

Picknicken

Besonders schön ist der Zwischenstopp mit Sandwich und Kaffee in der sandigen, von steilen Felswänden umgebenen **Old Woman Bay.** Nebenbei mag man sich dort von der Eiseskälte des Lake Superior überzeugen (s. S. 211).

Schönste Sauna

In der Gartensauna des **Rossport Inn** erholt man sich am besten vom langen Tag auf dem Trans-Canada Highway (s. S. 214).

Innehalten

am **Terry Fox Monument** am Ortseingang von Thunder Bay (s. S. 214).

Öko-Herberge

Die **Cree Village Ecolodge** in Moosonee ist nicht nur ein ökologisch arbeitendes Hotel, sondern auch eine Begegnungsstätte zwischen Rot und Weiß (s. S. 221).

Bilderbuch-Kanada im Killarney Provincial Park

aber noch ist die alte Main Street zwischen Cassell und Fischer Street mit den mit falschen Fassaden versehenen Frontier-Häusern eine hübsche Erinnerung an die Pionierzeit des 19. Jh. Auch die Lage am ausgedehnten Lake Nipissing versöhnt das Auge. Der 775 km^2 große See lag einst auf der Kanuroute nach Westen. Wo bis dahin Trapper und Indianer Felle getauscht hatten, stellten 1882 weiße Siedler die ersten Häuser auf den felsigen Boden. Heute dient der See dem Plaisir: Die »**Chief Commanda II**«, ein moderner Ausflugskatamaran, sticht im Sommer zu schönen Exkursionen in See. Dabei werden auch während des Pelzhandels bedeutende Orte besucht, darunter der Oberlauf des French River und ein Indianerdorf (King's Landing, Memorial Dr., Tel. 705-494-8167, 1-866-660-6686, www.chiefcommanda.com, diverse Kreuzfahrten, Mai–Sept., 16–50 $). Im **Discovery North Bay** (vormals: North Bay Area Museum) kann man sich über die Eisenbahn- und Forstgeschichte der Region informieren (100 Ferguson St., Mo–Fr 9.30–16.30, Sa 10–16.30 Uhr, 6 $).

i **Ontario's Near North:** 1375 Seymour St., Tel. 705-474-6634, Fax 705-474-9271, www.ontariosnearnorth.on.ca. Hilft bei der Planung eines Aufenthalts und verschickt den offiziellen »Adventure Guide«.

Das Unterkunftsangebot ist in Nordontario merklich ausgedünnt. Funktionale Hotels und Motels bestimmen das Angebot.

Sunset Inn: 641 Lakeshore Dr., Tel. 705-472-8370, 1-800-463-8370, www. sunsetinn.ca. Gemütliche Herberge im Blockhausstil, mit Suiten und privaten Hütten am Seeufer. DZ 170–300 $ inkl. zwei Mahlzeiten.

100 Georges: 246 First Ave., Tel. 705-476-2666, Mo–Di 11.30–23, Mi–Sa 11.30–14 Uhr. Kreative Pasta- und Fleischgerichte in jazzigem Ambiente, zubereitet mit dem frischesten Gemüse der Stadt. Vorspeisen 4–10 $, Hauptspeisen 17–34 $.

Wildnistrips: Das menschenleere Nordontario ist ein Mekka für Hiker, Camper, Angler und Jäger. Dutzende professioneller Veranstalter, sogenannter Outfitter, bieten hier ihre Dienste an. Bei ihnen kann man seine Ausrüstung vervollständigen, Blockhütten mieten und geführte Paddeltou-

ren oder Angeltrips buchen. Die meisten Outfitter sind Mitglieder der **Northern Ontario Tourist Outfitters Association** (NOTO) in North Bay. Erste Informationen über den geplanten Trip in die Wildnis können bei ihr eingeholt werden (NOTO, 386 Algonquin Ave., North Bay, Ontario P1B 4W3, Tel. 705-472-5552, Fax 705-472-0621, www.noto.net).

Abstecher zum Killarney Provincial Park

Beiderseits des Trans-Canada Highway liegt eine für den Kanadischen Schild typische Landschaft: unzählige Seen, vom Gletschereis glattgehobelte Granitbrocken, Sandbuchten, Kiefernwälder mit Blaubeerfeldern und lichter Mischwald. Am fotogensten präsentiert sich dieses Stück Bilderbuch-Kanada im **Killarney Provincial Park** 5. Das größtenteils auf einer in die Georgian Bay ragenden Halbinsel liegende Schutzgebiet gilt als Ontarios Kronjuwel unter den Provincial Parks und wird auf dem in der Industriestadt Sudbury vom TCH abzweigenden Highway 69 (später: Hwy. 537) erreicht. Roter, von weißem Quarzit durchzogener Granit und das allgegenwärtige Blau der Georgian Bay charakterisieren diesen Park, dessen Gründung 1964 von A.Y. Jackson initiiert wurde. Der Maler, vormals ein Mitglied der Group of Seven, hatte auf den spärlich bewaldeten Bergrücken mit den herrlichen Vistas seine Inspiration gefunden. Wölfe, Schwarzbären, Biber und Elche sind hier leichter zu sehen als in den Laubwäldern weiter südlich. Am Ende des quer durch den Park zur Georgian Bay strebenden Highway 537 liegt der Flecken **Killarney** 6. Bildhübsch und auf roten Granit gebaut, heißt das 400-Seelen-Nest Luxusjachten, Hiker und Naturfotografen willkommen.

Killarney Mountain Lodge: 3 Commissioner Rd., Tel. 705-287-2242, Fax 705-287-2691, www.killarney.com. Schöne alte Lodge auf dem Felsenufer der Georgian Bay. Zimmer im Haupthaus und in gemütlichen Chalets, Restaurant. DZ 100–210 $.
The Sportsman Inn: 37 Channel St., Tel. 705-287-2411, Fax 705-287-1003, www.sportsmansinn.ca. Legere Unterkunft für jüngere Reisende, unmittelbar an Killarneys Marina, Kanuverleih, jovialer Pub im Haus. DZ 95 $.
Camping:
George Lake Campground: im Killarney Provincial Park, Tel. 705-287-2900, www.ontarioparks.com. Campingplatz mit allen Einrichtungen.

Canoeing: Killarney Outfitters: Tel. 705-287-2828, www.killarney.com. Ein- und mehrtägige Paddeltouren. Das Killarney vorgelagerte Gewirr aus Granitinseln und die extrem zerlappte Küste des Killarney Provincial Park gehören zu den fotogensten Paddelrevieren im Osten Kanadas. Wildniserfahrene Besucher können auch Kanus oder Kajaks mieten und auf eigene Faust lospaddeln.

Sault Ste. Marie

7 Die älteste Stadt Ontarios wurde 1668 von französischen Jesuiten beiderseits des Lake Huron und Lake Superior verbindenden St. Mary's River gegründet. Ende des 18. Jh. errichete die Northwest Fur Trading Company

hier einen Pelzhandelsposten. Schon damals baute man einen Kanal, um die Stromschnellen des Saint Mary's River zu umgehen, und schuf damit die erste schiffbare Verbindung zwischen den beiden Seen. Das moderne Sault Ste. Marie, hier nur kurz »The Soo« genannt, ist mit 75 000 Einwohnern wirtschaftlicher Mittelpunkt der Region und mit der gleichnamigen, erheblich kleineren Schwesterstadt auf amerikanischer Seite durch eine Brücke verbunden. Heute ebnen fünf mächtige Schleusen den großen Erz- und Getreidefrachtern aus Thunder Bay und dem amerikanischen Duluth den Weg nach Toronto, Montréal und zum Atlantik. An die 12 000 Schiffe sind es jedes Jahr: Der Anblick riesiger, über die Häuser ragender Ozeandampfer gehört zum Stadtalltag. Die Schleusen, die **Sault Locks,** sind folglich die Hauptattraktion der Stadt. Die Dampferfahrt mit der »Chief Shingwauk« durch die bis zu 77 m langen und 15 m breiten Kammern gehört zu den Höhepunkten eines Nordontario-Trips.

Ermatinger/Clergue Heritage Site

Das **Ermatinger Old Stone House,** Kanadas ältestes Steinhaus westlich von Toronto, wurde 1814 für den wohlhabenden Pelzhändler Charles Ermatinger und seine Frau Manonowe, Tochter eines Ojibwe-Häuptlings, gebaut. Der aus der Schweiz gebürtige Ermatinger war bekannt für seine Gastfreundschaft, in deren Genuss u. a. auch der berühmte Frontier-Maler George Catlin kam. Das Haus ist im Stil des 19. Jh. eingerichtet, eine kleine Ausstellung informiert über das Leben der Ermatingers und den Pelzhandel.

Richtig Reisen-Tipp: Die Algoma Central Railway – Mit dem Zug durch die Wildnis

Der interessanteste Ausflug in ›The Soo‹ ist die neunstündige Fahrt mit der Algoma Central Railway in den Agawa Canyon. Die Bahn fährt über steile Trassen und aus Holzstreben konstruierte Brücken. Die kühnste dieser *trestle bridges,* wie die hohen Holzbrücken heißen, schwingt sich in 40 m Höhe über den Montreal River. Die Bahnlinie ist der einzige Zugang zu diesem beeindruckenden Wildnisgebiet mit dichten Wäldern, Schluchten, Seen und Wasserfällen. Dies ist die klassische Landschaft des Kanadischen Schildes: raue Felsformationen, dominiert von Weißrindenkiefern, Schwarzfichten, Birken, Zucker- und Rot-Ahorn.

Nach 160 km Fahrt beginnt der Zug seinen Abstieg in den 152 m tiefen **Agawa Canyon** 8. Dort angekommen, hat man zwei Stunden Zeit für ein Picknick am idyllischen Ufer des kleinen Flüsschens, kann sein Anglerglück versuchen, Wanderungen auf einem Nature Trail oder zu den Otter-Creek-, Black-Beaver- und Bridal-Veil-Wasserfällen unternehmen. Besonders schön ist diese Fahrt im Herbst, wenn die Wälder in spektakulären Farben leuchten. Dazu sollte man lange im Voraus reservieren. Im Winter fährt der »Snow Train«. Tief verschneit wirkt die Landschaft nicht minder beeindruckend.

Eisenbahnfans, denen der eintägige Ausflug nicht reicht, können auch eine zweitägige Tour über die gesamte 480 km lange Strecke mit Übernachtung in Hearst am Ende der Linie buchen.

Die herbe Schönheit dieser Landschaft wurde übrigens zwischen 1918 und 1923 von den Malern der Group of Seven in vielen Bildern festgehalten (s. S. 50 f.). Damals mieteten sich die Landschaftsmaler Lawren Harris, A. Y. Jackson, Frank Johnston, J. E. H. MacDonald und Arthur Lismer einen als Wohnwagen und Studio umgerüsteten Eisenbahnwaggon.

Algoma Central Railway: 129 Bay St., Sault Ste. Marie, Tel. 705-946-7300, Fax 705-541-2989, www.agawacanyontourtrain.com.

In einem dämmrigen Kellerraum baumeln Pelze von Biber, Wolf und Fuchs von der Decke – als ob Ermatinger sie gerade erst dorthin gehängt hätte. Im Tausch für Pelze erhielten die Ojibwe europäische Waren: Gewehre und Munition, Stoffe, Glasperlen, Kämme, Äxte und Töpfe. Auf dem Gelände ist auch das **Clergue Blockhouse,** das Haus des Industriepioniers Francis Clergue, zu besichtigen (831 Queen St. E., Juni–Sept. tgl. 10–17, Mitte April–Ende Mai Mo–Fr 10–17, Okt.–Nov. Mo–Fr 13–17 Uhr, Erw. 5 $, Kinder 3 $).

Canadian Bush Plane Heritage Centre

Das Leben in der kanadischen Wildnis, die auch in Sault Ste. Marie gleich hinter dem letzten Haus beginnt, wäre bis heute nicht denkbar ohne die mutigen Buschpiloten in ihren ›fliegenden Kisten‹. Dieses herrliche, in einem alten Hangar am St. Mary's River untergebrachte Museum feiert beide mit einer liebevoll inszenierten Ausstellung, die sich zudem auch der Waldbrandbekämpfung aus der Luft widmet (50 Pim St., Mitte Mai–Mitte Okt. tgl. 9–16, Erw. 10,50 $, Kinder 2 $).

Algoma Central Railway

Die für viele jedoch schönste Attraktion der Stadt führt wieder aus ihr heraus. Die Tagestouren mit der Algoma Central Railway in den nördlich der Stadt liegenden Agawa Canyon sind bei Alt und Jung gleichermaßen beliebt (s. Richtig Reisen-Tipp S. 210).

i **Sault Ste. Marie Chamber of Commerce:** 334 Bay St., Tel. 705-949-7152, Fax 705-759-8166, www.ssmoc.com, Mo–Fr 9–17 Uhr. Äußerst informative Homepage.

Algoma's Water Tower Inn: 360 Great Northern Rd., Tel. 705-949-8111, Fax 945-7607, www.watertowerinn.com. Modernes Hotel mit Pool und Sauna, Restaurant. DZ 110–180 $.

Camping:

Sault Ste. Marie KOA: Hwy. 17, 8 km nördl. der Stadt, Tel. 705-759-2344. Geheizter Pool, auch Hütten können gemietet werden.

Die Speisenkarten bieten im Norden nur wenig Innovatives. Deftige, kalorienreiche Hausmannskost ist hier am populärsten. Allerdings: Ausnahmen bestätigen die Regel.

A Thymely Manner: 531 Albert St. E., Tel. 705-759-3262, Mo–Do 17.30–22, Fr–Sa 17.30–23 Uhr, So geschl. Treffpunkt der hiesigen Gourmets: Unkonventionelle Küche mit italienischem Akzent und Zutaten aus der Region. Vorspeisen 7–16 $, Hauptspeisen 18–41 $.

The Steamy Bean Coffee Co.: 357 Great Northern Rd., Tel. 705-253-9690, tgl. 7–20 Uhr. Restaurat und Internet-Café, Sandwiches, Suppen, Shakes, Säfte. 5–15 $.

Richtung Thunder Bay

Von Sault Ste. Marie geht es weiter zum Lake Superior. *Gitche Gumee,* ›Großes Wasser‹, nannnten die Ojibwe den größten der Großen Seen. Mit über 80 000 km^2 ist der Lake Superior zudem der größte Binnensee der Welt. Und der unberechenbarste: Die Zahl der auf ihm untergegangenen Schiffe ist Legion. Sein nicht minder wildes Nordufer, eine ruppige, von Gletschern, Vulkanen und Erdbeben geformte Küstenlinie, erstreckt sich von Sault Ste. Marie bis zum 700 km bzw. acht Autostunden entfernten Thunder Bay. Oft zwingen Felsen, die zu groß waren, um gesprengt zu werden, den Trans-Canada Highway zu Umwegen landeinwärts.

Lake Superior Provincial Park

130 km hinter »The Soo« beginnt der **Lake Superior Provincial Park** 9. Der TCH führt auf 80 km Länge durch dieses insgesamt 1600 km^2 große Areal und präsentiert bereits in Straßennähe zahlreiche landschaftliche Höhepunkte, darunter die schroffen, von Nadelwald bestandenen Uferklippen rund um **Old Woman Bay:** Picknick oder Campen sind an mehreren Plätzen im Park möglich. Die Parkverwaltung befindet sich am Nordrand des Parks in dem kleinen Nest **Wawa** 10. Hier können Trailkarten zu Wander- und Paddelrouten sowie Infos zur Fauna und Flora des

Parks eingeholt werden. Knapp zwei Kilometer hinter dem Agawa-Bay-Aussichtspunkt stellen alte indianische Felszeichnungen Elche, Bären, Fische und Kanus dar. In Wawa befindet sich auch das regionale **Tourism Information Centre,** durch die riesige Stahlskulptur einer Kanadagans ist es leicht zu finden. Wawa heißt ›Wildgans‹ auf Ojibwe (Tel. 705-856-2284, www.ontarioparks.com). Das Gebiet um den Ort White River mit seinen Urwäldern, Sümpfen und Seen gilt als ideales Revier zum Jagen und Angeln.

... in Wawa:
Mystic Isle Motel: Trans-Canada Hwy., Tel. 705-856-1737, 1-800-667-5895, www.mysticisle.com. Schönes Motel mit Seeblick. Geräumige, in warmen Farben dekorierte Zimmer. DZ 70–85 $.

Pukaskwa National Park

In den **Pukaskwa National Park** 11 führt allerdings keine Straße. Das knapp 1900 km² große Gebiet kann nur zu Fuß oder mit dem Kanu erschlossen werden und erfordert Wildniserfahrung. Im Auto ist nur das kleine Besucherzentrum am nördlichsten Zipfel des Parks, in **Hattie Cove,** via Route 627 von Marathon aus erreichbar (tgl. Juni–Anfang Sept.). Dort gibt es einen Campingplatz, und man kann von hier aus auf verschiedenen Tagestouren zumindest einen Eindruck von der wilden Küstenlandschaft bekommen. Der einzige längere Trail ist der 60 km lange **Coastal Trail.** Er beginnt ebenfalls bei Hattie Cove und arbeitet sich durch die boreale Küstenwildnis südwärts bis zum Swallow River. Wildniserfahrung, gute Kondition und Improvisationstalent sind für diese einwöchige Tour unbedingt notwendig (Pukaskwa National Park, Heron Bay, Tel. 807-229-0801, www.pc.gc. ca/pn-np/on/pukaskwa/).

Quimet Canyon und Sleeping Giant Provincial Park

Bis zum 200 km entfernten Thunder Bay lohnen noch zwei Naturschauspiele einen Zwischenstopp. Zuvor sollte man jedoch kurz hinter Terrace Bay bei den **Aguasabon Falls** 12 aussteigen. Von einem Aussichtspunkt hat man einen schönen Blick auf die schäumenden Wasser, die durch eine enge Schlucht in den Lake Superior fließen. Falls Thunder Bay nicht mehr vor Einbruch der Nacht erreicht wird, sollte man in **Rossport** 13 übernachten. Der winzige ehemalige Fischerhafen mit seinen 150 Einwohnern ist vom TCH über eine 1 km lange Zubringerstraße zu erreichen. Der hübsche Ort liegt direkt am Wasser und bietet ein paar überraschend gute Restau-

rants und Hotels. Dieser Streckenabschnitt ist mit seinen ungewöhnlichen Felsformationen und roten Klippen einer der schönsten dieser Route. Bei **Dorion** führt eine Seitenstraße zum 110 m tiefen und nur knapp 150 m breiten **Quimet Canyon** 14. Mehrere Aussichtspunkte gewähren einen dramatischen Blick in die Tiefe.

Kurz vor Thunder Bay taucht ein Tafelberg aus dem Dunst über der Uferlinie auf. Dies ist das Südende des auf der Sibley Peninsula liegenden **Sleeping Giant Provincial Park** 15. Der Name stammt von den Ojibwe. Sie fühlten sich beim Anblick dieses mächtigen Tafelbergs an einen schlafenden Riesen erinnert. Viele der – insgesamt fast 100 km – Wanderwege im Park bieten eine grandiose Aussicht auf den Lake Superior. Der spektakulärste – und härteste – Trail ist der 40 km lange **Kaybeyun Trail.** Am Ende des Highway 587 beginnend, arbeitet er sich hinauf zum Thunder Bay Lookout.

Sonnenaufgang im Sleeping Giant Provincial Park

Bei der Anfahrt auf Thunder Bay passiert man im Übrigen ein ungewöhnliches Denkmal. Es zeigt einen jungen Läufer mit einer Beinprothese. Das **Terry Fox Monument** erinnert an den jungen Terry Fox, der als 18-Jähriger an Knochenkrebs erkrankte. Nach der Amputation seines Beines begab sich Terry auf den *Marathon of Hope,* um Geld für die Krebsforschung zu sammeln. Jeden Tag legte er 40 km zurück. An der Stelle, wo heute sein Denkmal unbeirrt nach Westen blickt, schlug der Krebs wieder zu, nunmehr Lungenkrebs, und Terry musste, nach 5300 km, aufgeben. 22-jährig starb er ein Jahr später, doch sein Vermächtnis, der jährlich in ganz Kanada stattfindende Terry-Fox-Run, ist heute einer der größten Fundraiser für die Krebsforschung.

Unterkünfte beschränken sich am Lake Superior meist auf einfache Hotels und Motels.

... in Rossport:

Rossport Inn: 6 Bowman St., Tel. 807-824-4032, 1-877-824-4032, Fax 807-824-3217, www. rossportinn.on.ca. 1887 als Hotel für die Passagiere der Eisenbahn gebaut und noch immer herrlich altmodisch, Restaurant, gute Sauna im Garten. DZ 90–120 $.

... in Rossport:

Serendipity Gardens Café & Gallery: 8 Main St., Tel. 807-824-2890, Mo–Fr 11–20.30, Sa 10.30–21, So 16.30–20.30 Uhr. Hübsches Restaurant mit Patio und Seeblick, Spezialität: frische Forellen. Vorspeisen 6–10 $, Hauptspeisen 14–22 $.

Thunder Bay

16 Die moderne Stadt am Westende des Lake Superior ist mit über 120 000 Einwohnern die bei weitem größte der Region und als Kanadas drittgrößter Hafen mit riesigen Getreidespeichern das Tor zu den Prärieprovinzen. Thunder Bay, benannt nach seiner einst von französischen Trappern so genannten *Baie du Tonnère,* ist zudem eine der jüngsten Städte des Landes, denn unter diesem Namen existiert es erst seit 1970, als man Port Arthur und Fort William zusammenschloss. Im **Thunder Bay Museum** erfährt man mehr über die abenteuerliche Geschichte der Region, über Indianer, Pioniere und Pelzhändler (425 Donald St. E., Mitte Juni–Mitte Sept. tgl. 11–17, sonst Di–So 13–17 Uhr, Erw. 3 $, Kinder 1,50 $).

5 Fort William Historical Farm

13 km den Kaministiquia River flussaufwärts liegt Thunder Bay's Hauptattraktion: die Rekonstruktion des historischen Pelzhandelspostens **Old Fort William.** 1801 von der Montréaler Northwest Company als ihren Hauptumschlagplatz für den Pelzhandel mit dem Nordwesten Kanadas errichtet, trafen sich hier bis 1821 jeden Sommer Tausende Voyageurs zum *Grand Rendezvous.* Vom Westen kamen die *hommes du nord,* die hartgesottenen, am Lake Athapasca jagenden Trapper, beladen mit der Pelzbeute des langen Winters. Sie betrachteten sich als die Elite der Voyageurs und nannten die aus dem Osten, aus Montréal kommenden spöttisch *porkeaters*, weil sie immer reichlich Verpflegung hatten. Mit diesen kamen auch die schottischen Geschäftsleute aus der Chefetage der Northwest Company. In einer Saison hätten die Voyageurs aus dem Westen ihre Pelze nicht nach Montréal schaffen können, deshalb brauchte man Fort William als Zwischenstation. Wenn dann nach wochen-, manchmal auch monatelanger Reise das Fort in Sicht kam, war man zum Feiern nur zu bereit – nach Abschluss der Handelsgeschäfte, versteht sich.

Seit 1973 existiert das Old Fort William mit über 40 Gebäuden originalgetreu als lebendes Museum. Wie vor über 200 Jahren arbeitet und agiert das kostümierte Personal in Salons, Lagerschuppen und Werkstätten als Indianer, Pelzhändler, Trapper, Wachsoldat oder Kaufmann. Da werden Kanus und Gefäße aus Birkenrinde gefertigt, in der Schmiede wird gehämmert, und starke Kerle wiegen Pelze und packen sie in Ballen. Im historischen Restaurant des Forts duftet es nach frisch gebackenem Brot, das gerade aus dem Steinofen geholt wird. Außerhalb der Palisaden befindet sich ein Indianerlager mit Trockengestellen für die Felle, daneben eine Farm mit allem, was dazugehört, ganz so, wie sie früher das Fort zu seiner Versorgung betrieb. Und wenn Mitte Juli zum großen ›Rendezvous‹ Hunderte von Akteuren aus ganz Nordamerika die ›Belegschaft‹ des Forts verstärken, dann fühlt man sich wie durch eine Zeitmaschine in die rauen, aber auch lebenslustigen Zeiten der Voyageurs versetzt (Broadway Ave., Mitte Juni–Sept. tgl. 10–18, Mitte Mai–Mitte Juni, Mitte Sept.–Mitte Okt. tgl. 10–17 Uhr, Erw. 14 $, Kinder 10 $).

North of Superior Tourism: 902 Tungsten St., www.nosta.on.ca/, Tel. 807-346-1130, 1-800-265-3951, Fax 807-346-1135.

Tourism Thunder Bay: Terry Fox Information Centre, Hwy. 11/17, Tel. 807-983-2041, 1-800-667-8386, www.thunderbay.ca, Juni–Sept. tgl. 8–20, sonst tgl. 9–17 Uhr.

Valhalla Inn: 1 Valhalla Inn Rd., Tel. 807-577-1121, 1-800-964-1121, www.valhallainn.com. Beste Herberge der Stadt, am Trans-Canada Highway Richtung Winnipeg gelegen, zwei Restaurants, Pool, Lounge. DZ 130–170 $.

Prince Arthur Waterfront Hotel: 17 N. Cumberland St., Tel. 807-346-5123, 1-800-267-2675, www.princearthur.on.ca. Modernes, doch charmantes Hotel am Seeufer im Stadtteil Prince Arthur, Restaurant, Pool, Sauna. DZ 81–100 $.

Vor nicht allzu langer Zeit noch ein kulinarisches Niemandsland, haben junge Chefs Thunder Bay inzwischen eine muntere kulinarische Szene beschert.

Elements: 450 Memorial Ave., Tel. 807-345-3430, Mo–Do 17–21.30, Fr–Sa 17–23 Uhr, So geschl. Vielfältige Speisenkarte, unkonventionelle Arrangements, hervorragende Weinkarte. Besonders zu empfehlen: Atitokan-Forelle. Vorspeisen 8–12 $, Hauptspeisen 17–34 $.

Auf den Spuren der Voyageurs im Old Fort William

Bistro One: 555 Dunlop St., Tel. 807-622-2478, Di–Sa 17–22 Uhr. Fine Cuisine mit französischem Touch, in warmem Designer-Ambiente. Vorspeisen 11–13 $, Hauptspeisen 18–32 $.

Intercity Mall: 1000 Fort William Rd., Mo–Fr 9.30–21, Sa 9.30–18, So 12–17 Uhr. Beste Einkaufsgelegenheit mit über 100 Geschäften.

Weiter nach Westen

Kakabeka Falls

Etwa 35 km nordwestlich von Thunder Bay stürzen die Wasser des Kaministiquia River bei den **Kakabeka Falls** 17 über einen Kalksteinfelsen in eine 40 m tiefe Schlucht. Von den Aussichtspunkten zu beiden Seiten lassen sich die ›Niagarafälle des Nordens‹ gut betrachten.

Lake of the Woods und Kenora

Bei **Shabaqua Corners**, nach einer dreiviertel Stunde Fahrt, teilen sich Highway 11 und 17 wieder in eine nördliche und eine südliche Route. Beide Strecken führen zu dem nur 200 km vor Winnipeg liegenden Städtchen Kenora – 500 ereignislose Kilometer durch eine Landschaft aus Sümpfen und Nadelwäldern. Abwechslungsreicher wird das Fahren erst wieder im Gebiet des 4350 km^2 großen **Lake of the Woods** 18. Eine wildromantische Wasser- und Insellandschaft mit über 100 000 km Küstenlinie lädt dazu ein, sie ganz individuell mit Kanu oder Motorboot oder aber von Kenora aus auf einer Tour mit der

Schwarzbären haben in den Wäldern Nordontarios ihr Reich

»M. S. Kenora« zu erkunden. Lunch oder Dinner werden an Bord serviert. Die 12 m große Fisch-Skulptur eines aus dem Wasser springenden Muskie namens »Husky the Musky« in **Kenora** 19 ist ein Symbol für den Fischreichtum der Region. Das hervorragende **Lake of the Woods Museum** informiert über die Kultur der Ureinwohner und zeigt vor allem, wie die Wildnis des Westens durch Voyageurs, die Holz- und Papierindustrie und den Bergbau erschlossen wurde (300 Main St. S., Juli–Aug. tgl. 10–17, sonst Di–Sa 10–17 Uhr, Erw. 3 $, Kinder 2 $).

Quetico Provincial Park

An der Südroute (Hwy. 11) liegt auf der kanadisch-amerikanischen Grenze der **Quetico Provincial Park** 20**,** ein fast unberührtes, über 4600 km^2 großes Wildnisgebiet mit Kiefern- und Fichtenwäldern, rund 600 Seen, Flüssen und Wasserfällen – ein idealer Lebensraum für Elche, Bären, Biber, Otter und Seeadler. Über 1500 km Kanurouten sind befahrbar – ein Paradies für Wildniskanuten. Rangerstationen am Parkrand gibt es in Dawson Trail, Atitokan und Lac La Croix. Man sollte sich jedoch schon in Thunder Bay gut überlegen, ob man die 1100 km (hin und zurück) dieser Rundstrecke noch zusätzlich fahren möchte. Nach dem bisher Gesehenen werden kaum wirklich neue Eindrücke dazukommen – es sei denn, man sucht gerade das extreme Wildnisabenteuer und möchte mit dem Kanu eine Woche oder mehr den Quetico Park erkunden, oder man ist auf der Suche nach dem ganz großen Anglerglück. Aber auch dafür wird auf der Rückfahrt nach Ottawa oder Toronto noch ausreichend Gelegenheit sein.

Auf der Nordroute zurück nach Ottawa

Für die Rückfahrt von Thunder Bay bietet sich dann ab Nipigon der nördliche Zweig des Trans-Canada Highway, der Hwy. 11, an. Von hier führt die Strecke durch endlose Wälder und Minenorte über **Hearst,** den Endpunkt der Algoma Central Railway, und die Holz- und Papierstadt Kapuskasing nach Cochrane. Einheimische witzeln, sie führen die Straße lieber nachts, dann gäbe es mehr zu sehen.

... in Hearst:
Northern Seasons Motel: 915 George St., Tel. 705-362-4281, 1-877-362-4282, Fax 705-362-4177, www.northernseasonsmotel.com. Einfache, aber saubere Unterkunft unweit Algoma Central Railway Station, Restaurant, Lounge. DZ 70–80 $.

Cochrane

Cochrane 21 bietet jedoch ein Erlebnis besonderer Art: einen Tagesausflug mit dem Polar Bear Express zum 300 km entfernten Moosonee (s. u.) an der **James Bay.** Dorthin gibt es keine Straßen, nur ein eingleisiger Schienenstrang führt durch die unberührten Wälder bis an den Rand der subarktischen Tundra. Bevor man die Fahrt antritt, kann man sich noch im **Cochrane Railway and Pioneer Museum** die Ausstellung über die Geschichte der Ontario Northland Railway, die in den ersten Jahrzehnten des 20. Jh. diese Eisenbahnlinie in den Norden gebaut hat, ansehen (210 Railway St., Mitte Juni–Mitte Sept. tgl. 8.30–20 Uhr, Erw. 2 $, Kinder 1,50 $). Da der Zug in aller Frühe aufbricht, pflegen die meisten Besucher am Vortag in Cochrane anzukommen. Die Wartezeit am Nachmittag können sie sich mit dem Besuch einer neuen Attraktion vertreiben. Im 2004 eröffneten **Polar Bear Habitat and Heritage Village** kann man mit bzw. neben Eisbären schwimmen. In der Anlage, die sich verwaister junger Eisbären annimmt, dreht man in einem Pool seine Runden, während, durch eine dicke Plexiglassscheibe getrennt, die Eisbären-Weibchen Aurora und Nakita auf der anderen Seite ihrerseits die Wellen durchpflügen (1 Drury Park Rd., Ende Mai–Mitte Sept. tgl. 10–18 Uhr, Erw. 18 $, Kinder 12 $).

Der **Polar Bear Express** verkehrt täglich (außer freitags) von Ende Juni bis Anfang September. Der Zug verlässt Cochrane um 8.30 Uhr und erreicht Moosonee um 12.50

Der Polar Bear Express: Im Zug zur Frontier

Die beiden PR-Flunkereien besser gleich vorweg: Eisbären wird man unterwegs nicht zu sehen bekommen. Der Polar Bear Express ist auch kein Express. Er zuckelt eher gemächlich durch die Tundra. Wer diesbezüglich ein Auge zudrücken kann, den erwartet ein Stück ungeschminkter Alltag an der Siedlungsgrenze.

Die beginnt schon in Cochrane. Der Zug verbindet den Ort täglich mit Moosonee an der James Bay. In Cochrane bietet er ein paar Motels und dem im Bahnhof untergebrachten Station Inn ein Auskommen. Die 5800 an der James Bay lebenden Seelen erinnert er daran, nicht allein auf der Welt zu sein. Eine Straße dorthin gibt es nämlich nicht. Entsprechend geschäftig geht es jeden Morgen auf dem Bahnsteig in Cochrane zu. Geladen wird alles, was nicht niet- und nagelfest ist, von Pampers-Kartons bis hin zu Kanus und Motorschlitten. Blasse Verwaltungsangestellte steigen zu, bärtige Trapper werfen sich in die roten Polster. Indianische Großfamilien beschlagnahmen gleich mehrere Sitzbänke, pickelige Schüler aus Toronto drücken die Nasen an den Fenstern platt: kanadische Momentaufnahmen, kraftvoll, herb, zutiefst menschlich.

300 Kilometer oder knapp fünf Stunden durch Wälder und Sümpfe liegen vor einem. Die weißen und roten Teenager an Bord zappen sich bald per iPod weg. Mütter stillen Babys, Väter dösen. Der Entertainment-Waggon mit Bar, Piano und 50er-Jahre-Gardinen wird, besagt ein Schild, nur auf der Rückfahrt genutzt. Warum, erfährt man später in Moosonee. Schon mittags ›blaue‹ Zeitgenossen sind nicht gern gesehen an einem Ort, wo die Hälfte Cree-Indianer sind. Doch bis dahin ruckelt der Zug durch die Wildnis, und eine dünne Mädchenstimme füttert per Lautsprecher Historisches zu. Der Pelzhandel machte die Cree-Indianer abhängig und zu entwurzelten Problemkindern der Regierung. Das sagt die Stimme jedoch nicht. Das sieht man später in Moosonee. Unter den Einwohnern, die sich zum Leutegucken auf dem Bahnsteig versammeln, sind auch zwei, drei betrunkene Stammesbrüder. Moosonee, 1903 von mit der Hudson's Bay Company konkurrierenden Pelzhändlern auf das Westufer des Moose River gesetzt, ist eine weiße Siedlung mitten im Nirgendwo, aber mit Supermarkt, Post, Kirche und staatlichem Liquor Store, der mit schwerem Gitterwerk gesichert ist wie Fort Knox.

»Wir können nicht verhindern, dass sich einige unserer Leute in Moosonee betrinken«, sagt Clarence unterwegs nach Moose Factory. Die Fahrt im Wasser-Taxi über den Moose River dauert zehn Minuten. »Es ist aber besser geworden.« Um wie viel besser, demonstriert auf der Westseite der Insel ein schönes großes Gebäude mit Tipistangen vor dem Haupttrakt. Die **Cree Village Ecolodge** wurde von den Cree entworfen und wird nun von ihnen gemanagt. Die Erdtöne im Innern symbolisieren die noch immer tiefe Verbundenheit der Cree mit ihrem Land. Der 30-jährige Clarence, der Trips an die James Bay und zu traditionellen Jagdcamps organisiert, nutzt die 2000 eröffnete Lodge als Basis für seine Aktivitäten. Die Ecolodge ist jedoch mehr als nur eine schöne Bleibe. »Dieses Haus ist ein Tor zu unserer Kultur«, sagt Candice, die junge Managerin der Lodge. »Wer zu uns

Thema

kommt, kann uns hier ganz ungezwungen bei einer Tasse Kaffee kennenlernen.« Tatsächlich sitzen in der aus honigfarbenen Balken gezimmerten Lobby weiße Gäste und Cree angeregt plauschend beisammen.

Moose Factory ist eine ansehnliche Gemeinde. Moderne Holzhäuser liegen an Schotterstraßen. Überdimensionale Satellitenschüsseln in den Vorgärten liefern die Welt ins Wohnzimmer. Alles ist zu Fuß erreichbar, der **Centennial Museum Park** mit dem Friedhof der englischen HBC-Angestellten, die Mole, von wo aus Lastkanus mit Besuchern zur Walbeobachtung in der Bay aufbrechen oder zu Touren in den Busch, die hübsche **St. Thomas Anglican Church** von 1860, deren Altar Elchfelle schmücken. Frisch gegerbte Felle hängen zum Trocknen über Teppichstangen. Jede Familie besitzt ein Jagdcamp.

Clarence' Camp liegt anderthalb Stunden flussaufwärts. Dort hat er für seine Gäste ein Tipi aufgestellt. Abends schmort er eine Wildgans über dem Feuer. Hin und wieder steht er auf und lauscht in den Wald. Dann stößt er einen tiefen, langgezogenen Ruf aus. Aus der Tiefe des Waldes kommt ein Ruf zurück. Der Wolf hat geantwortet. Clarence, der Cree, spricht viele Sprachen. Die Verlegenheit ob der betrunkenen Brüder in Moosonee ist vergessen. Im Camp ist das Leben noch immer am besten.

Petri-Heil im kanadischen Winter

Weißkopfseeadler: Symbole für Kraft, Mut und Wildnis

Uhr. Um 18 Uhr kehrt er zurück nach Cochrane und kommt dort um 22.05 Uhr an. Der an drei Tagen in der Woche fahrende »Little Bear« verkehrt ganzjährig. Er hat zwar auch einen Imbisswagen, ist aber langsamer und hält unterwegs auf Wunsch oder um Post und Fracht mit Kilometersteinadresse auszuliefern. An den Stopps in der Wildnis steigen häufig auch Kinder zu. Für sie ist er ein rollender Bonbonladen (Tickets hin und zurück Erw. 93 $, Kinder 46,50 $).

Cochrane Station Inn: 200 Railway St., Tel. 705-272-3500, 1-800-265-2356, Fax 705-272-5713. Modernes Hotel im Bahnhofsgebäude des Polar Bear Express, Restaurant, Sauna. DZ 70–90 $.

Moosonee und Moose Factory Island

Moosonee 22 mit seinen 1300 Einwohnern liegt an der Mündung des Moose River in die James Bay, am südlichsten Zipfel der Hudson Bay. Der Ort ist keine Postkartenidylle: Schlichte Zweckgebäude an unbefestigten Straßen, auf denen man sich vor den Kleinlastwagen, die nicht selten von Indinanerkindern gefahren werden, in Acht nehmen muss. Im Hudson's Bay Store kann man Kunsthandwerk der Cree-Indianer und der Inuit kaufen. An der First Street steht das **Moosonee Visitor Centre,** und nebenan informieren Videofilme über Natur und Geschichte der Region.

Interessanter ist ein Besuch auf **Moose Factory Island** 23. Man lässt sich von Cree-Indianern im Wassertaxi übersetzen und kann mit etwas Glück sogar Belugawale beim Spiel beobachten. Auf der Insel errichtete die Hudson's Bay Company 1673 ein Handelsfort, die erste Siedlung der Engländer im heutigen Ontario. 1686 wurde es von den Franzosen erobert und Fort St. Louis genannt. Aus dieser Zeit blieb jedoch nichts übrig. Die meisten

Häuser stammen aus der ersten Hälfte des 19. Jh. Vor einem Tipi backen Cree-Frauen über offenem Feuer *bannock,* das ›Brot des Nordens‹.

Indianische Tradition kann man auch in der anglikanischen Kirche **St. Thomas** bewundern. Das Messbuch ist in der Sprache der Cree geschrieben, und die Altardecken bestehen aus fein gegerbtem Elchleder, bestickt mit Glasperlen. Über die 1864 gebaute Holzkirche mit den schön bemalten Glasfenstern erzählt man Sonderbares. Vor Jahren schwemmte eine Frühjahrsflut die Kirche von ihrem Platz. Da man sie auf dem felsigen Grund nicht verankern konnte, wurden ganz einfach Löcher in den Boden gebohrt. Bei Überschwemmung fließt so das Wasser in die Kirche – und später auch wieder ab, ohne dass sie davonschwimmen kann. Es ist aber wohl eher so, dass die ominösen Löcher nur für schnelleres Abfließen des Wassers und besseres Trocknen sorgen sollen.

Cree Village Ecolodge: Tel. 705-658-6400, Fax 705-658-6401, www.creevillage.com. Urgemütliche Lodge auf Moose Factory Island mit Restaurant und Lounge, rot-weiße Begegnungsstätte. DZ 150–210 $.

Bootstouren: Cree Village Ecolodge, Adresse s. o. Von Cree-Guides geführte Bootsausflüge zur Mündung des Moose River in die James Bay, bei denen man alles über die subarktische Flora und Fauna erfährt und mit etwas Glück auch Belugawale sieht.

Wildnistrips: Touren in die James Bay sind in dieser Region der beliebteste, weil am leichtesten zu organisierende Ausflug in die Wildnis. Gebucht wird bei Ontario Nortland, 555 Oak St. E., North Bay, Tel. 1-800-461-8558, Fax 705-495-4745, www.northlander.ca.

Von Cochrane nach North Bay

Die 500 km von Cochrane zurück nach North Bay führen durch ein Gebiet, das überwiegend vom Bergbau bestimmt wird. Als man Anfang des 20. Jh. die Ontario Northland Railway von North Bay (s. S. 208) aus vorantrieb, entdeckte man die im Kanadischen Schild verborgenen Mineralien. Und wie man erzählt, geschah dies auf kuriose Weise: Fred La Rose, ein Eisenbahnarbeiter, warf mit einem Hammer nach einem Fuchs – und legte damit prompt eine Silberader frei. Harry Preston rutschte auf einem bemoosten Stein aus und sah, als er sich fluchend umdrehte, Gold im Fels schimmern. Der dritte Glückspilz, Harry Oaks, später ein großer Minenmagnat, der sogar einen Adelstitel erhielt, wurde bei Kirkland vom Schaffner aus dem Zug geworfen, weil er kein Geld für die Fahrkarte hatte. Oaks entdeckte just an dieser Stelle eines der ergiebigsten Goldfelder Kanadas. Insgesamt 900 t Gold hat man seit seiner Entdeckung im Jahre 1907 aus dem Boden geholt.

Wer mehr über die ›Gold Story‹ erfahren möchte, kann in **Timmins** 24 mit dem Veranstalter »Timmins Underground Gold Mine Tours« untertage gehen. Auf dem Gelände der Hollinger Goldmine, einst eine der ergiebigsten Minen der Welt, bekommt man einen Schutzhelm aufgesetzt und fährt dann in den Schacht ein, bis zur 70-m-Ebene. Dort wird gezeigt, wie eine Goldader aussieht und wie die unterschiedlichen Werkzeuge und Maschinen eingesetzt werden (220 Algonquin Blvd. E., Ende Mai–Ende Juni Mi–So 10.30, 13.30, Touren Juli–Ende Aug. tgl. 9.30, 11.30, 13.30, 15, bis Mitte Sept. Mi–So 10.30, 13.30 Uhr, Erw. 19 $, Kinder 17 $).

In **Kirkland Lake** 25 zeigt das **Museum of Northern History** im Sir Harry Oakes Château Ausstellungen und Displays über die Geologie und Geschichte der Region, Prospektion und das Leben in einem frühen Goldsucher-Camp (2 Château Dr., Mo–Sa 10–16, So 12–16 Uhr, Erw. 4 $, Kinder 3 $).

... in Timmins:

James Bay Frontier Travel Association: 76 McIntyre Rd., Tel. 705-360-1989, 1-800-461-3766, Fax 705-268-5526, www. jamesbayfrontier. com. Hilft bei der Planung von Wildnis-Trips, verschickt Outfitter-Verzeichnisse.

Vom Mont-Royal scheinen die Wolkenkratzer von Centre-Ville zum Greifen nah

Kapitel 3

Montréal und Umgebung

Auf einen Blick: Montréal und Umgebung

Savoir Living

»Bonjour, hi!« Den größten Unterschied zwischen Montréal und den übrigen Städten Kanadas hört man schon kurz nach der Ankunft. In der Stadt werden über 100 Sprachen gesprochen, vor allem aber Französisch und Englisch. Wer daraus auf die so oft zitierte Dualität zwischen den beiden Gründervölkern schließt, gerät allerdings schnell auf Glatteis. Wohl wahr sind folgende Klischees: Die Metropole auf der Insel im St.-Lorenz-Strom ist die zweitgrößte französischsprachige Stadt der Welt und die einzige, in der Franzosen und Engländer nach 200 Jahren Zusammenlebens eine einmalige, für ihre *joie de vivre* berühmte urbane Gesellschaft geschaffen haben.

»Für Montréal jedoch ein griffiges Etikett zu finden, ist nicht leicht. Frankreich ohne Jetlag? Nordamerika auf Französisch? Multikulturelle Metropole? Wer ein paar Tage durch diese Stadt wandert, stellt fest, dass alle Klischees stimmen – nur um bereits an der nächsten Ecke widerlegt zu werden. Und tatsächlich, vom Kopfsteinpflaster in der beliebten Altstadt aus wirkt die Stadt wie ein Stück Bretagne, doch bereits in den dahinter aufragenden Bürotürmen wie eine typische nordamerikanische Stadt. Auch Französisch und Englisch treten immer wieder hinter andere Sprachen zurück, wie in Petite Italie und in Petite Patrie, dem Viertel der Einwanderer aus der Karibik. Die Montréaler, tolerant und meistens mehrsprachig, lieben diese Vielfalt über alles – und nehmen dafür die grausam schlechten Straßen, deren Schlaglöcher legendär sind, gern in Kauf.

Die Blutsverwandschaft mit Frankreich hingegen kann und will die Stadt nicht leugnen. Montréaler legen Wert auf Schick und gehen gern einkaufen: Das Verb ›*magasiner*‹ (für einkaufen) ist angeblich ihre Kreation. Rund um die Rue Sherbrooke warten etliche Konsumpaläste, Boutiquen und Bistros, *bien sur,* auf sie. **Kunst und Kultur** genießen

ebenfalls einen hohen Stellenwert. Allein im Bereich rund um das Kulturzentrum Place des Arts gibt es auf weniger als anderthalb Quadratkilometern 25 Bühnen, Konzerthallen und -säle. Der Veranstaltungskalender ist entsprechend prall gefüllt. Und natürlich darf die **Gastronomie** nicht unerwähnt bleiben. Die Restaurants der Stadt gehören zu den besten des Kontinents.

Dabei ist Montréal nicht auf den ersten Blick schön – zu sehr haben bis in die 1960er-Jahre Abrissbirnen und fantasielose Städteplaner gewütet. Doch die Stadt vibriert förmlich vor kreativer Spannung. Viktorianische Kirchturmspitzen vor postmodernen Glastürmen, kolonialfranzösische Feldsteinhäuser vor trostloser 60er-Jahre-Architektur, und davor Menschen, die auf Französisch, Englisch, ›Franglais‹, der Montréaler Lingua Franca, oder auf ›Joual‹, breitestem Québecois, parlieren: Montréal ist vital und macht Spaß. Der Veranstaltungskalender, die Museen und Galerien, sie gehören zu den besten des Landes. Montréals Trumpfkarte sind jedoch die Menschen. Neue Bekanntschaften, an die man sich daheim eher erinnert als an den Besuch im x-ten Museum, sind garantiert in dieser Stadt, in der Europa und Amerika eine einmalige Partnerschaft eingegangen sind.

Wer sich zwischendurch für ein, zwei Tage losreißen kann, wird auch von der **Umgebung** der Millionenstadt begeistert sein. Die mittelgebirgsähnliche Landschaft des Kanadischen Schilds paart ein ausgereiftes Outdoor-Angebot mit hervorragender Gastronomie, die historische Landschaft der Cantons de l´Est im Süden bietet Weingüter und dramatische Geschichte auf Schritt und Tritt.

Highlight

6 **Montréal:** Oft mit einer ›Dame mit Vergangenheit‹ verglichen, gehört Montréal mit seiner mehrsprachigen und betont hedonistischen Stadtkultur zu den interessantesten Städten der Welt (s. S. 226 ff.).

Richtig Reisen-Tipps

Schönste Boutique-Hotels: Übernachtungen mit Erinnerungswert bieten das **Place d'Armes** und das **Gault,** beide in der Altstadt (s. S. 234).

Montréals Métro: Mit Montréals Métro gelangt man nicht nur (fast) überall hin, die Bahn unter der Stadt ist auch so etwas wie die Lobby der Vereinten Nationen. Wer gerne Sprachen zählt und hört – auf einer Fahrt mit der Métro kommt man leicht auf mehrere Dutzend (s. S. 242).

Über Friedhöfe wandern: Der **Cimétière Mont-Royal** und der **Cimétière Notre-Dame-des-Neiges** auf dem Mont-Royal sind nicht nur letzte Ruhestätte berühmter Kanadier, sondern auch idyllische Parklandschaften und Oasen der Ruhe mit herrlichen Blicken hinab auf die Stadt (s. S. 245).

Reise- und Zeitplanung

Die Métro und ein hervorragendes Bussystem verbinden alle Sehenswürdigkeiten Montréals einschließlich der außerhalb des Stadtzentrums gelegenen miteinander, sodass man auf einen Leihwagen getrost verzichten kann. Drei, besser noch vier Tage sollte man für Montréal reservieren.

Klima und Reisezeit

Im Sommer und Herbst folgt ein Festival auf das andere, die Avenuen und Boulevards sprühen vor Leben. Selbst der harte kanadische Winter braucht niemanden abzuschrecken: Die berühmte unterirdische Stadt und größte ihrer Art überhaupt, die Ville Souterraine, verbindet alle Konsumpaläste und viele Sehenswürdigkeiten miteinander, sodass man Montréal erkunden kann, ohne je einen Fuß in die Eiseskälte setzen zu müssen.

6 Vieux-Montréal: Die Altstadt

Cityplan S. 228/229

Gemäuer, das auch in der Normandie stehen könnte, katholische Kirchen, Schreine anglo-kanadischer Hochfinanz und Hufgeklapper auf Kopfsteinpflaster: In Vieux-Montréal begann nicht nur die Stadt, hier begann auch Kanada. Heute ist die Altstadt nicht nur Montréals größte Attraktion, sondern auch als Wohngebiet wieder en vogue.

Stadtgeschichte

Noch immer erinnert die weit geschwungene Kurve der Rue de la Commune an die alte Uferlinie. Wo heute Montréaler und Touristen an warmen Sommertagen promenieren, gingen noch um 1800 die Segelschiffe aus Europa vor Anker. Die vier- bis sechsstöckigen Häuser, die heute elegante Bistros und Restaurants beherbergen, lagerten damals Han-

Der Marché Bonsecour, um 1900

delsware, und wo der Boulevard St-Laurent in die Rue de la Commune mündet, betraten Einwanderer aus aller Welt zum ersten Mal kanadischen Boden. Geschichte überall, und oft genug dramatisch. Heute ist Montréal eine weit über die **Île de Montréal** hinaus aufs Festland reichende Metropole mit über 3,7 Mio. Menschen. Ihr Umland gehört zum fruchtbaren, ländlich geprägten St.-Lorenz-Tiefland.

1535 sichtete der aus Saint-Malo stammende Seefahrer **Jacques Cartier** als wohl erster Europäer die Insel und bestieg den Hausberg – und Namensgeber – Montréals, den Mont-Royal. Bis Stadacona, dem Irokesendorf zu Füßen des Berges, war der St.-Lorenz-Strom schiffbar gewesen. Nun aber verhinderten gewaltige Stromschnellen die Weiterfahrt. Der Name, den Cartier ihnen gab, ist geblieben: *Rapides de Lachine* nannte er sie, war er doch überzeugt, dass China weiter flussaufwärts lag. Getreu den damaligen Gepflogenheiten reklamierte er das Land für Frankreich.

Die Geburtsstunde der Stadt schlug erst 1642. Unter der Führung von Paul de Chomedey Sieur de Maisonneuve und der Nonne Jeanne Mance landete eine Handvoll Siedler am **Pointe-à-Callière** nahe der heutigen Place Royale. Dort gründeten sie den Missionsposten Ville-Marie. Mit der Bekehrung der Indianer hatten sie zwar nicht allzuviel Erfolg, aber bald folgten Siedler und Pelzhändler nach, und das palisadenbewehrte Dorf mauserte sich zum bedeutendsten Pelzhandelszentrum Nordamerikas und Ausgangspunkt für die Erforschung des nordamerikanischen Westens.

1760 wurde Montréal britisch. Englische, vor allem schottische Zuwanderer machten die Stadt in den nächsten 150 Jahren zur wirtschaftlichen Nr. 1, und Unternehmer wie John Molson und Pelzbarone wie James McGill errichteten sich mit Brauereien und renommierten Bildungseinrichtungen stadtprägende Denkmäler. Im 20. Jh. betrat Montréal als Gastgeber der Expo '67 und der Olympischen Sommerspiele 1976 die Weltbühne. In den 1970er- und 1980er-Jahren erlebten die traditionellen Gegensätze zwischen den Franko- und Anglo-Montréalern mit der Französisierung einen vorläufig letzten Höhepunkt: Viele anglophone Unternehmen zogen nach Toronto, Montréal verlor seine Führungsposition als größte Metropole Kanadas an die Rivalin in Ontario. Inzwischen hat sich die Stadt jedoch von dem Aderlass erholt und blickt optimistisch in die Zukunft.

Mit den Autoren unterwegs

Ziellos bummeln

Sich treiben lassen ist die beste Art, Vieux-Montréal kennenzulernen. Nur so wird man die zahllosen Bronzetafeln an Hausmauern und sogar in Cafés und Fastfood-Restaurants, die an historische Begebenheiten erinnern, gebührend wahrnehmen.

Les Deux Pierrots

Im bekanntesten der Montréaler **Boîtes-à-Chansons** geht es regelmäßig hoch her. Kabarett, Talentschuppen und Bierhalle in einem, werden hier junge Alleinunterhalter und Musikgruppen auf das meist jugendliche Publikum losgelassen. Dabei werden auch Schwänke aus der Lokalpolitik zum Besten gegeben (s. S. 234).

Nach China radeln

Die Radtour am **Canal de Lachine** entlang bis zu den Stromschnellen beim Vorort Lachine ist die schönste auf der **Île de Montréal** (s. S. 232).

Dinner Cruise

An Bord eines Ausflugsschiffes die nächtliche **Skyline Montréals** bewundern und dabei ein exquisites Abendessen genießen, gehört zu den vielen sinnlichen Genüssen, die Montréal zu bieten hat (s. S. 234).

Leute gucken ...

Das geht am besten von einem der vielen Straßencafés an der **Place Jacques-Cartier** (s. S. 231 f.).

Rund um die Place Royale

An der Place Royale, in der Nähe des Hafens Vieux-Port, lädt die 1992 eröffnete, in einem postmodernen Bau untergebrachte **Musée d'Archéologie et d'Histoire Pointe-à-Callière** 1 zu einer spektakulären Zeitreise in die Kindertage Montréals ein. Genau über der ersten Siedlung Ville-Marie errichtet, führen Rolltreppen zu den unterirdischen Ausgrabungsstätten. Zu sehen sind Mauer- und Palisadenreste sowie im Uferschlick gefundene Artefakte, die den dunklen Gewölben Leben einhauchen. Hologramme der ›Siedler‹ erzählen vom entbehrungsreichen Alltag der ersten Jahre (350 Pl. Royale, Ende Juni–Anfang Sept. Mo–Fr 10–18, Sa–So 11–18, sonst Di–Fr 10–17, Sa–So 11–17 Uhr, Erw. 12 $, Kinder 4,50 $). Neben dem Museum steht ein Obelisk mit den Namen der Pioniere. Ein paar Schritte in westlicher Richtung erzählt das **Centre d'Histoire de Montréal** 2 mit bunten Collagen und alten Filmen, wie die Stadt-

Vieux-Montréal: Cityplan

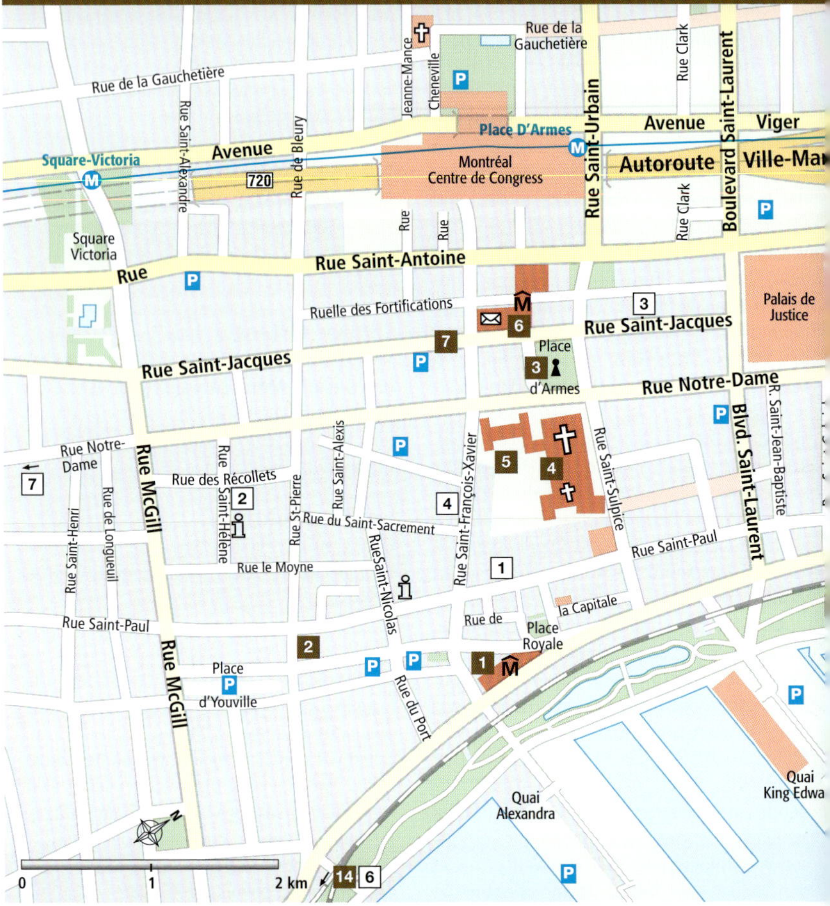

geschichte weiterging. Dabei spielen Pelzhändler, Irokesen, Straßenbahnen und honorige Bürger der viktorianischen Ära die Hauptrollen (335 Place d'Youville, Di–So 10–17 Uhr, Erw. 4,50 $, Kinder 2,25 $).

Place d'Armes

Vom früheren Flussufer führen Gassen hinauf in das Innere der Altstadt. Die Stadtmauer, die Montréal während des hundertjährigen Irokesenkrieges (1608–1704) schützte, wurde um 1800 abgerissen. Dennoch haben viele schöne alte Gebäude überlebt. Ein besonders interessantes Schaufenster in die Vergangenheit ist die **Place d'Armes,** der alte Exerzierplatz der Stadt. Eine schöne Oase mit Bänken und Blumenstand, wird der Platz vom **Monument Maisonneuve** 3 dominiert. Auf hohem Sockel steht dort der visionär in die Ferne blickende Stadtgründer, seine Getreuen Jeanne Mance und Lambert Closse zu Füßen. Auch sein treuer Hund Pilote ist mit dabei.

Sehenswürdigkeiten

1 Musée d'Archéologie et d'Histoire Pointe-à-Callière
2 Centre d'Histoire de Montréal
3 Monument Maisonneuve
4 Basilique Notre-Dame
5 Vieux Seminaire de Saint-Sulpice
6 Bank of Montréal
7 Rue St-Jacques
8 Colonne Nelson
9 Hôtel de Ville
10 Château Ramezay
11 Marché Bonsecours
12 Chapelle Notre-Dame-de-Bonsecours
13 Vieux-Port
14 Canal de Lachine
15 Habitat '67
16 La Ronde
17 Musée Stewart
18 La Biosphère
19 Casino de Montréal

Übernachten

1 Les Passants du Sans Soucy
2 Gault
3 Place d'Armes

Essen und Trinken

4 Bonaparte
5 Cabaret du Roy
6 Da Emma
7 Joe Beef

Sehenswert: der prachtvoll vergoldete Altar in der Basilique Notre-Dame

Doch an der Place d'Armes verdienen zwei Bauwerke eine nähere Betrachtung.

Basilique Notre-Dame

Die 1829 im neugotischen Stil errichtete **Basilique Notre-Dame** 4 gilt mit ihren beiden 69 m hohen Türmen, dem prächtigen Altar und dem schwerelos wirkenden, sternenübersäten Himmel als eine der schönsten Kirchen Nordamerikas. Die prächtigen Holzschnitzereien wurden um 1870 von Victor Bourgeau, Philippe Hébert und dem französischen Bildhauer Bourriché ausgeführt. Die über dem Hauptportal thronende Orgel ist mit 5772 Pfeifen eine der größten der Welt und die Akustik so gut, dass die Montréaler Philharmoniker hier bereits Konzerte aufgenommen haben (110 Rue Notre-Dame Ouest, tgl. 8–17 Uhr, Erw. 3 $, Kinder 2 $).

Vieux Séminaire de Saint-Sulpice

Die Auftraggeber für den Bau der Basilika wohnten nebenan im **Vieux Séminaire de Saint-Sulpice** 5. Das trutzige Séminaire, hinter dessen Mauern die Siedler einst bei Irokesenangriffen Schutz suchten, stammt aus dem Jahre 1685 und ist das älteste erhaltene Gebäude der Stadt. Zu besichtigen ist es leider nicht. Doch zumindest zwischen den Torgittern kann man hindurchschauen und die Turmuhr von 1701, die älteste Nordamerikas, bewundern (130 Rue Notre-Dame).

Bank of Montréal und Rue St-Jacques

In Maisonneuves Rücken erhebt sich die prunkvolle, 1847 erbaute **Bank of Montréal** 6 (119 Rue St-Jacques, Mo–Fr 10–16 Uhr). Das vom Pantheon in Rom inspirierte Gebäude war früher Hauptsitz der ältesten Bank Kanadas und besitzt eine sehenswerte, von 32 Marmorsäulen getragene Lobby. Es ist

Carte Musées Montréal
Dieser Museumspass gewährt für 45 $ drei Tage unbegrenzten Zugang zu 32 Museen und Attraktionen sowie freie Benutzung von Métro und Bussen. Erhältlich im **Centre Infotouriste** (s. S. 233).

das erste einer langen Reihe weiterer Geldinstitute an der **Rue St-Jacques** **7**, die früher St. James Street hieß und bis Anfang der 1970er-Jahre als Kanadas Wall Street galt. Von hier aus herrschten die anglophonen Banker und Finanzmakler über Kanada. Nach der Durchsetzung der französischen Sprachgesetze verließen viele anglophone Geldleute Montréal. Heute heißt das Finanzzentrum Kanadas Toronto, und zurück blieb die Rue St-Jacques, die als ›Prachtleiche‹ jedoch noch immer sehenswert ist und von schönen alten Bauten gesäumt wird.

Place Jacques-Cartier und Umgebung

Das touristische Zentrum von Vieux-Montréal ist die um 1800 angelegte **Place Jacques-Cartier**. Hier treffen sich Touristen und Einheimische. Um junge Gaukler, Jongleure und Alleinunterhalter bilden sich gut gelaunte Menschentrauben, man flaniert hinab zum **Vieux-Port**, dem alten Hafen, wo Grünanlagen die alten, längst restaurierten Kais säumen und nur noch wenige Schiffe ankern. 1809 drückten die Briten dem Platz mit der **Colonne Nelson** **8** ihren Stempel auf – ein nicht unumstrittenes Denkmal, denn der – des Öfteren enthauptete – Seeheld von Trafalgar blickt herrisch landeinwärts ins frankophone Québec. In Nelsons Blickfeld steht das prächtige **Hôtel de Ville** **9**, das im viktorianischen Second-Empire-Stil errichtete Rathaus jenseits der Rue Notre-Dame. Sein Balkon flimmerte 1967 über die Bildschirme in aller Welt: Von hier aus schleuderte Charles de Gaulle sein berühmt-berüchtigtes »Vive le Québec libre« in die Menge, womit er eine Staatskrise in Kanada auslöste (275 Rue Notre-Dame Est, Mo–Fr 8.30–16.30 Uhr, Juni–Aug. Gratis-Führungen).

Château Ramezay

Das 1705 für Claude de Ramezay, den elften Gouverneur Montréals, erbaute **Château Ramezay** **10** gegenüber dem Rathaus war die Residenz der französischen Statthalter Montréals. 1775–76 erlebte das Schloss ein interessantes Intermezzo, als die amerikanischen Revolutionstruppen Montréal vorübergehend besetzten und der berühmte Denker und Staatsmann Benjamin Franklin hier – vergeblich – versuchte, die Frankokanadier gegen ihre britischen Kolonialherren aufzuwiegeln. Seit 1895 ein Museum, präsentiert es 15 miteinander verbundene, verschwenderisch eingerichtete Räume (280 Rue Notre-Dame Est, tgl. 10–18 Uhr, Erw. 7 $, Kinder 4 $).

Marché Bonsecours

Ein paar Schritte auf der Rue St-Paul in nördlicher Richtung gelangt man zum **Marché Bonsecours** **11**, der alten Markthalle von 1847, die jedoch längst nicht mehr Fisch, sondern Kunst in ihren Hallen feilbietet. Schon von weitem ist sie an ihrer silbernen Kuppel zu erkennen (Rue St-Paul Est, tgl. 9–18 Uhr.

Chapelle Notre-Dame-de-Bon-Secours

Noch ein Stück weiter steht die bescheidene **Chapelle Notre-Dame-de-Bon-Secours** **12**, die ›Kirche der Seefahrer‹ aus dem Jahr 1771. Die zum Wasser blickende Marienstatue auf dem Dach hieß früher das Schiffsvolk mit weit geöffneten Armen willkommen, wofür sich die Seeleute mit selbstgeschnitzten Schiffchen als Votivgaben bedankten. Ein kleines Museum im Keller ist Marguerite de Bourgeoys gewidmet, die 1657 an dieser Stelle die erste Kapelle Montréals errichtete (400 Rue St-Paul Est, März–April Di–So 11–15.30, Mai–Okt. Di–So 10–17.30, Nov.–Mitte Jan. Di–So 11–15.30 Uhr, Mitte Jan.–Ende Feb. geschl., Erw. 6 $, Kinder 3 $).

Vieux-Port

13 Der St.-Lorenz-Strom, der einst unmittelbar hinter der Rue de la Commune begann, ist nicht mehr zu sehen: In den letzten 100 Jahren wurde großzügig Neuland aufgeschüttet. Wer Kanadas wichtigsten Wasserweg einmal aus der Nähe sehen möchte, kann dies aber auf einer Hafenrundfahrt tun – oder wasserdicht verpackt an Bord eines *Jetboat,* das sich mit 2000 Pferdestärken durch die Stromschnellen von Lachine arbeitet. Das ist eine feucht-fröhliche Angelegenheit und nichts für Leute mit Herzbeschwerden, wie das Schild an der Anlegestelle Quai Jacques-Cartier warnt. Noch schöner lässt sich der Fluss jedoch mit dem Fahrrad erleben: Vom Vieux-Port aus führt der hübsche Radweg »Piste cyclable du canal de Lachine« am 2002 wiedereröffneten historischen **Canal de Lachine** 14 entlang bis zu den 11 km entfernten Stromschnellen (s. S. 234).

Parc des Îles

Auch die beiden Inseln im St.-Lorenz-Strom, die zusammen das Naherholungsgebiet **Parc des Îles** (auch: Parc Jean-Drapeau) bilden, sind leicht zu erreichen. Fußgänger können entweder die Métro nehmen (Metrostation: Jean-Drapeau) oder aber mit der am Quai Jacques-Cartier ablegenden kleinen Fähre übersetzen. Radler nehmen die *Piste cyclable* (s. o.) und folgen der Ausschilderung. Dabei passieren sie **Habitat '67** 15**,** einen Haufen scheinbar wahllos übereinandergetürmter Wohnschachteln, mit denen sich während der Weltausstellung 1967 der damals noch unbekannte kanadische Stararchitekt Moshe Safdie seiner Aufgabe, eine Apartmentanlage mit Flussblick für alle 147 Wohnungen zu kreieren, mit Bravour entledigte. Zweite Station ist die idyllische, über die Brücke Pont de la Concorde zu erreichende **Île Sainte-Hélène** mit ihren Grünanlagen und dem zu Six Flags gehörenden Vergnügungspark **La Ronde** 16 (Ch. Macdonald, Mitte Mai–Mitte Juni tgl. 10–20, Mitte Juni–Anfang Sept. tgl. 10–22.30, Anfang Sept.–Ende Okt. tgl. 12–19 Uhr, sonst geschl., Tagestickets Erw. 36 $, Kinder 24 $). In der Nähe, fast unterhalb der Jacques-Cartier-Brücke, liegt die **Musée Stewart** 17. Sie wurde in einem britischen Fort aus dem frühen 19. Jh. eingerichtet und beherbergt interessante Militaria (20 Ch. Tour-de-l'Isle, Ende Mai–Anfang Okt. tgl. 10–17 Uhr, Erw. 10 $, Kinder unter 7 J. frei).

Der Südteil der Île Ste-Hélène war 1967 ein Teil des Geländes der Weltausstellung, von der einige Pavillons erhalten blieben. Sehenswert ist **La Biosphère** 18**,** ein riesiger Kugelbau, der während der Expo der Pavillon der USA war und seit 1995 ein Informationszentrum zum Ökosystem des St.-Lorenz-Stroms beherbergt (160 Ch. Tour-de-l'Îsle, Ende Juni–Anfang Sept. tgl. 10–18, sonst Mo–Fr 12–17 Uhr, Erw. 9,50 $, Kinder 5 $).

Die **Île de Notre Dame** hingegen wurde erst 1967 für die Expo künstlich aufgeschüttet. Ein schöner Park mit stillen Wegen erinnert noch an die Weltausstellung, außen herum verläuft die Rennstrecke des Grand Prix von Kanada. Besuchermagnet ist jedoch das **Casino de Montréal** 19**,** das im ehemaligen französischen Pavillon eingerichtet wurde. Der Blick auf die Skyline Montréals und auf die in Augenhöhe auf dem St. Lawrence vorbei-

Place Jacques-Cartier: Treffpunkt von Touristen und Einheimischen

schippernden Ozeanriesen ist durchaus ein paar Jetons wert (1 Av. du Casino, tgl. 24 Std.).

Centre Infotouriste: 1001 Square Dorchester, Juni–Mitte Sept. tgl. 7–20, sonst tgl. 9–18 Uhr, www.tourismemontreal.org, www.bonjourquebec.com. Schriftliche und telefonische Anfragen: **Tourisme Montréal,** CP 979, Montréal, Québec H3C 2W3, Canada. Infomaterial, Hotel- und Restaurantverzeichnisse für Montréal und die Provinz Québec. Hotelreservierungen werden gratis vorgenommen.

Montréals Hotellerie bietet Unterkünfte jeder Art und für jeden Geldbeutel. Dabei reicht die Palette vom schmalen Bett in der Jugendherberge bis zur 5000-Dollar-Luxus-Suite. Die Preise sind jedoch im Allgemeinen vergleichsweise zivil, selbst in Vieux-Montréal.

Les Passants du Sans Soucy [1]: 171 Rue St-Paul Ouest, Tel. 514-842-2634, Fax 514-842-2912, www.lesanssoucy.com. Eines der schönsten B & Bs in Vieux-Montréal, mit kleiner Galerie in der Lobby. DZ 115–185 $.

Gault [2] und **Place d'Armes** [3] s. Richtig Reisen-Tipp S. 234.

Als Montréals größte Attraktion bietet Vieux-Montréal natürlich auch viele Restaurants, die jeden Geschmack bedienen und – das liegt in der Natur der Sache – mitunter teurer sind als die in Centre-Ville.

Bonaparte [4]: 447 Rue Saint-François-Xavier, Tel. 514-844-4368, Mo–Fr 11.30-

Richtig Reisen-Tipp: Schönste Boutique-Hotels

Intim, luxuriös und vor allem anders als die anderen sind Montréals schönste Boutique Hotels: Das **Gault** [2] bietet eine interessante Spannung aus opulenter, reich dekorierter Fassade und beinahe asketischem Interieur: Klarheit und zen-artige Ruhe dominierten bei der Einrichtung der Zimmer (449 Rue Ste-Hélène, Tel. 514-904-1616, 1-866-904-1616, Fax 514-904-1717, www.hotelgault.com, DZ 230–750 $). Das **Place d'Armes** [3] hingegen, vis-à-vis Basilique Notre Dame in Vieux-Montréal, kombiniert moderne urbane Eleganz mit viktorianischer Architektur und präsentiert seine Zimmer nur in warmen Erdtönen (55 Rue St-Jacques Ouest, Tel. 514-842-1887, 1-888-450-1887, Fax 514-842-6469, www.hotelplacedarmes.com, DZ 180–360 $).

14.30, 17.30–22, Sa–So 8–14.30, 17.30–22.30 Uhr. Traditionelle französische Küche in historischem Gemäuer und stilvollem Ambiente in der Altstadt. Vorspeisen 8–21 $, Hauptspeisen 24–39 $.

Cabaret du Roy [5]: 363 Rue de la Commune Est, im Marché Bonsecours, Tel. 514-907-9000, Jan.–April Fr–Sa ab 18.30, Mai–Sept. tgl. ab 18.30, Okt.–Nov. Fr–Sa ab 18.3o Uhr. Erlebnisgastronomie im Stil eines Banketts im 18. Jh,. mit historischen Kostümen und Musikanten. Vorspeisen 5–9 $, Hauptspeisen 17–26 $.

Da Emma [6]: 777 Rue de la Commune, Tel. 514-392-1586, Mo–Fr 11–2, Sa–So 18–23 Uhr. Römische Rezepte in Vieux-Montréal, in romantischem Naturstein-Ambiente. Vorspeisen 6–12, Hauptspeisen 17–22 $.

Joe Beef [7]: 2491 Rue Notre-Dame, Tel. 514-935-6504, Di–Sa 17.30–23.30 Uhr. Kleines Bistro mit guten Steaks und hervorragenden Austern. Vorspeisen 10–15 $, Hauptspeisen 20–30 $.

Galerie Le Chariot: 446 Pl. Jacques-Cartier, Mo–Sa 10–18, So 10–15 Uhr. Die Galerie im Herzen von Vieux-Montréal beherbergt die größte Inuit-Kunstsammlung des Landes.

Galerie St-Dizier: 24 Rue St-Paul, tgl. 10–18 Uhr. Die geräumige Galerie repräsentiert etablierte Montréaler Avantgardisten.

Les deux Pierrots: 104 Rue St-Paul Est. Tel. 514-861-1270, Do–Sa 18–1 Uhr. Die beste der wenigen verbliebenen, traditionellen *boîtes à chanson.* Aufführungen Québecer Chansonniers, Liedermacher und Alleinunterhalter.

Radfahren. Die Nutzung des Zweirads wird immer populärer. Events wie die Tour de l'Île und inzwischen knapp 400 km Radfahrwege reflektieren diesen Trend. Auch der Besucher sollte sich in den Sattel schwingen. Radtouren wie die am Canal Lachine (s. S. 232) entlang oder zum Parc des Îles versprechen einen ereignisreichen Tag. Räder kann man in Vieux-Montréal mieten, u. a. bei **CaRoule/Montréal on Wheels,** 27 Rue de la Commune, Tel. 514-866-0633.

Inline-Skating: Nicht nur bei Radlern, sondern auch bei Inline-Skatern beliebt sind der Vieux-Port und der Radweg am Canal de Lachine entlang nach Lachine. Skates können an der Rue de la Commune ausgeliehen werden, u. a. bei **Ca Roule/Montréal on Wheels** (s. o.).

Rafting: Die Rapides de Lachine sind ein Wildwasser-Paradies. Wo früher für die Entdecker Schluss war, tummeln sich heute Kajakfahrer und Rafter. Verschiedene Veranstalter führen Wildwassertouren per Raft oder PS-starkem Speedboat im Angebot. Der beste: **Saute-Moutons:** 47 Rue de la Commune, Tel. 514-284-9607, www.jetboatingmonreal.com. Touren vom Vieux-Port aus.

Hafenrundfahrten: Le Bateau-Mouche: Quai Jacques-Cartier, Vieux-Port, Tel. 514-849-9952, www. bateau-mouche.com. Abendliche **Dinner Cruises** vor der beleuchteten Skyline Montréals sowie Hafenrundfahrten tagsüber. Dinner bei Kerzenlicht, Wein- und Speisekarte klingen vielversprechend. Eine »diner-croisière en soirée« ist ein romantischer Höhepunkt jedes Montréal-Besuchs.

Centre-Ville: Stadtmitte mit vielen Zentren

Cityplan S. 238–240

Auch typisch Montréal: Fragt man fünf Montréaler nach dem Stadtzentrum, wird man fünf verschiedene Antworten erhalten. Während Verkehrsschilder den Besucher ganz allgemein auf die nordamerikanische Downtown namens Centre-Ville verweisen, zeigen die Einheimischen schlicht dorthin, wo etwas los ist. Und das ist überall ...

Vieux-Montréal ist zwar die Keimzelle der Stadt, doch wo ist die Stadtmitte? Liegt sie irgendwo zwischen den unmittelbar hinter der Altstadt aufragenden Glas- und Stahlgiganten? Die Broschüren nennen die Gegend zwischen Rue Atwater im Südwesten und Rue St-Denis im Nordosten zwar Centre-Ville, doch Stadtzentren im europäischen Sinne gibt es in Montréal noch weitere. Der Antwort von Einheimischen auf diese Frage sollte man dabei nicht trauen. Der Montréaler, dessen Lieblingsbeschäftigung *magasiner* ist (ein-

Nicht nur im Winter verlockend: Montréals Ville Souterraine

Mit den Autoren unterwegs

Marché Jean-Talon

Ketten-Restaurants und andere Franchises müssen draußen bleiben! Die Betreiber legen Wert auf Originalität. Auf diesem quirligen **Wochenmarkt** unweit Petite Italie kann man sich an Ständen und in kleinen, familienbetriebenen Bistros durch die Küchen der Welt essen (s. S. 244).

Tam-Tam

Was als improvisierte Trommel-Session begann, ist inzwischen eine Institution. Von Mai bis September trifft sich jeden Sonntag zu Füßen des **Monument George-Étienne Cartier** die Montréaler Jugend, um zu trommeln, zu tanzen und um ganz einfach den Sommer zu genießen (s. S. 245).

L'Express

Dieses Bistro-Restaurant steht seit 25 Jahren für gleichbleibend hohe Qualität bei Küche und Service. Mit Spiegeln, burgunderroten Wänden, Marmortischen und langer Aluminium-Theke eingerichtet, treffen sich hier vor allem Journalisten, Künstler und Schauspieler (s. S. 248).

La Binerie

Die winzige **Nachbarschaftskantine,** eine der letzten ihrer Art in Montréal, serviert etwas, was ansonsten nur noch in Haushalten auf dem Lande auf den Tisch kommt: Traditionelle *cuisine québécoise.* Ganz oben auf der Speisenkarte: *Toutière* (ein Fleischkuchen), *Soupe à gourgonne* (Bohnensuppe) und *Fèves-au-Lard* (gebackene Bohnen). Kalorienbomben, aber gut (s. S. 248)!

Cocktail mit Aussicht

737 Fuß über der Stadt schmeckt der Gin Fizz besonders gut. Der **Club 737** an der Spitze des Bürokomplexes Place Ville-Marie bietet Freiluft-Patio, Restaurant und Nachtclub – mit spektakulärem Rundumblick auf Montréal (s. S. 250).

kaufen), wird auf die Konsummeile Rue Ste-Cathérine verweisen. Montréaler mit Sinn für Geografie werden den Square Dorchester nennen, und Nachteulen werden zuerst die Restaurantstraßen Rue St-Denis und Boulevard St-Laurent einfallen.

Place Ville-Marie

Fokus im Herzen des Büroviertels ist die 42 Stockwerke hohe **Place Ville-Marie 1,** der 1959–62 auf einem kreuzförmigen Grundriss angelegte erste integrierte Gebäudekomplex der ›neuen Welt‹. 15 000 Menschen arbeiten hier, weitere 75 000 gehen täglich ein und aus. Kein Geringerer als der Stararchitekt **I. M. Pei** war der Planer dieses Projekts, das später überall im Stadtzentrum kopiert wurde: in der angrenzenden Place Bonaventure etwa, die zudem über eine Verbindung zum Bahnhof verfügt, im Square Victoria, wo sich die Börse befindet, und im eleganten Complexe Desjardins etwas weiter östlich beim Kunstzentrum Place-des-Arts (4 Pl. Ville-Marie, Mo–Mi 9.30–18, Do–Fr 9.30–21, Sa 9.30–17, So 12–17 Uhr).

Ville Souterraine

Unnötig zu sagen, dass diese Monolithe auch Métrostationen in ihren Eingeweiden beherbergen. Aber das ist noch längst nicht alles: Während die Place Ville-Marie in die Höhe wuchs, wurde zugleich auch zielstrebig nach unten gebaut. In der Tiefe entstand eine neue City, die heute weltberühmte **Ville Souterraine,** eine unterirdische Stadt. Die folgenden 30 Jahre wurde emsig gegraben und gebuddelt, und heute ist ganz Centre-Ville untertunnelt. Hier lässt es sich wettergeschützt shoppen und leben, während im langen Winter oben die Schneestürme toben. Und drängt es einen schließlich doch wieder ans Tageslicht, so kann man einen der Aufzüge nehmen, die in die Dachgartenrestaurants internationaler Hotels wie Sheraton, Intercontinental und Méridien sausen, um dort in luftiger Höhe gepflegt Drink und Dinner zu sich zu nehmen.

Montréals Souterrain Die Stadt unter der Stadt

Thema

Folgende städtische Legende ist unausrottbar: Es war einmal ein unbedarfter Tourist, der im tiefsten Winter mit Sommerbekleidung in Montréal landete – und während seines 14-tägigen Aufenthalts nicht mal einen Mantel kaufen musste, da er Montréal ›von unten‹ erforschte.

Ein schönes Märchen, doch die Geschichte könnte sich tatsächlich zugetragen haben. Im Winter fegen die bitteren Polarwinde ungehindert über das St.-Lorenz-Tiefland hinweg. Von November bis April herrscht hier ›Général d'Hiver‹ mit viel Schnee und kräftigen Minusgraden, –20 °C sind im Januar keine Seltenheit. Die findigen Montréaler jedoch haben nicht vor der Kälte kapituliert, sondern ganz einfach ihr Leben nach unten verlegt, in die warmen Kavernen ihrer *ville souterraine*. Während sich im Frühjahr und Sommer das berühmte *joie de vivre* der Metropole in den Straßencafés und auf den Boulevards im Freien abspielt, trifft man sich im – ohnehin dunklen – Winter unter der Erde. Man flaniert, geht einkaufen oder ins Kino, lässt sich die Schuhe reparieren oder genießt einen *Café au lait*. Alles zehn Meter unter der Erde.

Geboren wurde die Idee der unterirdischen Stadt bereits Anfang der 1960er-Jahre, als der erste Wolkenkratzer der Innenstadt geplant wurde. Gleich neben dem Neubauprojekt lag eine tiefe Schneise, in der einst die Eisenbahnschienen verliefen. Anstatt nun das Loch aufzufüllen oder Tiefgaragen zu bauen, wurde ein großes Einkaufszentrum mit Kinos und Cafés geschaffen. **Place Ville-Marie,** die Keimzelle der Ville Souterraine, wurde schnell zum beliebten Treff der Montréaler. Die Idee machte Schule: Wann immer in den nächsten Jahren irgendwo in der Innenstadt gebaut wurde, legte man neue Passagen und Untergrundzentren an. Beim Bau der U-Bahn wurden die Ein- und Ausgänge gleich in Wohnhäuser und Bürogebäude gelegt und direkt an die Shops im Souterrain angeschlossen. Und schon bald führten auch Tunnels zu den umliegenden Gebäuden. Niemand musste mehr hinaus in die Kälte, wenn draußen der Blizzard durch die Straßen fegte.

Rund 30 km lang ist das weit verzweigte Netz der Passagen und Tunnel, der mehrstöckigen Galerien und unterirdischen Plätze mittlerweile. 200 Restaurants, 45 Banken, rund 40 Kinos, Theater und Konzertsäle, sieben große Hotels und fast 2000 Läden sind dem Labyrinth dieses Superiglus heute angeschlossen. Etwa ein Drittel der Innenstadt ist bereits derart unterirdisch vernetzt. Und es sind längst nicht nur Einkaufspassagen, die man hier findet. Brunnen und Skulpturen, Gummibäume und auch echtes Grün schmücken die Gänge und oft mehrstöckigen Innenhallen. Die Universität ist ebenso an die bunte Glitzerwelt unter Tage angeschlossen wie das Museum für Moderne Kunst. Und sogar der liebe Gott hat Anschluss an die Unterwelt: Die Ladengalerien der Promenades de la Cathédrale haben direkten Zugang zu der schmucken 1859 erbauten Kirche, deren lange von Billigläden zugebaute Straßenfront seit Ende 2006 wieder anglikanisch-würdevoll auf die Rue Ste-Cathérine blickt.

Alles ist trockenen Fußes erreichbar und ein in der Ville Souterraine. Ein Winterpelz ist nicht erforderlich. Und man fragt sich, ob die Geschichte vom unbedarften Touristen nicht doch wahr ist …

(Karl Teuschl)

Centre-Ville: Cityplan

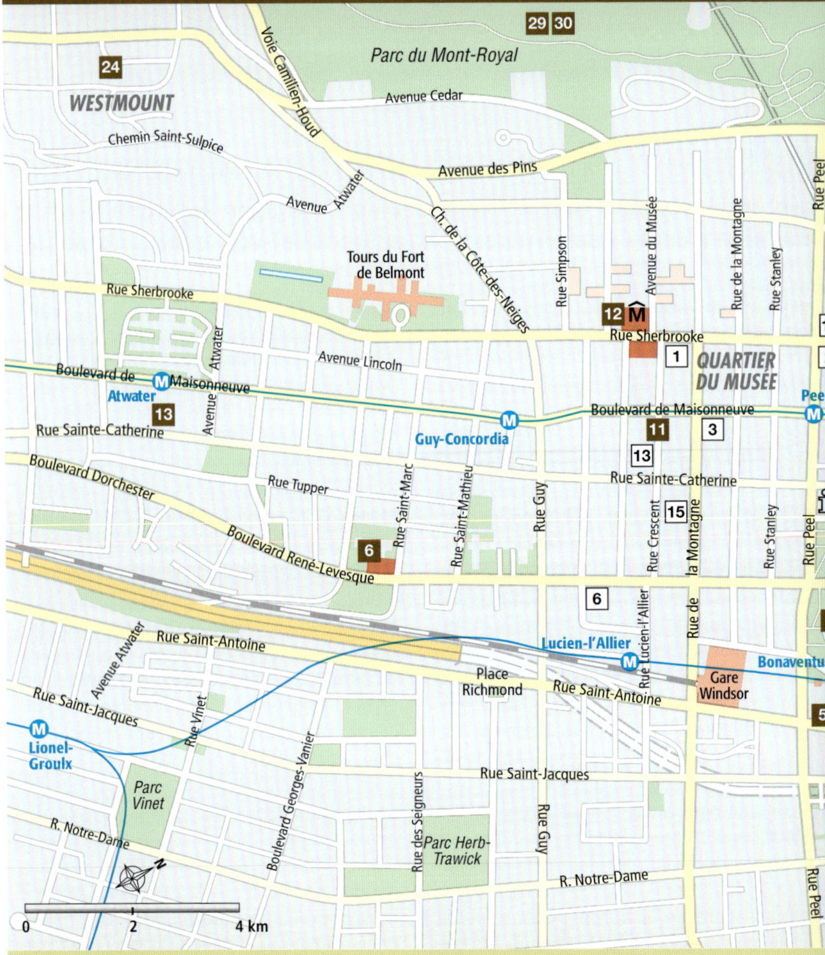

Sehenswürdigkeiten

1 Place Ville-Marie
2 Square Dorchester/ Centre Infotouriste
3 Édifice Sun Life
4 Cathédrale Marie-Reine-du-Monde
5 1000 de la Gauchetière
6 Centre Canadien d'Architecture
7 Centre Eaton
8 Cathédrale Christ Church
9 La Foule Illuminée
10 Musée d'Art Contemporain
11 Rue Crescent
12 Musée des Beaux-Arts
13 Square Westmount
14 Université McGill
15 Musée McCord d'Histoire Canadienne

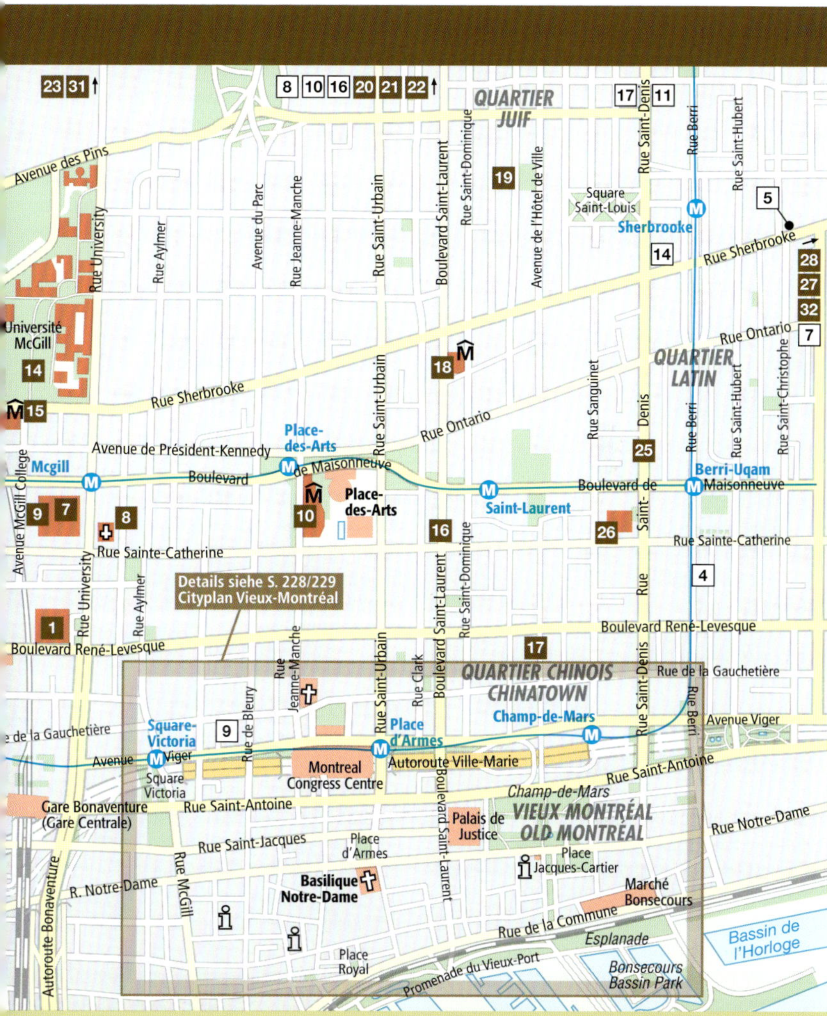

16 Boulevard St-Laurent
17 Quartier Chinois
18 Musée juste pour Rire
19 Quartier Juif
20 Quartier Portugais
21 Petite Italie
22 Marché Jean-Talon
23 Outremont
24 Westmount
25 Rue St-Denis
26 Université du Québec à Montréal (UQAM)
27 Parc Olympique
28 Jardin Botanique de Montréal
29 Parc du Mont-Royal
30 Chalet du Mont-Royal
31 Belvédère Camilien Houde
32 Oratoire St-Joseph

Fortsetzung s. S. 240

Centre-Ville: Cityplan

Übernachten

1 Ritz-Carlton Montréal
2 Hotel Omni Mont-Royal
3 Loews Hôtel Vogue
4 Hotel Lord Berri
5 Hotel de Paris
6 Auberge de Jeunesse/Hostelling International
7 Camping Alouette

Essen und Trinken

8 Milos
9 Restaurant Toqué
10 Moishe's Steak House
11 L'Express
12 Renoir
13 Weinstein & Gavino's Pasta Bar Factory
14 Hôtel de l'Institut
15 Restaurant Europea
16 Schwartz's Delicatessen
17 La Binerie

Rund um den Square Dorchester

Doch es gibt in Centre-Ville auch genügend oberirdische Attraktionen. Nur zwei Straßen von der Place Ville-Marie öffnet sich am Boulevard René-Lévesque, einer der großen Durchgangsstraßen der Innenstadt, der **Square Dorchester** 2. Hier befindet sich das Besucherzentrum **Centre Infotouriste,** wo man sich mit Stadtplänen und Adressen versorgen kann (s. S. 247). Den Platz, der eher ein Park mit Denkmälern, Bänken und Zeitungskiosk ist, dominieren zwei imposante Gebäude. Das 1918 im Beaux-Arts-Stil erbaute Versicherungsgebäude **Édifice Sun Life** 3 auf der Nordostseite war seinerzeit das größte Gebäude im britischen Empire. Dass die 1894 fertiggestellte **Cathédrale Marie-Reine-du-Monde** 4 daneben fast zierlich wirkt, hat noch einen anderen Grund: Sie ist ein um zwei Drittel verkleinertes Duplikat des Petersdoms zu Rom. Sogar Berninis Baldachin über dem Hauptaltar wurde 1900 von Victor Vincent kopiert (Bd. René-Lévèsque und Rue Mansfield, Mo–Fr 7.30–19.30, Sa 7.30–20.30, So 8.30–19.30 Uhr).

Unmittelbar hinter der Kirche ragt an der Rue de la Cathédrale der spiegelnde Bau eines der neueren Wolkenkratzer auf: **1000 de la Gauchetière** 5. Im Untergeschoss wartet auch hier wieder eine Einkaufspassage – diesmal mit Eislaufbahn! Architekturinteressierte sollten von hier aus einen kleinen Abstecher ins sechs Straßen weiter südlich gelegene **Centre Canadien d'Architecture** 6 einplanen, das weltweit einzige Museum für internationale Baukunst. Neben Zeugnissen des architektonischen Erbes Kanadas bewahrt es Zeichnungen und Fotografien zu den interessantesten Baustilen und -traditionen der Welt auf. Zudem ist das CCA ein internationales Forschungszentrum, in dem immer wieder neue Formensprachen angedacht und umgesetzt werden (1920 Rue Baile, Mi–So 10–17, Do 10–21 Uhr, Erw. 10 $, Kinder 3 $).

Auf der Rue Ste-Cathérine

Zurück über den Square Dorchester gelangt man an der nächsten Querstraße in das eigentliche Geschäftszentrum der Stadt: Die quirlige **Rue Ste-Cathérine** gilt mit ihren über- und unterirdischen Konsumpalästen und zahllosen Boutiquen als Montréals Einkaufsstraße. Hier liegen, westlich vom Boulevard St-Laurent, Montréals große Kaufhäuser, allen voran La Baie (Nr. 585), Les Ailes de la Mode (Nr. 677), Simon's (Nr. 977) und Ogilvy (Nr. 1307). Im 1976 eröffneten **Centre Eaton** 7 (Nr. 705), einer mehrstöckigen Mall mit lichtdurchflutetem Atrium, warten weitere 175 Geschäfte. Hier wie dort gibt es Zugänge zur Ville Souterraine. Mangels Platz wurde hier alles und jedes untertunnelt – die anglikanische **Cathédrale Christ Church** 8 beispielsweise. Oben spiegelt sich das neugotische Gotteshaus aus dem Jahr 1859 in der kalt glänzenden Glasfassade des postmodernen Wolkenkratzers Maison des Coopérants, unten reichen die Stützpfeiler der Kirche in eine moderne Krypta von Boutiquen und Schnellrestaurants (Nr. 635, tgl. 8–18 Uhr).

Gleich einen Block weiter verläuft die **Avenue McGill College** hügelaufwärts, eine Art Mini-Champs-Elysées, die fotogen auf das geschwungene Portal der Université McGill zusteuert. Hier steht vor den dunkelblauen Türmen der Banque Nationale de Paris (BNP) eine der bekanntesten Skulpturen Montréals: **La Foule Illuminée** 9 von Raymond Mason, eine gestikulierende Menschengruppe aus gelbem Glasfiber.

Musée d'Art Contemporain

Kunst und Kultur satt warten ein Stück weiter östlich an der Rue Ste-Cathérine: Das **Musée d'Art Contemporain** 10 widmet sich dem zeitgenössischen Kunstschaffen. In acht weitläufigen Galerien sind Werke der Québecer Moderne wie Jean-Paul Riopelle und Paul-Émile Borduas zu sehen, zugleich werden hier die allerneuesten Trends der kanadischen Kunstszene ausgestellt (Nr. 185, Di–So 11–18, Mi 11–21 Uhr, Mo geschl., Erw $ 8, Kinder 4 $). Es gehört zur **Place des Arts**, einem weitläufigen Kunstzentrum mit Konzert- und Theatersälen. Hier sind die Montréaler Philharmoniker sowie die Oper zu Hause.

Rue Crescent

Dagegen sammeln sich ein paar Blocks weiter westlich die Nachteulen der Stadt: Die Kreuzungsbereiche von **Rue Crescent** 11 und **Rue de la Montagne** sind Gravitationszentren des Montréaler Nachtlebens. Klubs, Restaurants, Cafés und Diskotheken, hier wird ausgeführt, was tagsüber beim *magasiner* erstanden wurde.

Rue Sherbrooke

Etwas nördlich verläuft parallel zur Rue Ste-Cathérine die Nobelmeile **Rue Sherbrooke,** die wichtigste West-Ost-Verbindung der Île de Montréal. Im 19. Jh. erlebte sie ihre Glanzzeit, als die anglophonen Geschäftsleute drei Viertel des kanadischen Volksvermögens kontrollierten. Nur wenige ihrer herrlichen Residenzen überstanden die Abrisswut nach dem Zweiten Weltkrieg, allen voran die schönen Gebäude der Université McGill. Wenn sie auch viel von ihrem alten Glanz verloren hat: Luxushotels neueren Datums und kostspielige Apartmentblocks lassen die Rue Sherbrooke noch immer mondän wirken.

Kanadisch kaufen

Es müssen nicht immer Textilien von Gap, Mexx und H&M sein. An der Rue Ste-Cathérine gibt es viele Möglichkeiten, bei unabhängigen kanadischen Designern einzukaufen. Viele, darunter Harry Rosen, Mimi Momo und Kar-Ma, residieren in **Les Cours Mont-Royal,** einer mehrstöckigen Mall über und unter der Erde (1455 Rue Peel, Mo–Mi 10–19, Do–Fr 10–21, Sa 10–18, So 12–17 Uhr).

Musée des Beaux-Arts

Schönster Blickpunkt an der Rue Sherbrooke ist das an seinen griechischen Säulen zu erkennende **Musée des Beaux-Arts** 12**.** Das 1860 gegründete Museum der Schönen Künste ist das älteste des Landes und residiert seit 1912 in diesem Gebäude. In den 1980er-Jahren expandierte die Sammlung, sodass 1991 auf der gegenüberliegenden Straßenseite ein von Moshe Safdie entworfener Anbau, der **Pavilion Jean Noel Desmarais**, hinzukam. Hauptgrund für den Besuch dieses herrlichen Museums ist die Sammlung kanadischen Kunstschaffens, die u. a. Antoine Plamondon und den Exzentriker Ozias Leduc ausstellt. Hinzu kommen die Alten Meister und ›Stammgäste‹ wie Picasso und Dalí (1380 Rue Sherbrooke Ouest, Di 11–17, Mi–Fr 11–21, Sa–So 10–17 Uhr, Erw. 15 $, Kinder unter 12 J. frei).

Von hier ist bereits das schönste der zahlreichen Nobelhotels an der Rue Sherbrooke zu sehen: Im 1911 eröffneten Traditionshotel **Ritz-Carlton** (s. S. 247) verbrachte schon Liz Taylor die Flitterwochen mit ihrem Richard (1228 Rue Sherbrooke Ouest).

Richtig Reisen-Tipp: Montréals Metro – Einsteigen, genießen, aussteigen

Im Winter, wenn das Thermometer bei minus 25 Grad einfriert und der Winter die Stadt fest im Griff zu haben scheint, funktioniert Montréal vorbildlich – vor allem deshalb, weil sich das Leben von draußen nach drinnen verlagert. Auch Claude geht wochenlang nicht nach draußen. Nicht, weil es ihm zu kalt wäre. Er braucht es einfach nicht. Er muss sich auch nicht warm anzuziehen. Die zehn Kilometer zu seiner Arbeit im Zentrum Montréals sind nämlich vollklimatisiert. Während draußen also ein Schneesturm den anderen ablöst, fährt Claude in seinem Kondominium-Turm in der Vorstadt Longueuil per Aufzug hinunter zur Tiefgarage. Dort zweigt ein Fußgängertunnel zur U-Bahn-Station Longueuil- Université-de-Sherbrooke ab. Ein paar Minuten später ist er unterwegs Richtung Centre-Ville, Innenstadt. Unter dem St.-Lorenz-Strom hindurch geht es zunächst zur U-Bahn-Station Berri-UQAM, dem größten Knotenpunkt des Montréaler U-Bahn-Systems. Hier steigt Claude von der gelben auf die orangefarbene Linie um. 15 Minuten später steigt er an der Station Square-Victoria wieder aus. Rolltreppen und weitere Fußgängertunnel bringen ihn zuletzt zu einer Mall mit Restaurants, dem Fitness-Studio Club Nautilus und netten Boutiquen. Von hier aus führt eine letzte Rolltreppe hinauf in die Lobby der Montréaler Börse. Hier verdient Claude seine Brötchen. Ein Auto hat er nie besessen, nie gebraucht. »Wozu?«, fragt er und guckt fürbass erstaunt.

Montréals U-Bahn ist ein Segen. Selbst die Anglos sagen nicht Subway, sondern Métro, von »chemin de fer métropolitain«. Die wegen des harten kanadischen Winters ausschließlich unterirdisch verlegte U-Bahn verbindet alle Montréaler. 1966 nach vierjähriger Bauzeit eröffnet, wurde sie bis 1988 ständig erweitert und bedient heute mit vier Linien und 66 Stationen den größten Teil der Île de Montréal. Im Verlaufe des Jahres wird die orangefarbene Linie bis Montmorency in der nördlichen Vorstadt Laval fertiggestellt. 700 000 Pendler nutzen die Métro täglich, davon besitzen 34 Prozent kein Auto: in Nordamerika eine guinnessbuchverdächtige Zahl! 59 Mio. Kilometer legen die Metrozüge jährlich zurück, die Société de Transport de Montréal (STCM) gehört zu den zehn größten Arbeitgebern der Provinz Québec.

»Le Métro« gehört in Montréal zum urbanen Lifestyle wie Sushi und Latte. Die Züge, damals waren sie damit die Ersten weltweit, gleiten auf Gummirädern sanft und fast lautlos durchs Erdreich. Jede Station hat ein anderes Layout und Dekor. Bekannte Montréaler Künstler haben sich hier verewigt, online gibt es sogar von Métro-Fans verfasste Führer zu den schönsten – Kategorisierung inklusive. Einem Online-Führer zufolge sind acht Métrostationen so schön, dass sie »froh machen, in Montréal leben zu dürfen« und fünf Sterne bzw. Métro-Logos, »Métros« genannt, verdienen. Vier Métros (»Sie haben Glück, nahebei zu wohnen«) verdienen 20, drei Métros (»eine attraktive Station«) 23 Stationen. Für Jean-Claude Germain, Québecs meistzitierten Historiker, ist die Métro für Montréal das, was die Boulevards für Paris und die Kanäle für Venedig sind.

Für den Besucher ist sie jedoch vor allem die beste und billigste Art, Nordamerikas frankophone Metropole kennenzulernen. Für einen Streifen *(lisière)* mit sechs Tickets für 11,25 Dollar kann man bequem alle Sehenswürdigkeiten abklappern – und dazwischen in der Métro das Stimmengewirr von über 100 Sprachen auf sich wirken lassen, die Montréal zu einer der multikulturellsten Städte des Kontinents macht. »Im Grunde bräuchte ich gar nicht zu verreisen«, meint Claude. Sein Freund hat seine Frau, eine Kolumbianerin, 30 m unter der Erde kennengelernt. »Ich höre jeden Morgen auf dem Weg zur Arbeit ein Dutzend verschiedener Sprachen.«

Westmount

Gen Westen führt die Rue Sherbrooke zum Nobelviertel **Westmount,** dessen Anker der in den frühen 1960er Jahren von Mies van der Rohe entworfene, pechschwarze Bürokomplex **Square Westmount** 13 (Rue Sherbrooke und Rue Greene) ist. Drinnen befindet sich – über- wie unterirdisch – eine elegante Shopping Mall. Traditionell ist Westmount die Enklave der betuchten Anglo-Montréaler, die das Geschick der Stadt bis in die 1970er Jahre bestimmten. Bis heute leben sie hier, die Nachkommen der Pelzaristokraten, Banker und Industriellen, trotz der chronischen ›Anglo-Angst‹ vor einem vielleicht einmal unabhängigen Québec. In den zum Mont Royal hinaufziehenden Seitenstraßen stehen noch viele herrliche viktorianische Häuser, die um so größer werden, je höher es die Hänge des Mont-Royal hinaufgeht.

Musée McCord d'Histoire Canadienne und Universität

Nach Osten hin passiert die Rue Sherbrooke den Campus der renommierten anglophonen **Université McGill** 14, die 1821 aus einer Stiftung des reichen Pelzhändlers James McGill hervorging. Immer einen Besuch wert ist das schöne **Musée McCord d'Histoire Canadienne** 15 schräg gegenüber, wo sich die Kenntnisse zur kanadischen Sozial- und Kulturgeschichte anhand wunderschöner indianischer Stickereien und detailreicher Sonderausstellungen aus drei Jahrhunderten auffrischen lassen (690 Rue Sherbrooke Ouest, Di–Fr 10–18, Sa–So 10–17 Uhr, Erw. 12 $, Kinder 4 $).

Boulevard St-Laurent

Weiter östlich überquert die Rue Sherbrooke Boulevard St-Laurent und Rue St-Denis und strebt schließlich dem Olympia-Stadion entgegen. Der charmant-verlotterte **Boulevard St-Laurent** 16 ist die wichtigste Nord-Süd-Achse der Metropole. Die alten Montréaler nennen ihn noch immer schlicht ›The Main‹, die Hauptstraße, die Montréal im 19. Jh. nicht nur halbierte, sondern auch die ›Anglos‹ im Westen von den ›Francos‹ im Osten trennte. Ab 1900 änderte die Main mit der Ankunft von Einwanderern aus aller Welt ihr Gesicht: In mehreren Wellen kamen über die Jahrzehnte Chinesen, osteuropäische Juden, Griechen, Italiener, Latinos und Haitianer, ließen sich hier nieder und schoben die zuvor gekommene Gruppe weiter den Boulevard hinauf – ein Prozess, der heute noch an den Namen der Geschäfte ablesbar ist. Zu Beginn des Dritten Jahrtausends erleben verschiedene Abschnitte des Boulevards eine Renaissance als Trendmeile.

Quartier Chinois

Das kleine **Quartier Chinois** 17 auf dem Abschnitt zwischen Boulevard René-Lévèsque und Rue Viger – zwei goldbelegte, von der Stadt Schanghai gestiftete Zeremonialbögen über dem Boulevard St-Laurent markieren Nord- und Südende der kompakten, aber umso quirligeren Chinatown – entstand bereits 1870. Chinesische Bahnarbeiter, die nach Vertragsende in Kanada blieben, ließen sich hier nieder und hielten sich zunächst mit Wäschereien und Arbeiterkantinen über Wasser. Heute ist Chinatown das historische Zentrum der etwa 50 000 chinesischstämmigen Montréaler, die inzwischen jedoch meist auf dem Südufer leben. Das Quartier Chinois selbst ist ein Fragment Chinas in Kanada: Die Restaurants sind authentisch, Obstkisten stapeln sich auf den Bürgersteigen, und aus den Läden strömen exotische Wohlgerüche.

Musée juste pour Rire

Kurz bevor man unterwegs nach Norden auf dem Boulevard St-Laurent die Rue Sherbrooke überquert, erklingt plötzlich Gelächter aus Lautsprechern: Das **Musée juste pour Rire** 18 verfolgt mit Videoclips, Clowneinlagen und kreativem, interaktivem Schnickschnack den Weg des Lachens von der Steinzeithöhle bis zum technisierten Haushalt der Jahrtausendwende – ein überaus intelligenter, aber durchaus nicht ernst gemeinter Musentempel (Nr. 2111, Do–Fr 9–15, Sa–So 10–17 Uhr, Erw. 9 $, Kinder 5 $).

Weitere Viertel

Nördlich der Rue Sherbrooke erstreckt sich entlang des Boulevard St-Laurent das alte **Quartier Juif 19,** das ehemalige Viertel der osteuropäischen Juden. Heute dominiert hier ein kunterbuntes Mosaik anderer Einwanderer: Die Straßenrestaurants an der Fußgängerzone Rue Prince-Arthur sind vielfach griechisch, in der Rue Duluth findet man gute vietnamesische Küche, im **Quartier Portugais 20** kurz unterhalb der Avenue du Mont-Royal locken portugiesische Spezialitätenlokale. Ganz im Norden liegt **Petite Italie 21.** Man hat es erreicht, wenn man plötzlich Espressomaschinen und Bilder der italienischen Fußballnationalmannschaft in den Schaufenstern der Gelaterias oder Pizzerien sieht.

Marché Jean-Talon

Ein paar Blocks von Petite Italie in nordöstlicher Richtung liegt der schönste und bunteste Wochenmarkt der Stadt. Zwischen Paprika, Lychees, Ahornprodukten und frischem Brot fliegen einem auf dem **Marché Jean-Talon 22** Dutzende von Sprachen um die Ohren. Um die unter einem Lagerhallendach residierenden Marktstände gruppieren sich etliche Feinschmecker-Geschäfte und Cafés (7070 Rue Henri-Julien, Mo–Mi 8–18, Do–Fr 8–20, Sa 8–18, So 8–17 Uhr, erreichbar auch via Métro Jean-Talon).

Outremont und Westmount

Die jüdischen Einwohner Montréals leben heute zumeist im wohlhabenden Stadtteil **Outremont 23** (führt die feine Avenue Laurier in Richtung Mont-Royal) oder verteilt über die anderen Viertel der Stadt. Am Boulevard St-Laurent erinnern nur noch das für seine *smoked meat sandwiches* berühmte Restaurant »Schwartz' Delicatessen« (s. S. 248) an die Zeit, als Jiddisch die dritte Sprache Montréals war. Outremont ist im Übrigen das frankophone Gegenstück zum piekfeinen, anglophonen **Westmount 24** auf der anderen Seite des Mont-Royal: Dort residierte früher die Crème von *le Québec*, und zwar in herrschaftlichen Villen mit Gärten und schönen Cafés und Bistros an jeder Ecke.

Rue St-Denis

Parallel zum Boulevard St-Laurent verläuft die **Rue St-Denis 25,** südlich der Rue Sherbrooke die studentische Kneipen- und Restaurantmeile des frankophonen Montréal, nördlich davon die Boutiquen- und Restaurantzone für ein etwas älteres Publikum. Vor allem rings um die **Université du Québec à Montréal (UQAM) 26,** im Kreuzungsbereich St-Denis und Ste-Cathérine, entfaltet sich mit Coffeeshops, Bars, Theatern und kleinen Läden die Künstlerbohème der Stadt. Tagsüber sieht man Künstler und Lebenskünstler im hübschen Park Carré St-Louis (zwischen Rue St-Denis und Av. Laval) beim Lesen ihrer Drehbücher und Gitarrespielen, abends geht man ins Kino, ins Theater oder, *bien sur,* in eines der vielen Restaurants. Auf der Rue St-Denis ist immer etwas los.

Sehenswertes außerhalb Centre-Ville

Auch einige Sehenswürdigkeiten im weiteren Stadtgebiet lohnen einen Besuch und sind in der Regel auch per Métro leicht zu erreichen.

Parc Olympique de Montréal

Dazu gehört der **Parc Olympique 27** der Sommerspiele von 1976 ganz im Nordosten der Stadt. Aus dem braunen Häusermeer ragt wie ein utopisches Raumschiff das Olympiastadion heraus. Darüber wacht – gewagt im 45-Grad-Winkel – der erst 1987 fertiggestellte **Tour de Montréal,** ein Wahrzeichen der Stadt. Dank seiner 175 m Höhe nennen ihn die Montréaler stolz den höchsten schiefen Turm der Welt und die Kabinenfahrt auf seinem Rücken hinauf zur Aussichtskanzel ist ein besonderes Erlebnis (454 Av. Pierre-de-Coubertin, Mitte Juni–Mitte Sept. tgl. 9–19, sonst tgl. 9–17 Uhr, Erw. 14 $, Kinder 7 $).

Während der Olympiade wurde die Anlage als architektonischer Meilenstein und Symbol des aufstrebenden Montréal bejubelt. Auf die Spiele folgte jedoch die Ernüchterung: Statt der veranschlagten 320 Mio. Dollar hatte das Lieblingsprojekt des flamboyanten Bürgermeisters Jean Drapeau (»Eher bekommt ein Mann ein Baby, als dass unsere Olympiade auch nur einen Dollar Schulden macht!«) satte 1,2 Mrd. Dollar verschlungen – angeblich zahlt Montréal den Schuldenberg noch immer ab. Die Steuerzahler gaben dem Projekt den Namen ›Big O‹, großes Loch. Das olympische Radrennstadion daneben hat sich seit seinem Umbau in ein Umweltmuseum jedoch rentiert: Als **Biodôme** lockt es jährlich 1,5 Mio. Besucher in seine vier mit Affen, Krokodilen, Luchsen, Bibern und Pinguinen bevölkerten Vegetationszonen (4777 Av. Pierre-de-Coubertin, tgl. 9–17, im Sommer bis 18 Uhr, Erw. 12,75 $, Kinder 6,50 $).

Jardin Botanique de Montréal

Nicht verpassen sollte man den vom Parc Olympique durch die Rue Sherbrooke getrennten **Jardin Botanique de Montréal** **28**. Trotz des nordischen Klimas in Québec ist er einer der schönsten botanischen Gärten der Welt – und einer der größten dazu. Zehn riesige Gewächshäuser, gut zwei Dutzend Themengärten auf über 70 ha Land und insgesamt über 30 000 Blumenarten machen den Besuch zu einem Fest für die Sinne. Besonders empfehlenswert: der chinesische Garten mit seinen zierlichen Pagoden und Goldfischteichen. Zum Garten gehört auch ein großes Insektarium mit Schmetterlingen, Spinnen und Käfern aus allen Kontinenten. Zusammen mit Olympiastadion und Biodôme kann er mit einem Ticket besucht werden (4101 Rue Sherbrooke Est, Mitte Mai–Anfang Sept. tgl. 9–18, Anfang Sept.–Ende Okt. tgl. 9–21, Anfang Nov.–Ende Dez. tgl. 9–17 Uhr, Erw. 12,75 $, Kinder 6,50 $).

Mont-Royal

Zum Höhepunkt und Abschluss des Montréalbesuchs sollte man noch den Namensgeber der Stadt erklimmen, den **Mont-Royal.** Weit und breit ist *la montagne,* wie ihn die Montréaler trotz seiner dürftigen 250 m Höhe liebevoll nennen, die einzige Erhebung, und allein schon deswegen musste Jacques Cartier einst von oben die ›königliche‹ Aussicht loben. Seit dem 19. Jh., als der seinerzeit weltberühmte Gartenbauarchitekt Frederick Law Olmsted den **Parc du Mont-Royal** **29** schuf, ist der Gipfelbereich als Stadtpark vor weiterer Bebauung geschützt. Die Ostflanke krönt eine 1924 errichtete Nachbildung des Kreuzes, das Stadtgründer Maisonneuve 1642 an genau dieser Stelle aufstellte. Nachts wird es beleuchtet und strahl weit ins Land hinein. Am Ostrand des Parks begegnet man einer typischen Montréaler Institution: Zu Füßen des Denkmals für George-Étienne Cartier, eines der Gründerväter des modernen Kanada, findet an schönen Sommer-Sonntagen das beliebte **Tam-Tam** statt: Jeder, der eine Trommel hat, kann hier mitmachen – eine gute Gelegenheit, junge Montréaler und die Gegenkultur der Stadt kennenzulernen (Anfang Mai–Ende Sept., Av. du Parc und Av. Duluth, tagsüber).

Vom Ende der Rue Peel führt heute ein steiler Fußweg die Bergflanke hinauf zum 1932 erbauten **Chalet du Mont-Royal** **30**,

Richtig Reisen-Tipp: Über Friedhöfe wandern

Die Friedhöfe auf dem Mont-Royal sind mehr als das. Im Sommer, vor allem aber während der Laubfärbung im Herbst, bieten sie herrliche Spaziergänge durch idyllische Alleen aus Apfel- und japanischen Kirschbäumen, vorbei an aufwendigen, in duftende Blumenbeete gebettete Gruften und endlosen Reihen schöner Grabsteine, auf denen Auswanderer-Geschichten aus 200 Jahren verewigt sind. Neben den Montréaler Toten der »Titanic«-Katastrophe fanden auf dem **Cimetière Mont-Royal** (www.mountroyalcem.com) und dem **Cimetière Notre-Dame-des-Neiges** (www.cimetierenddn.org) auch viele Prominente ihre letzte Ruhe.

Pilgerziel von Millionen: das Oratoire St-Joseph

vor dem eine weitläufige Aussichtsterrasse zum Panoramablick einlädt: Zum Greifen nah ragen die Bürotürme von Centre-Ville in den Himmel. Dahinter wälzt sich breit der Südarm des St.-Lorenz Richtung Atlantik, ganz im Süden kann man gerade noch die Richtung Vermont strebenden Appalachen ausmachen. Das aus dem Häusermeer ragende Olympiastadion im Osten sieht man im Übrigen vom schönen **Belvédère Camilien Houde** 31 aus. Dazu folgt man den Wegweisern vor dem Chalet du Mont-Royal durch dichten Wald und vorbei an steil abfallenden Klippen.

An der Rückseite des Chalet schlängeln sich Wege durch die Parkanlagen zum künstlichen **Lac aux Castors,** dem Bibersee. Dahinter, auf dem rückwärtigen Plateau des Berges, erstrecken sich die riesigen Friedhöfe Montréals. Einer von ihnen, der 1852 eröffnete **Cimetière Mont-Royal,** ist spätestens seit dem Welterfolg des »Titanic«-Films von 1998 ein beliebtes Touristenziel. Hier liegen u. a. die Gräber der Montréaler Titanic-Opfer (tgl. 10–18 Uhr, Métro: Édousard Montpetit; s. Richtig Reisen-Tipp S. 245).

Oratoire St-Joseph

Am Nordwesthang des Berges schließlich wartet noch eine letzte Attraktion – ein Schrein für gläubige Wallfahrer und Katholiken, wie es die Québecer bis heute in der Mehrzahl sind. Das von 1924 bis 1966 erbaute, gigantische **Oratoire St-Joseph** 32 ist alljährlich das Ziel von rund zwei Millionen Pilgern, die aus ganz Nordamerika anreisen, um in dem mit seiner gewaltigen Kuppel insgesamt 154 m hohen Gotteshaus Trost und vielleicht auch Heilung zu finden. Dass ihre Gebete durchaus gehört werden, bezeugen die mit Krücken dekorierten Säulen im Eingangsportal – nicht wenige Kranke konnten nach dem Besuch plötzlich wieder laufen (3800 Ch. Queen Mary, tgl. 6.30–21.30 Uhr, Eintritt frei, Métro: Côte des Neiges).

Centre Infotouriste: 1001 Sq. Dorchester, Juni–Mitte Sept. tgl. 7–20, sonst tgl. 9–18 Uhr, Tel. 514-873-2015, www.tourisme-montreal.org, www.bonjourquebec.com. Infomaterial, Hotel- und Restaurantverzeichnisse für Montréal und die Provinz Québec. Hotelreservierungen werden gratis vorgenommen. Schriftliche und telefonische Anfragen: **Tourisme Montréal**, CP 979, Montréal, Québec H3C 2W3, Canada, Tel. 514-873-2015.

Ritz-Carlton Montréal [1]: 1228 Rue Sherbrooke Ouest, Tel. 514-842-4212, 1-800-363-0366, Fax 514-842-3383, www.ritzcarlton.com. Gilt seit einem Jahrhundert als bestes Hotel der Stadt. Hier steigen Filmstars und Politiker ab. Exzellenter Service, ausgezeichnete Restaurants. DZ 180–550 $.
Hotel Omni Mont-Royal [2]: 1050 Rue Sherbrooke Ouest, Tel. 514-284-1110, 1-800-843-6664, Fax 514-845-3025, www.omnihotels.com. Modernes Hotel der Luxusklasse. Zwei Gourmet-Restaurants, Pool und Fitnessraum. DZ 170–330 $.
Loews Hôtel Vogue [3]: 1425 Rue de la Montagne, Tel. 514-285-5555, 1-800-465-6654, Fax 514-849-8903, www.loewshotels.com. Zentral gelegenes Luxushotel mit elegant eingerichteten Zimmern. DZ 180–290 $.
Hotel Lord Berri [4]:1199 Rue Berri, Tel. 514-845-9236, 1-888-363-0363, Fax 514-849-9855, www.lordberri.com. Unprätentiöse Gemütlichkeit in historischem Gemäuer in Altstadtnähe. Italienisches Restaurant. DZ 80–170 $.
Hotel de Paris [5]: 901 Rue Sherbrooke Est, Tel. 514-522-6861, 1-800-567-7217, Fax 514-522-1387, www.hotel-montreal.com. Intimes kleines Stadthotel in viktorianischer Villa am Rand von Centre-Ville. Alle Zimmer mit Bad/WC. DZ 70–100 $.
Auberge de Jeunesse/Hostelling International [6]: 1030 Rue Mackay, Tel. 514-843-3317, Fax 514-934-3251, www.hostellingmontreal.com. Zentral. Drei- bis Acht-Bett-Zimmer. 30 $/Pers. im Schlafsaal, DZ 75 $.
Camping Alouette [7]: Hwy 20, Exit 105, 3449 de l'Industrie, in St-Mathieu-de-Beloeil, Tel. 450-464-1661, 464-4591, www.campingalouette.com. Günstig gelegen mit Busverbindung zur Downtown, 150 Stellplätze, 50 Zeltplätze, alle Serviceleistungen, Aktivitäten. Stellplätze ab 36 $ pro Nacht.

Die höchsten Konzentrationen guter Restaurants sind an Boulevard St-Laurent und Rue St-Denis nördlich der Rue Sherbrooke, im Kreuzungsbereich von Rue St-Denis und Avenue Mont-Royal sowie an der Avenue Laurier am Ostrand von Outremont zu finden. Die Küchen aller Nationalitäten sind vertreten, oft kreativ variiert. Preiswert und gut sind die Lokale (oft griechisch oder portugiesisch) in der Region im Kreuzungsbereich von Rue Prince-Arthur und Boulevard St-Laurent. In diesem Abschnitt ersparen sich manche Restaurants die teure Alkohollizenz und machen mit dem Schild »Apportez votre vin« darauf aufmerksam. Die Montréa-

Poutine essen:
Was dem Bochumer die Currywurst, ist den Québécois *Poutine,* eine Cholesterinbombe aus Pommes Frites und frischen Cheddar-Käsestückchen, die in warmer brauner Soße schwimmen. Hat man sich erst einmal daran gewöhnt, schmeckt Poutine sogar. In der Provinz ist es so populär, dass man es sogar auf den Speisenkarten von McDonalds findet. Der beste Ort, um Poutine zu versuchen, ist jedoch **La Banquise** (994 Rue Rachel Est, Tel. 514-525-2415, 24 Stunden geöffnet). Hier werden 22 Poutine-Versionen serviert, mit verdächtigen Namen wie »Kamikaze«, »T-Rex« und »B.O.M.« (Bacon, Onion, Merguez). Bon appétit!

ler bringen dann eine Flasche aus einem Laden der staatlichen *Société des alcools du Québec (SAQ)* mit und lassen sie sich im Restaurant kredenzen, als sei sie dort bestellt. Die traditionelle *cuisine québécoise* wird kaum noch serviert. Dem Gourmet dagegen wird eine reiche Auswahl geboten.

Milos [8]: 5357 Av. du Parc, Tel. 514-272-3522, Mo–Fr 12–24, Sa–So 18–24 Uhr. Fisch und Salate stammen von den besten Märkten, Fischern und Bauern Québecs. Bester Grieche der Stadt. Vorspeisen 10–25, Hauptspeisen 20–41 $.

Restaurant Toqué [9]: 900 Pl. Jean-Paul Riopelle, Tel. 514-499-2084, Di–Sa 17.30–22.30 Uhr. Landesweit berühmtes Trend-Lokal mit ideenreicher *Nouvelle cuisine* – jedes Gericht ist ein Kunstwerk. Vorspeisen 12–22 $, Hauptpeisen 30–39 $.

Moishe's Steak House [10]: 3961 Bd. St-Laurent, Tel. 514-845-3509, Mo–Fr 11.30–14.30, 17.30–23 Uhr, Sa–So geschl. *Die* Adresse der Stadt für Fleischgerichte. Legendäre Steaks, nur das Dekor ist etwas altmodisch. Vorspeisen 8–15 $, Hauptspeisen 26–44 $.

L'Express [11]: 3927 Rue St-Denis, Tel. 514-845-5333, Di–Fr 17–23.30, Sa–So 17.30–24 Uhr. Eines der erfogreichsten Bistro-Restaurants. Mit langer Theke, gut gelaunten uniformierten Kellnern und Edith Piaf vom Band. Vorspeisen 5–14 $, Hauptspeisen 14–23,50 $.

Renoir [12]: 1155 Rue Sherbrooke Ouest, Tel. 514-285-9000, tgl. 18–22.30 Uhr. Gepflegtes Restaurant im Hotel Sofitel. Moderne franko-kanadische, kalifornisch inspirierte Küche mit marktfrischen lokalen Produkten. Mit Terrasse. Vorspeisen 9–13 $, Hauptspeisen 20–35 $.

Weinstein & Gavino's Pasta Bar Factory [13]: 1434 Rue Crescent, Tel. 514-288-2231, So–Mi 11.30–23, Do–Sa 11.30–24 Uhr. Zweistöckiger Restaurant-Hangar. Yuppie-Treff, leckere Pizzen und Pasta. Vorspeisen 8–15 $, Hauptspeisen 11–32 $.

Hôtel de l'Institut [14]: 3535 Rue St-Denis, Tel. 514-282-5120, Mo–Fr 18–20.30, Sa 18–20.30 Uhr. Im Restaurant der renommiertesten Kochschule Montréals servieren die Schüler französisch inspirierte Gourmetgerichte. Vorspeisen 9–13 $, Hauptspeisen 17–25 $.

Restaurant Europea [15]: 1227 Rue de la Montagne, Tel. 514-398-9229, Di–Fr 17.30–23, Sa–So 17.24 Uhr. Kreative französische Küche. Vorspeisen 12–22 $, Hauptspeisen 23–40 $.

Schwartz's Delicatessen [16]: 3895 Bd. St-Laurent, Tel. 514-842-4813, So–Do 8–12.30, Fr 8–13.30, Sa 8–14.30 Uhr. Seit über 75 Jahren eine Institution in Sachen *smoked meat* (Rauchfleisch). Täglich stehen lange Schlangen vor dem einfachen Lokal. 4–15 $.

La Binerie Mont-Royal [17]: 367 Av. du Mont-Royal Est, Tel. 514-285-9078, Mo–Fr 6–21, Sa 6–16, So 8–15 Uhr. Gute alte Hausmannskost. Vorspeisen 2–4 $, Hauptspeisen 5–9 $.

Wichtigste Einkaufsstraße in Centre-Ville ist die **Rue Ste-Cathérine.** Hier befinden sich die über- und unterirdischen Shopping Malls und Kaufhäuser wie das Centre Eaton, Les Ailes de la Mode, Ogilvy und La Baie. Im westlichen Straßenabschnitt gibt es zahlreiche Boutiquen, darunter Mexx, Urban Outfitter und Timberland. Nicht zu vergessen die **Ville Souterraine** mit ihren Tunnels und Passagen, in denen sich Läden und Restaurants aneinanderreihen, z. B. an der Place Bonaventure/Place Ville-Marie, im Complexe Desjardins oder Les Cours Montréal. **Souvenirläden** findet man vor allem in der Altstadt an der Rue St-Paul. Dazwischen gibt es auch zahlreiche hochwertige **Kunsthandwerksläden** und **Galerien.** An der Rue St-Denis zwischen Rue Sherbrooke und Avenue Mont-Royal finden sich viele **Schmuckläden** und kleine Boutiquen.

Centre Eaton: 705 Rue Ste-Cathérine Ouest, Mo–Fr 10–21, Sa 9–17, So 10–17 Uhr. 175 Geschäfte auf vier Etagen, 19 Mio. Besucher jährlich. Unterirdische Verbindungen zu weiteren Konsumschleusen.

La Baie: 585 Rue Ste-Cathérine Ouest, Mo–Mi 9.30–18, Do–Fr 9.30–21, Sa 9.30–17, So 12–17 Uhr. Das achtstöckige Kaufhaus der Hudsons Bay Company ist seit 100 Jahren die verlässliche Einkaufsadresse der Montréaler.

Les Ailes de la Mode: 677 Rue Ste-Cathérine Ouest, Mo–Mi 9.30–18, Do–Fr 9.30–21, Sa 9.30–17, So 12–17 Uhr. Gestylter Konsumpalast im ehemaligen Kaufhaus Eaton. Vertre-

Einkaufen in elegantem Ambiente: Les Cours Mont-Royal an der Rue Peel

ten sind u. a. Anne Klein, Bandolera, Nine West, Diesel, Parasuco und Tommy Femme.

Les Promenades de la Cathédrale: 625 Rue Ste-Catherine Ouest, Mo–Mi 9.30–18, Do–Fr 9.30–21, Sa 9.30–17, So 12–17 Uhr. Mehrgeschossiges Einkaufszentrum unter historischer Kirche, im Atrium finden oft Konzerte und Ausstellungen statt.

Simon's: 977 Rue Ste-Cathérine Ouest, Mo–Mi 9.30–18, Do–Fr 9.30–21, Sa 9.30–17, So 12–17 Uhr. Urban Wear zu vernünftigen Preisen auf drei Etagen.

Holt Renfrew: 1300 Rue Sherbrooke Ouest, Mo–Mi 10–18, Do–Fr 10–21, Sa 9.30–17, So 12–17 Uhr. Montréaler Institution für gut situierte Kunden. Oberbekleidung von Dior, Dolce & Gabbana, Theory und Givenchy.

Ogilvy: 1307 Rue Ste-Cathérine, Mo–Mi 10–18, Do–Fr 10–21, Sa 9.30–17, So 12–17 Uhr. Montréals nobelstes Kaufhaus.

Das spritzige Nachtleben Montréals konzentriert sich an mehreren Punkten der Centre-Ville. Seit Jahrzehnten ein Synonym für Nightlife und Partys sind die Bars, Restaurants, Pubs und Discos an der **Rue Crescent** und im Kreuzungsbereich von Rue Crescent und **Rue Maisonneuve**. An der **Rue St-Denis** zwischen Rue Sherbrooke und Rue Ste-Cathérine reihen sich Bars, Bistros und Clubs aneinander. Nachts ist auch an der **Rue Ste-Cathérine** etwas los, vor allem im Abschnitt zwischen Boulevard St-Laurent und Rue St-Denis, der wegen seiner Sexshops vor allem von amerikanischen Collegeboys frequentiert wird. Trendige Etablissements – Discos, Lounges, Clubs – finden sich vor allem am **Boulevard St-Laurent** zwischen Rue Sherbrooke und Avenue Mont-Royal. Die Restaurants und Kneipen an der **Avenue Mont-Royal** haben der auf den Mont

Royal zulaufenden Straße während der letzten Jahre den Ruf als hippe *city destination* eingebracht. Hervorzuheben wäre, dass man sich praktisch überall sicher fühlen kann. Übler Nepp oder ein nächtlicher Überfall sind kaum zu befürchten. Dazu kommen die liberalen Öffnungszeiten (bis 3 Uhr morgens und länger).

Live-Musik

Club Soda: 1225 Bd. St-Laurent, Tel. 514-286-1010. Eine der beliebtesten Konzerthallen der Stadt. Internationale wie lokale Künstler. Auch viele Newcomer.

House of Jazz: 2060 Rue Aylmer, Tel. 514-842-8656, tgl. 18–2 Uhr. Jazzclub (früher: Biddle's), in dem man auch essen kann. Erstklassige Live-Darbietungen.

Cubano's Club: 381 Rue Ste-Cathérine, Tel. 514-252-9749, tgl. 22–3 Uhr. Tagsüber Salsa-Kurse, nachts heiße Salsa-Disco.

Quai des Brumes: 4481 Rue St-Denis, Tel. 514-499-0467, Mo–Do 15–1, Fr–Sa 15–3, So 18–12 Uhr. Nikotinvergilbtes Jazz-Bistro, legendär unter Kennern.

Upstairs: 1254 Rue Mackay, Tel. 514-931-6808, tgl. 18–2 Uhr. Jeden Tag Blues und Jazz, auch lokale Bands.

Wax Lounge: 3481 Bd. St-Laurent, Tel. 514-282-0919, Di–Sa 20–3 Uhr. Kuschelige Wohnzimmer-Atmosphäre, aber heißer Jazz.

Café Campus: 57 Rue Prince-Arthur, Tel. 514-844-1010, tgl. 15–2 Uhr. Studentenkneipe mit soliden Rock Acts.

Foufounes Électriques: 87 Rue Ste-Cathérine, Tel. 514-844-5539, tgl. 15–3 Uhr. Der frühere Punker-Schrein ist heute ein bisschen zahmer, bringt aber noch immer wilde Rockbands auf die Bühne.

Bars/Discos

Le Swimming: 3643 Bd. St-Laurent, Tel. 514 282-7665, tgl. 16–3 Uhr. Beliebte Szene-Bar mit Pooltischen, Tanzfläche und Live-Musik.

Club 737: 1 Pl. Ville-Marie, Mi 17–19, Do 17–22, Fr–Sa 17–3 Uhr. Schicke Bar mit Tanzfläche im 43. Stock der Place Ville-Marie. Fantastischer Rundumblick auf das nächtliche Montréal.

Loft: 1405 Bd. St-Laurent, Tel. 514-281-8058, Di–Sa 21–3 Uhr. Mainstream Rock, kein Dresscode.

Electric Avenue: 1469 Rue Crescent, Tel. 514-285-8885, Do–Sa 22–3 Uhr. Gute alte Disco mit Spiegeln und Flackerlicht. Oldies der 80er-Jahre.

Metropolis: 59 Rue Ste-Cathérine, Tel. 514-844-3500, Fr–Sa 22–3 Uhr. Größter Tanzboden der Stadt: Abtanzen auf drei Etagen, oft Live-Musik.

Sir Winston Churchill Pub: 1459 Rue Crescent, Tel. 514-288-3414, tgl. 11.30–3 Uhr. Mehrere Bars, Tanzfläche und ›reiferes‹ Publikum. Immer gute Stimmung.

Thursday's: 1449 Rue Crescent, Tel. 514-288-5656, tgl. 11.30–15, 18.30–2 Uhr. Zwei große Bars, Tanzfläche und viele Touristen.

Tanz & Theater

Ballett und Modern Dance, Konzerte, französische und englische Theaterproduktionen – die Kulturszene Montréals ist ein getreues Abbild der städtischen Gesellschaft. Hinzu kommen über das Jahr verteilt viele Festivals in allen denkbaren Disziplinen. Über die aktuellen Spielpläne informieren Tages- und Stadtzeitungen wie »Mirror« (www.montrealmirror.com) und »Voir« (www.voir.ca) sowie die in Hotels ausliegenden Broschüren wie »Montréal Scope«. Neben den unten aufgeführten Bühnen gibt es noch viele kleinere Theater, sodass täglich eine Auswahl unter mindestens 30 Darbietungen besteht. Kartenvorverkauf und Infos auch im Büro von Infotouriste (s. o.) und an der Place Jacques-Cartier in der Altstadt.

Place des Arts: 175 Rue Ste-Cathérine, Tel. 514-842-2112. Montréals kulturelles Epizentrum umfasst drei Theater (Maisonneuve, Théâtre Jean-Duceppe, Café de la Place Théâtre) und den riesigen Konzertsaal Salle Wilfrid Pelletier (fast 3000 Plätze), Heimat der Montréaler Symphoniker.

Centaur Théâtre: 453 Rue St-François-Xavier, Tel. 514-288-3161: Das historische Haus bietet auf zwei Bühnen hauptsächlich englischsprachige Klassiker, jedoch auch zeitgenössische Stücke.

Saidye Bronfman Centre: 5170 Côte-Ste-Cathérine, Tel. 514-739-2301. Englische und jiddische Theaterproduktionen.
Théâtre du Nouveau Monde: 84 Rue Ste-Cathérine Ouest, Tel. 514-866-8667. Klassische und zeitgenössische Aufführungen in Französisch.

Feste und Veranstaltungen:
La Fête des Neiges: an den letzten drei Wochenenden im Januar, im Parc des Îles, Tel. 1-800-797-4537, www.fetesdesneiges.com. Alles, was im Schnee Spaß macht: Rodeln, Hundeschlittenrennen, Schneeskulpturen etc.
Festival de Théâtre des Amériques: drei Wochen Ende Mai bis Mitte Juni, Tel. 514-842-0704, www.fta.qc.ca. Zeitgenössische, oft gewagte und neue Horizonte öffnende Theaterproduktionen in der ganzen Stadt.
Tour de l'Île: 1. Samstag im Juni, Tel. 514-521-8356, www.velo.qc.ca. Montréals größte Radlerparty. Bis zu 30 000 Radfahrer nehmen an einer 50 km langen Rundfahrt über die Île de Montréal teil.
Formula One Grand Prix: drei Tage Mitte Juni, Tel. 514-350-0000, www.grandprix.ca. Das Formel-1-Spektakel auf der Île Notre-Dame zieht alljährlich Hunderttausende Zuschauer an.
L'International des Feux Loto-Québec: Ende Juni–Ende Juli, Sa und Mi. Zehn 30-minütige Feuerwerke der besten Pyrotechniker der Welt. Auf der Île-Ste-Hélène. Vieux-Montréals bester Logenplatz.
Festival International de Jazz de Montréal: 13 Tage Ende Juni–Anfang Juli, Tel. 514-790-1245, www.montrealjazzfest.com. Über 400 heiße Konzerte, draußen und drinnen. Nicht länger nur dem Jazz gewidmet, wird rund um die Place des Arts auch Salsa, World Music, Rock und sogar Tangomusik gespielt.
Les Nuits d'Afrique: 10 Tage Mitte Juli, Tel. 514-499-3462, ww.festivalnuitsdafrique.com. Rund um den Boulevard St-Laurent feiern mehr als 500 Musiker und Tänzer aus Afrika und der Karibik ihr kulturelles Erbe.
Festival juste pour Rire: zwei Wochen Mitte Juli, Tel. 514-845-3155, www.hahaha.com. Montréals berühmtes Humorfestival zieht Stand-up-Komiker wie Tim Allen, Rowan Atkinson (»Mr. Bean«) und David Hyde Pierce an.
Le Festival des Films du Monde: zehn Tage Ende Aug. und Anfang Sept., Tel. 514-848-3883, www.ffm-montreal.org. Prestigeträchtiges internationales Filmfestival. Gezeigt werden die neuesten Produktionen aus rund 70 Ländern.

Hiking: Montréals Hausberg bietet trotz seiner geringen Höhe reizvolle, kreuz und quer über seinen Rücken verlaufende Wanderwege. Einen schönen, mitunter recht anstrengenden Nachmittag verspricht der Trail am Ende der auf den Berg zulaufenden Rue Peel. Mit Treppen und Serpentinen arbeitet er sich hinauf zum Château de Belvédère (s. o.).

Flugzeug: Der **Aéroport international Pierre-Elliott-Trudeau** (Tel. 514-394-7377, 1-800-465-1213, www.admtl.com) liegt in Dorval im Westen der Île de Montréal und wird von allen großen Airlines angeflogen. Zu den Hotels in Centre-Ville sind es etwa 20 km. Die meisten der großen Hotels der Innenstadt unterhalten für ihre Gäste kostenlose Shuttleverbindungen, die, je nach Verkehrslage 30 bis 50 Minuten für die Strecke benötigen. Ein anderer Service ist **L'Aérobus:** Für 13 $ fahren die Busse jedes Downtown-Hotel an (Tel. 514-842-2281). Teurer und nicht unbedingt schneller sind Taxis. Für die Fahrt ins Zentrum sollte man bis zu 35 $ rechnen.
Bahn: Die Züge der **VIA Rail** (Tel. 1-888-842-7245, www.viarail.ca) fahren vom Zentralbahnhof **Gare Centrale** in Centre-Ville ab (935 Rue de la Gauchetière Ouest, Tel. 514-871-1331). Die Zugreise nach Toronto dauert 4–6, nach Québec 3 Std. Weitere Verbindungen führen auf die Gaspé-Halbinsel, nach Atlantik-Kanada und nach New York.
Bus: Greyhound Canada (Tel. 1-800-661-8747, www.greyhound.ca) verbindet Montréal mit dem Rest des Landes und den USA. Der Busbahnhof **Station Centrale d'Autobus** ist 24 Stunden geöffnet (505 Bd. de Maisonneuve Est, Tel. 514-842-2281).
Mietwagen: Alle großen Mietwagengesellschaften unterhalten Schalter am Flughafen.

Ausflüge in die Umgebung von Montréal

Karte S. 254/255

Große, spektakuläre Sehenswürdigkeiten kann das Umland von Montréal zwar nicht bieten. Dafür gibt es bereits zwei Autostunden nördlich der Stadt Kanada à la française – mit endlosen Wäldern, einsamen Seen, Elchen, Bibern und Klasse-Restaurants. Südlich von Montréal hingegen wartet kanadische Geschichte – natürlich mit »savoir vivre«.

Das bis zu 1000 m hohe Bergland der **Laurentides,** der Laurentinischen Berge, gehört zur uralten geologischen Formation des Kanadischen Schildes, der sich als größte Granitplatte der Welt wie ein gewaltiges Hufeisen um die Hudson Bay legt und dabei Labrador und Québec fast völlig und Ontario zum Teil bedeckt.

Besonders schön präsentieren sich die Laurentides während des été indien

Ganz anders dagegen sieht es südöstlich von Montréal aus. Am Südufer des St.-Lorenz beginnt bald die **Montérégie,** ein Farm- und Seengebiet, das auf eine stürmische Vergangenheit zurückblickt. Mitten hindurch fließt der Richelieu, dessen Tal jahrhundertelang nicht nur Verkehrsweg zwischen Nord und Süd, sondern auch militärisches Aufmarschgebiet für Irokesen, Franzosen, Engländer und Amerikaner war. Trutzige Forts und Blockhäuser erinnern an diese Zeit.

Nach Südosten steigt das gepflegte Farmland dann allmählich an, um in den mittelgebirgsartigen Appalachen der **Cantons de l'Est** ihren Abschluss zu finden. Früher hieß diese Region *Eastern Townships*, wegen der aus den unabhängig gewordenen USA geflohenen Loyalisten, die sich um 1800 hier niederließen und ihre Häuser und Dörfer wie daheim im Neuengland-Stil erbauten. Für die Montréaler bedeuten diese Namen Wandern und Kanufahren, Segeln, Windsurfen oder einfach nur Faulenzen in einem Chalet am See oder in einem der vielen Country Inns. Am Wochenende zieht es darum die halbe Stadt aufs Land. Dass man sich am Zielort gegenseitig auf die Füße tritt, ist jedoch kaum zu befürchten. Selbst im ›dicht besiedelten‹ Süden Kanadas gibt es Platz genug.

Mit den Autoren unterwegs

Paddeltour

Der **Lac Cordon,** ein hübscher, von Felsen und dicht bewaldeten Bergen eingerahmter See im **Centre Touristique et Éducatif des Laurentides,** ist ein herrliches Revier für Freizeit-Paddler. Ein kleiner Kanuverleih befindet sich unterhalb des Besucherzentrums (4 Std. für 24 $; s. S. 254).

Die Laurentides

Die vor über 10 000 Jahren von den abfließenden Gletschern mit dem letzten Schliff versehene Berglandschaft hat mit dem fast 1000 m hohen Mont-Tremblant ihre höchste Erhebung und ist der Abenteuerspielplatz outdoor-begeisterter Montréaler. Den Tourismus erträgt diese Berglandschaft mit stoischer Gelassenheit. Die hübschen Städtchen, die als elegante Sommerfrischen der Reichen begannen, lassen sich auch heute nicht von den am Wochenende scharenweise einfallenden Twens aus der Großstadt verrückt machen. Nach wie vor steht hier die Kirche mit der silbern glänzenden Spitze im Dorf, umgeben von hübschen Holzhäuschen mit handgeschnitzten Giebeln und umlaufenden Terrassen. Neonreklamen oder Hochhäuser gibt es keine, dafür jede Menge hölzerner Hinweisschilder – und eine so hohe Konzentration erstklassiger Restaurants, wie man sie in Europa eigentlich nur aus dem Elsass kennt.

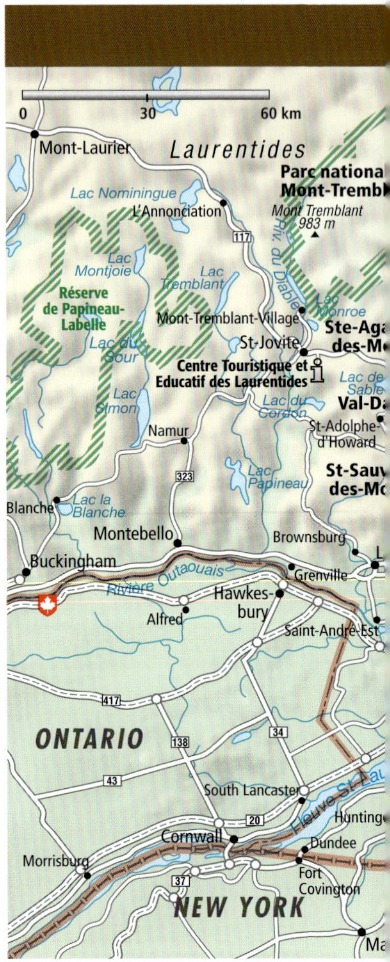

Saint-Sauveur-des-Monts und Sainte-Adèle

Das erste dieser kleinen Schmuckstücke an der Autoroute 15, der großen Ausfallstraße von Montréal nach Norden, ist **Saint-Sauveur-des-Monts** 1. Hochwertige Boutiquen, Kunsthandwerksläden und ein reges Nachtleben mit Jazz- und Bluesmusikern aus ganz Nordamerika und natürlich gute Restaurants: Saint-Sauveur ist eine flotte Mischung aus verrückter Künstlerkolonie und deutschem Luftkurort.

Auch in **Sainte-Adèle** 2 am Lac Rond findet man Künstler. In geschmackvoll eingerichteten Galerien entlang der Hauptstraße trifft man sie persönlich, inmitten ihrer Werke. Weniger kommerziell geht es dagegen im verschlafenen **Val-David** 3 am Fuße des Felsenbuckels Mont-Césaire zu. Künstlerkneipen und Terrassenrestaurants verbreiten eine entspannte Atmosphäre.

Sainte-Agathe-des-Monts

In **Sainte-Agathe-des-Monts** 4 hingegen tummelt sich seit jeher der Geldadel. Ein Blick auf die prächtigen Sommerresidenzen amerikanischer Filmproduzenten und kanadischer Industrieller am Lac de Sable sind allein schon die Anfahrt wert. Von hier aus nordwärts kommt auch die Natur zu ihrem Recht. An der Straße rund um den See zweigt ein kleiner Seitenweg geradewegs ab in die Wildnis und endet in einem Naturschutzgebiet mit dem langen Namen **Centre Touristique et Éducatif des Laurentides.** Bis zu 15 km lange Trails führen rund um den stillen **Lac Cordon** und zwei weitere Seen (5000 Ch. du Lac Caribou, Saint-Faustin-Lac-Carré, Mo–Fr ab 9, So ab 8 Uhr bis Sonnenuntergang, Erw. 5,50 $, Kinder 2,50 $).

Parc national du Mont-Tremblant

Die Bergstation auf dem **Mont-Tremblant** ist vom Lac Cordon bereits gut erkennbar. Der höchste Berg der Laurentides (968 m), in den letzten zehn Jahren zum Whistler Ostkanadas ausgebauter Vier-Jahreszeiten-Spielplatz, ist im Winter eines der beliebtesten Skigebiete des Ostens und im Sommer ein Eldorado für Wanderer und Mountainbiker. Auch Kanu-Novizen kommen hier auf ihre Kosten: Der **Parc national du Mont-Tremblant** 5 verfügt über rund 500 zum Teil miteinander verbundene Seen, einfache Campingplätze und einen Kanuverleih am Lac Monroe.

i **Association touristique des Laurentides:** 14142 Rue de la Chapelle, Mirabel, Tel. 450-224-7007, 1-800-561-6673

Umgebung von Montréal

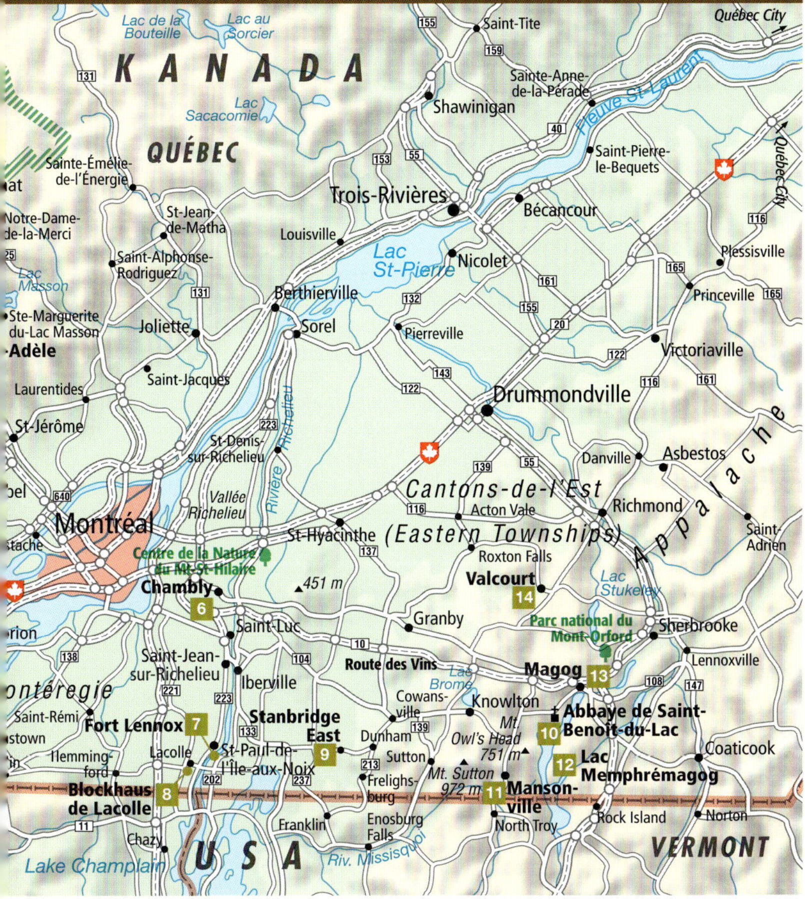

(Zimmerreservierung), www.laurentides.com. Verschickt Hotel- und Restaurantverzeichnisse, erledigt Zimmerbuchungen.

Hotellerie und Gastronomie sind, nicht zuletzt auch der Nähe zu Montréal wegen, durchweg bemerkenswert gut.

... in Saint-Saveur:

Manoir Saint-Sauveur: 246 Ch. du Lac-Millette, Tel. 450-227-1811, Fax 450-227-8512, 1-800-361-0505, www.manoir-sauveur.com. Gepflegtes, sportlich ausgerichtetes Hotel zu Füßen eines populären Vier-Jahreszeiten-Resorts. Spa, Gourmet-Buffet. DZ 160–240 $.

... in Val-David:

Hotel La Sapinière: 1244 Ch. La Sapinière, Tel. 819-322-2020, 1-800.567-6635, www. sapiniere.com. Rustikale Eleganz hinter traditionsreichem Gebälk. Hervorragende Küche, Sommer- und Wintersportaktivitäten. DZ 130–280 $.

... in Mont-Tremblant:

Le Couvent B & B: 137 Rue du Couvent, Tel. 819-425-8608, Fax 819-425-9137, www.

lecouvent.com. Ländliche Gemütlichkeit im Dorf Mont-Tremblant. Vermietet auch Hütte und Apartment. DZ 90–160 $.

... in Sainte-Adèle:
Hotel-Restaurant L'Eau à la Bouche: 3003 Bd. Sainte-Adèle, Tel. 450-229-2991. Relais & Château-Gasthof mit berühmten, gleichnamigem Gourmet-Restaurant. Mehrgängige Menus 140–220 $, mit Wein.
... in Saint-Sauveur:
Crêperie la Gourmandise Breton: 396 Rue Principale, Tel. 450-227-5434. Rustikale Crêperie am Ortsausgang. Crêpes aller Größen und mit jedem erdenklichen Belag. Vorspeisen 6–10 $, Hauptspeisen 9–24 $.
... in Val-David:
Restaurant Le Grand Pa: 2481 Rue de l'Église, Tel. 819-322-3104. Provencalische und italienische Spezialiäten, mitten im Dorf. Vorspeisen 5–8 $, Hauptspeisen 9–22 $.

Zum Shopping eignet sich **Saint-Sauveur** am besten. Am Stadtrand liegen, dem Look der Stadt angepasst, viele Factory Outlets, die Textilien (Lévis, Nautica, Patagonia etc.), Haushaltswaren und Schmuck anbieten. An der Rue Principale in **Sainte-Agathe** residieren einige Galerien, die Werke lokaler Künstler anbieten. Auch in **Val-David** gibt es einige ›Ateliers‹ mit Publikumsverkehr.

Das Nachtleben der Laurentides findet in **Saint-Sauveur** und in **Mont-Tremblant** statt. In Saint-Sauveur steht nachts die gewundene Hauptstraße Rue Principale im Blickpunkt. Eine von vielen guten Musikkneipen ist **Les Vieilles Portes** (Nr. 185, Tel. 450-227-2662, tgl. 18–3 Uhr) mit Live-Musik und Oldie-Disco. Internationaler – der Ort liegt auch im Fadenkreuz der New Yorker – geht es nachts in Mont-Tremblant zu. Hier gibt es auf engstem Raum Bars, Lounges, Musikkneipen und Diskotheken. Empfehlenswert wäre die **Octobar Rock,** ein trendiger Tanz- und Nachtclub für Nachteulen aller Altersgruppen (3005 Ch. Principal, Chalet des Voyageurs, Mont-Tremblant, Tel. 819-681-3000).

Von Montréal aus gelangt man auf der Autoroute 15 am schnellsten in die Laurentides.

Montérégie und Cantons de l'Est

Im Südosten Montréals begegnen dem Besucher bei einer Tagestour französische Lebensfreude und der diskrete Charme von ›Good Old England‹. Die abwechslungsreiche Region bietet eine leicht verdauliche Mischung aus Natur, Geschichte und Kultur. Ausgedehnte Weinfelder und Apfelplantagen erwarten den Besucher in der **Montérégie,** enge Täler und herausgeputzte Städtchen voller Erinnerungen an Neuengland bezaubern in den **Cantons de l'Est.** Dazu sind wehrhafte Forts und historische Schlachtfelder zu besuchen, und abends kann man in urgemütlichen Landgasthöfen absteigen.

Fort Chambly

Fort Chambly, Fort Saint-Jean und Fort Lennox, alle entlang der Route 223 im Tal der strategisch wichtigen Rivière Richelieu, sind die steinernen Zeugen der turbulenten ersten 150 Jahre Kanadas. Sie schützten zunächst Neufrankreich vor den Irokesen und Briten und später dann Britisch-Nordamerika vor den Amerikanern. Das älteste ist **Fort Chambly** in **Chambly** 6. 1665 errichteten französische Soldaten hier ein hölzernes Fort, um Montréal den Rücken gegen die mächtigen Irokesen freizuhalten. 1711 entstand angesichts der Bedrohung durch die Briten die heute zu sehende Festung, ein wuchtiges, bastionsartiges Kastell mit Zinnen und Schießscharten, das auf drei Seiten vom Richelieu umspült wird (2 Rue de Richelieu, Chambly, April–Mai Mi–So 10–17, Juni–Anfang Sept. tgl. 10–17, Anf. Sept. bis Okt. Mi–So 10–17 Uhr, Erw. 5,70 $, Kinder 2,95 $).

Fort Lennox und Blockhaus de Lacolle

Hinter der Industriestadt Saint-Jean-sur-Richelieu gelangt man auf der Route 223 bei

Saint-Paul-de-l'Île-aux-Noix zur ›Nüsse-Insel‹, zur **Île aux Noix,** die wie eine natürliche Zollstation mitten im Richelieu liegt und den breiten Fluss in zwei schmale, leicht kontrollierbare Arme teilt. Kein Wunder, dass hier ein Fort errichtet wurde, zumal auch die Mündung des tief in die USA reichenden Lake Champlain nur noch wenige Kilometer entfernt ist. So kontrollierte zunächst ein französisches, dann ein britisches Fort den Nordsüd-Verkehr. Nach dem Krieg von 1812 errichteten die Briten aus Angst vor den Amerikanern auf der Insel das heute noch erhaltene **Fort Lennox** 7**,** eine beeindruckende Anlage aus Wassergräben und mächtigen Wällen (1 61e Av. St-Paul, Mitte Mai–Ende Juni Mo–Fr 10–17, Sa–So 10–18, Ende Juni–Ende Sept. tgl. 10–18 Uhr, Okt. nur nach Vereinbarung, Erw. 7,25 $, Kinder 3,50 $).

Letzte Festung vor der Staatsgrenze ist das in der Nähe der Kreuzung von Route 202 und 221 gelegene **Blockhaus de Lacolle** 8**,** eine der wenigen noch existierenden Festungen im Blockhaus-Stil. 1781 von den Briten zusammengezimmert, wehrte die Besatzung von hier aus so manchen, nicht in den Geschichtsbüchern verzeichneten Vorstoß amerikanischer Kommandos ab. Schießscharten, Spuren von Kugelhageln und Pfeilspitzen im Gebälk zeugen von den wilden Zeiten (1 Rue Principale, St-Paul-de-l'Île-aux-Noix).

Stanbridge East und Québecs Weinstraße

Das verschlafene Nest **Stanbridge East** 9 an der Route 202 mit seinem *village green,* dem alten Dorfanger, und dem weidenverhangenen Löschteich ist danach geradezu eine Beruhigung für das Auge. Unbedingt einen Besuch wert ist hier die **Musée de Missisquoi,** eine vornehm-schöne, mit authentischen Möbeln, Hausrat und Kleidungsstücken bestrittene Ausstellung über das Leben der Loyalisten vor 200 Jahren (2 River St., Ende Mai–Mitte Okt., Erw. 5 $, Kinder 1 $).

Zurück in die Gegenwart geht es von hier aus auf der Route 202 nach Cowansville und Dunham, dem **Chemin des Vignobles.** Eine Weinstraße? Québec hat doch eigentlich ein eher nordisches Klima ... Und doch, sie gedeihen, die Weinstöcke, an denen die Trauben für Weiß- und selbst Rotweine hängen: ›Sonnenlöcher‹ sorgen für ein Mikroklima mit mehr Sonnentagen als im Rest der Provinz. Ein rundes Dutzend Winzer nutzt das aus, und so bedecken seit Anfang der 1980er-Jahre nicht mehr nur Tomaten- und Kartoffelfelder, sondern ausgedehnte Weinfelder die sanften Hügel dieser Gegend. Hübsche Schilder laden den Durchreisenden zur *dégustation,* zur Weinprobe, ein, und tatsächlich brauchen die hier im hohen Norden Nordamerikas produzierten Weine sich nicht vor der Konkurrenz aus Kalifornien zu verstecken.

Abbaye de St-Benoît-du-Lac

Auch die nächste Attraktion verblüfft – mit gregorianischen Gesängen und hausgemachtem Käse. Hinter den bis zu 1000 m hohen Monts Sutton, durch die sich die Route 243 windet, liegt auf einer Anhöhe über dem Lac Memphremagog die **Abbaye de Saint-Benoît-du-Lac** 10**.** Die Bauherren der Abtei, Benediktinermönche aus Nordfrankreich, setzten ihre Abtei 1912 in eine wahre Postkartenidylle aus grünen Wiesen, blauen Bergen und stillen, tiefblauen Wassern. Der von den heute rund 50 Mönchen hergestellte Käse, eine schmackhafte Brie-Variante, ist in ganz Québec begehrt.

Landschaftsfotografen kommen auch in **Mansonville** 11**,** etwas weiter südlich am Highway 243, auf ihre Kosten. Das verträumte Städtchen könnte auch südlich der Grenze liegen, präsentiert es mit einer überdachten Brücke, acht Kirchen und einer prächtigen runden Scheune einen ansehnlichen Querschnitt durch die Architektur Neuenglands.

Rund um Magog

Die Benediktiner und die Nachfahren der Loyalisten genießen die friedvolle Idylle übrigens nicht allein: Die Kunde vom Geheimtipp **Lac Memphrémagog** 12 ist längst bis nach Hollywood gedrungen. Erster aus der Gilde der berühmten Kinohelden war Donald Sutherland, ein gebürtiger New Brunswicker, der hier ein prachtvolles Sommerdomizil er-

»Der Saft läuft!«

Thema

Die Tage werden länger, die Temperaturen steigen: Der Winter verabschiedet sich, der Frühling naht. Dies ist die Ahornsirupzeit in Québec. Mit Kind und Kegel ziehen die Québécois in die Wälder, um in den traditionellen Zuckerhütten frischen Ahornsirup und die deftigen Gerichte der Cuisine québécoise zu genießen.

Die Familien in den Großstädten Montréal und Québec City haben alle noch Verwandte draußen auf dem Land. Jetzt ist die Zeit, sie zu besuchen. Man packt die Kinder in den Wagen und fährt hinaus in die Wälder, wo bestimmt irgendein Vetter eine *sucrerie* hat, eine Hütte, in der Ahornsirup eingekocht wird. Dort bleibt man übers Wochenende oder gleich die ganze Woche, hilft beim Saftsammeln, feiert Partys und freut sich, dass die ganze Familie wieder einmal zusammen ist.

Niemand weiß genau, wer den Sirup ›erfand‹. Jedenfalls haben die Indianer in Südostkanada ihn seit Urzeiten verwendet. Wahrscheinlich wurde er durch Zufall entdeckt. Vielleicht fällte ein Indianer einen Baum, Saft lief aus der Rinde und kam auch an seine Hände, an die Lippen. Es schmeckte süß. Später bemerkten die Indianer, dass der Saft durch Verdunstung dicker wurde und noch süßer schmeckte. Schließlich kochten sie ihn, und voilà – fertig war der Ahornsirup.

Die Indianer machten noch eine weitere Entdeckung. Durch die sehr einseitige Ernährung mit Fleisch während des Winters erkrankten viele von ihnen an ›Frühlingsfieber‹, wie sie den Skorbut nannten – außer denen, die den süßen Vitamin-C-reichen Ahornsaft tranken. Die weißen Siedler übernahmen den Sirup als Süßstoff und Heilmittel, und weil Zucker aus den britischen Kolonien der Karibik sehr teuer war, verwendeten sie den Sirup auch in vielen Kochrezepten. Die Herstellung entwickelte sich zu einer richtigen Industrie.

Ahornsirup wird nur in Nordamerika hergestellt, da nur dort der Zuckerahorn wächst, und zwei Drittel der Produktion kommen aus der Provinz Québec. Hunderte von kleinen Hütten liegen in den Ahornwäldern verstreut, und von Mitte März bis Ende April herrscht emsiges Treiben. Manche Hersteller kleckern nicht, sondern klotzen – mit Vakuumpumpen wird der Saft von den Bäumen abgesaugt und über lange Plastikschläuche zur Hütte geleitet.

Meist aber sind es Familienbetriebe, die mit Hilfe der Verwandten die Bäume anbohren, den klaren Saft in Eimer tropfen lassen und ihn dann zur Hütte tragen. Dort wird die Flüssigkeit, die zu 95 % aus Wasser besteht, in flachen Metallschüsseln eingekocht. Man braucht etwa 40 Liter Ahornsaft, um einen Liter Sirup zu erhalten. Nach vielen Stunden ist es dann so weit, und es gibt immer ein großes Hallo bei den Kindern, wenn der erste Bottich fertig ist. Mit einer Schöpfkelle tropft der Vater immer ein wenig von der klebrigen Masse in den sauberen, weißen Schnee vor der Hütte. Man lässt den Sirup etwas abkühlen und erstarren, steckt ein Stöckchen hinein und kann dann den ersten Ahornsirup-Lutscher des Jahres genießen. Nach der harten Tagesarbeit gibt es abends an schweren, roh behauenen Holztischen in der Hütte ein kräftiges Essen mit vielen traditionellen Sirupgerichten. Und die ganze Großfamilie feiert das Ende des Winters.

(Karl Teuschl)

worben hat. Andere prominente Neusiedler sind Sylvester Stallone und Madonna. Doch ein zweites Beverly Hills entsteht hier nicht. Die Stars wollen ihre Ruhe haben und verbergen ihre Anwesen meist hinter hohen Hecken.

Am Nordende des Lac Memphremagog liegt der Ferienort **Magog** 13. Überragt wird das Städtchen vom 900 m hohen **Mont-Orford,** einem Ski-Mekka im Winter und Wander-Dorado im Sommer. Der Blick von der hoch oben gelegenen Aussichtsterrasse über den 42 km langen See lohnt die Kraxelei – falls man nicht den Sessellift nehmen will. Im Rücken des Berges erstreckt sich der **Parc National du Mont-Orford,** ein kleines, aber feines Natur- und Erholungsgebiet mit kristallklaren Seen und stillen Wanderwegen.

Musée J.-Armand-Bombardier

Zurück nach Montréal sind es von hier aus über die Autobahn 10 gut zweieinhalb Stunden. Einen vor allem für Technikfreunde lohnenden Abstecher gibt es jedoch noch: In **Valcourt** 14 befindet sich die **Musée J.-Armand-Bombardier.** Sie befasst sich ausschließlich mit Schneemobilen. Joseph-Armand Bombardier baute schon als junger Mann seinen ersten Motorschlitten, indem er einen Ford-T-Motor auf seinen Hundeschlitten montierte und von einer lebensgefährlichen Luftschraube am Heck antreiben ließ. 1937 folgte das erste kommerzielle Schneemobil, 1959 erblickte das »Ski-Doo«, der in aller Welt bekannte Motorschlitten, das Licht der Welt. Heute ist Bombardier ein Weltkonzern – das Museum erinnert an die bescheidenen Anfänge (1001 Av. J.-A.-Bombardier, Mai–Sept. tgl. 10–17 Uhr, Erw. 7 $, Kinder 5 $).

... in Brossard:
Tourisme Montérégie, 2001 Bd. de Rome, südöstlich von Montréal (s. Reiseatlas S. 7, C 4) , Tel. 450-466-4666, Fax 450-466-6666, www.tourisme-monteregie.qc.ca. Verschickt Broschüren, hilft bei der Routenplanung und Zimmerreservierung.

... in Sherbrooke:
Tourisme Cantons de l'Est, 20 Rue Don-Bosco Sud, Sherbrooke, Tel. 819-820-2020, Fax 819-566-4445, www.cantonsdelest.com. Assistiert bei der Routenplanung.

... in Magog:
A l'Ancestrale: 200 Rue Abbott, Tel. 819-847-5555, 1-888-847-5507, www.ancstrale.com. Romantisches B & B mitten im Ort. Zimmer mit verheißungsvollen Namen wie »L'inoubliable« (›Das Unvergessliche‹) oder »La Rêveuse« (›Die Träumerin‹). DZ 85–130 $.
Auberge Château du Lac: 85 Rue Merry Sud, Tel. 819-868-1666, 1-888-948-1666, Fax 819-868-9989, www.aubergechateaudulac.com. Elegantes kleines Inn am See, Zimmer im French-Empire-Stil. Restaurant, französische Küche. DZ 100–130 $.

... in Magog:
Restaurant L'Ancrage: 1150 Rue Principale Ouest (in Auberge l'Étoile-sur-le-lac), Tel. 819-567-2727. Mediterrane Küche, große Terrasse mit Seeblick. Sehr gut: *Canard foie gras.* Vorspeisen 6–9 $, Hauptspeisen 11–17 $.
Microbrasserie La Memphré: 10 rue Merry Sud, Tel. 819-843-3495, Mo–Fr 11.30–24, Sa–So 12–1 Uhr. Joviale Kneipe mit eigener Brauerei. Burger, Sandwiches, Pasta. Vorspeisen 4–8 $, Hauptspeisen 10–20 $.

In **Magog** konzentrieren sich die meisten Geschäfte entlang der Rue Principale. Das Angebot umfasst Antiquitäten aus der Umgebung, Kunstgalerien, billige Kram- und teure Schuhläden sowie – kurzlebige – Trendboutiquen. Sehenswert ist **Art-en-Soi** (Nr. 416) mit Dekoartikeln *fait au Québec*.

Weinproben: Als sich in den 1980er-Jahren die ersten Winzer hier niederließen, galt die Idee so verrückt wie der berühmte Anbau von Ananas in Alaska. Heute haben sich »les vins du Québec« einen festen Platz in der hiesigen Gastronomie erobert. Die meisten der *vignobles* an der Rte. 202 laden im Sommer zu *degustations* ein. **L'Orpailleur,** das berühmteste der Weingüter an der Rte. 202, ist bekannt für seinen Eiswein und seine trockenen Weißweine (1086 Rte. 202, Tel. 450-295-2763, www.orpailleur.ca).

Winterträume in Québec

Kapitel 4

Québec

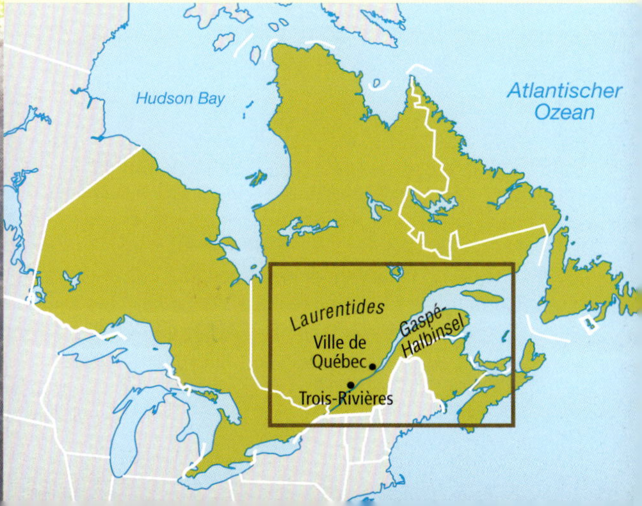

Auf einen Blick: Québec

Kanada auf Französisch

»Bienvenue au Québec« steht auf dem Schild neben dem Highway, der jetzt »Autoroute« heißt, und daneben flattert unübersehbar das Lilienbanner der Bourbonen im Wind: Der aus Ontario kommende Reisende wird charmant willkommen geheißen. Und zugleich darauf hingewiesen, dass dies die einzige durchgehend französischsprachige Provinz des Landes ist. 80 % der Bevölkerung sprechen Französisch, das die meisten davon als ihre Muttersprache angeben. Den des Französischen nicht mächtigen Besucher braucht das jedoch nicht zu erschüttern. »The french fact« begegnet ihm nicht nur stolz und patriotisch, sondern vor allem gastfreundlich und lebensfroh. Québec, mit über 1,5 Mio. km^2 die größte der kanadischen Provinzen, ist die französische Version des Riesenlandes – mit den in Kanada üblichen Superlativen. Fast fünf Mal so groß wie Deutschland, wohnen hier nur 7,6 Mio. Menschen, und zwar fast ausschließlich im fruchtbaren St.-Lorenz-Tiefland im äußersten Süden der Provinz. Mit anderen Worten: 90 % Québecs sind kaum, 10 % nur dünn besiedelt. Der klassische Kanada-Traum – See, Hütte, Bären und Biber – kann also auch hier gelebt werden. Mit dem Unterschied, dass die Gastgeber, ein Erbe der ›Mutter Frankreich‹, erheblich mehr Zeit bei Speis', Trank und Miteinander verbringen als TROC (›The Rest of Canada‹).

Kebec (›wo der Fluss enger wird‹) nannten die Algoquin sprechenden Ureinwohner jene Stelle am St.-Lorenz-Strom, an der Samuel de Champlain 1608 die Wiege Französisch-Nordamerikas aufstellte. Heute beherbergt das St.-Lorenz-Tiefland mit der polyglotten Millionenstadt Montréal und der stadtmauerbewehrten **Provinzhauptstadt Québec** zwei der ungewöhnlichsten Städte Nordamerikas, hinzu kommen eine moderne Landwirtschaft und zukunftsorientierte Industrien in beiden Ballungsgebieten. Nördlich vom Strom beginnt der **Kanadische Schild,** das bedeutet Holzwirtschaft, Papier- und Zellstoffindustrie sowie gewaltige Wasserkraftwerke, die die Provinz Québec mit Strom versorgen.

Die Québécois nennen ihre Provinz zärtlich »la belle province«, und tatsächlich: Dem Besucher zeigt sich Kanada hier besonders vielfältig. Im **St.-Lorenz-Tiefland** ländlich-bäuerlich, erinnert die Provinz in den Eastern Townships an Neuengland und zwischen Trois-Rivières und Québec an das alte Neufrankreich. Die raue **Côte-Nord** wiederum und die herb-schöne **Gaspé-Halbinsel** könnten auch in Neufundland liegen, mit ihren Leuchttürmen auf nackten Klippen und winzigen Fischerhäfen. Eines gilt jedoch für alle Regionen: Die Wildnis beginnt immer gleich hinter der Stadtgrenze, Kanuwandern, Hiking, Radwandern und Mountainbiking sind hier die beliebtesten Outdoor-Sportarten.

Darüber hinaus wartet ›Kanada à la française‹ mit einer **Gastronomie** auf, die in Nordamerika ihresgleichen sucht. So widmete das renommierte Gourmet-Magazin der Québecer Küche im März 2006 eine 160-seitige Spezialausgabe.

Highlights

7 **Ville de Québec:** Die Hauptstadt der Provinz und Wiege der französischen Kultur in Nordamerika bietet mehr Geschichte auf engem Raum als alle anderen Städte nördlich von Mexiko (s. S. 264 ff.).

8 **Gaspé-Halbinsel:** Die herbe Schönheit am Golfe du St-Laurent ist mit ihren kleinen Fischerhäfen und ihrem unwegsamen Inneren ein Paradies für Naturfreunde und Wanderer (s. S. 296 ff.).

Die besten Routen

Chemin du Roy: Der parallel zur Autoroute 20 den St.-Lorenz-Strom begleitende alte Königsweg führt durch einige der ältesten Dörfer Nordamerikas (S. 285 ff.).

Route 362: Die alte Küstenstraße von Baie-Saint-Paul nach La Malbaie, an der Steilküste des Kanadischen Schilds ›klebend‹, verbindet einige der schönsten Dörfer des Charlevoix miteinander. Die Fahrt durch diese malerische Landschaft aus Bergen, Tälern, St.-Lorenz-Strom und hübschen Städtchen zählt zu den Höhepunkten einer Ostkanada-Reise (s. S. 287 ff.).

Route 138 von Godbout nach Sept-Isles: Dieses Stück der Nordküste ist mit seinen vielen dramatischen Aussichtspunkten auf den St.-Lorenz-Strom einer der schönsten Roadtrips im Osten Kanadas (s. S. 292 f.).

Route 132 von La Martre nach Rivière-au-Renard: Der Abschnitt entlang der zerklüfteten Nordküste der Gaspé-Halbinsel hält durchaus mit dem weltberühmten Cabot Trail auf Cape Breton Island mit (s. S. 305 f.).

Richtig Reisen-Tipps

Québecs ›Teufelsbier‹: Das Starkbier à la Québec hat es in sich (s. S. 286).

Schlossherr für eine Nacht: Und zwar nicht in irgendeinem Schloss, sondern in der rustikalen kanadischen Variante von Neuschwanstein (s. S. 310).

Inseln in einer anderen Welt – die Îles-de-la-Madeleine: Grüne, runde Hügel, endlose Strände aus gelbem Sand und Dörfer mit bunten Holzhäusern: An der Schwelle zum kalten Nordatlantik erwartet man eigentlich alles andere als ene malerische Inselidylle (s. S. 313).

Reise- und Zeitplanung

Für Ville de Québec braucht man mindestens einen Tag – und eine Nacht. Die immense Ausdehnung der Provinz macht die Erkundung selbst der bewohnten zehn Prozent zu einem zeitaufwendigen Unterfangen. Die Umrundung der Gaspé-Halbinsel nimmt zwei Tage reine Fahrzeit in Anspruch. Von Québec nach Natashquan braucht man ebenfalls zwei (lange) Tage. Für eine Tour de Québec sollte man daher mindestens zehn Tage einplanen.

7 Ville de Québec

Karte S. 266/267

Die einzige Stadtmauer nördlich von Mexiko macht unmissverständlich klar: Diese Stadt ist anders. Québec, die Hauptstadt und Namensgeberin der Provinz, ist nicht nur eine der schönsten Städte auf dem Kontinent, sondern auch die Wiege der französischen Kultur in Nordamerika und ein Symbol frankokanadischen Selbstbewusstseins.

Québec ist bis heute die französischste Stadt Kanadas. Es ist auch die Hochburg der Separatisten, die seit nunmehr gut 40 Jahren immer mal wieder lautstark die Unabhängigkeit ihrer Provinz fordern. Liebenswert provinziell ist die Metropole an der Mündung der Rivière St-Charles in den St.-Lorenz-Strom jedoch geblieben – trotz mittlerweile rund 720 000 Einwohnern und ihrer politischen Führungsrolle als Hauptstadt der größten Provinz Kanadas.

Und auch trotz des internationalen Touristenstroms: Zu Beginn des dritten Jahrtausends prägt das dörfliche Umland, aus dem die meisten Bewohner der Stadt erst in den letzten 50 Jahren zuwanderten, noch immer

Terrasse Dufferin: Promenade am St.-Lorenz-Strom

den hiesigen Lebensrhythmus. Man trifft sich zum Plausch mit den Nachbarn auf den Balkonen, an der Straße oder im Café und geht sonntags in die Kirche. Ein Nachtleben, das diesen Namen verdient, hat erst die letzte Generation in Schwung gebracht. Mittlerweile brauchen die Tanzschuppen, Bars und Restaurants an der Grande Allée oder an der Rue Saint-Jean den Vergleich mit Montréal nicht mehr zu scheuen, im Gegenteil. Geht es in amerikanischen Gourmet-Magazinen wieder einmal um die kanadische Küche, stehen die Restaurants von Québec City oft ganz oben auf der Liste.

»La vieille capitale«, die alte Hauptstadt, wie die Québécois liebevoll ihre Stadt nennen, besteht aus zwei höchst unterschiedlichen Teilen: Draußen vor den Stadtmauern pulsiert dichter Verkehr durch eine moderne, eher amerikanisch wirkende City mit Shopping Malls, Bürobauten und Parkplätzen. Drinnen im ummauerten **Vieux-Québec,** der verwinkelten Altstadt, verläuft das Leben gemächlicher – auch wenn sich hier der Tourismus konzentriert. Dazu Geschichte auf jedem Quadratmeter: Nirgends sonst auf dem Kontinent wurden auf so engem Raum so viele für Nordamerika bedeutsame Entscheidungen getroffen wie hier. 1985 wurde Vieux-Québec von der Unesco als erste Stadt Nordamerikas zum Welterbe erklärt – eine Entscheidung, die man bei einem Bummel durch die engen Gassen schnell verstehen wird.

Mit den Autoren unterwegs

Flanieren

Lustwandeln und das Leben genießen, auf der schönen **Terrasse Dufferin** zu Füßen des mächtigen Château Frontenac geht das am besten (s. S. 269 f.).

Geschichte im Schnelldurchgang

Auf dem Landschaftsmodell in der **Musée du Fort** wird die Belagerung Québecs spannend und leicht verständlich dargestellt (s. S. 272 f.).

Fototermine

Der Blick von den grasüberzogenen Wällen der **Zitadelle** auf das Château Frontenac und hinüber zur Île d'Orléans ist grandios (s. S. 266 ff.). Den berühmteren Postkartenblick auf die Skyline von Québec hat man von der **Autofähre** nach Lévis aus (s. S. 275).

Schöner schlafen

Egal in welchem Zimmer – wenigstens eine Nacht im Château Frontenac, einer der Hotel-Legenden der Welt, sollte drin sein. Wo man schon mal hier ist ... (s. S. 276).

Vogelperspektive

Vom **Drehrestaurant Astral** an der Spitze des **Hotel Loews Le Concorde** aus liegen sie einem zu Füßen, die Zitadelle und die alten Plaines d'Abraham, der Strom und die Île d'Orléans (s. S. 277).

Süßer träumen

Im Zimmer **»L'Oiseaux du Paradis«** mit seiner geschwungenen Decke, im **Gîte Isle de Bacchus** auf der Île d'Orléans (s. S. 281).

Die Geschichte der ›alten‹ Hauptstadt

Die Indianer nannten den Ort *kebec,* was so viel wie ›wo der Fluss enger wird‹ bedeutet. Samuel de Champlain, der Geograf und visionäre Vater Neufrankreichs, erkannte den strategischen Wert dieser Stelle sofort und ließ 1608 zu Füßen des hohen Felsens Cap Diamant ein hölzernes Fort errichten: die Habitation de Québec. Im Verlauf des 17. Jh. entwickelte sich die kleine Siedlung zum Nervenzentrum Neufrankreichs und Umschlaghafen eines Pelzhandelsimperiums, das um 1730 bis zu den Rocky Mountains und hinab nach Louisiana reichte. Der französische Gouverneur residierte hier, die Jesuiten legten hier den Grundstein für die Hochburg der römisch-katholischen Kirche in Nordamerika. Den Engländern gelang die Eroberung der Stadt im Jahre 1759 – nach mehreren vergeblichen Versuchen. Nach dem verlorenen Siebenjährigen Krieg musste Frankreich 1763 im Frieden von Paris fast alle Besitzungen in Nordamerika aufgeben. Neufrankreich, das sich zu diesem Zeitpunkt bis zu den Großen Seen und zum Mississippi-Delta ausdehnte, fiel an das britische Empire. Unter den Briten erlebte die Stadt eine Blütezeit als Holzumschlagplatz. Bald lebten mehr Anglophone als Frankophone in der Stadt, doch um 1900 sog das boomende Montréal die Anglos landeinwärts, und 1920 waren hier nur noch 10 % der Bewohner englischsprachig. Heute ist Québec *partout français* und dank der ›Wachstumsindustrie‹ Regierung und Verwaltung eine blühende Metropole, deren mauerbewehrtes Vieux-Québec einen festen Platz im Herzen aller Québécois hat.

Die **Altstadt,** die ebenso gut irgendwo in Nordfrankreich stehen könnte, ist absolut fußgängerfreundlich. Alle Sehenswürdigkeiten, Restaurants und auch das Nachtleben liegen innerhalb der Stadtmauern oder nur wenige Schritte außerhalb. Nur für Ausflüge in die Umgebung braucht man ein Auto. Um der ›Wiege Neufrankreichs‹ gerecht zu werden, sollte man mindestens zwei Tage veranschlagen – und wegen der vielen Treppen eine gute Kondition und bequemes Schuhwerk mitbringen. Denn Vieux-Québec besteht aus einer Oberstadt, der *haute ville,* die hoch oben auf dem Cap Diamant thront, und einer Unterstadt, der *basse ville,* deren Häuschen sich auf dem schmalen Uferstreifen zusammendrängen.

Vieux-Québec: Die Haute-Ville

La Citadelle

Eine alte Touristenweisheit besagt, dass sich der beste Ausblick immer dort bietet, wo Kanonen stehen. In Québec City ist dies **La Citadelle** 1, eine der größten Festungen in Nordamerika, hoch über Stadt und Strom. Das weltberühmte Château Frontenac, Québecs skylineprägende Hotellegende, wirkt zum Greifen nah. Unterhalb der mächtigen,

1 La Citadelle
2 Parc des Champs-de-Bataille/Plair d'Abraham
3 Musée National des Beaux Arts du Québec
4 Terrasse Dufferin
5 Château Frontenac
6 Place d'Armes
7 Musée du Fort
8 Basilique-Cathédrale Notre-Dame-de-Québec
9 Séminaire de Québec/Musée de l'Amérique Française
10 Musée des Ursulines
11 Cathedral of the Holy Trinity
12 Parc d'Artillerie
13 Maison Jacquet
14 Hôtel du Parlement
15 Funiculaire
16 Église Notre-Dame-des-Victoires
17 Centre d'Interprétation de Place-Royale
18 Rue du Petit-Champlain
19 Centre d'Interprétation du Vieux-Port
20 Musée de la Civilisation

Übernachten

1 Fairmont Le Château Frontenac
2 Manoir Victoria
3 Hotel Loews Le Concorde
4 Au Château Fleur de Lys
5 Hotel et Condominiums de la Terrasse Dufferin
6 Relais Charles Alexandre
7 Hotel Cap Diamant
8 Auberge Internationale de Québec
9 KOA Québec City

Essen und Trinken

10 Café du Monde
11 Aux Anciens Canadiens
12 Bonaparte
13 Le Parlamentaire
14 Le Vendôme

Fortsetzung s. nächste Seite

Ville de Québec: Cityplan

Ville de Québec: Cityplan

15 Le Lapin Sauté
16 Le Cochon Dingue
17 Restaurant-Pub d'Orsay
19 L'Astral

grasbewachsenen Erdwälle fließt majestätisch der St.-Lorenz, um am Horizont die historische Île d'Orléans zu umarmen. 1400 km ist die Stadt noch vom Atlantik entfernt, und doch mischt sich hier bereits Salzwasser in die dunkle Flut. Im Winter wird die Macht des Ozeans augenfällig: Erst knirschen und mahlen die Eisschollen, ganz wie es sich gehört, flussabwärts. Sieht man Stunden später wieder hin, geht's im selben Tempo andersherum. Die Flut ist da.

1608 befestigte Champlain diesen Flaschenhals am **Cap Diamant,** wo der Strom zu einem – wenn auch noch rund 800 m breiten – Fluss wird. Québec wurde der Schlüssel zum Kontinent und war die nächsten 200 Jahre mehrmals heiß umkämpft. Erst nach dem Krieg von 1812 hörte das territoriale Gezerre in Nordamerika auf; *la citadelle* errichteten die vorsichtigen Briten auf den Grundmauern der französischen Festung dann doch noch. 1832 war die sternförmige Bastion fertig, aber eine Feuertaufe blieb ihr erspart. Militärisch genutzt wird die Festung auch heute noch: Das 22. Regiment der kanadischen Armee ist hier stationiert. Die »Van Doos« sind nicht nur wegen ihrer Tapferkeit berühmt, sondern auch für ihre farbenprächtige Wachablösung. Pünktlich um 10 Uhr jeden Morgen tritt während des Sommers die Garde an – und bietet eine recht paradoxe Aufführung: Schwere Bärenfellmützen über knallroten Uniformen exerzieren in superbritischer Exaktheit zu französischen Kommandos – die britische Festung wird nämlich heute von den Nachkommen Neufrankreichs verteidigt. Einstündige geführte Touren erklären den Festungsalltag gestern und heute, ein kleines Museum beherbergt historische Militaria (Côte de la Citadelle, April tgl. 10–16, Mai–Juni tgl. 9–17, Juli–Anfang Sept. tgl. 9–18, Sept. tgl. 9–16, Okt. tgl. 10–15, Nov.–April tgl. 13.30 Uhr, Erw. 8 $, Kinder 4,50 $).

Picknick mit Panoramablick

Die einen rollen sich ausgelassen hinunter, andere rollen nur die Decken aus und veranstalten ein Picknick mit Baguette, Weichkäse und Panoramablick: An warmen Sommertagen profitieren Einheimische und Besucher gleichermaßen von den unwiderstehlich grünen Hängen der Zitadelle hoch über der Altstadt.

Parc des Champs-de-Bataille

Hinter der Zitadelle bzw. stromaufwärts liegen die legendären **Plaines d'Abraham.** Unterhalb der Festung führt ein schöner Spazierweg, die Promenade des Gouverneurs, dorthin. Auf dem heute **Parc des Champs-de-Bataille** 2 genannten Areal, einem stillen Park mit Baumbeständen, Denkmälern und Joggern, entschied sich 1759 das Schicksal Französisch-Nordamerikas. In jenem Jahr zwang der nahende Winter den britischen General Wolfe nach dreimonatiger, ergebnisloser Belagerung zu einem Husarenstück: In der Nacht zum 13. September führte er 5000 Mann über steile Ziegenhirtenpfade vom Flussufer auf die Plaines d'Abraham genannten Felder vor den Stadtmauern und provozierte seinen Gegenspieler General Montcalm zur offenen Feldschlacht. Gerade 15 Minuten dauerte das Schießen, dem auch beide Generäle zum Opfer fielen, dann war das Schicksal Neufrankreichs besiegelt. Welche Sprache heute in Kanada gesprochen würde, hätte Montcalm gesiegt, mag man bei einem Spaziergang durch diesen 107 ha großen Park überlegen. Der für viele Québécois noch immer bitterste Tag ihrer Geschichte ist jedenfalls bis heute allgegenwärtig: Das Motto der Provinz, »je me souviens« (›Ich erinnere mich‹), ziert jedes Nummernschild. Vorgeschichte und Hergang der Entscheidungsschlacht sind im **Maison de découverte des plaines d'Abraham** dokumentiert

Freizeitkicker vor ehrwürdiger Kulisse: Château Frontenac und St.-Lorenz-Strom

(835 Av. Wilfrid-Laurier, Ende Juni–Anfang Sept. tgl. 8.30–17.30, sonst Mo–Fr 8.30–17, Sa 9–17, So 10–17 Uhr, Erw. 10 $, Kinder 8 $).

Musée National des Beaux Arts du Québec

3 Da passt es recht gut, dass im Westteil des Parks, in diesem großen, modern ausgebauten Museum, heute die Kunstschätze der Provinz aufbewahrt werden – vor allem natürlich Kunst aus Québec selbst. Fein ziseliertes Silberbesteck und weitere 27 000 Artefakte aus der Kolonialzeit sind dort ebenso zu bewundern wie Avantgarde-Installationen zeitgenössischer Québecer Künstler. Unbedingt sehenswert sind vor allem die herrlichen Gemälde von Cornelius Krieghoff, der das Landleben des frühen 19. Jh. porträtierte, und die Werke Théophile Hamels, der als offizieller Maler der Kolonialverwaltung zahlreiche Prominente seiner Zeit porträtierte (Parc des Champs-de-Bataille, Juni–Mitte Sept. tgl. 10–18, Mi bis 21, sonst Di–So 10–17, Mi bis 21 Uhr, Mo geschl., Erw. 12 $, Kinder 5 $).

Terrasse Dufferin und Château Frontenac

Zurück in die Haute-Ville von Vieux-Québec: Treppen führen von der Zitadelle hinab zu den Türmen und Giebeln der Altstadt, wo von der **Terrasse Dufferin 4**, einer breiten und 671 m langen Promenade am Klippenrand des Cap Diamant, der Blick über die grünspanigen Dächer der Basse-Ville und den Strom hinüber zur Schwesterstadt Lévis schweift. Auf dieser Klippe stand einst der Palast des Gouverneurs von Neufrankreich, der allerdings im Jahre 1834 abbrannte. So erhebt sich an selber Stelle heute das meistfotografierte und für viele auch schönste Hotel der Welt: das **Château Frontenac 5**. Es wurde 1893 im damals modischen, den Loire-Schlössern entlehnten Château-Stil begonnen und erst

Winterkarneval in Québec City

Fünf Monate Schnee und Eiseskälte: Mitteleuropäern klappern schon beim Gedanken daran die Zähne. Doch die Bewohner von Québec tauen dann erst richtig auf. Bei minus 20 Grad veranstalten sie Umzüge, tanzen ausgelassen auf den Straßen und machen mit Feuerwerken die Nacht zum Tage.

Typischer Fall von Massenhysterie ob eines zu langen Winters? Oder haben sich die Sambaschulen aus Rio gar hierher verirrt?

Weder noch. Was den Brasilianern der *Carnavel del Rio* ist und Basel die Fasnacht, das ist Québec seit über hundert Jahren der *Carnaval d'hiver*, der Winterkarneval. Die ersten zehn Tage im Februar heizen sie dem Winter kräftig ein: Sie zittern nicht unter seinem Regiment, sondern machen ihn mit Eisskulpturen und fröhlichen Wettbewerben zum Komplizen. Und beim traditionellen Schneebaden im Badeanzug dreht man ihm gar eine Nase.

Wer sich ganz besonders wohl fühlt, der geht aufs Eis. Schon die Altvorderen überquerten den vereisten St.-Lorenz-Strom per Ruderboot, Brücken gab es damals ja noch keine. Nahrungsmittel, Post und der neueste Klatsch wurden so zur Nachbarstadt Lévis und auch auf die Île d'Orléans transportiert. Dabei blieb so mancher für immer im tückischen Treibeis. Heute lockt der Winterkarneval Besucher aus aller Welt nach Québec, und das Bootsrennen am zweiten Sonntag ist der sportliche Höhepunkt des närrischen Treibens. Wenn das Treibeis leise knirschend an der Hafenmauer entlangkratzt und sich draußen auf dem Strom zu bizarren Skulpturen auftürmt, nehmen die Nachfahren der legendären *coureurs de bois* in leichten Fiberglasbooten den Kampf mit den Elementen auf. Einzige Regel: Jedes Team muss drüben in Lévis anschlagen und danach auf dem schnellsten Wege zurückkommen. Wie, das bleibt jedem Boot selbst überlassen. Dass es bei der grimmigen Kälte um mehr geht als um Preisgelder, liegt auf der Hand. Es geht um Kraft und Können, Ruhm und Ehre: Fußballfeldgroße Eisplatten driften im Fluss, krachen aneinander, zerquetschen alles in ihrem Weg. Die Steuermänner der Ruderteams müssen ein Gefühl für Eis haben: Eine Öffnung zum Rudern kann schon im nächsten Augenblick verschwunden sein. Für die Teams heißt es rudern, was das Zeug hält und solange es nur eben geht, dann aussteigen und das Boot über brüchige Eisschollen bis zum nächsten Wasserloch ziehen, wieder einsteigen und weiterrudern. Manche Mannschaften haben sowohl einen Steuermann mit Übersicht als auch Glück und schaffen die Strecke in weniger als einer Stunde. Andere dagegen haben Pech, sitzen bald erschöpft im Treibeis fest und müssen dann vom Eisbrecher eingesammelt werden.

Für die dick vermummten Zuschauer am Ufer ist das Rennen vor der weltberühmten Kulisse des Château Frontenac ein Riesenspektakel. Kaum einer friert, dafür gehen die Gemütswogen zu hoch. Wer trotzdem fröstelt, hält sich an *caribou*. Die hochprozentige Mischung aus Cognac und Rotwein lässt die Kälte vergessen. Verabreicht wird das nur zum Karneval gebraute Getränk in Weingläsern, aber so mancher Familienvater führt es auch mit sich. Nicht in der Flasche, versteht sich – der Genuss von Alkohol in der Öffent-

Thema

Traditionelles Schneebaden beim Carnaval d'hiver

lichkeit ist in Kanada verboten –, sondern vorzugsweise wohlgetarnt im roten, innen hohlen Kinderspazierstock aus Plastik, der überall für einige Dollar zu haben ist. So lässt sich das stundenlange Warten auf die auf Eisrutschen und in Schneeburgen herumtobenden Kleinen am besten überstehen.

Herrscher über die muntere Zwei-Wochen-Narretei in Québec ist im Übrigen der »Bonhomme Carnaval«, eine zwei Meter große Kreuzung aus Clown und Schneemann und das Maskottchen des tollen Treibens. Bonhomme Carnaval führt die Paraden an und residiert in dem zwanzig Meter hohen Schloss aus Eis und Schnee, das für die zehn Tage des Festes gegenüber dem Provinzparlament errichtet wird.

Ein weiterer Höhepunkt ist der Schneeskulpturenwettbewerb, zu dem Mannschaften aus über 30 Ländern anreisen. Mit Kettensägen, Bohrern und Spachteln rücken sie riesigen Schneeblöcken zu Leibe und schaffen Kunstwerke, von denen man sich wünscht, sie würden ewig halten. Und in den nur zwanzig Autominuten von Québec City entfernten Bergen von Sainte-Anne-des-Monts tummeln sich die Pistenfans, jagen Schlittenhundgespanne durch weiße Winterlandschaften. Nicht der Winter hat Québec im Griff, sondern umgekehrt. Kein Wunder also, dass ein Lied des Chansonniers Gilles Vigneault zur inoffiziellen Nationalhymne Québecs wurde. Es beginnt so: »Mon pays c'est l'hiver« – »Mein Land ist der Winter«.

30 Jahre später vollendet. Riesig, ja kolossal, ergänzt es doch die eher zierliche Silhouette der Stadt auf geniale Weise. Roosevelt und Churchill planten hier 1943 ihre Strategien im Krieg gegen Deutschland, US-Präsident Richard Nixon erholte sich hier von Watergate. Die übrigen VIPs – Hunderte haben inzwischen hier genächtigt – können auf Fotos in einem Seitenraum der Lobby bewundert werden. Wer wissen möchte, wie gekrönte und ungekrönte Häupter sich zur Ruhe betten, kann sich einer Führung durch das frühere Eisenbahnhotel von Canadian Pacific anschließen – oder mit dem nötigen Kleingeld natürlich auch selbst in einer der Suiten absteigen (s. S. 276).

Place d'Armes

An der Nordostecke des Hotels hat man dem Stadtgründer Samuel de Champlain ein Denkmal gesetzt. Der Vater von *Nouvelle France* blickt kühn landeinwärts, quer über den alten Exerzierplatz der Stadt, die **Place d'Armes** 6. Einst wurden hier die Soldaten des Königs gedrillt, heute herrscht emsiges Touristentreiben um das **Monument de la Foi** in der Mitte des Platzes. Das 1916 enthüllte Denkmal mit Brunnen erinnert an die Ankunft der Recollet-Mönche im Jahre 1615. In den rot gedeckten alten Häusern ringsum sind Restaurants, Cafés und auch die Touristeninformation der Provinz untergebracht.

Eine beliebte Attraktion ist gegenüber vom Château Frontenac die **Musée du Fort** 7, die in einem multimedialen Schlachten-Diorama die insgesamt sechs Belagerungen Québecs wie auch die Niederlage von General Montcalm dokumentiert. Vor allem für die Québecer Schuljugend gehört das patriotische Spektakel mit Schlachtengebrüll und Kanonendonner vom Band zum Pflichtprogramm im Geschichtsunterricht (10 Rue Ste-Anne, April–Ende Okt. tgl. 10–17, sonst Do–So 11–16 Uhr, Erw. 7,50 $, Kinder 4,50 $).

Künstler in der Rue du Trésor

Basilique-Cathédrale Notre-Dame-de-Québec

Durch die kurze **Rue du Trésor,** in der sich Straßenkünstler, Maler und Souvenirverkäufer drängen – Montparnasse lässt grüßen –, gelangt man zur herrlichen **Basilique-Cathédrale Notre-Dame-de-Québec** 8. Das neoklassische Gotteshaus mit dem lichten Innenleben, dem goldenen Altar und den drei gewaltigen Casavant-Orgeln ist für viele Québécois auch ein Symbol frankokanadischer Präsenz in Nordamerika: 1759 während der englischen Belagerung zerbombt und mehrmals abgebrannt, wurde die 1647 begonnene Steinkirche jedes Mal noch schöner aufgebaut. In der Krypta – es gibt geführte Touren – ruhen 900 prominente Québecer, darunter François de Laval (1623–1708), der erste Bischof Québecs. Laval herrschte über die größte Diözese der Welt: Seine Priester missionierten zwischen den Großen Seen und dem Golf von Mexiko (20 Rue de Buade, Nov.–April Mo–Fr 8–16, Sa–So 8–18, Mai–Okt. Mo–Fr 8–17.30, Sa–So 8–18 Uhr, Eintritt frei).

Séminaire de Québec und Musée de l'Amérique Française

Ausgebildet wurden Lavals Missionare im **Séminaire de Québec** 9 nebenan. Die 1663 von Laval gegründete Priesterakademie, eine trutzig wirkende, im 17. und 18. Jh. um einen Innenhof gebaute Insel abendländischer Zivilisation, war die Vorläuferin der 1852 gegründeten Université Laval, der ersten frankophonen Universität Nordamerikas. Ein Rundgang durch dieses den Kurs Neufrankreichs einst erheblich mitbestimmenden Nervenzentrums vermittelt einen Eindruck vom Machtgefüge im *ancien régime.* Besondere Beachtung verdienen dabei die reich geschmückte **Chapelle Msgr. Olivier Briand** und die ebenfalls hier untergebrachte, den frankophonen Enklaven in Nordamerika gewidmete **Musée de l'Amérique Française.** Besonders interessant ist hier die Dokumentation der Wege jener Frankokanadier, die nach der Eroberung nach Westen zogen, um sich im Gebiet der heutigen USA niederzulassen (2 Côte de la Fabrique, Ende Juni–Mitte Sept. tgl. 9.30–17, sonst Di–So 10–17 Uhr, Erw. 5 $, Kinder 2 $).

Musée des Ursulines

Darüber hinaus besitzt die Oberstadt neben der angenehmen Atmosphäre zum Flanieren, den zahlreichen Bistros und Straßenrestaurants mit den rotweiß karierten Tischdecken eine ganze Reihe weiterer – vor allem historischer – Sehenswürdigkeiten. Die kleine **Musée des Ursulines** 10 im Ursulinenkonvent von 1639 – hier leben und beten noch immer 60 Nonnen – entführt in die Anfangszeit der Kolonie. Die Schwestern, 1639 angekommen und Gründerinnen der ersten Mädchenschule Nordamerikas, kümmerten sich damals so lange um die Erziehung der zum Heiraten nach Neufrankreich gekommenen *filles du roi*, bis das Los den in Waisenhäusern, Gefängnissen und Bordellen aufgelesenen jungen Mädchen einen Heiratspartner bestimmt hatte. Einen Blick verdient auch die 1736 fertiggestellte Kapelle des Konvents, in der Général Montcalm begraben liegt (12 Rue Donnacona, Mai–Sept. Di–So 10–12, 13–17, So 13–17, Okt.–April Di–Do 13–16.30 Uhr, Erw. 5 $, Kinder 2 $).

Nahebei steht an der Rue des Jardins die **Cathedral of the Holy Trinity** 11 von 1804. Die älteste außerhalb Großbritanniens gebaute anglikanische Kathedrale wurde nach dem Vorbild der Londoner Kirche Saint-Martin-in-the-Field errichtet und erinnert an das britische Kapitel der Stadtgeschichte: Die Sitze für die Royals werden noch immer ehrerbietig freigehalten. Ihr nüchternes, schmuckloses Inneres steht im krassen Gegensatz zur Opulenz der katholischen Kirche (31 Rue des Jardins, Ende Mai–Ende Juni, Sept.–Mitte Okt. tgl. 10–17, Juli–Aug. tgl. 9–20 Uhr).

Les Remparts – Die Befestigungsanlagen

Sein mittelalterliches Antlitz verdankt Vieux-Québec dem einst für die Romantik schwärmenden Gouverneur Lord Dufferin (1872–1878). Der Ire bewahrte Mauern und Bastionen vor dem Abriss – weshalb der Besucher heute auf den Stadtmauern zur Zitadelle wandern und herrliche Blicke auf Stadt und Strom genießen kann. Die heute zu sehenden Festungsanlagen – Stadtmauer, Tore, Feldschanzen – stammen im Übrigen von den Briten und sollten die Amerikaner von weiteren Invasionsversuchen – die erste scheiterte 1776 vor Québec – abhalten.

Wie Québec im frühen 19. Jh. ausgesehen hat, zeigt im Besucherzentrum des **Parc d'Artillerie** **12** ein Landschaftsmodell im Maßstab 1:300 (175 Rue de L'Espinay, Nähe Dauphine Redoubte, April–Okt. tgl. 10–17, sonst nach Vereinbarung, Erw. 4 $, Kinder 2 $).

Selbst den Hunger, der bei so viel Geschichte zwangsläufig aufkommt, kann man in einem historischen Gemäuer stillen: Das **Maison Jacquet** **13** in der Rue St-Louis ist zugleich das älteste noch erhaltene Wohnhaus der Stadt (Baujahr 1675) und als Restaurant »Aux anciens Canadiens« eine gute Adresse für traditionelle *cuisine québécoise* (s. S. 277).

An der Grande-Allée

Vor allem im Westteil der Altstadt blieb die Befestigungsmauer, die von der kanadischen Nationalparkverwaltung aufwendig restauriert wurde, gut erhalten. Durch die zinnenbewehrte **Porte Saint-Louis**, das schönste der Stadttore, kommt man aus der Altstadt zum prunkvollen Sitz der Québecer Provinzregierung, dem **Hôtel du Parlement** **14**. In dem 1886 im Empire-Stil erbauten Palast residiert die *Assemblée Nationale,* hier werden alle die Provinz betreffenden Entscheidungen getroffen, die – wenn die separatistische *Parti Québécois* gerade am Ruder ist – oft auch den Rest Kanadas unmittelbar betreffen. Die Ahnengalerie rund um das Hauptportal, eine Reihe von Nischen mit Statuen bedeutender Politiker aus Québec, wird nachts beleuchtet und wirkt dann besonders eindrucksvoll (1045 Rue des Parlementaires). Südlich von diesem Gebäude, in dessen Gartenanlagen auch eine Statue von René Lévèsque, dem bis heute populärsten Politiker aus Québec, steht, beginnt die **Grande-Allée** ihren Lauf nach Westen. Sie gilt als die Restaurantmeile der Stadt: Vormals die Wohnstraße der anglophonen Oberschicht, ist sie heute ein Ziel für Feinschmecker aus ganz Nordamerika.

Die Basse-Ville

War die Haute-Ville einst der Oberschicht – Adligen, Priestern, Regierungsbeamten – vorbehalten, so lebten die damals zur Unterschicht gerechneten Handwerker, Händler, Seeleute und Tagelöhner unten am Fluss in der engen Unterstadt. Von Anfang an herrschte hier Platzmangel, mehrfach musste deshalb Neuland aufgeschüttet werden. Nach der Eroberung bauten die Briten hier Lagerhäuser und Kontore, im Uferbereich wurde das Holz für England gestapelt. Die Dampfschifffahrt beendete dann die Blütezeit des Holzumschlagsplatzes, und erst Ende der 1960er-Jahre begann ein groß anglegtes, bis heute andauerndes Restaurierungsprogramm, das die Unterstadt optisch auf den Stand von 1720 zurückversetzte – nur schöner.

Für den Weg in die Unterstadt hat man zwei Möglichkeiten: entweder auf einer steilen, nicht ganz zu Unrecht *Escalier Casse-Cou* (in etwa: ›Genickbruch-Treppe‹) genannten Treppe, die sich um die Felsen von Cap Diamant windet, oder aber mit dem **Funiculaire** **15**. Beide, die Treppe und dieses Mittelding aus Fahrstuhl und Zahnradbahn, beginnen auf der Terrasse Dufferin und öffnen jeweils interessante Blicke auf die Unterstadt. Dabei hilft der unten im Maison Louis-Joliet ankommende Funiculaire vor allem beim Kräftesparen (Terrasse Dufferin, Anfang, April–Mitte Juni tgl. 7.30–23.30, Ende Juni–Mitte Sept. tgl. 7.30–24, Mitte Sept.–Ende Okt. tgl. 7.30–23.30, sonst 7.30–23 Uhr, 1,50 $/Pers.).

Place-Royale

Nirgendwo wird der europäische Charakter der Stadt deutlicher als hier zwischen den bretonisch anmutenden Gemäuern rund um die **Place-Royale,** wo einst Champlains *habitation* stand. Kühles Mauerwerk umfängt den Besucher in der 1688 erbauten **Église Notre-Dame-des-Victoires** **16** auf der Südseite des Platzes. Das überwiegend in Weiß und Gold gehaltene Innere mit dem von einer mittelalterlichen Burg inspirierten Altar ist überraschend nüchtern. Von der Decke hängt das Modell eines Segelschiffes herab. Es ist die »Brézé«, die 1665 der von der mächtigen Irokesen-Liga bedrängten Kolonie das kampfstarke Regiment Carignan zu Hilfe brachte. Auch der Name der Kirche ist bedeutungsschwer, erinnert er doch an die Siege über die Briten (32 Rue Sous-Le-Fort, tgl. 9–16.30 Uhr).

In den zumeist aus dem 18. Jh. stammenden Häusern rund um den Platz widmen sich mehrere Ausstellungen den frühen Tagen Französisch-Nordamerikas. So erzählt die Ausstellung im **Centre d'Interprétation de Place-Royale** 17 die 400-jährige Stadtgeschichte mit Artefakten, Anekdoten und historischen Fotos. Sehenswert ist vor allem die Ausstellung zum Alltag der Kauf- und Seeleute, die einst hier lebten (27 Rue Notre-Dame, Ende Juni–Anfang Sept. tgl. 9.30–17, sonst Di–So 10–17 Uhr, Erw. 4 $, Kinder 2 $).

Rue du Petit-Champlain

Eine Attraktion anderer Art ist die **Rue du Petit-Champlain** 18, eine enge, romantische Gasse mit gemütlichen Restaurants und teilweise hochwertigen Kunsthandwerksläden und Juwelieren. Im 19. Jh. ein heruntergekommenes Elendsquartier, ist es heute eine der Hauptattraktionen der Stadt. Der Touristenrummel jedoch trügt: Hinter den Postkartenansichten leben noch immer Menschen, floriert heute wieder eine vitale Nachbarschaft: Morgens treffen sich die – sprichwörtlichen – alten Männer zum Pfeifchen an der Ecke, während Hausfrauen die Croissants zum Frühstück einkaufen.

Rund um die Rue Dalhousie

Bevor man von der Rue Petit-Champlain aus mit dem Funiculaire zurück zur Terrasse Dufferin in der Oberstadt rattert, sollte man noch ein paar Schritte Richtung St.-Lorenz-Strom tun. Rund um die **Rue Dalhousie** gibt es zwei gute Gelegenheiten, noch mehr über die bewegte Vergangenheit Neufrankreichs zu erfahren. So arbeitet das von Parks Canada betriebene **Centre d'Interprétation du Vieux-Port** 19 die Geschichte des Hafens, der lange als Umschlagplatz für Pelze und Holz florierte, wissenschaftlich-nüchtern auf (100 Quai St-André, Anfang Mai–Anfang Sept. tgl. 10–17, sonst tgl. 12–16 Uhr, Erw. 4 $, Kinder 2 $).

Ein Muss für Geschichtsfreunde ist die **Musée de la Civilisation** 20, das moderne, von Moshe Safdie entworfene und sich dennoch ins mittelalterliche Erscheinungsbild einfügende Stadtmuseum. In zehn permanenten Ausstellungen bringt es die Kultur und Alltagskultur von Stadt und Provinz kreativ auf den Punkt (85 Rue Dalhousie, Di–So 10–17 Uhr, Erw. 13 $, Kinder 5 $).

Den von den Postkarten bekannten Blick auf die unverwechselbare Skyline der Stadt erhält der fotografierende Besucher vom Wasser aus. Vom Südende der Rue Dalhousie setzt die **Autofähre** zur Nachbarstadt Lévis über – eine so gute wie preiswerte Möglichkeit für den 1000-Dollar-Blick zurück auf Zinnen und Türmchen. Morgens ist das Licht am besten, doch auch im sanften Sonnenschein des Spätnachmittags wirkt die Silhouette der Stadt zauberhaft.

i **Office du Tourisme de Québec:** 399 Rue St-Joseph Est, Québec, Tel. 418-641-6654, Fax 418-641-6578, www.regiondequebec.com. Hilft bei der Reisevorbereitung. Vor Ort nützlich ist das Büro von **Infotouriste** gegenüber dem Château Frontenac (12 Rue Ste-Anne, Tel. 1-877-266-5687,

Château Frontenac

Gekrönte Häupter trugen sich hier ins Gästebuch ein. Politiker brüteten über Entscheidungen von historischer Tragweite, und Stars und Sternchen des Showbusiness feierten in der Verschwiegenheit seiner luxuriösen Suiten wilde Partys. Auf einer geführten Tour hinter die Kulissen des meistfotografierten Hotels der Welt erfährt man Interessantes wie Amüsantes (Les visites guidées au Fairmont Le Château Frontenac, Tel. 418-691-2166, www.tourschateau.ca).

www.bonjourquebec.com, Ende Juni–Anfang Sept. tgl. 8.30–21.30, sonst tgl. 9–17 Uhr).

Fairmont Le Château Frontenac [1]: 1 Rue des Carrières, Tel. 418-692-3861, 1-800-441-1414, Fax 418-692-1751, www.fairmont.com/frontenac/: Plüsch- und Massivholz-Atmosphäre im historischen Eisenbahnhotel von 1893. Allerbeste Lage und herrliche Ausblicke über die Altstadt und den Fluss, mit elegantem Restaurant. DZ 230–470 $.
Manoir Victoria [2]: 44 Côte du Palais, Tel. 418-692-1030, 1-800-463-6283, Fax 418-692-3822, www.manoir-victoria.com. Stilvolles Nobelhotel am Rand der Altstadt. DZ 110–250 $.
Hotel Loews Le Concorde [3]: 1225 Cours du Général de Montcalm, Tel. 418-647-2222, Fax 418-647-4710, www.loewshotels.com/hotels/quebec. Modernes Luxushotel an der Grande-Allée, mit Drehrestaurant hoch über der Stadt. DZ 140–210 $.
Au Château Fleur de Lys [4]: 15 Av. Ste-Geneviève, Tel. 418-694-1884, 1-877-691-1884, Fax 418-694-1666. Ruhige Frühstückspension in einem historischen Haus zwischen Zitadelle und Zentrum. Viktorianisch eingerichtete Zimmer. DZ 80–140 $.
Hotel et Condominiums de la Terrasse Dufferin [5]: 6 Pl. Terrasse Dufferin, Tel. 418-694-9472, Fax 418-694-0055, www.quebecweb.com/terrassedufferin. Hübsche Hotelpension (18 Zimmer) in viktorianischem Bürgerhaus mit St.-Lorenz-Blick. DZ 100–160 $.
Relais Charles Alexandre [6]: 91 Grande-Allée Est, Tel. 416-523-1220, Fax 416-523-9556, www.quebecweb.com/rca. Stilvolles Ziegelhaus mit Kunstgalerie, die zugleich als Frühstücksraum dient. DZ 90–130 $.
Hotel Cap Diamant [7]: 39 Rue Ste-Geneviève, Tel. 418-694-0313, Fax 418-694-1187, www.hcapdiamant.qc.ca. Gemütliche Pension mit einem charmanten, die Jahrhunderte umspannenden Möbel-Sammelsurium. DZ 130–180 $.
Auberge internationale de Québec [8]: 19 Rue Ste-Ursule, Tel. 418-694-0755, 1-800-

Eines der vielen Straßencafés und Bistros in Ville de Québec

461-8585, Fax 418-694-2278, www.cisq.org. Große Jugendherberge inmitten der Altstadt. 20 $ pro Bett, DZ 50 $.

Camping:

KOA Québec City 9: 684 Ch. Olivier, St-Nicolas, Tel. 418-831-1813, 1-800-562-3644, Fax 418-836-2406, www.koa.com/where/gc/56107. Großer Campingplatz mit Swimmingpool am Südufer des St.-Lorenz, eine halbe Autostunde westlich der Stadt.

Die wichtigsten Restaurantmeilen liegen in der Altstadt zwischen Château Frontenac und Rathaus sowie an der Rue St-Jean, der Côte de la Fabrique und – vor den Toren der Stadt – an der Grande-Allée.

Café du Monde 10: 84 Rue Dalhousie, Tel. 418-692-4455, Mo–Fr 11.30–23, Sa–So 9.30–23 Uhr. Pariser Bistro-Restaurant mit Klassikern wie *steak et frites* und *moules mariniére*. Vorspeisen 4–9 $, Hauptspeisen 11–27 $.

Aux Anciens Canadiens 11: 34 Rue St-Louis, Tel. 418-692-1627, tgl. 12–22 Uhr. Historisches Haus von 1675, traditionelle *cuisine québécoise,* mit Spezialitäten wie dem Fleischkuchen *tourtière,* Erbsensuppe und Zuckerkuchen mit Ahornsirup. Vorspeisen 5–8 $, Hauptspeisen 20–28 $.

Bonaparte 12: 680 Grande-Allée Est, Tel. 418-844-4368, tgl. 11–23 Uhr. Französische Küche in einem Haus von 1823, schöne Terrasse. Traditionelle Spezialitäten wie *soupe vichysoise* und *foie gras de canard.* Vorspeisen 6–11 $, Hauptspeisen 18–36 $.

Le Parlementaire 13: Hôtel du Parlament, Tel. 418-643-6640, Mo–Fr 8–14.30 Uhr. Der schöne Beaux-Arts-Saal im Parlament ist eigentlich die ›Kantine‹ der Abgeordneten, aber auch für Besucher offen. *Fine cuisine,* Reservierung erforderlich. Vorspeisen 6–13, Hauptspeisen 14–21 $.

Le Vendôme 14: 36 Côte de la Montagne, Tel. 418-692-0557, tgl. 17–23 Uhr. Eines der ältesten Restaurants der Stadt, klassische *cuisine française.* Probieren: *Coq au vin* und *châteaubriand.* Vorspeisen 6–13 $, Hauptspeisen 16–36 $.

Le Lapin Sauté 15: 52 Rue du Petit-Champlain, Tel. 416-692-5325, Mo–Do 11–29, Fr 11–23, Sa 9–23, So 9–22 Uhr. Gemütliches Restaurant nahe Place-Royale. Spezialisiert auf Wildgerichte, vor allem Hasenbraten. Vorspeisen 3,50–8 $, Hauptspeisen 16–20 $.

Le Cochon Dingue 16: 46 Bd. Champlain, Tel. 416–523–2013, tgl. 8–22 Uhr. Leger-junge französische Küche in kleinem Café in der Altstadt; von der Rückwand sprudelt ein Wasserfall. Gute Quiches, leckere Desserts. Vorspeisen 5–7 $, Hauptspeisen 11–21 $.

Restaurant-Pub d'Orsay 17: Pl. de l'Hôtel de Ville, 65 Rue Buade, Tel. 418-694-1582, tgl. 11.30–3 Uhr. Großes, rustikales Lokal mit breitem Angebot von Spaghetti bis hin zur Québecer Küche und Meeresfrüchten. Vorspeisen 7–9 $, Hauptspeisen 12–35 $.

L'Astral 18: 1225 Pl. Montcalm (im Hotel Loews Le Concorde), Tel. 418-647-2222, Mo–Sa 11.45–24, So 10–24 Uhr. Solide kontinentale Küche im Drehrestaurant. Vorspeisen 10–18 $, Hauptspeisen 20–40 $.

Reiseproviant

Frisches Obst und Proviant für die Weiterreise kann man auf dem schönen **Marché du Vieux-Port de Québec,** dem Markt der Bauern aus dem Umland, erstehen (160 Quai St-André).

Shopping bzw. *magasiner* ist der beliebteste Zeitvertreib in Québec. Gelegenheit dazu gibt es mehr als genug. In der Basse-Ville konzentrieren sich die **Souvenirläden** und **Kunsthandwerksgeschäfte** an der Rue Petit-Champlain. Die meisten Läden verkaufen Hochwertiges. In der Haute-Ville verbreitert sich das Angebot auf Textilien, Bücher, Antiquitäten und Kunstobjekte. Wer Gebrauchsgegenstände oder Lebensmittel für die Reise sucht, sollte die Kaufhäuser und großen Shopping Center am Boulevard Laurier im Vorort **Ste-Foy** aufsuchen.

Theateraufführungen sind meist in französischer Sprache. In den kleinen Theatern und auch in zahlreichen Bars finden oft Chansonabende statt. Gravitationszentren des Nachtlebens sind die **Rue St-Jean** und die **Grande Allée-Est** etwas außerhalb der Stadtmauern.

Grand Théâtre de Québec: 269 Bd. René-Lévesque Est, Tel. 418-643-8131, www.grandtheatre.qc.ca. Haus des Québecer Symphonieorchesters und des Theaterensembles Théâtre de Québec. Breite Veranstaltungspalette, von schwarzafrikanischen Popgruppen bis hin zu klassischem Ballett.

Palais Montcalm: 995 Pl. d'Youville, Tel. 418-641-6411. Französische und englische Theateraufführungen, Konzerte und Kunstausstellungen. Neueröffnung im Sommer 2007.

Théâtre Le Capitole, 972 Rue St-Jean, Tel. 418-694-4444, www.lecapitole.com. Historisches Theater von 1903, in dem heute vor allem Musicals, Revuen und Konzerte gegeben werden. Mit Restaurant.

Feste und Veranstaltungen

Carnaval de Québec: 16 Tage Ende Januar bis Mitte Februar. 290 Rue Joly, Tel. 418-523-4540, www.carnaval.qc.ca. Das größte und berühmteste Festival der Stadt ist zugleich der drittgrößte Karneval der Welt und findet seit 1894 statt.

Festival d'été de Québec: 11 Tage Anfang Juli, 226 Rue St-Joseph, Tel. 418-529-5200, www.infofestival.com. 200 Live-Konzerte der besten Musiker aus Québec, Kanada und dem Rest der Welt stehen an zehn Punkten der Stadt auf der Bühne und verwandeln Québec in eine riesige Live-Performance.

Les Grands Feux Loto-Québec: 3 Wochen Ende Juli bis Mitte Aug., 156 Rue St-Paul, Tel. 418-523-3389, www.quebecfireworks.com. Mehrere Länder schicken ihre besten Feuerwerker, die mittwochs und samstags nach Einbruch der Dunkelheit den Himmel über den Chûtes Montmorency anmalen.

Les Fêtes de la Nouvelle France: 5 Tage Anfang August, 5 Rue Cul-de-Sac, Tel. 418-694-3311, www.nouvellefrance.qc.ca. Neufrankreichs Geschichte zum Anfassen inszeniert, von kostümierten Musikern, Schauspielern und Statisten, die in der Altstadt ihrem – damaligen – Alltag nachgehen und die Place-Royale mit Ziegen und Hühnern in eine veritable Zeitmaschine verwandeln.

Bistro Pape-Georges: 8 Rue Cul-de-Sac (nahe Bd. Champlain), Tel. 418-692-1320, ab 17.30 Uhr. Gemütliche Weinbar mit Entertainment, Blues, Chanson, Folk, leichtes Menü (Käse, geräucherter Lachs etc.).

Chez Dagobert: 600 Grande-Allée Est, Tel. 418-522-0393, tgl. 21–3 Uhr. Großer, sehr beliebter Tanzschuppen mit Disco und oft auch Live-Bands. Entspannter Studenten- und Yuppie-Treff.

Pub Saint-Alexandre: 1087 Rue St-Jean, Tel. 418-694-0015, 10–3 Uhr. Beliebter Pub mit über 200 Biersorten aus aller Herren Länder. Oft Live-Musik.

Chez Son Père: 24 Rue St-Stanislas, Tel. 418- 692-5308, tgl. 20–3 Uhr. Hier begann die Karriere vieler frankokanadischer Folksänger. Seit 1960 eine musikalische Institution in Québec. Meist junges Publikum.

Gray Line de Québec: 320 Rue Abraham Martin, Tel. 418-649-9226. Englischsprachige Sightseeing-Bustouren durch Québec, zur Côte-de-Beaupré und zur Île d'Orleans.

Croisières AML, MV Louis Jolliet: Quai Chouinard, 10 Rue Dalhousie, Tel. 418-692-1159. 1,5-stündige Bootsrundfahrten auf dem St.-Lorenz, auch Exkursionen zur Île d'Orleans und Dinnerkreuzfahrten.

Ausflüge in die Umgebung

Vor den Toren der Hauptstadt gibt es Orte, an denen die Zeit stehengeblieben zu sein scheint. Hübsche Holzhäuschen mit Veranda und geschwungenem Dach, die sogenannten *petites canadiennes,* säumen den Weg, zusammen mit den kleinen Restaurants, die hier *Bar-Resto* heißen und deren Besitzer im Namen auftauchen, wie »Chez Ginette« oder »Chez P'tit-Jean«. Hier auf dem Land ist die Hauptstadt – die von Québec – weit weg und die des ganzen Landes ein eher vager Begriff.

Neufrankreich scheint nur zu schlafen, und die schönsten Eindrücke von diesem friedvollen Fragment Québec lassen sich auf einer eintägigen Fahrt zur Côte de Beaupré und hinüber zur Île d'Orléans sammeln. Der Besuch der **Côte de Beaupré** nimmt einen guten Vormittag in Anspruch. Vor allem für die Chûtes Montmorency sollten, wer die Treppe hinauf zur Abbruchkante ›bezwingen‹ will, mindesten zwei Stunden veranschlagt werden. Der Besuch der gegenüber im Strom liegenden **Île d'Orléans** lässt sich dann am Nachmittag absolvieren.

Côte-de-Beaupré

Reiseatlas: S. 9, B 3/4 und C 3

Man verlässt die Stadt auf der Route 440, um dann über die Avenue d'Estimauville zur gemächlicheren Route 360 zu wechseln. In europäischer Manier windet sich die Straße die Hänge am Nordufer des St.-Lorenz entlang.

Schon um 1634 entstanden hier die ersten *seigneuries,* die Adelsgüter Neufrankreichs. Als Lehnsherren warben die *seigneurs* unter den verarmten Bauern Nordfrankreichs um *habitants,* um Siedler für ihre Ländereien in der Neuen Welt. Diese verschuldeten sich bei ihnen für die Überfahrt und mussten ihnen im Gegenzug nach der Ankunft in Québec ihre Arbeitskraft zur Verfügung stellen. Andererseits war der *seigneur* verpflichtet, in Notzeiten für seine Schutzbefohlenen zu sorgen. Heute erinnern noch die langen, rechteckigen Felderstreifen an die damalige Felderteilung.

Beauport ist mit seinen schmucken Häuschen ein beliebter Vorortwohnsitz der Québécois. Interessant ist hier das architektonische Potpourri, das viktorianische Einflüsse mit der frühen normannischen Bauweise vermischt und auch die traditionelle Detailverliebtheit der Einheimischen zeigt. Charakteristisch ist das Sägezahnmuster der Einzelhäuser an der Avenue Royale: Unabhängig vom Straßenverlauf weisen die Häuserfronten alle nach Süden – eine frühe Einsicht der Pioniere, dass im Winter eine breite Südfront die Sonneneinstrahlung besser nutzte.

Am Rand des Städtchens gibt sich der sonst dezent im Hintergrund haltende Kanadische Schild dramatisch: Bei den **Chûtes Montmorency** an der Route 360 bzw. Avenue Royale endet die älteste Gesteinsformation der Welt abrupt als knapp 100 m hohe Abbruchkante und lässt die Wasser der Rivière Montmorency in wilden Kaskaden 83 m in die Tiefe stürzen. Per Gondel, Zahnradbahn und (langer, steiler) Fußgängertreppe kann man diesem gewaltigen Wasserfall von oben und unten zu Leibe rücken und dabei eine fantastische Aussicht auf den Strom genießen. Wer im Winter kommt, sollte die Kamera bereithalten: Die Gischtwolke des 12 km östlich von Québec gelegenen Wasserfalls ist dann zu einem 20 m hohen, strahlend weißen Zuckerhut gefroren, der zum Eisklettern einlädt und übermütig kreischende Kinder auf seinen Hängen schlittenfahren lässt (2490 Av. Royale, ganzjährig geöffnet, Eintritt frei, Gondel Erw. 8 $, Kinder 4 $).

Als das ›Lourdes Neufrankreichs‹ wird die mächtige **Basilique Sainte-Anne-de-Beaupré** oft bezeichnet. Seit aus Seenot errettete Schiffer 1658 hier eine der Hl. Anna geweihte Kapelle errichteten und sich schon bald die ersten Wunder einstellten, strömen Pilger von nah und fern herbei. 1934 wurde die mächtige Basilika mit den 90 m hohen Doppeltürmen und 200 bemalten Oberlichtern geweiht, die heute das Ziel von jährlich anderthalb Millionen Wallfahrern aus aller Welt ist (10018 Ch. Royale, tgl. 7–21 Uhr). Rings um die fünfschiffige Kirche tobt ein skurriler Pilgerrummel mit schrillen Devotionalienläden, einem Wachsfigurenkabinett und einem 1895 aus München importierten Monumentalwerk religiösen Kitsches: Das **Cyclorama de Jérusalem** ist ein 110 m messendes Rundgemälde zum Thema Jerusalem während der Zeit der Kreuzzüge (8 Rue Régina, Mai–Ende Okt. tgl. 9–18, Erw. 7 $, Kinder 4 $). Nur im Winter wird der Rummel durch den Skizirkus am nahen **Mont Sainte-Anne** abgelöst, einem der beliebtesten Skiberge Québecs.

Naturverbundener sind die beiden anderen Attraktionen der Côte-de-Beaupré. Der **Grand Canyon des Chûtes Sainte-Anne** sechs Kilometer weiter wirkt zwar weniger dramatisch als die Chûtes Montmorency und

Schneegänse am Cap-Tourmente

schon gar nicht so spektakulär wie sein Namensvetter in Arizona. Dafür ist er wegen seiner drei bis zu 74 m über den tosenden Wassermassen schlingernden Hängebrücken eine Herausforderung für das Nervenkostüm: Einer Statistik zufolge weigert sich jeder sechste Besucher schlichtweg, die Brücken zu überqueren (206 Rte. 138, Mai–Ende Juni tgl. 9–16.45, Ende Juni–Mitte Sept. tgl. 9–17.45, Mitte Sept.–Ende Okt. tgl. 9–16.45 Uhr, Erw. 9.50 $, Kinder 4 $).

Unweit von hier, in der **Réserve nationale de Faune du Cap-Tourmente** am sumpfigen Uferstreifen des Stroms, kann man auf einem schönen, etwa 20 km langen Wegenetz im Frühjahr und Herbst Zehntausende rastender Schneegänse beobachten. Die Zugvögel stärken sich an den Wattpflanzen um das Kap für die Weiterreise. Die in V-Formation fliegenden weißen Vögel kündigen, je nach Jahreszeit, den Sommer bzw. Winter in Québec an (570 Ch. du Cap-Tourmente, tgl. 8.30–17 Uhr, Erw. 6 $, Kinder 3,50 $).

Office du Tourisme de Québec: 399 Saint-Joseph Est, Québec, QC G1K 8E2, Tel. 418-641-6654, Fax 418-641-6578, www.regiondequebec.com.

... in Beaupré:
Auberge La Camarine: 10947 Bd. Ste-Anne, Tel. 418-827-5703, 1-800-567-3939, Fax 418-827-5430, www.camarine.com. Hübsches, zwischen Strom und Mont-Sainte-Anne (s. Reiseatlas S. 9, C 3) gelegenes Hotel mit preisgekröntem Gourmetrestaurant. DZ mit Frühstück 95–140 $.

An der Route 360 liegen viele einfache Essstuben und Schnellrestaurants.

Île d'Orléans

Reiseatlas: S. 9, B/C 3/4

In Sichtweite der Fälle führt eine moderne Brücke hinüber auf den runden, grünen Rücken der **Île d'Orléans.** Wie ein Pfropfen sitzt die komplett unter Denkmalschutz stehende,

34 km lange Insel im Mündungstrichter des St.-Lorenz-Stroms. Jacques Cartier landete hier 1535, und nach der Gründung Québecs 1608 wurde das fruchtbare Eiland als Erstes besiedelt und urbar gemacht. Die bäuerliche Landidylle der frühen Tage Neufrankreichs hat sich bis heute gehalten, daran konnte auch die 1935 zum Festland geschlagene Brücke nichts ändern. Man fährt in pastoraler Ruhe durch Erdbeerfelder und Obstgärten, am Wegesrand kleine Bauerndörfer, die – natürlich – nach katholischen Heiligen benannt sind und von denen einige zu den schönsten Dörfern der Provinz gerechnet werden.

Die Route 368 führt als Ringstraße um die Insel und bietet immer wieder schöne Ausblicke über den Fluss und die gegenüberliegenden Ufer. Marmelade und Äpfel, bunte Steppdecken, selbstgebackenes Brot und Ahornsirup werden an kleinen Straßenständen feilgeboten. Vor allem drei der Örtchen verdienen einen näheren Blick: **Saint-Laurent** war im 19. Jh. ein blühendes Schiffsbauzentrum. An die 20 Schiffsbauerfamilien zimmerten hier die *chaloupes* zusammen, breite Boote mit flachem Kiel, maßgeschneidert für die rauen Bedingungen auf dem Strom. Heute erinnert der **Parc Maritime de Saint-Laurent** an der Stelle der einstigen Werft an diese Zeit. In rekonstruierten Bootshäusern ist das einfache Handwerkszeug der Bootsbauer zu sehen, alte Fotos dokumentieren das harte Leben der Insulaner vor 120 Jahren (120 Ch. de la Chalouperie, Ende Juni Mitte Sept. tgl. 10–16.30, Mitte Sept.–Ende Okt. Sa–So 10–16.30 Uhr, Erw. 3,50 $, Kinder 3 $).

In **Saint-Jean** leben seit Generationen viele der auf dem St.-Lorenz arbeitenden Lotsen. Stilles Zeugnis über ihre oft lebensgefährliche Tätigkeit legt der Friedhof ab, wo viele Tragödien auf liebevoll gepflegten Grabsteinen verewigt wurden. Neben den hübschen, mit maritimen Motiven dekorierten Häuschen lohnt vor allem das **Manoir Mauvide-Genest** einen zweiten Blick: 1734 von einem wohlhabenden Kaufmann erbaut, gilt es als eines der schönsten Beispiele französischer Kolonialarchitektur (1451 Ch. Royal, Mai–Ende Okt. tgl. 10–17 Uhr, Erw. 5 $, Kinder 3 $). Vom Aussichtsturm an der Ostspitze der Insel bei **Saint-François** hat man einen herrlichen Blick auf den nunmehr wahrhaft majestätischen St.-Lorenz-Strom.

Sainte-Famille wartet mit einer der schönsten Kirchen Neufrankreichs auf: Die 1748 vollendete **Église de la Sainte-Famille** besticht durch ihr neoklassisches Inneres und ein Bildnis der Heiligen Familie, das dem Récollet-Mönch Frère Luc, der die Kolonie 1670 besuchte, zugeschrieben wird (3915 Ch. Royal).

... in Saint-Pierre-de-l'Île-d'Orléans: **Tourisme Île d'Orléans**: 490 Côte du Pont, Tel. 418-828-9411, 1-866-941-9411, www.iledorleans.com.

... in Saint-Pierre: **Gîte Isle de Bacchus:** 1071 Ch. Royal, Tel. 418-828-9562, www.isledebacchus.com. Schlafen auf romantischem Weingut. Vier wunderbare Zimmer, besonders empfehlenswert: »L'Oiseaux du Paradis« mit seiner geschwungenen Decke. DZ 75–90 $.

... Sainte-Pétronille:
Auberge La Goeliche: 22 Ch. du Quai, Tel. 418-828-2248, 1-888- 511-2248, www.goeliche.ca. Neues Gasthaus auf alten Grundmauern, mit gutem Restaurant *(cuisine française),* Pool und tollem Blick auf Québec. DZ 140–210 $.

... in Saint-Laurent: **Moulin de St-Laurent:** 754 Ch. Royal, Tel. 418-829-3888, tgl. 11.30–14, 17.30–20.30 Uhr. Herzhafte *cuisine régionale* in alter Mühle, sehr empfehlenswert: Ente und *filet mignon.* Vorspeisen 6–18 $, Hauptspeisen 14–26 $.

Die Insel ist bekannt für ihre guten Antiquitätenläden an der Route 368.

Die 70 km lange Route 368 wird als Radlerroute immer beliebter – auch dank der jährlich Anfang Juni stattfindenden **Tour de l'Île d'Orléans** für die ganze Familie (1449 Ch. Royal, St-Laurent, Tel. 418-956-4100, www.letourdelile.com).

Am St.-Lorenz-Strom Richtung Atlantik

Karte S. 284/285

Die 1400 km lange Route 138 entlang der Nordküste bis (fast) nach Labrador gehört zu den schönsten Autofahrten, die Kanada zu bieten hat. Die Wiege Neufrankreichs und entlegene Montagnais-Siedlungen, Leuchttürme, Wale, Seevogelkolonien: Der St.-Lorenz-Strom wird zum treuen Begleiter.

»Ah, le fleuve!« Im Kollektivbewusstsein der Québécois ist der breit und mächtig dem Atlantik entgegenstrebende St.-Lorenz-Strom eine feste Größe. An seinen Gestaden erholen sie sich vom Alltagsstress. Ihn vermissen sie im Ausland zuerst, und Heimkehrer atmen bei seinem Anblick tief durch, fühlen sie sich doch erst wieder zu Hause, wenn sie sein glitzerndes Band am Horizont auftauchen sehen. Bis heute ist der St.-Lorenz-Strom, wie der rege Schiffsverkehr nach dem 3700 km entfernten Lake Superior beweist, auch das wirtschaftliche Rückgrat der Provinz.

Die attraktive Mischung aus kanadischer Wildnis und frankokanadischer Geschichte macht die Tour entlang seiner nördlichen Gestade zu einer unvergesslichen Reise, für die man mindestens fünf Tage veranschlagen sollte. Dazu müssen jedoch von Montréal aus zunächst die beiden langweiligen Autoroutes 20 (auf dem Südufer) und 40 (auf dem Nordufer) zurückgelegt werden. Von Trois-Rivières

Degustation von hausgemachtem Ahornsirup am Straßenstand

an sollte man auf der parallel zur Autoroute 40 verlaufenden Route 138 weiterreisen. Sie folgt dem alten **Chemin du Roy,** dem 1730 von Québec nach Montréal gebauten ›Königsweg‹. Diese erste Allwetterstraße Kanadas verkürzte damals die bis dahin zu Wasser zurückgelegte Reise auf vier Tage – per Pferdekutsche.

Auf dem Chemin du Roy nach Québec

Trois-Rivières

1 Die zweitälteste Stadt der Provinz Québec (120 000 Einw.), 1634 an der Mündung der Rivière de la Mauricie gegründet, brachte einige der berühmtesten Entdecker Nordamerikas (u. a. Radisson, de la Vérendrye, des Groseilliers) hervor. Im 18. und 19. Jh. wuchs die Stadt zu einem bedeutenden Holzumschlagplatz und Papierproduzenten heran. Die Papierindustrie ist bis heute der größte Arbeitgeber: Das Papier fast aller kanadischen und der meisten amerikanischen Zeitungen kommt von hier. Die Schlüsselindustrie der Stadt wird im modernen **Centre d'Exposition sur l'industrie des pâtes et papiers** am Ufer des Stroms vorgestellt (800 Parc Portuaire, Ende Mai–Anfang Okt. tgl. 10–18, sonst nach Anmeldung, Erw. 4 $, Kinder 3 $). Danach lohnt sich ein kurzer Spaziergang durch die Altstadt, wobei die silberne Kuppel des **Monastère des Ursulines** als Orientierungspunkt dient. Das 1982 innerhalb seiner Mauern eingerichtete Museum erinnert mit über 15 000 Artefakten an die harte, leider oft übersehene Pionierarbeit dieses Nonnenordens (734 Rue des Ursulines, März–April Mi–So 13–17, Mai–Ende Okt. Di–So 10–17 Uhr, sonst nach Vereinbarung, Erw. 3 $, Kinder 2 $).

Über Grandes-Piles zum Parc national de la Mauricie

Vor der Zeit der großen Holzlaster gelangten die geschlagenen Stämme im Frühjahr auf der Rivière de la Mauricie in die Sägewerke von Trois-Rivières. Der Abstecher auf der Route 55 nach Norden führt hinauf auf den Kanadischen Schild und passiert in dem alten Holzfällernest **Grandes-Piles** 2 (400 Einw.) die **Musée du Bucheron**. Hier wurden unmittelbar am Flussufer rund 25 historische Gebäude – Unterkünfte, Kantinen und Werkstätten – zu einem typischen Holzfällercamp aus jener Zeit zusammengestellt (780 5e Av., Ende Juni–Ende Sept. tgl. 9.30–18 Uhr, Erw. 13 $, Kinder 5 $).

Mit den Autoren unterwegs

Blockhaus-Ferien

Nachts die Wölfe heulen hören. Oder aufwachen, weil es zu still ist. – Eine Nacht im Blockhaus in der Wildnis gehört zu den unvergesslichen Erlebnissen, die von den Outfittern von **Nature Mauricie Internationale** gern organisiert werden (s. S. 286).

Kunst zu Fuß

Der ausgeschilderte **Circuit des Galeries d'Art** in Baie-Comeau, ein Rundweg zu den schönsten Galerien und Workshops des Städtchens, führt nicht nur zu Gemälden und Skulpturen, sondern auch in eine schönere, gemütlichere Zeit (s. S. 287).

Fototermin

Auf der Autofähre von **Baie Ste-Cathérine** nach Tadoussac präsentiert der gewaltige Saguenay-Fjord seine spektakulärste Ansicht (s. S. 290).

Walbeobachtung

Wale sind wunderbar – deshalb sollte man sie lieber vom Land aus beobachten anstatt ihnen im Boot zu nahe zu rücken. An der Côte-Nord bieten zahlreiche **Aussichtspunkte** dazu Gelegenheit (s. S. 291 und 295).

Schiffbruch-Geschichten

Wilde Stürme, gefährliche Klippen, tückische Untiefen: Die Museen in **Pointe-aux-Anglais** und **Baie-Trinité** erzählen spannende Geschichten von (Über-)Leben und Tod auf dem ›Schiffsfriedhof‹ der Côte-Nord (s. S. 293).

Bierprobe gefällig?
Wie wäre es mit einem »Ambrée de Sarrasin«? Einem »Blonde d'Épeautre«? Oder dürfte es eher ein »Claire Fontaine« sein? **Les Bières de la Nouvelle France** ist eine von inzwischen einer ganzen Reihe erfolgreicher *microbrasseries* in Québec, die seit den frühen 90er-Jahren erfolgreich in die Phalanx der Dünnbier produzierenden Megabrauereien eingebrochen sind. Zum Besuch gehört ein Rundgang durch die Brauerei, eine *dégustation* (Bierprobe) und der Besuch des **Biermuseums** (St-Paulin, Autorte. 40, Abfahrt 166 Richtung Louisvillle, auf der Route 349 nach St-Paulin, 3451 Ch. de la Nouvelle-France, tgl., Eintritt frei).

Gegenüber auf dem Westufer des Flusses wurde der Holzeinschlag jedoch schon vor dem Zweiten Weltkrieg eingestellt.1970 erklärte Ottawa 536 km² dieser für den Kanadischen Schild typischen Wildnis zum **Parc national de la Mauricie** 3. Durch den Süden des Parks führt die »Route Panoramique«, eine 62 km lange, die beiden Haupteingänge miteinander verbindende Straße mit schönen Aussichtspunkten auf Seen, Wälder und Felskuppen. Aussteigen lohnt sich vor allem am 20 km langen **Lac Wapizagonke,** der tief unterhalb einer hölzernen Aussichtsterrasse liegt. Kanu- und Hikingtrails jeder Länge ziehen sich kreuz und quer durch die Wildnis, eine Herausforderung für begeisterte Naturfreunde. Die meisten sind kurze Wildnisspaziergänge. Andere wiederum sind nur konditionsstarken Wanderern zu empfehlen. So arbeitet sich der **Sentier Les Deux-Criques** 17 km über Felsbrocken und durch dichtes Unterholz und erfordert mehrmals auch das Überqueren reißenden Wildwassers. Den Norden des Parks durchquert der 75 km lange, in vier Tagen zu bewältigende **Sentier Laurentien,** ein herrlicher Trail durch einen der schönsten Abschnitte des Kanadischen Schilds. Auch Paddeltouren durch das schöne Wildnisgebiet sind ein Genuss.

Von Cap-de-la-Madeleine bis Deschambault

Kleine Holzhäuser mit Veranden und Schaukelstühlen, unverhältnismäßig große Kirchen und Presbyterien und das Kruzifix im Vorgar-

Am St.-Lorenz-Strom Richtung Atlantik

ten: Das kosmopolitische Montréal liegt auf einem anderen Stern. Seit hier 1888 eine Marienstatue die Augen öffnete, strömen alljährlich Tausende frommer Pilger zum 1964 direkt am Flussufer fertiggestellten Schrein **Sanctuaire Notre-Dame-du-Cap**, einer achteckigen Basilika mit 80 m hohem, konischem Turm im 34 000-Einwohner-Städtchen **Cap-de-la-Madeleine** 4 (626 Rue Notre-Dame Est, tgl. 8.30–20 Uhr).

Kirchliches auch im 1639 gegründeten 900-Seelen-Städtchen **Batiscan** 5**.** Das **Vieux Presbytère de Batiscan,** eine Priesterresidenz des frühen 19. Jh., ist mit herrlichen alten Kolonialmöbeln eingerichtet. Ein ›echter‹ Curé erzählt Geschichten aus dem Alltag des ersten Priesters (34 Rue Principale, Ende Mai–Ende Sept., tgl. 10–17 Uhr, Erw. 3,50 $,Kinder 2,50 $). Wie gemalt wirkt **Deschambault** 6 hoch über dem allmählich schmaler werdenden Strom: Der Chemin du Roy windet sich hier durch einen verwinkelten Stadtgrundriss, vorbei an bis zur Straße reichenden Häuschen, einer schönen, doppeltürmigen Kirche und einem 1815 dahinter in einem kleinen Park errichteten Presbyterium. Noch mehr ländliches Neufrankreich in **Portneuf, Cap Santé** und **Neuville,** dazwischen immer wieder schöne Blicke auf den Strom und die hier gut erkennbare, noch aus dem *ancien régime* stammende, sogenannte seigneurale Felderteilung: bis zu 300 m breite und mehrere Kilometer lange Felderstreifen, die der meist adlige Landbesitzer *(seigneur)* an mittellose Neuankömmlinge (*habitants*) verpachtete mit der Auflage, diese urbar zu machen. Mit einem Ende berühren die Felder den Strom, den damals einzigen Verkehrsweg. Hier errichtete der Bauer sein Haus. Pro Jahr machte er einen halben Hektar Wildnis

Neufranzösische Idylle

In Cap-Santé vermittelt **Le Vieux Chemin à Cap-Santé** 7**,** ein kommentierter, von den kanadischen Tageszeitungen zu den schönsten Spaziergängen des Landes erhobener Rundgang, einen guten Eindruck von der Atmosphäre Neufrankreichs. Kolonialhäuser aus Stein und Holz säumen die schattige Allee, und eine unverhältnismäßig große, doppeltürmige Kirche wacht bis heute über das überaus fotogene Idyll.

Richtig Reisen-Tipp: Québecs ›Teufelsbier‹

»Satan, roi des enfers, viens, remplir nos verres de cette maudite bonne bière!« (›Satan, Herr der Dunkelheit, komm herbei und fülle unsere Gläser mit diesem verdammt guten Gebräu!‹). Das hätten die Holzfäller nicht sagen dürfen, aber halt: Das Flaschenetikett der Biermarke Maudite zeigt ein fliegendes Kanu mit wilden Gesellen darin und im Vordergrund einen hämisch grinsenden Beelzebub. Québecer Erzähltradition mit jedem Schluck: Die Geschichte vom Fliegenden Kanu heißt hier »La Chasse-Galerie« und handelt von liebeskranken Holzfällern fern der Heimat, die einen Pakt mit dem Teufel eingehen, um ihren Bräuten einen nächtlichen Besuch abstatten zu können. Der Teufel setzt sie in ein fliegendes Kanu, aber sie dürfen nicht fluchen, andernfalls ... Natürlich kennt Satan seine Pappenheimer. Durstig und aufgekratzt nach der nächtlichen Stippvisite, brüllen diese auf dem »Rückflug« nach Bier – mit den in ihrer Branche üblichen Kraftausdrücken, natürlich. Das besiegelt ihr Schicksal. Ihr Kanu stürzt ab, und seitdem schmoren die armen *bûcherons* in der Hölle ... 1992 hob die Brauerei Unibroue die in Québec so populäre Fabel auf das Etikett einer neuen Biersorte. »Maudite«, ein dunkles, achtprozentiges Starkbier und das erste seiner Art in Québec, wurde ein voller Erfolg. Sein süßer, entfernt an Portwein erinnernder Geschmack traf den Nerv der Québécois, das originelle Etikett half den Umsatz ankurbeln. Maudite gibt es heute in jedem Supermarkt und in den Läden der staatlichen Société des alcools du Québec (SAQ).

urbar, oft ohne Zugtiere, um am Ende seines Lebens zehn Hektar bewirtschaften zu dürfen.

... in Shawinigan:
Association touristique régionale de la Mauricie: 795 5e Rue, local 102, Tel. 819-536-3334, Fax 536-3373, 1-800-567-7603, www.tourismemauricie.com, Mo–Fr 8.30–12, 13–16.30 Uhr. Hier hilft man mit Karten, Broschüren, Hotel- und Restaurantverzeichnissen sowie mit praktischen Tipps bei der Routenplanung.
Chemin du Roy Website: www.lechemindu roy.com. Zweisprachige Webseite mit Hintergrundinformationen und ergiebigen Links zu weiteren Themen.
... in La Tuque:
Nature Mauricie Internationale: 550 Rue St-Louis, Tel. 819-676-8824, Fax 819-676-8825, 1-877-876-8824, www.naturemauricie.com. Die 45 erfahrenen Ausrüster dieser Organisation helfen den Traum vom einsamen Blockhaus oder dem Angeltrip in die Wildnis zu verwirklichen.

... in Trois-Rivières:
Auberge du Lac Saint-Pierre: 10911 Rue Notre-Dame Ouest (Autoroute 40, Abfahrt Pointe-du-Lac), Tel. 819-377-5971, Fax 819-377-5579, 1-888-377-5971, www.aubergelacst-pierre.com. Hübsches Resort-Hotel am Ufer des Vogelschutzgebiets Lac St-Pierre am St.-Lorenz. Große Zimmer, lichtdurchflutete Lobby. Hervorragendes Gourmet-Restaurant. DZ 110–150 $ ohne Frühstück.
... in Grand-Piles:
Auberge Le Bome: 720 2e Av., Tel. 819-538-2805, Fax 819-538-5879, 1-800-538-2805, www.bome-mauricie.com. Gemütliche Zimmer in schönem altem Haus am Flussufer, italienisch-französische Küche. DZ 100–155 $ mit Frühstück.
... in Saint-Jean-des-Piles:
Aux Berges du Saint-Maurice: 2369 Rue Principale, Tel. 819-538-2112, Fax 819-538-2290, 1-800-660-2112, www.cdit.qc.ca/absm. Rustikale Holzlodge zwei Minuten vom Parkeingang entfernt an der Route 55. Einfache, freundliche Zimmer. Bietet Bärenbeobachtung an. DZ 45–55 $, mit Frühstück.

... in Grandes-Piles:
Le Resto des Copains d'abord: 601 1e Av., Tel. 819-533-2796, Mo–Fr 8–21, Sa 9.30–22, So 9.30–14.30 Uhr. Hausgemachte *cuisine québécoise,* italienische Salate, japa-

nisches Sushi. Sa und So Brunch. Vorspeisen 4–6 $, Hauptspeisen 7–15 $.

... in Trois-Rivières:

Orange Kaki Bistro Bar: 120 Bd. des Forges, Tel. 819-375-5358, Di–Do 7.30–21, Fr–Sa 7.30–23, So 8–21.30 Uhr. Steaks, Pizza und Pasta, frische Salate in freundlicher, entspannter Atmosphäre. Vorspeisen 5–10 $, Hauptspeisen 11–24 $.

Wandern und Kanufahren: Der **Parc national de la Mauricie** bietet schöne Trails und Paddelstrecken. **Kanu- und Kajakverleih:** An den Seen Shewenegan, Wapizagonke und Édouard im (702 5e Rue, Shawinigan, Tel. 819-538-3232, www.pc.gc.ca/pn-np/qc/mauricie, Erw. 6,90 $, Kinder 3,45 $).

Beschreibung Ville de Québec: s. S. 260 ff.

Im Charlevoix

Der Strom und die Berge. Weite Täler, nackte Kuppen. Berge, die ins Wasser fallen, und Dorfidyllen mit Veranda. Und immer wieder: dieses Licht, das spätnachmittags zauberhafte Pastelltöne an den Himmel malt. Auf die Côte de Beaupré folgt das **Charlevoix,** eine der schönsten Landschaften Québecs. 1988 von der Unesco zum *World Biosphere Reserve* geadelt, denn mit dem **Parc des Grands-Jardins**, in dem die südlichste Karibuherde der Welt lebt, dem mächtigen **Saguenay-Fjord** und den höchsten Felswänden östlich der Rockies im **Parc régional des Hautes-Gorges** verfügt das Charlevoix über einzigartige Naturschauspiele. Landwirtschaft war kaum möglich zwischen den über 1000 m hohen Bergen, man wurde Fischer, Holzfäller und später Schiffsbauer, schuf die *Goélettes*, gedrungene Schoner, und wickelte damit im 19. Jh. den Frachtverkehr ab. Damals entdeckten betuchte Anglomontréaler, Bostoner und New Yorker das Charlevoix als Sommerfrische. In **La Malbaie** entstanden feine Cottages und Grandhotels mit eigener Dampfschiffverbindung.

Baie-Saint-Paul

Mit den Reichen kamen die Künstler. Sie ließen sich vom hier besonders zarten Licht inspirieren und machten aus dem Charlevoix eine Landschaft, deren Namen heute ein Synonym für Kunst, Boheme und Genießen ist. Eine ihrer größeren Kolonien wurde das von hohen Bergen umrahmte Städtchen **Baie-Saint-Paul** 8 (7500 Einw.) in der gleichnamigen Bucht. Cafés, Restaurants und Bistros gravitieren hier um erstklassige Museen und Galerien. Ein Muss ist das international renommierte, vor allem einheimische Künstler ausstellende **Centre d'Exposition de Baie-Saint-Paul** (23 Rue Ambroise-Fafard, Di–So 11–17 Uhr, Erw. 4 $, Kinder 2,50 $). Das **Carrefour culturel Paul-Médéric** schräg gegenüber ist ein Begegnungszentrum: Besucher können hier den Künstlern bei der Arbeit zusehen (4 Rue Ambroise-Fafard, Jan.–Ende Juni Do–So 10–17, Juli–Mitte Okt. tgl. 10–17, Ende Okt.–Dez. Do–So 10–17 Uhr, Eintritt frei).

Hinzu kommt ein Dutzend kleinerer Galerien, die man auf dem schönen **Circuit des Galeries d'Art** besuchen kann. Besonders interessant ist das **Maison René Richard.** Das Haus des Trappers und Malers René Richard war dazumal ein Künstlertreff: Neben Québecer Größen wie Clarence Gagnon und Marc-Aurèle Fortin gingen hier auch Maler

Käse à la Charlevoix

Die Theke biegt sich fast unter der Last köstlicher Käsesorten aus dem Charlevoix. Die Käserei **Laiterie Charlevoix** bietet neben Cheddar jeden Alters und in allen denkbaren Variationen weniger bekannte Sorten wie **Fleurmier** an, einen zwischen Brie und Camembert angesiedelten Weichkäse, und **Le Migneron,** bekannt für seinen Nussgeschmack. Darüber hinaus hat die Laiterie die Produkte weiterer Käsehersteller des Charlevoix im Angebot (Baie-Saint-Paul, 1167 Bd. Mgr. de Laval, Tel. 418-435-2184, Ende Juni–Anfang Sept. tgl. 8–17.30, sonst Mo–Fr 8–17.30, Sa–So 9–17 Uhr).

der Group of Seven (s. S. 50 f.) aus und ein (58 Rue St-Jean-Baptiste, tgl. 10–18, 4 $).

Parc national des Grands-Jardins

In Baie-Saint-Paul zweigt die Route 381 landeinwärts ab zum **Parc national des Grands-Jardins** 9. Bald übernehmen Berge mit nackten Granitkuppen und düstere Schwarzkiefernwälder die Regie. Der 1981 für die bedrohte Karibuherde eingerichtete Nationalpark schützt 310 km² windgepeitschter Hochplateaus. Außer den kanadischen Rentieren hausen hier Elche, Luchse und Schwarzbären. Zugänglich über die Ortschaft Saint-Urbain, bietet der Park ein gut ausgebautes Netz aus 30 km Wanderwegen, von denen der schönste der zu einem Meteorkrater führende **Sentier Mont du Lac-des-Cygnes** ist. Naturfreunde können in einfachen Hütten übernachten oder ihr Zelt auf gepflegten Campingplätzen aufschlagen (4 Rue Maisonneuve, Clermont, Tel. 418-439-1227, Fax 418-439-1228, www.sepaq.com, Ende Mai–Mitte Okt., Erw. 3,50 $, Kinder 1,50 $).

Saint-Joseph-de-la-Rive

Zurück am St.-Lorenz-Strom, fährt man bis zum 50 km entfernten La Malbaie am besten auf der alten Küstenstraße 362 weiter. Die Südküste ist von der auf hohen Klippen balancierenden Straße nur noch als dunkle Linie zu erkennen. Es folgen einige der schönsten Dörfer der Provinz. **Saint-Joseph-de-la-Rive** 10 etwa, eine verschlafene Idylle mit 200 Einwohnern, ist nur auf einer extrem abschüssigen Zubringerstraße erreichbar. Unten stehen auf handtuchbreitem Küstenstreifen bunte Holzhäuschen, von alten Zeiten träumend, als Saint-Joseph ein Schiffsbauzentrum war. In der **Musée maritime de Charlevoix** erinnern zwei aufgedockte *goélettes* an die Zeit der Schoner auf dem Strom (305 Rue de l'Église, Mitte Jan.–Mitte Mai,

Gehört zu den unvergesslichen Kanada-Erlebnissen: Wohnen im Blockhaus

Mitte Okt.–Mitte Dez. tgl. 9–16, Mitte Mai–Ende Juni, Mitte Sept.–Mitte Okt. Mo–Fr 9–16, Sa–So 11–16 Uhr, Erw. 3 $, Kinder 2 $). Schräg gegenüber produziert die 1965 gegründete **Papeterie Saint-Gilles** mittels Techniken des 18. Jh. mit Wildblüten versetztes Qualitätspapier (304, Rue Félix-Antoine Savard, tgl., keine festen Zeiten, 3 $).

La Malbaie

Ein Golfplatz mit grandioser Aussicht auf die ›schlechte Bucht‹ kündigt **La Malbaie** 11 (4900 Einw.) an, das alte Resortstädtchen an den Hängen des hier dramatisch in den St.-Lorenz-Strom stürzenden Kanadischen Schilds. Im Jahr 1608 musste Namensgeber Samuel de Champlain, von der Ebbe überrascht, hier eine Zwangspause einlegen, aber später kamen andere freiwillig, um in eleganten Cottages oder im 1899 erbauten **Manoir Richelieu** den Sommer zu verbringen – für Liebhaber alter Grandhotels ist das französisch inspirierte Manoir ein Muss. Selbst das in den 1990er-Jahren hinzugefügte Casino de Charlevoix harmoniert mit der Anlage. Von den umliegenden Bergen zu maßvoller Entwicklung gezwungen, ist das mit **Pointe-au-Pic** und **Cap-à-l'Aigle** zusammengelegte La Malbaie bis heute ein reizvolles Erholungsziel.

Parc national des Hautes-Gorges de la Rivière de la Malbaie

12 La Malbaie ist ein guter Ausgangspunkt für Touren in dieses schöne Wildnisgebiet. Bis zu 800 m tiefe Schluchten, herrliche ein- und mehrtägige Trails, auf denen man alle Vegetationszonen Ostkanadas an einem Tag durchmessen kann, und ein gemütlich durch die Schluchten schipperndes Ausflugsboot machen diesen 224 km² großen Park zu einem lohnenden Ziel für Naturfreunde und Fotografen. Eine besondere Herausforderung ist der den Park durchquerende **Sentier de La Traversée de Charlevoix**, ein 100 km langer Trail, für den mehrere Tage veranschlagt werden müssen. Den Park von oben erleben kann man vom 9 km langen, mitunter sehr steilen **Sentier L'Acropole des Draveurs** (4 Rue Maisonneuve, Clermont, Tel. 418-439-1227, 418-439-1228, www.sepaq.com).

Abstecher zum Parc national du Saguenay

Zurück auf der Küstenstraße 138, nimmt das hübsche **Port-au-Persil** 13 (230 Einw.) einmal mehr das Tempo aus der Fahrt. Die sich in Gebirgsfalten schmiegende Postkartenidylle über dem Strom ist bekannt für ihre Ateliere und Galerien, allen voran die **Poterie de Port-au-Persil**, eine hübsche Töpferei mit Shop, Ausstellungsräumen und Café mit tollem Blick (1001 Rue St-Laurent, Tel. 418-638-2349, Mai–Ende Okt. tgl. 9–18 Uhr).

In **Saint-Siméon** legen die Autofähren nach Rivière-du-Loup (s. S. 300) an der Südküste ab. Am Saguenay-Fjord ist das Charlevoix zu Ende. Kurz davor liegt in einer weiten Bucht die alte Holzfällersiedlung **Baie-Sainte-Cathérine** 14, wo zwischen Juni und Oktober Walbeobachtungsschiffe und Ausflugsdampfer in den Fjord ablegen. Zugleich ist der Hafen die Tür ins Hinterland. Von dort aus schlängelt sich die Route 170 durch bergige Kleinräumigkeit zum norwegisch anmutenden Saguenay-Fjord. Bis zu 460 m tief haben sich die Gletscher der letzten Eiszeit hier in den Granit gegraben und einen 100 km langen Fjord hinterlassen, durch den heute die- vom Lac Saint-Jean kommende Rivière Saguenay dem Strom zufließt. Der 283 km² große **Parc national du Saguenay** 15 schützt den schönsten Abschnitt dieses Naturschauspiels. 14 Tageswanderungen aller Schwierigkeitsgrade bietet der Park, besonders reizvoll: der **Sentier La Statue,** ein 7 km langer, beim Besucherzentrum bei Rivière Éternité beginnender, steiler Trail zu einer 500 m über dem Fjord stehenden Marienstatue. Übernachtung in einfachen Hütten oder auf Campingplätzen (91 Rue Notre-Dame, Rivière-Éternité, Tel. 418-272-1556, Fax 418-272-3438,www.sepaq.com).

i **... in La Malbaie:**
Association touristique régionale de Charlevoix: 495 Bd. de Comporté, Tel. 418-

Am mächtigen Saguenay-Fjord

665-4454, Fax 418-665-3811, 1-800-667-2276, www.tourismecharlevoix.com. Bietet eine Fülle praktischer Tipps zum Charlevoix.

... in Baie-Saint-Paul:
Aux Petits Oiseaux: 30 Bd. Fafard, Tel. 418-435-3888, 1-877-435-3888, www.auxpetitsoiseaux.ca. Hübsches B & B aus der Zeit um 1900, mit liebevoll eingerichteten Zimmern. DZ 85–110 $ (mit Frühstück).

Camping:
Le Balcon Vert: 22 Côte du Balcon Vert, Tel. 418-435-5587, www.balconvert.com. Campingplatz mit gemütlichen Hütten, schönem Gemeinschaftsraum und Caféteria. Hütte 45–50 $ (ohne Frühstück).

... in La Malbaie:
Auberge des Falaises: 250 Ch. de Falaises, Tel. 418-665-3731, 1-800-386-3731, www.aubergedesfalaises.com. Charmantes Hotel hoch über dem Strom. Verspielt eingerichtete Zimmer, alle mit Blick aufs Wasser. Gourmetrestaurant, *cuisine régionale.* DZ 140–210 $.

... in La Malbaie-Point-au-Pic:
Fairmont Le Manoir Richelieu: 181 Rue Richelieu, Tel. 418-665-3703, www.fairmont.com. Traditionsreich und nobel: Schlossähnliches 400-Zimmer-Hotel mit herrlichem Blick auf den Strom. DZ 190–380 $.

... in La Malbaie-Cap-à-l'Aigle:
Auberge La Mansarde: 187 Rue St-Raphael, Tel. 418-665-2750, 1-888-577-2750, Fax 418-665-7216, www.aubergelamansarde.com. Schöne alte Auberge in im Sommer üppig blühendem Garten. Helle, freundliche Zimmer, von regionalen Produkten bestimmte Speisenkarte. DZ 80–110 $ (mit Frühstück).

... in Baie-Saint-Paul:
Le Mouton Noir: 43 Rue Ste-Anne, Tel. 418-240-3030, tgl. 11.30–15.30, 17.30–22 Uhr. Französische Küche in intimer Atmosphäre, besonders gut: die Lammgerichte. Patio mit schönem Blick auf die Bucht. Vorspeisen 6–10 $, Hauptspeisen 12–27 $.

Microbrasserie Charlevoix – Le Saint Pub: 2 Rue Racine, Tel. 418-240-2332, tgl. 11.30–24 Uhr. Uriger, einer lokalen Brauerei angeschlossener Pub. Deftige Gerichte und Starkbiere mit verheißungsvollen Namen wie »Dominus vobiscum« und »Vache folle«. 6–18 $.
... in La Malbaie:
La Maison du Bootlegger: 110 Ruisseau des Frênes, Tel. 418-439-3711, Di–So 18–22.30 Uhr. Museum und Restaurant in historischem Schmugglerhaus. Urgemütlich, viele Fleischgerichte und Salate. Vorspeisen 6–11 $, Hauptspeisen 14–33 $.
... in La Malbaie–Pointe-au-Pic:
Café de Isa Gare: 100 Ch. du Havre, Tel. 418-665-4272, tgl. 11.30–23 Uhr. Geradlinige Küche: Steaks & frites, Muscheln und Salate. An der Pier, mit tollem Blick auf den Strom. Vorspeisen 4–7 $, Hauptspeisen 10–15 $.

Gemälde, Drucke, Stiche, Skulpturen und ideenreiches Kunsthandwerk: Im Charlevoix bedeutet Shopping Dekor für daheim einzukaufen. Die meisten Galerien und Workshops warten in Baie-Saint-Paul, u. a. die **Galerie d'art Yvon Desgagnés**, die vor allem Bilder Québecer Künstler verkauft (1 Rue Forget, tgl. 9–18 Uhr). Ungewöhnliche Mitbringsel aus hochwertigem Papier verspricht der Besuch der Papeterie Saint-Gilles in Saint-Joseph.

Wandern: Hiking – Tagestouren oder mehrtägige Trips – wird im Charlevoix großgeschrieben: Das Wildnisgebiet **Grands-Jardins** bietet reichlich Auslauf. Der Königsweg der Wanderwege durch die Region ist der über 100 km lange Wanderweg **La Traversée de Charlevoix**. Wer diesen durch alle Ökosysteme Ostkanadas führenden Trail unter die Stiefel nimmt, führt Verpflegung für sieben Tage mit sich, schläft entweder im eigenen Zelt oder bucht die Übernachtungen in einigen der insgesamt 12 Hütten und Cottages am Wegesrand (La Traversée de Charlevoix, 841 Rue Saint-Édouard, C.P. 171, Saint-Urbain, Québec, Canada G0A 4K0, Tel. 418-639-2284, Fax 418-639-2777, www.charlevoix.net/traverse/).

Walbeobachtung: Croisières AML, 162 Rte. 138, Baie-Sainte-Cathérine, Tel. 1-800-563-4643, Juni–Anfang Okt. AML bringt seine Gäste mit kleinen Schiffen und Schlauchbooten hinaus zu Finn-, Buckel- und Belugawalen. Andere Touren führen den Saguenay-Fjord hinauf. Erw. 55 $, Kinder 25 $.

An der Côte-Nord

Die Côte-Nord, die ›Nordküste‹ des St.-Lorenz-Stroms, reicht vom Saguenay-Fjord bis zum über 800 km entfernten Natashquan. Für Abenteuerlustige reicht sie sogar noch weiter: Hinter Natashquan beginnt die straßenlose Basse-Côte-Nord, ein rauer, weitere 500 km langer Küstenstreifen, der von gerade 6000 Menschen in einem Dutzend Siedlungen bewohnt wird und nur per Schiff oder Flugzeug erreichbar ist. Regelmäßige Flugverbindungen bestehen ab Sept-Isles und Havre-Saint-Pierre. Wer das Auto mitnehmen und in Blanc Sablon an der Grenze zu Labrador mit der Fähre nach Neufundland übersetzen möchte, muss sich in Sept-Iles auf dem Versorgungsschiff »Nordik Express« einschiffen.

Die Côte-Nord ist ebenso Wildnis wie Lebensgefühl. Erstere beginnt gleich neben der Route 138. Letzteres erfährt man sich auf dieser Tour an den Rand des bewohnten Kanada. Die Geschichte der Region erzählt von baskischen Walfängern im 16. Jh. und von französischen, akadischen und neufundländischen Fischern bis zum Ende des 19. Jh. Im 20. Jh. kamen die Holz- und Paperindustrie, dann die Schwerindustrie, die das Eisenerz des Nordens per Bahn zu den Umschlaghäfen Sept-Isles und Port-Cartier schaffte. In den 1960er-Jahren dann der ganze Stolz der Provinz: Die Elektrizitätsgesellschaft Hydro Québec bändigte mit Staudämmen und gigantischen Wasserkraftwerken die Seen und Flüsse des Nordens und produziert hier seitdem den Strom für die Provinz und Teile der USA. Handfestere Gründe für diesen Road-Trip: Hervorragende Möglichkeiten Wale zu sehen (13 Walarten ziehen zwischen Juni und Oktober stromaufwärts), Seevogelkolonien,

Lachsangeln, See-Kayaking und – überaus gastfreundliche Einheimische.

Tadoussac und Grandes-Bergeronnes

16 Mit einer kleinen Autofähre überquert man von Baie Sainte-Cathérine aus den Saguenay-Fjord. Vom Strom wie ein gewaltiges Tor aussehend, ist er mit seinen bis zu 460 m hohen Felswänden ein wahres Meisterwerk der letzten Eiszeit. Am gegenüberliegenden Ufer errichtete im Jahre 1600 der Pelzhändler Pierre Chauvin den ersten Handelsposten in Nordamerika. Heute ist der – rekonstruierte – **Poste de Traite Chauvin** (157 Rue du Bord de l'eau, Ende Mai–Mitte Juni, Anfang Sept.–Mitte Okt. tgl. 10–18, Mitte Juni–Anfang Sept. tgl. 9–20.30 Uhr, Erw. 3 $, Kinder 2,25 $) eine der Sehenswürdigkeiten von Tadoussac.

Der hübsche 950-Einwohner-Ort, der sich fotogen in eine Felsenbucht schmiegt, ist ein populärer Ferienort und besitzt mit dem schönen **Hotel Tadoussac,** dessen rotes Dach weithin sichtbar ist, ein fotogenes Wahrzeichen. Da sich die Wale im Sommer in der krill- und planktonreichen Fjord-Mündung vollfressen, wurde Tadoussac ein Synonym für Walbeobachtung: Ausflugsdampfer und Schlauchboote transportieren täglich Tausende hinaus zu den friedlichen Meeressäugern. Mehr über die Wale und die Tierschutzsituation erfährt man im Besucher- und Forschungszentrum **Centre d'Interprétation des Mammifères Marins (CIMM;** 108 Rue de la Cale Sèche, Mitte Mai–Ende Okt. tgl. 9–20 Uhr, Erw. 6,25 $, Kinder 3 $).

Dort erfährt man auch, dass der Rummel an der Oberfläche den Walen nicht gut tut: Die Walbeobachtung vom Boot aus verkürzt die Tauch- und damit auch die Fresszeiten. Dies wiederum wirkt sich negativ auf ihre Fortpflanzung aus. Wal-freundlich kann man die Kolosse der See jedoch auch von Land aus beobachten. Ein schöner Punkt dafür folgt gleich hinter Tadoussac.

Vom Centre d'Interprétation et d'Observation du Cap-de-Bon-Désir in **Grandes-Bergeronnes** 17 führt ein kurzer Spaziergang auf die felsige, weit in den Strom ragende Landzunge (13 Ch. du Cap-de-Bon-Désir, tgl. Mitte Juni–Mitte Okt.). Bis auf 50 m können die Wale hier herankommen!

Manic-5

Nach stundenlanger Fahrt fast ohne Gegenverkehr wirkt das sehr urbane **Baie-Comeau** (27 000 Einw.) fast wie ein Schock. Die größte Stadt der Nordküste wuchs um eine Papierfabrik herum, aber für den Besucher ist dies eher nebensächlich: Auf der Route 389 erreicht man nach knapp 200 km das Mega-Wasserkraftwerk **Manic-5** 18**.** Es gehört zum Complexe Manic-Outardes, der das Wasser dieser beiden Flüsse in 7000 Megawatt Strom verwandelt und in 735 000-V-Hochspanungsleitungen nach Montréal jagt. Manic-5 bietet geführte Touren durch die Hightech-Landschaft hundert Meter tief im Granit und zu den gigantischen Turbinen an (Ende Juni–Mitte Sept., tgl. 9, 11, 13.30, 14.30 Uhr, Eintritt frei). Die Besichtigung des 14 m hohen und 1314 m langen Daniel-Johnson-Dammes, eines kolossalen Monuments für die Unterwerfung der Natur, mag eher nachdenklich stimmen.

Von Godbout nach Sept-Isles

Hinter Baie-Comeau serviert die **Route 138** den Strom auf dem Silbertablett. Geschwungene Buchten mit waldgesäumten Sandstränden schieben sich vors Objektiv, und nur ganz selten stört ein Frachter weit draußen den Eindruck immer weltfernerer Abgeschiedenheit. Besonders fotogen sind das in einer Senke liegende **Franquelin,** eine kleine Holzfällersiedlung, und das nur wenig größere 400-Seelen-Fischerdorf **Godbout** 19**,** wo die Autofähre aus Matane am jenseitigen Ufer des St.-Lorenz anlegt. Historisch Interessierte halten des winzigen **Musée amérindienne et Inuit** wegen an. Das in einem schönen alten Haus untergebrachte Museum zeigt vor allem Inuit-Skulpturen, Malereien getaufter Missionsindianer und Fotos der indianischen Nachbarn aus dem 19. Jh. (134 Ch. Pascal Comeau, Mitte Juni–Ende Sept. tgl. 9–22 Uhr, Erw. 4 $, Kinder 2 $).

Nächster Stopp: Der **Phare de Pointe-des-Monts** 20**.** 1830 erbaut und längst auto-

Phare de Pointe-des-Monts bei Godbout

matisiert, ziert dieser rot-weiß gekringelte, zu den ältesten Leuchtfeuern Nordamerikas gehörende Leuchtturm zahllose Poster und Broschüren. Und erinnert nachdrücklich daran, dass sich hier lange der berüchtigste Schiffsfriedhof der Nordküste befand. Gleich 16 Schiffe und 1000 Mann verlor z. B. General Walker 1711, als er unterwegs nach Québec mit seiner aus 60 Schiffen bestehenden Flotte in einen Sturm geriet und vor der Île-aux-Oeufs havarierte. Die haarsträubenden Details dieser Katastrophe, die die Eroberung Neufrankreichs um 40 Jahre verschob, erfährt man in der kleinen **Musée Louis-Langlois** in **Pointe-aux-Anglais** 21 (2088 Rue Mgr. Labrie, Mitte Juni–Mitte Sept. tgl. 9–17 Uhr, Erw. 4 $, Kinder 3 $). Das neue, 2004 eröffnete **Centre National des naufrages du Saint-Laurent** in **Baie-Trinité** 22 dokumentiert darüber hinaus weitere Schiffsschicksale (27 Rte. 138, Baie-Trinité, Juni–Mitte Sept. tgl. 9–20 Uhr, Erw. 8 $, Kinder 6 $).

Danach kommen der farblose Umschlaghafen Port-Cartier und die 25 000-Einwohner-Stadt **Sept-Isles** 23**,** der Verwaltungssitz dieses Küstenabschnitts. Von hier aus führt eine Eisenbahnlinie ins rohstoffreiche Hinterland. In Schefferville und weiter nördlich wird Eisenerz abgebaut und in langen Zügen zur Küste transportiert.

Die letzten 200 Kilometer

Hinter Sept-Isles erinnert das Bild zusehends an Neufundland. Übersichtliche, auf felsigem Untergrund stehende Dörfer setzen Akzente an der immer einsameren Küste, windschiefe Bootshäuser, Bojen- und Hummerreusenstapel gleiten vorbei. Besonders fotogen ist **Rivière-au-Tonnerre** 24, ein strahlend weißes, auf den nackten Fels gesetztes Ensemble einfacher Häuschen, die sich um eine um 1900 erbaute Kirche scharen wie Küken um eine Henne. Wenig später kommen die ersten Inseln der **Réserve de parc national de l'Archipel-de-Mingan** 25 in Sicht. Beste Basis für Trips in den aus 40 unbewohnten Inseln bestehenden Park ist **Havre-Saint-Pierre** 26. In der Frontier-Atmosphäre der kleinen Hafenstadt verladen Hebekräne Autos und Container auf das Postschiff »Nordik Express«. Wassertaxen bringen unrasierte Hiker zu den Inseln hinaus. Der Nationalpark ist seit ein paar Jahren das erklärte Dorado der Hochseekajaker. Sein Markenzeichen, die bizarren, bis zu vier Meter hohen Kalksteinsäulen, stehen wie Wachposten auf vielen der Inselstrände. Walbeobachtung in den glasklaren Küstengewässern, Seehunde, Papageientaucher und die eleganten Seeschwalben machen auch das Wandern auf vier der Inseln zum Genuss (1010 Promenade des Anciens, Tel. 418-538-3331, Fax 418-538-3595, www.pc.gc.ca/pn-np/qc/mingan, tgl. Juni–Sept.).

Hinter Havre-Saint-Pierre vermischen sich Tundra und Küste zu herb-schönem Niemandsland. Je weiter man vorstößt in diese verlassene Gegend, desto kosmopolitischer wird sie: Englisch, akadisches Französisch und Montagnais sind ebenso häufig zu hören wie Französisch – Erinnerungen an die Besiedlung durch Fischer aus Neufundland und Nova Scotia. Im winzigen **Baie-Johan-Beetz** 27 steht das von den Einheimischen ›le château‹ genannte **Maison Johan-Beetz,** das Haus eines Belgiers, den um 1900 Liebeskummer hierher verschlug und der sich dann kämpferisch für die Interessen der von reichen Kaufleuten abhängigen Fischer einsetzte. Das Innere besticht vor allem durch die großen Fenster, die alle Räume zu jeder Tageszeit mit Licht versorgen (Ende Juni–Ende Aug. 10–12.30, 13.30–16 Uhr, Erw. 5 $, Kinder 3 $).

In **Natashquan** 28 ist die Route 138 schließlich zu Ende. Der ›Platz, wo sie Bären jagen‹ ist als Geburtsort des populären Chansonniers Gilles Vigneault in ganz Québec ein Begriff. Einfache Häuser kleben auf nacktem Fels, vor der Küste markieren rote Bojen im kabbeligen Wasser die Standorte der Hummerkäfige. Die Einheimischen erzählen auch gerne selbst, was man im **Centre d'Interprétation Le Bord du Cap** vom harten Alltag der Fischer erfahren kann (32 Ch. d'En Haut, Anfang Juni–Ende Aug. tgl. 9–17 Uhr. Erw. 4 $, Kinder gratis).

... in Baie-Comeau:

Association touristique régionale de Manicouagan: 337 Bd. LaSalle, Bur. 304, Tel. 418-294-2876, 1-888-463-5319, Fax 418-294-2345, www.tourismemanicouagan.com. Vertritt den Küstenabschnitt zwischen Tadoussac und Godbout und hilft schnell und professionell bei der Routenplanung.

... in Sept-Isles:

Association touristique régionale de Duplessis: 312 Av. Brochu, Tel. 418-962-0808, 1-888-463-0808, Fax 418-962-6518, www.tourismeduplessis.com. Vertritt die Küste von Godbout bis Blanc Sablon, hält gutes Kartenmaterial bereit und hilft bei der Reiseorganisation.

... in Tadoussac:

Hotel Tadoussac: 165 Rue du Bord de l'Eau, Tel. 418-235-4421, 1-800-561-0718, Fax 418-235-4607, www.hoteltadoussac.com. Elegant und gemütlich zugleich, hervorragendes Restaurant. DZ 100–240 $, mit Frühstück.

Auberge Maison Gagné: 139 Rue du Bateau-Passeur, Tel. 418-235-4526, 1-877-235-4526, Fax 418-235-4832, www.aubergemaisongagne.ca. Freundliches Haus hoch über dem Strom, liebevoll eingerichtete Zimmer. DZ 120–140 $ mit Frühstück.

Auberge de jeunesse de Tadoussac: 158 Rue du Bateau-Passeur, Tel. 418-235-4372, Fax 418-235-4608, www.fjord-best.com/ajt/.

Hübsche Jugendherberge mit Freizeitangebot, u. a. Kayaking. 20–45 $.

... in Baie-Comeau:

Hotel Le Manoir: 8 Av. Cabot, Tel. 418-296-3391, 1-800-463-8567, Fax 418-296-1435, www.manoirbc.com. Das vornehmste Hotel jenseits von Tadoussac: Modernes Haus im Château-Stil. DZ 90–200 $, mit Frühstück.

... in Baie-Trinité:

Gîte du Phare de Pointe-des-Monts: 19 gemütliche, voll eingerichtete Hütten mit Küche, Bad und WC. Für Selbstversorger. 1937 Ch. du Vieux Phare (Pointe-des-Monts), Tel. 418-939-2332, 1-866-3694083, www.pointe-desmonts.com. Hütte 72–140 $ pro Tag.

... in Sept-Iles:

Hotel Gouverneur Sept-Isles: 666 Bd. Laure, Tel. 418-962-7071, 1-888-910-1111, www.gouverneur.com. Frisch renoviertes Mitglied der kanadischen Mittelklasse-Kette. Moderner Bau, große, zweckmäßig eingerichtete Zimmer. DZ 90–130 $, mit Frühstück.

... in Natashquan:

Auberge La Cache: 183 Ch. d'En Haut, Tel. 418-726-3347, 1-888-726-3347, Fax 418-726-3508, www.aubergelacache.com. Überraschender Komfort am Ende der Welt. Gepflegtes Haus, gutes Restaurant. DZ 75–150 $.

... in Tadoussac:

La Bolée: 164 Rue Morin, Tel. 418-235-4750, tgl. 11.30–22 Uhr. Hübsches Restaurant im Herzen der Stadt. Französische Küche, vor allem Seafood. Vorspeisen 3–5 $, Hauptspeisen 14–21 $.

... in Baie-Comeau:

Les Pates Roma: 935 Rue Bossé, Tel. 418-295-2667, Mo–Do 11.30–14.30, 17–21, Fr–Sa 11.30–14.30, 16.30–21.30 Uhr, So geschl. Guter Italiener: einheimische Meeresfrüchte nach toskanischen Rezepten. Vorspeisen 4–7 $, Hauptspeisen 12–21 $.

... in Sept-Isles:

Café du Port: 495 Av. Brochu, Tel. 418-962-9311, tgl. 11.30–21.30 Uhr. Café-Restaurant. Frischer Fisch, Meeresfrüchte. Sehr nette Bedienung. Vorspeisen 4–7 $, Hauptspeisen 10–20 $.

... in Havre-Saint-Pierre:

Chez Julie: 1023 Rue Dulcinée, Tel. 418-538-3070, tgl. 7.30–21 Uhr. Echte *cuisine québécoise:* Meeresfrüchte, Hühnchen und Steaks. Vorspeisen 4–8 $, Hauptspeisen 11–17 $.

... in Tadoussac:

Festival de la chanson: In der zweiten Juniwoche treten Québecer Musikgrößen auf.

... in Baie-Comeau:

Symposium de peinture: Juni/Juli, www.sympobaiecomeau.com. Maler aus ganz Nordamerika lassen sich bei ihrer Arbeit über die Schulter schauen.

Walbeobachtung: Die besten Aussichtspunkte von der Küste aus die verschiedenen Walarten zu sichten befinden sich in Grandes-Bergeronnes und Les Escoumins. Walbeobachtungstouren werden überall dort organisiert, wo Walpopulationen im Sommer besonders hoch sind: Vor Tadoussac, Pointe-des-Monts, Sept-Isles und Havre-Saint-Pierre.

See-Kayaking: Kayak du Paradis: 4 Ch. Émile-Bouilianne, Les Bergeronnes, Tel. 418-232-1027, www.paradismarin.com. Auf den geführten Kajaktouren vor dem Cap du Bon Désir begegnet man schon mal einem Wal – ein unvergessliches Erlebnis.

Bootsexkursionen: Les Excursions Fanons Inc., 31 Rue des Pilotes, Tel. 418-233-3963, Les Escoumins, www.excursionsfanons.com. Exkursionen zu Walen, Seehunden und Seevögeln.

Fährverbindungen: Die Gesellschaft **Relais Nordik** betreibt das Fracht- und Passagierschiff »Nordik Express«, das von April bis Januar einmal wöchentlich die Städte Rimouski, Sept-Isles, Port-Menier, Havre-Saint-Pierre, Natashquan, Kegaska, La Romaine, Harrington Harbour, Tête-à-la-Baleine, La Tabatière, Saint-Augustin und Blanc-Sablon bedient (17 Av. Lebrun, Rimouski, Tel. 418-723-8787, 1-800-463-0680, Fax 418-722-9307, www.relaisnordik.com). Fahrpläne der Fähren über den St.-Lorenz-Strom unter Tel. 1-877-562-6560.

Rund um die Gaspé-Halbinsel

Karte S. 296/297

Karibus ziehen durch die Tundra. Wale pflügen durch die Fluten, Basstölpel vollführen Bruchlandungen. Autoradios geben hier ihren Geist auf – so weit weg von allem ist man auf der rauen Gaspé-Halbinsel. Die Straße dorthin folgt der geschichtsträchtigen Südküste des St.-Lorenz. Und begleitet dabei die Wandlung der Provinz von mild nach wild.

Die Gaspé-Halbinsel hätte das Zeug zu einem nordamerikanischen Outdoor-Dorado. Das bergige Innere menschenleer und so unzugänglich, dass dort noch in den 1930er-Jahren neue Seen entdeckt wurden, bietet sie Wanderern, Trekkern, Anglern und Jägern überreichlich Auslauf. Ihre Küste, nur dünn besiedelt, ist so fotogen wie die von Cape Breton Island, und ihre kleinen Hotels und B & Bs sind genauso freundlich wie die in Neufundland.

Aber ach, zum Vier-Jahreszeiten-Spielplatz à la Whistler oder Mont-Tremblant will es einfach nicht reichen. Die in Québec ›Gaspésie‹ genannte Halbinsel trifft jedoch keine Schuld. Ihr Malheur ist leicht erklärbar: Sie liegt ganz einfach zu weit weg! Zu weit weg von Montréal und Québec, um als Wochenendziel für die Großstädter in Frage zu kommen, zu weit entfernt auch von jener Route Richtung Osten, die mit Wohnmobil reisende europäische Besucher gern einschlagen, wenn sie Nova Scotia und Neufundland anvisieren. Und so ist die Gaspé-Halbinsel ein Geheimtipp geblieben, der von all jenen angesteuert wird, die raue Ursprünglichkeit lieben, einfache, aber herzliche Gastfreundschaft wertschätzen und auf langen Wanderungen durch menschenleere Wildnis wieder zu sich finden wollen.

Der Weg dorthin führt durch zwei weitere Bilderbuchlandschaften: **Chaudière-Appalaches** und **Bas-Saint-Laurent.** Sie erstrecken sich von Québec bis zum Beginn der Gaspé-Halbinsel bei Sainte-Flavie. Der Besucher hat zwei Möglichkeiten: Entweder er folgt der alten Küstenstraße Route 132, oder aber er nimmt die schnellere Autoroute 20 und unterbricht die Reise für kurze Abstecher an den Strom. So oder so wird ihm der allmähliche Szenenwechsel nicht verborgen bleiben. Der wie dazumal von der seigneuralen Felderteilung geprägte Küstenstreifen wird zusehends schmaler und kapituliert schließlich endgültig vor den Ausläufern der Appalachen, die am Ende kaum genug Platz für die Straße übrig lassen. Die Tourismuswerbung bezeichnet die Route 132 nicht umsonst als »Route des Navigateurs«: Baskische Walfänger segelten zu-

erst stromaufwärts, dann kamen Cartier und die Franzosen, gefolgt von britischen Invasionsflotten, und schließlich die Auswandererschiffe mit unterernährten Immigranten aus Irland und Osteuropa. Sie alle haben an der Südküste ihre Spuren hinterlassen, sei es in den Namen, in denen oft baskische Wurzeln stecken, sei es in der Architektur, sei es im Genpool, aus dem immer wieder Québécois namens MacIntosh oder O'Hara mit roten Haaren und grünen Augen auftauchen.

Chaudière-Appalaches

Grosse-Île

1 Die zum Archipel des Îles-aux-Grues gehörende Felseninsel war einst das Ellis Island Kanadas. Zwischen 1832 und 1937 durchliefen vier Millionen europäische Einwanderer, oft in miserablem Gesundheitszustand, die dortige Quarantänestation. Für die meisten, auf deren Schiffen Infektionskrankheiten festgestellt worden waren, war die 40-tägige Isolation auf der Insel nicht mehr als eine Pflichtübung. Ein großes keltisches Kreuz erinnert jedoch daran, dass für viele der Traum vom Neuanfang schon zu Ende war, bevor er richtig begonnen hatte. So gingen zwischen 1835 und 1850 Zehntausende, vor allem irische, Einwanderer auf der Insel an Cholera und Typhus elend zugrunde. Familien wurden auseinander gerissen, Hunderte von Waisenkindern blieben zurück. Sie wurden von frankophonen Familien adoptiert, durften jedoch ihre Nachnamen behalten – der Grund für die bunte Vielfalt in den hiesigen Telefonbüchern! Heute ist die Quarantänestation eine von Parks Canada verwaltete Gedenkstätte. Guides führen durch die Desinfektionsanlagen, das Spital und hinauf zum Hotel für die Passagiere der Ersten Klasse – auf Klassenzugehörigkeit wurde auch während der mehrwöchigen Quarantänezeit Wert gelegt (Mitte Mai–Mitte Okt., ab Berthier-sur-Mer mit Croisières Lachance, 110 Rue de la Marina, Tel. 418-259-2140, 1-888-476-7734, Abfahrten 9.45 und 13 Uhr, Erw. 41 $, Kinder 22 $).

Montmagny

2 Das 12 000-Einwohner-Städtchen ist ein angenehmer Stop-Over. In vielen seiner schönen Häuser aus dem *ancien régime,* vor allem an den Straßen St-Jean-Baptiste und Saint-Thomas, haben sich Cafés, Restaurants und nette kleine Boutiquen eingemietet. Vogel-

Rund um die Gaspé-Halbinsel

Mit den Autoren unterwegs

Tour de la Gaspésie
Um die Umrundung der gesamten Halbinsel zu genießen, sollte man die Armbanduhr im Koffer verstauen und sich einfach von einem Aussichtspunkt zum nächsten Aussichtspunkt treiben lassen ...

Stille Einkehr auf Grosse-Île
Der Spaziergang vom Hotel der Passagiere der Ersten Klasse hinüber zum keltischen Kreuz führt auch am Friedhof vorbei – ein Anlass, die Mühsal der Immigration vor 170 Jahren einmal Revue passieren zu lassen (s. S. 297).

Insel-Magie
Wo einst baskische Walfänger schufteten, ist auch ein von Irokesen an Abenaki-Indianern verübtes Massaker überliefert. Über dem Tatort auf der **Île aux Basques** liegt bis heute eine bedrückende Stimmung. Die Guides kennen die Geschichte und erzählen sie mit der gebührenden Empathie (s. S. 300).

See-Kayaking
Bei Flut zu den Inselbergen in der Bucht hinauszupaddeln, gehört zu den Höhepunkten im **Parc national du Bic** (s. S. 301).

Schlafen im Leuchtturm
Vom Leuchtfeuer aus den Belugawalen beim Spielen vor den Klippen zuschauen und zum Klangteppich der nahen Seevogelkolonie einschlafen – eine der Urlaubserinnerungen aus der Kategorie »unvergesslich« (s. S. 302).

Beste Hikes
Die Route auf den **Mont-Albert** (s. S. 305) ist eine der härtesten Tagestouren im Osten der Halbinsel. Im **Parc national de Forrillon** (s. S. 306 f.) sollte man allen Trails folgen, die gute Aussichten versprechen.

Historische Fußnoten
Spannend und tragisch sind sie, die Geschichten, die in **Bonaventure** (s. S. 309 f.) und **Restigouche** (s. S. 310) erzählt werden.

freunde wissen, dass der hiesige Küstenstreifen auf der Fluglinie der Schneegänse liegt und im Frühjahr und Herbst von diesen als Rastplatz genutzt wird. Das **Centre Éducatif des Migrations** informiert über die faszinierenden Details der während des Vogelzugs zu Hunderttausenden in den Ort einfallenden Vögel. Eine weitere Ausstellung befasst sich mit Grosse-Île (53 Av. du Bassin Nord, Ende Juni-Ende Okt. tgl. 10–17, Erw. 6 $, Kinder 3 $). Montmagny ist zudem passionierten Akkordeonspielern ein Begriff: Im schönen **Manoir Couillard-Dupuis** arbeiten die besten Akkordeonbauer Kanadas an den Stradivaris der Branche, beobachtet von fachkundigen Besuchern (301 Bd. Taché, Mo–Fr 9–17, Sa–So 10–16 Uhr, Erw. 6 $, Kinder 3 $).

L'Islet-sur-Mer
Die immer schneller voranschreitende Modernisierung machte auch vor der Schifffahrt auf dem Strom nicht halt. Ein Berufszweig ist jedoch noch immer gefragt: der des Lotsen. Seit über 300 Jahren bugsieren ortskundige Lotsen stromaufwärts fahrende Schiffe um die ständig wechselnden Untiefen im St.-Lorenz-Strom herum. Der Beruf pflegte in manchen Familien von Generation zu Generation weitergegeben zu werden. Berühmt für seine Lotsenfamilien ist das hübsche 1800-Einwohner-Städtchen **L'Islet-sur-Mer** 3. Hier bereitet das hochinteressante **Musée maritime du Québec** die vom Strom geprägte, nicht selten dramatische Geschichte der Küste auf. Neben einer dem hier geborenen Arktisforscher Joseph-Elzéar Bernier gewidmeten Ausstellung zeigt das Museum einen Eisbrecher und das historische Tragflächenboot »Bras d'Or« (55 Ch. des Pionniers Est, Okt.–Mai Di–Fr 10–12, 13.30–16, Juni–Sept. tgl. 10–17 Uhr, Erw. 8 $, Kinder 4,50 $).

Saint-Jean-Port-Joli

Weithin sichtbare Kirchtürme signalisieren auch in diesem Küstenabschnitt den enormen Stellenwert, den die Kirche einst in Québec genoss. Sakrale Kunst wurde daher schon immer groß geschrieben. **Saint-Jean-Port-Joli** 4, ein gemütliches 3500-Einwohner-Städtchen, gilt als die Holzschnitzer-Hauptstadt der Provinz. Zahlreiche Kunsthandwerksläden mit Blick nach hinten in die Ateliers säumen die durch den Ort führende Route 132. 250 besonders schöne Holzskulpturen wurden in der **Musée des Anciens Canadiens** zusammengetragen (332 Av. de Gaspé Ouest, Mitte Mai–Mitte Okt., verschiedene Öffnungszeiten, Erw. 5 $, Kinder 3,50 $).

... in Saint-Nicolas:
Tourisme Chaudière-Appalaches: 800 Autorte. Jean-Lesage (20)Tel. 418-831-4411, 1-888-831-4411, Fax 418-831-8442, www.chaudiereappalaches.com.

... in Montmagny:
Manoir des Erables: 220 Bd. Taché Est, Tel. 418-248-0100, 1-800-563-0200, Fax 418-248-9507, www.manoirdeserables.com. Edle viktorianische Residenz. Teure Zimmer und Suiten im Haupthaus, preiswertere Zimmer im Neubau dahinter. 90–100 $ (Motelzimmer), 120–160 $ (Haupthaus) mit Frühstück.
Aux deux Marquises: 153 St-Joseph, Tel. 418-248-2178, www.bbcanada.com/4948.html. Nettes B & B in schönem alten Haus. Gemütliche Zimmer, üppiges Frühstück. DZ mit Frühstück 55–80 $.

... in Montmagny:
Auberge-Restaurant La Belle Époque: 100 Rue St-Jean-Baptiste Est, Tel. 418-248-3373, tgl. 7–9, 11.30–13.30, 17.30–21 Uhr. Französische Küche mit kreativem Dreh. Besonders zu empfehlen: das stets wechselnde, 5-gängige Menü. Vorspeisen 7–9 $. Hauptspeisen 12–30 $.
... in Saint-Jean-Port-Joli:
La Roche à Veillon: 547 Av. de Gaspé Est, Tel. 418-598-3061, Mitte Mai–Ende Sept. Mo–Fr 8–22, Sa–So 7–22 Uhr. Rustikale Esshalle mit Seafood und traditionellen, mit Ahornsirup zubereiteten Québecer Gerichten. Vorspeisen 4–9 $, Hauptspeisen 14–33 $.

Die originellsten Mitbringsel verspricht ein Bummel durch die Boutiquen und Galerien an der Avenue de Gaspé im Schnitzer-Städtchen **Saint-Jean-Port-Joli.** Von traditionellen Marienstatuen bis zu avantgardistischen Kreationen aus Holz ist hier alles zu haben. Einen zweiten Blick wert sind v. a. die **Galerie Nicole Deschênes Duval** (552 Av. de Gaspé Ouest, Mai–Anfang Nov. tgl. 9–20, sonst tgl. 9–17 Uhr) mit ihren schönen Kinder-Statuen und **G. H. Bourgault Sculpture**, wo man die Werke traditioneller Herrgottschnitzer bestaunen kann (297 Av. de Gaspé Ouest, Juni–Okt. 8.30–21 Uhr).

... in Montmagny:
Festival de l'Oie Blanche: zweite und dritte Woche im Oktober, 18 Av. Ste-Brigitte Nord, Montmagny, Tel. 418-248-3954, www.festivaldeloie.qc.ca). Der Einfall der Schneegänse auf ihrem Flug nach Süden wird mit Konzerten, Wettbewerben jeglicher Art und natürlich Vogelbeobachtungstouren unter der Leitung erfahrener Ornithologen gefeiert.

Kreuzfahrten auf dem St.-Lorenz-Strom: Croisières Lachance, 110 Rue de la Marina, Tel. 418-259-2140, 1-888-476-7734. Neben Touren nach Grosse-Île weitere Trips, darunter Exkursionen zu den Seevogelkolonien der Îles-aux-Grues.

Bas-Saint-Laurent

Kamouraska

Danach geht es weiter am nun schon fast 10 km breiten St.-Lorenz-Strom. Noch sind die Uferterrassen weitläufig, fruchtbare Felder ziehen sich dahin. Erst an den sanft ansteigenden Hügelkuppen beginnt der Wald. Auf den vielen kleinen Inseln im Strom brüten zahlreiche Seevogelarten, sonnen sich Seehunde auf flachen Felsen. Das 700-Seelen-Dorf **Kamouraska** 5 – der indianische

Name bedeutet ›Schilf am Uferrand‹ – wurde als *seigneurie* schon 1674 gegründet und war bereits vor 100 Jahren eine beliebte Sommerfrische. Über die Landesgrenzen hinaus bekannt wurde die wunderschöne Gemeinde – viele der alten Holzhäuser tragen das hier entstandene, leicht geschwungene Kamouraska-Dach – durch den gleichnamigen Roman der Québecer Schriftstellerin Anne Hébert. »Kamouraska« erzählt die Geschichte eines Mordes im Jahre 1839. Schuldgefühle und Freiheitsdrang geben sich darin im Geist der Täterin Elizabeth ein dramatisches Stelldichein. Die 300-jährige Stadtgeschichte wird liebevoll und kenntnisreich in der **Musée Kamouraska** dokumentiert (69 Av. Morel, Juni–Mitte Sept. tgl. 9–17, sonst Di–So 9–17, Sa–So 13–16.30 Uhr, Erw. 5 $, Kinder 2 $).

Rivière-du-Loup

An Wattlandschaften und weit in den Strom reichenden Aalreusen vorbei geht es nach dem auf einer Terrasse über der Straße thronenden **Rivière-du-Loup** 6 (15 000 Einw.). Der 1673 als Seigneurie eines reichen Pelzhändlers gegründete Ort ist ein wichtiger Verkehrsknotenpunkt: Neben der Fähre nach Saint-Siméon (s. S. 290) biegt hier auch die Route 185 zu den Atlantik-Provinzen (s. S. 314 ff.) ab. Gründe zum Aussteigen oder gar zur Übernachtung bietet die Stadt gleich mehrere. Die hervorragende **Musée du Bas-Saint-Laurent** widmet sich u. a. der frühen Fotografie in Québec und zeigt historische Schwarz-Weiß-Bilder vom St.-Lorenz-Strom und seinen Menschen (300 Rue Saint-Pierre, Ende Juni–Nov. tgl. 12–17, sonst Mi–So 13–17, Erw. 5 $, Kinder 3 $). Maritimes Erbe auch in der herrlichen **Musée de bateaux miniatures & légendres:** Rund 160 für den Strom typische Schiffsmodelle, angefertigt von hiesigen Meistern, zieren die Galerien – ein optisch wie ästhetischer Hochgenuss (80 Bd. Cartier, Mai–Ende Juni, Ende Aug.–Mitte Okt. tgl. 11–19, Ende Juni–Ende Aug. tgl. 8.30–21.30, Erw. 4 $, Kinder 2 $).

Die größte Attraktion der Stadt führt jedoch aus ihr heraus: Die **Îles du Bas-Saint-Laurent.** Der vorgelagerte Archipel besteht aus einem Dutzend nur von Seevögeln und Robben bewohnter Inseln und gehört der Société Duvetnor. Die Gesellschaft unter der Leitung eines international renommierten Biologen praktiziert einen sanften Tourismus: Vom Hafen aus organisiert sie ein- und mehrtägige Exkursionen zu den Kormoran- und Murrenkolonien, wobei auch Begegnungen mit den verschiedenen Walarten, darunter die schneeweißen Belugawale, nicht ungewöhnlich sind. Unvergesslich ist die Übernachtung im historischen, in ein urgemütliches B & B verwandelten Leuchtturm auf der felsigen Île du Pot-à-l'Eau-de-Vie (s. S. 302).

Den Duft und Geschmack dieser schönen Region fängt die **Fromagerie des Basques** mit herrlichen Käsesorten ein, darunter dem nur hier hergestellten Weichkäse **Notre-Dame-des-Neiges** (69 Rte. 132 Ouest, Trois-Pistoles, Tel. 418-851-2189, tgl. 8–22 Uhr).

Trois-Pistoles

Weiter stromabwärts öffnet man ein eher unbekanntes Kapitel kanadischer Geschichte. Die dem Städtchen **Trois-Pistoles** 7 vorgelagerte **Île-aux-Basques** war im 16. Jh. eine von baskischen Walfängern betriebene Walverarbeitungsstation. Jeden Sommer überquerten ihre Fangflotten den Atlantik, um in den Grand Banks vor Neufundland oder auf dem St.-Lorenz-Strom den Walen nachzustellen. Denn Walöl, einst so wertvoll wie Gold, erleuchtete damals die gute Stube. An der flachen Südseite der Île aux Basques, wo sich die erlegten Wale besser an Land ziehen ließen, fand man Reste mächtiger Steinöfen, in denen damals das Walfett zerkocht wurde. Ein Motorboot der Société Provencher bringt Besucher von der Marina in Trois-Pistoles aus hinüber, gut informierte Guides führen zu den Öfen und erzählen spannende Geschichten aus einer Zeit, die in den Geschichtsbüchern höchstens als Fußnote vorkommt (Sociéte Provencher, Québec, Tel. 418-877-6541, vor Ort: Jean-Pierre Rioux, Gardien, Tel. 418-851-1202).

Die Küste im Parc national du Bic lädt zu ausgedehnten Wattwanderungen ein

Parc national du Bic

Kurz vor Rimouski signalisieren runde, viel nackten Fels zeigende Inselberge den schönen **Parc national du Bic 8.** Der nur 33 km² große Park schützt ein für den Strom typisches Biotop mit Feuchtgebiet, felseninselgesprenkelten Buchten und über 300 m hohen Küstenbergen. Der hier fünf Meter betragende Gezeitenunterschied saugt bei Ebbe das Wasser aus dem Park und produziert eine fotogene, von Prielen durchzogene Wattlandschaft. Robben- und Seevogelkolonien können von der Marina des malerischen Ortes **Bic** per Kajak besucht werden. Tageswanderungen führen zu Aussichtspunkten auf den Strom. Der von einem Shuttlebus bediente, 350 m hohe **Pic Champlain** bietet fantastische Aussichtspunkte auf den Park und die vorgelagerten Inseln (3382 Rte. 132, Tel. 418-736-5035, www.sepaq.com, Shuttle: Ende Juni–Anfang Aug. tgl. 10, 16, 18 Uhr, Erw. 14 $, Kinder 6,30 $, geführte Kajaktouren 40 $ pro Nachmittag, 70 $ ganztägig).

Rimouski

In **Rimouski 9,** dem Verwaltungszentrum der Region, ist die **Musée de la Mer de Pointe-au-Père** am Ortsausgang Richtung Gaspé einen Besuch wert. Das in einem alten Leuchtturmwärterhäuschen untergebrachte Museum – leicht zu finden wegen des ungewöhnlich eleganten, 1909 gebauten Leuchtturms gleich daneben – befasst sich vor allem mit der Havarie der »Empress of Ireland«. Im Jahre 1914 sank das Schwesterschiff der »Titanic« mit über 1000 irischen Einwanderern an Bord im Nebel nach einer Kollision mit einem norwegischen Frachter, nur wenige hundert Meter vor der Küste. Gezeigt werden Wrackteile, Gepäckstücke und Schaubilder der nur 15 Minuten währenden Katastrophe (1034 Rue du Phare, Juni–Aug. tgl. 9–18, Sept.–Okt. tgl. 9–17 Uhr, Erw. 12 $, Kinder 8 $).

i **... in Rivière-du-Loup:**
Tourisme Bas-Saint-Laurent: 148 Rue Fraser, Tel. 418-867-1272, 1-800-563-5268, Fax 418-867-3245, www.tourismebas st-laurent.com. Sehr informative Website.

... in Rivière-du-Loup:
Phare de l'Île du Pot à l'Eau-de-Vie: Société Duvetnor, 200 Rue Hayward, Tel.

418-867-1660, Fax 418-867-3639, www.duvetnor.com. Eine Nacht im Leuchtturm kostet 200 $ pro Person im DZ, im Preis eingeschlossen: Bootstransfer, zwei Mahlzeiten, geführte Bootstour.

... in Bic:

Auberge du Mange Grenouille: 148 Rue Ste-Cécile, Tel. 418-736-5656, Fax 418-736-5657, www.aubergedumangegrenouille.com. Gekonnt zwischen Kitsch und Fin de Siècle jonglierendes Refugium. Zimmer mit Marienstatuen und Nippes vollgestellt. Ausgezeichnetes Restaurant mit französischer Küche. DZ 70–160 $.

... in Bic:

Auberge du Vieux Bicois: 134 Rue Ste-Cécile, Tel. 418-736-4344, tgl. 17.30–22 Uhr. Das Restaurant dieser schönen Auberge bietet gepflegte französische Küche. Besonders gut: die Lamm- und Fischgerichte. Vorspeisen 5–7 $, Hauptspeisen 11–17 $.

... in Trois-Pistoles:

Café l'Essentiel: 332 Rue Jean-Rioux, Tel. 418-851-4712, tgl. 7.30–21 Uhr. Einfaches Restaurant, geradlinige Gerichte in großen Portionen, vor allem Seafood. Vorspeisen 3–5 $, Hauptspeisen 7–14 $.

... in Rimouski:

Restaurant du Phare – Place Lemieux: 1560 Rue du Phare, Tel. 418-724-6161, 7.30–13.30, 17.30–22 Uhr. Einfaches Seafood-Restaurant gleich neben dem Leuchtturm, mit Blick auf den Strom. Vorspeisen 3–6 $, Hauptspeisen 10–18 $.

Shopping im Bas-Saint-Laurent heißt Stöbern in Antiquitäten- und Kunsthandwerksläden, vor allem in **Kamouraska, Bic** und **Rivière-du-Loup.** Schnitzer, Maler

Schlafen im Leuchtturm: Im Phare de l'Île du Pot à l'Eau-de-Vie ist das möglich

und Töpfer der Region produzieren höchst ungewöhnliche Mitbringsel.

... in Kamouraska:

Soleil du jour: 152 Av. Morel, tgl. 10.30–17 Uhr. Die Galerie-Boutique verkauft nichts als Sonnenuntergänge – auf CDs, Postern und Postkarten und mit dem jeweils eigenen Geburtstag korrespondierend.

Atelier Dipylon: 125 Rang du Petit Village, Ende Juni–Mitte Sept. tgl. 11–17 Uhr. Keramik von Künstlern aus Québec und Ontario.

... in Bic:

Galerie du Bic: 191 Rue Ste-Cécile, Juni–Mitte Okt. tgl. 10–17.30 Uhr. Gemälde von Wasser, Himmel und der Küste des St.-Lorenz.

La Samare: 84 Rue St-Germain Ouest, Mo–Mi 9.30–17.30, Do–Fr 9.30–21, Sa 9–17, So 11–16 Uhr. Bilder aus Seetang, Schmuck und Lederwaren.

Die dominierende Präsenz des Stroms bestimmt auch das Freizeitprogramm: **Kreuzfahrten, Walbeobachtung** und **Kajaktouren** sind die beliebtesten Aktivitäten.

... in Rivière-du-Loup:

Croisières AML: 200 Rue Hayward, Marina, Tel. 418-867-3361, www.croisieresaml.com. Walbeobachtungstouren.

Société Duvetnor: 200 Rue Hayward, Tel. 418-867-1660, www.duvetnor.com. Zur Übernachtung im Leuchtturm werden auch Tagestouren im Archipel angeboten – per Boot und zu Fuß zu Robben- und Seevogelkolonien.

... in Rimouski:

Kayak zodiac du Bic: 20 Rue Michaud, Tel. 418-750-1423. Geführte ganztägige Paddeltouren zu den Inseln im Parc du Bic, Erw. 74 $, Kinder 40 $.

Die Nordküste

»La Gaspésie« – in Québec bedeutet das viel Wildnis und wenige Menschen, knorrige Einheimische und Hummer zu Schleuderpreisen. Allerdings bedeutet es auch die höchste Arbeitslosenrate der Provinz. Seit dem Zusammenbruch der Kabeljaufischerei Anfang der 1990er-Jahre halten sich die rund 120 000 ›Gaspésiens‹ mit Holzwirtschaft, Hummerfischerei und etwas Tourismus über Wasser. Ihre Siedlungen liegen fast ausnahmslos an der Küste. Das Innere, ein Scherenschnittmuster aus V-förmigen Tälern und bis zu 1300 m hohen Bergen, ist zu unwegsam, um besiedelt zu werden. Nur eine Straße führt hindurch, die Route 299. Einziges Hotel im Inneren ist der Gîte de Mont-Albert im Parc national de la Gaspésie. Auf der Küstenstraße Route 132 umrundet man dieses wilde Niemandsland wie auf einer Umlaufbahn: Die »Tour de la Gaspésie« ist 800 km lang und kann besonders an der spektakulären Nordküste durchaus mit dem wesentlich berühmteren Cabot Trail auf Cape Breton Island (s. S. 399 ff.) mithalten.

Matane und Grand-Métis

Sainte-Flavie und der nüchterne Fischerhafen **Matane** 10 konkurrieren um den Titel »Tor zur Gaspé-Halbinsel«. Wichtig ist indes nur das **Centre d'Observation de la Montée du Saumon de l'Atlantique** in Matane, wo man durch unter Wasser angebrachte Schaufenster die Lachse beim Erklimmen der Lachsleitern beobachtet und viel Wissenswertes über die Wanderzüge dieser muskulösen Schwimmer erfährt (260 Av. St-Jerôme, Mitte Juni–Anfang Sept. tgl. 7.30–21.30 bis Ende Sept. tgl. 8–20 Uhr, Erw. 2 $, Kinder frei).

Zuvor passiert man jedoch in dem Örtchen **Grand-Métis** 11 die **Jardins de Métis.** Ihnen sollte man ruhig zwei Stunden widmen. In dem rauen maritimen Klima erwartet man eigentlich alles andere als einen der schönsten botanischen Gärten Nordamerikas. 1886 erwarb Lord George Stephen, der erste Präsident der Canadian Pacific Railway, das Land und errichtete eine luxuriöse Angel-Lodge. 1918 schenkte er das Anwesen seiner Nichte Elsie Reford, die das bis dahin unberührte Stück Natur in einen herrlichen Blumengarten verwandelte. Heute sind hier üppige Rhododendren, Azaleen und mehr als 1000 weitere einheimische und importierte Arten zu bewundern (200 Rte. 132, Grand-Métis, Juni tgl. 8.30–17, Juli–Aug. 8.30–18, Sept.–Okt. tgl. 8.30–17 Uhr, Erw. 14 $, Kinder 7 $).

Centre d'Art Marcel Gagnon
Keine Zombies, sondern ein Werk namens »Le Grand Rassemblement« des in Québec populären Künstlers Marcel Gagnon: 80 Figuren tauchen aus den Fluten auf und gehen in schweigender Prozession an Land. Im dazu gehörigen Centre d'Art Marcel Gagnon gibt es weitere, wasserverbundene Kunststücke Gagnons sowie von Kollegen aus der Region zu sehen. Ein nettes Café-Restaurant hält Spezialitäten und täglich frisches Backwerk bereit (564 Rte. de la Mer, Sainte-Flavie, Tel. 418-775-2829, tgl. 7.30–22 Uhr).

... in Sainte-Flavie:
Association touristique régionale de la Gaspésie: 357 Rte. de la Mer, Tel. 418-775-2223, 1-800-463-0323, Fax 418-775-2234, www.tourisme-gaspesie.com.

... in Matane:
Hotel-Motel Belle Plage: 1310 Rue Matane, Tel. 418-562-2323, 1-888-244-2323, Fax 418-562-2562, www.hotelbelleplage.com. Schöne Unterkunft direkt am Wasser. DZ 120–180 $.

... in Sainte-Flavie:
Capitaine Homard: 180 Route de la mer, Tel. 418-775-8046, April–Anfang Sept. tgl. 11–23 Uhr. Ein Riesenhummer mit schwarzem Schnäuzer am Straßenrand: Hier geht es nur um eines! Hummer in allen Variationen. Vorspeisen 6–9 $, Hauptgerichte 16–36 $.
... in Matane:
Hotel-Motel Belle Plage: 1310 Rue Matane, Tel. 418-562-2323, tgl. 7–10, 11.30–14, 17.30–21.30 Uhr. Hotelrestaurant: Essen mit Blick auf den Strom. Kreativ zubereitete Fisch- und Seafood-Gerichte. Vorspeisen 7–11 $, Hauptgerichte 19–34 $.

... in Grand-Métis:
Festival international de jardins de Métis: Ende Juni bis Anfang Oktober, www.jardinsmetis.com. Gartenbau-Architekten aus Kanada und der Welt zeigen ihre Kreationen.

Fähren: Matane–Baie-Comeau, Tel. 418-653-2019.

Sainte-Anne-des-Monts und Parc national de la Gaspésie

Hinter Matane rücken die unwirtlichen Erhebungen der **Monts Chic-Chocs** näher an die Küste heran. Bei Cap-Chat lassen sie der Straße nur noch einen handtuchbreiten Streifen übrig. Das Asphaltband schlängelt sich über die immer steiler ins Wasser abfallenden Klippen von Bucht zu Bucht. In jedem Einschnitt liegt fotogen ein winziger Ort mit zwanzig, vielleicht auch dreißig bunten Holzhäuschen, ein oder zwei Kirchen, fünf Feuerhydranten und einem Café: Nach den zeitraubenden Serpentinen Anlass für eine Pause zu Füßen steil aufragender grauer Felsen. In dem 5000-Einwohner-Städtchen **Sainte-Anne-des-Monts** 12 empfiehlt sich der Abstecher ins Innere der Halbinsel. Wer lieber faulenzt als wandert, kann sich an der Pier des Ortes im neuen **Exploramer**, einem Fauna und Flora gewidmeten Besucherzentrum, vor Aquarien und Wasserbecken mit lebenden Schalentieren und bizarr aussehenden Meeresbewohnern die Zeit vertreiben (1 Rue du Quai, tgl. 9–19.30, Erw. 12 $, Kinder 9,50 $).

Bereits hinter dem letzten Haus ist man von steil aufragenden Bergen umgeben. Bis auf knapp 1300 m reichen die Gipfel, aber die baumlosen Häupter dieser Raureiter, deren Baumgrenze bei 1000 m liegt und auf denen der Schnee bis weit in den Juni hinein liegenbleibt, lassen sie weitaus höher erscheinen. Auf den Trails des 802 km^2 großen **Parc national de la Gaspésie** 13 kann man die außergewöhnliche Pflanzen- und Tierwelt der Chic-Chocs-Berge am besten genießen. Während der letzten Eiszeit war dieses Gebiet nicht vergletschert, daher haben sich zahlreiche prähistorische Pflanzenarten erhalten. Zahlreiche, zwischen einem und 17 km langen Trails stehen zur Verfügung, darunter auch solche, die nur konditionsstarken Wanderern zu empfehlen sind. Auf den Plateaus der beiden höchsten Berge, dem **Mont-Albert** (1154 m) und **Mont-Jacques-Cartier** (1268 m), kann man zudem mit etwas Glück der einzigen südlich des St.-Lorenz-Stroms lebenden Karibuherde begegnen. Im Übrigen ist dies die einzige Region Nordamerikas, in der man alle drei einheimischen Huftierarten, Karibu, Hirsch und Elch, mit etwas Glück am selben Tag beobachten kann (1981 Rte. du Parc, Sainte-Anne-des-Monts, Tel. 418-763-3181, Fax 418-763-9492, wwwsepaq.com).

... in Sainte-Anne-des-Monts:
CLD de La Haute-Gaspésie: 464 B.d. Ste-Anne-Ouest, Suite 100, Tel. 418-763-2530, Fax 418-763-2531, www.vacances haute-gaspesie.com. Informiert über das touristische Angebot zwischen Cap-Chat und Mont-Saint-Pierre.

Destination Chic-Chocs: 96 Bd. Ste-Anne Ouest, Tel. 418-763-7633, 1-888-783-2663, Fax 418-763-7486, chic-chocs@globetrot ter.net. Informationen für Hiker und Naturfreunde, die nicht nur im Parc de la Gaspésie, sondern auch in anderen Abschnitten der Chic-Chocs-Berge wandern wollen.

... in Sainte-Anne-des-Monts:
Auberge La Seigneurie des Monts: 21 1re Av. Est, Tel. 418-763-5308, 1-800-903-0206, www.bonjourgaspesie.com. Gemütliche Zimmer in historischem Haus von 1864. Mit Restaurant, direkt am Wasser. DZ 95–110 $.

Auberge Internationale Sainte-Anne-des-Monts: 295 1ère Av. Est, Tel. 418-763-7123, Fax 418-763-7138, www.aubergesgaspesie.com. In einer alten Schule untergebrachtes Jugendhotel. Schlafsäle und Privatzimmer, Restaurant. Bett im Schlafsaal ab 24 $, Privatzimmer 54 $.

... im Parc national de la Gaspésie:
Gîte du Mont-Albert: Route 299, Tel. 418-763-2288, Fax 418-763-7803, www.sepaq.com. Komfortables Sporthotel zu Füßen des Mont-Albert. Gutes Restaurant. Betreibt ferner 25 Hütten und einen Campingplatz. DZ 110–160 $.

... in Sainte-Anne-des-Monts:
Resto Bar Le vieux Sainte-Anne: 100 1ère Av. Ouest, Tel. 418-763-3114, tgl. 8–22 Uhr. Populäre Bar mit Pubgerichten. Schöner Blick auf den Strom. Vorspeisen 4–8 $, Hauptgerichte 10–16 $.

Pub Chez Bass: 170 1ère Av. Ouest, Tel. 418-763-2613, tgl.18–23 Uhr. Typisch englischer Pub in der Auberge Chez Bass. Pubgerichte, englisches und lokales Bier. Vorspeisen 4–8 $, Hauptspeisen 10–18 $.

... im Parc national de la Gaspésie:
Gîte du Mont-Albert (s.o.): Im Speisesaal des Gîte werden raffinierte Fisch- und Wildgerichte sowie eine hervorragende Weinkarte offeriert. Vorspeisen 6–15 $, Hauptspeisen 21–35 $.

Für Tageswanderungen im **Parc national de la Gaspésie** empfehlen sich der Gîte de Mont-Albert oder eine **Unterkunft** in Sainte-Anne-des-Monts als Basis.

Der **Parc national de la Gaspésie** bietet Outdoor-Aktivitäten vom Feinsten: ein- und mehrtägige Wandertouren, Kanufahren auf dem Lac Cascapédia – hier gibt es einen Kanuverleih – und Angeln in einem Dutzend dafür vorgesehener Seen (Angelscheine im Gîte du Mont-Albert erhältlich).

Von La Martre nach L'Anse-au-Griffon

Dieser Abschnitt ist der spektakulärste der Nordküste. Vielfach in den Fels gesprengt, arbeitet sich die **Route 132** zwischen dem kabbeligen Wasser des weißbemützten St.-Lorenz-Golfs und grauen Felswänden unbeirrt nach Osten. Die winzigen Nester erinnern an neufundländische Outports: einfache Holzhäuser ohne Garten, ein Laden, eine Pier, zerbeulte Trucks. Im 300-Seelen-Nest **La Martre** 14 lohnt der feuerrote, 1906 erbaute Leuchtturm das Aussteigen. Im ebenso kleinen **Mont-Saint-Pierre** 15, das auf der Bühne eines gewaltigen Amphitheaters mit bis zu 400 m hohen Rängen liegt, sollte man sich nicht wundern, wenn plötzlich ein Drachenflieger vor dem Auto niedergeht. Von Juni bis September ist der Ort ein Zentrum der kanadischen Hangglider. Fotogene

Leuchttürme bewachen auch die Küstenkanten vor **Madeleine** und **Pointe-à-la-Renommé**. Wie hart der Alltag der Fischer vor 150 Jahren war, darüber informiert das **Manoir Le Boutillier** in **L'Anse-au-Griffon** 16 (578 Bd. Griffon, Ende Juni–Anfang Okt. tgl. 9–17 Uhr, Erw. 7 $, Kinder frei).

Parc national de Forillon

Der höchste Leuchturm Kanadas kündigt – stilecht – den landschaftlichen Höhepunkt der Gaspésie an. Das 38 m hohe Leuchtfeuer des 500-Einwohner-Dorfes Cap-des-Rosiers zeigt auf die im Süden aufragenden Klippen des **Parc national de Forillon** 17. Fast 200 m hoch steigen diese aus dem Atlantik auf. Wal- und Seevogelbeobachtung von hohen Felsnestern aus, Angeln und Wandern auf stillen Trails schaffen in dem 244 km² großen Park ein rundes Freizeitprogramm. 200 Vogelarten, darunter sich senkrecht in die Fluten stürzende Kormorane und wie Raketen umherschwirrende Papageientaucher, wurden hier gezählt, und auf den insgesamt über 70 km langen Trails kann man Schwarzbären, Elchen, Kojoten, Stachelschweinen und Füchsen begegnen.

Der schönste der zahlreichen Trails ist der zum Cap Gaspé. Er beginnt bei Grande-Cave, einem detailgetreu rekonstruierten Fischerdorf des frühen 19. Jh., und folgt der Südküste bis zu einem hübschen Leuchtturm, der auf einer Klippe 150 m über dem Atlantik Wache hält. Ein anderer endet am Observatoire Mont Saint Alban hoch über dem Park. Beste Basis für Tagestouren in dieses schöne Wildnisgebiet ist Cap-des-Rosiers, wo es eine Handvoll einfacher Unterkünfte gibt. Im Park stehen Campingplätze bereit (122 Bd. Gaspé, Gaspé, Tel. 418-368-

Paradies für Outdoor Fans: der Parc national de Forillon

5505, Fax 418-368-6837, www.pc.qc.ca/forillon, Erw. 6,90 $, Kinder 3,50 $).

... in Mont-Saint-Pierre: Hotel Motel Mont-Saint-Pierre: 60 Rue Prudent-Cloutier, Tel. 418-797-2202, tgl. 7–21 Uhr. Das Hotel bietet einen schönen Speisesaal mit Blick auf den Strom. Natürlich Fisch und Meeresfrüchte, liebevoll präsentiert. Vorspeisen 5–8 $, Hauptspeisen 10–22 $.

... in Cap-des-Rosiers: Hotel-Motel Le Pharillon: 1293 Bd. de Cap-des-Rosiers, Tel. 418-892-5200, 1-877-909-5200, Fax 418-892-5832. Einfache, saubere Herberge unmittelbar am Wasser. Zwei Autominuten vom Parkeingang entfernt. 50–100 $, mit Frühstück.

... in Mont-Saint-Pierre: Fête du Vol Libre: drei Tage Ende Juli, 116 Rue Prudent-Cloutier, Tel. 418-797-2222, www.mont-saint-pierre.ca. Die besten Drachenflieger Nordamerikas treffen sich hier zum direkten Vergleich – und zur ausgelassenen Beach Party danach.

Gaspé

Gaspé 18**,** die Hauptstadt der Halbinsel, ist eine eher nüchterne Angelegenheit, doch aus drei Gründen interessant. So ist der kleine Regionalflughafen der 16 000-Einwohner-Stadt ein gutes Sprungbrett zu den noch zu Québec gehörenden Îles de la Madeleine (s. Richtig Reisen-Tipp S. 313). Die beiden anderen haben mit der Geschichte zu tun. So zeigt die moderne **Musée de la Gaspésie** als Fischereimuseum nicht nur Taue und Netze, sondern auch die sozialen Schattenseiten der Fischerei – Ausbeutung, Arbeitslosigkeit, Abwanderung, Isolation von den Bevölkerungszentren, kritisch aufgearbeitet bis in die Gegenwart. Das moderne **Monument Jacques Cartier** vor dem Eingang, ein Ensemble aus sechs bronzenen Dolmen, erinnert an den französischen Seefahrer, der hier zuerst seinen Fuß auf kanadische Erde setzte und Kanada für Frankreich reklamierte (80 Bd. Gaspésie, Ende Juni–Mitte Okt. tgl. 9–17 Uhr, Erw. 5 $, Kinder 4 $). Der Name der Gaspé-Halbinsel stammt aus dem Micmac-Wort *gespeg.* Dies und mehr über die traditionelle Lebensweise der Ureinwohner der Gaspésie lernt man nicht weit von hier im neuen **Centre d'Interprétation Gespeg Micmac**, einem vom Micmac-Stamm geführten Besucherzentrum (783 Bd. Pointe-Navarre, Juni–Sept. tgl. 9–17 Uhr, Erw. 5 $, Kinder 2,50 $).

Percé

Der östlichste Punkt der Gaspé-Halbinsel ist zugleich auch der touristische Höhepunkt der »Tour de la Gaspésie«. **Percé** 19**,** einst Fischerdorf und Künstlerkolonie und heute Touristenmagnet, konzentriert sich beiderseits der Route 132, die, gesäumt von Hotels, Motels, Restaurants und Andenkengeschäften, die Hauptstraße gibt. Es wird zwar noch etwas Krabbenfischerei betrieben, doch das Geschäft mit den Fremden ist längst die Haupteinnahmequelle für die 4000 Bewohner. Tatsächlich wird die lange Anreise fürstlich belohnt.

Ein Bummel durch die mit kunsthandwerklichen Läden gesäumten Straßen hinauf zum 320 m hohen Mont-Sainte-Anne über der Stadt oder ein langer Strandspaziergang lassen die Hektik der Großstädte endgültig vergessen. Die Berühmtheit des Ortes rührt jedoch woandersher: Zwei halbmondförmige Buchten sorgen mit den dazugehörigen Klippen für eine spektakuläre Lage. Dazwischen reckt sich der gewaltige **Rocher Percé** ins Meer hinaus, ein 90 m hoher und 438 m langer Monolith aus rosa Kalkstein mit einem 30 m hohen Felsentor am Ende. Bei Ebbe kann man über eine Sandbank trockenen Fußes hinüberlaufen, sollte aber tunlichst den Gezeitenwechsel im Auge behalten! Der Felsen, angeblich nach den Niagarafällen das meistfotografierte Naturspektakel Kanadas, ist jedoch nur der eine Teil des Naturparks **Parc national de l'Île-Bonaventure-et-du-Rocher-Percé.** Der andere ist die vorgelagerte **Île-Bonaventure,** mit ihren bis zu 100 m hohen Klippen ein geschütztes Brutrevier für nahezu 250 000 Seevögel, darunter rund

60 000 Basstölpel, die größte Kolonie dieser Art in Nordamerika. Bis auf wenige Meter kommt man an diese eleganten Flieger heran – und kann sich aus nächster Nähe davon überzeugen, dass sie ihren Namen wegen der wahrhaft tölpelhaften Landung zu Recht tragen (4 Rue du Quai, Percé, Tel. 418-782-2240, Fax 418-782-2241, www.sepaq.com).

Office de tourisme du Rocher-Percé: 9 Rue du Quai,Tel. 418-782-2258, Fax 418-782-2285, www.rocherperce.qc.ca. Juni–Anfang Sept. tgl. 8–21, sonst Mo–Fr 8–17 Uhr.

Hotel La Normandie: 221 Rte. 132 Ouest, Tel. 418-782-2112, Fax 418-782-2337, 1-800463-0820, www.normandieperce.com. Traditionsreiches, modernisiertes Strandhotel mit Blick auf den Rocher-Percé. Gutes Restaurant. DZ 75–200 $.
Hotel Motel Fleur de Lys: 248 Rte. 132, Tel. 418-782-5380, 1-800-399-5380, Fax 418-782-14,www.gaspesie.com/fleurdelys/page/1_e.html. Mitten im Ort. Lichte Zimmer im Haupthaus, preiswertere im Motel. DZ 70–140 $.

La Maison du Pêcheur: 155 Pl. du Quai, Tel. 418-782-5331. Juni–Okt. tgl. 11.30–22.30 Uhr. Täglich frischer Hummer. Auch Steaks und Pizza, in maritimem Fischernetz- und Bojen-Ambiente. Vorspeisen 6–11 $, Hauptspeisen 18–24 $.
Café de l'Atlantique: s. La Maison du Pêcheur, Juli–Aug. tgl. 7–1 Uhr. Bestes Frühstück in Percé, abends Live-Musik. Vorspeisen 5–7 $, Hauptspeisen 11–21 $.

Percé ist *das* Einkaufsparadies der Gaspé-Halbinsel. Von billigen Souvenirläden bis zu teuren Schmuck- und Kunsthandwerksläden wird entlang der durch den Ort strebenden Route 132 vieles geboten. Sehenswert ist u. a. die **Galerie La Maisonart**, die Werke von John Wiseman, dem berühmtesten Sohn der Stadt, ausstellt (826 Rte. 132, Percé, Tel. 418-782-2047, wechselnde Öffnungszeiten).

Wal- und Seevogelbeobachtung: Les Bateliers de Percé, 162 Rte. 132, Tel. 418-782-2974, 1-877-782-2974, Erw. 20 $, Kinder 6 $. Bootsexkursionen zu Seehunden, Walen und Seevogelkolonien. Erw. 40 $, Kinder 15 $).

Flugzeug: Montréal–Gaspé–Îles de la Madeleine, Inter Canadian, Tel. 1-800-665-1177; Air Alliance, Tel. 1-800-361-8620.

Die Südküste

Hinter Percé wendet sich die Route 132 wieder gen Westen, doch welch ein Kontrast zur oft so schroffen Nordküste! Die Berge werden runder und treten zusehends in den Hintergrund. Die Landschaft wird wieder liebliche und das Klima milder, im Sommer ist das Wetter sogar überraschend warm. Nicht von ungefähr nannte Cartier, der hier wohl ebenfalls ins Schwitzen kam, diese weitläufige Bucht zwischen der Gaspé-Halbinsel und New Brunswick **Baie des Chaleurs** (Bucht

Der markante Rocher-Percé vor dem gleichnamigen Ort

der Hitze). Heute bessert etwas Landwirtschaft das Einkommen der Hiesigen auf, von der Fischerei allein kann auch hier niemand mehr leben.

Paspébiac

Im 19. Jh. war das anders: An die große Zeit der *jerseymen,* der von Jersey eingewanderten Fischer, erinnert vor allem die **Site Historique du Banc-de-Pêche-de-Paspébiac** in **Paspébiac 20,** ein rekonstruiertes Fischerdorf mit Fischverarbeitungsanlage, Kais, Werften, Werkstätten und Wohnhäusern. Uneingeschränkter Herrscher der Fischer war der Jerseyman Charles Robin, dessen »Robin Company« mit Geschäftssinn und Skrupellosigkeit im frühen 19. Jh. die gesamte Fischerei im St.-Lorenz-Golf sowie auf Cape Breton Island monopolisierte (3e Rue Paspébiac, Juni–Mitte Okt. tgl. 9–17 Uhr, Erw. 6 $, Kinder 4,50 $).

Bonaventure

Tradition läuft an der Baie des Chaleurs jedoch nicht nur auf Fisch hinaus. Die **Musée Acadien du Québec** in **Bonaventure 21** ist den Akadiern gewidmet, jenen französischsprachigen Siedlern, die im Laufe des 17. Jh. das Land um die weiter südlich gelegene Bay of Fundy urbar gemacht hatten. 1755 wurden sie – insgesamt weit über 10 000 Menschen – von den siegreichen Briten in einer bis dahin beispiellosen Aktion zusammengetrieben, deportiert und systematisch in alle Himmelsrichtungen verstreut (s. S. 32 f.). Manchen Akadiern gelang jedoch die Flucht, und einige Familien ließen sich an der **Baie des Chaleurs** nieder. Hier gründeten sie *L'autre acadie,* ›das andere Akadien‹, wo sie ihrer Sprache, einem weichen, melodischen Französisch, ihren Sitten und Gebräuchen und vor allem ihrer Fahne, der Trikolore mit dem goldenen Leitstern im oberen Winkel, treu bleiben konnten.

»L'autre acadie« heißt auch die Ausstellung hier im **Museum.** Sie birgt zahlreiche Alltagsgegenstände und Erbstücke und zeichnet die bis nach Louisiana reichende Diaspora der Akadier auf großen Schaubildern nach (95 Av. Port Royal, Ende Juni–Anfang

Sept. tgl. 9–18, Anfang Sept.–Mitte Okt. tgl. 9–17, sonst Mo–Fr 9–12, 13–16.30 Uhr, Erw. 7 $, Kinder 5 $).

Von New Richmond nach Restigouche

Auch die anglophonen Loyalisten haben an der Baie des Chaleurs ihr kulturelles Zentrum. In dem hübschen 4000-Einwohner-Städtchen **New Richmond** 22 erinnert das **Gaspesian British Heritage Centre,** ein liebevoll gepflegtes Museumsdorf, an die Königstreuen, die nach der amerikanischen Unabhängigkeit aus Maine nach Kanada übersiedelten (351 Bd. Perron Ouest, Ende Juni–Anfang Sept., Erw. 10 $, Kinder 7 $).

Noch viel weiter zurück in die Vergangenheit geht es bei **Carleton.** Der **Parc national de Miguasha** 23 gilt Fossilienexperten als einer der besten Fundorte der Welt. Im Schiefer der Steilküste wurden zwei Dutzend neue Fischarten, meist aus dem Devon vor rund 300 Mio. Jahren, entdeckt, darunter ein mit Kiemen und Lungen ausgestattetes Exemplar, das weltweit als *missing link* für Furore sorgte und heute im Museum zu bewundern ist (231 Rte Miguasha Ouest, Juni–Aug. tgl. 9–18, Sept.–Mitte Okt. 9–17, sonst Mo–Fr 8.30–12, 13–16.30 Uhr, Erw. 11 $, Kinder 7,50 $).

Hinter **Pointe-à-la-Croix** wendet sich die Route 132 landeinwärts und folgt dem Tal der Rivière Matapédia, einem bei Sportanglern beliebten Lachsfluss, nordwärts zurück zum St.-Lorenz-Strom.

Bevor man die Gaspé-Halbinsel jedoch verlässt, sollte man in **Restigouche** 24 noch dem **Lieu historique national du Canada de la Bataille-de-la-Restigouche** einen kurzen Besuch abstatten. Das Tonband im kleinen Museum über der hier in die Bucht mündenden Rivière Restigouche erinnert mit Ächzen und Keuchen an die kläglich gescheiterte französische Flotte, die 1760 Neufrankreich den noch keineswegs fest im Sattel sitzenden Briten wieder entreißen sollte. Von britischen Fregatten wurde sie jedoch im Mündungsbereich des St.-Lorenz-Stroms entdeckt. Die Franzosen setzten sich in die

Richtig Reisen-Tipp: Schlossherr für eine Nacht

Jean Roussy war früher Lehrer im benachbarten New Brunswick. Irgendwann kehrte er dem Schulstress den Rücken und baute sich kurz hinter Pointe-à-la-Garde, 500 m von der Route 132 landeinwärts, sein ganz persönliches Märchenschloss. Das **Château Bahia** – Roussy nennt es wegen gewisser Ähnlichkeiten gern auch ›Neuschwanstein 2‹ – taucht in dem dichten Laubwald so unvermutet auf, dass man sich die Augen reibt. Es besteht ganz aus Holz und sieht mit seinen schlanken, von leuchtend roten Dächern gekrönten Türmen tatsächlich aus wie die rustikale Version der Bleibe des exzentrischen Bayernkönigs. 16 Jahre baute Roussy, unterstützt nur von Roussy senior, an seinem Traum – weil er schon immer mal in einem Schloss wohnen wollte. Als Hotel war das Château Bahia – der zweite Name erinnert an die zweite große Liebe des Schlossherrn – zunächst nicht vorgesehen.

Inzwischen gebietet Hotelier Roussy über 22 Zimmer, einen langen Bankettsaal, sieben Türmchen und vier sechsstöckige Türme. Das beste Zimmer, einen achteckigen Adlerhorst ganz oben im höchsten Turm, hat er selbst bezogen. Kaum groß genug für ein Bett ist der Raum, doch der Rundumblick auf die Bay und das wilde Landesinnere ist grandios. Reich werden mag er nicht, nur die Rechnungen will Roussy bezahlen können. Die Nacht in diesem ›Schlosshotel‹ ist daher erschwinglich – und ein großer Spaß. Ganz so wie sein Schöpfer es ursprünglich vorgesehen hatte (Château Bahia, 152 Bd. Perron, Pointe-à-la-Garde, Tel. 418-788-2048, Fax 418-788-2048, Mai–Okt., 100 $ inkl. zwei Mahlzeiten).

flachen Gewässer am Ende der Baie des Chaleurs ab, in der Annahme, die schweren britischen Kriegsschiffe könnten ihnen hierher nicht folgen. Ein Trugschluss: Die Briten schossen die Schiffe der Franzosen mühelos in Grund und Boden. Augenzeugenberichte und Tagebucheinträge hauchen dieser Fußnote der Geschichte Leben ein und regen zum Philosophieren an. Denn – was wäre wohl gewesen, wenn die kleine französische Flotte es geschafft hätte (Rte. 132, Pointe-à-la-Croix, Juni–Okt. tgl. 9–17 Uhr, Erw. 4 $, Kinder 2 $).

Tourisme Baie-des-Chaleurs: 152A Bd. Perron Ouest, New Richmond, Tel. 418-392-6500, www.baiedeschaleurs.ca.

... in Carleton:
Hostellerie Baie-Bleue: 482 Bd. Perron, Tel. 418-364-3355, 1-800-463-9099, Fax 418- 364-6165, www.baiebleue.com. Badehotel, mit schönem Badestrand vis-à-vis. DZ 60–90 $.
... in Bonaventure:
Motel Grand-Pré: 118 Av. de Grand-Pré, Tel. 418-534-2053, 1-800-463-2053, Fax 418-534-4530. Modernes Motel am Wasser, mit Bar. Mit Restaurant um die Ecke. DZ 105–170 $.

... in Carleton:
Le Cantine: 559 Rte. 132, Tel. 418-364-3113, tgl. 9–22 Uhr. Frittiertes Seafood an der Durchgangsstraße, lokaler Treffpunkt. Vorspeisen 4–7 $, Hauptspeisen 10–18 $.
... in New Richmond:
Hotel Le Francis: 210 Ch. Pardiac, Tel. 418-392-4485, tgl. 7–9, 11.30–14.30, 17.30–22 Uhr. Ein solider Pub und ein gemütliches, mit viel Holz eingerichtetes Gourmetrestaurant in diesem modernen Hotel. Verfeinerte regionale Küche, Fisch- und Wildgerichte. Vorspeisen 4–10 $, Hauptgerichte 16–28 $.

Das flache Wasser der Bay und die schmalen, aber sandigen **Strände** laden im Sommer zum Baden ein. Die schönsten Gaspésie-Strände liegen rund um **Carleton.**

Îles-de-la-Madeleine

Québecs schönster Abstecher führt an den Rand des Nordatlantiks und belohnt mit 300 km Sandstränden, dem wärmsten Badewasser nördlich der Carolinas und jeden Tag Hummer zum Abendessen. Die **Îles-de-la-Madeleine** 25 im dem sich zum Golf weitenden St.-Lorenz-Strom sind das vielleicht ungewöhnlichste Stück Kanada (s. Richtig Reisen-Tipp S. 313).

... in Cap-aux-Meules:
Tourisme Îles-de-la-Madeleine: 128 Ch. Principal, Tel. 418-986-2245, 1-877-624-4437, Fax 418-986-2327, www.tourismeilesdelamadeleine.com. Ende Juni–Ende Aug., tgl. 7–21, Sept. tgl. 9–20, Okt. tgl. 9–17, Nov.–Juni Mo–Fr 9–17 Uhr.

... in Cap-aux-Meules:
Hotel Château Madelinot: 485 Ch. Principal, Tel. 418-986-3695, 1-800-661-4537, Fax 418-986-6437, www.hotelsilesdelamadeleine.com. Schönes Hotel im gemütlichen Cottage-Stil. DZ 90–130 $.
Auberge Madeli: 485 Ch. Principal, Tel. 418-986-2211, 1-800-661-4537, Fax 418-986-2886, www.hotelsilesdelamadeleine.com. Moderne Unterkunft mit Restaurant, Pool und Bowlingbahn. DZ 90–120 $.

... in Île-aux-Cap-aux-Meules:
La Table du Roy: 1188 Ch. La Vernière, Tel. 418-986-3004, Juni–Sept. Mo–Sa ab 18 Uhr, So geschl. Renommiertes Gourmet-Restaurant: Seafood nach internationalen Rezepturen. Ausgezeichnete Weinkarte. Vorspeisen 6–18 $, Hauptspeisen 22–45 $.

Die breiten, leeren Sandstrände fordern unmissverständlich zum Baden und Faulenzen auf.

Autofähre: Souris (Prince Edward Island)–Cap-aux-Meules (Îles de la Madeleine), Tel. 902-687-2181.
Flugzeug: Montréal–Gaspé–Îles-de-la-Madeleine, Inter Canadian, Tel. 1-800-665-1177; Air Alliance, Tel. 1-800-361-8620.

Endlose Strände und milde Temperaturen lohnen den Abstecher zu den Îles-de-la-Madeleine

Richtig Reisen-Tipp: Inseln in einer anderen Welt – die Îles-de-la-Madeleine

70 Zentimeter Länge, Scheren wie Folterwerkzeuge und Mordlust in den Stielaugen ... das ist kein Hummer, das ist ein Monster! »Der beißt einem glatt den Kopf ab«, flüstert jemand ehrfürchtig. Den gepanzerten Rambo lassen die Gaffer gezwungenermaßen kalt. Er posiert in einer Vitrine in der Musée de la Mer in Havre-Aubert.

»L'homard« ist eine der Attraktionen auf den **Îles-de-la-Madeleine,** dem östlichsten Vorposten von Québec im St.-Lorenz-Golf. Viele Tonnen Hummer werden von rund 300 Fischern pro Saison aus dem Wasser gehievt. Nicht alle sind so groß wie der im Museum, aber dicke Brocken von fünf oder sechs Kilogramm Gewicht sind keine Seltenheit. Im Hafen von Grande-Entrée warten sie auf den Stempel mit ihrem Bestimmungsort, kistenweise hochgestapelt. Ihre letzte Reise geht nach Philadelphia, Boston, New York und Montréal, zu den ersten Feinschmeckeradressen vor Ort. Später am Nachmittag lässt die Aktivität im kleinen Hafen nach, und er sieht wieder aus wie ein friedliches Postkarten-Idyll, gemalt in honigwarmen Farben. Dabei würde man hier, an der Schwelle zum kalten Nordatlantik, alles andere erwarten. Eine chronisch verhangene Waschküche zum Beispiel. Eine übersichtliche Speisenkarte und klamme Handtücher. Nicht jedoch die statistisch meisten Sonnentage im Osten Kanadas, knallbunte Holzhäuschen und eine lebensfrohe Bevölkerung.

Seitdem Jacques Cartier von ihnen schwärmte, haben sie nichts von ihrem heiteren Charme verloren. Vom Butte du Vent, ihrem höchsten Hügel, gibt sich der Archipel dem Betrachter in seiner ganzen, fast lasziven Schönheit preis. Sechs Inseln – Havre-Aubert, Cap-aux-Meules, Havre-aux-Maisons, Île-aux-Loups, Grosse-Île und Grande-Entrée – schmiegen sich aneinander, nachlässig umhüllt von einem Teppich aus langgestreckten Sanddünen mit Fransen aus Meeresschaum, die unermüdlich ihre Rundungen aus rotem Sandstein liebkosen. Die Île d'Entré, die siebte im Bunde, schaut dem sündhaft schönen Schauspiel von jenseits der Baie de Plaisance zu: Aschenputtel im Inselparadies, aber mit dem 174 m hohen Big Hill der beste Ort für fotografierende Voyeure.

Ebenso lebensfroh haben sich die 15 000 Madelinots hier eingerichtet. Die französischsprachigen Nachfahren der einst vor den Briten aus Nova Scotia und New Brunswick hierher geflohenen Akadier stellten ihre Häuschen, jeden Bebauungsplan ignorierend, mitten in die Wiesen hinein oder auf die Hügel. Dort strahlen sie in allen Farben um die Wette, die ihren Besitzern gerade gefielen, knallrot, knallgelb, knallgrün, knallblau und auch schon mal knallviolett. Das Meer ist immer und überall zu sehen, vor dem einzigen Supermarkt im Hauptort Cap-aux-Meules wie von der Herrentoilette des Nobel-Restaurants Table de Roy in Havre-aux-Maisons. Und von der fast 100 km langen Straße durch den Archipel sowieso. Meist weht Sand von den Dünen über den Asphalt und knirscht in den Radkästen. Es gibt ganze vier Ampeln und in Havre-aux-Maisons einen kleinen verschlafenen Flughafen. Man atmet tief durch und schaltet einen Gang herunter. So viel Blau beruhigt die Nerven.

Was Besucher hier machen, wenn sie nicht nur zum Faulenzen kommen? Da sind beispielsweise 300 km Sandstrände und eine Wassertemperatur, die im Hochsommer höchst un-kanadische 21 Grad erreicht. Wer nicht baden und sich sonnen will, der kann auf den Dünen von Insel zu Insel reiten. Outfitter in Cap-aux-Meules bieten Tauchtouren in unterseeischen Grotten, Tagestouren zu den Robben- und Seevogelkolonien auf der unbewohnten Île de Brion an und verleihen auch Mountainbikes, Segelboote und Surfbretter.

Küste bei Bouctouche

Kapitel 5

New Brunswick und Prince Edward Island

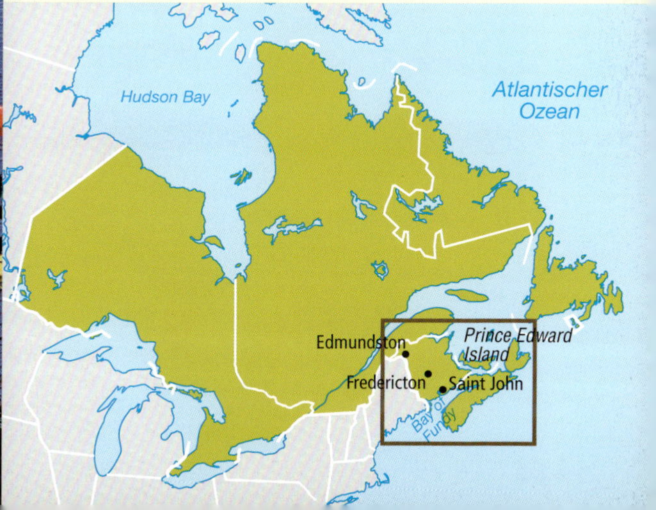

Auf einen Blick: New Brunswick und Prince Edward Island

Gewaltige Gezeitenwechsel und ein ›Garten im Golf‹

New Brunswick (730 000 Einw.) ist als einzige Provinz Kanadas offiziell zweisprachig. Etwas mehr als ein Drittel der Bevölkerung spricht Französisch, hauptsächlich in der akadischen Küstenregion am St.-Lorenz-Strom, von Shediac bis Caraquet. Die beiden größeren Städte Saint John und Fredericton sowie das Landesinnere werden von den britischen Traditionen der Loyalisten bestimmt. Es scheint, dass sich die beiden Bevölkerungsgruppen trotz ausgeprägter kultureller Gegensätze doch viel besser verstehen als im benachbarten Québec.

Das Binnenland wird von einem weiten Plateau eingenommen, das mit Sümpfen, Seen und endlosen dichten Wäldern bedeckt ist. Von Anglern einmal abgesehen erstreckt sich das touristische Interesse jedoch überwiegend auf die Küstenregion. Die über 2200 km lange Küstenlinie reicht von der Baie des Chaleurs im Norden der Provinz bis zur Bay of Fundy, in der zweimal täglich der gewaltigste Gezeitenwechsel der Erde stattfindet. An manchen Stellen der Bucht beträgt der Tidenhub bis zu 18 m!

Prince Edward Island ist die kleinste der kanadischen Provinzen. Die nur ca. 6000 km^2 große halbmondförmige Insel ist 225 km lang, zwischen 6 und 60 km breit und hat 136 000 Einwohner. Durch den außerordentlich fruchtbaren Boden und das milde Inselklima begünstigt, ist die Landwirtschaft der wichtigste Wirtschaftsfaktor. Ebenso wichtig ist auch die Tourismusindustrie, obgleich P.E.I., wie die Kanadier die Insel kurz nennen, von Europäern wenig besucht wird. Noch nicht touristisch überlaufen, hat sich der ›Garten im St.-Lorenz-Golf‹ auch seinen ländlichen Charme bewahrt. Entdeckt wurde die Insel schon 1534 von dem französischen Seefahrer Jacques Cartier. Der größte Teil der Bevölkerung, fast 80 %, ist englischer Abstammung

mit deutlich schottischem Einschlag. Der Anteil der Akadier, wie die Nachfahren der französischen Siedler genannt werden, beträgt rund 17 %. Ihr altfranzösischer Dialekt und die reiche Folklore sind bis heute lebendig, besonders in der Gegend um Mont-Carmel, Abrams Village und Miscouche.

Highlight

9 **Bay of Fundy:** Die steile Felsenküste bietet die spektakulärsten Gezeiten der Welt, die bei Ebbe bizarre Felsformationen freigibt – besonders schön im Fundy National Park zu sehen (s. S. 329 f.).

Empfehlenswerte Routen

Entlang dem Saint John River: Der Trans-Canada Highway folgt dem Saint John River und verbindet Höhepunkte wie das Museumsdorf King's Landing und das verträumte Städtchen Fredericton (s. S. 318).

New Brunswicks Süden: Idyllische Inselreviere und hübsche traditionsreiche Ferienorte findet man im südlichsten Zipfel der Provinz (s. S. 325).

Bay of Fundy und die Akadierküste: die wohl reizvollste Strecke mit zwei Nationalparks, grandiosen Küstenlandschaften, dem beeindruckenden Naturschauspiel der Riesengezeiten und dem Erlebnis der akadischen Kultur (s. S. 329).

Blue Heron Coastal Drive: Die rund 200 km lange Rundstrecke durch das Herz der Insel bietet neben den historischen Sehenswürdigkeiten der Inselhauptstadt Charlottetown auch bezaubernde Inselpanoramen und die weiten Dünenlandschaften des P.E.I. National Park (s. S. 340).

North Cape Coastal Drive: Die gut 280 km lange Tour führt um den Westteil der Insel, durch die Region Évangéline, wo noch die Trikolore mit dem Akadierstern weht. Man besucht ein Stammesgebiet der Mi'kmaq-Indianer und erlebt die bizarre Klippenlandschaft am North Cape (s. S. 343).

Richtig Reisen-Tipp

Ausflug nach Grand Manan Island: Grand Manan, die größte der Fundy-Inseln, ist ein Paradies für Maler, Fotografen und Naturliebhaber. Wattwandern, Bootstouren und das Beobachten von Walen, Seehunden und Seevögelkolonien stehen auf dem Tagesprogramm (s. S. 328).

Points East Coastal Drive: Diese Rundfahrt ist mit 375 km die längste der ›Scenic Drives‹. Sie führt durch grünes Farmland, windzerzauste Salzmarschen und imposante Dünenlandschaften, vorbei an malerischen Fischerdörfern und Leuchttürmen (s. S. 347).

Reise- und Zeitplanung

New Brunswick wie auch Prince Edward Island lassen sich gut in ein bis zwei Wochen bereisen. Mehr Zeit sollte man einplanen, wenn man auf P.E.I. einen Badeurlaub oder Ausflüge nach Nova Scotia unternehmen möchte. New Brunswick erreicht man über den Trans-Canada Highway von Québec aus. Nach Prince Edward Island fährt man mit dem Auto über die 14 km lange Confederation Bridge von Cape Tormentine in New Brunswick nach Borden-Carleton auf P.E.I. Eine Autofähre verkehrt zwischen Woods Island und Caribou in Nova Scotia.

Klima und Reisezeit

Die beste Reisezeit ist von Juni bis September. Die Sommer sind zwar überwiegend schön, dabei kann der atlantische Wettergott mitunter aber auch recht launisch sein. Auf P.E.I. ist das Klima noch etwas milder als in den anderen Atlantikprovinzen und so gibt es hier die wärmsten Badestrände. New Brunswick ist auch im Oktober ein lohnendes Reiseziel, dann lässt der Indian Summer die Wälder der Provinz in bunten Farben erglühen.

New Brunswick

Cityplan S. 322, 325
Karte S. 332

Abseits der Touristenströme hat die Atlantikprovinz New Brunswick besonders Naturfreunden viel zu bieten: bizarre Felsküsten, geformt durch gewaltige Gezeitenströme, feinsandige Strände, bunt gemischte Laubwälder und malerische Inseln. In den stilvollen Seebädern und historischen Städtchen vermischt sich das kulturelle Erbe von Franzosen, britischen Loyalisten, Schotten und Iren.

New Brunswick gehört zu den touristisch weniger entdeckten Provinzen Kanadas; eigentlich zu Unrecht, denn hier findet man fast alles, was das Urlauberherz begehrt. Freunde des maritimen Ambiente kommen besonders auf ihre Kosten – die Provinz wird an drei Seiten vom Meer umspült und hat eine Küstenlinie von fast 2300 Kilometern. Zwar ist die Bay of Fundy zum Baden meistens zu kalt, entschädigt aber dafür mit ihren großartigen Landschaften und spektakulären Gezeiten. Und die nördlichen Küsten bieten weite, nahezu unberührte Strände mit Wassertemperaturen um die 20° C. Im Innern des Landes erstreckt sich hügeliges Land mit riesigen Laubwäldern, durchzogen von den großen Flusssystemen des Saint John und des Miramichi. Ein Dorado für Jäger und Angler und eine Augenweide zur Laubfärbung im Herbst.

Entlang dem Saint John River nach Fredericton

Karte: S. 332
Auf dem Trans-Canada Highway 2 von Québec kommend, stößt man wenige Kilometer hinter der Provinzgrenze bei **Edmundston** 1 auf den Saint John River, die uralte Handelsroute der Indianer, Pelzhändler und Jesuiten zur Bay of Fundy. Die Stadt ist von riesigen Waldgebieten umgeben und Mittelpunkt der florierenden Holzindustrie der Provinz. Hier, und nicht im Westen Kanadas, gab es die ersten *lumberjacks* in den typischen rotschwarz karierten Flanellhemden. Auch die in ganz Nordamerika erzählten Legenden über den mythischen Holzfäller Paul Bunyan, der so stark gewesen sein soll, dass er Berge versetzen und Flüsse umleiten konnte, sind hier in der Region Madawaska entstanden. Im breiten fruchtbaren Tal des Saint John River überwiegt dann grünes Farmland, Siedlungsgebiet der königstreuen Loyalisten, die nach der amerikanischen Revolution in New Brunswick eine neue Heimat fanden. 270 km sind es von Edmundston bis Fredericton, 370 km bis Saint John an der Bay of Fundy.

In **Grand Falls** ist mitten im Ort ein 23 m hoher Wasserfall zu bewundern. Bei **Hartland** lohnt es sich, den Highway 2 zu verlassen und auf dem Highway 103 am Fluss entlangzufahren. Hier gibt es die mit 391 m längste *covered bridge* der Welt zu sehen. 1901 erbaut und 1921 mit Holzplanken überdacht und verkleidet, ist sie sicher die interessanteste unter New Brunswicks überdachten Brücken. Ein Info-Center informiert über das als National Historic Site geschützte Bauwerk.

King's Landing Historical Settlement

Kurz vor Fredericton kann man eine Zeitreise ins frühe 19. Jh. unternehmen. Im **King's Landing Historical Settlement** 2 wurde am Ufer des Saint John eine Siedlung der Loyalisten detailgetreu wieder aufgebaut. Die meisten der 60 historischen Gebäude sind bei einem Stausee-Projekt am Saint John River westlich von Fredericton gerettet worden. Über hundert Bewohner in zeitgenössischen Kostümen ›leben und arbeiten‹ im Museumsdorf. Da wird mit Ochsengespannen gepflügt, in der mit Wasserkraft betriebenen Sägemühle werden dicke Baumstämme zerschnitten, aus der Hufschmiede klingen Hammerschläge, Vieh wird versorgt, und am Fluss ankert ein altes Holzschiff aus dem Jahr 1830. Nur schade, dass man die faszinierenden Sachen im *general store* nicht kaufen kann. Wenn man sich gründlich umsehen möchte, sollte man einen ganzen Tag einplanen. Für Kinder werden besondere Programme angeboten. Im **King's Head Inn** kann man kräftige Pionierkost probieren (Rte. 2, Exit 253, 35 km westlich von Fredericton, Tel. 506-363-4999, 1-800-561-0123, Juni–Anf. Okt. 10–17 Uhr, Erw. 14 $, Kinder 6–16 J. 9 $).

Fredericton

Cityplan: S. 322

Das verträumte Städtchen **Fredericton** 3 (48 000 Einw.) an den Ufern des Saint John River ist Regierungssitz der Provinz New Brunswick. Fein getrimmte Parkanlagen, ehrwürdige Villen, von stattlichen Ulmen beschattete Straßen und zahlreiche historische Häuser bestimmen das Stadtbild.

Vor mehreren hundert Jahren stand auf dem Boden Frederictons bereits ein indianisches Dorf, auch die Franzosen hatten sich hier schon niedergelassen. St. Anne nannten sie ihre Siedlung, die 1760 von den Engländern niedergebrannt wurde. Erst 1784 gründeten Sir Thomas Carleton und seine königstreuen Gefolgsleute Fredericton. Bereits ein Jahr später entstand das King's College. Die Stadt zeigte sich aufgeschlossen, Künstler und Wissenschaftler fanden hier ihre Förderer, sodass sie noch heute Poet's Corner, ›Kanadas Dichterecke‹, genannt wird. Außerdem gibt es viele Kunsthandwerksläden. Mitte September wird in Fredericton das Harvest Jazz and Blues Festival mit kanadischen und internationalen Künstlern gefeiert.

Hauptstraße in Downtown Fredericton ist die Queen Street. Hier steht auch die schmucke viktorianische **City Hall** 1 von 1876. Das stilvolle Backsteingebäude mit Uhrturm und Springbrunnen auf dem Vorplatz hat in der Vergangenheit auch schon als Gefängnis und Opernhaus gedient. Die Visitors Gallery informiert über die Geschichte der Stadt (397 Queen St., Tel. 506-460-2129, Mai –Okt. 2 x täglich kostenlose Führungen).

Mit den Autoren unterwegs

Historischer Markt

Buntes Markttreiben in historischem Gemäuer: Auf dem **Old City Market** in Saint John biegen sich die Verkaufsstände vor regionalen Lebensmitteln, Spezialitäten und Kunsthandwerk (s. S. 323).

Bizarre Felsküste

Gigantische Felsen ragen bei Ebbe am **Hopewell Cape** wie ›Riesen-Blumentöpfe‹ aus dem Meeresboden. Entlang der Fundy-Küste lässt sich die kraftvolle Macht der Riesengezeiten besonders gut beobachten (s. S. 329).

Draußen aktiv

Wandern, Kanu fahren und Vögel beobachten: Im **Kouchibouguac National Park** lädt eine der ursprünglichsten Küsten-, Dünen- und Marschlandschaft Kanadas (s. S. 333) zum Erkunden der Natur ein.

Zeitreise

Erleben, wie die königstreuen englischen Siedler und Pioniere vor über 200 Jahren in New Brunswick gelebt haben: Im **King's Landing Historic Village** spielen Statisten in Kostümen die Vergangenheit vor (s. S. 318). Ein ebenso lebendiges Bild der akadischen Kultur der französischen Siedler und Fischer im 18. Jh. bietet das Museumsdorf **Le Village Historique Acadien** (s. S. 334).

Historic Garrison District

Der **Historic Garrison District** 2, Stadtpark und National Historic Site, dominiert die Innenstadt Frederictons. Hier erinnern die imposanten Gebäude am **Officers' Square** zwischen Carleton und Regent Street an die militärische Bedeutung vergangener Zeiten. Heute sind hier keine Soldaten mehr stationiert, aber Touristen können sich noch an farbenfrohen Paraden auf dem Platz (auf dem im Sommer auch andere Veranstaltungen stattfinden) und an dem Wachwechsel vor dem Guard House erfreuen – ganz nach britischer Tradition, mit leuchtendroten Uniformen und Bärenfellmützen (Juli–Aug. 11 und 19 Uhr). In den ehemaligen **Soldier's Barracks** von 1827 hat man einen Raum originalgetreu wieder hergerichtet, um zu zeigen, wie die einfachen Soldaten damals lebten. In den anderen Räumen wird Kunst und Kunsthandwerk angeboten (457 Queen St., Tel. 506-460-2041, Juni–Sept. 10–18 Uhr, sonst telefonisch erfragen).

An der Nordostseite des Officers' Square ist in einem dreistöckigen Backsteingebäude, das früher den Offizieren als Quartier diente, das **York-Sunbury Historical Society Museum** untergebracht. Hier wird die Geschichte Frederictons von den Mi'kmaq-Indianern bis zur heutigen Zeit dargestellt (571 Queen St., Tel. 506-455-6041, Juli–Aug. tägl. 10–17, Sept.–Juni Di–Sa 13–16 Uhr, 3 $).

Bummel durch die Downtown

Sehenswert in Fredericton ist auch das **Legislative Assembly Building** 3 an Queen und St. John Street, ein imposantes Sandsteingebäude, in dem das Provinzparlament tagt. Die Parlamentsbibliothek besitzt ein Exemplar des 1820 gedruckten handkolorierten Vogelbuchs von James Audubon (Tel. 506-453-2527, Ende Mai–Aug. 9–17, sonst Mo–Fr 9–16 Uhr, frei).

Gegenüber in der **Beaverbrook Art Gallery** 4 sind neben hervorragenden Sammlungen kanadischer auch Meisterwerke europäischer Künstler – u. a. von Lucas Cranach und Boticelli – ausgestellt (703 Queen St., Tel. 506-458-2028, Juni–Sept. Mo–Fr 9–18, Sa/So 10–17, Do auch bis 20, Okt.–Mai Di–Fr 9–17, Sa 10–17, So 12–17 Uhr, 5 $).

Ein paar Schritte weiter steht die mächtige **Christ Church Cathedral** 5 aus dem Jahr 1845, eine der schönsten gotischen Kirchenbauten Kanadas. ›The Green‹ werden die Parkanlagen am Flussufer genannt. Ein mehrere Kilometer langer Uferspaziergang bietet schöne Ausblicke und führt an malerischen viktorianischen Reihenhäusern vorbei.

Im **Old Burial Ground** an der Brunswick/Regent Street wurden von 1787 bis 1878 Angehörige der ersten Loyalisten, Siedler und Militärs begraben. Der quirlige **Boyce Farmer's Market** 6 an der George Street zwischen Regent und St. John Street findet jeden Samstagmorgen statt. Hier kann man neben frischem Gemüse, Obst und Eingemachtem auch Kunsthandwerk kaufen (Sa 6–13 Uhr).

i **Fredericton Tourism:** 11 Carleton St., Tel. 506-460-2041, 1-888-888-4768, Fax 460-2474, www.tourismfredericton.ca.

Lord Beaverbrook Hotel 1: 659 Queen St., Tel. 506-455-3371, 1-866-444-1946, Fax 455-1441, www.cpfredericton.com. Zentral in der Innenstadt gelegen, mit Blick über den Saint John River, Indoor-Pool, mehrere Restaurants. DZ 110–255 $.

The Carriage House Inn 2: 230 University Ave., Tel. 506-452-9924, Fax 458-0799: Große viktorianische Villa in der Downtown, B & B mit 10 komfortablen, stilvoll eingerichteten Zimmern, Bad. DZ 90–100 $.

Hi-Fredericton 3: 621 Churchill Row, Tel. 506–450–4417, www.hihostel.ca. Unterkunft im Schlafsaal, Küchenbenutzung, Gemeinschaftsraum, Waschsalon, Check-in 7–12, 19–22 Uhr. 20 $ pro Person.

Camping:

Hartt Island RV Resort: etwa 7 km westl. von Fredericton am Trans-Canada Highway, Tel. 506–462–9400, www.harttisland.com, Mai–Okt. Attraktiver Campingplatz in schöner Lage am Fluss, besonders für Kanu- und Kajakfreunde zu empfehlen, Wandern, Fahrradfahren.

Im Legislative Assembly Building tritt das Provinzparlament zusammen

Brewbaker's [4]: 546 King St., Tel. 506-459-0067. Leckere Pasta und Pizza aus dem Steinofen, Weinbar, Dachterrasse. Lunch 5–10 $, Dinner 10–25 $.

Botinicals Gift Shop: 65 Shore St., Tel. 506-454-7361, 1-877-454-7361, www.botinicalsgiftshop.com. Sehr originelles Kunsthandwerk aus New Brunswick.

Dolan's Pub: 349 King St., Tel. 506-454-7474, www.dolanspub.ca. Beliebtes Lokal mit gutem Live-Entertainment, Do–Fr Folk, Jazz, Blues, Mo–Mi 11.30–1, Do–Sa 11.30–2 Uhr.

Kanutouren, Windsurfen: Small Craft Aquatic Centre, Woodstock Rd. (hinter Victoria Health Centre), Tel. 506-460-2260, Mitte Mai–Anf. Okt. Kanu, Kajak, Windsurfing: Verleih und Exkursionen.

Bootstour: Carleton II, Regent St. Wharf, Tel. 506-454-2628, www.carleton2.com, Juni–Okt. 14, 15, 19, 20 Uhr. Einstündige Rundfahrten auf dem Saint John River. Erw. 9 $, Kinder bis 12 J. 5 $.

Fredericton: Cityplan

Sehenswürdigkeiten

1 City Hall
2 Historic Garrison District
3 Legislative Assembly Building
4 Beaverbrook Art Gallery
5 Christ Church Cathedral
6 Boyce Farmer's Market

Übernachten

1 Lord Beaverbrook Hotel
2 The Carriage House Inn
3 Hi-Fredericton

Essen und Trinken

4 Brewbaker's

Fahrradverleih: Lighthouse Adventure Centre, Regent St. Wharf, Tel. 506–460–2939. Fahrräder für Kinder und Erwachsene. 1 Std. 7 $, ganzer Tag 35 $.

Gagetown

Von Fredericton nach Saint John sollte man die längere, aber viel reizvollere Route 102 durch das Flusstal des Saint John River wählen. Immer wieder bieten sich dort schöne Ausblicke über den breiten mäandernden Fluss mit seinen Inseln. Segeljachten ziehen vorbei, und ab und zu sieht man ein Hausboot oder Kajakpaddler – ein ideales Wassersportrevier, auch für Anfänger geeignet. Bei Gagetown oder Hampstead sollte man sich mit einer der alten Kabelfähren ans andere Ufer übersetzen lassen. Die Fähre ist 24 Stunden in Betrieb und die Überfahrt dauert nur wenige Minuten. Ein kostenloses Vergnügen, das nur noch selten in Nordamerika zu finden ist.

Im hübschen kleinen Ort **Gagetown** 4, 55 km südöstlich von Fredericton, gibt es das Queens County Court House, ein Gerichtsgebäude aus dem Jahr 1836, in dem heute ein Museum untergebracht ist, zu besichtigen (69 Front St., Tel. 506-488-2966, Juni–Sept. 10–17 Uhr). Der Ort ist auch für seine Kunsthandwerksläden und Künstler-Studios bekannt. Auch für Ornithologen ist die Region um Gagetown von besonderem Interesse: Sie können hier in den Marschen, Wäldern und an den Flussufern rund 150 Vogelarten beobachten. Zum kleinen Gagetown Island kann man mit dem Kanu übersetzen.

Saint John

Cityplan: S. 325

Saint John 5 (75 000 Einw., 130 000 im Großraum), an der Mündung des gleichnamigen Flusses in die Bay of Fundy gelegen, ist eine betriebsame Hafenstadt mit ausgedehnten Industrieanlagen, Trockendocks und Ölterminals. In den letzten Jahren wurde viel modernisiert, man baute ein neues Convention and Trade Centre und verband den Business District mit der Waterfront durch einen *skywalk.* Dennoch konnte die Stadt sich ihr historisches Flair bewahren. Die heruntergekommenen Lagerhäuser an der Waterfront hat man zu wahren Schmuckstücken restauriert. Hier sind heute Cafés, Geschäfte und Restaurants untergebracht.

Stehen geblieben sind auch die meisten der zahlreichen imposanten Backsteingebäude aus dem 19. Jh. Vom King's Square blickt man die vielleicht kürzeste und steilste Hauptstraße einer kanadischen Stadt hinunter – bis zu der kleinen Bucht, in der im Mai 1783 sieben Schiffe mit den Flüchtlingen der amerikanischen Revolution an Bord vor Anker gingen. Über 3000 dem englischen König treu ergebene Loyalisten kamen damals an und machten aus der kleinen englischen Pioniersiedlung, wenig mehr als ein Fort aus Baumstämmen in der Wildnis, eine blühende Stadt. Schon zwei Jahre später wurde Saint John als Kanadas erste Stadt eingetragen – mit allen Stadtrechten. Im 19. Jh. kamen überwiegend schottische und irische Einwanderer nach Saint John.

Stadtbummel auf dem Loyalist Trail

Die britische Tradition wird in Saint John hochgehalten. Jedes Jahr im Juli wird während der Loyalist Days die Landung der ›Königstreuen‹ inszeniert. Dann weht der Union Jack, man kleidet sich in Kostüme des 18. Jh. und veranstaltet farbenprächtige Paraden. Auch sonst erinnert vieles an die Vergangenheit, besonders auf dem **Loyalist Trail,** der über 5 km durch das Herz der Stadt führt und die historisch interessantesten Gebäude verbindet. Fast alle können besichtigt werden.

Ausgangspunkt für den Stadtbummel ist die **King Street** mit ihren backsteingepflasterten Bürgersteigen und alten Straßenlaternen. Sie führt von der Waterfront zum King's Square in der Stadtmitte. Am Market Slip, wo die Loyalisten landeten, findet man im **Barbour's General Store** 1 das authentische Warenangebot eines typischen Gemischtwarenladens des Jahres 1860: Lebensmittel, Konserven, Geschirr, Werkzeuge. Im hinteren Teil ist ein authentischer Barber Shop aus dem 19. Jh. sowie ein Dentist Office und eine alte Apotheke mit über 300 Heilmitteln eingerichtet (Market Square, Tel. 506-658-2939, Juni–Sept. 9–18 Uhr, frei oder Spende).

Daneben steht das **Little Red Schoolhouse,** ein altes Schulgebäude, in dem ein Visitor Centre untergebracht ist. Auf der anderen Seite der King Street befinden sich die restaurierten Lagerhallen des **Market Square** 2 mit attraktiven Geschäften, Straßencafés und Restaurants. Im Komplex ist seit 1996 auch das **New Brunswick Museum** untergebracht, das sich vorher an der Douglas Avenue im ältesten Museumsgebäude Kanadas befand. Neben Kunstausstellungen, naturkundlichen Sammlungen und Displays zeigt man auch Artefakte aus der maritimen Geschichte von Stadt und Provinz – man erfährt viel über die große Zeit, als die ›Schiffe aus Holz waren und die Männer aus Eisen‹ (St. Patrick St., Tel. 506-643-2300, Mo–Fr 9–17, Sa 10–17, So 12–17 Uhr, Erw. 6 $, Kinder 3,25 $). Im ursprünglichen historischen Museumsgebäude befinden sich jetzt das Archiv und die Bibliothek der Stadt (277 Douglas St., Tel. 506-643-2322).

Sehenswert ist auch das **Imperial Theatre** 3 am King's Square. Im schön restaurierten Vaudeville-Theater von 1913 finden Theater-, Ballet-, Opernaufführungen und Konzerte statt. Tagsüber werden im Sommer geführte Touren geboten (Tel. 506-674-4100, Juli–Aug. Mo–Fr 9–16.30 Uhr, 2 $).

Im großen Backsteingebäude des **Old City Market** 4 von 1876 erinnert die Dachkonstruktion an die gewölbten Spanten eines Schiffsrumpfs. Hier herrscht lebhaftes, farbenprächtiges Treiben wie anno dazumal. Einige Stände werden seit Generationen von derselben Familie betrieben. Neben den üblichen Delikatessen, Meeresfrüchten, Obst und Gemüse werden auch kunsthandwerkliche Waren und besondere Spezialitäten wie *dulse,* ein getrockneter rötlicher Seetang von recht zäher Konsistenz, angeboten (47 Charlotte St., Tel. 506-658-2820, Mo–Do 7.30–18, Fr 7.30–19, Sa 7.30–17 Uhr).

Das **Loyalist House** 5**,** ein schön restauriertes, 1810–17 im georgianischen Stil erbautes Bürgerhaus an der Union Street, ist das älteste Gebäude der Stadt. Es wurde vom großen Brand von 1877, der über 100 Häuser in Flammen aufgehen ließ, verschont. Führer der New Brunswick Historical Society erklären die Einrichtung des Hauses, eine National Historic Site (120 Union St./Germain St., Tel. 506-652-3590. Mai–Juni Mo–Fr 10–17, Juli–Anf. Aug. 10–17 Uhr, sonst nach Absprache, 3 $).

An die gepflegten Anlagen des King's Square schließt sich der **Loyalist Burial Ground** 6 an. Die Grabsteine des alten Pionierfriedhofs gehen bis auf das Jahr 1784 zurück. Gleich daneben steht das Old Court House mit seinem bemerkenswerten Treppenhaus. Südwestlich vom King's Square liegt die Trinity Royal Preservation Area mit schönen viktorianischen Häusern und der **Trinity Anglican Church** 7 (115 Charlotte St., Tel. 506-693-8558, Mo–Fr 9–15 Uhr).

Saint Johns Umgebung

Außerhalb der Innenstadt lohnen zwei alte Verteidigungsanlagen, Carleton Martello Tower und Fort Howe, einen Besuch, vor allem wegen des schönen Panoramablicks auf Stadt und Hafen. Der **Carleton Martello Tower** 8 auf der anderen Seite des Flusses sollte die Stadt im Krieg von 1812 vor amerikanischen Angriffen schützen. Zu besichtigen sind das restaurierte Pulvermagazin und die Unterkünfte. In Kostümen des 19. Jh. gekleidetes Personal des historischen Nationalparks erklärt die Anlagen (Fundy Dr./Whipple St., Tel. 506-636-4011, Juni–Anf. Okt. 10–18 Uhr, Erw. 4 $, Kinder 2 $). **Fort Howe** 9**,** heute ein rekonstruiertes Blockhaus an der Magazine Street, wurde 1778 zur Verteidigung der Stadt gegen amerikanische Freibeuter errichtet.

Die **Reversing Falls Rapids** 10 an der Mündung des Saint John River zeigen zweimal am Tag auf eindrucksvolle Weise, wie die Fundy-Flut den mächtigen Fluss ›rückwärts‹ über die Stromschnellen drängt. Für eine kurze Zeit zwischen Ebbe und Flut ist das Wasser ruhig, die einzige Gelegenheit zur Passage für Boote vom Fluss in den Hafen und umgekehrt. Im Visitor Centre erfährt man mehr über das Phänomen, von hier bietet sich der beste Blick (Fallsview Dr., Tel. 506-658-2937, Mitte Mai–Mitte Okt. 8–20 Uhr).

i **Saint John Visitor Bureau:** City Hall, King St., Tel. 506-658-2990

Tourism Saint John: Market Square, Tel. 506-58-2855, www.tourismsaintjohn.com, 9–18 Uhr, im Sommer bis 20 Uhr.

Hilton Saint John 1**:** Market Square, Tel. 506-693-8484, 1-800-561-8282. Mit Blick über Hafen und Stadt; Pool, Entertainment in der Brigantine Bar, Restaurant Turn of the Tide Dining Room, sonntags Buffet. Dinner ab 15 $, DZ 120–220 $.

Homeport Historic Inn 2**:** 80 Douglas Ave., Tel. 506-672-7255, 1-888-678-7678, www.homeport.nb. ca. Schön gelegenes Bed and Breakfast in der Nähe der Downtown und der Reversing Falls mit Blick über Hafen und Stadt, Zimmer in zwei historischen Villen von 1858, stilvoll eingerichtet, hervorragender Service. DZ ab 90 $.

Camping:

Rockwood Park Campground: Lake Drive S., Tel. 506-652-4050. Über 200 Stellplätze, überwiegend mit allen Anschlüssen, nur wenige Minuten von der Downtown entfernt, Park und See bieten Gelegenheit zum Wandern, Schwimmen und Bootfahren.

Grannan's Seafood Restaurant 3**:** 1 Market Square, Tel. 506-634-1555. Beliebtes Fischrestaurant mit Terrasse, Lunch und Dinner, besonders leckere Seafood Chowder. Dinner 18–40 $.

Reggie's 4**:** 26 Germain St., Tel. 506-672-3474, 6–18 Uhr. Restaurant in einem historischen Gebäude, preiswert und gut, große Auswahl. Ab 6 $.

Brunswick Square: King und Germain St., Tel. 506-658-1000. Mall mit vielen Boutiquen.

Handworks Gallery: 12 King St., Tel. 506-652-9787. Gute Auswahl von Kunst und Kunsthandwerk aus der Provinz.

Tapps Brew Pub and Steak House: 78 King St., Tel. 506-634-1957. Irish Pub und Mikrobrauerei, Live-Entertainment.

Imperial Theatre: King's Square, Tel. 506-674-4100. Theater, Ballet, Oper

Saint John: Cityplan

Sehenswürdigkeiten
1 Barbour's General Store
2 Market Square
3 Imperial Theatre
4 Old City Market
5 Loyalist House
6 Loyalist Burial Ground
7 Trinity Anglican Church
8 Carleton Martello Tower
9 Fort Howe
10 Reversing Falls Rapids

Übernachten
1 Hilton Saint John
2 Homeport Historic Inn

Essen und Trinken
3 Grannan's Seafood Restaurant
4 Reggie's

und Konzerte. Kartenverkauf an der Theaterkasse (10–17 Uhr).

Loyalist Heritage Festival (3. Juliwoche): www.loyalist-heritagefestival.ca. Festival zu Ehren der Anhänger des englischen Königs im amerikanischen Unabhängigkeitskrieg, die 1783 Saint John gründeten, mit großer Parade und kostümierten Teilnehmern, Straßenmusik, Tanzveranstaltungen und Kunsthandwerk-Verkauf.

Bootstouren: Reversing Falls Jet Boat, Fallsview Park, Tel. 506-634-8987, 1-888-634-8987, www.jetboatrides.com, Juni–Mitte Okt. Halbstündige Touren mit dem Jetboot in die Strudel der Reversing Falls – ein feuchtes Vergnügen, aber es werden auch geruhsamere Sightseeing-Exkursionen flussaufwärts angeboten. 30 $.

Bay Ferries: Saint John West, Tel. 506-902-245-2116, 1-888-249-7245, www.nfl-bay.com. Fähre (›Princess of Acadia‹) zwischen Saint John und Digby in Nova Scotia, Überfahrt 3,5 Std., im Sommer 3 x tägl. Erw. 38 $, Kinder 22 $, Auto 92 $.

New Brunswicks Süden

Die Inseln in der Bay of Fundy

Von Saint John in westlicher Richtung führt der Highway 1 die Fundy-Küste entlang bis nach St. Stephen an der Grenze zum US-Bundesstaat Maine. Dabei lohnen sich immer wieder kurze Abstecher zu kleinen Fischerdörfern wie Chance Harbour, Dipper Harbour und Blacks Harbour.

Hier am Südzipfel New Brunswicks liegt vor der Passamaquoddy Bay ein idyllisches Inselrevier. Die größeren Inseln sind Deer Island, Campobello und Grand Manan. Um Campobello und Deer Island stritten sich die USA und England noch Jahrzehnte nach der amerikanischen Revolution, bis schließlich in den 1840er Jahren die beiden Inseln New

Grand Manan Island: Ein Fischer kontrolliert seine Stellnetze

Brunswick zugesprochen wurden. Fähren verbinden die Fundy-Inseln mit dem Festland. Die 20-minütige Überfahrt von Letete nach **Deer Island** 6 ist kostenlos. Die kleine Insel ist wild, ursprünglich und wenig besucht und bietet einen 14 ha großen Naturpark mit weiten Stränden.

Von Deer Island besteht eine kostenpflichtige Fährverbindung nach **Campobello Island** 7, wo neben anderen wohlhabenden Amerikanern auch der frühere Präsident Roosevelt eine Sommerresidenz unterhielt. Das von beiden Staaten gemeinsam verwaltete Anwesen im Roosevelt International Park lohnt eine Besichtigung (Highway 774, Welshpool, Tel. 506-752-2922, Ende Mai–Mitte Okt. 10–18 Uhr, frei). Im Herring Cove Provincial Park an der Ostküste von Campobello gibt es neben einem 9-Loch-Golfplatz auch gute Wanderwege und Campingmöglichkeiten (s. u.). Campobello ist von Maine aus auch über eine Brücke zu erreichen. Nach **Grand Manan Island** 8, der größten der Inseln weit draußen in der Bay of Fundy, fährt mehrmals täglich eine Fähre von Blacks Harbour (s. Richtig Reisen-Tipp S. 328).

Internet: www.deerisland.nb.ca. Offizielle Tourismus-Website von Deer Island mit Hinweisen zu Unterkünften, Restaurants, Fährverbindungen usw.

... auf Deer Island:
Sunset Beach Cottages & Suites: 21 Cedar Grove Rd., Tel. 506-747-2972, 1-888-576-9990, www.cottageandsuites.com. Mehrere voll eingerichtete Apartments und ein Cottage, Blick aufs Meer, geheizter Swimmingpool. 70–100 $.

... auf Deer Island:
Wale: Lambert's Outer Island Tours, 135 Hersonville Rd., Lambert's Cove, Tel. 506-747-2426, 1-866-694-2537, www.outerislandtours.com. Walbeobachtungstouren. Ab 50 $.

East Coast Ferries: Tel. 506-747-2159, www.eastcoastferries.nb.ca. Fähre zwischen Lord's Cove auf Deer Island und Campobello Island sowie von Lord's Cove nach Eastport in Maine, USA. Personen 3 $, Auto 30 $.

St. Andrews By-the-Sea

St. Andrews By-the-Sea 9 an der Passamaquoddy Bay ist mit seinen rund 1800 Einwohnern zwar nur ein kleiner, aber auch einer der schönsten Ferienorte an der Atlantikküste. Die Hälfte der Gebäude im Ortskern sind über 100 Jahre alt – alle schön erhalten und gepflegt. Im Mittelpunkt steht der imposante weißrote Bau des **Algonquin Hotel,** ein traditionsreiches Resort mit gepflegten Anlagen aus der Zeit der großen Eisenbahnhotels. St. Andrews war schon im 19. Jh. ein Ferienort für gut Betuchte, auch der Eisenbahnbaron Van Horne hat sich hier sein schlossähnliches Anwesen errichtet. Dennoch hat sich St. Andrews seinen Charakter als Fischerort bewahrt. Sehenswert sind die zahlreichen historischen Häuser. Über die Hälfte der Gebäude in der Stadt stammt aus dem 19. Jh. Nach der amerikanischen Revolution flüchteten viele Loyalisten aus den Siedlungen in Maine hierher. Da der Weg über die Bay of Fundy nur kurz war, brachten sie ihre Holzhäuser Stück für Stück auf ihren Schiffen gleich mit. Viele dieser Häuser stehen noch in St. Andrews. Flaniermeile der Stadt ist die **Water Street** mit prächtigen Gebäuden, Cafés, Restaurants sowie zahlreichen Läden und Studios für Kunsthandwerk.

Im Visitor Centre ist ein Plan für einen Rundgang durch den Ort erhältlich. Besonders interessant sind das alte **Charlotte County Court House,** eines der ältesten noch in Gebrauch befindlichen Gerichtsgebäude Kanadas, sowie das **Old Gaol,** das ehemalige Stadtgefängnis gleich nebenan (Frederick St., Tel. 506-529-3843, Juli–Aug. Mo–Sa 9.30–12, 13–16.30 Uhr, frei). Sehenswert sind auch die **Greenock Church** und das **Sheriff Andrews House** von 1820, wo Studenten in historischen Kostümen die Führungen übernehmen (63 King St., Tel. 506-529-5080, Ende Juni–Anf. Sept. Mo–Sa 9.30–16.30, So 13–16.30 Uhr, frei). Das **Ross Memorial Museum** zeigt eine Antiquitätensammlung (188 Montague St., Tel. 506-529-5124, Juni–Anf. Okt., Mo–Sa 10–16.30 Uhr, Spende), und im **Huntsman Aquarium Museum** gibt es interessante Displays zur Meeresbiologie zu sehen. Das Becken mit Meeresgetier zum Anfassen ist besonders bei Kindern beliebt (Brandy Cove Rd., Tel. 506-529-1202, Mitte Mai–Ende Okt. 10–18 Uhr, Erw. 6 $, Kinder 4 $). Im hübsch gelegenen **Atlantic Salmon Interpretive Centre** am Chamcook Creek, etwa 6 km außerhalb an der Route 127, kann man den Lachsen in ihrem natürlichen Lebensraum beim Laichen zuschauen (Chamcook Lake Rd., Rte. 127, Tel. 506-529-1384, Mitte Mai–Mitte Okt. 9–17 Uhr, Erw. 6 $, Kinder 3 $).

Seit 1998 ist der **Kingsbrae Garden** ein beliebtes Ausflugsziel. Die wunderschönen Anlagen auf dem Hügel über dem Ort waren Teil des alten Kingsbrae Arms Estate. Dann wurden die Gärten in einen 11 ha großen öffentlichen Park integriert mit über 2000 Arten und einem akadischen Küstenwald. In einem Gartencafé kann man beim Lunch den schönen Blick auf die Bucht genießen (220 King St., Tel. 506-529-335, 1-866-8687, www.kingsbraegarden.com, Erw. 8.50 $, Kinder/Senioren 7 $).

i **St. Andrews Welcome Centre:** 46 Reed Ave., Tel. 506-529-3556.
St. Andrews Chamber of Commerce: P. O. Box 89, Tel. 506-529-3555, 1-800-563-7397.

The Fairmont Algonquin: 184 Adolphus St., Tel. 506-529-88 23, 1-800-441-1414, Fax 529-7162, www.fairmont.com, Mai–Sept. Traditionsreiches Ferienhotel der Canadian-Pacific Eisenbahngesellschaft, Golf, Tennis, Park um den schlossartigen Bau, Restaurants. DZ ab 300 $.
Treadwell Inn: 129 Water St., Tel. 506-529-1011, 1-888-529-1011, Fax 529-4826, www.treadwellinn.com. Historisches Bed and Breakfast Inn von 1820 mit schönem Blick über den Hafen, stilvoll eingerichtet, einige der Zimmer haben Hot Tubs und Kitchenette, in der Snug & Oyster Bar gibt es Lunch und Dinner. Dinner ab 15 $, DZ ab 145 $.
Tara Manor Inn: 559 Mowatt Drive, Tel. 506-529-3304, 1-800-691-8272, Fax 529-4755, www.taramanor.com. Landhaus in ruhiger Parkanlage, Pool, Restaurant. DZ ab 120 $.

Richtig Reisen-Tipp: Ausflug nach Grand Manan Island

Grand Manan Island (s. S. 326) ist die größte der Fundy-Inseln. Weniger als 2600 Einwohner leben hier; ihre Haupterwerbsquelle ist auch heute noch Fang und Verarbeitung von Fisch, Hummer und anderen Meeresfrüchten. Eine weitere Einnahmequelle ist *dulse,* ein rötlich-purpurnes essbares Seegras, das bei Ebbe an den Küsten geerntet wird.

Die abgeschiedene Insel, zwei Stunden vom Festland entfernt, ist ein Paradies für Maler, Fotografen, Naturliebhaber und Individualisten. Steile Klippen ragen auf der Westseite aus dem Meer, entlang der Ostküste führt eine Straße durch malerische Fischerdörfer, wo sich auf den Molen die Netze und Hummerfallen stapeln. Dazwischen gibt es einsame Buchten, in denen Fischerboote zu den *weirs* (an langen Stangen kreisförmig angelegte Netze) hinaustuckern. Immer wieder laden langgestreckte Strände zum Wandern im Wattenmeer ein, Bootstouren und Exkursionen ermöglichen das Beobachten von Walen, Seehunden und Seevogelkolonien. Die Region um die Fundy-Inseln ist ein Tummelplatz für ein halbes Dutzend verschiedener Walarten. Wanderer können die Insel auf einsamen Trails durchstreifen, und für Sporttaucher gibt es mehrere alte Wracks zu entdecken.

Da Grand Manan recht flach ist und auf den Seitenstraßen der Route 776 auch nicht viel Verkehr herrscht, eignet sich die Insel hervorragend für Ausflüge mit dem Fahrrad, das man sich bei **Adventure High** in North Head mieten kann (Tel. 506-662-3563, 1-800-732-5492, halber Tag 16 $, ganzer Tag 22 $). Wer sich lieber auf dem Wasser fortbewegt, kann hier auch eine Exkursion mit dem Kajak buchen (40 $–100 $).

Visitor Information Centre: North Head, Rte. 776, Tel. 506-662-3442, 1-888-525-1655, www.grandmanannb.com.
Übernachten: Marathon Inn, North Head, 19 Marathon Lane, Tel. 506-662-8488, www.marathoninn.com. Historische Kapitänsvilla mit Blick über den Hafen, Pool, Restaurant, Fischspezialitäten (nur Dinner). DZ 79–109 $.
Compass Rose, North Head, 165 Rte. 776, Tel. 506-662-8570, www.compassroswinn.com, Mai–Okt. Gemütliches Bed and Breakfast Inn am Hafen, Restaurant. DZ 90–130 $.
Camping Anchorage Park, Seal Cove, Tel. 506-662-7022, Mai–Okt. Campground in schönem Provinzpark.
Wale: Whales-N-Sails, North Head, Fishermans Wharf, 506-662-1999, 1-888-994-4044, www.whales-n-sails.com. Walbeobachtung mit dem Segelschiff, 4–5 Std. 65 $.
Island Coast Whale Tours, North Head, Tel. 506-662-8181, 1-877-662-9393, Juli–15. Sept. Halbtägige Exkursionen zum Beobachten von Walen und Seevögeln. 50 $.
Fähre: Coastal Transport,Tel. 506-662-3724, www.coastaltransport.ca. Fähre zwischen Blacks Harbour auf dem Festland und North Head auf Grand Manan, Fahrtdauer 90 Min. Erw. 10 $, Kinder 5 $, Auto 30 $.

The Gables: 143 Water St., Tel. 506-529-3440. Schlichtes Ambiente, schöne Lage an der Bucht mit Patio, leckere Menüs vom Burger über Steaks bis zum gegrillten Heilbutt; Breakfast, Lunch, Dinner. Dinner ab 12 $.
Lighthouse Restaurant: 1 Patrick St., Tel. 506-529-3082, Mi–Mo 17–21 Uhr. Neben dem Leuchtturm auf einer Landzunge im Meer, Spezialität Meeresfrüchte in allen Variationen. Dinner ab 15 $.

Wale: Fundy Tide Runners, 16 King St. (am Wharf), Tel. 506-529-4481, www.fundytiderunners.com, Mitte Mai–Okt. 4 x tägl. 10, 13, 16, 18.30 Uhr. Exkursionen mit dem Zodiac-Boot, Wale, Delfine, Seehunde. Erw. 50 $, Kinder bis 12 J. 35 $.

9 Bay of Fundy

16 m und mehr beträgt an manchen Orten an der Bay of Fundy der Unterschied zwischen Ebbe und Flut. Schuld daran ist die sich zur Spitze hin abflachende, trichterförmige Beschaffenheit der Bucht. Hier stauen sich die gigantischen Wassermassen, die zweimal am Tag vom Atlantik in die Bay drücken. Sie entsprechen in etwa der Wassermenge, die sich täglich aus sämtlichen Flüssen der Welt in die Ozeane ergießt. An den haushohen, muschelverkrusteten Bootsanlegern werden die Schiffe während der Gezeiten wie von einem Fahrstuhl herauf- und heruntergetragen. Pech für den Seemann, der beim Vertäuen seines Bootes diese Naturgewalten nicht bedacht hat.

Fundy National Park

130 km nordöstlich von Saint John, über Highway 1 und 114 zu erreichen, liegt der 206 km² große **Fundy National Park** 10. Mit ausgedehnten Wäldern und Sümpfen, Biberteichen, Flusstälern und Wasserfällen sowie der zerklüfteten Küste gehört er zu den landschaftlich reizvollsten Gebieten der Provinz. Dank guter Unterkünfte sowie schöner Wander-, Kanu- und Kajakrouten eignet er sich auch für einen längeren Aufenthalt. Zum Schwimmen ist die Bay of Fundy meistens zu kalt, da bietet der Saltwater Pool, ein beheiztes Meerwasser-Schwimmbecken unterhalb des Park-Info-Centre, eine gute Alternative (Sommer 11–19 Uhr, 3 $). Das Informationszentrum des Parks befindet sich in **Alma,** hier gibt es auch mehrere Übernachtungsmöglichkeiten.

... in Alma:
Fundy National Park: Tel. 506-887-6000, www.pc.gc.ca. Info-Centre am Eingang des Nationalparks.

... in Alma:
Cleveland Place: 8580 Main St., Tel. 506-887-2213. Kleines Bed and Breakfast in historischem Gebäude an der Bay of Fundy. DZ 90–100 $.

Parkland Village Inn: 8601 Main St., Tel. 506-887-2313, www.parklandvillageinn.com. Schön eingerichtete Zimmer und Suites in einem Motel direkt am Wasser, einige mit Blick auf die Fundy Bay. DZ 75–125 $.

... im Fundy National Park:
Fundy Park Chalets: 23 Fundy Park Chalet Rd., Tel. 506-887-2808, 1-877-887-2808, Fax 887-2282, www.fundyparkchalets.com, Mitte Mai–Mitte Okt. 29 hübsch am Wald gelegene, schlichte Cabins mit Küche und Bad, in der Nähe von Park-Info-Centre und Golfplatz. Cabins 90 $.

Camping:
Fundy N. P. Campgrounds: Reservierung Tel. 905-426-4648, 1-877-737-3783, www.pccamping.ca. Campen ist im Nationalpark auf vier Plätzen möglich; Reservierungen kosten 11 $ extra, sind aber nur an Wochenenden im Juli und Aug. notwendig.

... in Alma:
Seawinds Dining Room: neben dem Golfplatz gelegen, Tel. 506-887-2098, 11–21.30 Uhr. Maritimes Ambiente, Spezialität Meeresfrüchte. 10–19 $.

Tides: Restaurant im Parkland Village Inn (Adresse s. Hotels). Lunch, Dinner, Blick aufs Meer. 8–18 $.

... im Fundy National Park:
Outdoor-Aktivitäten: geführte Touren, Wattwanderungen, 80 km Hiking Trails, Golf, Kanufahren; Anmeldung und Informationen beim Info-Centre in Alma.

Hopewell Cape

Ein eindrucksvolles Ergebnis der Fundy-Gezeiten sind die **Hopewell Rocks** 11 bei Hopewell Cape. In Jahrtausenden haben die auf- und abströmenden Wassermassen hier eine bizarre Landschaft von Höhlen und Steinskulpturen aus dem Fels gewaschen. Hauptattraktion sind die **Flowerpot Rocks,** die bei Ebbe wirklich wie riesige Blumentöpfe aussehen. Während der Flut, die hier im Durchschnitt 11 m steigt, ragen sie dann nur noch als kleine Inseln über die Wasseroberfläche.

Im neuen **Interpretive Centre** neben dem Hauptparkplatz des Parks erklärt eine multimediale Ausstellung die Geologie der Fundy-Küste und die Auswirkung der Riesengezeiten. Angeschlossen ist auch ein Restaurant, in dem man sich vor oder nach der Wattwanderung stärken kann. Auf verschiedenen Trails erreicht man die Aussichtspunkte des Parks. Eine steile eiserne Treppe führt die Steilküste hinunter zum Strand. Bei Ebbe kann man dann auf dem bloßgelegten Küstenstreifen wandern, die ausgewaschenen Höhlen und die Sockel der ›Blumentöpfe‹ von nahem betrachten und in den stehen gebliebenen Tümpeln allerlei Meeresgetier wie Seeanemonen und Muscheln finden. Die Wanderung auf dem Meeresboden ist nur drei Stunden vor und zwei Stunden nach Niedrigwasser möglich. Man sollte also den Gezeitenplan des Interpretive Centre bei einer Strandwanderung dabeihaben und an den rechtzeitigen Aufstieg denken, denn die Flut steigt hier unglaublich schnell, und das 16 m hoch. Im Sommer, besonders im Juli und August herrscht oft Hochbetrieb, da genießt man die grandiose Landschaft besser am frühen Morgen (Hopewell Rocks, Tel. 1-877-734-3429, www.thehopewellrocks.ca, Erw. 8 $, Kinder 5–18 J. 6 $).

Die Akadier-Küste

Moncton

Moncton 12 ist mit 65 000 Einwohnern (Großraum 115 000) New Brunswicks zweitgrößte Stadt und mit seinem großen frankophonen Bevölkerungsanteil das quirlige Herz von L'Acadie, wie Restaurants, Museen, Musik, Theater und Festivals zeigen. Hier befindet sich auch die einzige frankophone Hochschule der Provinz, die Université de Moncton, nördlich vom Stadtzentrum. Die **Galerie d'Art et Musée Acadien** im Clément Cormier Building auf dem Campus der Universität informiert über die 400-jährige Geschichte und Kultur der akadischen Siedler in Atlantik-Kanada (Tel. 506-858-4088, www.umoncton.ca/maum, Juni–Sept. Mo–Fr 10–17, Sa/So 13–17, Winter Di–Fr 13–16.30, Sa/So 13–16.00 Uhr, 2 $).

Das **Moncton Museum** konzentriert sich mehr auf die Geschichte der Stadt und zeigt parallel dazu Kunstausstellungen. Die Fassade im Eingangsbereich des Museums ist der einzige Überrest der alten City Hall, der vor dem Abbruch gerettet wurde (20 Mountain Rd., Tel. 506-856-4383, Juli–Aug. 9–17, Sept.–Juni Mo–Sa 9–16.30, So 13–17 Uhr, frei). Nebenan steht das restaurierte **Free Meeting House** von 1821, das älteste Gebäude der Stadt. Im **Bore View Park** lässt sich die *tidal bore,* die Gezeitenflutwelle auf dem Petitcodiac River, beobachten. Zumindest im Sommer ist sie aber bei weitem

nicht so dramatisch, wie sie die Tourismuswerbung gerne beschreibt.

Tourism Information Centre: City Hall, 655 Main St., Tel. 506-853-3590, 1-800-363-4558, www.gomoncton.com.

Delta Beauséjour: 750 Main St., Tel. 506-854-4344, 1-888-351-7666, www.deltahotels.com. Monctons großes Hotel mit komfortablen Zimmern, mehreren Cafés und Restaurants – darunter L'Auberge mit akadischen Spezialitäten und Windjammer im Ambiente der frühen Luxusdampfer (Spezialität Meeresfrüchte), Reservierung erforderlich. Restaurants ab 16 $, DZ ab 150 $.

Bonaccord House: 250 Bonaccord St., Tel. 506-388-1535, Fax 853-7191. Stilvolles Bed and Breakfast in viktorianischer Villa, vier Zimmer, Veranda, nahe Downtown. DZ 60 $.

Pump House Brewery: 5 Orange Lane, Tel. 506-855-2337. Uriges Pub und Mikrobrauerei, wo die Braukessel zugleich Dekoration sind, auch die Speisen sind lecker. 6–12 $.

Von Shediac zum Kouchibouguac National Park

Shediac 13 zeigt durch eine riesige Hummerskulptur, dass man es ernst meint mit

Bei Ebbe kann man zwischen den Hopewell Rocks spazieren gehen

New Brunswick

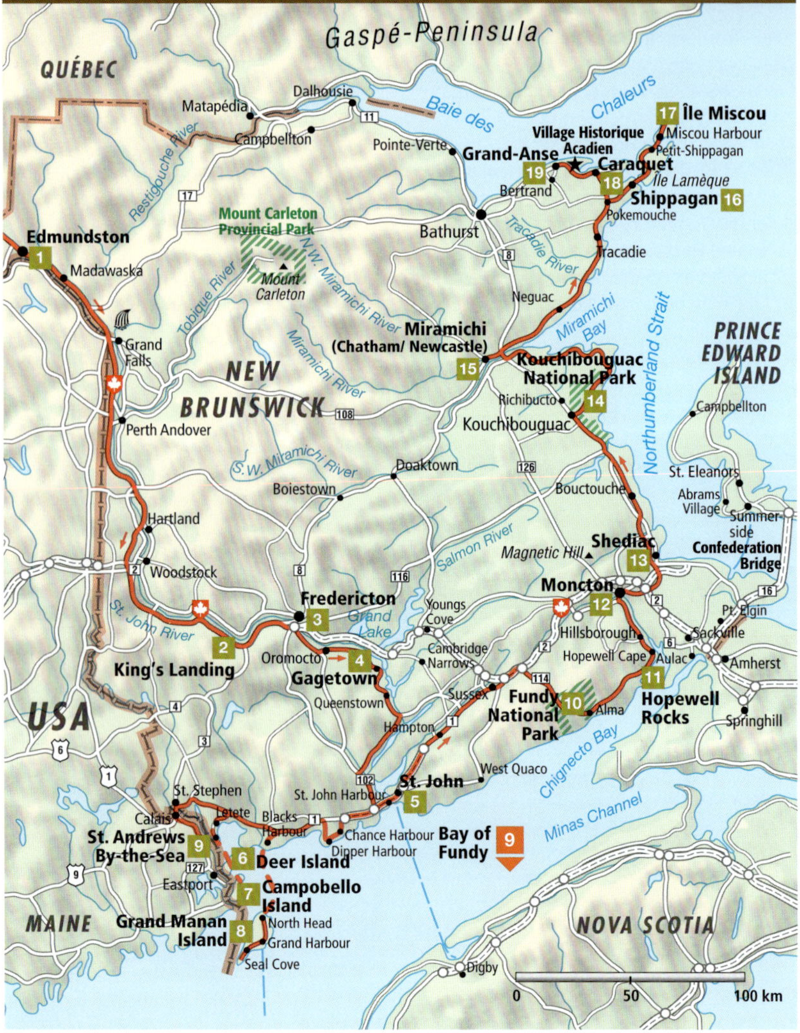

dem Anspruch, die Hummer-Hauptstadt der Welt zu sein. Um die leckeren Schalentiere dreht sich hier alles, Restaurants bieten Lobster Dinner an und Anfang Juli wird als Höhepunkt der Saison das Lobster Festival gefeiert, mit Kunst, internationalem Entertainment und Hummer satt.

Etwas außerhalb der Stadt liegt der **Parlee Beach Provincial Park** mit kilometerlangen feinen Sandstränden. Hier gibt es exzellente Bademöglichkeiten, da im Sommer die Wassertemperatur bis zu 24 °C erreichen kann – wärmer geht es in Atlantik-Kanada nicht (Highway 133, 9 $ pro Auto).

Der 240 km² große **Kouchibouguac National Park** 14 liegt im Mündungsgebiet von mehreren Flüssen. Das Natur- und Vogelschutzgebiet mit dichten Wäldern, Mooren, Salzmarschen, Lagunen und Dünen bietet auch 26 km Sandstrände – ein beliebtes Freizeitrevier zum Campen, Baden, Wandern, Radfahren und Kanufahren. Man sollte rechtzeitig einen Campingplatz reservieren (s.u.; Parkgebühr Ende Mai–Mitte Sept. 6 $, Rest des Jahres frei).

... in Shediac:
Auberge Belcourt Inn: 303 Main St., Tel. 506-532-6098, Fax 533-9398. Schönes, historisches Bed and Breakfast Inn unter großen Bäumen, sieben Zimmer in viktorianischem Stil, elegant eingerichtet, alle mit eigenem Bad, Downtown-Lage, nicht weit vom Strand. DZ 95–120 $.
Camping:
... im Parlee Beach Provincial Park:
Parlee Beach P. P. Campground: Hwy. 133, Exit 37, Tel. 506-533-3363, Mitte Mai–Mitte Sept. Schöner Campingplatz in Strandnähe, 165 Plätze, Reservierungen sind nicht möglich, man sollte unbedingt bis mittags eintreffen.
... im Kouchibouguac National Park:
Kouchibouguac N. P. Campground: Tel. 506-876-2443, Reservierung unter 1-877-737-3783, www.pc.gc.ca. Stellplätze mit und ohne Strom. Reservierung 11 $.

... in Shediac:
Paturel Shorehouse Restaurant: 46 Cap Bimet, Legere St., Tel. 506-532-4774. Beliebtes Fischrestaurant mit Blick aufs Meer, Spezialität Hummer, Lachs, Shrimps und Scallops. Dinner 18 $.

Miramichi

Die beiden Städtchen Newcastle und Chatham wurden jüngst unter dem Namen **Miramichi** 15 zusammengeschlossen. Newcastle hat zahlreiche historische Kirchen, und in den Parkanlagen am Ritchie Wharf an der Waterfront erinnern Displays an die vergangene große Schiffsbauer-Ära. Sehenswert ist auch die St. Michael's Basilica, ein imposanter Sandsteinbau, der das Flusspanorama dominiert (10 Howard St., Chatham, 8–16 Uhr).

Von Miramichi führt der Highway 11 rund um die Akadier-Peninsula nach Tracadie und Caraquet (s. u.).

Governor's Mansion Inn: 62 St. Patrick's Drive (in Nelson), Tel. 506-622-3036, www.governorsmansion.ca. Freundliche Zimmer in zwei schönen historischen Villen etwas außerhalb der Stadt am Fluss, die größeren Zimmer haben ein eigenes Bad. DZ 55–105 $.
Camping:
Enclosure Campground: 8 Enclosure Rd., 10 km südl. von Miramichi am Hwy. 8, Tel. 506-622-8638, www.governorsmansion.ca. Schön gelegen, Strand, Wanderwege, beheizter Pool.

Shippagan

Vor der Weiterfahrt nach Caraquet an der Baie des Chaleurs bietet sich ab Pokemouche ein Ausflug nach Shippagan und zur Île Lamèque und Île Miscou an. In **Shippagan** 16 gewährt das Aquarium and Marine Centre einen hervorragenden Einblick in die maritime Flora und Fauna der Region und informiert über die Tradition und Techniken des Fischfangs gestern und heute. Im oberen Teil des Gebäudes ist ein Zentrum für Meeresforschung eingerichtet (100 rue de l' Aquarium, Tel. 506-336-3013, www.gnb.ca/aquarium, Mai–Sept. 10–18 Uhr, 6 $). Die Île Lamèque ist über einen Damm zu erreichen, und von dort gelangt man über eine Brücke zur verträumten **Île Miscou** 17. Hier sind weite einsame Sandstrände und der älteste aus Holz gebaute Leuchtturm der Maritimes zu entdecken.

Caraquet

Das Zentrum einer florierenden Verarbeitungsindustrie für Meeresfrüchte an der Baie des Chaleurs ist **Caraquet** 18. Jedes Jahr bringen die Boote des kleinen Hafenstädtchens Tausende Tonnen Hummer und Krebse an Land, und einige hundert Bewohner des

Ortes sind damit beschäftigt, den Fang zu kochen, aus der Schale zu nehmen und zu säubern. Anschließend werden die delikaten Meeresfrüchte in alle Teile Nordamerikas verschickt. Außerhalb der Fangsaison sieht man die hölzernen Reusen zu großen Stapeln neben den Stegen aufgetürmt. Der Ort ist aber auch das kulturelle Zentrum der Akadier-Küste. Das **Acadian Museum** vermittelt einen guten Einblick in die 250-jährige Geschichte der Akadier in New Brunswick (15 St-Pierre Blvd., Tel. 506-726-2682, Juni–Mitte Sept. Mo–Sa 10–18, So 13–18 Uhr, 3 $).

Der 15. August, Mariä Himmelfahrt, ist seit 1884 offizieller akadischer Feiertag in der Region. Als Höhepunkt eines einwöchigen Festivals wird der Acadia Day in Caraquet mit Gottesdiensten, Segnung der Fangflotte, viel Folklore und Tintamarre, einer farbenprächtigen, geräuschvollen Karnevalsparade, gefeiert.

La Chambre de Commerce de Caraquet: 25–48 St-Pierre Blvd. West, Tel. 506-727-2931.

Hotel Paulin: 143 St-Pierre Blvd. West, Tel. 506-727-9981, 1-866-727-9981, www.hotelpaulin.com. Schönes historisches Hotel, im Familienbesitz seit 1912, gemütlich mit schönen Möbeln und Messingbetten eingerichtet, gutes Restaurant, frische Meeresfrüchte und altfranzösische Gerichte. Dinner ab 18 $, DZ ab 195 $.

Auberge de la Baie: 139 St-Pierre Blvd. West, Tel. 506-727-3485. Schlichte, aber ordentliche Zimmer, einige mit Blick aufs Meer, kleiner Badestrand, Restaurant mit Meeresfrüchte-Spezialitäten. Dinner ab 12 $, DZ 80–160 $.

Acadian Festival (Anfang August): zweiwöchiges Festival mit klassischen Konzerten, Jazz, Pop, Theateraufführungen. Höhepunkt ist das große Tintamarre-Straßenfest am 15. August sowie die feierliche Segnung der Fischereiflotte durch katholische Priester.

Village Historique Acadien

Ein paar Kilometer außerhalb von Caraquet in Richtung Grande-Anse liegt das Museumsdorf Le Village Historique Acadien mit über 40 Häusern. Nicht minder lebendig und farbenfroh als im Loyalistendorf King's Landing (s. S. 318) wird hier das Leben der Akadier in der Zeit zwischen 1780 und 1890 dargestellt. An die 100 ›Einwohner‹ in historischer Tracht zeigen dem Besucher die alten Handwerkskünste.

Durch die Restaurierung des uralten akadischen *aboiteaux,* eines Systems von Entwässerungskanälen und Deichen, wird aus den Salzmarschen wieder fruchtbares Ackerland gewonnen, das hier in traditioneller Weise bewirtschaftet wird. Das hervorragende Restaurant **La Table des Ancetres** serviert ein authentisch akadisches Menü, mit herzhaften Suppen, würzigen Ragouts und frischen Meeresfrüchten. Im Sommer bietet das Restaurant abends von Mittwoch bis Sonntag eine akadische Dinner-Theatershow (14311 Highway 11, Rivière du Nord, Tel. 506-726-2600, www.villagehistoriqueacadien.com, Juni–Anf. Okt. 10–18, danach 10–17 Uhr, Erw. 14,50 $, Kinder 9,50 $, Dinner Theatre 38 $).

An der Baie des Chaleurs

Grand-Anse 19, ein kleiner Ort auf den Klippen der Baie des Chaleurs, hat außer schönen Ausblicken über die Bucht auch eine außergewöhnliche Kulturstätte zu bieten. Das ›Museum der Päpste‹, **Le Musée des Papes,** zeigt Stationen des römisch-katholischen Glaubens. Prunkstück ist die 5 x 10 m große Nachbildung des Petersdomes – nicht etwa die Arbeit eines akribischen Bastlers, sondern das Arbeitsmodell der Domarchitekten einschließlich Michelangelo. Das kostbare Modell aus dem frühen 16. Jh. gelangte mit den Franziskaner-Missionaren nach Kanada (140 Acadie St., Tel. 506-732-3003, Mitte Juni–Sept. 10–18 Uhr, Erw. 5 $, Kinder 2,50 $).

Das warme Wasser lädt am Shediac Parlee Beach zum Baden ein

BICK'S

Prince Edward Island

Cityplan S. 339, Karte S. 344

›Garten im Golf‹ oder ›Kanadas Dänemark‹ wird die kleinste der kanadischen Provinzen auch genannt. Eingebettet in den St.-Lorenz-Golf und durch die vorgelagerten Felsenküsten von Neufundland und Nova Scotia vor den rauen Atlantikstürmen geschützt, hat die Insel ein mildes Klima und ist mit ihren weiten Stränden, zerzausten Salzmarschen, schroffen Klippen und sanften Hügeln landschaftlich besonders reizvoll.

Zwar ist die Insel kein spektakuläres Reiseziel – wer dramatische Natur sucht, findet die eher in Nova Scotia und Neufundland – aber reizvoll sind die Landschaften auf Prince Edward Island allemal. Sie bieten ein Kaleidoskop von Kontrasten und Farben: Himmel und Wasser von tiefem Mittelmeerblau, weite Sandstrände in Weiß und Rosa, leuchtendrote Erde und Klippen, sattgrünes, hügeliges Weideland, unterbrochen von Wäldern und Mengen wilder Lupinen. Die zahlreichen kleinen Fischerdörfer mit Namen wie Rustico, Bay Fortune und Mont-Carmel sind nicht weniger malerisch: aufgespannte Netze vor verwitterten Holzschuppen, alte Häuser mit abblätternder Farbe, manchmal auch ein allmählich verfallendes Boot im Garten. Und wenn nicht gerade Fangsaison ist, stapeln sich überall die Hummerfallen mit ihren bunten Markierungsbojen.

Fischfang ist auf Prince Edward Island nach wie vor einer der bedeutendsten Erwerbszweige. Entsprechend preiswert sind Austern und Hummer überall zu haben, gleich ob man sie im Restaurant bestellt oder direkt vom Fischer kauft. Ein Strandpicknick mit gegrilltem Fisch oder Hummer kann man bei seiner Reise also einplanen. Eine Spezialität der Insel sind die Lobster Suppers, die häufig auch von den Kirchengemeinden veranstaltet werden. Das Dekor ist zwar einfach, die Atmosphäre aber umso herzlicher – man kommt mit den Einheimischen leicht ins Gespräch. Hummer gibt es das ganze Jahr über fangfrisch. Die Saison dauert zwar nur ein paar Monate, ist aber in den einzelnen Regionen zeitversetzt. Die meisten Hummerfischer haben in Küstennähe einen *lobster pond,* eine Art Reuse, in der sie einen Teil ihrer Hummerernte aufbewahren.

Anreise

Erreichen kann man Prince Edward Island mit dem Flugzeug, der Autofähre oder mit dem Pkw auch über die große Confederation Bridge von Cape Tormentine in New Brunswick nach Borden-Carleton im Südwesten der Insel. Die Fährverbindung besteht zwischen Caribou (Nova Scotia) und Woods Island im Südosten. Hier verkehren im Sommer die Fähren alle 90 Minuten. Die Überfahrt dauert etwa 45 Minuten.

Seit die imposante **Confederation Bridge** über die Northumberland Strait im Sommer 1997 fertiggestellt wurde, ist das 14 km lange Bauwerk zu einer Sehenswürdigkeit geworden (s. Foto S. 340). Ebenso beeindruckend wie der Blick auf die leuchtend weißen mächtigen Pfeiler und Brückenbögen ist die Aussicht vom höchsten Punkt der Brücke auf die hügelige grüne Insel. Die Fahrt über die Confederation Bridge ist mautpflichtig. Bezahlen muss man aber erst, wenn man die Insel verlässt (Return-Ticket 40 $).

Inselurlaub

Rundfahrten

Um autofahrenden Besuchern die Erschließung der Insel zu erleichtern, hat das Fremdenverkehrsamt mehrere Rundstrecken *(scenic drives)* mit verschiedenfarbigen Hinweisschildern markiert. Der **North Cape Coastal Drive** (280 km, s. S. 343) mit einem Leuchtturm als Symbol führt um den Nordwestteil der Insel. Der **Blue Heron Coastal Drive** (200 km, s. S. 340) mit dem Symbol des Fischreihers umrundet das Queens County im Zentrum. Hier befinden sich einige der schönsten Strände und auch der P.E.I. National Park. Der **Points East Coastal Drive** (375 km, s. S. 347) mit dem Seestern-Symbol schließlich windet sich durch das Kings County entlang der zerklüfteten Ostküste, um über die Dünenlandschaften im Nordosten wieder nach Charlottetown zurückzuführen.

Bei den Rundfahrten lohnen sich Abstecher: zu abgelegenen Stränden, kleinen Holzkirchen und idyllischen Forellenbächen. Sorge, dass man sich verfährt, braucht man kaum zu haben, denn nach kurzer Zeit führt jeder Feldweg wieder auf einen Highway.

P.E.I. aktiv

Sonnenbaden und Schwimmen sind natürlich die Hauptattraktionen auf P.E.I. Die schönsten Strände der Insel findet man bei Cavendish und Brackley Beach im Norden und bei Souris an der Ostküste. In vielen Inselhäfen wartet auf Angler das Abenteuer des Hochseefischens. Gefangen werden Makrelen, Kabeljau und als absoluter Höhepunkt Thunfische, von denen in den Küstengewässern schon Weltrekordexemplare von über zehn Zentnern Gewicht erbeutet wurden.

Mit den Autoren unterwegs

Gelebte Geschichte

Das **Musée Acadien** in Miscouche informiert über die Folklore und Kultur der französischstämmigen Akadier (s. S. 343 f.). Im **Orwell Corner Historic Village** erfährt man, wie die schottischen Siedler vor rund 200 Jahren auf der Insel gelebt haben (s. S. 347).

Küstenwanderungen

Ein gut ausgebautes Wander- und Fahrradwegenetz bietet beste Gelegenheiten, die großartige Küstenlandschaft des **Prince Edward Island National Park** aktiv zu erkunden, auch Touren mit dem Seekajak sind möglich (s. S. 340 f., 349). Endlos weite Strände und riesige Dünengebirge beeindrucken im **Red Point Provincial Park** zwischen Souris und East Point (s. S. 348).

Charlottetown

Karte: S 344; **Cityplan:** S. 339

Die Hauptstadt, **Charlottetown** **1**, ist mit etwa 35 000 Einwohnern ein eher verträumtes Provinzstädtchen mit ruhigen, baumumsäumten Straßen. Gegründet wurde die Siedlung 1720 von den Franzosen, die sie Port-La-Joye nannten. 1755 brannten die Engländer das Fort nieder, ergriffen Besitz von der Insel und deportierten viele der französischen Akadier. Zwar kamen die Franzosen noch einmal und bauten das Fort wieder auf. Nach dem Frieden von 1763 wurde die Insel endgültig England zugesprochen und die Hauptstadt erhielt den Namen Charlottetown. Der Ort war von Anfang an der Haupthandelsplatz der Kolonie und so entstanden bald zahlreiche stattliche öffentliche Gebäude und große Steinkirchen. Britisch ist das Ambiente geblieben. Noch heute prägen zahlreiche Gebäude aus viktorianischer Zeit das Stadtbild. Die Innenstadt ist überschaubar und leicht zu Fuß zu erschließen.

Province House

Das **Province House** **1**, ein dreistöckiges Sandsteingebäude von 1847, ist Sitz des Parlaments und als National Historic Site Charlottetowns ganzer Stolz. Hier trafen sich 1864 die Väter der Konföderation der britischen Nordamerikaprovinzen, 15 Abgeordnete aus New Brunswick, Nova Scotia und P.E.I., und gründeten die Maritime Union – die Geburtsstunde Kanadas. Confederation Chamber, der originalgetreu restaurierte Raum der Konferenz, und der Parlamentssaal sind für Besichtigungen geöffnet (Grafton St./University Ave., Tel. 902-566-7626, Juli–Anf. Okt. tgl. 8.30–18, sonst Mo–Fr 9–17 Uhr).

Confederation Centre of the Arts

Einen ultramodernen Kontrast zu den historischen Backsteingebäuden bildet nebenan das **Confederation Centre of the Arts** **2** mit seinen Kristall- und Chromskulpturen. ›The Centre‹, wie es schlicht genannt wird, umfasst vier Theater, die Bibliothek der Provinz und ein Kunstmuseum, das zu den besten Kanadas gehört (145 Richmond St., Tel. Kunstmuseum 902-628-1864, Festival Theater 902-566-1267, www.confederationcentre.com, Mitte Juni–Sept. 9–17, sonst Mi–Sa 11–17, So 13–17 Uhr, frei). Im Centre finden alljährlich die Aufführungen des Charlottetown Festival statt. Höhepunkt ist immer das Musical »Anne of Green Gables«, nach einem Kinderbuch von Lucy Maud Montgomery, der berühmtesten Schriftstellerin der Insel (Tickets 20–60 $). Der Roman handelt von einem Waisenmädchen »mit dem Herzen auf dem rechten Fleck«, das um 1900 auf Prince Edward Island schließlich doch seine heile Welt findet.

Picknick mit Hafenblick: Auf der anderen Seite des Charlottetown Harbour, über die Highways 1 und 19 in 35 Min. zu erreichen, liegt bei **Rocky Point** die Fort Amherst/Port-La-Joye National Historic Site. Sie erinnert an die erste französische Siedlung und das spätere britische Fort. Übrig geblieben sind nur die 200 Jahre alten Erdwälle. Ein Interpretive Centre gibt Aufschluss über die frühe Geschichte der Insel; man findet ein hübsches Plätzchen zum Picknick und hat dabei einen schönen Blick auf den Hafen von Charlottetown (Highway 19, Tel. 902-566-7626, Mitte Juni–Anf. Sept. 9–17 Uhr).

In der Nachbarschaft sind zwei Kirchen sehenswert: Die **St. Paul's Anglican Church** **3** von 1896 – die älteste Kirchengemeinde der Insel, denn die erste Kirche wurde an der gleichen Stelle schon um 1769 gebaut. Ein paar Straßen weiter in Richtung Hafen steht die imposante **St. Dunstan's Basilica** **4** mit ihren neogotischen Türmen, einer der größten Kirchenbauten Kanadas. Sie ist Sitz der römisch-katholischen Diözese.

Vom historischen Zentrum zum Hafen

Vom Province House führt die **Great George Street,** eine National Historic Area mit alten Häusern, zur restaurierten Waterfront mit dem **Confederation Landing Park** **5**. Hier sind die ›Väter der Konföderation‹ 1864 an Land gegangen. An das historische Datum erinnern im Sommer vor der **Founders Hall** **6** die Confederation Players, im Stil der Zeit kostümierte Darsteller, mit kleinen Aufführungen und einem geführten Stadtbummel (6 Prince St., Tel. 902-368-1864, Juli–Aug. 11, 13, 15.30 Uhr, 5 $). Gleich daneben am **Peake's Wharf** **7** gibt es mehrere Restaurants, in denen man am Wasser sitzen kann, Kunsthandwerksläden und Straßentheater.

i **Tourism P.E.I.:** Water St., Tel. 902-368-444, 1-888734-7529, Fax 386-6613, www.peiplay.com

Visitor Information Centre: 173 Water St., Tel. 902-368-4444, 1-800-463-4734, www.peiplay.com, Juli–Aug. 8–22, Frühjahr/Herbst 9–18, Winter Mo–Fr 9–18 Uhr.

Prince Edward Island National Park: 2 Palmers Lane, Tel. 902-672-6350, 566-7050, www.pc.gc.ca/pn-np/pe/pei-ipe/.

Rodd Charlottetown Hotel [1]: 75 Kent/Pownal St., Tel. 902-894-7371, 1-800-565-7633, Fax 368-2178, www.rodd-hotels.ca. Renoviertes Hotel, Backsteingebäude im georgianischen Stil mit schön geschnitzter Holzeinrichtung, Dachgarten, Indoor-Pool, Restaurant. DZ ab 150 $.

Duchess of Kent Inn [2]: 218 Kent St., Tel. 902-566-5826, 1-800-665-5826, www.du

Charlottetown: Cityplan

Sehenswürdigkeiten

1 Province House
2 Confederation Centre of the Arts
3 St. Paul's Anglican Church
4 St. Dunstan's Basilica
5 Confederation Landing Park
6 Founders Hall
7 Peake's Wharf

Übernachten

1 Rodd Charlottetown Hotel
2 Duchess of Kent Inn

Essen und Trinken

3 Mavor's
4 Lobster on the Wharf

chessofkentinn.ca. B & B mit großen Zimmern in hübschem Stadthaus von 1875, zentral. DZ 100–125 $.

Camping:

Holiday Haven Campground: Rte. 248, nahe Hwy. 1, Cornwall, 9 km westlich von Charlottetown, Tel. 902-566-2421, Fax 368-8483, www.holidayhaven.pe.ca, Juni–Anf. Okt. Schöner Platz am West River Inlet, Beach, Pool, Aktivitäten.

Mavor's 3: 145 Richmond St., Tel. 902-628-6107, 8–20 Uhr. Café und Restaurant im Confederation Centre of the Arts, vielseitiges Menü, leckere Kleinigkeiten, Meeresfrüchte. Dinner ab 12 $.

Lobster on the Wharf 4: 2 Prince St., Charlottetown Waterfront, Tel. 902-368-2888, www.lobsteronthewharf.com, Mai–Okt. 12–22 Uhr. Beliebtes Fischrestaurant am Hafen, Hummer, Muscheln, Steaks. Dinner ab 12 $.

Island Crafts Shop: 156 Richmond St., Tel. 902-892-5152. Der Laden des P.E.I. Crafts Council, der Vereinigung der Kunsthandwerker der Insel, die hier ihre Produkte ausstellen.

Charlottetown Festival (Mitte Mai–Mitte Okt.): Konzerte, Theateraufführungen, Musicals (u. a. »Anne of Green Gables«), Tel. 902-628-1864, www.confederationcentre.com.

Sightseeing: Abegweit Tours, Tel. 902-894-9966, www.abegweittours.com. Stadtrundfahrten (1 Std.) sowie ganz- und halbtägige Rundfahrten auf der Insel mit Besichtigungen; Treffpunkt für die Stadtrundfahrt: Confederation Centre, für die Inselrundfahrten: Charlottetown Hotel.
Peakes Wharf Boat Tours, Peake's Wharf, Tel. 902-566-4458. Sightseeing-Touren mit dem Schiff, von 70 Min. bis 2,5 Std. Dauer. 18–28 $.

Fahrradverleih: Mac Queen's Island Tours – Bicycle and Tour Specialists, 430 Queen St., Tel. 902-368-2453, www.macqueens.com. Fahrradvermietung und organisierte Touren. Ab 25 $ pro Tag.

Die 14 km lange Confederation Bridge verbindet P.E.I. mit dem Festland

Auf dem Blue Heron Coastal Drive zur Malpeque Bay

In Charlottetown beginnt und endet die 190 km lange Rundstrecke des Blue Heron Coastal Drive, gekennzeichnet durch ein blaues Reihersymbol. Der südliche Abschnitt verläuft auf den Highways 19 und 10 entlang der Südküste durch grünes Hügelland mit roten Klippen und zahlreichen Badebuchten. Die leuchtend rote Erde, hervorgerufen durch den hohen Gehalt an Eisenoxyd, sieht man übrigens überall auf der Insel – ein überaus hübscher Kontrast zu den sattgrünen Wiesen.

Prince Edward Island National Park

In Richtung Norden führt der Blue Coastal Heron Drive auf der Route 15 durch fruchtbare Marschen zum **Prince Edward Island National Park 2**, eine 40 km lange, buchtenreiche Küstenlandschaft am St.-Lorenz-Strom mit roten Sandsteinklippen, Wäldern, Teichen, Dünen und Sandstränden. Wander- und Fahrradwege durchziehen den Park. In Stanhope, Rustico Island und Cavendish gibt es Campingplätze (Parkeintritt 12 $ pro Fahrzeug).

Im Ostteil des Parks, nicht weit von Stanhope, liegt einer der besten Golfplätze der Insel und **Dalvay-by-the-Sea 3**, ein historisches Hotel mit herrlichem Strand. Der 1895 im viktorianischen Stil erbaute Landsitz eines Ölmagnaten lohnt den Besuch schon der exzellenten Küche wegen (Adresse s. u.).

Dalvay-by-the-Sea: P.E.I. National Park, Tel. 902-672-2048, 1-888-366-2955, www.aco.ca/dalvay, Mitte Juni–Sept. Traditionsreiches Kurhotel an einem kleinen See im Nationalpark, Bootsvermietung, Badestrand, Tennis, stilvolles Restaurant mit Fischspezialitäten vom Holzkohlengrill. Dinner 18–34 $, DZ inkl. Frühstück und Dinner 260 $.

Um die Rustico Bay

Rings um die **Rustico Bay 4** liegen malerische Fischerorte, in denen man gelegentlich an der Mole frische Krabben und Hummer kaufen kann.

Durch seine zentrale Lage eignet sich **Brackley Beach** als Basis für Touren in den nahe gelegenen Nationalpark. Der kilometerlange, feinsandige Strand des Ortes gehört zu den schönsten der Insel. Er ist auch für Familien mit kleinen Kindern bestens geeignet.

In **Rustico** mit seinen viktorianischen Häusern steht neben der St. Augustine's Church ein kleines Backsteingebäude, das 1864 erbaute Farmers' Bank of Rustico Museum. Die ehemalige Sparkasse, Kanadas erste und kleinste, ist heute eine National Historic Site und ein Museum. Unter anderem werden auch persönliche Gegenstände des Gründers, Georges-Antoine Belcourt, gezeigt (Church Rd., Tel. 902-963-3168, Ende Juni–Anf. Sept. Mo–Sa 9.30–17.30, So 13.30–17.30 Uhr, 2 $).

North Rustico Harbour ist ein malerischer kleiner Fischerort mit einem schön restaurierten Hafenkai und einem alten Leuchtturm. Im Rustico Harbour Fishery Museum ist ein typisches Hummerfangboot ausgestellt und die Geschichte des Fischfangs auf der Insel erklärt. Auch über die Mi'kmaq-Indianer wird berichtet (318 Harbourview Dr., Tel. 902-963-3799, Mitte Mai–Anf. Sept. 9.30–17.30 Uhr, 3 $). Im Blue Mussel Café am Hafen gibt es leckere Fischspezialitäten. Bei North Rustico beginnt auch der vielleicht schönste Abschnitt des Nationalparks, die Cavendish-Küste mit ihren Felsenufern und bis zu 30 m hohen roten Sandsteinklippen.

... in Brackley Beach:
Brackley Visitor Information Centre: Rte. 6 und 15, Tel. 902-672-7474, Anf. Juni–Labour Day. Auskünfte über Baden, Wandern, Radfahren, Angeln, Camping am feinsandigen Strand von Brackley Beach.

... in Brackley Beach:
Shaw's Hotel: 99 Apple Tree Rd., Tel. 902-672-2022, Fax 672-3000, www.shawshotel.ca. Historisches Hotel, seit 1860 in Familienbesitz, 0,5 km vom Strand entfernt, 16 hübsch eingerichtete Zimmer und 25 Cottages, Restaurant. Dinner ab 18 $, DZ ab 130 $, Cottage ab 250 $.

... in North Rustico Harbour:
Blue Mussel Café: Harbourview Dr., Tel. 902-963-2152, Mitte Juni–Mitte Sept. 11.30–20 Uhr. Kleines Restaurant am Wharf, man kann auch draußen sitzen, leckere Meeresfrüchte. Ab 8 $.
Fisherman's Wharf Lobster Suppers: Rte. 6, Tel. 902-963-2669. Saalähnliches Restaurant mit Massenbetrieb, im Preis von 28–35 $ (je nach Größe) ist ein Hummer und freie Wahl am Buffet mit Fischsuppe, Muscheln, diversen warmen Gerichten, Salaten und Nachtisch inbegriffen.

... in Brackley Beach:
Dunes Studio Gallery and Cafe: Rte. 15, Tel. 902-672-2586, www.dunesgallery.com, Juni–Okt. 10–18 Uhr. Mehrstöckiges Gebäude mit einer imposanten Glasfront zum Meer, wo über 70 Künstler und Kunsthandwerker der Insel ihre Arbeiten von Stein- und Töpferwaren bis hin zu Skulpturen, Schmuck, Fotos und Gemälden ausstellen, im Café und Restaurant kann man gut speisen (Gerichte ab 8 $).

... in North Rustico:
Exkursionen: Outside Expeditions, 370 Harbourview Drive, Tel. 902-963-3366, 1-800-207-3899, Fax 963-3322, www.getoutside.com. Seekajak-Touren im Nationalpark und anderen Inselrevieren, Exkursionen, auch mit Wandern, Radfahren und Camping; Kurse, Vermietung. 90-minütige Paddeltour 39 $, 3-stündige Tour 50 $, Ganztagestour 100 $.
Hochseefischen: Aiden's Deep-Sea Fishing, 54 Harbourview Drive, Tel. 902-963-3522, www.peifishing.com. Angeln auf hoher See, Exkursionen, auch Hummerverkauf. 3-stündige Tour Erw. 30 $, Kinder bis 12 J. 20 $.

Von Cavendish zur Malpeque Bay

Am Westende des Parks trifft man bei **Cavendish** 5 auf das **Green Gables House.**

Fischerschuppen in New London an der Malpeque Bay

Das weiße Farmhaus mit den grünen Giebeln inspirierte die Schriftstellerin L. M. Montgomery zu ihrem berühmten Roman »Anne of the Green Gables«. Das aus dem 19. Jh. stammende Gebäude wurde restauriert und der Handlung des Romans entsprechend eingerichtet. Seit Jahrzehnten ist es zur Kultstätte der ›Anne‹-Fangemeinde geworden, wer sich für ihre Bücher nicht interessiert, wird den Rummel um ›Anne‹ eher langweilig finden (Rte. 6, Tel. 902-963-7874, Mai–Okt. 9–17, Juli–Aug. bis 20 Uhr, Erw. 7 $, Kinder 3,50 $). Ein paar Kilometer weiter westlich in New London steht das schlichte Geburtshaus der Schriftstellerin.

An der Küste entlang führt der Scenic Drive weiter über French River und Park Corner nach Malpeque. Ein paar Kilometer nördlich von dem kleinen Ort gelangt man zum **Cabot Beach Provincial Park 6**. Der 140 ha große Park liegt inmitten einer großartigen Landschaft auf einer in die Bucht hineinragenden Landspitze mit Sandstränden und Felsformationen. Der Provinzpark bietet einen beaufsichtigten Badestrand und Campingmöglichkeiten (s. u.).

In **Indian River 7**, ca. 10 km weiter südlich, lohnt die wunderschön restaurierte St. Mary's Church einen Besuch. In der historischen Kirche, die eine hervorragende Akustik hat, finden im Sommer mehrmals in der Woche Musik-Workshops und Konzerte statt (Tel. 902-836-3733, 1-866-856-3733, www.indianriverfestival.com/festival/).

... in Cavendish:
Prince Edward Island N. P. Information Centre: Rte. 6 und 13, Tel. 902-963-2391. Informationen zum Nationalpark.

Camping:
... im Cabot Beach Provincial Park:
Cabot Beach P. P. Campground: Tel. 902-836-8945, Ende Juni–Anf. Sept. Neben 160 Stellplätzen auch alle Einrichtungen, u. a. Waschsalon und Laden.

Auf dem North Cape Coastal Drive entlang der Westküste

Summerside

An der schmalsten Stelle der Insel, bei **Summerside** 8, beginnt der North Cape Coastal Drive. Das Hafenstädtchen ist mit seinen 15 000 Einwohnern der zweitgrößte Ort auf P.E.I. Mit seinen stattlichen Villen erinnert Summerside an die große Zeit der Schiffsbauer und Silberfuchszüchter, die vor über 100 Jahren den Reichtum der Stadt begründeten. Heute stellen Fischfang und Tourismus die Haupteinnahmequellen dar. An einigen Häusern zeigen Wandmalereien historische Ereignisse. Spinnaker's Landing, der Boardwalk am Ufer, ist umsäumt von Läden und Restaurants. Das Visitor Centre ist in einem Leuchtturm-Nachbau untergebracht. Von oben bietet sich ein schöner Blick über die Bedeque Bay (130 Harbour Drive, Tel. 902-436-6692).

Silver Fox Inn: 61 Granville St., Tel. 902-436-1664, 1-800-565-4033, www.silverfoxinn.net. Sechs komfortable, hübsch eingerichtete Zimmer in historischem Inn, Frühstück inklusive. DZ 140 $.

Lobster Carnival (3. Juliwoche): buntes Straßenfest mit Musik und Hummeressen.

Miscouche und das Akadierland

Bei **Miscouche** 9 beginnt die Region Évangéline, das Siedlungsgebiet der Akadier. Hier weht neben der kanadischen Fahne die Trikolore mit dem gelben Akadierstern, und die kleinen Fischerdörfer werden von imposanten katholischen Kirchen dominiert. Man merkt, dass hier ein Menschenschlag lebt, der sich dem Mutterland der Vorfahren noch eng verbunden fühlt, man spricht Englisch und Französisch. Das Musée Acadien de l'Île-Prince-Édouard in Miscouche dokumentiert die Folklore der Akadier und informiert über die französische Besiedlung der Insel von 1720 bis zur Gegenwart (Tel. 902-432-2880, Juni Mo–Fr 9.30–17, So 13–16, Juli–Aug. 9.30–19 Uhr, 4,50 $).

Schon von weitem sind die Türme der Notre-Dame-du-Mont-Carmel in **Mont-Carmel** 10 zu sehen. An Sonntagen ist die Kathedrale für die heilige Messe geöffnet, sonst fragt man im gegenüberliegenden Musée Religieux um Erlaubnis, die Kirche zu besichtigen (Tel. 902-854-2224, Juli–Aug. 13–17 Uhr). Im **Le Village Resort** zeigt ein kleines rekonstruiertes Museumsdorf den akadischen Lebensstil der Pionierzeit. Im dazugehörigen Restaurant Étoile de Mer kann man die authentisch akadische Küche probieren (Tel. 902-854-2227, 1-800-567-3228, Anf. Juni–Ende Sept. 9–19 Uhr, 3,50 $).

Westliche Malpeque Bay

Die Malpeque Bay ist Feinschmeckern bekannt durch die Malpeque-Austern. Hier wurden die unscheinbaren Schalentiere, die sich durch besondere Haltbarkeit und ihren vorzüglichen Geschmack auszeichnen, zuerst gefunden. Heute werden sie überall in den Küstengewässern der Insel gezüchtet.

Im **Green Park Provincial Park** 11 mit seiner Marschlandschaft und Gezeiten-Pools gibt es nicht nur einen schönen Campingplatz. Hier lohnt das Green Park Shipbuilding Museum and Yeo House einen Besuch. Das schön restaurierte und originalgetreu einge-

Prince Edward Island

richtete historische Herrenhaus des Schiffsbauers James Yeo besitzt eine Kuppel, von der er die Arbeiten auf der Werft beobachtete. Von hier oben blickt man über die weitläufigen Anlagen bis zur Malpeqe Bay. Im Museum hinter dem Haus wird der Schiffsbau auf der Insel erklärt (Tel. 902-831-7947, Anf. Juni–Anf. Sept. 9–17 Uhr, 6 $).

Ein kleiner Abstecher auf der Route 163 nach **Lennox Island** 12 im Nordwesten der Malpeque Bay führt zur **Lennox Island Indian Reservation.** Hier leben rund vierzig Familien vom Stamm der Mi'kmaq-Indianer. Ausgrabungen haben ergeben, dass die Mi'kmaq bereits vor mehreren tausend Jahren auf Prince Edward Island gelebt und gejagt haben. Sie nannten die Insel Abegweit – ›Land, von den Wellen gewiegt‹. Im Reservat gibt es ein kleines Museum, das Mi'kmaq Cultural Centre, und man kann traditionelles indianisches Kunsthandwerk, wie mit Stachelschweinborsten verzierte Körbchen, kaufen (Cultural Centre,Tel. 902-831-2702, Sommer Mo–Sa 10–19, So 12–18 Uhr).

... auf Lennox Island:
Indian Art & Craft of North America: Rte. 163, North Coastal Drive, Tel. 902-831-2653, Mitte Mai–Mitte Okt. Mo–Sa 9–16, So 10–16 Uhr. Kunsthandwerk der Indianer, Mokkasins, Stickereien, Masken, Körbe, Mi'kmaq-Töpferarbeiten.

... in Tyne Valley:
Tyne Valley Oyster Festival (1. Wochenende im August): Buntes Volksfest mit Straßenmusik und Tänzen, Hummer- und Austernessen.

Die Westküste von P.E.I.

Weiter auf dem North Cape Coastal Drive zur Westküste geht es auf dem Highway 12 und der Route 14. Doch zuvor noch ein kleiner Abstecher auf der Route 142 nach **O'Leary** 13 ins Herz von P.E.I.s ›Kartoffelland‹. Hier findet der Liebhaber der unentbehrlichen Knollenfrucht im Prince Edward Island Potatoe Museum eine wirklich interessante Ausstellung zur Herkunft und Verbreitung der Kartoffel und ihre Bedeutung für die Wirtschaft der Insel (Parkview Dr., Tel. 902-859-2039, Mitte Mai– Mitte Okt. Mo–Sa 9–17, So 13–17 Uhr, 6 $).

Landschaftlich besonders reizvoll sind **Cap-Egmont** und **Cape Wolfe** an der Westküste mit ihren roten Sandsteinklippen und einsamen Stränden. Bei **West Point** 14 hat man im 1875 errichteten schwarz-weißen Leuchtturm ein kleines Museum eingerichtet, das über die Geschichte der Leuchttürme auf der Insel informiert. Der angrenzende **Cedar Dunes Provincial Park** mit seinem schönen Strand bietet Gelegenheit zum Baden, Picknick und Camping.

Bei Fahrten auf den Küstenstraßen der Insel sieht man nach einem Sturm die Strände mit einer Art Seetang übersät. Dann herrscht dort emsiges Treiben, mit Schaufeln und Körben werden Pferdefuhrwerke oder auch Kleinlastwagen mit dem Gewächs beladen. Die Männer, die hier so eifrig bei der Sache sind, haben nicht etwa den Auftrag, den Strand zu säubern. Es sind Fischer bei einem lukrativen Nebengeschäft. Denn aus Irish Moss, so heißt die grünbraune Seepflanze, wird ein wertvoller Extrakt gewonnen, der in der Industrie vielseitige Verwendung findet. Als Stabilisator und Emulgator ist er in Produkten wie Speiseeis, Kakao und in Kosmetika enthalten. Auf dem Küchenzettel ist die Pflanze ebenso zu finden: Irish Moss Pudding ist eine Spezialität der Insel, die man einmal probieren sollte. An den Stränden zwischen Miminegash und Seacow Pond ist das Schauspiel der Irish-Moss-Ernte am häufigsten zu beobachten. Im **Irish Moss Interpretive Centre** in **Miminegash** 15 erfährt man dann durch Displays und Videos mehr über die Meerespflanze und ihre Verarbeitung. Zum Interpretive Centre gehört das Seaweed Pie Café. Wie schon der Name sagt: Hier gibt es originelle Spezialitäten wie Seaweed Pie (Seetang-Kuchen) oder Clam Chowder. Daneben natürlich auch die üblichen Meeresfrüchte-Gerichte und Fish Cakes (Rte. 152, North Cape Coastal Dr., Tel. 902-882-4313, Juni–Sept. 10–19 Uhr, 2 $).

... in West Point:
Historic West Point Light House: R.R. 3 (am Hwy. 14), Tel. 902-859-3605, 1-800-764-6854, Fax 859-1510, www.westpointlighthouse.com. Freundliches Bed and Breakfast Inn mit neun Zimmern in einer alten Leuchtturmanlage (Foto s. u.), günstigere Wochentarife, sehr gutes Restaurant, Spezialität Meeresfrüchte. Dinner ab 14 $, DZ 110–145 $.

Camping:

... im Cedar Dunes Provincial Park:
Cedar Dunes P. P. Campground: Tel. 902-859-8785, 25. Juni–6. Sept. Provinzpark mit Camping, schöner Strand zum Schwimmen, Freizeitmöglichkeiten.

Das West Point Lighthouse beherbergt heute ein Bed and Breakfast Inn

North Cape

Am windverwehten **North Cape** 16, dem nördlichsten Punkt der Insel, ist Kanadas längstes Riff mit so bizarren Felsformationen wie dem ›Elephant Rock‹ zu bewundern. Auf der Atlantic Wind Test Site erforscht man Energiegewinnung durch Windmühlen. Zum Komplex gehört das Interpretive Centre and Aquarium, wo man einiges über die örtliche Geschichte, Windkraft und Turbinen und über Meeresflora und -fauna erfährt (Rte. 12, Tel. 902-882-2746, Juli–Aug. 10–20 Uhr, 3 $).

Island's End Motel: Rte. 12, 42 Doyle Rd., Seacow Pond, Tel. 902-882-3554, www.islandsendmotel.com. Ruhiges Motel mit schönem Blick über den Golf von Sankt Lorenz, sieben Zimmer und ein Hausboot-Cottage mit Kitchenette. DZ 65–75 $.

Wind & Reef Restaurant: Rte. 12, Tel. 902-882-3535. Gutes Fischrestaurant mit schönem Blick über den Golf und die Northumberland Strait, Meeresfrüchte, aber auch Steaks, Rippchen und Geflügel. Dinner ab 12 $.

Auf dem Points East Coastal Drive entlang der Ostküste

Von Orwell nach Souris

Der Points East Coastal Drive, durch ein Seestern-Symbol markiert, ist mit 375 km der längste der *scenic drives.* Er folgt der Zickzacklinie des östlichen Inselteils von der Hillsborough Bay bis zum East Point durch einen Flickenteppich grünen Farmlandes mit Wäldern, Flüssen, verträumten Fischerdörfchen und einsamen Stränden. Ohne Abkürzungen sollte man für diese Tour zwei Tage einplanen.

Bei **Orwell** 17 am Highway 1 lohnt ein lebendes Farmmuseum, das Orwell Corner Historic Village, einen Besuch. Hier wird Landwirtschaft im Stil der schottischen Siedler des 19. Jh. gezeigt. Neben traditionellem Farmhaus und Scheunen gibt es außer Postamt, Schule, Kirche und Mühle auch einen besonders schön restaurierten *general store* zu besichtigen. Mittwochabends wird ein Ceilidh veranstaltet – keltische Musik und Tänze (Highway 1, Tel. 902-651-8510, www.orwellcorner.isn.net, Ende Mai–Ende Juni Mo–Fr 9–16.30, Ende Juni–Anf. Sept. tägl. 10–17.30, Anf. Sept.–Mitte Okt. So–Do 9–16.30 Uhr, Erw. 7,50 $, Kinder 6–18 J. 3 $).

Der **Lord Selkirk Provincial Park** 18 an der Orwell Bay bietet zwar keine guten Möglichkeiten zum Schwimmen, aber man kann Muscheln suchen, wandern und auch gut campen. Von der Kreuzung der Highways 1 und 209 ist es nicht weit nach **Point Prim** 19. Hier steht am Ende der Straße der älteste Leuchtturm der Insel, 1846 gebaut. Von der Spitze des 25 m hohen Turms hat man einen schönen Panoramablick (Tel. 902-659-2412, Juli–Aug.).

Bei Wood Islands befindet sich der Terminal für die Fährverbindung nach Nova Scotia. Von den Klippen des **Northumberland Provincial Park** 20, ein paar Kilometer weiter östlich, hat man einen schönen Blick auf das Meer mit den großen Fähren. **Murray Harbour** 21 ist ein geschäftiger Fischerort, von dem täglich Boote mit Hochseeanglern auslaufen. Ein kleines Museum in einem Blockhaus gewährt Einblick in die Geschichte der Region, und in mehreren Läden wird gediegenes Kunsthandwerk angeboten.

Camping:
... im Lord Selkirk P. P.:
Lord Selkirk P. P. Campground: Tel. 902-659-7221, Juni–Sept. Alle Einrichtungen, Pool, Restaurant.

... in Point Prim:
Chowder House: Point Prim Rd., Tel. 902–659-2023. Tel. 902-659-7221, Juni–Sept. 9–20 Uhr. Nettes Restaurant, nicht weit vom Leuchtturm, Meeresfrüchte, besonders lecker: Clam Chowder, selbst gebackenes Brot, Irish-Moss-Dessert, Di Live-Entertainment (Ceilidh). Ab 8 $.

... im Lord Selkirk Provincial Park:
Highland Games (1. Wochenende im

August): Dudelsack-Wettbewerbe, traditionelle schottische Athletik-Wettkämpfe, Hummeressen.

... in Wood Island:
Northumberland Ferry: Wood Islands Ferry Dock, Tel. 1-888-249-7245, www.nflbay.com. Fährverbindung zwischen Wood Islands, P.E.I. und Caribou, Nova Scotia (75 Min.), Mai–Mitte Dezember, hin und zurück, gezahlt wird bei der Rückfahrt. Personen 12,50 $, Autos 55 $, Camper 75 $.

Souris

Etwa 15 km vor Souris, im winzigen Ort **Bay Fortune** 22**,** gibt es ein Country Inn mit einem gemütlichen Restaurant, das Inn at Bay Fortune, das zu den besten Kanadas zählt.

Souris 23 ist ein Ort mit einer alten Fischer- und Schiffsbautradition. Bereits am Anfang des 17. Jh. ankerten hier französische Fischer aus der Normandie. Und noch heute lebt der 1200-Seelen-Ort von Hummer, Krabben, Scallops und den verschiedenen Küstenfischen der Region. Zahlreiche Inns, Restaurants und Kunstgewerbeläden sorgen dafür, dass sich der Besucher hier wohl fühlt. Souris ist eine gute Basis für Ausflüge in die Umgebung. Man kann auch Fahrräder und Kajaks mieten und mehrere Veranstalter bieten vom Souris-Anleger Bootsfahrten zum Basin Head an (ab 30 $).

Von Souris besteht von April bis Januar eine Fährverbindung zu den 134 km entfernten, landschaftlich sehr reizvollen **Îles de la Madeleine** im St.-Lorenz-Golf. Die Überfahrt dauert rund 5 Stunden (www.ilesdelamadeleine.com/tourism.htm; s. S. 311 ff.).

Visitor Information Centre: 95 Main St., Tel. 902-6876-7030, Juni–Okt. 9–17 Uhr.

Lighthouse and Beach Motel: 51 Sheep Pond Rd., Tel. 902-687-2339, 1-800-689-2339, www.lighthouseandbeachmotel.ca. Hübsches Motel neben dem Leuchtturm, ca. 3 km außerhalb von Souris, 400 m bis zum Strand, auch Zimmer im Leuchtturm mit schönem Blick aufs Meer. DZ inkl. Frühstück 62–90 $.

The Inn at Bay Fortune: Rte. 310, 15 km südlich von Souris, Tel. 902-687-3745, Fax 687-3540, www.innatbayfortune.com, Juni–Mitte Okt. Gemütliches B & B Country Inn mit exzellentem Restaurant. Dinner ab 18 $, DZ ab 150 $, Suites ab 200 $.

Von Souris zum East Point

Von Souris bis zum East Point erstrecken sich einige der schönsten Strände und Dünenlandschaften der Insel – gewaltige Gebirge aus weißem pulvrigem Sand, als wäre ein Stück Sahara mit einer Riesenschaufel hierhin versetzt worden, Tümpel und windzerzauste Salzmarschen, bizarres Treibgut und Ruinen alter Molen. Der **Red Point Provincial Park** 24 umschließt einen Teil dieser faszinierenden Landschaft und bietet Camping- und Picknickplätze.

Ein paar Kilometer weiter führt eine Seitenstraße vom Highway 1 zum **Basin Head** 25**.** Hier findet man die *singing sands,* Dünen, auf denen die besondere Struktur der Sandkörner beim Gehen ein quietschendes Geräusch verursacht. Das Basin Head Fisheries Museum liegt auf einem Felsen hoch über dem Atlantik. Zum Museum gehören Räucherschuppen und Bootshaus sowie ein Meerwasseraquarium. Ausstellungsgegenstände und Fotos geben Einblick in das Leben der Küstenfischer damals und heute (Route 16, 10 km östlich von Souris, Sommer Tel. 902-357-7233, Winter Tel. 902-368-6600, Mitte Juni–Ende Sept. 10–19 Uhr, sonst telefonisch erfragen, 4 $).

Camping:
Red Point Provincial Park Campground: Tel. 902-357-2463, 25. Juni–6. Sept. Schöner Campingplatz am Strand, 58 Stellplätze, Spielplatz, Picknick, Schwimmen, Wandern.

East Point

Auf der Landspitze des East Point warnt ein Leuchtturm die Fischer vor einem gefährlichen Felsenriff. Das **East Point Lighthouse**

In der Abendsonne glühen die Sandsteinfelsen von Prince Edward Island rostrot

26 gehört zu den ältesten der Insel und ist der einzige noch ›bemannte‹ Leuchtturm (Tel. 902-357-2106, Mitte Juni–Aug. 10–18 Uhr, 3 $). Bei den Seefahrern ist die Nordküste berüchtigt. Hunderte von Schiffbrüchen haben sich hier schon ereignet, und noch immer erzählt man sich vom unheilvollen Oktober des Jahres 1851, als der ›Yankee Gale‹, ein Sturm von bis dahin nicht gekannter Windstärke, über 50 Schiffe zerschellen ließ.

In **North Lake** 27 trifft man auf Sportfischer aus aller Welt, die sich Petri Heil wünschen, wenn es auf Fang von Riesen-Thunfisch geht. Von North Lake führt der Points East Coastal Drive bis St. Peters, wo die Route 313 zum Visitor Centre des **Greenwich Prince Edward Island National Park** 28**,** dem dritten Teil des P.E.I. National Park, abzweigt (Ende Juli–Ende Aug. 9–18, 15. Mai–Ende Juni und Ende Aug.–Anf. Okt. 9–16.30 Uhr). Greenwich hat einen hervorragenden Strand und massige Wanderdünen, die nach und nach den angrenzenden Wald begraben. Markierte Wanderwege führen durch das empfindliche Ökosystem von Dünen und Feuchtgebiet.

Erster Halt auf der Lighthouse-Route: Peggy's Cove

Nova Scotia

Hudson Bay
Atlantischer Ozean
Golfe du St-Laurent
Cape Breton Island
Halifax
Lunenburg

Auf einen Blick: Nova Scotia

Kanadas schottische Küste

Auf der Landkarte gleicht Nova Scotia einem Riesenhummer. Mit einer Küstenlinie von mehr als 10 000 km Länge erstreckt sich die Halbinsel über 600 km vom Yarmouth-Leuchtturm an der Bay of Fundy bis zum Hochland Cape Bretons im Nordosten der Provinz. Nur eine etwa 24 km breite Landenge, der Isthmus von Chignecto, verbindet Nova Scotia mit dem kanadischen Festland. Etwa 950 000 Menschen wohnen auf der Halbinsel. Traditionell lebte man vom Holz der riesigen Wälder, von Landwirtschaft und vom Fischfang. Auch heute noch gibt das Meer vielen von ihnen den Lebensunterhalt, aber durch Überfischung sind die Erträge erheblich zurückgegangen, sodass die Einnahmen aus dem Fremdenverkehr für die Provinz immer wichtiger werden.

So verschieden wie die Landschaft sind die Menschen hier. Denn außer den Loyalisten aus den Neu-Englandkolonien gab es sechs große Gruppen von Siedlern: Franzosen, Engländer, Deutsche, Schotten, Iren und Schwarze, die im Gefolge der Loyalisten kamen. Und natürlich die Ureinwohner, die Mi'kmaq-Indianer. Wahrscheinlich haben schon die Wikinger um das Jahr 1000 n. Chr. die Küsten von Nova Scotia gesehen, und viele Historiker glauben, dass auch Giovanni Caboto 1497 bei Cape Breton landete, um den Kontinent für die britische Krone zu beanspruchen. Bereits Anfang des 16. Jh. fischten Portugiesen und Franzosen vor diesen Küsten, und 1521, fast hundert Jahre bevor die Pilgerväter ihren Fuß auf Plymouth Rock in Neu-England setzten, gründeten die Portugiesen vermutlich bei Ingonish ein Fischerdorf. Die Franzosen waren dann die Ersten, die in größerem Umfang das Land, das sie ›Acadie‹ nannten, besiedelten. 1605, zwei Jahre nachdem de Champlain seine erste Reise den St.-Lorenz-Strom hinauf unternahm, gründeten Kolonisten unter Führung von Sieur de Monts

die Siedlung Port Royal als Pelzhandelsposten. Als Nächstes kamen die Schotten, die die Region Nova Scotia nannten.

Highlights

10 **Lunenburg:** Der gesamte Ort mit seiner historischen Hafenansicht steht auf der Unesco-Liste des schützenswerten Weltkulturerbes (s. S. 371 f.).

11 **Cape Breton Island:** Cape Breton Island verbindet irisch-schottische mit den akadischen Traditionen der ersten französischen Siedler. Die historische Garnison Louisbourg und eine dramatische Küstenstraße machen die Insel zum einmaligen Erlebnis (s. S. 396 ff.)

Empfehlenswerte Routen

Lighthouse Route: Die zahlreichen Leuchttürme an der Küste von Halifax nach Yarmouth gaben der Route ihren Namen. Das Fischerdorf Peggy's Cove und die historische Stadt Lunenburg mit ihrem malerischen Hafenpanorama zählen zu den bekanntesten Sehenswürdigkeiten Nova Scotias (s. S. 366 ff.).

Evangeline Trail: Von Yarmouth nach Grand Pré reist man ins Akadierland. Hier weht noch die Trikolore, sind altfranzösische Traditionen lebendig (s. S. 379 f.).

Glooscap und Sunrise Trail: Rund um das Minas-Becken beeindrucken pittoreske, von mächtigen Gezeitenströmen geformte Küstenlandschaften – etwas für Mineraliensammler und Wattwanderer (s. S. 386 ff.).

Marine Drive: Auf der Straße entlang der Südküste gelangt man von Halifax in Richtung Osten über Tangier nach Cape Breton. Zahlreiche kleine abgelegene Fischerorte liegen an der Strecke, und sie ist vielleicht die einsamste der Touristenrouten (s. S. 393).

Cabot Trail: Die Rundtour führt um den nordwestlichen Teil von Cape Breton Island. Die sich zwischen Meer und steilen Bergen dahinschlängelnde Route gilt als eine der schönsten Küstenstraßen der Welt (s. S. 398 f.).

Richtig Reisen-Tipps

Ausflug nach McNab's Island: Mitten in der Hafenpassage, direkt in Sichtweite der geschäftigen Downtown Halifax, liegt McNab's Island. Schöne Wanderwege, ein historisches Fort und Vogelschutzgebiete lohnen die Überfahrt (s. S. 365).

Ritt auf der Gezeitenwelle: Ein spritziges Vergnügen erlebt man auf der *tidal bore,* der mächtigen Gezeitenwelle, die sich mit erstaunlicher Geschwindigkeit zweimal am Tag den Shubenacadie River flussaufwärts wälzt (s. S. 387).

Wandern im Cape Breton Highlands National Park: Hier geht es auf gut gepflegten Wanderwegen durch ursprüngliche Natur und immer wieder eröffnen sich wunderschöne Ausblicke (s. S. 402).

Reise- und Zeitplanung

Will man alle oder die meisten der im Reiseführer beschriebenen Routen abfahren, sollten etwa zwei Wochen zur Verfügung stehen. Für die Erkundung von Cape Breton Island sollte man sechs bis acht Tage mindestens einplanen.

Klima und Reisezeit

Die beste Reisezeit erstreckt sich vom Frühsommer bis in den Herbst. Ab Oktober sind jedoch viele Sehenswürdigkeiten nicht mehr geöffnet, und im Winter schließen in der Provinz auch viele Motels und Bed & Breakfast Inns. Bei rechtzeitiger Planung kann eine Reise nach Nova Scotia im Herbst aber durchaus interessant sein. Vor allem Cape Breton Island ist in den Monaten September/Oktober mit seinen in kräftigen Rottönen leuchtenden Mischwäldern ein ganz besonderes Erlebnis.

Halifax

Cityplan S. 358

Halifax, Hauptstadt sowie kulturelles und wirtschaftliches Zentrum der Provinz Nova Scotia, liegt näher an Europa als jeder andere größere Hafen Nordamerikas südlich von Neufundland. Eine faszinierende Mischung von neu und alt mit modernen Hochhäusern in der Downtown und einer quirligen Fußgängerzone in den restaurierten Hafenanlagen.

Die Passagiere der Kreuzfahrtschiffe genießen das schöne Hafenpanorama vom Wasser aus. Doch fast ebenso beeindruckend ist der Blick von der Angus L. MacDonald-Brücke, die Halifax mit der Nachbarstadt Dartmouth auf der anderen Seite der Bucht verbindet. Der riesige Naturhafen mit seinen hochmodernen Containereinrichtungen, in dem auch die Atlantikflotte der kanadischen Marine stationiert ist, bleibt auch dann offen, wenn Eis den Zugang zum St.-Lorenz-Seeweg versperrt. Halifax hat etwa 120 000, die Schwesterstadt Dartmouth knapp 75 000 Einwohner.

Geschichte

Gegründet wurde Halifax 1749 von Colonel Edward Cornwallis. In den nächsten Jahren kamen über 2500 Siedler aus England und auch deutsche Untertanen des englischen Königs Georg aus dem Braunschweigischen, die man mit dem Versprechen auf freies Siedlungsland und wohl auch mit gewissem Druck für das entbehrungsreiche Unternehmen gewonnen hatte. Der hervorragende, leicht zu verteidigende Naturhafen war ausschlaggebend für die Standortwahl. Die neue britische Niederlassung sollte vor allem ein militärisches Gegengewicht zur französischen Festung Louisbourg auf Cape Breton Island sein, und so wurde Halifax mit seinem imposanten Festungsberg von den Engländern zu einem der strategisch wichtigsten Stützpunkte in Nordamerika ausgebaut.

Der fast ganz vom Wasser umgebene Stadtkern zeigt mit schimmernden Hochhäusern, die sich indes für nordamerikanische Verhältnisse eher bescheiden ausnehmen, modernen Luxushotels und eleganten Geschäften durchaus kosmopolitische Züge. Dennoch hat Halifax sich seinen historischen Charme bewahrt, wie ein Bummel durch die schön restaurierten Straßenzüge unterhalb des Festungsberges zeigt, wo neben prächtigen öffentlichen Gebäuden auch zahlreiche attraktive Geschäfts- und Wohnhäuser aus dem 18. Jh. zu finden sind. Die Stadt ist überschaubar und lädt geradezu zum Bummeln ein, es gibt zahlreiche schöne Parks, und die Sehenswürdigkeiten sind bequem zu Fuß zu erreichen. Ein Einkaufsbummel ist auch bei schlechtem Wetter kein Problem: In der Downtown sind Hotels, Geschäfte, Restaurants und Einkaufszentren durch überdachte Überwege miteinander verbunden. Auch mit dem Auto kommt man in der Stadt gut zurecht, denn es gibt überall Parkmöglichkeiten.

Bummel durch die Downtown

Das Geschäftszentrum von Halifax liegt nur einen Steinwurf vom Hafen entfernt. Gewohnt wird *uptown,* also auf dem Berg hinter der alten Zitadelle. Hier liegen auch die großen Parkanlagen und die wichtigsten Universitäten der Stadt. Das halbe Dutzend Hochschulen mit über 20 000 Studenten sorgt nicht zuletzt auch dafür, dass sich in Halifax die lebhafteste Entertainment- und Kneipenkultur Atlantik-Kanadas entwickelt hat. Amerikanische Musikfachzeitschriften loben immer wieder die aktive Musikszene der Stadt. Geboten wird traditionelle Folk Music, Jazz, Blues, Rock, Country und Grunge – alles vom Feinsten. Halifax ist eine 200 Jahre alte Hafenstadt und hat auch ein entsprechend lebhaftes Nachtleben, das sich besonders im Viertel um die Grand Parade und in den Historic Properties am Hafen konzentriert. Die Haligonians nennen ihre Stadt gern das ›San Francisco des Nordens‹. Nicht ganz zu Unrecht. Denn da gibt es die an die Golden Gate erinnernde Brücke über die Narrows nach Dartmouth, die pittoresken historischen Hafenanlagen und die steil den Berg hinaufführenden Straßen, von denen man immer wieder einen schönen Blick aufs Wasser hat.

Auf dem Citadel Hill

Der Stolz der Haligonians ist die sternförmige **Halifax Citadel** 1 auf dem Citadel Hill, die als Herzstück des alten Forts die Stadt überragt. Vom Festungsberg aus bietet sich ein schöner Panoramablick über Stadt und Hafen. Mit dem Bau der Erdbefestigungen hatte man schon 1749, gleich bei der Gründung der Siedlung, begonnen. Damals schützte ein hölzernes Fort gegen Überfälle der Mi'kmaq-Indianer, die die britische Landnahme nicht kampflos hinnehmen wollten. Von 1826 bis 1856 wurde das trutzige Fort in seiner heutigen Form vollendet. Die Abschreckung hat vorzüglich funktioniert – kein Kanonenschuss musste zur Verteidigung abgefeuert werden. Seit 1956 ist der Citadel Hill eine National Historic Site und einer der meistbesuchten historischen Parks in Kanada. Alles wurde authentisch restauriert: von den bezogenen Feldbetten in den Kasematten bis zur Beschriftung der Pulverfässer im Magazin, die allerdings kein Schießpulver mehr enthalten. Pulverdampf gibt es täglich nur noch einmal, allerdings mit gebührendem militärischem

Mit den Autoren unterwegs

Für Schifffahrt-Fans

Von geschnitzten Galionsfiguren bis zu Königin Victorias Prunk-Barkasse zeigt das **Maritime Museum of the Atlantic** alles über Nova Scotias goldene Zeit der christlichen Seefahrt – dazu eine faszinierende Ausstellung zum Untergang der Titanic. Auch zwei Museumsschiffe am Pier können besichtigt werden (s. S. 360). Im **Bedford Institute of Oceanography** ist ein Modell des Titanic-Wracks auf dem Meeresboden zu sehen und im Sea Pavilion gibt es ein Schaubecken (s. S. 363).

Einkaufsbummel

Am Samstag über den **Brewery Market** schlendern, Kunsthandwerk und Kleinkunst ansehen oder kaufen, sich einen leckeren Imbiss schmecken lassen, Straßenmusikanten zuhören und dem kunterbunten Treiben in den historischen Backsteingebäuden zuschauen (s. S. 361).

Kühle Erfrischung

Ein frisch gezapftes Bier in der **Alexander Keith's Nova Scotia Brewery,** dem historischen Brauhaus von Nordamerikas ältester noch aktiver Brauerei, schmeckt fast so gut wie zu Hause (s. S. 361).

Hafenrundblick

Die **Überfahrt von Halifax Downtown nach Dartmouth** mit der kleinen Hafenfähre lohnt vor allem wegen der fotogenen Aussicht auf das Panorama der Waterfront und Hafenbucht (s. S. 361).

Dorfidylle

Nur ein paar Kilometer von der pulsierenden Hafenmetropole Halifax entfernt liegt **Fisherman's Cove,** ein malerisches, 200 Jahre altes Fischerdorf. Von hier kann man mit der Fähre zum Wandern auf McNab's Island übersetzen. In den Restaurants kommt fangfrischer Fisch auf den Tisch (s. S. 362).

Die Old Town Clock ist das Wahrzeichen von Halifax

Zeremoniell: Punkt zwölf Uhr kracht ein Kanonenschuss. Die Besatzung des Forts wird heute von den Studenten der Universitäten von Halifax gestellt. Sie exerzieren mit Schottenrock und Dudelsack für die Fotoapparate der Touristen. Ein Museum informiert über die Geschichte der Zitadelle und es gibt eine 50-minütige audiovisuelle Präsentation über die Geschichte des Forts. Und auf den weiten Rasenflächen des ›Hill‹ werden schottische Volksfeste, Rock- und Folk-Konzerte und alljährlich auch das große Tattoo, ein traditionelles britisches Militärspektakel mit Paraden und Musik, veranstaltet (Halifax Citadel National Historic Site, Tel. 902-426-5080, www.changingoftheguard.ca, im Sommer tägl. 9–18, sonst bis 17 Uhr, 10 $).

Als ›Goldenes Zeitalter‹ erlebte die Stadt die Jahre zwischen 1794 und 1800, in denen Edward, Herzog von Kent, als Oberbefehlshaber der englischen Truppen von Nordamerika in Halifax residierte. Während dieser Zeit entstanden zahlreiche öffentliche Bauten, darunter architektonische Kostbarkeiten wie das Government House an der Barrington Street, und Halifax gewann ein aristokratisches Fluidum, das dem postrevolutionären Boston oder New York abging. Edward, der Pünktlichkeit und Disziplin über alles liebte, schenkte der Stadt bei seinem Abschied einen Uhrturm am Fuße des Festungsberges. Die **Old Town Clock** 2 gehört heute zu Halifax wie der Eiffelturm zu Paris oder das Empire State Building zu New York.

Viktorianische Gärten und Flaniermeile

Südwestlich vom Festungsberg, zwischen Sackville Street und Spring Garden Road, liegen die 7 ha großen **Halifax Public Gardens** 3. Angelegt wurden sie schon 1753, damals allerdings noch zum Privatvergnügen eines reichen Bürgers. Der schönste Park der Stadt mit den ältesten viktorianischen Gärten Nordamerikas lohnt einen Besuch. Sonntags gibt es Konzerte, Brautpaare nutzen die Anlagen als malerischen Hintergrund für ihre Hochzeitsfotos, Kinder füttern die Enten, und am schmiedeeisernen Zaun stellen Straßenkünstler ihre Bilder aus.

Eine Straße weiter nördlich gelangt man zum **Nova Scotia Museum of Natural History** 4, in dem Geschichte und Natur Nova Scotias dargestellt werden. Zu sehen gibt es 11 000 Jahre alte Ausgrabungsfunde einer Siedlung, 30 000 Jahre alte Mastodonknochen, die auf Cape Breton gefunden wurden, ein Walskelett sowie Gegenstände der frühen akadischen Siedler und der Mi'kmaq-Indianer. Zum Museum gehört auch ein Museumsshop (1747 Summer St., Tel. 902-424-3563, Mo–Sa 9.30–17.30, Mi bis 20, So 13–17.30 Uhr, Erw. 5 $, Kinder 3 $).

Die **Spring Garden Road** 5 ist Halifax' Flaniermeile. Ein Bummel in Richtung Hafen führt durch den lebhaftesten Einkaufsbezirk der Stadt mit zahlreichen eleganten Geschäften, Boutiquen, Straßencafés, Restaurants, Pubs und Jazzclubs. Mehr Künstler-Cafés, Bars und internationale Restaurants, die vor allem von Halifax' Studenten besucht werden, findet man dann in der Umgebung von Granville, Grafton und Blowers Street.

Auch Halifax' erster Friedhof, der **Old Burying Ground** 6, liegt an der Spring Garden Road. Benutzt wurde er von 1749 bis 1843. Bilder, Symbole und Inschriften der alten Grabsteine geben manchen Aufschluss über die ersten Jahre der Stadt. Personen, die Geschichte machten, liegen hier begraben, so auch General Robert Ross, der im Krieg von 1812 mit britischen Truppen die Residenz des amerikanischen Präsidenten in Washington in Brand setzte. Um die Brandflecken zu beseitigen, strich man damals das Sandsteingebäude mit weißer Farbe an – und nannte es fortan das ›Weiße Haus‹.

Die Altstadt

Unterhalb des Citadel Hill, um Argyle, Barrington, Granville und Hollis Street, liegt der älteste Teil der Stadt mit einigen der schönsten historischen Gebäude. Ältestes Bauwerk in Halifax ist die **St. Paul's Anglican Church** 7 an der Grand Parade, zwischen Argyle und Barrington Street. Sie wurde 1750 als Englands erste Kathedrale in Übersee und erste protestantische Kirche in Kanada errichtet. Die Kirche ist heute das älteste erhaltene Gebäude der Stadt. Am anderen Ende der Grand Parade, einem schön angelegten Platz, liegt das viktorianische Rathaus von Halifax.

An der Hollis Street steht das **Province House** 8, erbaut zwischen 1811 und 1818. Seit 1819 ist das Province House Nova Scotias Regierungsgebäude und eine National Historic Site. Der majestätische Sandsteinbau ist eines der schönsten Beispiele georgianischer Kolonial-Architektur vom Beginn des 19. Jh. Der englische Autor Charles Dickens verglich es mit Londons Westminster – »nur durch das andere Ende eines Teleskops gesehen« (1726 Hollis St., Tel. 902-424-4661, im Sommer Mo–Fr 9–17, Sa/So 10–16, sonst Mo–Fr 9–16 Uhr, frei).

Auf der anderen Seite der Hollis Street befindet sich im alten Postgebäude von 1864 die **Art Gallery of Nova Scotia** 9. Besonders interessant ist die Sammlung regionaler Volkskunst. Gemälde und Kunsthandwerk von Künstlern aus Nova Scotia sind im Gallery Shop auch käuflich zu erwerben. Nach dem Kunstgenuss sorgt ein gemütliches Café für das leibliche Wohl (1723 Hollis und Cheapside St., Tel. 902-424-7542, www.agns.gov.ns.ca, tägl. 10–17, Do bis 21 Uhr, Erw. 10 $, Kinder 4 $).

Halifax am Wasser

Halifax' schön restaurierte historische Hafenanlagen sind der vielleicht attraktivste Teil der Stadt. Bei den meisten Restaurants kann man auch draußen sitzen, mit Blick aufs Wasser und die Fußgängerzone des **Halifax Harbourwalk,** der sich ganz am Hafen entlangzieht. Oder man nimmt eines der kleinen preiswerten Passagierfährboote, um auf die andere Seite nach Dartmouth zu gelangen. Allein die Aussicht auf das Panorama von Halifax lohnt die Fahrt. Auch von **Purdy's Wharf** 10 am Anfang des Harbourwalk ist ein fotogener Blick auf die Waterfront möglich.

Historic Properties

Die andere Hauptattraktion der Stadt neben dem Citadel Hill sind die **Historic Pro-**

Halifax: Cityplan

Sehenswürdigkeiten

1 Halifax Citadel
2 Old Town Clock
3 Halifax Public Gardens
4 Nova Scotia Museum of Natural History
5 Spring Garden Road
6 Old Burying Ground
7 St. Paul's Anglican Church
8 Province House
9 Art Gallery of Nova Scotia
10 Purdy's Wharf
11 Historic Properties
12 Metro Transit Ferry
13 Cable Wharf
14 Maritime Museum of the Atlantic
15 Brewery Market
16 Pier 21 National Historic Site of Canada
17 Little Dutch Church
18 Quaker House
19 Black Cultural Centre for Nova Scotia
20 Shearwater Aviation Museum
21 Fisherman's Cove
22 McNab's and Lawlor Islands Provincial Park
23 Bedford Institute of Oceanography
24 Fairview Cemetery

Übernachten

1 Halifax Marriott Harbourfront Hotel
2 Delta Halifax
3 Lord Nelson Hotel
4 Halifax Waverly Inn
5 Hostelling International Nova Scotia

Essen und Trinken

6 Salty's on the Waterfront
7 Upper Deck Restaurant
8 Five Fishermen
9 Fireside
10 Spice Urban Grill
11 Satisfaction Feast

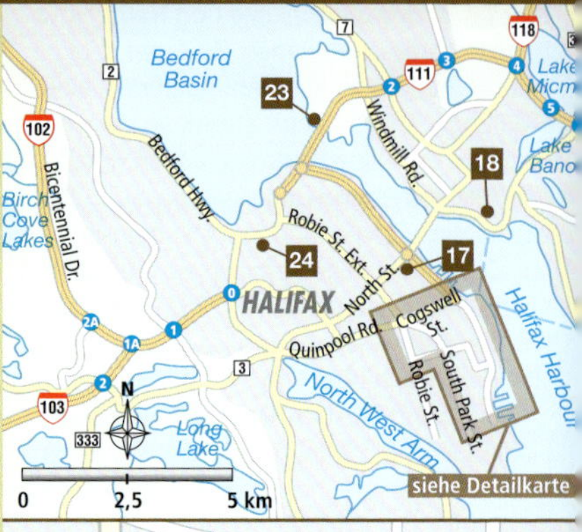

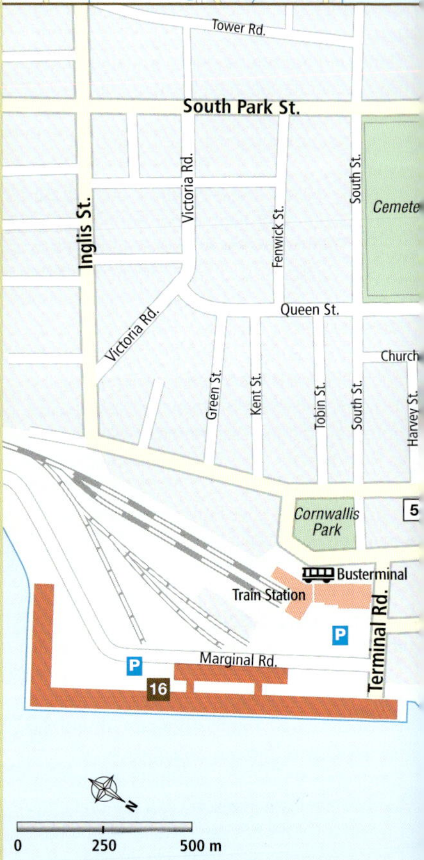

Loon Lake
ARTMOUTH
Caldwell Rd.
Morris Lake
19
20
21
Robie St.
Camp Hill Cemetery
Halifax Common
Central Common
Summer St.
Wanderers Grounds
Trollope St.
Bell Rd.
Agricola St.
Sackville St.
Ahern Ave.
Victoria Park
Garrison Grounds
South Park St.
Brenton St.
Dresden Row
Clyde St.
Birmingham St.
Spring Garden Rd.
Cogswell St.
Gottingen St.
Rainnie Dr.
Queen St.
Brunswick St.
Halifax Metro Centre
Duke St.
Market St.
Prince St.
Grafton St.
Blowers St.
Argyle St.
World Trade & Convention Centre
Scotia Square Mall
St. Mary's Basilica
Grand Parade
City Hall
Barrington St.
Granville St.
Salter St.
NSCAD University
Casino Nova Scotia
Hollis St.
Alexander Keith's Nova Scotia Brewery
Bedford Row
Upper Water St.
Lower Water St.
Halifax Harbour
Woodside
Dartmouth

perties **11** am Hafen. Das 1813 gebaute **Privateer's Warehouse** ist das älteste Gebäude der Anlage. Dieser Teil der Waterfront war das Zentrum von Halifax' blühendem Seehandel mit Boston, Westindien, England und China. Als in den 1960er-Jahren die Kais mit den alten Backsteingebäuden der ehemaligen Kontore und Lagerhallen, in denen früher Trockenfisch, Felle, Rum und Melasse gelagert wurden, dem Bau einer Schnellstraße geopfert werden sollten, rebellierten geschichtsbewusste Bürger und stoppten das Projekt, und die Stadt restaurierte die zum Teil noch kopfsteingepflasterten Gassen. Heute beherbergen die historischen Hafengebäude Kneipen, Boutiquen, Buchshops, Kunstgewerbeläden und Restaurants, die unter anderem Fischspezialitäten anbieten.

Am **Privateers Wharf** herrschte besonders während der britisch-amerikanischen Kriege im 18. und 19. Jh. Hochbetrieb, wenn die *privateers* mit den gekaperten amerikanischen Handelsschiffen anlandeten und die Lagerhäuser mit reicher Beute füllten. Die auf eigene Rechnung unter der Flagge der englischen Krone segelnden Freibeuter waren der Schrecken der amerikanischen Flotte von Cape Cod bis Florida. Besonders berüchtigt war die ›Liverpool Packet‹, eines der 200 neuschottischen Freibeuter-Schiffe. Ihr draufgängerischer Kapitän Joseph Barrs kaperte bis zum Ende des Krieges, 1814, über 50 Yankee-Schiffe und verhalf sich und dem Eigner der ›Liverpool Packet‹, Enos Collins, zu immensem Reichtum. Als dieser 1871 starb, war er der reichste Mann in Kanada.

Gleich neben den Historic Properties befindet sich der Terminal der **Metro Transit Ferry** **12**. Im Gebäude ist auch ein Visitor Information Centre untergebracht. Die Fähre nach Dartmouth verkehrt seit 1752, damals noch als Ruderboot mit einem Segel, und ist damit Kanadas älteste maritime Fährverbindung. Die Fahrt ist ein preiswertes Vergnügen, das man sich nicht entgehen lassen sollte. So erlebt man den Hafen von seiner fotogensten Seite: mit Blick auf die Waterfront und Dartmouth, die beiden Brücken und George's und McNab's Island in der Hafenmündung.

Ein paar Schritte weiter kommt man zum **Cable Wharf** **13**, einem auf Stelzen errichteten blauen Gebäude, das weit in den Hafen hineinragt. Hier legten die Kabelverleger-Schiffe an, die einst die ersten Telefonverbindungen über den Atlantik nach Europa schufen. Heute beginnen hier verschiedene Exkursionen und Hafenrundfahrten, und es gibt einen Fischmarkt, Restaurants und Läden mit Andenken und Kunsthandwerk.

Maritime Museum of the Atlantic

Mehr über die goldene Zeit der christlichen Seefahrt, als Neu-Schottlands Segler in den Häfen der Welt noch Flagge zeigten, erfährt man im **Maritime Museum of the Atlantic** **14**. Schön geschnitzte und bemalte Galionsfiguren alter Windjammer, die Prunk-Barkasse Königin Victorias, komplette Kajüteneinrichtungen, Werkzeug und das Sortiment einer Schiffsausrüsterfirma, Schiffsmodelle, alles, was mit Kanadas Salzwassertradition zu tun hat, wird hier gehortet. Besonders interessant sind die Ausstellungen über Schiffswracks und Rettung aus Seenot. Sogar Gegenstände aus dem Wrack der Titanic sind zu sehen. Eine weitere beeindruckende Ausstellung informiert über die Halifax Explosion vom 6. Dezember 1917, bei der ein großer Teil der Stadt verwüstet, über 2000 Menschen getötet und 9000 verletzt wurden. An jenem Unglückstag kollidierte im Hafen von Halifax ein belgisches Versorgungsschiff mit einem französischen Munitionsschiff, das danach Feuer fing und in die Luft flog. Noch 80 km entfernt gingen Scheiben zu Bruch, und Teile des Schiffes wurden in einem Umkreis von über 5 km verstreut. Die Wirkung der Explosion wurde erst von der Hiroshima-Bombe übertroffen. Zum Museumskomplex gehören auch zwei Schiffe mit schwimmenden Ausstellungen: die **›Sackville‹**, eine Korvette aus dem Zweiten Weltkrieg, und die **›Acadia‹**, Kanadas erstes hydrographisches Forschungsschiff. Beide können am Dock besichtigt werden (1675 Lower Water St., Tel. 902-424-7490/91, Mo–Sa 9.30–17.30, Di bis 20, So 13–17.30 Uhr, 8 $).

Brewery Market

Ein paar hundert Meter weiter auf der Lower Water Street gelangt man zum **Brewery Market** 15, wo die **Alexander Keith's Nova Scotia Brewery,** Nordamerikas älteste noch in Betrieb befindliche Brauerei, seit 1836 ihr wohlschmeckendes Ale braut. Der Hauptbetrieb der Brauerei befindet sich zwar seit langem in der Oland Brewery, nördlich der Downtown, aber im historischen Brauhaus werden immer noch besondere Biere nach traditionellem Braurezept hergestellt, die man in der ›Stag's Head Tavern‹ dann auch probieren kann. Personal in historischen Kostümen erklärt den Betrieb, es gibt ein Besucherzentrum und einen Brauereiladen (1496 Lower Water St., Tel. 902-455-1474, 1-877-612-1820, www.keiths.ca, Mitte Mai–Ende Okt., Mo–Do 11–20, Fr–Sa 11–21, So 12–16, Nov.–Mitte Mai Fr 17–20, Sa 12–20, So 12–16 Uhr, 15 $).

Der ganze Komplex besteht aus mehreren schön restaurierten Backsteingebäuden mit einem Labyrinth von Säulengängen und heute teilweise mit Glas überdachten Innenhöfen. Man kann sich gut vorstellen, wie hier vor hundert Jahren Pferdefuhrwerke mit Holzfässern über das Kopfsteinpflaster klapperten, um die Tavernen der Stadt und die Segelschiffe in den nahen Docks mit frisch gebrautem Ale zu versorgen. Jetzt sind im Gebäudekomplex außer der Brauerei Büros, Geschäfte und Restaurants untergebracht. Samstags findet hier ein **Farmers Market** statt, ein farbenfrohes Ereignis, bei dem man außer frischem Obst und Gemüse und einem leckeren Imbiss auch Kleinkunst und Kunsthandwerk erstehen kann. Straßenmusikanten, Jazz- und Folklore-Bands tragen zur Unterhaltung bei (Sa 7–13 Uhr).

Pier 21

Bummelt man die Hafenpromenade weiter in südlicher Richtung, vorbei am Tall Ships Quay, gelangt man zum **Pier 21** mit dem riesigen Cruise ShipTerminal. Wo heute die Kreuzfahrer anlegen, gingen in den Jahrzehnten zwischen 1928 und 1971 über eine Million Immigranten, Flüchtlinge und heimatlose Kinder an Land, und für Hunderttausende kanadischer Soldaten begann hier die Fahrt zu den europäischen Fronten des Zweiten Weltkriegs. Mit interessanten Ausstellungen, Multimedia-Präsentationen und Veranstaltungen erklärt das Museum, **Pier 21 National Historic Site of Canada** 16, Geschichte und Schicksale der Einwanderer, Flüchtlinge und Soldaten (1055 Marginal Rd., Tel. 902-425-7770, www.pier21.ca, Mai–Nov. 9.30– 17.30, Dez.–April Di–Fr 10–17, Sa 12–17 Uhr, Erw. 8 $, Kinder 4,50 $).

Ausflüge in die Umgebung

Nach Dartmouth

Auch wenn Dartmouth nicht viele Sehenswürdigkeiten zu bieten hat, lohnt es sich allein der grandiosen Aussicht halber auf die andere Seite des Hafens zu fahren – für ein paar Dollar mit der Fähre oder mit dem Auto über die Angus L. MacDonald Bridge. Dazu sollte man die Brunswick Street nehmen. Etwa einen Kilometer vor der Abfahrt zur Brücke nach Dartmouth steht Kanadas erste lutherische Kirche, die **Little Dutch Church** 17 mit dem angrenzenden Pionierfriedhof. Die unscheinbare kleine Holzkirche wurde 1756 von deutschen Siedlern gebaut. Dutch bedeutet in diesem Fall nicht ›holländisch‹, sondern ›deutsch‹. In der Kirche werden ab und zu noch Gottesdienste abgehalten. Eine Besichtigung muss telefonisch vereinbart werden (Brunswick/Gerrish St., Tel. 902-423-1059, www.roundchurch.ca).

In Dartmouth lohnt ein Besuch des historischen **Quaker House** 18 nahe der Dartmouth Ferry an der Waterfront. 1785 wurde es von Quäkern aus Nantucket gebaut, die in Dartmouth eine Walfangflotte errichteten. Im Sommer vermittelt im Stil der damaligen Zeit gekleidetes Personal einen Eindruck vom alltäglichen Leben einer Quäkerfamilie. Im hübschen Kräutergarten hinter dem Haus ist auch Platz für ein Picknick (57 Ochterloney St., Tel. 902-464-5823, Juni–Aug. Di–So 10–17 Uhr, 2 $).

Das **Black Cultural Centre for Nova Scotia** 19 in Dartmouth informiert mit Ausstellungen und einem umfangreichen Archiv über die Geschichte und Kultur der schwarzen Bevölkerung in der Region und in Nordamerika. Das Zentrum ist in seiner Art einzigartig in Kanada. Zum vielseitigen Programm gehören auch Theater, Tanz und Musikdarbietungen. Man erfährt, dass der erste Schwarze in Nova Scotia, Mattieu Da Costa, schon 1606 an Land ging. Nach der amerikanischen Revolution kamen 1782 Tausende schwarzer Loyalisten, um sich in Nova Scotia niederzulassen (W. 1149 Main St., Tel. 902-434-6223, 1-800-465-0767, www.bccns.com, Mo–Fr 9–17, Juni–Anf. Sept. auch Sa 10–16 Uhr, 6 $).

In südwestlicher Richtung geht es weiter auf der Route 322, die am Ufer der Eastern Passage, der engen Wasserstraße zwischen Dartmouth und McNab's Island, entlangführt, vorbei an wenig attraktiven Industrieanlagen, einer Ölraffinerie und der kanadischen Luftwaffenbasis Shearwater. Flugzeugfans können im **Shearwater Aviation Museum** 20 am Eingang des Stützpunkts ein Dutzend restaurierte Flugzeuge und andere Memorabilia der Luftwaffengeschichte besichtigen (13 Bonaventure Ave., 12 Wing Shearwater, Tel. 902-460-1083, www.shearwateraviationmuseum.ns.ca, Juni–Aug. Di–Fr 10–17, Sa–So 12–16 und April–Mai sowie Sept.–Nov. Di–Do 10–17, Sa 12–16 Uhr, frei).

Fisherman's Cove

Doch das Ziel der Fahrt ist **Fisherman's Cove** 21. Das malerische kleine Fischerdorf ist schon über 200 Jahre alt. Mit seinen bunten Fischerbooten und Häusern, zu denen sich heute auch Galerien, Kunsthandwerksläden, Boutiquen und Fischrestaurants gesellen, ist ein beliebtes Ausflugsziel von Touristen und Einheimischen. Dennoch ist Fisher-

Die Waterfront von Halifax lädt zum Flanieren ein

man's Cove immer noch ein *working fishing town,* wo die Boote mit frischem Fang die Restaurants versorgen. Gleich am Anfang des Ortes informiert das vor ein paar Jahren eröffnete **Fisherman's Cove Marine Interpretive Centre** über die Geschichte des Fischerdorfes. Im dazugehörigen **Aquarium** ist das Meeresgetier der Region zu sehen (Government Wharf Rd., Tel. 902-465-6093, Di–So 11–18 Uhr, 2 $). Man kann von Eastern Passage über die Government Wharf Road durch den Ort fahren, schöner ist es aber, ihn zu Fuß zu erkunden und auf dem 1 km langen Boardwalk durch grasbewachsene Dünen zu schlendern, immer wieder mit schönem Ausblick auf den Hafen von Halifax und McNab's Island. Von Fisherman's Cove gelangt man mit einer kleinen Fähre zum **McNab's and Lawlor Islands Provincial Park** 22 mit Stränden und ruhigen Wanderwegen (s. Richtig Reisen-Tipp S. 365).

Bedford Institute of Oceanography

Wer sich außer für Meereskunde auch für die ›Titanic‹ interessiert, wählt für die Fahrt nach Dartmouth nicht die Angus L. MacDonald-Brücke, sondern die etwas weiter nördlich den Eingang zum Bedford Basin überspannende MacKay Toll Bridge (Gebühr 0,75 $). Das **Bedford Institute of Oceanography** 23 am Baffin Boulevard, gleich hinter der Brücke am Ufer des Bedford Basin gelegen, ist ein weltweit anerkanntes Institut für Meeresforschung und Kanadas größte Einrichtung dieser Art. Außerdem ist es durch seine Dokumentationen über die ›Titanic‹ bekannt und damit auch zu einer Besucherattraktion geworden. Mit Ausstellungen und Führungen wird über die Arbeit des Instituts und die faszinierende Welt der Ozeane informiert. Besonders interessant ist das Modell des gesunkenen Ozeanriesen auf dem Meeresboden. Man kann eine simulierte Schiffsbrücke betreten und im Schautank des **Sea Pavilion** Meerestiere anfassen (Baffin Blvd., Tel. 902–426-4306, www.bio.gc.ca, Mo–Fr 9–16 Uhr, frei, Teilnahme an den Führungen nur nach Voranmeldung).

Auf dem Rückweg nach Halifax kann man noch den **Fairview Cemetery** 24 besuchen, wo über 100 geborgene Opfer des Titanic-Unglücks bestattet wurden. Inschriften auf den Grabsteinen erinnern an die tragischen Schicksale.

i **Nova Scotia Tourism:** Halifax Waterfront Boardwalk at Sackville Landing, Tel. 902-424-4248, 1-800-565-0000.

Halifax Marriott Harbourfront Hotel 1 (früher Casino Nova Scotia Hotel): 1919 Upper Water St., Tel. 902-421-1700, 1-888-782-9439, Fax 428-7850, www.casino novascotiahotel.com. Zentral gelegenes Hotel am Hafen; Swimmingpool, Restaurants. DZ 139–350 $.

Delta Halifax 2: 1990 Barrington St., Tel. 902-425-6700, 1-800-268-1133, Fax 425-6214, www.deltahalifax.com. Hotelturm im Zentrum der Stadt über dem Scotia Square,

mit Ausblick über den Hafen und die Stadt; Swimmingpool, Restaurant. DZ 139–269 $.
Lord Nelson Hotel [3]: 1515 South Park St., Tel. 902-423-6331, 1-800-565-2020, Fax 491-6148, www.lordnelsonhotel.com. Elegantes, altes Hotel am Stadtpark, 320 Zimmer, ruhige Lage. DZ 139–259 $.
Halifax Waverly Inn [4]: 1266 Barrington St., Tel. 902-423-9346, 1-800-565-9346, Fax 425-0167, www.waverlyinn.com. B & B-Hotel mit berühmter Vergangenheit; auch Oscar Wilde war hier zu Gast. DZ 119–229 $.
Hostelling International Nova Scotia [5]: 1253 Barrington St., Tel. 902-422-3863, Fax 422-0116, www.hihostels.ca. Zentrale Lage nahe Citadel Hill. DZ 19–50 $.

Salty's on the Waterfront [6]: 1869 Upper Water St., Historic Properties, Tel. 902-423-6818. Restaurant mit breitem Angebot und schönem Blick über den Hafen; große Terrasse. 18–27 $.
Upper Deck Restaurant [7]: Historic Properties, Tel. 902-422-1289. Hummer, Lachs und andere atlantische Delikatessen in den stilvoll restaurierten Gewölben des Privateers Warehouse; Bars und Livemusik. 18–30 $.
Five Fishermen [8]: 1740 Argyle St., Tel. 902-422-4421. Fischlokal in historischem Gebäude, maritimes Ambiente. 25–32 $.
Fireside [9]: 1500 Brunswick St., Tel. 902-423-5995. In schön restauriertem Bürgerhaus des 19. Jh., Sidewalk-Café und Atrium; Lunch, Brunch, Dinner; Pasta, Steaks, Meeresfrüchte, leckere Desserts. 10–22 $.
Spice Urban Grill [10]: 1333 South Park St.,Tel. 902-423-8428. Sonntagsbrunch im Sommer auf der Terrasse; Gegrilltes, Salate, Crêpes und wunderbare Desserts. 10–20 $.
Satisfaction Feast [11]: 1581 Grafton St., Tel. 902-422-3540. Vegetarische Küche vom Feinsten; Lunch, Dinner; hell und freundlich, mit dem Duft von frisch gebackenem Brot, leckere Salate und Desserts. 5–12 $.

The Book Room: 1546 Barrington St., Tel. 902-423-8271. Buchhandlung mit viel Lesestoff über die kanadischen Atlantikprovinzen.
Zwicker's Gallery: 5415 Doyle St., Tel. 902-423-7662, www.zwickersgallery.ca. Älteste Kunstgalerie Kanadas; exzellente Sammlung kanadischer und europäischer Malerei, Lithographien und alte Landkarten.
Jennifer's of Nova Scotia: 5635 Spring Garden Rd., Tel. 902-425-3119. Kunsthandwerk und Bastelarbeiten von über 125 Künstlern aus Nova Scotia.

New Palace Cabaret: 1721 Brunswick St., Tel. 902-420-0015, geöffnet von 20–3.30 Uhr morgens. Halifax' heißester Tanzclub, Disco und Livemusik.
Granite Brewery: 1222 Barrington St., Tel. 902-423-5660, und 1662 Barrington St., Tel. 902-422-4954, Mo–Sa bis 0, So bis 23 Uhr. Restaurant und English Pub; in der Micro Brewery wird Bitter gebraut.
Lawrence of Oregano: Historic Properties, 1726 Argyle St.,Tel. 902-422-6907. Eine der beliebtesten Kneipen, täglich Bombenstimmung; Restaurant, Disco und Livemusik.
The Atrium: 1740 Argyle St., Tel. 902-423-7463, bis 2 Uhr morgens geöffnet. Enorm populäre Kneipe und Restaurant; ab 22 Uhr lange Schlangen am Eingang.
The Grafton Street Dinner Theater: 1741 Grafton St., Tel. 902-425-1961, Di–Sa 18.45 Uhr. Musik, Shows und Unterhaltung bei gepflegtem Dinner (37 $).
Lower Deck ›Good Time Pub‹: Privateers Warehouse, Historic Properties, Tel. 902/425-1501. Restaurant, Entertainment, Bier und Musik auf zwei Stockwerken.
Cheers: 1743 Grafton St., Tel. 902-421-1655. Live-Entertainment mit bekannten Namen in Rock und Pop; Spezialität des Hauses: Roast Beef in großzügigen Portionen; Tanz von 22–2 Uhr morgens.
Halifax Feast Dinner Theatre: 1505 Barrington St., Maritime Centre, Tel. 902-420-1840. Dinner-Theater mit Musik und historischen Kostümen.

Nova Scotia International Tattoo (Anfang bis Mitte Juli): Tel. 902-420-114, www.nstattoo.ca. In einem 10-tägigen farbenfrohen Festival wird britische Militärtra-

Richtig Reisen-Tipp: Ausflug nach McNab's Island

In Blickweite der geschäftigen Downtown Halifax liegt die 400 ha große McNab's Island wie ein großer Pfropfen in der Hafenpassage. Die überwiegend mit Ahorn, Birken und Rotfichten bewaldete Insel ist etwa 5 km lang und 1,5 km breit und seit 2002 ein Provinzpark. Als National Historic Site wird Fort McNab von Parks Canada verwaltet. Vogelkundler lieben die Insel, über 200 Vogelarten wurden hier gezählt. Auch Rehe, Kaninchen und Kojoten lassen sich gelegentlich blicken.

Mit der kleinen Fähre von Fisherman's Cove setzen häufig Fahrgäste über, die ihre Mountain Bikes mit auf die Insel nehmen. Dort gibt es keine Autos, aber über 20 km idyllischer Wander- und Fahrradwege führen zu Stränden, einem Leuchtturm und den Ruinen alter Forts aus mehreren Jahrhunderten. Früher war McNab's Island ein wichtiger Teil des britischen Festungssystems, über 100 Kolonialsoldaten und ihre Angehörigen lebten dort. Heute sind die Gärten der ehemaligen Siedlungsstätten verwildert und die Insel ist ein stilles Naturparadies geworden, wenngleich es im Juli und August an der Beach und auf einigen Wanderwegen auch recht lebhaft zugehen kann.

Von den verfallenen Befestigungsanlagen schweift der Blick über die Bucht von Hangman's Beach. Der Strandname erinnert heute daran, dass die Engländer in Kolonialzeiten hier Deserteure aufhängten und als Warnung für andere Seeleute am Galgen baumeln ließen. Nicht weit davon steht ein fotogener Leuchtturm auf einer schmalen, vom Wasser überspülten felsigen Landzunge. Noch vor wenigen Jahren konnte man den Turm trockenen Fußes über einen Damm erreichen, doch 2003 zog ein schwerer Hurrican über McNab's Island hinweg und riss neben uralten Bäumen und Vogelkolonien auch den Damm zum Leuchtturm mit sich fort. Von Fort Ives auf einer mit Wildblumen bewachsenen Hügelkuppe am Nordende der Insel hat man einen schönen Bick auf das Panorama von Halifax. Da es auf der Insel keine Verpflegungsmöglichkeiten gibt, sollte man ein Picknick und Getränke nicht vergessen.

McNab's Island Ferry: Fisherman's Cove, Eastern Passage, Tel. 902-465-4563, www.mcnabsisland.com. Pro Person 10 $ für Hin- und Rückfahrt.

Department of Natural Resources: Camping-Reservierungen unter Tel. 902-861-2560, Mo–Fr 8.30–16.30 Uhr.

dition mit Paraden, Musikkapellen, Böllerschießen und Wettbewerben zelebriert.

Dalhousie Arts Centre: 6101 University Ave., Tel. 902-494-3820. Musicals, Tanz und Theaterstücke in den großen Sälen des Rebecca Cohn Auditorium und Sir James Dunn Theatre. Eintritt erfragen.

Sightseeing: Halifax Double Decker Tours, Tel. 902-420-1155, www.doubledeckertours.com. Stadtrundfahrten mit britischem Flair; Abfahrt von den Historic Properties.

Murphy's on the Water, Cable Wharf, Tel. 902-420-1015, www.murphysonthewater.com. Zweistündige Hafenrundfahrten auf der Haligonian III, Dinner Cruises, Fahrten zum McNab's Island, Segeltörns. Ab 12 $.

Kanuverleih: The Trail Shop, 6210 Quinpool Rd., Tel. 902-423-8736, www.trailshop.com. Reparatur und Vermietung von Kanus, Kajaks, Zelten, Schlafsäcken, Fahrrädern; Bücher, Landkarten und Beratung.

Halifax International Airport: Am Hwy. 102, rund 40 km nördlich der Downtown, www.flyhalifax.com. Direktflüge in alle Atlantikprovinzen. Zwischen 5 und 1 Uhr verkehrt der Airporter zwischen dem Flughafen und den Hotels (15 $).

Rundreisen in Nova Scotia

Karte S. 374

Nova Scotia ist vielfältig: Auf relativ kleinem Raum findet man unberührte Wildnis, grandiose Klippen, grünes Weideland, goldgelbe Badestrände, einsame Buchten und von mächtigen Gezeiten geprägte Uferstreifen, an denen Freizeit-Schatzsucher nach Halbedelsteinen Ausschau halten. Vor der Südküste ziehen Wale vorbei und in malerischen Fischerorten bringen Hummerfischer ihren Fang ein.

An manchen Sommertagen in Nova Scotia erinnern die klare Luft und das tiefblaue Wasser ans Mittelmeer. Andere Tage wiederum sind in so sanfte und perligsilbrige Töne getaucht, dass die vorgelagerten Inseln im Dunst über dem Horizont versinken. An der Südküste hat man oft den Eindruck, als seien Farbenverkäufer durch die verschlafenen kleinen Hafennester mit ihren spitztürmigen weißen Kirchen gezogen: Wie Kleckse in Grün, Gelb, Türkis, Blau, Korallenrot und Rosa sehen die Holzhäuschen dann auf den grauen Felsen aus.

Touristisch ist Nova Scotia in sieben Gebiete aufgeteilt. Für jede dieser Regionen hält das Tourismusbüro der Provinz ausführliches Material bereit. Die verschiedenen Trails, eher Autowanderwege, sind mit Symbolen ausgeschildert. Entlang der Südküste mit ihren vielen Fischerdörfern und Leuchttürmen führen Lighthouse Trail und Marine Trail; durch das Akadier-Land an der Nordküste verläuft der Evangeline Trail; rund um das Minas Basin führt der Glooscap Trail; und entlang der Northumberland Strait mit ihren schönen Stränden zieht sich der Sunrise Trail entlang. Die Insel Cape Breton weist gleich mehrere schöne Routen auf, wobei zu den interessantesten der Cabot und der Bras d'Or Trail gehören. Muss man eine Wahl treffen, wenn nur wenige Tage zur Verfügung stehen, sollte man sich auf Lighthouse, Evangeline und Cabot Trail konzentrieren.

Auf der Lighthouse Route nach Lunenburg

Westlich von Halifax, auf dem Highway 3 und seinen Nebenstraßen, verläuft die **Lighthouse Route** entlang der zerklüfteten und von unzähligen Buchten zerschnittenen Südküste. Diese ausgeschilderte Strecke ist eine der schönsten Routen in Nova Scotia. Ihren Namen erhielt sie von den vielen Leuchttürmen, die hier noch mehr als anderswo zu finden sind. Der raue, unberechenbare Nordatlantik und tückische Nebel hatten immer wieder katastrophale Folgen, besonders für die nicht mit den Küsten Neu-Schottlands vertrauten Seefahrer. Über 3000 Wracks zeugen davon. Kein Wunder, dass es in der Provinz über 1000 Leuchttürme und Seewarnzeichen gibt. Mit Nebel muss man auch als Autofahrer rechnen, im Frühjahr mehr als im Spätsommer, und morgens eher als am Nachmittag. Oft ist es aber gerade nebliges oder raues Wetter, das den kleinen pittoresken Fischerdörfern den besonderen Reiz verleiht.

Peggy's Cove

In **Peggy's Cove** 1 an der St. Margaret's Bay, eine knappe Stunde von Halifax entfernt, ragt der wohl bekannteste Leuchtturm Kanadas empor: in leuchtendem Rot-Weiß und mitten in einem Gebirge von mächtigen Felsblöcken – wie von einem gigantischen Mee-

Mit den Autoren unterwegs

Leuchtendes Wahrzeichen
In **Peggy's Cove,** einem pittoresken Fischerdorf an der St. Margaret's Bay, steht der bekannteste Leuchtturm Kanadas. In strahlendem Rot-Weiß, von Möwen umschwärmt, thront er über den häusergroßen Felsbrocken (s. S. 366).

Schöne Aussicht
Das kleine Hafenstädtchen **Lunenburg** zeigt sich vom Golfplatzgelände auf der anderen Seite der Bucht von seiner schönsten Seite (s. S. 371 f.).

Vorhang auf!
Akadische Kultur erleben im **Théâtre Marc Lescarbot** in Meteghan mit der musikalischen Bearbeitung von Longfellows berühmtem Stück ›Evangéline‹ (s. S. 380).

Wale in Sicht
Die vielleicht beste Gelegenheit zur Walbeobachtung bietet sich auf dem **Digby Neck,** einer 74 km langen Nehrung in der Bay of Fundy, die ein Tummelplatz mehrerer Walarten ist (s. S. 380 f.).

Königliche Gärten
Die **Annapolis Royal Historic Gardens** bieten auf 4 ha Fläche schöne Wanderwege und Themengärten wie den Acadien Garden, der an die frühen französischen Siedler erinnert, und den Victorian Garden als Beispiel englischer Gärtnerkunst (s. S. 382 f.).

Gezeiten-Kraftwerk
Weniger romantisch, aber hochinteressant ist die **Annapolis Royal Tidal Generating Station,** die aus der Urkraft der Gezeiten für rund 10 000 Menschen elektrischen Strom erzeugt (s. S. 384).

Schatzsuche
Bei **Parrsborro** am Nordufer des Minas-Beckens kommen Mineraliensammler auf ihre Kosten. Sie finden beim ›Rockhounding‹ an den Stränden der Bay of Fundy von den Gezeiten herausgewaschene bunte Halbedelsteine (s. S. 388).

Frisch geräuchert
Auf dem Marine Drive an Nova Scotias Südostküste sollte man bei **Willy Krauch's Fischräucherei** in Tangier einkehren. Nirgendwo sonst schmeckt geräucherter Lachs so lecker (s. S. 394).

Freilichtmuseum
Sherbrooke Village mit 30 historischen Gebäuden und seine mit historischen Kostümen bekleidete ›Bevölkerung‹ gewährt einen authentischen Einblick in die Lebensweise eines florierenden Provinzstädtchens in der Zeit vor rund 150 Jahren (s. S. 395).

resgott durcheinander gewürfelt und von den Brechern glattgewaschen. Dahinter drängen sich die schmucken, buntfarbigen Holzhäuschen um den kleinen Fischerhafen mit seinen verwitterten Stegen und Schuppen, vor denen Hummerfallen gestapelt sind und Netze trocknen. Die Felsbrocken haben vor 10 000 Jahren die Gletscher der letzten Eiszeit liegen gelassen. Die blankgeschliffene Granitbasis ist über 400 Mio. Jahre alt. Die rustikale Idylle von Peggy's Cove ist ein beliebtes Motiv für Maler und Fotografen aus aller Welt, die hier auch eine kleine Künstlerkolonie gebildet haben. Der Leuchtturm ist nicht mehr bemannt, dafür ist darin von April bis November ein kleines Postamt untergebracht. Briefe und Postkarten werden mit eigenem Leuchtturm-Sonderstempel entwertet. Während der Sommersaison reichen die Parkplätze des weniger als hundert Seelen zählenden Ortes kaum aus. Wie Ameisen schwärmen Touristen über die sonnenheißen Felsen. Wenn die ersten Herbststürme blasen, wird es wieder ruhiger: eigentlich die schönste Zeit für einen

Die Häuser von Peggy's Cove sind auf Granitfelsen errichtet

Besuch. Während der Hauptsaison sollte man frühmorgens vor den Tourbussen dort sein.

Aber nicht überall an der Südküste Nova Scotias hat der Tourismus die Seeromantik so im Griff wie in Peggy's Cove. Es gibt Dutzende Fischerdörfer, die mit ihren farbenfrohen Häusern ebenso malerisch sind, wo die Luft kräftig nach Salz, Seetang und Fisch riecht und aus den Kuttern an der Mole Dorsch, Makrelen oder auch Hummer purzeln. Oft bietet sich Gelegenheit zu einem Klön mit den Fischern, die dann schon mal ein kräftiges Garn spinnen. An *tall stories* mangelt es in dieser Gegend mit ihrer abenteuerlichen Vergangenheit wirklich nicht. In der St. Margarets Bay waren Piraten und Freibeuter zu Hause und während der Prohibition wurden die Schiffe nach Neu-England mit schwarz gebranntem Rum und Whisky beladen.

Peggy's Cove Bed and Breakfast: 19 Church Rd., Tel. 902-543-2233, 1-800-725-8732, Fax 530-3323, www.nsinns.com. Restauriertes Fischerhaus mit schönem Blick aufs Meer und Leuchtturm; nur drei Zimmer, deshalb ist eine rechtzeitige Reservierung erforderlich. DZ 95–165 $.

Chester

Chester 2 (1300 Einw.) an der Mahone Bay wurde 1760 von Siedlern aus Neu-England gegründet. Über ein Jahrhundert lang war die Bucht mit ihren 365 Inseln ein Eldorado für

Piraten, Schmuggler und Freibeuter, die hier ideale Verstecke fanden. Heute ist der Ort als Seglerparadies bekannt. Höhepunkt der Saison ist die im August stattfindende Chester Race Week, die größte Regatta in Atlantik-Kanada. Vom Government Wharf in Chester kann man mit der Fähre (6–18 Uhr, Personen 6 $, Auto 22 $) zur 8 km entfernten **Big Tancook Island** übersetzen. Auf der Insel gibt es idyllische Wanderwege und auch ein kleines Visitor Centre. Auf Graves Island, das ein paar Kilometer nordöstlich von Chester über einen Damm zu erreichen ist, bietet ein Provincial Park Campingmöglichkeiten.

i **Chester Visitor Information Centre:** Hwy. 3 (Ortseingang), Tel. 902-275-4616, www.chesterns.com. Mai–Okt. 10–17, Juli–Aug 9–19 Uhr.

The Sword & Anchor: Arthur & Jane McLoughlin, 5306 Hwy. 3, Chester Basin, Tel. 902-275-2478, Fax 275-5116, www.swordandanchor.com. B & B in historischem Gebäude am Meer. DZ 90–95 $.

Galley Oceanfront Restaurant: 130 Marina Rd. (Hwy. 3, 6 km westl. von Chester), Tel. 902-275-4700. Beliebtes Fischrestaurant mit maritimem Dekor und schönem Blick auf den Bootshafen, breites Angebot: leckere Burger, Hähnchen, Lamm, Steaks, Meeresfrüchte. Ab 8 $.

Rose Farm Living Museum of Agriculture

Ein kleiner Abstecher auf dem Highway 12 führt zum etwa 30 km entfernten **Ross Farm Living Museum of Agriculture.** Auf der detailgetreu restaurierten Farm mit mehreren Wohn- und Wirtschaftsgebäuden aus dem 19. Jh. zeigt man die Entwicklung der Landwirtschaft von 1600–1925. Tierhaltung, landwirtschaftliche und handwerkliche Aktivitäten – alles ist so wie vor über 200 Jahren, faszinierend zuzuschauen und viele schöne Fotomotive (4568 Highway 12, New Ross, Tel. 902-689-2210, 1-877-689-2210, www.museum.gov.ns.ca/rfm/, Mai–Okt. 9.30–17.30, Nov.–April 9.30–17.30 Uhr, 6 $, 6–17 J. 2 $).

Oak Island

Die Mahone Bay kann mit den legendären Piratengewässern der Karibik durchaus konkurrieren. 1813 explodierte in der Bucht das Piratenschiff ›Young Teazer‹. Noch heute soll in stürmischen Nächten das Geisterschiff, in Flammen gehüllt, in der Bucht kreuzen. Namen wie Murderer's Point und Sacrifice Island erinnern an die wilde Vergangenheit. Und seit 1795 wird auf dem nahe gelegenen, über einen Damm erreichbaren **Oak Island** 3 nach einem legendären Schatz gesucht. Manche der unermüdlichen Schatzgräber vermuten, dass hier das Piratengold des berüchtigten Captain Kidd vergraben ist – bei der Tiefe, in die man bereits vorgedrungen ist, eher unwahrscheinlich. Andere, wie Ben Blankenship, der seit Jahrzehnten auf der Insel lebt und gräbt, glauben, dass hier vor Jahrhunderten der Templerorden in einem raffinierten System von Tunneln und Schächten riesige Schätze verbergen ließ. Unsummen sind bereits in das Unternehmen ›Schatzsuche‹ investiert worden. Man führte Bohrungen durch und trieb Schächte bis in 55 m Tiefe. Außer einigen Münzen, Holzkohle, Kokosfasern und rätselhaften Eichenholzplatten hat man bisher jedoch nichts nach oben bringen können. Ein halbes Dutzend Menschenleben hat die Schatzsuche bereits gekostet. Immer wieder drang Seewasser in den Schacht und verhinderte weitere Grabungen. Seit Frühjahr 2007 beteiligt sich ein amerikanisches Konsortium am Unternehmen ›Oak Island‹ und mit Hilfe von Hightech und 10 Millionen Dollar soll das Mysterium endlich gelöst werden.

Jetzt hat die Provinzregierung Verhandlungen mit den neuen Insel-Eigentümern begonnen und man hofft, dass das Publikum bei der wieder aufgenommenen Schatzsuche zuschauen kann (www.oakislandsociety.ca).

Mahone Bay

Mahone Bay 4 grüßt schon von weitem mit seinen drei malerischen Kirchen an der Uferstraße, Trinity United Church, St. John's Lutheran und St. James Anglican Church, deren Spiegelbilder vom ruhigen Wasser der Bucht reflektiert werden – sicher eines der meistfotografierten Motive der Provinz. Nur die **St. James Anglican Church** ist für Besichtigungen geöffnet (Edgewater St., 902-624-8614, Juli–Aug. Do–Sa 11–15 Uhr). Jedoch werden an manchen Freitagen auch in den anderen Kirchen klassische Konzerte veranstaltet (Info im Visitor Centre). Die engen Straßen des Ortes sind von zahlreichen historischen Gebäuden mit Galerien und Kunstgewerbeläden, Restaurants und Cafés gesäumt. Man kann Ruderboote und Kajaks mieten und die einsamen Strände und Buchten der Bay erkunden. Im goldenen Zeitalter der Segelschiffe war die Stadt ein Zentrum des Schiffbaus. An der Waterfront demonstriert man die Techniken des Holzboot-Baus und lässt ein Schiff vom Stapel. Über Schiffsbautradition und Pionierzeit informiert das kleine **Settler's Museum** in einem über 150 Jahre alten Holzhaus an der Hauptstraße (578 Main St., Tel. 902-624-6263, Juni–Sept. Di–Sa 10–17 Uhr, frei).

Oak Island Resort and Spa: Western Shore, Hwy. 103, zwischen Chester und Mahone Bay, 902-627-2600, 1-800-565-5075, Fax 627-2020, www.oakislandresortandspa.com. Großes Motel mit eigenem Restaurant, Bootshafen und einer Bootsvermietung. DZ 109–299 $.
Kip & Kaboodle: 9466 #3 Hwy., RR1 Mahone Bay, Tel. 902-531-5494, 1-866-549-4522, www.kiwikaboodle.com. Nova Scotia Backpacker Hostel, schlichte, aber saubere Schlafsaal-Unterkunft, auch als Bed and Breakfast möglich, Outdoor-Pool. 25 $.

The Innlet Café: 249 Edgewater St., Tel. 902-624-6363. Gemütliches Restaurant mit schönem Blick über Hafen und auf die drei Kirchen; auf der Speisekarte stehen frische Meeresfrüchte, leckere Desserts. 16–22 $.

Wooden Boat Festival (Ende Juli/Anfang August): www.woodenboatfestival.org. Großes Festival am Wochenende mit Paraden, Regatten und kulinarischen Spezialitäten, die meisten Aktivitäten finden rund um den Mahone Bay Town Wharf statt.

Mahone Bay Trading Company: 544 Main St., Tel. 902-634-3333. Traditionsreicher *general store,* in dem so ziemlich alles zu haben ist.

Kajaktouren: East Coast Outfitters, 617 Main St., Tel. 902-634-1963, 1-800-763-1963, www.eastcoastoutfitters.net. Kajaktouren in den ruhigen Gewässern der Mahone Bay, entlang felsiger Küsten und schöner Inselstrände, dabei können Delfine, Seeadler und Haubentaucher beobachtet werden; Exkursionen, Unterricht und Verleih.

10 Lunenburg

Hinter dem weiten Bogen der Mahone Bay liegt **Lunenburg** (2800 Einw.), ein bildschönes ruhiges Hafenstädtchen mit einer langen Fischerei-, Seefahrer- und Schiffsbautradition, das zunehmend vom Tourismus entdeckt wird. Entsprechend ist das Angebot von Kunstgalerien, Museen und Restaurants. Sanft zum Hafen hinunter abfallend, erstreckt sich schachbrettartig das Netz der schmalen baumgesäumten Straßen. Der gesamte Kern des Städtchens ist von der Unesco zur World Heritage Site erklärt worden. Die Häuser leuchten in kräftigem Blau, Gelb, Rot und Grün. Besonders die alten Kapitänsvillen sind mit Erkern, Türmchen und Balustraden reich verziert und bis ins Detail bemalt: Lunenburg ist berühmt für seine Holzarchitektur.

Im Hafen ist der Mastenwald der Rahsegler und Schoner längst verschwunden. Aber noch immer kommen große Segelschiffe aus aller Welt – zu einem Freundschaftsbesuch oder zur Ausbesserung ins Dock. Denn in Lunenburg leben auch heute noch Segelmacher und Zimmerleute, die die alte Kunst des Holzschiffbaus beherrschen, obwohl die neuen Fischkutter aus Stahl bestehen und mit modernstem Gerät ausgerüstet sind.

Eine große Fangflotte und moderne Verarbeitungsanlagen haben die Stadt zu einem der wichtigsten Fischereihäfen der amerikanischen Atlantikküste gemacht. Wie überall in den Atlantikprovinzen gibt es aber auch hier Probleme. Auf Jahre hinaus reduzierte Fangquoten für Kabeljau und Heilbutt haben die Hochseefischerei in eine schwere Krise gestürzt. Hummerfang und Küstenfischerei können diese Verluste nicht ausgleichen.

Geschichte

Schon in der Mitte des 16. Jh. ankerten an der Küste bei Lunenburg französische Seefahrer. Die Siedlung entstand aber erst hundert Jahre später, als im Auftrag des englischen Königs, Georg II. aus dem Hause Hannover, deutsche und Schweizer Protestanten ins Land gebracht wurden – als Gegengewicht zum französischen Einfluss in anderen Regionen Québecs und Neu-Schottlands. Im Lunenburger Stadtarchiv zeigt man stolz die alten Einwanderungslisten. 1700 Wagemutige waren es, die in den Jahren 1751 bis 1753 hier ihre neue Heimat suchten. Die Mehrzahl der Neuankömmlinge stammte aus dem deutschen Lüneburg. Deutsch wird heute in Lunenburg zwar nicht mehr gesprochen, aber die Erinnerung ist noch da. Auf dem alten Friedhof tragen viele Grabsteine deutsche Inschriften in gotischen Lettern, und in der Umgebung gibt es Siedlungen, die New Germany und West Berlin heißen.

1750 erschien in Deutschland die erste Proklamation über die Möglichkeit zur Einwanderung in diesen Teil der ›Neuen Welt‹. Man versprach den Interessenten fruchtbare Böden, reiche Fischgründe und eine günstige Lage, um Handel zu treiben. Dazu wurden pro Person 25 ha Land, Haushalts- und Landwirtschaftsgeräte, 500 Ziegelsteine und ein Posten Nägel für den Hausbau, Waffen, Munition und schließlich auch zehn Jahre Steuererlass geboten. Nicht alle Versprechungen erfüllten sich. Die felsigen Hänge um die Malagash Bay boten den ersten Siedlern, die als Farmer gekommen waren, nur kargen Lebensunterhalt. So wandte man sich dem Fischfang zu, und die Lunenburger begründeten ihren Ruf als hervorragende Seeleute, Fischer und Schiffsbauer.

›Bluenose II‹

In Lunenburg wurde 1921 die berühmte ›Bluenose‹ gebaut, die, obwohl als Schoner für den Hochseefischfang auf den Grand Banks vor Neufundland vorgesehen, fast zwei Jahrzehnte alle Regatten an der Ostküste Amerikas gewann. Das Bild dieses schnellsten und erfolgreichsten Seglers vor Nordamerikas Küsten ziert die Rückseite der kanadischen 10-Cent-Münze. Die **›Bluenose II‹**, ein detailgetreuer Nachbau, lief 1963 auf der Lunenburger Werft Smith and Rhuland vom Stapel und ist heute als Wahrzeichen Nova Scotias ein Publikumsmagnet.

Wenn das Schiff im Hafen ankert, lässt man die Gangway für Touristen zur Besichtigung herunter. Auch zweistündige Segeltouren sind dann möglich. Heimathafen der ›Bluenose II‹ ist Lunenburg. Während der Sommersaison ist der Segler häufig auf Tour und besucht verschiedene Häfen in Atlantik-Kanada, am häufigsten Halifax. Den genauen Reiseplan des Schiffes erfährt man bei Nova Scotia Tourism und unter einer eigenen Bluenose-Telefonnummer (Tel. 902-634-4794, 1-866-579-4909, www.museum.gov.ns.ca/bluenose, www.bluenose2.ns.ca, zwei etwa 2-stündige Segeltörns täglich, wenn das Schiff im Hafen liegt, 30 $).

Captain J. Walters Museum

Im **Captain J. Walters Museum** erfährt man mehr über das legendäre Schiff und seinen nicht weniger berühmten Skipper. Im Mittelpunkt der Ausstellung stehen die Erfolge der ersten ›Bluenose‹ und ihr Kapitän, aber die Bedeutung von Fischerei und Schiffsbau für die Region ist ebenso dokumentiert. Das Museum ist im ehemaligen Wohnhaus Kapitän Walters untergebracht. Sein Sohn vermachte es der Stadt (37 Tannery Rd., Tel. 902-634-4410, Juli–Aug. Mo–Sa 10–16 Uhr, 3 $).

›Eastern Star‹

So attraktiv die Tour mit der ›Bluenose II‹ auch ist, das Schiff ist mitunter wochenlang nicht im Hafen, und wenn, dann sind die Tickets sehr schnell ausverkauft. Hat man also kein Glück mit der ›Bluenose‹, dann muss man trotzdem nicht auf eine zünftige Segeltour verzichten. Die **›Eastern Star‹** ist eine in klassischer Holzbauweise entstandene 15 m lange Ketsch, mit ihr kann man während des Sommers bis zu viermal am Tag eineinhalbstündige Fahrten vor der Küste Lunenburgs unternehmen (Tel. 902-634-3535, Erw. 24 $, Kinder 11 $).

Fisheries Museum of the Atlantic

Das **Fisheries Museum of the Atlantic** ist in den leuchtend roten Holzgebäuden einer ehemaligen Fischverarbeitungsanlage am Hafen untergebracht. Ausstellungen und Filmvorführungen zeigen die Entwicklung der Fischerei von Nova Scotia und auf dem Festlandsschelf. Zum Fischereimuseum gehört auch ein hervorragendes großes Meeresaquarium. Und zwei historische Schiffe, der Schoner ›Theresa E. Connor‹, einer der letzten alten *saltbanker*, und der ausgediente Trawler ›Cape Sable‹ erinnern an Lunenburgs große Zeit der Hochseefischerei. Das Museum ist für Fachleute und Landratten gleichermaßen sehenswert (68 Bluenose Drive, Tel. 902-634-4794, 1-866-579-4909, Anf. Mai–Ende Okt. tgl. 9.30–17.30, sonst Mo–Fr 8.30–16.30 Uhr, 9 $).

Im Hafen von Lunenburg ankern auch heute noch viele Segelschiffe

Blue Rocks

Ein paar Kilometer östlich von Lunenburg am Ende der Peninsula kommt man zum kleinen, wenig touristischen Fischerdorf **Blue Rocks** mit seinen einfachen, aber farbenfroh gestrichenen Holzhäusern, manche mit einem aufgebockten Boot davor, verwittert und mit abblätternder Farbe von harten Einsätzen zeugend. In Reihen gestapelte Hummerfallen mit ihren bunten Schwimmern und aufgespannte Fischnetze vervollständigen das maritime Ambiente.

Ovens Natural Park

Auf der gegenüberliegenden Seite der Bucht, über die Route 332 zu erreichen, lohnt ein Ausflug zum **Ovens Natural Park** 5, wo ein landschaftlich reizvoller Wanderweg zu Höhlen in der Steilküste führt. Hier wurde 1861 Gold gefunden. Spuren dieser Vergangenheit sind noch im Park zu sehen, und ein kleines Museum informiert über Neu-Schottlands Goldrausch. Zum Park gehört auch ein hübscher Campingplatz (Tageskarte 6 $, Camping 22–40 $).

Rundreisen in Nova Scotia

Lunenburg Visitor Information Centre: Blockhouse Hill Rd., Tel. 902-634-8100, Mai–Okt. 9–20 Uhr.

Boscawen Inn: 150 Cumberland St., Tel. 902-634-3325, 1-800-354-5009, Fax 634-9293, www.boscawen.ca. 20 gemütliche Zimmer in einer viktorianischen Villa von 1888; exzellentes Restaurant, schöner Hafenblick. DZ 95–205 $.

The Mariner King Inn: 15 King St., Tel. 902-634-8509, 1-800-565-8509, www.marinerking.com. B & B, vier Zimmer in einer georgianischen Villa, stilvoll eingerichtet; gutes Restaurant, Gartenterrasse. DZ 100–200 $.

Bluenose Lodge: 10 Falkland Ave. (Hwy. 3), Tel. 902-634-8851, Fax 634-3315, www.bluenoselodge.ca. 9 Zimmer in von Bäumen umgebenem Landhaus von 1860; Fischspezialitäten, Breakfast, Dinner. DZ 80–190 $.

Camping:

Ovens Natural Park: Rte. 332 (15 Min. von Lunenburg), Tel. 902-766-4621, www.ovenspark.com, Mitte Mai–Mitte Okt. Cottages und Campground in schöner Lage; Restaurant; Bootstouren zu den Meereshöhlen. Cabins 50–175 $.

Lunenburg Board of Trade Campground: 11 Blockhouse Hill Rd., Tel. 902-634-8100, 1-888-615-8305.

Old Fish Factory Restaurant: Im Fisheries Museum, 68 Bluenose Drive, Tel. 902-634-3333. Originell eingerichtetes

Fischrestaurant mit schönem Blick über den Hafen; Lunch und Dinner. 14–35 $.
Historic Grounds Coffee House: 100 Montague St., Tel. 902-634-9995. Beliebtes Lokal, direkt neben dem Bluenose-Anleger, hervorragendes Frühstück und leckere Kleinigkeiten den ganzen Tag über. Ab 4 $.

Nova Scotia Folk Art Festival (Anfang August): Tel. 902-766-4295, www.nsfolkartfestival.com. Geheimtipp für Sammler: Ausstellung, Verkauf und Auktion von Kunsthandwerk aus Nova Scotia.
Lunenburg Folk Harbour Festival (Anfang/Mitte August): www.folkharbour.com. Auftritte der bekanntesten Nova Scotia Folk- und Country-Gruppen beim Fisheries Museum.

Lunenburg Fishermen's Picknic & Reunion (zweite Augusthälfte): maritimes Volksfest mit Musikveranstaltungen, Ausstellungen, Fischkutter-Regatten und Muschelwettessen.

Segeltörns: Bluenose II, Tel. 902-634-1963, 1-800-763-1963, www.museum.gov.ns.ca/bluenose. 2-stündige Segeltouren auf dem Nachbau des legendären Schoners. 30 $.
Star Charters, Kartenverkauf am Fisheries Museum, Tel. 902-634-3535, www.novascotiasailing.com, Juli–Aug. 10.30, 12.30, 14.30 u. 16.30 Uhr, Abfahrtszeiten in den Monaten Juni, Sept., Okt. erfragen. Fahrten mit der klassischen 15-m-Ketsch ›Eastern Star‹. Erw. 25 $, Kinder 12 $.

Frische Meeresluft hält fit: Pensionär im Hafen von Lunenburg

Sightseeing: Lunenburg Hutzelsuppe Town Walking Tours, Waterfront, Tel. 902-634-3848. Geführte Rundgänge durch den historischen Ortskern.
Wale: Lunenburg Whale Watching, Fisheries Museum Wharf, Tel. 902-527-7175, www.whalewatchingnovascotia.com. Tägliche Walbeobachtungs-Exkursionen.
Kuttertouren: Lobstermen Tours, Tel. 902-634-3434, 1-866-708-3434, www.lobstermentours.com. 2 x täglich Ausfahrten mit einem Hummerfischer, man kann zusehen, wie die Fallen hochgeholt und geleert werden. 45-min./2-std. Touren Erw. 14/28 $, Kinder bis 14 J. 6/14 $.

Auf der Lighthouse Route bis Yarmouth

Kejimkujik National Park

Kurz vor Liverpool führt der Highway 8 quer durch die Insel nach Annapolis Royal – eine gute Verbindung, wenn man den **Kejimkujik National Park** 6 besuchen möchte. Auf dem Kejimkujik Scenic Drive fährt man durch eine bewaldete Seenlandschaft mit ruhigen Flüssen und Riedgrassümpfen, wo Biber und Loon zu Hause sind. ›Kesch‹, wie der Park allgemein genannt wird, ist vor allem ein Paradies für Kanu- und Angelsportler, bietet aber auch gute Bade- und Campingmöglichkeiten. Im September und Oktober leuchtet der Mischwald des Parks in bunten Herbstfarben.

i **Kejimkujik National Park Visitor Centre:** Rte. 8, Kejimkujik Scenic Drive, Maitland Bridge,Tel. 902-682-2772, www.pc.gc.ca, Mitte Juni–Aug. 8.30–16.30 Uhr. Geführte Touren, Kanu- und Fahrradvermietung, Parkeintritt Erw. 6 $, Kinder 3 $, Angellizenz 8 $ pro Tag.

Camping:
Kejimkujik N. P. Campground: in der Jeremys Bay, Toiletten und Duschen.

Liverpool

Liverpool 7, ein 3000-Einwohner-Städtchen an der Mündung des Mersey River,

65 km von Lunenburg entfernt, erlebte seine Blütezeit im 19. Jh., als die großen Clipper die Meere durchpflügten. In einem einzigen Jahr liefen hier 30 große Segler vom Stapel. Zum Reichtum der Stadt trugen auch ihre Kapitäne bei, die als Freibeuter des englischen Königs die Schiffe der Spanier, Franzosen und später auch der abtrünnigen Amerikaner kaperten und deren Draufgängertum gefürchtet war. Die Stadt wurde deshalb auch ›Port of Privateers‹ genannt. Die vielen schönen Holzhäuser der Stadt zeugen noch heute vom Glanz vergangener Zeiten. Das liebevoll restaurierte **Perkins House** wurde 1766 von dem berüchtigten Freibeuter Simeon Perkins errichtet. Jetzt ist es ein Museum und informiert über ihn und die Freibeuterei (105 Main St., Tel. 902-354-4058, Mitte Mai–Mitte Okt., Mo–Sa 9.30–17.30, So 13–17.30 Uhr, frei).

Das **Sherman Hines Museum of Photography** zeigt neben historischen Kameras und Fotos auch das Werk des international bekannten Fotografen Sherman Hines, der das Museum auch gegründet hat. Es gibt Wechselausstellungen der großen kanadischen Fotografen zu sehen, ein komplett nachgebautes Fotostudio der viktorianischen Ära, eine Foto-Bibliothek und einen kleinen Laden (219 Main St., Tel. 902-354-2667, Mai–Okt. Mo–Sa 10–17.30, Juli–Aug. auch So 12–17.30 Uhr, 4 $).

In einem alten Schulgebäude ist das interessante **Rossignol Arts Centre** untergebracht, eine bunte Mischung von zwei Kunstgalerien und fünf kleinen Museen, einschließlich einer Trapperhütte, einem historischen Drugstore und einem ›*outhouse*‹-(Toilettenhäuschen)-Museum (205 Church St., Tel. 902-354-3067, www.rossignolculturalcentre.com, Mitte Mai–Mitte Okt. Mo–Sa 10–17.30, Juli–Aug. auch So 12–17.30 Uhr, 4 $).

Dem Highway 3 auf der Lighthouse Route folgend, gelangt man über die Abfahrt 24 zum historischen Fischerdorf **Lockeport.** Der sichelförmige Sandstrand zierte einmal die kanadischen 50-Dollar-Noten.

Visitor Information Centre: 28 Henry Hensey Dr., Tel. 902-354-2667, www.tourism.queens.ns.ca, Mai–Sept. 9.30–17.30 Uhr.

Lanes Privateer Inn: 27–33 Bristol Ave., Tel. 902354-3456, 1-800-794-3332, www.lanesprivateerinn.com. Historisches Bed and Breakfast-Gasthaus mit 27 Zimmern, von denen die meisten einen schönen Blick auf den Fluss oder Hafen bieten; im 200 Jahre alten Gebäude sind außer einem Pub auch ein Buchladen mit Café und ein gutes Restaurant untergebracht. Dinner 10–20 $, DZ 96–125 $.

Privateer Days (Ende Juni/Anfang Juli): Tel. 902-354-4500, www.privateerdays.com. Im Fort Point Lighthouse Park wird mit Aufführungen und historischen Kostümen an die große Freibeuterzeit erinnert.

Seaside Adjunct Kejimkujik National Park

Rund 25 km südlich von Liverpool liegt der **Seaside Adjunct Kejimkujik National Park** **8**, der maritime Teil des Kejimkujik National Park (s. S. 376) mit einsamen wildromantischen Küstenlandschaften. Der Seaside Adjunct Park hat keine Einrichtungen und Camping ist hier nicht erlaubt. Beim Willis Lake in Southwest Port Mouton führt ein 5 km langer Wanderweg zur Black Point Beach und einige Kilometer weiter auf der Route 103 zweigt bei Port Joli eine unbefestigte Straße zum Park ab. Vom Parkplatz der St. Catherines Road führt ein 2 km langer Trail zum St. Catherine's River Beach.

Shelburne

Das kleine Städtchen **Shelburne** **9** (2300 Einw.) mit seinen sorgfältig restaurierten Bürgerhäusern aus dem 18. und 19. Jh. träumt ebenfalls von verflossener Glorie; für einen kurzen Augenblick in der Geschichte war es das größte urbane Zentrum Nordamerikas. Gegründet 1783 von 3000 königstreuen Loyalisten, die vor den Wirren der amerikanischen Revolution flohen, hatte die Stadt bereits vier Jahre später über 16 000 Einwohner, die meisten von ihnen waren Angehörige der

Bürgerklasse Neu-Englands. Aber sie waren wohl nicht geschaffen für das Leben an Nova Scotias rauer Küste – schon bald begann ein neuer Exodus, und 1816 zählte Shelburne weniger als 400 Seelen.

Im **Historic District** an der Dock Street sind in den schönen alten Holzhäusern vier sehenswerte Museen untergebracht: Das **Ross Thomson House,** 1784 gebaut, ist der einzige noch erhaltene *loyalist general store*, seine Regale sind mit vielen Gegenständen aus der Kolonialzeit bestückt (Charlotte Lane, Tel. 902-875-3141). Das **Shelburne County Museum** bietet Ausstellungen zur Seefahrtsgeschichte der Region und man kann Kanadas älteste Feuerlöschausrüstung von 1740 besichtigen (20 Dock St./Maiden Lane, Tel. 902-875-3219). Im **Dory Shop Museum,** einer ehemaligen Werft, werden traditionelle Bootsbau-Techniken vorgeführt (11 Dock St., Tel. 902-875-3219). Shelburnes historische Kulisse ist inzwischen auch bei Film- und Fernsehproduzenten gefragt. Das **Muir-Cox Shipbuilding Museum** ist gleichzeitig eine der ältesten Werften in den Atlantikprovinzen. Hier gibt es nicht nur Ausstellungen über Schiffsbau und Seefahrt, man kann auch Bootsbauern bei der Arbeit zusehen (Dock St., Tel. 902-875-2483). Eintritt und Öffnungszeiten sind für alle Museen gleich: Juni–Ende Sept. 9.30–17.30 Uhr, 3 $ oder Pass für alle vier Museen 8 $.

Shelburne Tourist Bureau: Dock St., Tel. 902-875-4547, www.historicshelburne.com, Juni–Sept. 10–18 Uhr.

The Cooper's Inn: 36 Dock St., Tel. 902-875-4656, 1-800-688-2011, www.thecoopersinn.com. Sieben Zimmer in historischem B & B Inn mit viel Atmosphäre. DZ 120–185 $.

Cape Cod Colony Motel: 234 Water St. (Hwy. 3), Tel. 902-875-3411, www.capecodmotel.ns.ca. 23 Zimmer, hübsche Anlage, Restaurant. DZ 60–85 $.

Camping:

The Islands Provincial Park: Hwy. 3, 5 km westl. von Shelburne, Tel. 902-875-4304. Hübscher Park mit einfachen Campingmöglichkeiten ohne Anschlüsse, Mitte Mai–Anf. Sept.

Charlotte Lane Cafe: 13 Charlotte Lane, Tel. 902-875-3314, Mai–Dez. Di–Sa 11.30–14.30, 17–20 Uhr. In einem schön restaurierten historischen Gebäude zwischen Water und Dock St. Schweizer Spezialitäten, Meeresfrüchte, Pasta. 8–20 $.

Shelburne County Lobster Festival (Ende Juni/Anfang Juli): Fest zum Ende der Hummersaison mit Lobster-Essen, Musik und Tanz.

Cape Sable Island

Bei der Ortschaft Barrington führt ein 1200 m langer Damm nach Cape Sable Island hinüber. **Clark's Harbour** 10 ist ein alter, unverfälschter Fischerort, in dem um 1900 die Cape-Islander-Boote zuerst gebaut wurden. Diese kleinen, aber enorm seetüchtigen Fischkutter, meistens zum Hummerfang benutzt, gehören heute zum Standard für diese Region des Nordatlantiks. Cape Sable markiert Nova Scotias südlichsten Punkt und ist als Schiffsfriedhof berüchtigt. Das Bergen von Strandgut war hier ein besonders lohnendes Geschäft und ein höchst willkommenes Zubrot für so manchen Fischer. Relikte aus dieser Zeit sind im **Archelaus Smith Museum** im kleinen Ort Centreville zu sehen (Tel. 902-745-3361, Mitte Juni–Ende Sept. Mo–Sa 9.30–17.30, So 13.30–17.30 Uhr).

Pubnicos

Etwa 40 km nördlich von Cape Sable Island erreicht man altes akadisches Siedlungsgebiet, die Pubnicos. In einem halben Dutzend Ortschaften um den langgestreckten **Pubnico Harbour** 11 leben einige hundert Familien von Fischfang und Landwirtschaft. Zwar gibt es seit einigen Jahrzehnten elektrischen Strom, und auch die Fischkutter sind heute modernisiert, aber ansonsten scheint die Zeit stehen geblieben zu sein: In vielen Pubnico-Küchen duftet es nach selbst gebackenem Brot, und manchmal wird noch mit dem Ochsengespann gepflügt. Traditionsbewusst lässt man die akadische Fahne wehen – die Trikolore mit dem goldenen Stern auf blauem Grund –, und an den Briefkästen entlang der Straße sind Namen wie D'Entremont, Amirault und D'Eon zu lesen. Warum diese Menschen vor über 300 Jahren Frankreich verlassen haben, um sich in dieser wilden Gegend häuslich niederzulassen, weiß man nicht so genau. Es waren auch keine armen Leute, die hier ein besseres Leben begründen wollten; einige unter ihnen waren sogar Aristokraten wie Philippe D'Entremont, der 1653 die einzige französische Baronie des alten Akadien etablierte. In West Pubnico lohnt der Besuch des **Le Village Historique Acadien.** Das pittoreske, liebevoll restaurierte historische Dorf am Hafen mit Leuchtturm, Fischerhäusern, Schmiede und dem alten akadischen Friedhof vermittelt einen guten Eindruck des akadischen Lebensstils in der Zeit vom 17. bis 19. Jh. (Tel. 902-762-2530, www.Museum.gov.ns.ca/av. Mitte Juni–Mitte Okt. 9–17 Uhr, Eintritt nur für geführte Touren). Mehr darüber erfährt man auch im **Musée Acadien** gegenüber der Feuerwehr (Tel. 902-762-3380, www.museeacadien.ca, Anf. Juni–Mitte Sept. Mo–Sa 9–17, So 12.30–16.30 Uhr, 3 $).

Yarmouth

Yarmouth 12, mit knapp 8000 Einwohnern die größte Stadt im Westen von Nova Scotia und Hafen für die Fährschiffe nach Neu-England, blickt auf eine 250 Jahre alte Seefahrer- und Schiffsbautradition zurück. Aus dieser Zeit stammen auch viele der großen Kapitänshäuser mit ihren hohen Räumen, Mahagonimöbeln und Porzellanschätzen aus dem Orient. Ein typisches Merkmal dieser Architektur ist die Balustrade auf dem Dach. Nicht ganz grundlos wurde sie *widow's walk* genannt, ›Witwen-Ausguck‹, denn oft genug schauten hier die zurückgebliebenen Ehefrauen vergeblich nach den Schiffen ihrer Männer aus.

Das **Yarmouth County Museum** gibt Zeugnis von der Ära der großen Windjammer und ihrer stolzen Kapitäne. Neben einer großen Sammlung von Schiffsgemälden werden Ausstellungen über die akadische und englische Besiedlung der Region gezeigt (22 Collins St., Tel. 902-742-5539, Fax 749-11201, Juni–Mitte Okt. Mo–Sa 9–17, So 14–17, sonst Di–Sa 14–17 Uhr, 5 $).

Liebhaber alter Leuchttürme werden die auch landschaftlich reizvolle Fahrt zum Ende der Peninsula unternehmen, um die **Historic Cape Forchu Lightstation** zu besichtigen. Rund um das Kap bieten sich schöne Ausblicke auf die Felsenküste.

i **Visitor Information Centre:** 228 Main St., Tel. 902-742-6639.
Yarmouth County Tourist Association: Forest St., Tel. 902-742-5355, 1-866-850-9900.

Rodd Grand Yarmouth: 417 Main St., Tel. 902/742-2446, 1-800-565-7633, Fax 742-4645, www.rodd-hotels.ca. Gepflegtes Hotel nahe dem Stadtzentrum und der Fähranlegestelle; Restaurant. DZ 146–221 $.
Murray Manor B & B: 225 Main St., Tel./Fax 902-742-9625, www.murraymanor.co. Bed and Breakfast, drei Zimmer in historischem Landhaus, hübscher Garten. DZ 80–95 $.
Camping:
Loomer's Campers Haven: Hwy. 3, 5 km östl. von Yarmouth, Tel. 902-742-4848, 1-800-565-0000, www.valleyweb.com/loomers. Pool, Aufenthaltsraum mit Kamin.

Harris' Quick 'n Tasty: Hwy. 1, Dayton, 4 km nordöstl. von Yarmouth, Tel. 902-742-3467. Beliebtes Restaurant im Stil eines 1950er Diners, leckere Burger und Pasteten, Chowder und Meeresfrüchte, Spezialität: heiße Hummer-Sandwiches. 6–20 $.

Auf dem Evangeline Trail nach Annapolis Royal

Von Yarmouth folgt der **Evangeline Trail** (Highway 1) der Fundy-Küste. Die Route führt durch altes akadisches Siedlungsgebiet. Longfellows episches Gedicht ›Evangeline‹ beschreibt eindrucksvoll die tragische Geschichte der Vertreibung der französischen Siedler durch die Engländer im Jahre 1755. Nach langen Wanderungen im östlichen Nordamerika kehrten schließlich viele Akadier zurück in ihre alten Siedlungsgebiete. Ihre Nachfahren sind bis heute der alten Kultur treu geblieben.

Nach etwa 50 km beginnt vor Cape St. Mary die French Shore, La Côte Acadienne, an der die meisten der neu-schottischen Akadier der Region leben. Wie Perlen an einer Schnur reihen sich auf den nächsten 40 km bis St. Bernard ein Dutzend kleiner Orte, dominiert von imposanten Kirchtürmen und den blau-weiß-roten Fahnen mit dem gelben Akadierstern auf den öffentlichen Gebäuden.

Meteghan und Pointe de l'Eglise

Meteghan 13 ist ein geschäftiger Fischerhafen mit einem interessanten Museum in einem alten akadischen Wohnhaus, La Vieille Maison, das den typischen Lebensstil einer akadischen Familie vermittelt (Highway 1, Tel. 902-645-2389, Juli–Aug. 9–19, Juni und Sept. 10–18 Uhr).

In **Pointe de l'Eglise (Church Point)** 14 befindet sich die einzige französischsprachige Hochschule Nova Scotias, die Université Sainte-Anne. Hier wird während der Sommersaison im Théâtre Marc Lescarbot eine musikalische Bearbeitung von Longfellow's ›Evangéline‹ in französischer Sprache aufgeführt. Es gibt eine englische Übersetzung (in der Université Sainte-Anne, Tel. 902-769-2114, Juni und Sept. Sa 20, Juli/Aug. Di und Sa 20 Uhr, 16 $).

Hauptattraktion des Ortes ist die zwischen 1903 und 1905 errichtete Église de Sainte-Marie (St.Mary's Church), die größte und höchste Holzkirche Nordamerikas. Der 56 m hohe Turm wurde mit 40 t Felsenballast versehen, um den starken Seewinden zu trotzen. In der Kirche zeigt ein kleines Museum Fotos, Dokumente und religiöse Gegenstände.

Festival Acadien de Clare (Ende Juli–Mitte Juli): Tel. 902-769-0832, www.festivalacadiendeclare.ca. Größtes Festival der frankophonen Bevölkerung Atlantikkanadas, 14 Tage mit viel Musik, Tanz, Theater und kulinarischen Events.

Digby

Digby 15 (2350 Einw.), ein attraktiver Fischerort an der Annapolis Bay, ist Heimathafen einer der größten Kammmuschelfangflotten der Welt. Kein Wunder, dass in den Restaurants des Ortes die Scallops an erster Stelle der Delikatessen stehen, und im August sind die leckeren Muscheln sogar Mittelpunkt eines großen Festivals, der Digby Scallop Days. Der Hafen ist immer einen Besuch wert, und das **Admiral Digby Museum** zeigt Fotos und Sammlungen über Digbys maritime Geschichte (95 Montague Row, Tel. 902-245-6322, Ende Juni–Aug. 9–17 Uhr, Spende).

Zwischen Digby und Saint John (New Brunswick) verkehrt mehrmals täglich die große Autofähre ›Princess of Acadia‹. Digby eignet sich gut als Basis für Ausflüge in die Umgebung.

Digby Visitor Centre: 110 Montague Row, Tel. 902-245-5714, Juni–Anfang Okt. 9–17 Uhr.

The Pines Golf Resort: Shore Rd., Tel. 902-245-2511, 1-800-667-4637, Fax 245-6133, www.signatureresorts.com, Juni–Mitte Okt. Traditionsreiches, elegantes Grandhotel im Stil eines Herrenhauses, liegt inmitten einer sehr schönen Parkanlage; Golf, Tennis; gepflegtes Restaurant. DZ 150–450 $.

Summers Country Inn: 16 Warwick St., Tel. 902-245-2250, Fax 245-6694, www.summerscountryinn.com. Historisches B & B-Gasthaus am Hafen mit elf Zimmern, alle mit Bad. DZ 60–90 $.

Camping:

Jaggar's Point Oceanside Camping: Am Hwy. 1, 11 km östl. von Digby, Tel. 902-245-4814. Schöner Campingplatz am Strand des Annapolis Basin.

Fundy Restaurant: 34 Water St., Tel. 902-245-4950. Fischrestaurant am

Natürliches Gleichgewicht – Balancing Rock bei Tiverton

Hafen mit schönem Blick über die Fischerboote, Spezialität: Scallops in allen Variationen. 9–20 $.

Scallop Days (Mitte August): Festival der Scallop-Flotte mit Wettbewerben, Umzug, Musikveranstaltungen, kulinarischen Events.

Bay Ferries: Rte. 303, Digby Fährhafen, an der Mündung des Annapolis Basin, Tel. 902-566-3838, 1-888-249-7245, Fax 566-1550, www.nfl-bay.com. Autofähre von Digby nach Saint John, New Brunswick.

Auf dem Digby Neck

Außerordentlich reizvoll ist ein Tagesausflug auf der Route 217 zum **Digby Neck** 16, einer 74 km langen Nehrung mit malerischen Fischerorten wie Sandy Cove, Mink Cove und Little River, einsamen Küstenstrichen und Seevogelkolonien. Kleine Autofähren verbinden East Ferry mit Tiverton auf **Long Island** und Freeport mit Westport auf Brier Island (stündlich rund um die Uhr). Die kurzen Überfahrten sind ein kleines Erlebnis und kosten zusammen hin und zurück 4 $. Bei **Tiverton** führt ein Küsten-Trail zu bizarren Basaltsäulen am Meer. Der Balancing Rock ist ein beliebtes Fotomotiv. Bei **Brier Island** ist dann das Ende des Digby Neck erreicht. Die Insel in der Bay of Fundy ist ein Vogelparadies und bietet auch gute Möglichkeiten zum Wandern und Beobachten von Walen. Im Sommer werden von **Westport** aus Exkursionen angeboten.

... auf Brier Island:
Brier Island Lodge: Tel. 902-839-2300, 1-800-662-8355, Fax 839-2006, www.

brierisland.com. Zimmer mit Meerblick; gutes Restaurant. DZ 60–140 $.

... auf Brier Island:
Wale: Brier Island Whale and Seabird Cruises, Westport, Tel. 902-839-2995, 1-800-656-3660, www.brierislandwhalewatch.com. Exkursionen unter wissenschaftlicher Leitung; Beobachten von Walen in der Bay of Fundy. Erw. 46 $, Kinder bis 12 J. 25 $.
... auf Long Island:
Wale: Zipping Zodiac Whale and Seabird Tours, Freeport, Tel. 902-839-2064, 1-888-855-6062, www.zippingzodiac.com. Mit einem Zodiac-Gummiboot Wale in der Bay of Fundy beobachten. Erw. 49 $, Kinder bis 12 J. 35 $.

Von Digby nach Annapolis Royal

Von Digby lohnt ein Abstecher landeinwärts über Smith Cove nach Bear River. Der kleine Hafenort **Smith's Cove** bietet gute Übernachtungs- und Campingmöglichkeiten und ein kleines Heimatmuseum im Old Meeting House von 1832.

Bear River 17, ein hübscher Ort am gleichnamigen Fluss mit alten Häusern an bewaldeten Hängen, ist als Künstlerkolonie bekannt. Auch hier gibt es ein Heimatmuseum. Außerdem wird eine gute Auswahl an Kunsthandwerk angeboten, sowohl von örtlichen Künstlern wie vom nahe gelegenen Mi'kmaq-Indianer-Reservat.

In **Clementsport** 18 ist eines der ältesten Museen in Nova Scotia zu besichtigen. Das Old Saint Edward Loyalist Church Museum ist in einer Loyalisten-Kirche aus dem Jahr 1788 untergebracht. Vom angrenzenden historischen Friedhof bietet sich ein schöner Panoramablick über das Annapolis Basin (34 Old Post Rd., Juli–Aug.,Tel. 902-532-0917).

... in Smith's Cove:
Mountain Gap Inn: Tel. 902-245-5841, 1-800-565-5020, Fax 245-2277, www.mountaingap.ns.ca, 1. Mai–Ende Okt. Großzügig angelegtes Motel am Annapolis Basin, Restaurant, Swimmingpool. DZ 70–340 $.

Annapolis Royal

Für **Annapolis Royal** 19 sollte man sich etwas mehr Zeit lassen. Die Anfänge des historischen Ortes, in dem heute etwa 650 Einwohner leben, gehen auf den Anfang des 17. Jh. zurück. Unter dem Namen Port Royal war die Siedlung 100 Jahre lang die Hauptstadt der französischen Akadie. 1710 nahmen die Engländer dann das Fort endgültig ein, und die Siedlung wurde von da an Annapolis Royal genannt.

Der hübsche Ort mit seinen gepflegten Anlagen hat noch viel historisches Flair aus dieser Zeit bewahrt. Die Annapolis Royal Historical Association hat in ihrer kleinen Broschüre »Stroll through the Centuries«, »Wanderung durch die Jahrhunderte«, die historischen Gebäude des Ortes hervorgehoben, die größtenteils entlang der St. George Street stehen. Die interessantesten sind: das **De Gannes-Cosby House** von 1708, ältestes Holzhaus Kanadas, das **Adams-Ritchie House** von 1712, das **Farmer's Hotel** von 1710 und das **O'Dell Inn Museum** (ca. 1869). Auch geführte Touren durch *guides* in historischen Kostümen werden von der Society angeboten (www.tourannapolisroyal.com, Mo, Mi, Do 14 Uhr, Erw. 6 $, Kinder bis 18 J. 2 $).

Fort Anne National Historic Site

In der Fort Anne National Historic Site, inmitten einer schönen Parkanlage am Fluss gelegen, sind noch die ursprünglichen Befestigungsanlagen aus dem 18. Jh., Erdwälle, das steinerne Pulvermagazin und die alten Kanonen des englischen Forts zu sehen. Im schmucken britischen Offiziersquartier informiert ein **Museum** mit Ausstellungen über die Geschichte der Region (St. George St., Tel. 902-532-2321, www.parkscanada.gc.ca, Mitte Mai–Mitte Okt. 9–18 Uhr; außerhalb der Saison unregelmäßig geöffnet, 7 $).

Annapolis Royal Historic Gardens

Auch ein Besuch der Annapolis Royal Historic Gardens mit ihren schönen Wanderwegen

Port Royal – Frankreichs Neue Welt

Thema

Vor fast 400 Jahren segelte eine kleine Gruppe französischer Abenteurer unter Führung von Samuel de Champlain und Sieur de Monts aus den turbulenten Gewässern der Bay of Fundy in die geschützte Bucht von Annapolis. Hier gründeten sie 1605, zwei Jahre vor der ersten permanenten Siedlung der Engländer in Jamestown, Virginia, ihre Kolonie, die sie ›Acadie‹ nannten.

In wenigen Wochen errichteten die Franzosen die wichtigsten Gebäude der neuen Siedlung Port Royal an der Annapolis Bay. Um den rechteckigen Innenhof mit einem Brunnen reihten sich die rustikalen, aus rohen Stämmen gezimmerten Palisadenbauten, unter ihnen das Gouverneurshaus, die Unterkunft für den Priester, eine Schmiede, eine Bäckerei, das Haus des Apothekers, die Wache für die Soldaten und ein Lagerhaus, wo die Indianer ihre Pelze eintauschten. Das Fort war gegen Angriffe gut geschützt, was aber eigentlich nicht nötig war, denn die hier lebenden Mi'kmaq waren friedlich. Man richtete sich diesmal zwar besser als bei einem ersten Siedlungsversuch am St.-Croix-Fluss auf den Winter ein, dennoch starben in den kalten Monaten zwölf Männer an Skorbut.

Sieur de Monts war bereits im Herbst 1605 nach Frankreich zurückgesegelt und ließ die Kolonie unter der Führung von Pontgravé zurück. Im Sommer 1606 brachte die ›Jonas‹ aus Frankreich Entsatz und Versorgungsgüter. Man bereitete sich auf den kommenden, wahrscheinlich wieder langen und harten Winter vor. Um für Ansporn und gute Stimmung in der Kolonie zu sorgen, ließ man sich etwas Besonderes einfallen: So gründeten Gouverneur Jean de Poutrincourt und die prominenteren Mitglieder unter den Kolonisten, Champlain, Pontgravé, Biencourt, der Apotheker Louis Hébert, der Arzt Daniel Hay und Marc L'Escarbot, ein junger Rechtsanwalt aus Paris, den Ordre de Bons Temps, den ›Orden der guten Zeiten‹. Die Mitglieder des Ordens verpflichteten sich, einmal wöchentlich für die Gemeinschaft ein Festmahl auszurichten, das wohl auch heute noch einen französischen Gourmet entzücken würde. Da gab es gerösteten Biberschwanz, Elchbraten, Gänsebrust und Lachs – was eben die Wildnis an Köstlichkeiten zu bieten hatte. Dem besten Jäger des Tages wurde eine Kette verliehen, man hielt Reden, musizierte, spielte Theater. L'Escarbot schrieb Kanadas erstes Theaterstück »Le Théâtre de Neptune«.

Im Frühjahr 1607 baute man mit großen Erwartungen die Siedlung weiter aus, am Allain River, nahe dem heutigen Annapolis Royal, wurde die erste Getreidemühle des Kontinents errichtet, man begann Landbau in den Niederungen des Annapolis River zu betreiben und die Region zu erforschen.

Unterdessen standen die Dinge in Paris schlecht für Sieur de Monts. Ihm wurde das Monopol für den Nordamerika-Handel entzogen und mit dem nächsten Schiff aus Frankreich kam die Order an Poutrincourt, die Kolonie aufzugeben und mit allen Männern zu verlassen. Man verabschiedete sich von den indianischen Freunden und in den nächsten beiden Jahren blieb Port Royal unbewohnt.

Bunter Fassadenschmuck: Schwimmer für Hummerfallen

lohnt sich. Auf 4 ha Fläche gibt es verschiedene ›Themengärten‹. Besonders hübsch sind der **Victorian Garden** im englischen Stil und der **Acadian Garden,** der einen Einblick in die Lebensweise der frühen Siedler bietet (Upper St. George St., Tel. 902-532-7018, Mitte Mai–Juni und Sept.–Mitte Okt. 9–17, Juli–Aug. 9–20 Uhr, 8,50 $).

Annapolis Royal Tidal Generating Station

Seit Anfang der 1980er-Jahre erzeugt die Annapolis Royal Tidal Generating Station für rund 10 000 Menschen elektrischen Strom. Um den mächtigen Tidenhub der Bay of Fundy für die Erzeugung sauberer Energie zu nutzen, wurde hier am Annapolis River zu Forschungszwecken ein Gezeitenkraftwerk errichtet, das erste und einzige in Nordamerika. Im Kraftwerk am Damm über den Annapolis River kann man im **Interpretive Centre** den Effekt von Ebbe und Flut beobachten und Wissenswertes über das Projekt erfahren (Tel. 902-532-5454, Besichtigung Mitte Mai–Mitte Juni und Sept.–Mitte Okt. 10–16, Mitte Juni–Ende Aug. 9–20 Uhr, frei).

Inzwischen mehren sich jedoch auch kritische Stimmen. Nach zehnjährigem Betrieb des Kraftwerks haben Wissenschaftler beim historischen Fort Anne eine fortschreitende Erosion des Flussufers festgestellt. Es ist möglich, dass Damm und Kraftwerk Ursache des Problems sind. Die Planung für ein riesiges 7-Mia.-Dollar-Gezeitenkraftwerk mit einem Netz von 128 ähnlichen, quer über die Bay of Fundy verlaufenden Turbinen wird wegen der Vielzahl möglicher Umweltprobleme wohl nicht zur Ausführung kommen.

Außerhalb

Das Kontrastprogramm zur Technik des 20. Jh. erhält man dann 10 km weiter auf der anderen Seite des Annapolis Basin. Hier wurde 1938 mit der Errichtung der **Port Royal National Historic Site** 20 begonnen. Die historisch getreue Nachbildung der ursprünglichen Port Royal Habitation von 1605 wurde in traditionellen Handwerkstechniken nach den ursprünglichen Plänen Champlains ausgeführt. Der Pelzhandelsposten mit den um einen Innenhof angeordneten Blockhäusern erinnert an mittelalterliche Bauernhöfe in der Normandie. Unterkünfte, Lagerräume, Küche, Schmiede, Bäckerei, Kapelle und Gouverneursquartier sind authentisch eingerichtet. Parkpersonal, im Stil des 17. Jh. gekleidet, sorgt für die richtige Atmosphäre (Rte. 1 nach Granville Ferry, Tel. 902-532-2898, 15. Mai–15. Okt. 9–18 Uhr, 4 $).

Das ursprüngliche Fort von Port Royal bestand nur einige Jahre, denn schon 1613 wurde es von englischen Truppen aus Jamestown zerstört, aber der Zustrom von Siedlern aus Frankreich hielt an, und man baute das Fort zwei Jahrzehnte später wenige Kilometer flussaufwärts beim heutigen Annapolis Royal wieder auf (s. RR Thema S. 383). Von Port Royal geht es weiter auf dem Highway 1 durch das landschaftlich reizvolle Annapolis Valley. Das fruchtbare Tal hat mehr Sonnentage als der Rest der Provinz und ist besonders im Mai und Juni zur Apfelblüte ein wahres Fest fürs Auge.

Annapolis Royal Visitor Centre: Hwy. 1, Tel. 902-532-5769, Mai–Mitte Okt. 9–17, Juli–Aug. 9–20 Uhr.

The Garrison House Inn: 350 St. George St., Tel. 902-532-5750, Fax 532-5501, www.garrisonhouse.ca. Über 100 Jahre alter Landgasthof mit nostalgischer Atmosphäre; Restaurant und Nachmittagstee. Dinner 12–20 $, DZ 79–199.

Camping:

Cove Oceanfront Campground: Parker's Cove, Tel. 902-532-5166, www.oceanfront-camping.com. Schöner Campingplatz an der Bay of Fundy, Pool, Spielplatz, Café, Mitte Mai–Ende Okt.

Newman's: 218 George St., Tel. 902-532-5502. Das beste Restaurant am Platz, stilvoll eingerichtet, exzellente Meeresfrüchte-Spezialitäten, leckere Desserts, Mitte April–Ende Sept. Mi–Sa. Lunch ab 12 $, Dinner ab 18 $.

Jeden Samstag von 8–12 Uhr findet am Annapolis Wharf ein **Farmer's & Trader's Market** statt, lebhaft und bunt, mit einem vielfältigen Angebot von frischem Gebäck und Obst bis zu schönen Handarbeiten und Flohmarktartikeln.

Auf dem Evangeline Trail über Grand Pré nach Halifax

Wolfville

Wolfville 21 (3500 Einw.) am Südwestzipfel des Minas Basin ist ein hübsches Universitätsstädtchen mit baumgesäumten Straßen und prächtigen viktorianischen Villen. Der Ort wurde Mitte des 18. Jh. von Pflanzern aus Neu-England gegründet. Im Visitor Bureau ist eine ›Heritage Home Walking Tour‹-Broschüre erhältlich, in der die historischen Gebäude erklärt werden. Eines der schönsten ist das 1815 erbaute **Randall House** an der Main Street, das von der Historical Society als Museum betrieben wird. Beim Hafen am Ende der Front Street sind noch die alten Deichanlagen der Akadier aus dem 17. Jh. zu sehen.

Von Wolfville lohnt ein kleiner Ausflug zur **Blomidon Peninsula,** die wie ein großer Haken in das Minas Basin ragt. Von den 180 m hohen roten Sandsteinklippen hat man einen schönen Blick über das Wasser, es gibt mehrere Wanderwege und man kann bei Ebbe auch am Strand laufen (dabei die Gezeiten beachten).

Blomidon Inn: 195 Main St., Tel. 902-542-2291, 1-800-565-2291, Fax 542-7461, www.blomidon.ns.ca. Elegantes Haus aus dem 19. Jh. In herrlicher Anlage, antikes Mobiliar, Zimmer, Suites und Cottage; traditionelle Küche des Annapolis Valley. Dinner 18–30 $, DZ 99–199 $.

Camping:

Blomidon Provincial Park: Tel. 902-582-7319, Juni–Anf. Okt. Schöner Campingplatz im 760 ha großen Provinzpark am Minas Basin mit Plätzen im Wald, Wanderwege.

Grand Pré National Historic Site

Etwas weiter, östlich der Deiche, liegt der kleine Ort Grand Pré, der schon 1680 von französischen Siedlern aus Port Royal gegründet wurde. Hier erinnern in den gepflegten Anlagen der **Grand Pré National Historic Site** 22 eine 1922 im französischen Stil erbaute Gedächtniskirche und die Bronzestatue der literarischen Heldin ›Evangeline‹ an die Vertreibung der Akadier durch die Engländer nach 1755. In der Kirche, die nicht für Gottesdienste genutzt wird, ist eine Ausstellung über das Leben und Schicksal der Akadier zu sehen (Highway 1, 5 km östl. Wolfville, Tel. 902-542-3631, Mai–Okt. tgl. 9–18 Uhr, 6,50 $). Am Ort der heutigen Gedächtniskirche wurde damals die Deportationsorder verlesen. Am nahe gelegenen **Evangeline Beach** bieten sich gute Bademöglichkeiten und ein schöner Blick über das Minas Basin.

Evangeline Inn and Motel: 11668 Hwy. 1, Tel. 902-542-2703, 1-888-542-2703, www.evangeline.ns.ca. Schönes historisches Inn mit angeschlossenem Motel, Pool, Café. Breakfast und Lunch ab 4 $, Inn 90–110 $, Motel 70–90 $.

Windsor und Mount Uniacke

In **Windsor** 23 ist die Fort Edward National Historic Site einen Besuch wert. Hier war einer der Sammelpunkte während der Akadier-Vertreibung. Ein 1750 errichtetes Blockhaus, das älteste Gebäude dieser Art in Kanada, ist Teil des ursprünglichen Forts. Anschauliche Displays erläutern die Geschichte der Anlage (King St., Tel. 902-542-3631, Mitte Juni–Ende Sept. 10–18 Uhr, frei).

Die letzte lohnende Sehenswürdigkeit auf dem Weg nach Halifax ist der Uniacke Estate Museum Park in **Mount Uniacke** 24. Der prächtige Landsitz von 1817 mit der originalen Einrichtung ist eines der schönsten Beispiele spätgeorgianischer Architektur in Atlantik-Kanada (758 Main Rd., Tel. 902-866-0032, Juni–Mitte Okt. Mo–Sa 9.30–17.30, So 11–17.30 Uhr).

Auf dem Glooscap Trail rund um das Minas Basin

Um das Minas Basin, einen Teil der Bay of Fundy, führt der **Glooscap Trail** durch Wattlandschaften, Bergschluchten mit verborgenen Wasserfällen und hübschen Dörfern, deren Bewohner schon seit 200 Jahren mit den Riesengezeiten leben, bei denen der Wasserspiegel täglich um 16 m steigt und sinkt. Hier an den Ufern des Minas-Beckens herrschte Glooscap, der Indianergott der Mi'kmaq, über die ›Kinder des Lichts‹, bevor der weiße Mann kam. Seinen magischen Kräften wurde der enorme Tidenhub zugeschrieben, der bei Flut die Flüsse rückwärts fließen lässt. Glooscaps Zauber war auch verantwortlich für die Halbedelsteine, die hier im Watt und in den Sandsteinklippen stecken. Der indianischen Sage nach hat er die funkelnden Mineralien als ein Geschenk für seine Großmutter auf den Stränden verstreut.

Shubenacadie

Zum Glooscap Trail bei Truro sind es von Halifax knapp 100 km, auf dem Highway 102 in weniger als 1,5 Stunden zu fahren. Wer die Kraft des mächtigen Fundy-Gezeitenstroms näher kennen lernen möchte, sollte jedoch den Highway 102 beim Exit 10 in **Shubenacadie** 25 verlassen. Nach weiteren 10 km kann man in **Urbania** auf dem Shubenacadie River mit Zodiac-Schlauchbooten auf der *tidal bore* reiten, einer Welle, die entsteht, wenn die einlaufende Flut schäumend flussaufwärts drängt. Es ist ein beeindruckendes Erlebnis, zu sehen, wie durch den Tidenhub ein kleines Flüsschen zum mächtigen Strom wird (s. Richtig Reisen-Tipp S. 387).

Im **Shubenacadie Wildlife Park** mit seinen weitläufigen Anlagen leben über 30 kanadische Säugetier- und 65 Vogelarten. Eine gute Gelegenheit, auch Tiere wie Elche, Bären, Luchse, Wölfe, Kojoten und Berglöwen, die in freier Wildbahn sonst eher selten zu sehen sind, zu beobachten und zu fotografieren. Der Wildlife Park wird von der Provinzregierung betrieben, die betont, dass hier keine gefangenen Wildtiere zur Schau gestellt, son-

Richtig Reisen-Tipp: Ritt auf der Gezeiten-Welle

Wir gleiten in unseren Zodiac-Schlauchbooten auf den trägen ockerfarbenen Fluten des Shubenacadie River dahin. Nova Scotias größter Fluss scheint eher sanft und wenig aufregend zu sein. Die Szenerie ist idyllisch, sattgrüne Wälder säumen die Ufer, hin und wieder treibt man an rostfarbenen Steilufern und Sandsteinformationen vorbei. Über uns kreist ein Weißkopfseeadler und während der Fahrt sind auf den hohen Bäumen am Ufer auch einige Horste der majestätischen Vögel zu entdecken. Ab und zu treiben wir an Sandbänken vorbei, die wie Inseln aus dem Wasser ragen. Bei einer weiten, mitten im Fluss liegenden Sandinsel springen wir auf den Strand.

Wir warten auf die *tidal bore,* die mächtige Gezeitenwelle, die sich zweimal am Tag den Fluss hochwälzt – mit erstaunlicher Geschwindigkeit. Eben noch konnte man flussabwärts nur eine dünne weiße Linie beobachten, wenige Minuten später sehen wir, wie unsere Sandinsel zunehmend schrumpft und das Wasser uns die Füße umspült. Wir springen in die Boote, der Spaß kann beginnen. Die Zodiacs, von kräftigen Motoren getrieben, fahren vor der Flutwelle flussaufwärts. Dann halten die Bootsführer Ausschau nach der ›richtigen‹ Stelle. Wo vorhin noch zahlreiche Sandbänke aus dem Wasser ragten, haben sich schäumende Strudel und mächtige Wellen gebildet, gegen die sich das Zodiac-Schlauchboot jetzt anstemmen muss und dabei wie ein Wildpferd bockend auf und nieder tanzt. Alle halten sich krampfhaft an dem wie eine Reling um das Boot gespannten Seil fest, kreischen und juchzen. Das Wasser schlägt über uns zusammen und trotz der gelben Gummianzüge sind wir alle klitschnass. Jedes Mal füllt sich das Boot mit Wasser, wird jedoch durch eine automatische Lenzpumpe wieder geleert. Da die Wirbel mit dem steigenden Wasser wieder verschwinden, wendet das Boot und schießt wieder flussaufwärts, um bei der nächsten Sandbank auf die sich erneut auftürmende Welle zu warten. Dieses Spiel wiederholt sich dann noch einige Male, bis wir schließlich durchnässt, aber begeistert wieder am Anleger des Tidal Bore Rafting Park festmachen. Nach dem Duschen trifft man sich in trockenen Kleidern (so man den Satz zum Wechseln nicht vergessen hat) noch bei einem zünftigen Barbeque Dinner.

Die Intensität dieses feuchten Abenteuers hängt vom jeweiligen Höchststand der Gezeiten ab. Das Phänomen einer *bore* oder Gezeitenwelle gibt es nur an wenigen Stellen weltweit. Diese Welle entsteht an der Mündung eines relativ flachen Flusses in einen Meeresarm mit extrem hohem Tidenhub. Wenn die Flut in die Bay of Fundy drückt, steigt das Wasser in den Seitenarmen in rund 3,5 Stunden auf bis zu 16 m an.

Die Mündung des Shubenacadie River in die Cobequid Bay liegt am Ende eines solchen ›Trichters‹. Bei zunehmender Flut schiebt sich das Meerwasser über das Wasser des Flusses, wobei sich an den Sandbänken des Flussbetts mehrere Meter hohe Wellen und Turbulenzen bilden können. Da es sich aber nicht um ein Wildwasser mit felsigen Stromschnellen handelt, besteht bei diesem nassen und wilden Vergnügen keine Verletzungsgefahr. Die Schwimmweste genügt als Sicherheitsausrüstung. Wie in Nordamerika bei solchen Exkursionen üblich, muss dennoch ein so genannter *waiver* unterschrieben werden, d. h. man unternimmt die Tour auf eigene Gefahr.

Shubenacadie Tidal Bore Rafting Park: Urbania, am Highway 215 N (10 km vom Highway 102), Tel. 902-758-4032, 1-800-565-7238, www.tidalboreraftingpark.com, 15. Mai–15. Okt. Schutzkleidung und Gummistiefel werden gestellt. Touren inklusive Barbeque 60–75 $.

dern nur in nordamerikanischen Zoos geborene sowie verwaiste und nicht mehr auszuwildernde Tiere gehalten werden (Highway 102, Exit 10, Tel. 902-758-2040, http://wildlifepark.gov.ns.ca, Mitte Mai–Mitte Okt. 9–19 Uhr, Erw. 4 $, Kinder bis 17 J. 1,50 $).

... in Urbania:
Shubenacadie Tidal Bore Rafting Park: am Hwy. 215 N (10 km vom Hwy. 102), Tel. 902-758-4032, 1-800-565-7238, www.tidalboreraftingpark.com, 15. Mai–15. Okt. Schön im Wald gelegene, geräumige Cottages. Cottage 140 $.

Camping:
Wide Open Wilderness Campground: Hwy. 102, Exit 10, Rte. 215 nach Urbania, Tel. 902-261-2228, 1-866-811-2267, www.wowcamping.com. Schön am bewaldeten Flussufer gelegener Platz, Pool, Laden, Wandern. Cabins 50 $.

... in Urbania:
Rafting: Shubenacadie Tidal Bore Rafting Park, Adresse s. Unterkünfte. Fahrten mit Zodiac-Schlauchbooten auf der Gezeiten-Flutwelle (s. Richtig Reisen-Tipp S. 387).

Truro

In **Truro** 26, über die Routen 215 und 236 zu erreichen, lässt sich das gleiche Phänomen beobachten. Hier läuft die Gezeitenwelle den Salmon River hinauf. Im Interpretive Centre an der Route 236 erfährt man mehr über die *tidal bore*. Im Colchester Historical Society Museum werden neben heimatkundlichen Themen auch Ausstellungen zur interessanten Naturgeschichte der Region gezeigt (29 Young St., Tel. 902-895-6284, Juni–Sept. Di–Fr 10–17, Sa–So 14–17 Uhr, 4 $).

Palliser Restaurant & Motel: Tidal Bore Rd., Hwy. 102, Exit 14, Tel. 902-893-8951. www.palliserrestaurantmotelandgifts.ca. Traditionsreiches Hotel, am Ufer des Salmon River gelegen, beliebtes Restaurant, preiswertes Menü: Meeresfrüchte, Lamm, Hähnchen, Pasta. Dinner 10–20 $, DZ mit Frühstück 69–85 $.

Economy und Five Islands

Von Truro bis Parrsboro führt der Highway 2 durch eine reizvolle hügelige Landschaft. Beim kleinen Ort **Economy** 27 kann man bei Ebbe sehr gut Muscheln sammeln. Von der River Philip Road führt ein 3,5 km langer Trail zu den malerischen Economy Falls. Im Interpretation Centre von Economy erfährt man mehr über die Gegend. Ein paar Kilometer weiter bietet der über 600 ha große **Five Islands Provincial Park** an der Küste des Minas Basin gute Picknick-, Camping- und Wandermöglichkeiten. Am Strand sind Halbedelsteine zu finden und der 5 km lange Red Head Trail bietet schöne Ausblicke über Meer und Inseln.

Parrsboro

Bei **Parrsboro** 28, mit 1700 Einwohnern größter Ort am Minas-Becken, wurde von amerikanischen Wissenschaftlern im Sommer 1985 der bisher größte Fossilienfund in Nordamerika gemacht. Mehr als 100 000 Skelettteile buddelten sie aus den Sandsteinfelsen. »Überall ragten in der Gegend Knochen heraus«, berichtete der Biologe Neil Shubin. Die zum Teil 325 Mio. Jahre alten Fossilien stammen von Dinosauriern, urzeitlichen Krokodilen, Haien und Urfischen. Zu den bedeutendsten Fundstücken gehören auch Schädel- und Kieferknochen von einer seltenen Reptilienart, die in der Evolution den Übergang zu den Säugetieren bildet.

Im **Fundy Geological Museum** sind faszinierende Sammlungen dieser prähistorischen Funde sowie Modelle der urzeitlichen Landschaften zu sehen. Auch über Mineralien und Halbedelsteine der Region und die Werkzeuge, mit denen sie bearbeitet werden, gibt es Ausstellungen. Geologische Exkursionen entlang der Strände werden ebenfalls angeboten. Alljährlich im August veranstaltet das Museum das Rockhound Round-Up (Informationen s. u.; 6 Two Islands Rd., Tel. 902-254-3814, http://museum.gov.ns.ca/fgm, Anf. Juni–Mitte Okt. tägl. 9.30–17.30, sonst Di–Sa 9–17, So 13–17 Uhr, 5 $).

Auch Wanderer kommen in Parrsboro auf ihre Kosten. Außer Strandwanderungen bieten sich schöne Trails im Inland an: 5 km westlich des Ortes führt ein 6 km langer Pfad zu den **Ward's Falls;** 5 km östlich am Highway 2 sind die **Hidden Falls** nur ein paar Schritte vom Parkplatz entfernt.

Im **Parrsboro Rock & Mineral Shop & Museum** sind fossile Abdrücke von Dinosauriern und eine Mineraliensammlung zu sehen. Außerdem kann man neben den für die Mineraliensuche erforderlichen Utensilien auch Halbedelsteine und Fossilien sowie Bücher zum Thema kaufen. Auch Exkursionen werden angeboten (39 Whitehall Rd., Tel. 902-254-2981, www.parrsbororockandmineralmuseum.com, Mai–Dez. Mo–Sa 9–21, So 9–17 Uhr).

Parrsboro Information Centre: Tel. 902-254-3266, www.town.parrsboro.ns.ca/OTTAWA.html. Karten, Broschüren.

Parrsboro Mansion Bed and Breakfast: 15 Eastern Ave., Tel./Fax 902-254-2585, 1-866-354-2585, www.parrsboromansion.com. Hübsches Bed and Breakfast; man spricht auch Deutsch. DZ 85–150 $.

Camping:

Glooscap Park and Campground & RV: 5 km südöstl. von Parrsboro, Tel. 902-254-2529. Camping mit Blick auf die Bay, Mitte Mai–Mitte Sept.

Harbour View Restaurant: 476 Pier Rd., Tel. 902-254-3507. Restaurant mit schönem Blick, Meeresfrüchte, Lobster Dinner, leckere selbst gebackene Kuchen. 12–20 $.

Rockhound Round-Up (Mitte August): im Fundy Geological Museum, http: //museum.gov.ns.ca/fgm/mineralgem/show. Großes Treffen der *rock hounds*, der Mineralienfreunde, die an den Stränden nach Amethysten, Achaten, Jaspis und Onyx suchen. Dabei wird gezeigt, wie man Halbedelsteine bearbeitet, und es gibt Exkursionen sowie einen Markt für Kunsthandwerk, Ausstellungen und Verkauf, Bootstouren sowie Konzerte und viele andere Veranstaltungen.

Exkursionen: Minotours, 237 Main St., Tel. 902-254-3700, 902-254-3364. Exkursionen zu den besten Stränden für die Mineraliensuche. Ab 20 $.

Auf der Fundy Shore Scenic Route rund um Cape Chignecto

Von Parrsboro nach Amherst bieten sich zwei Routen an: Die kürzere auf dem Highway 2 führt durch das Landesinnere, im Herbst besonders hübsch, wenn die rotgefärbten Blätter der riesigen Blaubeerfelder die hügelige Landschaft erglühen lassen. Aber noch reizvoller ist die Fundy Shore Scenic Route (Highway 209). Sie folgt der wildromantischen Küste des Minas Channel und der Chignecto Bay. Hier lassen sich wieder die Riesengezeiten beobachten. Besonders schön ist die Region um **Advocate Harbour** 29 und **Cape d'Or.** Empfehlenswert für Trekker ist der **Cape Chignecto Provincial Park.** Über 50 km Trails durchziehen die ursprüngliche Parklandschaft. Auch Vögelbeobachtung und Kayaking ist möglich.

Bei **Joggins** 30 haben Gezeitenströme 300 Mio. Jahre alte versteinerte Bäume, Pflanzen und Reptilien in den 50 m hohen Sandsteinklippen freigelegt. Im Joggins Fossil Centre werden Versteinerungen gezeigt und in den Sommermonaten Exkursionen zu den Klippen veranstaltet (30 Main St., Tel. 902-251-2727, Juni–Sept. 9–18.30 Uhr, 5 $, Exkursion 20 $).

... auf Cape d'Or:
Nightkeeper's Guesthouse: Tel. 902-670-0534, www.capedor.ca, Mai–Okt. Auf den Klippen von Cape d'Or gelegenes kleines Gasthaus in einem alten Leuchtturmwärter-Haus hoch über der Bay of Fundy, vier Zimmer, alle mit Blick aufs Meer, davon eins mit eigenem Bad, Lesezimmer, Restaurant ›The Lightkeeper's Kitchen‹ mit spektakulärem Blick, Spezialität Meeresfrüchte in allen Variationen. Dinner 12–28 $, DZ 70–100 $.

In der Bay of Fundy haben die Gezeitenströme die Küste geformt

Auf dem Sunrise Trail nach Cape Breton

Von Amherst führt der **Sunrise Trail** an Nova Scotias Nordküste entlang bis nach Cape Breton. Landschaftlich weniger spektakulär als andere Routen, bietet Nova Scotias Sonnenküste doch viele schöne Buchten und einsame Strände. Einige der besten sind bei den Orten Northport, Heather Beach, Pugwash, Tatamagouche und Brule zu finden. Vor allem ist das Wasser hier an der Northumberland Strait wärmer als an allen anderen Küsten der Provinz – ideal für einen Badeurlaub.

Amherst und Tatamagouche

In **Amherst** 31 lohnt ein Bummel entlang der Victoria Street mit ihren schönen historischen Bauten. Das Cumberland County Museum zeigt eine informative Ausstellung über die frühe Besiedelung der Region durch die Akadier (150 Church St., Tel. 902-667-2561, Mai–Sept. Mo–Sa 9–17, So 14–17 Uhr, 2 $).

In **Tatamagouche** 32 erfährt man im Sunrise Trail Museum mehr über die Geschichte

der Region, von der Kultur der Mi'kmaq-Indianer und der akadischen Siedler bis zur Holz- und Fischindustrie der letzten hundert Jahre (216 Main St., Tel. 902-657-3007, Ende Juni–Anf. Sept. 9–17 Uhr, 1 $).

Ein paar Kilometer weiter südlich, bei **Balmoral Mills** an der Route 256, ist in einem malerischen Tal die Balmoral Grist Mill zu besichtigen. Es gibt ein hübsches Plätzchen fürs Picknick, und man kann zusehen, wie in der historischen Wassermühle Getreide gemahlen wird (660 Matheson Brook Rd., Tel. 902-657-3016, http://museum.gov.ns.ca/bgm, Juni–Mitte Okt. Mo–Sa 9.30–17.30, So 13–17.30 Uhr, 3 $).

... in Tatamagouche:
Balmoral Motel: 131 Main St., Tel. 902-657-2000, 1-888-383-9357, Fax 657-2205, www.balmoralmotel.ca, Mitte April–Mitte Okt. Kleines Motel mit schönem Blick auf die Tatamagouche Bay, 18 Zimmer mit Frühstück, gemütliches Restaurant mit deutscher und kanadischer Küche. DZ 80 $.

Pictou

Pictou 33 verdankt seine zentrale Stellung dem Trans-Canada Highway, und ein paar Kilometer nördlich legt bei Caribou die Fähre nach Prince Edward Island ab. Der geschäftige Ort mit seinen 4500 Einwohnern hat eine lange Fischer- und Schiffbautradition und für Nova Scotia auch eine historische Bedeutung. Hier brachte der holländische Dreimaster ›Hector‹ am 15. September 1773 die erste Gruppe schottischer Highlanders, 33 Familien und 25 unverheiratete Männer aus Loch Broom in Schottland, an Land.

Der **Hector Heritage Quay** mit seinen historischen Gebäuden am Hafen erinnert an den Beginn der schottischen Einwanderung, die den Charakter der Provinz geprägt hat. Mit traditionellen Techniken wurde hier auch eine authentische Nachbildung des historischen Einwanderer-Segelschiffs von 1773 gebaut. In der alten Schmiede auf dem Quay kann man bei der Arbeit zusehen. Im Interpretation Centre gleich nebenan erfährt man mehr über die schottische Besiedelung (Tel. 902-485-4371, Mitte Mai–Mitte Okt. Mo–Sa 9–17, So 14–17 Uhr, 5 $).

Das **Northumberland Fisheries Museum** an der Front Street zeigt Ausstellungen zu Nova Scotias Fischereiflotte. Auch ein Hummer-Fangboot ist zu besichtigen (71 Front St., Tel. 902-485-4972, www.northumberlandfisheriesmuseum.com, Ende Juni–Mitte Okt. Mo–Sa 9–18, So 12–17 Uhr, 5 $).

Einige Kilometer außerhalb, auf der anderen Seite der Bucht, erinnert die **Loch Broom Log Church,** eine 1778 aus schlichten Baumstämmen gebaute Kirche, an die schottische

Herkunft der ersten Siedler. Wie man damals gewohnt hat, demonstriert das authentisch eingerichtete **McCulloch House** von 1806 (100 Old Haliburton Rd., Tel. 902-485-1150, Juni–Mitte Okt. Mi–Sa 9.30–16.30 Uhr, 1 $).

Internet:
Pictou Recreation Tourism & Culture: www.townofpictou.com.

Braeside Inn: 126 Front St., Tel. 902-485-5046, Fax 485-1701, 1-800-613-7701, www.braesideinn.com. Country Inn mit 18 Zimmern in schöner Lage; Restaurant mit Atmosphäre und hübschem Blick über den Pictou-Hafen. Dinner ab 16 $, DZ 65–165 $.
Auberge Walker Inn: 34 Coleraine St., Tel. 902-485-1433, 1-800-370-5553, Fax 485-1222, www.townofpictou.com/walkerinn. Restauriertes Hotel in der historischen Downtown; Frühstück ist inbegriffen; gutes Restaurant. Dinner ab 14 $, DZ 79–89 $.
Camping:
Caribou and Munroe's Island Provincial Park: 10 km nördl. von Pictou, Tel. 902-485-6134, Ende Juni–Mitte Okt. Campingplatz mit 82 Plätzen, Strand.

Saltwater Cafe: 67 Caladh Ave., beim Hector Heritage Quay, Tel. 902-485-2558. Beliebtes Restaurant mit schönem Blick auf den historischen Kai mit der ›Hektor‹, Meeresfrüchte, besonders lecker: Atlantiklachs in Dijon-Senfsoße. Dinner ab 10 $.

Pictou Lobster Carnival (Anfang Juli): Parade der Hummerfischer in Ölzeug und Südwester, Wettfahrten der Hummerboote, ›Muschelknacken‹, viel Musik und leckere Meeresfrüchte.
Hector Festival (August): Festival zur Erinnerung an die Ankunft der schottischen Siedler mit Musikveranstaltungen; Höhepunkt ist die mit großem Aufwand in historischen Kostümen nachvollzogene Landung der ›Hector‹.
New Scotland Days (Mitte September): Veranstaltungen zur schottischen Tradition der Region.

Northumberland Ferries: Rte. 106, Caribou Fähranleger, Tel. 902-566-3838, 1-800-565-0201, www.nfl-bay.com. Fährverbindung von Caribou (20 km nordöstl. von Pictou) nach Wood Islands auf P.E.I., 5–9 x täglich. 55 $.

Cape George

Die Strecke um das **Cape George** nach Antigonish ist der wohl reizvollste Teil des Sunrise Trail. Schöne Seeblicke und Hochlandszenen bieten schon einen Vorgeschmack auf den viel gerühmten Cabot Trail auf Cape Breton Island. Beim **Arisaig Provincial Park,** mit Wander- und Picknickgelegenheit, sind Fossilien im Sedimentgestein der Küste zu finden.

Antigonish

Antigonish 34 ist mit 5200 Einwohnern wirtschaftlicher Mittelpunkt der Region und ein Zentrum schottischer Kultur in Nova Scotia. Schon seit 1861 finden hier im Juli die großen Highland Games statt. Dann ziehen Dudelsack und Tartan-Röcke Besucher aus aller Welt an. Beim Exit 32 des Highway 104 gibt es ein Nova Scotia Visitor Centre.

Das **Antigonish Heritage Museum** in einer alten Eisenbahnstation zeigt Ausstellungen und historische Fotografien zur Pioniergeschichte der Region (20 E. Main St., Tel. 902-863-6160, Juli–Aug. Mo–Sa 10–17, Sept.–Juni Mo–Sa 10–12, 13–17 Uhr). Das immer noch genutzte **County Court House** an der Main Street ist eine National Historic Site.

Maritime Inn: 158 Main St., Tel. 902-863-4001, 1-888-863-1050, Fax 863-2672, www.maritimeinns.com. 31 Zimmer, im Hotelrestaurant ›Main Street Café & Lounge‹ gibt es Meeresfrüchte und leckere Rippchen. DZ 105–125 $.

Lobster Treat: 241 Post Rd. (Hwy. 104), Tel. 902-863-5465. Gemütliches Familienrestaurant in einem historischen Schulhaus, Hummer, Meeresfrüchte, Steaks, Pasta. 9–25 $.

Antigonish Highland Games (Mitte Juli): www.antigonishhighlandgames.com. Traditionelle schottische Sportwettkämpfe mit Steinwerfen und Baumstamm-Schleudern, Paraden und Dudelsack-Musik.

Auf dem Marine Drive nach Cape Breton

Östlich von Halifax/Dartmouth verläuft der **Marine Drive** (Highway 7, 211, 316) entlang der Südküste der Insel. Bis Canso sind es 320 km – auf jeden Fall eine ganze Tagestour, aber man übernachtet besser in Liscombe Mills oder Sherbrooke. Wie die ›Leuchtturmroute‹, nur erheblich weniger befahren und besiedelt, verbindet die kurvenreiche Küstenstraße zahlreiche kleine Fischerdörfer. Dabei führt die Strecke immer wieder durch dichte Wälder, Feuchtwiesen und beeindruckende Uferlandschaften mit zahlreichen vorgelagerten Inseln. Größere Orte gibt es nicht, auch keine großen Hotels und Resorts. Dafür lässt sich unberührte Natur und das einfache Leben genießen, und viele preiswerte und gemütliche Inns, Motels und Restaurants laden zur Rast ein. Für Geschichtsbewusste sind in den verträumten Dörfern historische Kirchen, Friedhöfe und uralte Begräbnisstätten der Mi'kmaq-Indianer zu entdecken. Die Region bietet einige der besten Strände und Forellengewässer der Provinz, und auch Kanupaddler finden mehr als genug Reviere.

Von Lawrencetown nach Ship Harbour

Bei **Lawrencetown 35,** nur wenige Minuten von Dartmouth entfernt, versammeln sich die Surfer am felsigen Strand, um auf den bis zu 3 m hohen Wellen zu reiten. Wer sein Surfboard nicht dabeihat mietet es im örtlichen Surfshop und den Anzug dazu, denn das Wasser hat auch im Sommer selten mehr als 15 °C. Endlose Strände mit großen Sanddünen und ein Vogelschutzgebiet findet man bei **Martinique Beach.** Beide Strandorte wie auch Clam Harbour, Taylor Head und Tor Bay haben hübsche Provinzparks mit Freizeit- und Picknickmöglichkeiten.

In **Musquodoboit Harbour 36,** mit knapp 900 Einwohnern einer der wenigen größeren

Pipes-and-Drums-Bands pflegen schottische Traditionen

Orte dieser Küste, sind in einer alten CNR-Eisenbahnstation ein kleines Railway Museum und das Tourist Information Centre eingerichtet worden (Main St., Rte. 7, Nähe Kreuzung Rte. 357, Tel. 902-889-2689, Juli–Ende Aug. 9–18, sonst 9–16 Uhr).

Bei **Jeddore Oyster Pond** ist das Fisherman's Life Museum zu besichtigen. Im restaurierten Fischerhaus mit Garten erhält man einen guten Eindruck vom Alltagsleben eines typischen neu-schottischen Küstenfischers im 19. Jh. (58 Navy Pool Loop, Tel. 902-889-2053, fishermanslife.museum.gov.ns.ca, Juni–Mitte Okt. Mo–Sa–9.30–17.30, So 13–17.30 Uhr, Erw. 3 $, bis 17 J. 2 $).

Bei **Ship Harbour** sieht man von der Straße aus auf dem Meer Tausende weiße Bojen eines großen Aquakultur-Projekts. Sie markieren die *collectors*, Netze, in denen an der Wasseroberfläche große Muscheln gezüchtet werden. Die Aquaprime Mussel Ranch in Ship Harbour ist die größte Muschelfarm Nordamerikas. Man kann bei der Ernte der schmackhaften Schalentiere zusehen, es gibt ein Informationszentrum und man kann für einen Dollar ein Pfund frische Muscheln kaufen (14108 Highway 7, Mo–Fr vormittags, Tel. 902-845-2993).

... in Murphy's Cove:
Camping:
Murphy's Camping on the Ocean: 291 Murphy's Rd., zwischen Ship Harbour und Tangier, Tel. 902-772-2700, www.halifaxrda.ca/buscl/murphy.htm, Mitte Mai–Mitte Okt. Schöne Plätze auf einer grasbewachsenen Landzunge, von Wald und Wasser umgeben; nach Muscheln graben u. a.

Kanufahren: Murphy's Camping on the Ocean, Adresse s. o. Verleih von Kanus und Booten. Bootstouren 15 $, Trailer-Miete 75 $.

Tangier

In **Tangier** 37 lohnt ein Besuch bei Willy Krauch, einem dänischen Einwanderer, der hier seit vierzig Jahren eine Fischräucherei betreibt. Wen der beißende Rauch nicht stört, der kann zusehen, wie Makrelen, Aale, Forellen und Lachse nach Krauchs Spezialrezept geräuchert werden. Die Delikatessen werden in alle Welt verschickt. Frisch aus dem Ofen schmecken sie natürlich am besten.

Auch für Freizeitaktivitäten ist in Tangier gesorgt. Ausrüster bieten Gerät und geführte Kajaktouren entlang der Südküste an, denn die Region ist ein hervorragendes Revier für Kanuten und Kajakpaddler. Das Gewirr von über 200 Inseln von Tangier bis zur Mündung des St. Mary's River ist reich an verborgenen Lagunen, Höhlen und einsamen Stränden, an denen es von essbaren Muscheln wimmelt. Leuchttürme, verlassene Häuser und alte Schiffswracks bieten Eindrücke, die sich eng mit den verwunschenen Geschichten und Legenden der Küstenbewohner verbinden.

Paddlers Retreat: 84 Mason's Point Rd., Tel. 902-772-2774, 1-877-404-2774, www.coastaladventures.com. Bed and Breakfast in historischem Fischerhaus, vier Zimmer, ideal für Wassersportler (auch Anfänger). DZ ab 45 $.

Willy Krauch & Sons: Hwy. 7, Tel. 902-772-2188, Mo–Fr 8–18, Sa–So 10–18 Uhr. Traditionsreiche Fischräucherei der Familie Willy Krauch.

Kanutouren: Coastal Adventures, Adresse s. Paddlers Retreat. Kanu- oder Kajaktouren sowie Kurse und Verleih. Touren ab 110 $, Verleih Kanu/Kajak ab 35 $.

Liscomb Game Sanctuary und Liscomb Mills

Spry Harbour (180 Einw.) ist typisch für die kleinen Fischerdörfer an der Südostküste. Gleich hinter dem Ort bietet der reizvolle **Tailor Head Provincial Park** mit Strand und schönen Küstentrails gute Gelegenheit zum Picknick und Wandern. In Spry Bay, dem nächsten kleinen Ort, sind zwei historische Kirchen zu bewundern und vorgeschichtliche Begräbnisstätten der Mi'kmaq-Indianer zu entdecken. Wildnisabenteuer bieten sich dann im **Liscomb Game Sanctuary** 38**,** über die Route 374 bei Sheet Harbour zu erreichen. Das über 500 km² große Naturschutzgebiet ist von einem Netz von Flüssen und Seen durchzogen, Lebensraum für Elch, Rehwild, Moschusratte und Nerz, ein ausgezeichnetes Revier auch für Hiker, Angler und Kanuten.

An der Küste bei **Liscomb Mills** 39, etwa auf halbem Wege nach Cape Breton, betreibt die Provinzregierung die Liscombe Lodge, einen bewaldeten Komplex mit Haupthaus und zwei Dutzend komfortablen Blockhütten und Chalets. Schöne Wander- und Radwege, Flüsse und Seen zum Angeln und Bootfahren lassen keine Langeweile aufkommen. Die Unterkunft eignet sich bestens als Ausgangsbasis für Entdeckungsfahrten in der Region (s. u.).

... in Liscomb Mills:
Liscombe Lodge: Hwy. 7, Tel. 902-779-2307, 1-800-665-6343, Fax 779-2700, www.signatureresorts.com. Schöne Lodge mit Cottages und Chalets an der Küste, Fahrradverleih, Bootscharter; hervorragendes Restaurant – Spezialität: Lachs, nach Mi'kmaq-Art in der Grube zubereitet. DZ 130–350 $.

Sherbrooke

Bei Liscomb führt der Highway 7 ins Landesinnere nach **Sherbrooke** 40, einem kleinen Hafenort am St. Mary's River mit einer langen und interessanten Geschichte. Französische Siedler zog es schon 1655 in die Region, und der Pelzhändler LaGiraudière gründete hier einen Handelsposten. Um 1800 kamen dann schottische und englische Siedler, angezogen durch den Holzreichtum der Region und die Lachse, die es im Überfluss gab. Sie sind auch heute noch so zahlreich, dass der 400-Seelen-Ort zum Mekka für Lachsangler geworden ist.

Die eigentliche Attraktion des Ortes und sicher auch das Highlight der Tour ist **Sherbrooke Village** mit seinen 30 historischen Gebäuden aus der Boomzeit um 1860. Damals war Sherbrooke ein florierendes Zentrum für Fischfang, Schiffsbau und Holzindustrie. Als dann auch noch Gold gefunden wurde und 19 Bergbaugesellschaften in die Region kamen, begann für zwei Jahrzehnte das ›Goldene Zeitalter‹ des Ortes.

Beeindruckt von der großen Anzahl noch intakter Gebäude, die schon in der Zeit um 1860 errichtet wurden, begann die Provinzregierung 1969 mit der Restaurierung des Ortes. Anders als bei den meisten ›lebenden Museen‹, für die man historische Gebäude zu einem Dorf zusammengetragen hat, wurden hier die Gebäude am Standort restauriert und für die Öffentlichkeit zugänglich gemacht. Zum historischen Dorf gehören zwei Kirchen, Schulgebäude, Apotheke, Postamt, Gefängnis, Versammlungshalle, Schmiede, Druckerei sowie andere Werkstätten und Wohnhäuser. Alles ist noch in Betrieb wie vor fast 150 Jahren, und an die 50 Bürger in Kostümen der Zeitperiode sorgen für lebensechte Atmosphäre. Ein paar Oldtimer wohnen sogar noch in ihren alten Häusern – und sind, auf einer Bank vor ihrem Häuschen sitzend, einem Schwätzchen nicht abgeneigt (Highway 7, Tel. 902-522-2400, 1-888-743-7845, Juni–15. Okt. 9.30–17.30 Uhr, 9 $).

In Sherbrooke muss man sich dann entscheiden, ob man den schnelleren Weg nach Cape Breton über die Highways 7 und 104 nehmen oder auf dem Marine Drive weiterfahren möchte. Dann hat man noch einmal so viele Fischerorte – und Kurven – vor sich und sollte besser in Liscomb Mills oder Sherbrooke übernachten.

St. Mary's River Lodge: 21 Main St., Tel. 902-522-2177, Fax 522-2626, www.riverlodge.ca. Fünf Zimmer in der Nähe von Sherbrooke Village; Restaurant, Breakfast, Lunch, Dinner. DZ 62–98 $.
Sherbrooke Village Inn: 7975 Hwy. 7, Tel. 902-522-2235, www.sherbrookevillageinn.ca. Motelzimmer und Cottages mit Kitchenette, preiswertes Fischrestaurant (Mai–Okt.). Dinner 10–20 $, DZ 75–135 $.
Camping:
St. Mary's Riverside Campground & Cabins: Sonora Rd., R. R. 1, Tel. 902-522-2913. Familiencamping am Fluss.

11 Cape Breton Island

Karte S. 400

Cape Breton Island, der nordöstlichste Teil Neu-Schottlands, hat viele Gesichter: schottische Highlandtraditionen auf dem Ceilidh Trail, akadischer Nationalstolz und französische Lebensfreude auf dem Fleur-de-Lis Trail, malerische Fischerdörfer, weite Sandstrände und der Cabot Trail, eine der schönsten Küstenstraßen der Welt.

Man vermutet, dass Giovanni Caboto im Jahre 1497 mit seinem winzigen Schiff ›Mathew‹ bei Cape Breton die nordamerikanische Küste erreichte. Die Franzosen folgten und errichteten die Feste Louisbourg; später besiedelten Schotten und Engländer die Insel. Auch die Ureinwohner, die Mi'kmaq-Indianer, leben noch in mehreren Reservaten. Cape Breton ist weitaus weniger dicht besiedelt als der Rest Nova Scotias, nur etwa 150 000 Menschen leben auf der Insel – und diese überwiegend in der Region um Sydney und Glace Bay.

Die beiden Höhepunkte einer Cape-Breton-Reise sind zweifellos die Fahrt auf dem Cabot Trail (s. S. 398 f.), eine rund 300 km lange Rundstrecke, die um den gesamten nördlichen Teil der Insel führt, sowie der Besuch der rekonstruierten Festungsstadt Louisbourg (s. S. 408 ff.), Kanadas größtem historischen Nationalpark. Küstenstriche mit grauroten Steilufern, weiße Felsen, weite, feinsandige Strände, dazwischen Fischerdörfer, die sich zwischen Berge und Meer schmiegen, Inselchen, die immer wieder in der Gischt verschwinden, und schimmernde Seen, umgeben von Wäldern, über denen Weißkopfseeadler kreisen, machen den Cabot Trail zu einer der schönsten Straßen des Kontinents.

Zwischen Mabou und Inverness am Küsten-Highway 19 und Baddeck am Ufer des Bras d'Or (s. S. 406 ff.) liegt das Herz des schottischen Cape Breton Island. Hier wird noch Gälisch gesprochen, und man pflegt die alten Highland-Traditionen mit Folklore und Wettkämpfen. Besonders eindrucksvoll, wenn bei den Highland Games im Sommer bärenstarke Männer im Kilt mit Stein- und Bäumeschleudern ihre Kräfte messen. Dem herzlichen Willkommensgruß ›Ciad Mile Failte‹ (100 000-mal willkommen!) begegnet man auf der Insel überall.

Weiter nördlich an der Westküste (s. S. 398 f.), in der Region um Chéticamp, und auch am Fleur-de-Lis Trail entlang der Südküste, von Louisbourg bis zur Isle Madame (s. S. 410) sind die Siedlungsgebiete der Akadier. Hier weht die blau-weiß-rote Fahne mit dem gelben Akadierstern und man hört noch hier und dort altertümliches Französisch.

Vom Canso Causeway nach Whycocomagh

Vom Nova-Scotia-Festland erreicht man Cape Breton Island über den **Canso Causeway 1**, einen 66 m tiefen Damm, der bei Port Hastings über die Meerenge von Canso nach Cape Breton Island führt. In der Tourist Office von **Port Hastings** kann man sich vorab über Cape Breton Island informieren (s. u.). Die 85 km bis Baddeck, wo der Cabot Trail offiziell beginnt, legt man am schnellsten auf dem Highway 105 (Trans-Canada Highway) zurück.

In **Whycocomagh 2** bietet ein Provinzpark neben Picknickeinrichtungen auch gute Campingmöglichkeiten (Stellplätze ohne An-

Mit den Autoren unterwegs

Berühmte Persönlichkeit
Das Museum der **Alexander Graham Bell National Historic Site** in Baddeck zeigt neben persönlichen Gegenständen und Modellen die ersten Telefone des großen Erfinders Alexander Graham Bell. Mit Bells ehemaliger historischer Segeljacht **›Elsie‹** kann man sogar eine Bootstour unternehmen (s. S. 399 f.).

Indianische Traditionen
Im **Wagmatcook Culture & Heritage Centre** erfährt man vieles über die Kultur der First Nations People in Cape Breton. Neben einem originalen Wigwam der Mi'kmaq-Indianer werden auch ihre traditionellen Waffen, Werkzeuge, Körbe und Pelze gezeigt, und im Clean Wave Restaurant des Kulturzentrums kann man traditionelle Mi'kmaq-Kost probieren (s. S. 406 f.).

Einblicke in vergangene Zeiten
Eine Reise in die Vergangenheit ermöglicht die weltberühmte **Fortress of Louisbourg,** ein originalgetreuer Wiederaufbau der alten französischen Festungsstadt aus dem 18. Jh. – das absolute Highlight der Cape Breton Rundreise (s. S. 408). Das **Marine Museum** im Ort Louisbourg zeigt faszinierende Gegenstände, die aus gesunkenen Schatzschiffen geborgen wurden (s. S. 409). Im **Nova Scotia Highland Village Museum** in Iona wird man in das Alltagsleben der Hochlandschotten versetzt, die vor rund 200 Jahren nach Nova Scotia kamen (s. S. 407). Das akadische Kulturzentrum **Les Trois Pignons** in Chéticamp weist schon durch die leuchtenden Farben der Trikolore auf die französische Herkunft und Kultur der akadischen Bevölkerung Cape Bretons hin (s. S. 404).

Glück auf!
Im **Miners Museum** in Glace Bay erfährt man alles über die Bergbautradition der Provinz, und in einem stillgelegten Kohlebergwerk kann man sich in einem Stollen, der bis unter das Meer getrieben wurde, über die Arbeitsbedingungen vor Ort informieren (s. S. 407).

Wale beobachten
Cape Breton bietet hervorragende Möglichkeiten zur Walbeobachtung. In **Chéticamp** kann man mit einem 13 m langen Cruiser und dem wesentlich kleineren (und feuchteren) Zodiac-Schlauchboot Touren unternehmen (s. S. 405), in **Bay St. Lawrence** auch mit einem schnittigen Segelschoner (s. S. 403).

schlüsse, 18 $). In der Sprache der Mi'kmaq-Indianer bedeutet das Wort ›Beginn des Wassers‹. Vom Park aus führt ein etwa 1 km langer, aber mitunter etwas steiler Trail auf den Salt Mountain, von dem man einige sehr schöne Ausblicke auf den Bras d'Or Lake hat. Dann folgt der Highway 105 dem St. Patrick's Channel und nach rund 40 km ist Baddeck erreicht (s. S. 399).

i **... in Port Hastings:**
Tourist Office: East of the Causeway, Tel. 902-863-4921, www.capebretonisland.com, Sommer von 9–17 Uhr. Karten und allgemeine Informationen über Cape Breton Island.

Der Ceilidh Trail

Hat man für Cape Breton etwas mehr Zeit, lohnt zuvor noch der Abstecher auf dem Küsten-Highway 19 über Craigmore, Judique, Mabou und Inverness. Hier verläuft der **Ceilidh Trail** durch hügeliges Farmland mit reizvollen Ausblicken auf das Meer – altes schottisches Siedlungsgebiet, die Heimat bekannter gälischer Musikanten und Folkloresänger. In einigen der pittoresken Orte finden auch traditionelle Musikveranstaltungen und Festspiele statt. Ein Ceilidh (ausgesprochen ›Kaylie‹) war in der gälischen Kultur in Schottland und Irland eine gesellige Zusammenkunft der Dorfjugend mit Volkstanz und Fiedelmusik. Die Einwanderer, die im 18. Jh. nach Amerika kamen, haben diese Tradition in Nova Scotia und besonders auf Cape Breton Island aufrechterhalten. Die jahrhundertealten Stilelemente von Musik und Tanz wurden weiterentwickelt und heute erfreut sich gälischer Pop und Folk größter Beliebtheit, wobei auch hier die sagenhaft virtuos gespielte Fiedel dominiert.

Mabou

In **Mabou** 3 unterhält die Mabou Gaelic and Historical Society ein kleines Museum und Kulturzentrum**: AnDrochaid** (›Die Brücke‹, Highway 19, Tel. 902-945-2311, 8.30–16.30 Uhr). Sehenswert ist das **Mabou Harbour Lighthouse** mit einer Ausstellung von Fotos und Gegenständen aus der Region.

An der Route 19 zwischen Mabou und Inverness kann man das hübsch am Fuß der Mabou Highlands gelegene **Glenora Inn & Distillery** besichtigen. Hier wird Nordamerikas einziger Single Malt Whisky hergestellt. Im Glenora Pub kann man den edlen Tropfen dann bei gälischer Folklore probieren (Adresse s. u.)

Glenora Inn & Distillery: Glenville, 9 km nördl. von Mabou, Tel. 902–258-2662, 1-800-839-0491, www.glenoradistillery.com, Mitte Juni–Okt. Schön gelegenes Country Inn mit einer Whisky-Distillery, Brennereibesichtigung 9–17 Uhr, (7 $); im Glenora Pub gibt es Frühstück, Lunch und Dinner, nachmittags und abends auch mit Live-Entertainment (gälische Folklore), geräumige Zimmer und Chalets. DZ ab 125 $.

Schottisches Picknick (4. Juli): Traditionelles Volksfest mit Muschelwettessen und Dudelsackmusik.

Inverness

Bei **Inverness** 4 stößt der Highway 19 nach rund 30 km wieder an die Küste. Mit etwa 2000 Einwohnern ist die ehemalige schottische Bergarbeitersiedlung der größte Ort am Highway 19. Es gibt einen schönen Badestrand und gute Wandermöglichkeiten in der Umgebung. Die Geschichte des Kohlebergbaus wird im **Inverness Miners Museum** dargestellt. Der Kurator des Museums arrangiert auch Touren zur alten Mine und zu Fossilien-Fundstätten in der Umgebung (62 Lower Railway St., Tel. 902-258-2097, Juni–Sept. 9–17 Uhr, 2 $).

Bei Margaree Harbour trifft die Route 19 auf den Cabot Trail, auf dem man in nördlicher Richtung über Chéticamp zum Cape Breton Highlands National Park fahren kann oder in südlicher Richtung durchs Margaree Valley (s. S. 406) nach Baddeck gelangt.

Inverness Lodge: 15787 Central Ave., Tel. 902-258-2193, 1-866-258-2193, www.invernesslodge.com, Ende Mai–Ende Okt. Preiswerte Motelzimmer, Blick auf Strand und Hafen, vom Patio kann man den Sonnenuntergang beobachten, Restaurant. Dinner ab 14 $, DZ ab 75 $.

Camping:

MacLeod's Beach and Campsite: Rte. 19 in Dunvegan, ca. 10 km nördl. von Inverness, Tel. 902–258–2433, www.macleods.com. Schön angelegter Campingplatz an der Bucht mit Panoramablick, Badestrand, Wandern.

Broad Cove Concert (Juli): St. Margaret's Parish Grounds in Broad Cove (3 km nördl. von Inverness), www.broadcoveconcert.ca. Populärstes schottisches Musikfestival in Cape Breton.

Ceilidh (jeden Donnerstagabend im Juli und August): schottische Tänze und Musik in der Inverness Fire Hall.

Auf dem Cabot Trail von Baddeck nach Chéticamp

Am alten *courthouse*, dem Gerichtsgebäude in Baddeck, beginnt offiziell die rund 300 km lange Rundstrecke des **Cabot Trail.** Hier hat man die Wahl, die Tour links oder rechts herum zu beginnen – das Panorama ist in jedem Fall überwältigend. Als der Cabot Trail 1932

Der legendäre Cabot Trail bei Chéticamp

vollendet wurde, verband er die kleinen isolierten Fischerdörfer des rauen Nordzipfels der Insel mit einer schmalen, teilweise ungeteerten Straße, die oft in abenteuerlichem Schwung entlang der felsigen Küste führte. Damals galt der Rat, die Strecke unbedingt von Chéticamp beginnend nach Ingonish zu fahren – denn nur auf der Innenseite der Fahrbahn befand man sich in sicherem Abstand zu den steil ins Meer abfallenden Klippen. Heute gilt dieser Ratschlag so natürlich nicht mehr. Die Straße ist zwar immer noch kurvenreich, aber breit ausgebaut und bequem zu fahren. Fährt man jetzt entgegen dem Uhrzeigersinn, kann man oft bequemer auf die Parkplätze der Aussichtspunkte abbiegen, die meist an der der Küste zugewandten Straßenseite liegen.

Baddeck

Baddeck 5**,** ein 1500-Einwohner-Ort am Ufer des Bras d'Or Lake, war früher ein geschäftiges Bootsbau-Zentrum. Auch heute noch wird der Jachtsport großgeschrieben, und für den Besucher sind etliche Charter- und Segeltörns möglich. Mittelpunkt des maritimen Treibens ist der **Government Wharf,** der Anleger für die zahlreichen Boote und Segeljachten. Vom Wharf kann man mit der kostenlosen Fähre zum nur ein paar hundert Meter vom Festland entfernten **Kidston Island,** einer bewaldeten Insel mit Badestrand, Wanderwegen und einem Leuchtturm, übersetzen.

Die **Alexander Graham Bell National Historic Site** erinnert an den großen Erfinder und Humanisten Alexander Graham Bell, der

Cape Breton Island

hier die letzten 37 Jahre seines Lebens den Sommer verbrachte. Der gebürtige Schotte gilt neben Philip Reis als Erfinder des Telefons. Er wurde außerdem bekannt durch seine Experimente auf dem Gebiet der Medizin, der Landwirtschaft sowie der Luftfahrt- und Marinetechnik. Auf seinem Landsitz ›Beinn Bhreagh‹, was auf Gälisch so viel bedeutet wie ›schöner Berg‹, liegt Bell begraben. Im Museum können umfangreiche Sammlungen von Fotos und persönlichen Gegenständen Bells sowie zahlreiche seiner Erfindungen – u. a. ein Nachbau des Tragflügelbootes HD-4, das 1919 einen Geschwindigkeitsweltrekord (110 km/h) aufgestellt hat – und natürlich seine ersten Telefone besichtigt werden (Chebucto St., Tel. 902-295-2069, Juli–Mitte Okt. 8.30–18 Uhr, 8 $).

Inverary Resort: Hwy. 105, Exit 8, 368 Shore Rd., Tel. 902-295-3500, Fax 295-3527,1-800-565-5660, www.inveraryresort.com. Gemütliches Hotel am Nordufer des Bras d'Or Lake, Indoor-Pool, Café, Pub mit Live-Entertainment, Restaurant mit (neu)schottischen Spezialitäten, Marina. Dinner ab 16 $, DZ ab 120 $.
Telegraph House: 479 Chebucto St., Tel. 902-295-1100, http://baddeck.com/telegraph. Großes historisches Inn aus der Mitte des 19. Jh., in dem schon Alexander Graham Bell häufig übernachtete, stilvoll eingerichtete Zimmer, einige mit Balkon und Jacuzzi, dazu kommen weitere moderne Motelzimmer in einem Nebengebäude, Bibliothek, Patio, Frühstück, Lunch und Dinner, Spezialitäten, Meeresfrüchte, Geflügel, Steaks, Pasta. Dinner ab 12 $, DZ von 70–120 $.
Camping:
Bras d'Or Lakes Campground: Hwy. 105, Exit 7 und 8 (5 km westl. von Baddeck), Tel. 902-295-2329/3467, www.brasdorlakescampground.com.

Bootstour: Inverary Resort Marina, Adresse s. o., Mitte Juni–Mitte Sept. 10.30 und 14.30 Uhr. Mehrstündige Segeltour mit Alexander Graham Bells historischer 17-Meter-Jacht ›Elsie‹ auf dem Bras d'Or Lake, Verleih von Kanus. 65 $.

St. Ann's

In **St. Ann's** 6, 20 km nordwestlich von Baddeck, kann man im **Gaelic College of Celtic Arts and Crafts** außer der Sprache auch die Handwerkskünste, Tänze, Lieder und das Dudelsackpfeifen der Hochlandschotten lernen. Das **Great Hall of the Clans Museum** des College zeigt Ausstellungen über die schottische Geschichte und Kultur, unter anderem auch über die große Einwanderung aus den schottischen Highlands. Im Campus Shop des Gaelic College kann man sich mit Kilts und Tartans stilecht schottisch einkleiden (51779 Cabot Trail, Tel. 902-295-3441, www.gaeliccollege.edu, Juli–Aug. tägl. 8.30–17, Juni und Sept. Mo–Fr 8.30–17 Uhr, 3 $).

Gaelic Mod – Féis A' Mhòid (August): Veranstaltungen im Gaelic College. Großes keltisches Kulturfestival.
Celtic Colours (erste volle Oktoberwoche): in zahlreichen Orten der gesamten Insel, Tel. 902-567-3000, 1-888-355-7744, www.celtic-colours.com. Gälisches Volksfest mit vielen Konzerten und anderen Veranstaltungen. Cape Breton zeigt sich in dieser Zeit in den buntesten Herbstfarben.

Cape Smokey

Nach knapp 20 km verläuft der Cabot Trail entlang der malerischen St. Ann's Bay, verschwindet eine kurze Strecke landeinwärts, ab Indian Brook windet sich die Straße dann entlang der rauen Küstenlinie durch kleine Fischerdörfer wie North Shore, Breton Cove, Skir Dhu und Wreck Cove. In Haarnadelkurven geht es hinauf und hinab zum **Cape Smokey** 7, einer 366 m hohen Landzunge. Von einem Aussichtspunkt im Provinzpark hat man einen herrlichen Panoramablick – wenn ›Old Smokey‹ nicht gerade seinem Namen Ehre macht und von Nebelwolken umhüllt ist. Ein 11 km langer Trail führt zum Stanley Point an der Spitze des Kaps.

Ingonish Beach und Cape Breton Highlands National Park

Ingonish Beach 8 hat nur rund 600 Einwohner, ist aber dennoch das touristische Zentrum der Nordwestküste Cape Bretons und mit seinem schönen Strand auch der einzige Badeort im Gebiet des Nationalparks. Es gibt mehrere Hotels, Motels, Restaurants, Kunstgalerien und Kunsthandwerksläden. Neben einem Jachthafen bietet der sich rund um die Bucht erstreckende Ort auch einen hervorragenden Golfplatz sowie ein geheiztes Meerwasserschwimmbad. Der **Highland-Links-Golfplatz,** 3 km nördlich von Ingonish Beach, wird zu den weltweit Top-100-Plätzen gezählt (Tel. 902-285-2600, 1-800-441-1118, www.highlandslinksgolf.com, Green Fees ab

Richtig Reisen-Tipp: Wandern im Cape Breton Highlands National Park

Der Cape Breton Highlands National Park ist ursprüngliche Natur mit bis zu 500 m hohen, überwiegend mit Balsamkiefern, Tannen, Birken und Ahorn bewaldeten Bergen, wo Schwarzbär, Elch, Biber und Luchs leben, mit ausgedehnten Feuchtgebieten, Bächen, Flüssen, Wasserfällen und Seen, über denen Weißkopfseeadler kreisen – eine Landschaft, deren wilde Schönheit ein Autofahrer auf dem Cabot Trail nur in Ausschnitten zu sehen bekommt. Das richtige Gefühl für diesen einzigartigen, fast 1000 km² großen Nationalpark bleibt dem Wanderer und Trekker vorbehalten, der sich den Park auf zahlreichen Trails und Wanderwegen erschließen kann. Die Trails sind gut unterhalten, und wo *boardwalks* aus Holzplanken angelegt sind, um empfindliche Vegetation zu schützen, sollte man unbedingt auf diesen bleiben. Einige interessante Trails werden hier aufgeführt. Sie sind in der Karte des Nationalparks eingezeichnet, die man in den Besucherzentren erhält. Die Kilometerangabe bezieht sich immer auf Hin- und Rückweg.

Cape Smokey Trail: 8 km, Höhenunterschied 180–275 m, 3–3,5 Std. Wanderweg mit schönem Küstenpanorama.

Middle Head Trail: 4 km, Höhe 30 m, 1,5–2 Std. Der Wanderweg beginnt bei der Keltic Lodge in Ingonish Beach und führt zur Spitze der Landzunge mit fantastischen Ausblicken über die Küste.

Skyline Trail: 8,7 km Rundstrecke, Höhenunterschied 320–400 m, 2–3 Std. Schöner Panoramablick auf wilde Felsenküste und den sich vom Meer ins Landesinnere windenden Cabot Trail.

L'Acadien Trail: 9 km, Höhenunterschied 0–363 m, 3–4 Std. Der Trail beginnt beim Chéticamp-Parkeingang. Er führt zwar ständig auf und ab, vom höchsten Punkt bieten sich aber schöne Panoramablicke.

50 $). Etwas weiter liegt das Gelände der **Keltic Lodge** auf einer schmalen Landzunge, die westlich von Ingonish weit ins Meer hinausragt. Hier führt ein knapp 2 km langer Wanderweg zum **Middle Head,** wo Seevögel und manchmal auch Wale beobachtet werden können. Im Visitor Centre des Nationalparks erhält man Informationsmaterial über Wanderungen und andere Freizeitmöglichkeiten im Park (Mitte Mai–Mitte Okt. 8–18, im Juli und Aug. auch bis 20 Uhr, Tagespass 7 $).

Bei Ingonish Beach erreicht der Cabot Trail den **Cape Breton Highlands National Park** 9**.** Das 950 km² große Naturschutzgebiet an der Nordostspitze von Cape Breton zwischen Atlantik und St.-Lorenz-Golf ist der älteste Nationalpark der Atlantikprovinzen (1936 gegründet). Ein Hochland mit rauen Küstenformationen, dichten Wäldern, windzerzausten Tundren, Mooren, Seen und Wildnisgebieten, in denen Weißkopfseeadler, Elche, Schwarzbären und Wildkatzen leben. Über 200 km Wanderpfade und zahlreiche Bäche und Flüsse machen den Park zu einem Dorado für Trekker und Angler (s. Richtig Reisen-Tipp oben).

i **Cape Breton Highlands National Park:** Tel. 902-244-2306, 902-285-2691, www.pc.gc.ca. Kleines Visitor Centre mit Kartenmaterial und Informationen über Geologie, Flora und Fauna sowie Aktivitäten im Park; großes Visitor Centre mit Buchgeschäft in Chéticamp (s. S. 404).

... in Ingonish Beach:
Keltic Lodge Resort & Spa: Tel. 902-285-2880, 1-800-565-0444, Fax 285-2859, www.signatureresorts.com. Resorthotel in schöner Lage nahe dem Nationalpark; Golf, Strand, Tennis; 2 Restaurants: Atlantic Restaurant Dinner ab 12 $, Purple Thistle Dining Room Menü ab 40 $. Übernachtung mit Golf ab 150 $, DZ 160–366 $.

Camping:
Ingonish Campground: an der Lagune beim Golfplatz, Ende Juni–Anf. Sept. Schön gelegen, 90 Plätze ohne Anschlüsse.
... in Ingonish:
Sea Breeze Cottages and Motel: 8 km nördl. vom Parkeingang, Tel. 902-285-2879, 1-888-743-4443, www.ingonish.com/sea. Schön am Meer gelegen, Zimmer und Cabins, Einkaufsmöglichkeiten und Restaurants sind in der Nähe, Kinderspielplatz. Übernachtung mit Golf ab 90 $, DZ 80–130 $.
Camping:
Broad Cove Campground: nördl. von Ingonish, Tel. 902-244-2306, 1-888-773-8888, Mitte Mai–Anf. Okt. 260 Plätze, teilweise mit Anschlüssen, Strand.

Cape Breton Seacoast Adventures: Ingonish Harbour, Tel. 902-929-2800, 1-877-929-2800, www.members.tripod.com/adventure_4u/, Juni–Okt. Halb- und ganztägige Touren mit dem Seekajak entlang der Cabot-Trail-Küste, komplette Ausrüstung wird gestellt, auch für Anfänger. Ab 49 $.

Neils Harbour

Bis zum Fischerdörfchen **Neils Harbour** 10 folgt der Cabot Trail der sanft geschwungenen Atlantikküste mit schönen Stränden, dann verläuft die Straße landeinwärts. Für eine Rast sollte man den schönen, direkt am Wasser gelegenen Picknickplatz ›Neil Brook‹ wählen. Als Alternative bietet sich bei Neils Harbour dann die kleine Nebenstrecke zum White Point an der Spitze des Kaps an. Von dort führt die Alternativroute an der Küste entlang, bis sie kurz vor South Harbour wieder an den Highway stößt.

Rund um Cape North

Am Fischerort **Cape North** 11 erreicht der Cabot Trail den nördlichsten Punkt. Hier soll John Cabot 1497 mit seinem Schiff ›Mathew‹ gelandet sein und den Boden der ›Neuen Welt‹ betreten haben. Der **Cabot's Landing Provincial Park** an der Straße nach Bay St. Lawrence mit Picknickplätzen und schönem Sandstrand erinnert mit einem Denkmal an den historischen Landgang. Von hier führt ein Trail zum 440 m hohen Sugar Loaf Mountain. Der Abstecher zum gleichnamigen Kap lohnt sich. Die Strecke nach Bay St. Lawrence und Meat Cove ist nicht nur landschaftlich sehr reizvoll. Man kann einsame kleine Buchten und mehrere malerische Fischerdörfer erkunden, an schönen Stränden wandern und Exkursionen zum Beobachten von Seevögeln und Walen unternehmen.

Im 16 km entfernten **Bay St. Lawrence** 12 sind alle Serviceeinrichtungen vorhanden. Beim Bummel durch den Hafen kann man den Fischerbooten beim Entladen des Fangs zusehen und vom Anleger mit dem Motorschiff oder einer Segeljacht hinausfahren, um Wale zu beobachten. Ein paar Kilometer vor Bay St. Lawrence führt eine auf der letzten Hälfte unbefestigte Nebenstrecke zu den kleinen Fischerdörfern **Capstick** und **Meat Cove** 13. Dort gibt es auf der Steilküste direkt über dem Meer einen Campingplatz.

... in Cape North:
Four Mile Beach Inn: RR # 1 Cape North, Aspy Bay, Tel. 902-383-2282, 1-888-503-5551, www.fourmilebeachinn.com, Juni–Okt. Historisches Bed and Breakfast Inn an der Straße nach Bay St. Lawrence, gemütlich und stilvoll eingerichtet, historischer *general store*, Lesezimmer, schöne Veranda. DZ 70–90 $, mit Kitchenette 90–120 $.

... in Cape North:
Geräteverleih: Four Mile Beach Inn, Adresse s. o. Exkursionen sowie Vermietung von Fahrrädern, Kajaks und Kanus.
... in Bay St. Lawrence:
Wale: Sail to the Whales, Fishermen's Wharf, Tel. 902-383-2319, 1-877-488-2319, www.capebretonadventure.com. Walbeobachtungstour mit einem 16-m-Boot; allein die Fahrt mit dem schnittigen, in Rocky Harbour auf Neufundland gebauten Schoner ist ein Erlebnis. Erw. 39 $, Kinder bis 12 Jahre 19,50 $. Oshan Whale Cruise, Tel. 1-877-383-2883, www.oshan.ca. 10.30, 13.30, 16.30 Uhr. 2–2,5-stündige Walbeobachtungstouren und Hochseeangeln. Erw. 25 $, Kinder 12 $.

Pleasant Bay

Nach Cape North führt der Cabot Trail durch das idyllische Tal des Aspy River, in dem die bunt gestrichenen Farmhäuser wie Farbkleckse wirken. Danach klettert die Straße an Schluchten entlang in die Berge des Hochlandes. Hier beginnt der vielleicht schönste Teil des Cabot Trail. Wildromantische Küstenformationen folgen, und es gibt immer wieder schöne Aussichtspunkte. Von der Bergstraße schweift der Blick an klaren Tagen weit über das Meer bis zu den Magdalen Islands im St.-Lorenz-Golf.

Bei **Pleasant Bay** 14 führt der Cabot Trail wieder ans Meer. Ansehen sollte man sich hier das **Whale Interpretive Centre,** wo die verschiedenen Walarten, die in den Gewässern um Nova Scotia anzutreffen sind, beschrieben und dargestellt werden. Im offenen Aquarium des Zentrums erlebt man die Meeresfauna der Region (Tel. 902-224-1411, Mai–Sept. 9–18 Uhr, Erw. 66 $, Kinder 3 $).

Cabot Trail Hostel: 23349 Cabot Trail, Tel. 902-224-1976, www.cabottrail.com/hostel/fac.htm. Einziges Hostel für Trekker am Cabot Trail, Schlafsaal, Küchenbenutzung, Internetzugang. 25 $.

Wale: Fiddlin' Whale Tours, Kiosk am Hafen, Tel. 1-866-688-2424, www.fiddlinwhaletours.com, Juni–Okt. 10, 12, 14 und 16 Uhr. Erw. 30 $, Kinder bis 12 J. 15 $.

Chéticamp

Bei Petit Etang verlässt man das Nationalparkgebiet und nach ein paar Kilometern ist man in **Chéticamp** 15**,** einem lebendigen Fischer- und Bauernort, mit rund 1000 Einwohnern der größte Ort an der Nordwestküste Cape Bretons. Die schmucken bunten Holzhäuser harmonieren schön mit dem Blau des Meeres und den sanftgrünen Hügeln des Hinterlandes. Hier schlägt das Herz des frankophonen Cape Breton, und von vielen Häusern und Fahnen leuchtet der gelbe Akadierstern auf blauem Grund. In den Restaurants gibt es akadische Spezialitäten und in den Pubs hört man Fiedelmusik mit einer ganz besonderen Mischung von akadischen und schottischen Stilelementen. Vom Government Pier am Hafen legen die Exkursionsschiffe zum Walebeobachten und Hochseeangeln bei den vorgelagerten Magdalen Islands ab.

In der Coopérative Artisanale in der Nähe der St. Peter's Church kann man, nachdem man sich im **Acadian Museum** über Geschichte, Folklore und Traditionen der akadischen Siedler informiert hat und beim Weben, Teppichknüpfen oder Spinnen zugeschaut hat, im dazugehörigen Restaurant noch authentisch akadische Kost probieren – vor allem sehr leckere Fischspezialitäten (15067 Cabot Trail, Tel. 902-224-2170, www.co-op artisanale.com, Sommer 8–21, sonst 9–18 Uhr, frei).

Das akadische Kulturzentrum **Les Trois Pignons** in Chéticamp ist nicht zu übersehen. Das große Holzgebäude mit Erkern ist ganz in den leuchtenden blau-weiß-roten französischen Nationalfarben gehalten und vor dem Eingang weht stolz die Akadierflagge am Mast. Hier findet man Ausstellungen zur Besiedlungsgeschichte von Chéticamp und zum Alltagsleben der Akadier, Kunstgegenstände und eine Sammlung der berühmten handgeknüpften Teppiche der Region (Tel. 902-224-2642, www.lestroispignons.com, Mitte Mai–Mitte Okt. 9–17 Uhr, 5 $).

Cape Breton Highlands National Park Visitor Centre: 15584 Main St. Chéticamp, www.chéticampns.com, Tel. 902-224-2306, 1-888-773-8888, Mitte Mai–Mitte Okt. 9–17, Juli–Aug. 8–20 Uhr, Erw. 7 $, Kinder 3,50 $.

Ocean View Chalets & Motel: Cabot Trail gegenüber Le Portage Golf Club, Tel. 902-224-2313, 1-877-743-4404, Fax 224-1164, www.oceanviewchalets.com. Geräumige, hübsche Zimmer. DZ 90–220 $.
Chéticamp Outfitters Inn: Cabot Trail, Tel./Fax 902-224-2776, www.Cheticampns. com/Cheticampoutfitters. Gemütliches Bed and Breakfast, schöner Blick auf Meer und Berge, Patio, Grillmöglichkeit, Fahrradverleih. DZ 55–85 $.

Anglerparadies: Im Margaree River wimmelt es von Lachsen

Camping:
Plage St-Pierre Beach & Campground: 635 Chéticamp Island Rd., Tel. 902-224-2112, 902-224-2642, 1-800-565-0000, www.plagestpierrebeachandcampground.com. Schöner Campingplatz an einem weiten Sandstrand, auf Chéticamp Island, über einen Damm zu erreichen, 94 Stellplätze, die meisten mit Anschlüssen, auch Cottage-Vermietung, Mitte Mai–Mitte Okt.
Chéticamp Campground: Cape Breton Highlands National Park, Tel. 902-224-2306, 1-888-773-8888, www.pc.gc.ca, ganzjährig geöffnet. Camping in der Nähe des Westeingangs des Nationalparks.

Le Festival de L' Escaouette (Ende Juli–Anfang August): Tel. 902–224-2642, www.festivallescaouette.com. Akadisches Kulturfestival mit Volkstänzen, Paraden und übermütigen Wettkämpfen.

Wale: Whale Cruisers, Government Wharf, Tel. 902-224-3376, 1-800-813-3376, www.whalecruises.com, ab Mitte Mai 9, 17, Juni–Juli 9, 13, 18, Aug.–Sept. 10, 16 Uhr. dreistündige Exkursionen mit dem 13-m-Schiff ›Whale Cruiser‹. Erw. 25 $, Kinder bis 12 J. 10 $.
Captain Zodiac Whale Cruise, Government Wharf, Tel. 902-224-1088, 1-877-232-2522, www.novascotiawhales.com, Mai–Ende Okt. 9, 11, 13, 15 und 17 Uhr. zweistündige Touren; die Walbeobachtung vom 9 m langen Zodiac-Schlauchboot kann bei etwas Wellengang eine feuchte Angelegenheit werden, aber wasserfeste Thermo-Anzüge werden gestellt und Landratten werden auf den breiten Ponton-Booten nicht so schnell seekrank wie auf anderen Bootstypen. Erw. 36 $, Kinder 18 $.
Reiten: Little Pond Stables, zwischen Chéticamp und dem Eingang des Nationalparks in

Petit Etang, La Pointe Rd., Tel. 902-224-3858, 1-888-250-6799, www.horsebackcapebreton.com. Reitstall, Ausritte in die Berge und am Strand, Trailritte. 20–75 $.

Durch das Margaree Valley

Auf den nächsten 26 km hinter Chéticamp schlängelt sich der Cabot Trail entlang der Küste, berührt dabei mehrere kleine Fischerdörfer und bietet immer wieder schöne Ausblicke. In Margaree Harbour trifft der Cabot Trail auf eine andere Scenic Route, den Ceilidh Trail (s. S. 397). Der Cabot Trail führt weiter ins Landesinnere durchs Margaree Valley. Bis Baddeck sind rund 60 km zu fahren.

Im malerischen Fischerdorf **Margaree Harbour** 16 dümpeln an der Mole neben den traditionellen Hummerbooten auch die Ausflugsschiffe, mit denen man zur **Margaree Island National Wildlife Area** übersetzen kann. In dem vor der Küste gelegenen Naturschutzgebiet nisten in den Klippen Tausende von Seevögeln. Margaree Harbour besitzt weite Sandstrände mit hervorragenden Bademöglichkeiten.

Bei Margaree Forks fließen South West und North East Margaree River zusammen. Der weitverzweigte Margaree River mit seinen idyllischen Ufern gehört zu den besten Lachsflüssen Kanadas. Die Fangsaison ist im August und September. Im Ort gibt es Angelausrüster und *guides*. Auch für Kanusportler bietet das Margaree Valley mit seinen verschwiegenen Bächen und Flussläufen ein idyllisches Revier. Im Margaree Salmon Museum und seinem Aquarium in **North East Margaree** 17 erfährt man alles über den Edelfisch, seine Lebensgewohnheiten, historisch Wissenswertes und auch wie man ihn fängt (60 E. Big Intervale Rd., Tel. 902-248-2848, Mitte Juni–Mitte Okt. 9–17 Uhr, 2 $).

... in Margaree Harbour:
Duck Cove Inn: 10289 Cabot Trail, Tel. 902-235-2658, 1-800-565-9993, Fax 235-2592, www.duckcoveinn.com, Juni–Okt. Motel mit Restaurant; Meeresfrüchte, kanadisches Menü, Frühstück, Lunch, Dinner. DZ 75–105 $.

... im Margaree Valley:
Big Intervale Lodge: R. R. 1, Tel. 902-248-2275, 1-888-306-8441, Fax 248-2639, www.capebretonet.com. Schön gelegene Lodge auf 30 ha Land am Margaree River, drei komfortable Blockhütten mit je zwei Zimmern, Restaurant, Lachs- und Forellenangeln, Kanufahren, Wandern. 75–85 $.

... in Margaree Harbour:
Kanuverleih: Margaree River Canoe Rentals, im Duck Cove Inn s. o.

Am Bras d'Or

Der Bras d'Or Lake ist ein weit verzweigtes, 1165 km^2 großes Binnenmeer, nur durch zwei schmale Zugänge mit dem Atlantik verbunden. Ein fast nebelfreies Klima, warmes ruhiges Wasser, unzählige stille Buchten und viele idyllische Häfen machen den Bras d'Or zu einem der besten Jachtreviere in Nordamerika, beliebt bei Seglern aus aller Welt. Rund um den See führt der Bras d'Or Lake Scenic Drive, eine Küstenstraße mit einem ständig wechselnden Panorama von Seeblicken, Wäldern, Wiesen und verträumten Orten. Die Bras-d'Or-Region hat eine der höchsten Konzentrationen von Seeadlern auf dem Kontinent. An seinen Ufern sind seit jeher auch die Ureinwohner Cape Bretons, die Mi'kmaq-Indianer, beheimatet. Heute leben sie in vier Reservaten: Whycocomagh, Wagmatcook, Eskasoni und Chapel Island im St. Peter's Inlet. Die Nachfahren der Ureinwohner mögen heute als Busfahrer, Waldarbeiter oder auf dem Bau arbeiten, aber viele sprechen auch noch die Sprache ihrer Vorväter, deren Folklore in jedem Sommer bei einem großen Festival auf Chapel Island im Süden des Bras d'Or wiederauflebt.

Wagmatcook Culture & Heritage Centre

Wer sich für die Kultur, Geschichte und Religion der Mi'kmaq-Indianer interessiert, sollte ein paar Kilometer südlich von Baddeck am Ufer des Bras d'Or Lake das erst 2001 eröffnete **Wagmatcook Culture & Heritage Centre** 18 besuchen. Man sieht Fotos der Mi'kmaq aus ihrem täglichen Leben, wie sie gejagt, gefischt und gehandelt haben. Neben einem originalen Wigwam werden auch traditionelle Waffen, Werkzeuge, Körbe und Pelze gezeigt. Auch Vorführungen der alten Arbeitstechniken, Tanz und Musik sowie Geschichtenerzählen durch ihre spirituellen Führer werden von den Mi'kmaq angeboten (10765 Highway 105, Tel. 1-866-295-2999, www.wagmatcook.com, Mo–Sa 9–20 Uhr, frei, Aufführungen ab 8 $). Handarbeiten kann man im kleinen Laden erstehen und im Clean Wave Restaurant auch einmal nach traditioneller Art zubereitete Mi'kmaq-Kost probieren, z. B. Wild, gegarten Lachs und Pfannenbrot (tägl. 8–20 Uhr, ab 8 $).

Nova Scotia Highland Village Museum

Weiter geht es entlang dem St. Patrick's Channel, den man dann bei Little Narrows mit einer Kabelfähre überquert, die rund um die Uhr betrieben wird. In **Iona** 19 lohnt der Besuch des **Nova Scotia Highland Village Museum** in einer 17 ha großen Anlage mit herrlichem Blick über die Barra Strait. Das ›lebende‹ Museumsdorf besteht aus elf historischen Gebäuden aus dem 19. Jh., die aus der ganzen Provinz stammen und hier wieder aufgebaut wurden. Personal in Kostümen der Zeitperiode bietet durch Vorführungen einen einfühlsamen Blick in die Geschichte und Kultur der schottischen Hochländer, die vor rund 200 Jahren auf die Insel kamen. Besonders sehenswert ist die Rekonstruktion eines Taigh Dubh Blackhouse, das zeigt, wie die Siedler vor der Auswanderung in Schottland lebten. Aktivitäten wie traditionelle gälische Musik- und Tanzdarbietungen, Kochen über offenem Feuer, Handarbeiten, Kerzenziehen und Färben bieten weitere interessante Einblicke in das Alltagsleben der schottischen Siedler vor 200 Jahren (4119 Rte. 223, 19 km östlich vom Highway 105, Ausfahrt 6, Tel. 902-725-2272, www.highlandvillage.museum.gov.ns.ca, Mitte Mai–Mitte Okt. 9–18 Uhr, 8 $).

Sydney und die Glace-Bay-Region

Auf dem Highway 223 oder 216 gelangt man von Iona über Eskasoni nach Sydney und Glace Bay. Die Region um die beiden großen Städte steht für das industrielle Cape Breton. Hier leben etwa 80 000 Menschen praktisch auf einem riesigen Kohlenfeld mit Grubenstollen, die sich weit unter das Meer erstrecken. Weil die Zechen geschlossen wurden, herrscht Massenarbeitslosigkeit, höher noch als im Rest der Provinz, die ohnehin neben Neufundland zu den ärmeren Provinzen Kanadas gehört.

Sydney

Sydney hat als Industriestadt kaum Sehenswertes zu bieten – bis auf einige historische Gebäude nördlich der Downtown, unter ihnen die **St. Patrick's Church** von 1828. Als Museum informiert Cape Bretons älteste katholische Kirche mit Ausstellungen über die Stadtgeschichte (87 Esplanade, Sommer Mo–Sa 9.30–17.30, So 13–17.30 Uhr, Eintritt frei).

i **Sydney Information Centre:** Civic Centre, 320 Esplanade, Tel. 902-563-4636, Mo–Fr 8.30–17 Uhr.

Marine Atlantic: Ferry Terminal, North Sydney, Tel. 902-794-5254, 1-800-341-7981, www.marine-atlantic.ca. Fährverbindungen nach Neufundland: nach Port-aux-Basques (6 Std.), nach Argentia (14 Std.); Reservierung ist dringend zu empfehlen.

Glace Bay

In **Glace Bay** 20 kann man unter dem **Miners' Museum** im Ocean Deeps Colliery, einem stillgelegten Bergwerk, einen kilometerlangen Stollen unter dem Meer besichtigen. Pensionierte Bergleute leiten die Führungen und geben fachkundige Erklärungen. Gleich nebenan, in den restaurierten Gebäuden des **Miners' Village,** sieht man, wie die Bergarbeiter in der Zeit von 1850–1900 gelebt haben. Das gut ausgestattete moderne Museum direkt an der Atlantikküste wurde 1967 als ein Projekt für Kanadas Centennial eröffnet. Auch ein Restaurant gehört zum Komplex (42 Birkley St., Quarry Pt., Tel. 902-849-4522, www.minersmuseum.com, Juni–Anf. Sept. 10–18, sonst 9–16 Uhr, 5 $).

Die **Marconi National Historic Site** liegt auf einem 2 ha großen Gelände auf dem Table Head, einer Landzunge mit steil zum Atlantik abfallenden Klippen. Sie erinnert an Guglielmo Marconis erste drahtlose Transatlantik-Verbindung 1902. Das Lebenswerk des großen Erfinders ist in einem Museum mit Fotos, Modellen und historischen Ausstellungsstücken dokumentiert (Timmerman St., Table Head, 902-295-2069, Juni–Mitte Sept. 10–18 Uhr, frei).

Fortress of Louisbourg National Historic Park

Nur 40 km weiter südlich auf dem Highway 22 bei Louisbourg gelangt man in eine ganz andere Welt. Hier in der **Louisbourg National Historic Site** 21 scheint ein Stück Frankreich der ›Neuen Welt‹ des frühen 18. Jh. auferstanden zu sein. 1961 entschloss sich die kanadische Regierung zu einem Arbeitsbeschaffungsprogramm besonderer Art: dem Wiederaufbau der alten bourbonischen Festungs- und Hafenstadt Louisbourg. Ursprünglich von den Franzosen zwischen 1700 und 1720 errichtet, war Louisbourg in Konkurrenz zu Boston und New York ein bedeutendes Handelszentrum und Fischereihafen. Zudem bildeten

Geschichte live in der Festung von Louisbourg

die wehrhaften Anlagen mit dem Château Saint Louis den wichtigsten militärischen Stützpunkt Frankreichs in der Neuen Welt. Handelskonkurrenz, militärische Bedrohung und wohl auch die französische Lebensart waren mehr als ein Dorn im Auge der puritanischen Neu-Engländer. 1745 nahmen sie Louisbourg mit 8400 Mann und über hundert Schiffen zum ersten Mal ein. Die Stadt wechselte noch mehrmals den Besitzer, bis sie schließlich 1760 von den Engländern bis auf die Grundmauern geschleift wurde.

Das ursprüngliche Louisbourg bestand aus sieben Festungsanlagen und mehreren hundert Gebäuden. Mit einem Aufwand von rund 50 Mio. Dollar ist bis heute etwa ein Drittel der alten Stadt restauriert worden. Vom komfortablen Gouverneursquartier bis zum rauchgeschwängerten Fischerhaus ist alles originalgetreu bis ins Detail wiedererstanden. Und ebenso echt wirken die über 100 Bürger, Soldaten, Handwerker, Bauern und Fischer, die die Stadt heute bevölkern. Sie werden von Studenten und Einwohnern der Umgebung in der Kleidung des 18. Jh. dargestellt. Auf den kopfsteingepflasterten Straßen begegnet man Pferdefuhrwerken und buntröckigen Soldaten, die aus einer Taverne kommen, wo man übrigens nach dem Speisezettel von damals essen kann. Aus der Schmiede hallen Hammerschläge, in der Küferei werden neue Fässer mit Reifen versehen, und vor einer Fischerhütte breitet man gerade Fische auf Lattengerüsten zum Trocknen aus. Während in einer Küche der Braten auf dem Spieß begossen wird, sitzt in einer anderen das Gesinde am blankgescheuerten Mittagstisch. Man darf ruhig hereinkommen und zusehen, wie es den Leuten schmeckt (Tel. 902-733-2280, www.pc.gc.ca/louisbourg, Juli–Aug. 9–17, Mai, Juni, Sept., Okt. 9.30–17 Uhr, reduziertes Programm im Winter, Sommer 14 $, Nebensaison ermäßigt).

Louisbourg Marine Museum

Im heutigen Ort Louisbourg, ein paar Kilometer vom historischen Nationalpark entfernt, gibt es im Louisbourg Marine Museum eine faszinierende Ausstellung von Artefakten, die aus im 18. Jh. vor Louisbourg gesunkenen Schiffen geborgen wurden. Ansonsten gibt es neben einem Sammelsurium von Schiffsmodellen und Artefakten aus Nova Scotias maritimer Geschichte auch eine Ausstellung über die Fischerei auf den Grand Banks mit Ausrüstungsgegenständen, wie sie in der Zeit von 1850 bis1950 üblich waren, heute aber kaum noch zu finden sind. Ein **Salzwasseraquarium** beherbergt die Meeresfauna der felsigen Küsten Nova Scotias. Viele Ausstellungsstücke stammen aus der Sammlung des Abenteurers und Tauchers Alex Storm, der unter anderem das 1725 gesunkene Schatzschiff ›Le Chameau‹ entdeckt hat (7548 Main St., Tel. 902-733-2252, Juni–Ende Sept. Mo–Fr 10–20 Uhr, 2,50 $).

Umgebung

Auch die Umgebung von Louisbourg ist recht hübsch. Die Fahrt auf dem Havenside Drive um die Hafenbucht zum Leuchtturm auf der anderen Seite wird mit einem schönen Blick über das Wasser auf die Befestigungsanlagen von Fort Louisbourg belohnt.

Cranberry Cove Inn: 12 Wolfe St., Tel. 902-733-2171, 1-800-929-0222, Fax 733-2449, www.louisbourg.com/cranberrycove. B & B Inn in der Nähe des historischen Parks, Restaurant. DZ 105–160 $.
Louisbourg Heritage House: 7544 Main St., Tel. 902-733-3222, 1-888-888-8466, www.louisbourg.com/louisbourgheritagehouse/rooms.html, Juli–Ende Sept. B & B in einer viktorianischen Villa, schöne Zimmer, einige mit Blick auf Hafen und das Fort. DZ 110–180 $.
Camping:
Louisbourg Motorhome R.V. Park & Campground: 24 Harbourfront Crescent, Tel. 902-733-3631, 1-866-733-3631, www.louisbourg.com/motorhomepark. 57 Stellplätze, zentral am Hafen gelegen, neben dem Louisbourg Playhouse.

Hôtel de la Marine: Fortress of Louisbourg, Tel. 902-733-3230, www.fortressoflouisbourg.ca/hotel.html. Im restaurierten Gasthof der Festung wird nach Rezepten des 18. Jh. gekocht und stilgetreu serviert.
Grubstake Restaurant: 7499 Main St., Tel. 902-733-2308, 12–20.30 Uhr. Meeresfrüchte, Leckeres vom Schwein, Steaks. Ab 12 $.

Louisbourg Playhouse: 11 Aberdeen St., Tel. 902-733-2996, 1-888-733-2787, www.louisbourgplayhouse.com, Mitte Juni–Mitte Okt. 20 Uhr. Theateraufführungen und Konzerte im Stil des 17. Jh.

Auf dem Fleur-de-lis Trail nach St. Peter's

Von Louisburg fährt man dann wieder zurück nach Sydney. Für die Rückfahrt zum Festland Nova Scotias bieten sich zwei Möglichkeiten: auf dem Highway 4 über East Bay und Ben Eoin entlang dem Bras d'Or Lake, oder man folgt der Atlantikküste auf dem Fleur-de-lis Trail mit seinen pittoresken Fischerdörfern Gabarus, Fourchou und L'Archeveque. Der **Fleur-de-lis Trail** ist länger, dafür einsamer und landschaftlich reizvoller. Beide Strecken führen durch **St. Peter's** am historischen St. Peter's Canal, der den Atlantik mit dem Bras d'Or Lake verbindet. Die nur ein paar Kilometer entfernte **Chapel Island Reserve** 22 ist eine der ältesten Mi'kmaq-Siedlungen der Provinz. Hier findet Ende Juli die St. Anne's Mission, ein spirituelles und kulturelles Festival der Mi'kmaq-Nation, statt. Über 5000 Besucher kommen jährlich zu diesem Ereignis.

Auf der Isle Madame

Auf jeden Fall sollte man bei der Weiterfahrt auf dem Highway 4 einen Abstecher auf die abgeschiedene **Isle Madame** 23 machen. Die 42 km² große Hauptinsel des felsigen Archipels an der Südküste wurde nach Madame de Maintenon, der zweiten Frau Ludwigs XIV., benannt. Im 18. Jh., als Cape Breton Island noch zur französischen Krone gehörte, war dieses Gewirr von Buchten und Inseln ein ideales Domizil für Schmuggler, die einen regen Handel mit Neu-England betrieben. In Fischerorten wie Petit de Grat, Little Anse und D'Escousse spricht man noch das altertümliche Französisch der akadischen Vorfahren und Englisch mit starkem französischem Akzent.

Arichat

Arichat, eine der ältesten Siedlungen der Provinz, ist das Zentrum der Isle Madame. Die beeindruckende Kathedrale täuscht darüber hinweg, dass der Ort heute kaum 900 Einwohner hat. Mitte des 18. Jh. bestanden gute Handelsbeziehungen mit der Kanalinsel Jersey, und Anfang des 19. Jh. war Arichat eine blühende Hafenstadt. Sehenswert ist der Hafen und das **Le Noir Forge Museum,** eine Schmiede aus dem 18. Jh. (Tel. 902-226-9364, Anf. Juni–Anf. Sept. 10–17 Uhr, frei).

Der Schatz von Louisbourg

Thema

In der legendären Fortress of Louisbourg schlummern noch viele Geheimnisse. Beschäftigt man sich eingehender mit der abenteuerlichen Geschichte der französischen Festungsstadt aus dem 18. Jh., erfährt man von einem legendären Goldschatz, der sich hier befunden haben soll, bei der Einnahme der Festung aber nicht aufzutreiben war.

Historiker halten die große Anzahl von Artefakten aus dem 18. Jh., die bei der Restaurierung entdeckt wurde, für den ›wirklichen Schatz‹, glauben aber auch, dass des ›Königs Gold‹ sehr wohl auf dem über 6000 ha großen Areal verborgen sein könnte. Parks Canada, die Nationalparkverwaltung, hegte wohl dieselbe Vermutung und beauftragte Kanadas erfolgreichsten Schatzsucher, Alex Storm, mit Nachforschungen. Es gibt viele Versionen und Hinweise darauf, wo und wie die belagerten Louisburger diesen Schatz versteckt haben könnten. Storm kennt sie alle, und seine Erfahrungen bei der erfolgreichen Suche nach der ›Le Chameau‹, die im Sommer 1725 vor Cape Bretons Küste verloren ging, könnten helfen, die Spur zu finden.

Die ›Le Chameau‹, ein mit 44 Kanonen bewaffnetes, schnelles Kriegsschiff des französischen Königs, befand sich auf der Fahrt von Frankreich nach Québec. An Bord waren 316 Mann, neben der Mannschaft auch hochrangige Militärs und politische Berater des Königs. Beladen war das Schiff mit kostbaren Waren – und einem Vermögen in Gold und Silber. Das Schiff versank mit Mann und Maus und keiner überlebte. Als die Kunde vom Verschwinden des Schiffes bei Kelpy Cove, südlich von Louisbourg, die Festung erreichte, begannen unverzüglich die Bergungsarbeiten unter Leitung von Pierre Morpain, einem französischen Freibeuter. Mit den beschränkten Mitteln der damaligen Zeit war das ein schwieriges Unterfangen und man fand lediglich Wrackteile und ertrunkene Seeleute. Die wertvolle Fracht blieb unauffindbar.

Anfang der 1960er-Jahre entdeckten Alex Storm und seine Crew einige verstreut liegende Kanonen auf dem Meeresgrund. Sorgfältig wurde die Fundstelle kartografiert, und nach zahllosen Tauchgängen im eiskalten Wasser fand Storm schließlich die Schatzkammer des Schiffes. 1965 barg er aus dem Wrack außer gut erhaltenen Musketen, kostbaren Kristallgläsern und hauchdünnem Porzellan auch Gold- und Silbermünzen im Wert von einer halben Million Dollar. Im **Louisbourg Marine Museum** sind einige der geborgenen Gegenstände zu sehen (s. S. 409).

In der ersten Hälfte des 18. Jh., als der Hafen von Louisbourg zu den vier belebtesten Häfen der Neuen Welt gehörte, forderten Stürme und eine tückische Felsenküste einen hohen Zoll. So wurde der Atlantik bei Cape Breton zum Grab für zahllose Segelschiffe, allein in den Jahren zwischen 1713 und 1758 sind 26 Schiffswracks dokumentiert. Die meisten davon waren Fischerboote, aber 1758, während der 33 Tage dauernden Belagerung von Louisbourg durch die englische Flotte, gingen zahlreiche Kriegsschiffe verloren. Und vielleicht ist es mehr als nur eine Vermutung, dass die Louisbourger während der Belagerung versuchten, ihr Gold auf einem Schiff in Sicherheit zu bringen, und dass das Fluchtschiff zu den unglücklichen Opfern auf dem Meeresgrund gehört, die noch heute auf ihre Entdeckung warten.

Signal Hill in St. John's

Kapitel 7

Newfoundland und Labrador

Auf einen Blick: Newfoundland und Labrador

Insel der Fischer

Neufundland ist immer noch ein Geheimtipp für Individualisten, Abenteurer und Naturliebhaber. Sie finden hier wilde Felsenküsten mit tief eingeschnittenen Fjorden und zerstreuten Inseln, windverwehte Moore und Hochebenen, unendliche Wälder, Reviere für Karibus, Elche und Schwarzbären, Lachsflüsse und Seen – wie geschaffen zum Angeln und Kanufahren. Einsame Leuchttürme und malerische Fischerdörfer wie Perlen an der Schnur – das maritime Ambiente ist allgegenwärtig. Man fährt hinaus mit kleinen Kuttern oder Booten, um Wale zu beobachten, entdeckt einige der größten Seevogelkolonien Nordamerikas und staunt über schimmernde Eisberge, oft von riesigen Ausmaßen, die im Frühsommer majestätisch an der Küste vorbeitreiben.

Hier ist eine Region mit einer langen und faszinierenden Geschichte zu entdecken – immerhin waren schon vor tausend Jahren die Wikinger hier, und Giovanni Caboto segelte 1497 im Auftrag der englischen Krone vor den Küsten des *new found(e) lande* – nur fünf Jahre nach der ›Wiederentdeckung‹ Amerikas durch Kolumbus. Caboto brachte die Kunde vom unermesslichen Fischreichtum nach Europa: »Man taucht einen Korb ins Meer und zieht ihn randvoll mit Fischen wieder heraus«, und von da an verbrachten englische, französische, portugiesische und spanische Fischer die Sommermonate vor Neufundland. Zuerst wurden nur Basisstationen zum Trocknen und Verarbeiten der riesigen Fänge eingerichtet. Etwa 100 Jahre später wurde die Insel von den Engländern kolonialisiert und Fischerdörfer entstanden. Fast alle Siedler kamen aus dem Westen Englands und dem Südwesten Irlands.

Durch die starke Überfischung der einst reichen Fanggründe, vor allem durch europäische Schiffe, hat die kanadische Regierung die Fangquoten drastisch reduziert, sodass für die rund 600 000 Neufundländer die Zeiten noch rauer wurden. Ohne die Ausgleichszahlungen

der Regierung wären die meisten der Fischerdörfer nicht mehr lebensfähig. Neufundlands große Hoffnung ist das Öl. Draußen, auf den Grand Banks, 170 Seemeilen vor der Küste, werden riesige Ölfelder erschlossen.

Highlights

12 **St. John's und Avalon Peninsula:** eine der schönsten Regionen Neufundlands – Leuchttürme, Fischerdörfer, Vogelkolonien und Wale vor der Küste (s. S. 416 ff.).

13 **Bonavista Peninsula:** Hier landete John Cabot 1497 mit der ›Mathew‹, Trinity ist ein maritimes Schatzkästchen, und Wale tummeln sich vor der Küste (s. S. 437).

14 **Gros Morne National Park:** Wildnistouren in ursprünglicher Fjordlandschaft und Felsformationen aus der Frühzeit der Erde (s. S. 452 ff.).

15 **L'Anse aux Meadows:** die erste Wikingersiedlung in Nordamerika (s. S. 458).

Empfehlenswerte Routen

Rund um die Avalon Peninsula: mit kleinen Abstechern eine etwa 700 km lange Rundreise von St. John's nach Cape St. Mary's und Harbour Grace (s. S. 424 ff.).

Auf dem Trans-Canada nach Channel-Port aux Basques: etwa 900 km auf dem Trans-Canada Highway quer durch Neufundland, viel Wildnis plus viele lohnende Abstecher zur Küste (s. S. 434 ff.). Ein Abstecher auf den Highways 230 und 235 führen zur Bonavista Peninsula (rund 250 km, s. S. 437).

Viking Trail: rund 500 km auf dem einsamen Küstenhighway 430 von Deer Lake durch den Gros Morne National Park nach St. Anthony (s. S. 455 f.).

Reise- und Zeitplanung

Für St. John's und die Avalon Peninsula sollte man sich wenigstens eine Woche, für die Fahrt auf dem Trans-Canada, Gros Morne und den Viking Trail ein bis zwei zusätzliche Wochen gönnen.

Richtig Reisen-Tipps

Zur Cape St. Mary's Ecological Reserve: Die Wanderung durch das Vogelschutzgebiet bietet die seltene Gelegenheit, eine große Seevogelkolonie aus nächster Nähe zu erleben (s. S. 429).

Mit dem Fährschiff entlang der Südküste: Die Schiffsreise führt zu malerischen kleinen Fischerdörfern, die als *outports* nur von See aus erreichbar sind (s. S. 449).

Bootstouren und Wanderungen im Gros Morne National Park: eine ganze Palette schöner Trails und zwei organisierte Bootsausflüge in beeindruckender Fjordlandschaft und durch 570 Mio. Jahre altes Urgestein (s. S. 454).

Auf die Insel gelangt man mit der Autofähre von North Sydney (Nova Scotia) nach Channel-Port aux Basques im Westen Neufundlands (5–6 Std., mehrmals täglich). Die zweite Fährverbindung führt von North Sydney nach Argentia auf der Avalon-Peninsula, 1,5 Autostunden von St. John's entfernt. Diese Überfahrt dauert 14 Stunden und ist entsprechend teurer. Dennoch wird man für eine Rundreise beide Verbindungen nutzen – sonst müsste man den 900 km langen Trans-Canada Highway, der die beiden Städte verbindet, zweimal fahren. Mit dem Flugzeug erreicht man die Hauptstadt St. John's über Halifax, Nova Scotia.

Klima und Reisezeit

Die beste Reisezeit erstreckt sich vom Frühsommer bis in den Herbst. Ab Oktober sind jedoch die meisten Sehenswürdigkeiten und auch viele Motels und Bed and Breakfast Inns nicht mehr geöffnet. Unter www.icebergfinder.com erfährt man die beste Zeit. um Eisberge zu beobachten.

12 St. John's und die Avalon Peninsula

Cityplan S. 418, Karte S. 425

Im Vergleich zum restlichen Neufundland ist die Avalon Peninsula dicht besiedelt. Hier schlägt auch das Herz der Provinz in der geschäftigen Hauptstadt St. John's mit einem herrlichen Naturhafen, farbenfrohen Holzhäusern an engen Gassen und ehrwürdigen Bauten aus der Kolonialzeit. Entlang der wildromantischen Küste der Halbinsel reihen sich pittoreske Fischerdörfer, alte Befestigungsanlagen und Leuchttürme. In zerklüfteten Felswänden nisten Vogelkolonien und am Horizont tauchen immer wieder spielende Wale auf.

St. John's

Cityplan: S. 418

Geschichte

St. John's – der Name der östlichsten Stadt Nordamerikas war schon auf den Karten des 16. Jh. verzeichnet. Viele Historiker meinen, dass John Cabot bereits im Sommer 1497 die Bucht erkundete. Genaue Angaben darüber fehlen jedoch in seinen Aufzeichnungen. Belegt ist, dass John Rut mit der ›Mary of Guildford‹ 30 Jahre später in der Bucht ankerte. Die strategisch günstige Lage und der geschützte Naturhafen ließen rasch eine florierende Siedlung entstehen. Überwiegend Fischer aus Irland, Somerset und Devon siedelten hier, angelockt vom Fischreichtum der Küstengewässer und der Grand Banks. Wobei die englische Krone aber durchaus die militärische Bedeutung des perfekten Hafens erkannte. 1583 nahm Sir Humphrey Gilbert St. John's für Königin Elizabeth I. in Besitz. Seit seiner Gründung vor fast 500 Jahren hat die Stadt eine wechselvolle und abenteuerliche Geschichte erlebt: Überfälle durch Piraten, umkämpft von Holländern, Spaniern und Portugiesen, verheerende Brände und rauschende Feste, Eroberung durch die Franzosen, 1762 dann endgültige Einnahme durch die Engländer. Unter ihrer Verwaltung entwickelte sich St. John's im 19. Jh. zu einem wohlhabenden Handels- und Fischereizentrum. 1919 schrieb die Stadt Fluggeschichte, als Captain John Alcock und Lieutenant Arthur Whitten-Brown von hier aus den ersten erfolgreichen Nonstop-Transatlantikflug starteten. Im Zweiten Weltkrieg war die Stadt wichtiger Stützpunkt für alliierte Konvois nach Europa. Heute hat St. John's (mit Umgebung) etwa 200 000 Einwohner und ist immer noch ein geschäftiger Hafen und Handelsplatz, obwohl der Niedergang der Fischerei die Stadt schwer getroffen hat. Trotz zahlreicher moderner Gebäude hat der historische Stadtkern seinen viktorianischen Charakter bewahrt.

Entlang der Water Street

Informationen über St. John's und die Provinz erhält man im Tourismusbüro in der **City Hall** 1 an der New Gower Street. Hier beginnt bei Kilometer ›0‹ der Trans-Canada Highway, der 7775 km weiter westlich in Victoria, British Columbia, endet. Über die Adelaide Street – vorbei an der George Street – sind es nur wenige Fußminuten bis zur Water Street. Am Hafen lernt man den Charakter der Stadt am besten kennen. Alle Sehenswürdigkeiten der Downtown lassen sich zu Fuß erreichen.

Die **George Street** 2 mit ihren Restaurants und Pubs ist die Flaniermeile St. John's. **Water Street** und **Duckworth Street** sind die ältesten Straßen der Stadt. Alle drei verlaufen parallel zum Hafen und sind durch Treppen und Querstraßen miteinander verbunden. Über Jahrhunderte waren die Lagerhallen und Handelskontore Zentrum des wirtschaftlichen Lebens der Stadt. Und auch heute sorgen hier zahlreiche Restaurants, Geschäfte und Boutiquen für lebhaftes Treiben, in den Pubs ertönt Livemusik von irischer Folklore bis Country und Rock. Mittelpunkt der Szene sind die **Murray Premises** 3**,** ein stilvoll restaurierter Lagerhauskomplex an der Waterfront zwischen Beck's Cove und Bishops Cove, der ursprünglich in den 1840er-Jahren für die Fischhändler der Stadt errichtet wurde.

Weiter westlich auf der Water Street, am Ende des Hafenbeckens, sind mit den aus Steinen gemauerten **Newman Vine Vaults** 4 die letzten Überbleibsel einer alten Tradition zu sehen, die eher zufällig begann. 1679 lief ein mit Portwein beladenes Schiff der Weinhandelsfirma Newman & Co. auf der Flucht vor Piraten in den Hafen von St. John's ein. Da der Winter nahte, wurde die wertvolle Ladung erst einmal in einer Felskammer eingelagert, um sie im nächsten Jahr nach England zu bringen. Dort stellte man fest, dass sich die Qualität des edlen Tropfens durch die besondere Lagerung noch erheblich verbessert hatte. Newman & Co. begannen nun ihren Portwein auf die Transatlantikreise zu schicken, um ihn in neufundländischen Weinkellern reifen zu lassen. Noch bis in die 1890er-Jahre behielt Newman diese Tradition bei (436 Water St., Tel. 709-739-7870, www.historictrust.com/newman.shtml., Mitte Juni–Anf. Sept. 10–16.30 Uhr, frei).

Einen Block weiter erhält man im **James J. O'Mara Pharmacy Museum** 5 einen faszinierenden Einblick in das Angebot einer Apotheke des frühen 19. Jh. Die Einrichtung des Drugstore wurde um 1880 in England hergestellt (488 Water St., Tel. 709-753-5877, Mitte Juni–Mitte Sept. 10–17 Uhr, sonst nach Voranmeldung, frei).

Das **Railway Coastal Museum** 6 im alten Railway Terminal der Stadt zeigt die Bedeutung des Eisenbahnverkehrs für Neufundland, vom Beginn 1898 bis zur letzten Fahrt eines Passagierzuges im Jahr 1969. Zu sehen sind historische Fotos und interessante Memorabilia aus der großen Zeit der kanadischen Eisenbahn-Ära (495 Water St. W., Tel. 709-753-5877, Mo–Sa 10–17, So 13–17 Uhr, Erw. 5 $, Kinder 3 $).

Mit den Autoren unterwegs

Schöne Aussichten

St. John's neuestes kulturelles Bauwerk, **The Rooms,** das jetzt Landesarchiv, Kunstgalerie und Museum vereint, lohnt nicht nur wegen seiner interessanten Ausstellungen einen Besuch. Vom lichtdurchfluteten Atrium beeindruckt der Panoramablick über den Hafen (s. S. 418). Das schönste Rundum-Panorama über St. John's bietet sich vom **Signal Hill:** Der Blick reicht über die Stadt und die Narrows bis zur dramatischen Felsenküste mit dem Leuchtturm und den Ruinen von Fort Amherst (s. S. 420).

Foto bitte!

Petty Harbour ist ein pittoreskes Fischerdorf mit bunten Holzhäusern, die sich rings um den Hafen an die steilen Felswände schmiegen (s. S. 425). Ein äußerst attraktives Fotomotiv bietet auch das auf steil abfallenden Klippen stehende historische **Cape Spear Lighthouse** (s. S. 424).

Naturfreunde aktiv

Zu den Inseln der **Witless Bay Ecological Reserve** fährt man von Bay Bulls mit dem Schiff. Hier nisten Millionen Seevögel, darunter Papageientaucher, Sturmvögel, Tölpel und Tordalke. Dabei hat man gleichzeitig die beste Gelegenheit, Wale zu beobachten (s. S. 427).

Church Hill und Military Road

Auf dem Church Hill über dem Hafen steht die **Anglican Cathedral of St. John the Baptist** 7**,** eines der schönsten Beispiele für gotische Kirchenarchitektur in Nordamerika

St. John's: Cityplan

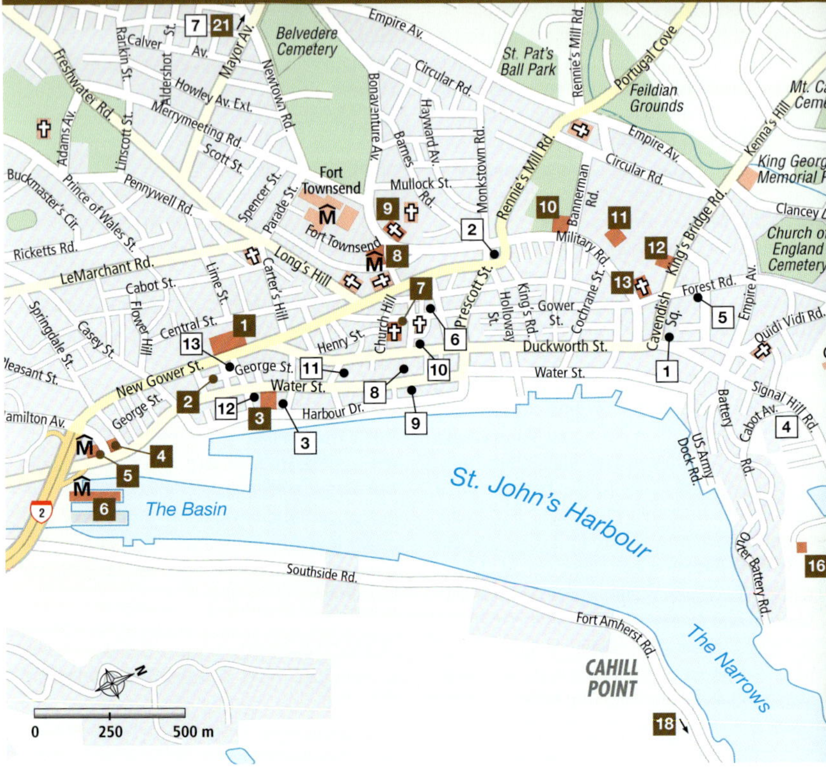

und als National Historic Site ausgewiesen. Gebaut wurde die Kathedrale zwischen 1843 und 1885. Zur Anlage gehört auch ein kleines Museum und während der Sommermonate kann man zwischen 14.30 und 16.30 Uhr seinen Nachmittagstee im Cathedral Crypt Tea Room, der von Frauen der Gemeinde betrieben wird, einnehmen (22 Church Hill, Tel. 709-726-1999).

Auf dem Gelände des ehemaligen Fort Townshend hat man 2005 mit einem beeindruckenden Neubau ein neues kulturelles Zentrum geschaffen, das mit seiner modernen Architektur den traditionellen Stil der farbenfrohen neufundländischen Holzhäuser aufgreift. Unter dem schlichten Namen **›The Rooms‹** 8 sind hier die St. John's Art Gallery, die Provincial Archives und das Newfoundland Museum vereinigt. Das Museum bietet umfangreiche Sammlungen zur Naturgeschichte und zur maritimen Entwicklung der Provinz. Hier zeigt man vor allem Exponate der Ureinwohner: der Maritimen Archaischen Indianer, Dorset, Beothuk, Mi'kmaq und Labrador-Inuit. Außerdem informieren umfangreiche Ausstellungen über die frühe Besiedelung durch die Europäer und den Lebensstil der Fischerdörfer und *outports*. Auch wenn nicht unbedingt ein Museumsbesuch angesagt ist, allein der Blick vom lichtdurchfluteten Atrium über das Hafen- und Stadtpanorama ist den Eintritt wert (9 Bonaventure Ave., Tel. 709-729-0917, www.therooms.ca, Juni–Mitte Okt. Mo–Sa 10–17, So 12–17, Mi–

Sehenswürdigkeiten

1 City Hall
2 George Street
3 Murray Premises
4 Newman Vine Vaults
5 James J. O'Mara Pharmacy Museum
6 Railway Coastal Museum
7 Anglican Cathedral of St. John the Baptist
8 ›The Rooms‹
9 Basilica of St. John the Baptist
10 Colonial Building
11 Government House
12 Commissariat House
13 St. Thomas Anglican Church
14 Signal Hill
15 Johnson Geo Centre
16 Queen's Battery
17 Cabot Tower
18 Fort Amherst
19 Quidi Vidi
20 Quidi Vidi Battery Historic Site
21 C. A. Pippy Park

Übernachten

1 The Fairmont Newfoundland
2 Bluestone Inn
3 Murray Premises Hotel
4 Battery Hotel
5 Monroe House
6 Alcove Suites
7 C.A. Pippy Trailer Park

Essen und Trinken

8 Bianca's Restaurant
9 The Pepper Mill
10 The Casbah
11 Velma's Place
12 Blue on Water
13 Green Sleeves

Do auch bis 21 Uhr, Mitte Okt.–Ende Mai Mo geschl., Erw. 5 $, Kinder bis 16 J. 3 $).

Gleich gegenüber, an der Military Road, dominiert die **Basilica of St. John the Baptist** 9 mit ihren beiden schlanken, 42 m hohen Türmen das Stadtbild. Die Kathedrale, von 1841 bis 1855 erbaut, ist eine National Historic Site. Sie ist für ihre Statuen und die wunderschönen Deckenverzierungen aus Blattgold bekannt (Mo–Sa 11–16 Uhr).

An der Military Road sind noch weitere beeindruckende Gebäude der Stadt zu finden: Das **Colonial Building** 10 mit seinem wuchtigen klassischen Säulenportal wurde um 1850 aus weißem irischem Kalkstein errichtet. Bis 1960 tagte dort die neufundländische Regierung. Im eleganten **Government House** 11 von 1824 befindet sich die Residenz des Lieutenant Governor. Das Gebäude aus rotem Sandstein wurde 1831 erbaut. Etwas weiter östlich, an der King's Bridge

Häuserzeile in St. John’s – Holz ist in Neufundland ein beliebter Baustoff

Road, steht das originalgetreu restaurierte, im georgianischen Stil errichtete **Commissariat House** 12 von 1818/19. Hier befand sich früher die Verwaltung des Militärpostens. Heute ist es eine Provincial Historic Site. Personal in historischen Kostümen zeigt Besuchern die im Stil des frühen 19. Jh. eingerichteten Räume (King’s Bridge Rd., Tel. 709-729-6370, Juni–Okt. 10.30–17.30 Uhr, 3 $).

Gleich daneben steht die hübsche **St. Thomas Anglican Church** 13 aus dem Jahr 1836. Die beiden Gebäude gehören zu den wenigen, die von den großen Bränden des 19. Jh. verschont blieben.

Auf dem Signal Hill

Das Wahrzeichen St. John’s ist der **Signal Hill** 14, Kanadas zweitgrößter historischer Nationalpark. Von der Kuppe, fast 180 m hoch über den Narrows, dem 200 m breiten Hafeneingang, hat man einen großartigen Blick auf den ovalen Naturhafen und über die terrassenartig angelegten Straßenzüge der Stadt mit den umgebenden grünen Hängen und felsigen Bergen, wo sich an den engen Straßen die alten *clapboard*-Häuser mit ihren bunten Holzverschalungen drängen, überragt von den beiden weißen Türmen der Basilika. Vor ein paar Jahren ist noch ein anderer

Blickfang dazugekommen, das wuchtige, farbenfrohe Museum ›The Rooms‹ (s. S. 419).

Bereits 1704 wurde vom Signal Hill mit Flaggensignalen die Ankunft von Schiffen, Freund oder Feind, gemeldet. Der strategisch wichtige Hügel ist heute eine National Historic Site mit Picknickmöglichkeiten und fantastischen Ausblicken. Auf einem Wanderweg erklären Tafeln die geschichtliche Bedeutung. 1762 kämpften englische und französische Truppen hier die letzte Schlacht des Siebenjährigen Krieges auf nordamerikanischem Boden.

Bevor man die Kuppe des Signal Hill erreicht, sieht man linker Hand das **Johnson Geo Centre 15,** ein futuristisch anmutendes Gebäude, von dem nur die mit Glas ummantelte Eingangshalle sichtbar ist. Der weitaus größere Teil des Geo-Centre ist in den 550 Mio. Jahre alten Fels gebaut, wobei die Felswände gleich als Anschauungsmaterial für eine Reise durch die faszinierende geologische Geschichte unseres Planeten und Neufundlands im Besonderen dienen. Eine interessante Ausstellung führt von der Urzeit bis zur heutigen Öl- und Gas-Exploration (175 Signal Hill Rd., Tel. 709-724-7625, www.geocentre.ca, Mo–Sa 9.30–17, So 13–17 Uhr, Mitte Okt.–Mitte Mai Mo geschlossen, Erw. 10,25 $, Kinder bis 17 J. 4,60 $).

Auch im **Signal Hill Interpretive Centre** gibt es ein kleines Museum. Ein paar Schritte weiter auf dem Gelände kann man die **Queen's Battery 16** besichtigen. Die 1796 errichteten Befestigungsanlagen wurden 1969 restauriert, einige der großen Geschütze sind noch zu sehen. Im Juli und August wird hier der Signal Hill Tattoo, ein historischer Zapfenstreich mit farbenprächtigen Drills und dem Abfeuern einer Kanone, veranstaltet (Tel. 709-772-5367, Besucherzentrum im Sommer 8.30–20 Uhr, 3,50 $, Tattoo: Sommer Mi, Do, Sa, So 15, 19 Uhr). Unterhalb des Signal Hill erstreckt sich das ehemalige Fischerdorf **The Battery** mit seinen verwinkelten schmalen Gassen, die direkt zum Wasser führen.

Als man 1897 Queen Victorias Jubiläum und zugleich die Landung von Giovanni Caboto vor 400 Jahren feierte, errichtete man auf der Kuppe den **Cabot Tower 17,** der noch bis 1958 als Signalturm diente. Guglielmo Marconi empfing hier 1901 die erste aus England drahtlos übermittelte transatlantische Nachricht. Eine Ausstellung im Turm informiert über die Anfänge der modernen Telekommunikation, und von der Aussichtsplattform bietet sich ein herrlicher Panoramablick über den Hafen und die Stadt. Zum Meer hin sieht man die felsige Küstenlinie und auf der anderen Seite der Narrows den Leuchtturm mit den Ruinen von **Fort Amherst 18** – ein äußerst fotogenes Motiv. Er wurde 1810 als erster Leuchtturm Neufundlands von der Englischen Garnison errichtet. Das Haus des Leuchtturmwärters wurde detailgetreu restauriert und dient heute als Museum.

Die Umgebung von St. John's

Quidi Vidi

Nur ein paar Kilometer von der Downtown entfernt liegt an einem Meeresarm der kleine Fischerort **Quidi Vidi 19.** Er ist durch einen Kanal mit dem gleichnamigen See verbunden, wo alljährlich die St. John's-Regatta stattfindet, das älteste Sportereignis Nordamerikas. Hier steht auch das **Mallard Cottage,** eines der ältesten Siedlerhäuschen in Nordamerika, heute eine Provincial und National Historic Site (2 Barrows Rd., Tel. 709-576-2266, 10–17 Uhr).

Am Ende der Park Road lohnt die **Quidi Vidi Battery Historic Site 20** einen Besuch. Die 1967 restaurierte Geschützstellung wurde 1762 von französischen Truppen errichtet, nachdem sie St. John's erobert hatten. Drei Monate später hatten die Engländer schon wieder das Sagen. Während des Sommers wird die im Zustand von 1812 restaurierte Festung von Personal in historischen Uniformen der königlich-britischen Artillerie betreut. Ein kleines Museum zeigt Ausstellungen über diese Zeit (Tel. 709-729-2977, Juni–Anfang Okt. 10–17.30 Uhr, sonst nach Absprache, 3 $).

Im Pippy Park

St. John's hat auch für Freizeitsportler und Naturliebhaber einiges zu bieten. Der **C. A. Pippy Park** 21 ist mit 1340 ha der größte Naturpark der Stadt. Er bietet mit seinen Wäldern, Hügeln und Teichen neben schönen Wanderwegen Picknickmöglichkeiten, einen Golfplatz und einen großen Campingplatz.

Auf dem Parkgebiet befindet sich das Gelände der **Memorial University of Newfoundland,** die auch einige für Besucher interessante Institutionen unterhält. Dazu gehört der 38 ha große **Memorial University Botanical Garden,** in dem man auf Lehrpfaden vor allem die einheimische Flora kennen lernt (306 Mount Scion Rd., Tel. 709-737-8590, Mai–Sept. 10–17, Okt.–Nov. 10–16 Uhr, Erw. 5 $, Kinder bis 18 J. 1,15 $).

Im **Fluvarium** lässt sich die Unterwasserwelt eines Baches durch Glasfenster beobachten. Man kann die Flora und Fauna verschiedener Süßwasser-Habitats vergleichen. Fütterungszeit ist um 16 Uhr. Nach längeren Regenfällen lohnt sich der Besuch weniger, da das Wasser dann eher trübe ist (Nagle's Place, Tel. 709-754-3474, Juni–Sept. 9–17 Uhr, Erw. 6 $, Kinder 3 $).

Information Centre: 10 New Gower St., in der City Hall, Tel. 709-576-8106, Fax 576-8246.

East Coast Trail Association: 50 Pippy Place, Tel. 709-738-4453, www.eastcoasttrail.com. Informationen, Trailguides und Kartenmaterial zum East Coast Trail, einem 220 km langen Wanderweg entlang der Ostküste der Avalon Peninsula.

The Fairmont Newfoundland [1]**:** 115 Cavendish Square, Tel. 709-726-4980, Fax 726-2025, www.fairmont.com. Modernes Hotel mit allem Komfort, schöner Blick, zwei sehr gute Restaurants: The Bonavista Restaurant (ab 12 $), The Cabot Club Dining Room (ab 20 $). DZ ab 200 $ (bei früher Buchung sind Zimmer teilweise schon ab 145 $ zu haben).

Bluestone Inn [2]**:** 34 Queen's Rd., Tel. 709-754-7544, www.thebluestoneinn.com. Elegantes viktorianisches Townhouse (1900) in bester Lage, große stilvoll eingerichtete Zimmer mit Jacuzzi, Patio zum Draußensitzen, delikates Frühstück. DZ 140–300 $.

Murray Premises Hotel [3]**:** 5 Beck's Cove, Tel. 709-738-7773, Fax 738-7775, www.murraypremiseshotel.com. In den restaurierten historischen Lagerhäusern am Hafen, elegante und stilvolle Zimmer mit schönen Balkendecken und Kamin. DZ 140–200 $.

Battery Hotel [4]**:** 100 Signal Hill Rd., Tel. 709-576-0040, 1-800-563-8181, Fax 576-6943, www.batteryhotel. com. Schöner Blick über Hafen und Stadt; Restaurant, Bar, Indoor-Pool. DZ 89–269 $.

In Witless Bay erwarten Möwen die Einfahrt der Fischkutter

Monroe House [5]: 8A Forest Rd., Tel. 709-754-0610, 1-877-754-0610, www.monroehouse.nf.ca. Übernachten im ehemaligen Wohnsitz des neufundländischen Premierministers Walter S. Monroe; riesige Zimmer, antike Möbel, viktorianische Betten und weiche Federkissen. DZ $ 130–160 $.

Alcove Suites [6]: 136 Gower St., Tel. 709-754-7703, www.alcovesuitesandchalet.com. Fünf nett eingerichtete Suiten mitten in der Downtown, Restaurants, Pubs, Galerien, alles gut zu Fuß erreichbar. DZ 70–115 $.

Camping:

C. A. Pippy Trailer Park [7]: Nagle's Place, Tel. 709-737-3669, www.Pippypark.com. 184 Stellplätze im Pippy Park, weniger als 3 km von der Altstadt entfernt, alle Einrichtungen, hübsche Wanderwege, Fluvarium ist gleich gegenüber.

Bianca's Restaurant [8]: 171 Water St., Tel. 709-726-9016, www.biancas.net. Helles, modernes Interieur, exzellente, kreative Küche, wird zu den Top-100-Restaurants in Kanada gezählt, eigener Weinkeller, Lounge. Ab 25 $.

The Pepper Mill [9]: 178 Water St., Tel. 709-726-7585. Freundliches Lokal mit hervorragender Küche, originellen Kreationen und großer Auswahl an Meeresfrüchten. Ab 16 $.

The Casbah 10: 2 Cathedral St., Tel. 709-738-5293. Helle freundliche Atmosphäre, leckere Kleinigkeiten, Suppen, Salate, diverse Fischspezialitäten, der Wochenend-Brunch mit Riesenportionen ist bei Einheimischen sehr beliebt. Ab 8 $.
Velma's Place 11: 264 Water St., Tel. 709-576-2264. Beliebtes Restaurant mit freundlicher maritimer Atmosphäre, traditionelle neufundländische Spezialitäten u.a. Kabeljauzungen (durchaus wohlschmeckend), *fish and brewis* (Brot und Salzfisch eingeweicht und gekocht), aber auch andere Meeresfrüchte und die üblichen nordamerikanischen Gerichte. Ab 15 $.
Blue on Water 12: 319 Water St. (Murray Premises), Tel. 709-754-2583, www.blueonwater.com. Trend-Restaurant, Meeresfrüchte-Spezialitäten, alles superfrisch. Ab 25 $.
Green Sleeves 13: 14 George St., Tel. 709-579-1070. Trubel im rustikalen Pub, gepflegteres Dinieren im Restaurant im Obergeschoss, man kann auf zwei Ebenen draußen sitzen, leckere Kleinigkeiten, Knuspriges vom Grill. Ab 8 $.

The Cod Jigger: 245 Duckworth St., Tel. 709-726-7422. Große Auswahl an Kunsthandwerk; Schmuck, Töpfereiwaren, Pullover.

Signal Hill Tattoo (Juli–August Mi, Do, Sa, So): historischer Zapfenstreich, Demonstrationen in prächtigen Uniformen, Abfeuern von alten Vorderlader-Kanonen.
St. John's Jazz Festival (Mitte Juli): Konzerte mit internationalen Musikern.
Royal St. John's Regatta (Anfang August): Rudern auf dem Quid Vidi Lake, ältester Sport-Wettbewerb in Nordamerika mit zigtausend Zuschauern, größte Outdoor-Party der Provinz.

Hafenrundfahrt: Scademia Adventure Tours, Pier 7, Harbour Drive, Tel. 709-726-5000, www.nfld.com/scademia, Mai–Okt. Hafenrundfahrt und Fahrt nach Cape Spear; Abfahrt 4 x tägl. von Downtown St. John's. 40 $.

St. John's International Airport: Portugal Cove Rd., 15 Min. nordwestlich der Downtown, www.stjohnsairport.com. Täglich Direktflüge nach Halifax, Montreal, Toronto, St. Pierre und Michelon.

Östliche Avalon Peninsula

Die Avalon-Halbinsel gehört mit zahlreichen malerischen Fischerdörfern, unzähligen felsigen Buchten, mehreren historischen Nationalparks und einigen der interessantesten Vogelschutzgebiete zu den schönsten Regionen der Provinz. Landschaftlich sehr reizvoll ist die Küstenstrecke auf der Route 30 und Route 20 von Logy Bay nach Pouch Cove, 20 km nördlich von St. John's. Die Siedlung ist eine der ältesten der Provinz. In **Logy Bay** 1 unterhält die Memorial University of Newfoundland ein **Ocean Science Centre,** in dem man viele der Kreaturen, die die Meere der Provinz bevölkern, sehen und im *touch tank* auch anfassen kann. Von einer Beobachtungsplattform lassen sich die Seehunde des Zentrums beobachten. Ein neues großes Meerwasseraquarium ist in Bau (Marine Lab Rd., Tel. 709-737-2495, www.osc.mun.ca).

Cape Spear

Auf der Route 11, 12 km südöstlich von St. John's, liegt die **Cape Spear National Historic Site** 2**,** ein sehr häufig nebelumhülltes Kap mit steil abfallenden Klippen. Wenn das Wetter mitmacht und man früh genug hinfährt, gehört man zu den ersten Menschen, die die Sonne über Nordamerika aufgehen sehen, dessen östlichsten Punkt das Kap bildet.

Fast 100 m über dem Meer ragt der 1835 errichtete Leuchtturm empor, das älteste, noch in Betrieb befindliche Leuchtfeuer der Provinz. Der heute automatisch betriebene Leuchtturm und das ehemalige Wohnhaus sind als Museum zu besichtigen. Die angrenzenden Befestigungsanlagen aus dem letzten Weltkrieg, die deutsche U-Boote abweh-

ren sollten, gehören ebenfalls zum historischen Park. Von hier bieten sich Ausblicke auf die Küsten, und mit etwas Glück sichtet man Wale und vorbeitreibende Eisberge (Tel. 709-772-5367, im Sommer 10–18.30 Uhr, 3,50 $).

Petty Harbour

Nur wenige Kilometer weiter südlich liegt der kleine Fischerort **Petty Harbour** 3. Die Häuser des pittoresken Dörfchens liegen an einer Bucht, teils direkt am Hafen, teils an die felsigen Hänge geschmiegt. Sie leuchten in Far-

Windumtost und an den meisten Tagen im Jahr nebelverhüllt: Cape Spear

ben von Pampelmusengelb über Himmelblau bis zu Zinnoberrot. Selbst die großen rostroten Holzgebäude der alten Fischfabrik wirken nicht störend – sie bilden einen reizvollen Kontrast zu den davor liegenden weißen Fischkuttern.

Im Hafen machen kleine Fischerboote an der Mole fest. Einige der Lachse werden von den Seeleuten gleich nach dem Ausladen ausgenommen, in rosarot glänzende Filetstücke zerlegt, schön säuberlich übereinandergeschichtet und für die abendliche Mahlzeit eingepackt. Die Fischer erzählen, dass es wegen der drastisch herabgesetzten Fangquoten kaum noch möglich ist, den ohnehin kargen Lebensunterhalt zu sichern. Und es trifft die Menschen hier besonders hart, weil es keine andere Arbeit gibt.

Bay Bulls und Witless Bay Ecological Reserve

Weiter auf der Route 10 beginnt der Irish Loop, eine Rundstrecke um den südöstlichen Teil der Avalon Peninsula: eine Tour durch Fischerdörfer und historische Siedlungsstätten. Man kann mehrere großartige Naturschutzgebiete besuchen, Wale und Seevögelkolonien mit Hunderttausenden Papageientauchern beobachten oder auf einem Aktivurlaub den East Coast Trail erwandern.

Bay Bulls (rund 1000 Einwohner), gegründet 1583 und 1683 befestigt, gehört zu den ältesten Orten der Provinz. Bis 1796 wurde die Siedlung mehrfach von den Franzosen eingenommen. Vor der Küste liegt das Wrack der ›HMS Saphire‹, die vor Neufundland britische Fischereirechte verteidigen sollte. Um einer drohenden Kaperung durch die Franzosen zu entgehen, steckte der englische Kapitän das Schiff in Brand und versenkte es. Das Wrack ist eine Provincial Historic Site.

Die eigentliche Attraktion von Bay Bulls und der Region ist aber eine andere: die **Witless Bay Ecological Reserve** 4 auf mehreren Inseln vor der Küste. Rund 2,5 Millionen Vögel leben hier, vor allem Sturmvögel, Papageientaucher, Tordalken, Lummen und Möwen. Alleine die Papageientaucher-Kolonie zählt 500 000 Vögel. Mit dem Schiff kann man die Inseln umfahren und dabei die Seevögelkolonien auf den steilen Klippen von nahem sehen. Auf diesen Exkursionen, die von Bay Bulls starten, lassen sich auch Wale, überwiegend Buckelwale, aber auch Orcas und Zwergwale beobachten. Im Frühsommer sieht man manchmal Eisberge, die majestätisch an der Küste vorbeiziehen.

Im kleinen Örtchen **Bauline East,** 15 km weiter südlich, direkt am La Manche Provincial Park gelegen, kann man ebenfalls ein- bis zweistündige Wal- und Vogelbeobachtungstouren unternehmen. Hier ist man noch etwas näher an den Inseln des Naturschutzgebietes und die Touren sind preiswerter (ca. 40 $).

... in Bay Bulls:
Gatherall's Bed and Breakfast: Tel. 709-334-2887, 1-800-419-4253, www.gatheralls.com, Mai–Okt. B & B mit Restaurant und täglichem Tourenangebot (s. u.).
... in Bauline East:
Whale Watchers Inn: Tel. 709-334-3998, 709-334-2536, www.oceanadventure.ca, 1. Mai–31. Okt. B & B Inn mit vier Zimmern, direkt am Meer, herrliche Aussicht, tägl. Bootsausflüge (s. u.). DZ 80 $.

... in Bay Bulls:
Wale und Vögel: Gatherall's Puffin and Whale Watch, Adresse s. Gatherall's Bed and Breakfast. Exkursionen mit einem großen Katamaran, Wale und Papageientaucher beobachten; Shuttle Service.
O'Brien's Whale & Bird Tours, Tel. 709-753-4850, 1-877-639-4253, Fax 753-3140, www.obriensboattours.com, Mai–Mitte Juni und 1. Sept.–15. Okt. Bootstouren entlang der Küste, Wale und Seevögel beobachten, auch Kajaktouren werden angeboten.
... in Bauline East:
Wale und Vögel: Ocean Adventure Boat Tours, Adresse s. Whale Watchers Inn. 8 x täglich Bootstouren, rund 40 $.

La Manche Provincial Park und Avalon Wilderness Reserve

Campen, Wandern und Kanupaddeln kann man im schönen Flusstal des **La Manche Provincial Park** 5. Ein Wanderweg führt zum alten Dorf La Manche, das 1966 nach einem verheerenden Sturm verlassen wurde. Heute sind nur noch die Fundamente und die rekonstruierte Hängebrücke zu sehen, die den auf beiden Seiten des Hafens verlaufenden East Coast Trail, einen Küstenwanderweg (s. auch S. 422), verbindet.

Beim kleinen Fischerdorf Brigus South führt eine Stichstraße in die **Avalon Wilderness Reserve** 6, ein 868 km^2 großes Wildnisschutzgebiet, Lebensraum für eine 500-köpfige Karibuherde. Das Reservat ist ein Paradies für Trekker, Angler und Kanuten.

Ferryland (Colony of Avalon)

Bei **Ferryland** 7 gründete Sir George Calvert (der spätere Lord Baltimore) 1621 die erste erfolgreiche Kolonie Neufundlands, die er nach König Artus Reich ›Avalon‹ nannte. Allerdings waren ihm und seinen Leuten die Winter dann doch zu ungemütlich und die Kolonisten zogen in südlichere Regionen nach Maryland. Der Name jedoch blieb. Im Ort befindet sich heute eine archäologische Ausgrabungsstätte, die man auch besichtigen kann. Zur Site gehören drei historische Themengärten aus dem 17. Jh. und in einer rekonstruierten Küche wird gezeigt, wie das häusliche Leben vor 300 Jahren ablief. Man erfährt Interessantes über die erste Wasserspülung und kann über das älteste Kopfsteinpflaster des britischen Nordamerikas gehen. Im **Colony of Avalon Interpretation Centre** wird die abenteuerliche Geschichte der Region erzählt und man darf den Wissenschaftlern bei der Arbeit mit den gefundenen Artefakten zusehen (Tel. 709-432-3200, www.heritage.nf.ca/avalon/, Mitte Mai–Mitte Okt. 9–19 Uhr, Erw. 5 $, Kinder 2,50 $).

Downs Inn: Irish Loop Dr. (Rte. 10), Tel. 709-432-2808, 1-877-432-2808, Fax 432-2659, Mitte Mai–Mitte Nov. Freundliches Inn mit Frühstück. DZ 55–75 $.

Colony Café: Irish Loop Dr. (Rte. 10), Tel. 709-432-3030, Mitte Mai–Mitte Nov. Nett eingerichtetes Restaurant mitten im Ort, mit Wandmalereien historischer Motive, Meeresfrüchte, neufundländische Gerichte, appetitliche Kleinigkeiten. Ab 8 $.

Shamrock Festival (letztes Wochenende im Juli): www.ssfac.com, irische Folklore mit viel Musik und Pub-Atmosphäre.

Cape Race

Bei **Portugal Cove** 8 führt eine rund 20 km lange Schotterstraße zur Küste nach **Cape Race** 9. Starke Strömungen, Eisberge, häufiger Nebel und gefährliche Klippen haben der Region einen Ruf als Schiffsfriedhof eingetragen. Der 1856 errichtete Leuchtturm mit einer 20 t schweren Reflektorlinse ist einer der weltweit stärksten überhaupt. Wegen seiner Bedeutung für die Transatlantik-Schiffahrt und die frühe drahtlose Kommunikation wurde die Anlage zur National Historic Site erklärt. Die **Cape Race Marconi Wireless Station** empfing die Notrufsignale der weniger als 400 Meilen entfernten, sinkenden Titanic und leitete die Nachricht an andere Stationen und Rettungsschiffe weiter. Die Marconi Station und das Leuchtturmwärter-Haus können besichtigt werden.

In der **Mistaken Point Ecological Reserve** bei Long Beach wurden auf ausgedehnten Flächen Abdrücke von ungewöhnlich vielen mehrzelligen fossilen Meerestieren aus dem Präkambrium gefunden. Die Mistaken Point Ecological Reserve gilt als eine der wichtigsten Fundstätten dieser Art in Kanada und wird von Wissenschaftlern aus aller Welt besucht. Mehrere Trails führen durch die von Wind und Wellen umtoste, felsige Küstenlandschaft.

Trepassey

Trepassey 10 diente wahrscheinlich baskischen Fischern im 16. Jh. als Basis. Der Ort machte am 18. Juni 1928 weltweit Schlagzeilen: Amelia Earhart startete hier als erste Frau zu einem 24-stündigen Flug über den Atlantik – diesmal allerdings noch als Passagier mit den Piloten Wilmer Stulz und Slim Gordon. Erst vier Jahre später überflog sie den Atlantik solo. Das im Juni und August geöffnete kleine Museum zeigt neben Artefakten aus der örtlichen Fischereigeschichte auch einige von Earharts Flug. Von Trepassey führt eine Straße zur kleinen Fischersiedlung St. Shott's und der Cape Pine Historic Site, dem südlichsten Punkt von Neufundland.

Trepassey Motel & Restaurant: an der Rte. 10, Tel. 709-438-2934, www.trepasseymotel.com, Mitte Mai–Mitte Nov. Geräumige Zimmer, eines mit Kitchenette, Restaurant mit verglaster Veranda und schönem Panoramablick, Fischgerichte, gutes Frühstück. Dinner ab 10 $, DZ ab 65 $.

Salmonier Nature Park

Bei Salmonier führt die Route 90 landeinwärts zum **Salmonier Nature Park** 11, einem 1214 ha großen Naturschutzgebiet mit einem besonderen Bereich, in dem man an die 30 Tierarten Neufundlands und Labradors aus der Nähe beobachten kann. Unter anderen sind Elch, Biber, Karibu, Otter und Luchs zu sehen. Von hier ist man in circa einer Stunde zurück in St. John's. Möchte man die Avalon-Rundfahrt auf dem Cape Shore Loop fortsetzen, geht es auf den Routen 91 und 92 weiter.

Cape St. Mary's

Die Routen 91 und 92 führen nach **St. Brides,** wo eine 15 km lange, schmale Schotterstraße abzweigt. Der befestigte Weg durchquert ein Feuchtwiesengebiet und endet am südwestlichsten Zipfel der Halbinsel. Hier liegt die **Cape St. Mary's Ecological Reserve** 12. Das 64 km² große, 1983 gegründete Naturschutzgebiet beherbergt während der Brutzeit von April bis Oktober etliche hunderttausend Vögel. Schon die Fahrt dorthin ist reizvoll (s. Richtig Reisen-Tipp unten). Zwischen den Halmen des Sumpfgrases leuchten dunkelrot die Blütenkelche der *pitcher plant,* der Nationalblume der Provinz. Wie unser heimischer Sonnentau ist auch diese Kannenpflanze eine lebende Insektenfalle. Am Ende der Straße befindet sich ein Interpretive Centre.

i **Cape St. Mary's Ecological Reserve Interpretive Center:** www.env.gov.nl.ca/parks/wer/r_csme/, Tel. 709-277-1666 (Mr. Tony Power), Mai–Mitte Okt. 9–17 Uhr. Informationsmaterial über Aktivitäten, Wanderwege und die hier nistenden Vögel. Parkgebühr 5 $, Kinder bis 18 J. 2 $, geführte Tour 7 $ zusätzlich.

... in St. Bride's:
Bird Island Resort: Rte. 100, Tel. 709-337-2450, 1-888-337-2450, www.birdislandresort.com. Gute Basisstation für Hobby-Ornithologen. DZ 70–110 $.

Richtig Reisen-Tipp: Zur Cape St. Mary's Ecological Reserve

Am südwestlichsten Zipfel der Avalon Peninsula liegt eines der zugänglichsten und auch spektakulärsten Seevogelschutzgebiete Nordamerikas. Vor Beginn der Tour sollte man sich bei der Parkstation telefonisch (Tel. 709-277-1666) nach dem Wetter am Kap erkundigen, denn oft lohnt sich ein Besuch wegen dichten Nebels nicht. Durchschnittlich zählt man 200 Nebeltage im Jahr und die Durchschnittstemperatur im Juli beträgt 14 °C. Eine wind- und regenfeste Jacke sollte man dabeihaben und auch besondere Vorsicht auf den Wanderwegen walten lassen, da die Trails oft dicht an den steil abfallenden Felsen vorbeiführen und bei Regen oder Nebel rutschig sind.

Vom Leuchtturm und dem Interpretive Centre läuft man bis zu den Vogelfelsen noch ein gutes Stück durch die hügeligen Wiesen, die die steil abfallende Felsenküste bedecken. Schon von weitem ist das Gekreische der Seevögel zu hören, man sieht sie wie eine Wolke über dem Horizont schweben, dann steht man plötzlich vor dem wohl 100 m tiefen Abbruch, an dessen Klippen sich die Wellen des Atlantiks brechen. Aus dem Meer ragen Felstürme, über und über bedeckt mit Vögeln, die in der Sonne glänzen wie Schnee. Verschiedene Vogelarten nisten hier mehr oder weniger einträchtig – Sturmvögel, Lummen, Tölpel, Tordalken und Möwen. Gegen natürliche Feinde hilft ihnen ihre ›biologische Uhr‹. Fast alle Jungen schlüpfen zur gleichen Zeit und werden zur gleichen Zeit flügge – so wird das Risiko des Gefressenwerdens gemindert. Die Felsen von St. Mary's beherbergen die zweitgrößte Tölpelkolonie Nordamerikas, über 50 000 Pärchen nisten hier. Vor der Küste sind häufig Wale, Delfine und Seehunde zu beobachten.

Mit dem Teleobjektiv auf Vogeljagd am Cape St. Mary's

Placentia und die Trinity Bay

Placentia

Bereits im 16. Jh. siedelten baskische Fischer in der Region um **Placentia** 13**.** Mitte des 17. Jh. besetzten französische Truppen die Gegend und gründeten ihre Inselhauptstadt Plaisance. 1692 errichteten sie auf einer Anhöhe über der Bucht die erste Festung Le Gaillardin und ein Jahr darauf Fort Royal. Mehrmals griffen sie von hier St. John's an, jedoch ohne größeren Erfolg, und schon 1713 nahmen die Engländer Plaisance ein und nannten die Stadt nun Placentia. Die französischen und englischen Festungsruinen aus dem 17. und 18. Jh sind heute in der **Castle Hill National Historic Site** zu besichtigen. Die ›Life at Plaisance‹-Ausstellung im Interpretation Centre informiert über das harte Leben in dieser abenteuerlichen Zeit. Von Mitte Juli bis August wird auch ein Historienspiel, ›Faces of Fort Royal‹, aufgeführt. Bemerkenswerter als das Museum ist jedoch der schöne Blick über den Hafen und die Placentia Bay. Es gibt auch gute Picknickgelegenheiten im Park (Rte. 100, Tel. 709-227-2401, www.pc. gc.ca/lhn-nhs/nl/castlehill/index_e.asp, Mitte Mai–Mitte Okt. 10–18 Uhr, Erw. 4 $, Kinder bis 16 J. 2 $).

Acht Kilometer nördlich in **Argentia** 14 befindet sich der Atlantic Marine Ferry Terminal.

Im Zweiten Weltkrieg war auf dem Gelände des heutigen Fährhafens eine amerikanische Marinebasis stationiert.

... in Placentia:
Harold Hotel: Main St., Tel. 709-227-2107, 1-877-227-2107, Fax 227-7700. Kleines Hotel in der Nähe der Bucht und 5 km vom Fähranleger entfernt, Restaurant. DZ 50–65 $.
Camping:
Fitzgerald's Pond Park: Rte. 100 North (Argentia Access Rd.), Tel. 709-227-4488, www.piczo.com/fitzgeraldspondpark. Stellplätze mit Anschlüssen im Wald, Picknickmöglichkeiten am See.

... in Argentia:
Atlantic Marine Ferry Terminal: Tel. 709-227-2431, 1-800-3417981, www.marine-atlantic.ca. Von hier fahren im Sommer (Juni–Sept.) mehrmals täglich die großen Autofähren nach Sydney auf Cape Breton Island in Nova Scotia ab.

Dildo

Von der Route 100 geht es weiter zur Route 80, dem Baccalieu Trail, der rund um den Nordzipfel der Avalon-Halbinsel führt. Dabei fährt man durch malerische kleine Fischerorte mit so hübschen Namen wie Heart's Delight, Heart's Desire und Heart's Content bis nach Bay de Verde.

Bei Anderson's Cove in der Nähe des historischen Fischerdorfes **Dildo** 15 hat man 1994 die Reste einer 4000–5000 Jahre alten Siedlung der Maritimen Archaischen Indianer ausgegraben. Im **Dildo Area Interpretation Centre** wird eine interessante Ausstellung der hier gefundenen Artefakte sowie Gegenstände der Dorset-Eskimos und der Beothuk-Indianer gezeigt. Außerdem wird über die Fischereigeschichte des Ortes informiert. Es gibt ein Becken mit Meeresgetier zum Anfassen und vor dem Museum ist das lebensgroße Modell eines 8,5 m großen Riesenkrakens zu sehen, der 1933 aus den örtlichen Gewässern geholt wurde (Front Rd., Tel. 709-582-3339, 9–18 Uhr). Sehenswert ist auch **Dildo Island,** eine kleine Insel vor der Küste, wo 1612 John Guy und seine Siedler mehrere Beothuk-Dörfer sahen.

Inn by the Bay: 78 Front Rd., Tel. 709-582-3170, 1-888-339-7829, Fax 582-3175, www.innbythebaydildo.com. Stilvoll mit antiken Möbeln eingerichtetes B & B Inn, direkt am Wasser mit schönem Blick über die Trinity Bay, große verglaste Veranda, Bibliothekszimmer, Internet, Frühstück, Nachmittagstee. Dinner 30 $, DZ 110–160 $.

Bootstouren: Dildo Island Adventure Tours, 98 Front Rd., Tel. 709-582-2988, www.dildoislandtours.com, Mai–Okt., 9–21 Uhr. Touren unterschiedlicher Länge.

Heart's Delight und Heart's Content

In **Heart's Delight** ist in der St. Matthews's Anglican Church das Fragment eines alten Grabsteins mit den Zahlen ›154_‹ zu sehen. Man nimmt an, dass es ein Teil des vielleicht ältesten Grabsteins Nordamerikas ist. In der Umgebung lässt es sich auch gut wandern, auf dem reizvollen Witch Hazel Hiking Trail hat man einen großartigen Panoramablick über die Trinity Bay.

In **Heart's Content** 16 liegt die Relais-Station, von der 1866 die ersten telegrafischen Botschaften über das Transatlantik-Kabel gesendet wurden. Heute ist die **Cable Station Provincial Site** ein Museum mit einem detailgetreu nachgebauten Übertragungsraum samt Geräten sowie einer Ausstellung über die Anfänge der Telegrafie (Hwy. 80, Tel. 709-583-2160, Mitte Juni–Ende Okt. 10.30–17.30 Uhr, 4 $). Sehr fotogen ist auch der wie eine große rot-weiße Zuckerstange aussehende Leuchtturm von Heart's Content.

Bay de Verde

Bei **Bay de Verde** 17 kann man Wale beobachten, und von einem Aussichtspunkt in der Nähe bietet sich eine schöne Aussicht auf das Küstenpanorama. **Baccalieu Island** ist vielen Seefahrern zum Verhängnis geworden: Zahlreiche Schiffswracks in den Gewässern ringsherum zeugen davon. Die Insel ist ein großes Vogelschutzgebiet. Von April bis Oktober nisten hier Papageientaucher, Sturmvögel, Sturmschwalben, Basstölpel, Tordalke, Dickschnabellummen und Dreizehenmöwen. Mit über 3 Mio. nistenden Sturmschwalbenpaaren ist Baccalieu Island die größte Sturmschwalbenkolonie der Welt. Das Vogelschutzgebiet der Insel darf nicht betreten werden, aber im **Bay de Verde Heritage House & Baccalieu Island Interpretive Centre** gibt es neben anderen Ausstellungen auch ein informatives Display über die Vogelinsel (Tel. 709-587-2766, Juni–Sept.).

Conception Bay

Auf der Fahrt rund um die Conception Bay zurück nach St. John's reihen sich am zerklüfteten Westufer der Bucht die kleinen Fischerdörfer wie Perlen an einer Schnur. Vor den bunten Holzhäusern flattert Wäsche in der frischen Seebrise, und auf wettergebleichten Gerüsten liegt gesalzener Stockfisch in langen Reihen zum Trocknen aus.

Caplin Cove hat seinen Namen von den riesigen Kapelan-Schwärmen (der Kapelan ist ein bis zu 20 cm großer olivfarbener Fisch aus der Familie der Stinte), die sich im Juni oder Juli bei auflandigem Wind und trübem Wetter von den Wellen zum Ablaichen an den

Strand treiben lassen. Abends gehen die Neufundländer dann mit Eimern und Keschern zum Strand, um die ›Ernte‹ einzusammeln. Der **Northern Bay Sands Provincial Park** 18 mit seinem schönen Sandstrand ist ideal zum Campen geeignet.

Harbour Grace

Harbour Grace 19 geht auf die französische Siedlung Havre de Grace von 1550 zurück. Um 1610 hatte der berüchtigte Pirat Peter Easton in Harbour Grace sein Hauptquartier. Mit seiner Flotte plünderte er sich ein immenses Vermögen zusammen. An der Stelle des alten Piratenforts wurde später das Customs House gebaut, heute das **Conception Bay Museum.** Hier werden Ausstellungen zur Geschichte des Ortes und zu seiner Bedeutung in den Anfängen des Flugwesens gezeigt. Besonders liebevoll widmet sich das Museum jedoch der Piratenvergangenheit (Water St., Tel. 709-596-1309, www.hrgrace.ca/museum.html, Juni–Sept. 10–17 Uhr).

In den Jahren nach 1919 war Harbour Grace Ausgangspunkt für zahlreiche Transatlantikflüge, und 1927 wurde hier der erste zivile Flugplatz in Nordamerika eröffnet. 1932 flog Amelia Earhart als erste Frau alleine von Harbour Grace über den Atlantik. Heute ist die Graspiste des **Harbour Grace Airfield** eine National Historic Site. Im **Harbour Grace District** sind viele der alten Häuser des Ortes restauriert.

Harbour Grace Tourism: Tel. 709-596-3042, www.hrgrace.ca.

Rose Manor: 43 Water St. East, Tel. 709-596-1378, 1-877-596-1378, Fax 579-1907, www.therosemanor.com. Bed ans Breakfast in einem schön renovierten, 125 Jahre alten Haus im Historic District mit stilvoll eingerichteten Zimmern in einem großen Garten mit alten Bäumen, schöner Blick, am Wasser gelegen, Internet, Gourmet-Frühstück. DZ 99–115 $.

Hotel Harbour Grace: Water St., Tel. 709-596-5156, 1-877-333-5156, Fax 596-5158. Gemütliche Hotel- und Motelzimmer in der Nähe des Historic District, Restaurant mit guter traditioneller neufundländischer Küche. DZ 50–100 $.

Harbour Grace Regatta (Ende Juli): auf dem Lady Lake, Regatta und Volksfest mit jahrhundertealter Tradition.

Pirates, Buccaneers and Settler Days (Anfang August): Admiral's Marina, Historienspiel über die Landung des Piratenkönigs Peter Easton, Wettkämpfe, Musik und neufundländische Spezialitäten.

Cupids und Brigus

Auch in **Cupids** 20**,** wo der englische Handelsherr und Plantagenbesitzer John Guy 1610 die erste Siedlung gründete, gibt es historische Sehenswürdigkeiten. In der **Cupids Cove Archeological Site** werden seit 1995 Reste dieser Siedlung ausgegraben. 2006 wurde sie zu den wichtigsten zehn aktiven Ausgrabungsstätten in Kanada erklärt. Freigelegt wurden Fundamente und gemauerte Feuerstellen, verzierte Töpferwaren, Geschirr und Silbermünzen. Auf einer halbstündigen geführten Tour kann man sie besichtigen und das **Cupids Museum** zeigt neben Ausstellungen zur Geschichte der Region auch archäologische Fundstücke (Seaforest Dr., Tel. 709-528-3500, www.baccalieudigs.ca, Mitte Juni–Mitte Okt., 10–17 Uhr, 3 $).

Der malerische Fischerort **Brigus** 21 mit seinen alten Häusern, Steinmauern und hübschen Gärten erinnert ein wenig an ein englisches Küstenstädtchen. Hier war Captain Robert Bartlett zu Hause. Er begleitete Robert Peary 1908 auf seiner Expedition zum Nordpol. In der 1830 errichteten **Hawthorne Cottage National Historic Site,** Bartletts ehemaligem Haus, werden Ausstellungen und Filme gezeigt und geführte Touren angeboten. Im dazugehörigen Heritage Shop kann man Bücher, Kunsthandwerk und antiquarische Literatur kaufen. Das historische Holzhaus mit Giebeln und umlaufender Balustrade gilt als eines der schönsten Beispiele dekorativer Cottage-Architektur (South St., Tel. 709–528-4004, 1-877-753-9262, Mitte Mai–Mitte Okt. 10–17 Uhr, 4,50 $).

Auf dem Trans-Canada durch Neufundland

Karte S. 440

Von St. John's City Hall, wo der Trans-Canada Highway beginnt, bis nach Channel-Port aux Basques im Südwesten der Insel sind es etwa 900 km. Man könnte diese Strecke zwar bequem in zwei Tagen fahren, aber die schönsten Ecken Neufundlands liegen abseits vom großen Highway – zum Beispiel auf der Bonavista und der Burin Peninsula, an der Notre Dame Bay mit ihren malerischen Küstenorten oder bei Twillingate und Trinity, wo Wale und Eisberge mit majestätischer Gelassenheit an der Küste vorbeiziehen.

Bull Arm

Auf dem schmalen Isthmus zwischen Trinity Bay und Placentia Bay fährt man bei **Sunnyside** 1 an einem Meeresarm vorbei, der für Neufundlands Ölindustrie von großer Bedeutung ist. Hier bei Bull Arm begann 1991 eines der imposantesten Bauprojekte Nordamerikas, das vielen einheimischen Bauarbeitern und Ingenieuren bis heute Arbeit bietet. Die Bull Arm Site wurde geschaffen, um die Hibernia-Ölförderplattform, eine Weiterentwicklung der Nordsee-Bohrinseln, zu bauen. Die Hibernia-Plattform kann auch den größten Eisbergen widerstehen, ist 224 m hoch, hat einen Durchmesser von 106 m und ist 1,2 Mio. t schwer. 1997 wurde das Monster aufs offene Meer geschleppt und etwa 315 km östlich von St. Johns über den Ölfeldern der Grand Banks (geschätzte Reserven: 1,6 Mrd. Barrel Rohöl) auf dem Meeresboden verankert. Seitdem fördert die Plattform bis zu 150 000 Barrel Öl pro Tag. Sie hat Tanks, die bis zu 1,3 Mio. Barrel fassen. Unmittelbar nach Hibernia folgte das nächste Projekt in ähnlicher Größenordnung, die Terra-Nova-Ölförderplattform. Sie produziert seit 2001 etwa 115 000 Barrel Öl pro Tag (www.bullarm.com). Im gigantischen Trockendock mit einem Durchmesser von über 200 m werden die Bohrinseln auch gewartet.

Burin Peninsula

Noch vor Clarenville kann man sich entscheiden, ob man auf der Route 210 einen Abstecher zur Burin Peninsula machen möchte. Dort bietet sich ein ungewöhnlicher Ausflug an: ein Kurzurlaub auf den Inseln St. Pierre-et-Miquelon, einem winzigen Stückchen Frankreich auf dem amerikanischen Kontinent, der letzte Rest der einst riesigen französischen Besitzungen. Jahrhundertelang war die Burin-Halbinsel ein Zentrum der europäischen Fischerei, als Portugiesen, Franzosen und Engländer im Sommer die reichen Fischgründe der Grand Banks auf Neufundlands Festlandsockel ausbeuteten.

In **Marystown** 2 kann man sich im Besucherzentrum mit umfangreichem Informationsmaterial über die Peninsula versorgen. Sehenswert sind **Burin** 3 und die kleinen Dörfer der Umgebung. James Cook schlug hier sein Quartier auf, als er um 1760 die Küstengewässer Neufundlands kartografierte. Der Cook's Lookout in Burin erinnert daran. Ein steiler Pfad führt hinauf zu einem Aussichtspunkt, wo der Entdecker nach feindlichen französischen Seglern Ausschau hielt. Sehenswert ist in Burin auch das Heritage House Museum, das mit seinen Ausstellungen über Fischerei und Naturgeschichte in zwei gegenüberliegenden Gebäu-

Mit den Autoren unterwegs

Geschichtsstunde
Das **Rising Tide Theatre** in Trinity bietet mit seinen Freilichtaufführungen einen unterhaltsamen Einblick in Neufundlands Geschichte und Kultur (s. S. 438).

Filmreif
Der Filmset für die CBC-Fernsehserie **›Random Passage‹** bei New Bonaventure zeigt ein Fischerdorf irischer Einwanderer um 1800 (s. S. 441).

Weiße Riesen
Twillingate liegt an der so genannten ›Iceberg Alley‹. Hier sind die gigantischen Eisberge, die alljährlich im Frühsommer nach Süden treiben, gut auf einer Bootstour zu beobachten. Noch reizvoller ist es, sich den schwimmenden Eismassen bei einer Kajaktour bis in nächste Nähe zu nähern (s. S. 445).

Der Untergang der Beothuk
Das **Mary March Museum** in Grand Falls-Windsor vermittelt eindrucksvoll das tragische Schicksal der Beothuk, Neufundlands Ureinwohner. Das letzte Stammesmitglied der Beothuk starb 1829 (s. S. 446).

Leuchttürme
Nicht nur für Leuchtturmfans interessant ist das restaurierte **Cape Bonavista Lighthouse** mit seinem in historischen Kostümen gekleideten Personal (s. S. 442). Ebenfalls sehenswert ist das aus Granitblöcken gebaute **Rose Blanche Lighthouse** (s. S. 451).

Am Ende der Welt
Etwas abgelegen, aber einer der schönsten Landstriche im Südwesten der Provinz ist die **Port au Port Peninsula,** ein altes französisches Siedlungsgebiet, in dem die Zeit stehen geblieben zu sein scheint (s. S. 448 f.).

den untergebracht ist (Seaview Drive, Tel. 709-891-2217, Mai–Okt. 10–20 Uhr).

An der Ostküste der Burin Peninsula ist im **Frenchman's Cove Provincial Park** Picknick, Camping und Schwimmen möglich. Das malerische Fischerstädtchen **Grand Bank** 4 wurde Mitte des 17. Jh. von den Franzosen gegründet und Anfang des 18. Jh. von den Briten eingenommen. Das Provincial Seamen's Museum, dessen Architektur an die Segel eines Schiffes erinnert, trägt der faszinierenden Seefahrtgeschichte der Provinz Rechnung (54 Marine Drive, Tel. 709-832-1484, 20. April–21. Okt. 9.30–16.45 Uhr, 3 $).

Auch das George C. Harris House, ein schön restauriertes Kaufmannshaus an der Water Street, lohnt einen Besuch. In dem über 100 Jahre alten Gebäude ist das kleine Museum des Ortes untergebracht (16 Water St., Tel. 709-832-1574, Juni–Sept. Mo–Sa 10–20, So 12– 18 Uhr, 2 $).

Zwei Wanderwege bieten beeindruckende Aussichten auf Stadt und Küste, und ein Heritage Walk führt an den historischen Gebäuden des Ortes vorbei. Manche haben ›Witwengänge‹, kleine offene Galerien auf dem Dach, von denen die Frauen nach ihren Männern Ausschau hielten, die oft genug nicht mehr von See zurückkamen.

... in Marystown:
The Heritage Run Tourism Association: Tel. 709-279-1887, www.theheritagerun.com.

... in Grand Bank:
Granny's Motor Inn: 33 Grandview Blvd., Tel. 709-832-2180, 709-832-2355, 1-888-275-1098, Fax 832-0009. Kleines Motel, sehr gutes Restaurant, Bar. Dinner ab 10 $, DZ 75–90 $.

... in Burin:
Festival of Folk Song and Dance (Anfang Juli): irisches Volksfest mit Musik, Folkloretänzen und kulinarischen Events, Ausstel-

lung und Verkauf von regionalem Kunsthandwerk.

Abstecher nach St. Pierre und Miquelon

Vom kleinen Ort Fortune, ein paar Kilometer südwestlich von Grand Bank, gelangt man nach einer 90-minütigen Überfahrt mit der Passagier- und Frachtfähre zu den 25 km vor der Küste liegenden Inseln **St. Pierre und Miquelon** 5. Auch mit dem Flugzeug von St. John's, Halifax oder Sydney, Nova Scotia, ist St. Pierre zu erreichen. Möchte man auf der Insel übernachten, ist ein Pauschalangebot von Überfahrt inklusive Übernachtung am preiswertesten.

Mit den felsigen Inseln ist Frankreich hier ein 242 km² kleines Fleckchen Land verblieben – der letzte Rest eines riesigen Empires in Nordamerika, das die Franzosen 1763 im Friedensvertrag von Paris an England abtreten mussten. Bretonische Fischer hatten hier schon im frühen 16. Jh. ihre Basis, und Fischfang bildet neben dem Tourismus immer noch die Lebensgrundlage der rund 7000 Inselbewohner. Während der Prohibition in den USA, von 1920 bis 1933, erlebten die Inseln eine ›Blütezeit‹ als Zentrum des Rumschmug-

Random Passage bei New Bonavista: Kabeljau wird zu Stockfisch verarbeitet

gels, und so bekannte Gangstergrößen wie Al Capone und Bill McCoy hatten hier ihre ›Niederlassungen‹.

St. Pierre ist mit 6500 Einwohnern die bedeutendere der beiden Inseln, und im gleichnamigen Ort beweisen französische Flics, hübsche Häuser mit schmiedeeisernen Balkonen, gemütliche Bistros, Cafés und Bars, frische Baguettes und französische Weine unmissverständlich gallisches Flair. Mit dem Auto darf man nicht auf die Insel, man kann jedoch Mopeds und Fahrräder mieten. Von St. Pierre aus lassen sich Ausflüge nach Miquelon arrangieren. Informationen zum Inselbesuch erhält man sowohl vom französischen wie vom neufundländischen Tourismusbüro.

... in St. Pierre:
Tourism Office: Place du Général de Gaulle, Tel. 508-412-222, 1-800-565-5118, Fax 413-355, www.st-pierre-et-miquelon.com. Hotelreservierungen, Schiffsverbindungen.

... in St. Pierre:
L'Hôtel Robert: 10 rue du 11 Novembre, Tel. 709-832-2006, 1-800-563-2006. Während der Prohibition in den 1920er-Jahren erbautes Hotel, 43 Zimmer, Restaurant, Bar und kleines Museum mit Ausstellung zur Prohibition. DZ 130 $.

... in Fortune:
Atlantic Jet: 5 Bayview St., Tel. 709-832-2006, 1-800-563-2006, www.spmexpress.net. Informationen zu und Reservierung von Fährfahrten ab Fortune nach St. Pierre, Juli–Aug., Abfahrt Fortune 7.30 Uhr. Tagesausflüge hin und zurück Erw. 95 $, Kinder bis 11 J. 47 $, Pauschalangebot inkl. Übernachtung, ab 180 $ pro Person.
... in St. Pierre:
Atlantic Jet: Fähranleger. Fähren verkehren nach Miquelon (50 Min.) und Fortune (55 Min., Abfahrt 14.45 Uhr).

13 Bonavista Peninsula

Wieder zurück auf dem Trans-Canada Highway kann man sich im Besucherzentrum von **Clarenville** 6 mit Informationsmaterial über den Terra Nova National Park versorgen (s. S. 443). Aber bevor man den Nationalpark erkundet, sollte man unbedingt noch zur landschaftlich äußerst reizvollen Bonavista Peninsula fahren. Die Halbinsel hat eines der reizvollsten historischen Fischerdörfer der Provinz und einen sehr fotogenen Leuchtturm zu bieten. Man kann Wale und Seevogelkolonien mit Papageientauchern beobachten und im Frühsommer auch turmhohe Eisberge vorbeischwimmen sehen. Die Peninsula ist eine geschichtsträchtige Region: Hier an der nördlichen Spitze von Bonavista landete der Italiener Giovanni Caboto 1497 mit seinem Schiff ›Mathew‹ und entdeckte das ›New-Founde-Land‹. Da Caboto im Auftrag der englischen Krone segelte, wurde er auch John Cabot genannt. Am Dreifaltigkeitssonntag des Jahres 1501 segelte der Portugiese Gaspar Corte-Real auf der Suche nach der Passage nach China in die Trinity Bay. Die ersten Entdecker sahen riesige Kabeljau-Schwärme und berichteten von einem Meer, in dem es von Fischen nur so wimmelte. Diese enthusiastischen Schilderungen waren Anlass für den Beginn einer 500-jährigen Ausbeutung der Fischgründe um Neufundland. 1558 wurde die erste Sommerbasis englischer Fischer an der Trinity Bay eingerichtet.

Trinity

Trinity 7 ist das wohl attraktivste Fischerdorf der Peninsula. Nur etwa 300 Menschen leben in dem ruhigen Ort. Viel lebhafter ging es im 18. Jh. zu. Trinity war eine geschäftige Hafenstadt, in der Fischerei, Schiffsbau, Im- und Export florierten. Die bedeutenden neufundländischen Familien der Lesters, Garlands und Ryans hatten hier große Handelshäuser und Besitzungen. Davon existiert heute nur noch eines in Trinity.

Mit über 50 architektonisch interessanten alten Gebäuden ist der Ort ein kanadisches Schatzkästchen, das zur Hälfte unter Denkmalschutz steht. Hier bestimmt die Historical Society, was gebaut werden darf und was nicht. Zahlreiche historische Gebäude und authentische Rekonstruktionen sind dem Publikum zugänglich. In einigen sind kleine Museen und Kunsthandwerksläden untergebracht und etliche werden auch als Bed-and-Breakfast-Häuser betrieben. Alle Sehenswürdigkeiten sind von Ende Mai bis Ende September geöffnet. Die zahlreichen historischen Häuser des schmucken Ortes haben auch die Filmemacher fasziniert. 2001 wurden in Trinity und New Bonaventure Szenen des Films ›Schiffsmeldungen‹ nach einem Roman der Pulitzer-Preisträgerin E. Annie Proulx (s. auch S. 457) gedreht.

Die reizvolle Küstenlandschaft hat schöne Wanderwege und die geschützte Bucht bietet gute Möglichkeiten, den Umgang mit See-Kajaks zu erlernen. Auf Exkursionen kann man Meereshöhlen entdecken und Wale, Seevögel und Eisberge beobachten.

Den ganzen Sommer über wird in Trinity Theater gespielt. Dann präsentiert das **Rising Tide Theatre** mit seinen Schauspielern aus ganz Neufundland mit ›Summer in the Bight‹ ein buntes Repertoire von klassischen Dramen und Komödien. Aufführungen finden an verschiedenen Plätzen in und um Trinity statt. Im Mittelpunkt des Festivals steht ›The New Founde Lande Trinity Pageant‹, ein Freiluft-Historienspiel mit einem bunten Ensemble, Figuren wie der legendäre Pirat Peter Easton und seine Männer, ein reisender Richter und der tröstende Geistliche der St. Paul's Church und seine Gemeinde.

Wahrzeichen des Ortes ist die **St. Paul's Anglican Church** aus dem Jahr 1892. Die leuchtend weiße, mit roter Schmuckfarbe verzierte Holzkirche hat Platz für über 500 Besucher. Sie ist die dritte Kirche an diesem Platz. Die erste wurde schon 1729 gebaut. Mit Einträgen, die bis auf das Jahr 1753 zurückgehen, gehört das Kirchenregister zu den ältesten Kanadas.

Im **Trinity Interpretation Centre** im restaurierten Tibbs House sind Ausstellungen über das historische Trinity zu sehen. Außerdem erhält man Broschüren und Kartenmaterial sowie die Eintrittskarten für die historischen Sehenswürdigkeiten (Tel. 709-464-2042, 709-729-0592, 10–17.30 Uhr, 3 $).

Die **Lester Garland Premises Provincial Historic Site** besteht aus einem Gebäude von 1820. Die Familien dreier Handelsherren benutzten es über 150 Jahre. Das alte Kontor und der *general store* sind wie zu Gründerzeiten eingerichtet und Personal in historischen Kostümen erklärt die Geschichte des Hauses.

Einen Besuch lohnt auch das schön restaurierte gelbgrüne **Hiscock House,** ebenfalls eine Provincial Historic Site. Hier betrieben Emma Hiscock und ihre beiden Töchter ein Telegrafenbüro und einen *general store*.

Auch hier vermittelt kostümiertes Personal anschaulich das Leben im ländlichen Neufundland um 1900 (Church Rd., Tel. 709-464-2042, 709-729-0592, 10–17.30 Uhr, 3 $).

Die Trinity Historical Society (Tel. 709-464-3599, www3.nf.sympatico.ca/ttci) verwaltet die folgenden drei historischen Sehenswürdigkeiten, für die ein pauschaler Eintrittspreis von 4,50 $ erhoben wird. Im **Trinity Historical Society Museum** an der Church Road werden unter anderem Nordamerikas älteste Feuerlöschspritze, altes Handwerksgerät und natürlich Ausstellungen zum Thema Seefahrt und Fischfang gezeigt.

Ebenfalls an der Church Road liegt die **Green Family Forge,** eine historische Schmiede aus der Zeit zwischen 1895 und 1900, in der heute noch kunstvoll geschmiedete Werkstücke wie Ziergitter, Kamingerät, Wappen, Namenszüge, Gefäße und Kerzenhalter hergestellt werden. Gleichzeitig ist die alte Schmiede ein Museum mit rund 1500 Ausstellungsstücken aus der Region.

Das **Lester Garland House** an der West Street ist ein originalgetreu rekonstruiertes Kaufmannshaus im georgianischen Stil. Das ursprüngliche Backsteingebäude wurde 1819 errichtet. In den 1960er-Jahren riss man das verfallende Bauwerk ab und lagerte Teile davon – Türen, Fenster und Einrichtungsgegenstände – ein, sodass sie bei der Rekonstruktion wiederverwendet werden konnten. Heute ist das Garland House ein Museum mit Ausstellungen über Fischfang und Handel in Trinitys Blütezeit.

Trinity Interpretation Centre: Rte. 239, Tel. 709-464-2042, 729-0592, Fax 464-2349, www.trinitybight.com, www.trinityvacations.com. Informationsmaterial zum Ort und zur Region, attraktive Ausstellung zur Geschichte Trinitys. 3 $.

Village Inn: Taverner's Path, Tel. 709-464-3269, Fax 464-3700, www.oceancontact.com. Hübsches Inn im Ortszentrum, gemütliche Zimmer, schön eingerichteter Aufenthaltsraum, Internet, Pub, Restaurant (s. u.). DZ 75–100 $.

Campbell House Bed and Breakfast: High St., Tel./Fax 709-464-3377, www.trinityvacations.com. Restauriertes, historisches Inn von 1840. DZ 109–250 $.

The Eriksen Premises: West Street, Tel. 709-464-3698, 1-877-464-3698, Fax 464-2104, www.trinityexperience.com/eriksen.html. Bed and Breakfast im schön restaurierten Wohnhaus eines Kaufmanns aus dem 19. Jh., stilvoll eingerichtet, gutes Restaurant. DZ 85–110 $.

Riverside Lodge Tourist Home: Trouty, Rte. 239, zwischen Trinity und New Bonaventure, Sommer Tel. 709-464-3780, Winter Tel. 709-464-3578, Fax 464-3780. Freundliche Pension, Besitzer nimmt Gäste mit zum Fischen. DZ 45–59 $.

Village Inn: Restaurant im Village Inn, Adresse s. Unterkünfte. Traditionelle neufundländische Küche. Dinner mit mehreren Gängen ab 30 $.

Rising Tide Theatre: in einem umgebauten Fischerschuppen am Green's Point, Tel. 709-464-3232, 1-888-464-3377, www.risingtidetheatre.com, 2–3x wöchentlich Vorstellungen. ›Summer in the Bight‹: sehenswerte Aufführungen neufundländischer Autoren (s. S. 438). Karten 16 $, Dinner Theatre 35 $.

Wale und Bootstouren: Atlantic Adventures, Charters & Tours, Dock Rd., Sommer Tel. 709-464-2133, Winter Tel. 709-781-2255, Fax 464-2176, www.atlanticadventures.com. Walbeobachtung, Exkursionen zu verlassenen Fischerdörfern mit der Segel-/Motorjacht ›Atlantic Adventurer‹, im Restaurant gibt es neufundländische Fischspezialitäten, Kunsthandwerk in Art Gallery und Craft Shop.
Ocean Contact, Taverner's Path, Tel. 709-464-3269, Fax 464-3700, www.oceancontact.com, Juni–Sept. Walbeobachtungstouren unter wissenschaftlicher Leitung (Dr. Peter Beamish, bekannt geworden durch seine Studien über Kommunikation zwischen Meeressäugern). 50 $.

Auf dem Trans-Canada Highway durch Neufundland

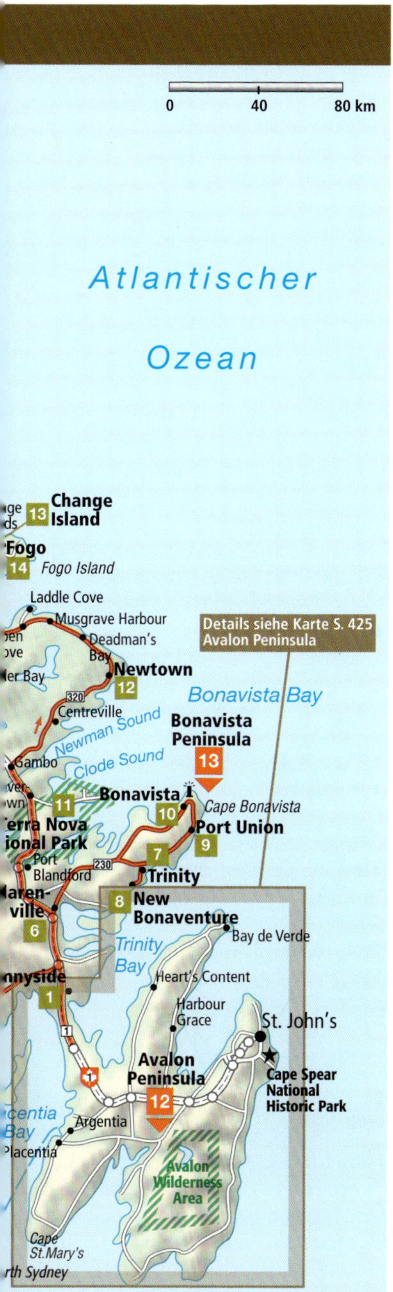

Kayaking: Mag–Ami Kayaking, Nick Donovan, Tel. 709-486-2451, http://magamikayaking.tripod.com/index.html. Halb- und ganztägige Kajaktouren in der Trinity Bay 50 $ und 90 $, Unterricht für Anfänger 15 $ pro Std. (Ausrüstung wird gestellt), Kajakverleih 10 $ pro Std., 40 $ pro Tag.

Random Passage

14 km südlich von Trinity gelangt man auf der Route 239 nach **New Bonaventure** 8**,** einem hübschen kleinen Fischerort, wo man im Jahr 2000 den Filmset für die CBC-TV-Serie ›**Random Passage**‹ errichtete. Eine nachgebaute Fischersiedlung irischer Einwanderer, die um 1800 nach Neufundland kamen: mit grassodengedeckten Hütten, Kirche und Schulgebäude, Gestellen zum Trocknen von Kabeljau und einem kleinen, den Felsen abgerungenen Gemüsegarten. Einschließlich weidender Schafe entspricht alles dem historischen Vorbild, sodass man sich während der Führung das harte Leben in einem typischen *outport* gut vorstellen kann. Eintritt bezahlt man im Old School House and Tea Room von New Bonaventure, und von dort wandert man 1,5 km bis zum Filmset (Tel. 709 464-2233, www.randompassagefilmset.com, Mai–Mitte Okt. 9–19.30 Uhr).

Port Union

Auf der Route 230 nach Bonavista kommt man durch den kleinen Ort **Port Union** 9**,** der einzige Ort Kanadas, der von einer Gewerkschaft gegründet wurde. Der alte Teil des Ortes mit der restaurierten **Factory,** einer noch in Betrieb befindlichen Fabrik mit der Gewerkschaftszeitung ›The Fisherman's Advocate‹, ist heute ein National Historic District (Tel. 709-469-2207, www.historicportunion.com, Mai–Okt., 7 $).

Im **Port Union Historical Museum** in der alten Reid Railway Station von 1917 an der Main Street erfährt man mehr über die Geschichte des Ortes und die Bedeutung der in den 1908 gegründeten Fisherman's Protective Union für das wirtschaftliche und kulturelle Leben Neufundlands (Tel. 709-469-2159, Mitte Juni–Anf. Sept. 11–17 Uhr, 1 $).

Auch der **Bungalow,** einst Wohnsitz des legendären Sir William F. Coaker, Gründer und langjähriger Führer der Fisherman's Union, kann auf einer geführten Tour besichtigt werden (Tel. 709-469-2728, Mitte Juni–Anf. Sept., Mi–So 11–17 Uhr, 5 $).

Cape Bonavista

Bonavista 10 ist mit rund 5000 Einwohnern der größte Ort der Halbinsel. Hauptattraktion ist die **Ryan Premises National Historic Site** am Hafen, ein schön restaurierter Komplex von alten Lagerhäusern, in denen seit der Mitte des 19. Jh. Handel und Fischverarbeitung betrieben wurde, sowie das im Stil der Zeit eingerichtete Wohnhaus des Eigentümers. *Guides* in historischen Kostümen erklären die damaligen Lebensverhältnisse. In Ausstellungen und Veranstaltungen sowie im dazugehörigen Bonavista Museum erfährt man alles über die Geschichte der Halbinsel und die große Zeit der Kabeljau-Fischerei. (Ryan's Hill & Old Catalina Rd., Tel. 709-468-1600, 1-888-773-8888, Mitte Mai–Mitte Okt. 10–18 Uhr, 4 $).

Die Ryan Premises wurden 1869 zum Hauptquartier der James Ryan Ltd., die bis 1952 mit einer großen Schonerflotte gesalzenen Fisch nach Portugal, Spanien, Italien und Westindien exportierte. Das Ende der Salzfischära kam rasch, bedingt durch neue Gefriertechniken, die nun den Versand von frischem, d.h. nicht gesalzenem Fisch ermöglichte. Die Firma Ryan bestand noch bis 1978 als Handelshaus für alle möglichen Produkte, von Gemüse bis zu Möbeln. Um an die Bedeutung der Ostküstenfischerei zu erinnern, übernahm und restaurierte die Nationalparkbehörde die Gebäude und machte sie 1997 dem Publikum zugänglich.

Sehenswert ist auch die **Mockbeggar Plantation** mit dem 1870 erbauten Herrenhaus, das zuletzt von F. Gordon Bradley, Neufundlands erstem Bundesminister nach der kanadischen Konföderation, bewohnt wurde. Die anderen Gebäude der Provincial Historic Site waren Teil einer Handelsstation für Salzfisch. Der ›Big Store‹, ein Lagerhaus zum Einsalzen und Verpacken von Kabeljau, stammt vermutlich aus den Anfängen des 18. Jh. (Tel. 709-468-7300, 709-729-0592, 1-800-563-6353, Ende Mai–Ende Sept. 10–17.30 Uhr, 3 $).

Seit ein paar Jahren ist die im Hafen von Bonavista dümpelnde Replika von John Cabots Schiff **›Matthew‹** eine Attraktion. Bei einem Rundgang durch das kleine hölzerne Schiff bekommt man dann das richtige Gefühl für die historische Leistung von Cabots Reise von Bristol in die Neue Welt. Das eigens für die ›Matthew‹ gebaute mehrstöckige Bootshaus dient auch als Interpretation Centre, wo eine Ausstellung über die ›Matthew‹ und die Seefahrt im 15. Jh. gezeigt wird (The Matthew Legacy, 15 Roper St., Tel. 709-468-1493, 1-877-468-1497, www.matthewlegacy.com, Mitte Mai–Ende Sept. 10–18, Fr auch bis 21 Uhr, Erw. 6,50 $, Kinder bis 16 J. 2,25 $).

Cape Bonavista (deutsch: Kap zur guten Aussicht) führt seinen Namen zu Recht: Die Aussicht auf die Bonavista Bay ist wirklich beeindruckend. Am besten genießt man das Panorama von der Aussichtsplattform des 1843 erbauten, rot-weiß gestreiften Leuchtturms. Im **Cape Bonavista Lighthouse,** heute eine Provincial Historic Site, sind Turm und Wohnhaus im Stil des 19. Jh. restauriert, und Besucher erhalten durch kostümierte *guides* Einblicke in das Leben der Leuchtturmwärterfamilien. 1962 wurde das Leuchtfeuer automatisiert und in einer externen Turmkonstruktion untergebracht (Tel. 709-468-7444, 709-729-0592, Ende Mai–Ende Sept. 10.30–17.30 Uhr, im Winter erfragen, 3 $). Direkt hinter dem Leuchtturm kann man auf den Felsen eine Papageientaucher-Kolonie beobachten und auch Wale sieht man hier am Kap recht häufig.

The Harbour Quarters: 42 Campbell St., Tel. 709-468-7982, 1-866-468-7982, Fax 468-7945, www.harbourquarters.com. Historisches Inn in einem früheren *general store*, mit schönem Blick über den Hafen von Bonavista, Internet, Pub, Restaurant mit Meeresfrüchte-Spezialitäten. Dinner ab 14 $, DZ 129–239 $.

Terra Nova National Park

Hinter Port Blandford verläuft der Trans-Canada Highway auf den nächsten 50 km durch den 404 km^2 großen **Terra Nova National Park 11**. Wer nur durchfahren will, braucht die Parkgebühr nicht zu bezahlen, aber selbst bei einem Picknickstopp muss man gegebenenfalls den Park-Pass vorweisen können. Der Terra Nova National Park hat schöne Picknickmöglichkeiten, zeigt seine besten Seiten jedoch dem Wanderer und Kanusportler. Die Trails führen durch dichte Wälder, an Seen und Sumpfgebieten vorbei, über Hügelketten hinweg zur zerklüfteten Küste, die im Norden vom Newman Sound und im Süden vom Clode Sound tief eingeschnitten wird. In den Wildwasserflüssen springen im Frühjahr Lachse auf ihrer Wanderung zu den Laichplätzen über die Stromschnellen, und mit etwas Glück bekommt man Elche, Rentiere, Karibus, Füchse, Hasen, Luchse, Otter oder Biber zu sehen.

Im **Marine Interpretation Centre** am Newman Sound gibt es außer Informationen auch ein Aquarium mit Becken zum Anfassen von Meerestieren (Tel. 709-533-2942, Mitte Mai–Ende Juni 10–17, Ende Juni–Anf. Sept. 9–20, Anf. Sept.–Ende Okt. 10–17 Uhr, Eintritt ist in der Parkgebühr enthalten).

Der Park ist aber nicht nur etwas für Wanderer – es gibt in direkter Nachbarschaft in Port Blandford auch einen anspruchsvollen 18-Loch-Golfplatz mit herrlichem Blick auf den Clode Sound, wo gelegentlich Wale auftauchen (Terra Nova Golf Resort s. Unterkünfte). Neben Wandern und Golfen kann man außerdem Rad und Kanu fahren oder Bootsausflüge und Angeltouren unternehmen.

... in Glovertown:
Terra Nova National Park: Tel. 709-533-2801, www.pc.gc.ca. Parkeingang, Informationsmaterial über den Park, 5 $.

... in Port Blandford:
Terra Nova Golf Resort: Tel. 709-543-2525, Fax 543-2201, www.terranovagolf.com. Komfortables Resorthotel beim Nationalpark mit Golfplatz. DZ ab 110 $.
... am Clode Sound:
Clode Sound Motel: Tel. 709-664-3146, Fax 664-3446, www.clodesound.com. Schön gelegenes Motel in großzügiger Anlage, direkt am Nationalpark, Pool, Tennisplatz, die meisten Zimmer haben eine Kitchenette, auch B & B Package möglich, preiswertes Restaurant mit Bäckerei, leckere Desserts. DZ 70–90 $.
Camping:
... in Glovertown:
Newman Sound Campground: 387 Plätze im Nationalpark, teilweise mit allen Anschlüssen, Campfire-Programme, Juni–Sept., Resevierungen über Parks Canada Tel. 709–426-4648, 1-877-737-3783, www.pccamping.ca. Reservierungsgebühr 11 $.

... im Terra Nova National Park:
Starfish Eatery: Tel. 709-533-9555, Mai–Mitte Okt. 10–18, Juli–Aug. bis 19 Uhr. Preiswertes Restaurant hinter dem Marine Interpretation Centre. Ab 6 $.

... im Terra Nova National Park:
Kayaking: Terra Nova Adventures, Kiosk am Marine Interpretation Center, Tel. 709-533-9797, 1-888-533-8687, www.theoutfitters.nf.ca. Exkursionen 50 $ für 2,5 Std., Tagestour 120 $, zweitägige Seekajaktour 300 $, Lehrgänge inkl. Verleih von Trekkingausrüstung, Kanus und Kajaks 45–55 $ pro Tag.

Gander Loop und Twillingate

Bei Gambo führt der Highway 320 als Gander Loop entlang der Küste bis zum Hamilton Sound, dem mehrere Inselgruppen vorgelagert sind.

Newtown

Ein erster Stopp lohnt in **Newtown 12**, dessen über mehrere kleine Inseln verstreute Ortsteile durch Brücken und Stege miteinander verbunden sind. Die Gegend ist wegen der häufigen Nebel bei den Seeleuten gefürchtet. Hinter Deadman's Bay fährt man an langen Sandstränden vorbei nach Musgrave Harbour. Eine Nebenstraße führt zu den beiden malerischen Fischerdörfern **Laddle Cove** und **Aspen Cove.**

In Gander Bay muss man sich entscheiden, ob man auf den Straßen 331, 335 und 340 weiter an der Küste entlang oder auf dem Trans-Canada Highway über Gander (s. S. 445) durchs Landesinnere fahren möchte. Wählt man die maritime Tour, empfiehlt sich ein Ausflug zu den vorgelagerten Inseln im Hamilton Sound. Bei **Farewell** (Rte. 335) verlassen die Fähren das Festland, um Change Island und Fogo Island anzulaufen.

Provincial Ferry Services: www.tw.gov.nl.ca/FerryServices/, Ferry Dock Farewell. Autofähren ganzjährig, 15. Mai–15. Okt. tägl., 16. Okt.–14. Mai nur Mo, Fr. Fahrzeit Farewell–Change Island ca. 25 Min.; Farewell–Fogo Island ca. 60 Min.

Change Island

Change Islands 13 ist einer jener Orte, wo die Zeit stehen geblieben zu sein scheint. Die hübschen, bunt gestrichenen Häuser und Lagerschuppen vermitteln den Eindruck einer heilen Welt. Das idyllische Bild täuscht darüber hinweg, dass die wirtschaftliche Realität anders aussieht. Hier wie auf anderen abgelegenen Inseln und Landstrichen leiden die Dörfer unter der Abwanderung der jungen Leute, und nur dank hoher Subventionen der kanadischen Bundesregierung existieren sie weiter. Der Fischfang, der über Jahrhunderte hinweg die neufundländische Kultur geprägt hat, bietet kaum mehr eine ausreichende ökonomische Grundlage für die Existenz der einheimischen Bevölkerung.

Fogo Island

Auf Fogo Island kann man gut wandern, Bootstouren unternehmen und einige nette Heimatmuseen besichtigen. Auch Übernachtungsmöglichkeiten gibt es auf der Insel. Der malerische Ort **Fogo** 14 erstreckt sich rund um eine geschützte Bucht. Hier gibt es einige sehr schöne, gut unterhaltene Wanderwege. Wenn man auf den **Brimstone Head** wandert, wird man mit einer schönen Panoramaaussicht belohnt. Schön ist auch der Boardwalk Trail zum **Fogo Head.** Über die Geschichte des Ortes informiert das **Bleak House Museum** in einem schön restaurierten Haus von 1816 (North Shore Rd., Tel. 709-266-2237, Ende Juni–Anf. Sept.).

... in Fogo:
Town of Fogo: Tel. 709-266-2237, www.town-fogo.ca.

... in Fogo:
Peg's Bed and Breakfast: am Hafen, Tel. 709-266-2392, 709-266-7130, www.pegsbb.com. Freundliches B & B mit schönem Blick. DZ 75 $.

... in Stag Harbour:
Bootstouren: Fogo Island & Change Islands Adventure Boat Tours, am Fähranleger, Tel. 709-368-7571, 709-627-3219, www.fogotours.com. Bootstouren auf Fogo und Change Island, Wale, Eisberge, Papageientaucher beobachten, Vermietung von Ruderbooten. Touren 10–30 $.

Boyd's Cove

Um die New World Island Area zu erreichen, muss man keine Fähre besteigen. Die Route 340 führt über einige Dämme zu dem kleinen Archipel, auf dem mehrere pittoreske Fischerdörfer liegen. Doch zuvor lohnt in **Boyd's Cove** 15 das **Beothuk Interpretation Centre** einen Besuch. Hier befand sich vor rund 300 Jahren eine Beothuk-Siedlung. Ein Modell des Dorfes und die Artefakte dieser wichtigen archäologischen Fundstätte sind im Interpretation Centre ausgestellt. Sie vermitteln einen Eindruck, wie Neufundlands Ureinwohner vor 300 Jahren gelebt haben. Ein Wanderweg führt zu den Fundstellen der Ausgrabungsstätte (Rte. 340, Tel. 709-656-3114, 1-800-563-6353, www.heritage.nf.ca/aboriginal/beo_boydscove.html, Ende Mai–Sept., 3 $).

Twillingate

Twillingate 16, dessen Ursprünge auf die Mitte des 18. Jh. zurückgehen, ist der größte und interessanteste Ort des Archipels. Die Fischerei verhalf damals den Bewohnern zu Wohlstand, sodass es hier früher sogar eine eigene Zeitung, die »The Twillingate Sun«, gab. Den Namen erhielt Twillingate von französischen Fischern, die die felsige Küstenlandschaft an ihren Heimatort Touilinguet in der Nähe von Brest erinnerte. Heute hat der Ort rund 3000 Einwohner, die noch immer mehr schlecht als recht vom Fischfang leben. Der Tourismus ist ein wesentlicher Wirtschaftsfaktor, denn bei Twillingate lassen sich gut Wale und vor allem Eisberge beobachten. Die spektakulären Eisriesen, von denen die größten bis zu 80 m hoch und einige 100 Mio. t schwer sind, brechen von Südwestgrönlands Eiskappe ab und treiben dann von März bis Juli mit der Meeresströmung an den Küsten Labradors und Neufundlands entlang. In manchen Jahren sind es über 10 000, von denen rund 1000 sogar die mehrjährige Reise bis in die warmen Gewässer des Golfstroms schaffen, bevor sie sich auflösen. Twillingate liegt besonders nahe an der ›Iceberg Alley‹.

Im Ort sollte man sich das **Twillingate Museum** ansehen. In dem weißen Holzgebäude werden Ausstellungen zur Fischerei sowie Artefakte der Beothuk-Indianer und der Dorset-Inuit gezeigt. Im gleichen Gebäude befindet sich auch ein Andenkenladen, wo man neben Büchern über die Region auch handgestrickte Wollsachen kaufen kann (Tel. 709-884-2825, Mitte Mai–Anf. Okt. 9–21 Uhr, 3 $).

Auch der Abstecher zum 1876 erbauten **Long Point Lighthouse** lohnt sich. Vom Leuchtturm lassen sich die im Frühsommer vorbeitreibenden Eisberge sehr gut beobachten.

Regional Visitor Centre: Rte. 340, ein paar Kilometer vor Twillingate, Tel. 709-628-7454. Informationsmaterial.

www.icebergfinder.com: Die neue Internetseite bietet Wissenswertes über Eisberge und informiert auch über die aktuelle Position der weißen Riesen.

Harbour Lights Inn: 189 Main St., Tel. 709-884-2763, 1-877-884-2763, www.harbourlightsinn.com. Hübsches B & B Inn in einem ehemaligen Zollhaus aus dem 19. Jh., nett eingerichtete Zimmer mit Blick über den Hafen. DZ 75–140 $.

Wale, Vögel, Eisberge: Twillingate Island Boat Tours, 50 Main St., Tel. 709-884-2242, 1-800-611-2374, Fax 627-3219, www.icebergtours.ca, Mai–Sept. 9.30, 13 und 16 Uhr. Wale, Seevögel und Eisberge beobachten. Touren 35 $, Kinder 25 $.

Gander und Notre Dame Junction

Gander 17, am Trans-Canada Highway und einem 123 km langen See gelegen, ist wirtschaftliches Zentrum der Region. Die Stadt ist vielen Transatlantikfliegern der Nachkriegszeit noch als Zwischenstopp in Erinnerung. Im **Atlantic Wings Exhibit** im Flughafengebäude sieht man, wie die Luftfahrt die Geschichte des Ortes geprägt hat. Von Gander starteten im Zweiten Weltkrieg amerikanische und kanadische Bomber über England nach Deutschland, um dort ihre tödliche Fracht abzuladen. Mehr über Neufundlands Rolle im transatlantischen Luftverkehr erfährt man im **North Atlantic Aviation Museum** am Highway 1. Hier sind auch einige historische Flugzeuge zu sehen (Tel. 709-256-2923, 4 $).

Bei **Notre Dame Junction 18** gibt es einen Campingplatz und ein Informationszentrum der Provinzregierung.

Von Grand Falls-Windsor nach Corner Brook

Grand Falls-Windsor

Grand Falls-Windsor 19 ist Zentrum der holzverarbeitenden Industrie. Früher noch per Bahn, heute per Lastwagen werden die Papierrollen in das nahe gelegene Botwood gefahren. Das beschauliche Städtchen träumt von vergangenen Tagen. Im Dockside Restaurant direkt am Hafen kommt man schnell mit Einwohnern ins Gespräch, die einem die eine oder andere Anekdote aus der Geschichte des Ortes erzählen.

Im **Mary March Museum** erfährt man Näheres über 4000 Jahre Besiedelung und das tragische Schicksal der Beothuk-Indianer. Die Ureinwohner Neufundlands konnten den seit dem frühen 17. Jh. rücksichtslos vordringenden europäischen Pionieren, Holzfällern, Pelzjägern und Siedlern nicht standhalten – sie wurden verdrängt, gejagt und oft brutal niedergemacht. Die eingeschleppten Krankheiten der Weißen taten ein Übriges. Die Eigenart der Beothuks, sich die Haut rot zu färben, ließ die europäischen Entdecker nach ersten Begegnungen die Kunde von den ›Rothäuten‹ nach Europa bringen.

Das Museum ist der Beothuk-Indianerin Demasduit (die Weißen nannten sie Mary March) und ihrem untergegangenen Volk gewidmet. Demasduit wurde 1819 bei Red Indian Lake von weißen Pelzjägern gefangen. Als sie an Tuberkulose erkrankte, wollten Regierungsbeamte sie ein Jahr später wieder zu ihrem Stamm zurückbringen. Aber Demasduit erlag der Krankheit in der Nähe des heutigen Botwood, ohne ihre Familie wiederzusehen.

1829 starb in St. John's die Beothuk-Indianerin Shanawdithit – als letztes Mitglied ihres Volkes. Man hatte sie 1823 zusammen mit ihrer Mutter und Schwester gefangengenommen. Vieles von dem, was man heute über die Kultur der Beothuk weiß, verdankt man ihren Überlieferungen. Das rekonstruierte **Beothuk Village** mit *smoke house* und Zelten hinter dem Museum vermittelt einen Eindruck vom Leben der Ureinwohner (16 St. Catherine St., Tel. 709-292-4522/23, www.nfmuseum.com, Anf. Mai–Anf. Okt., 9.30–16.45 Uhr, 3 $).

Visitor Information Centre: Hwy. 1, Tel. 709-489-6332, www.grandfalls-windsor.com, Mai–Okt. 9–21 Uhr.

Carriage House Inn: 181 Grenfell Heights, Tel. 709-489-7185, Fax 489-1990, www.carriagehouseinn.ca. Attraktives B & B Country Inn, schöne Lage an Forellenfluss im Exploits Valley, neun nett eingerichtete Zimmer, üppiges Frühstück inbegriffen. DZ 69–109 $.

Mount Peyton Hotel: 214 Lincoln Rd., Tel. 709-489-2251, Fax 489-6365, www.mountpeyton.com. Komfortables Hotel, Restaurant und Steakhouse. 87–250 $.

Beothuk Park

Wie die Holzfäller früher gelebt und gearbeitet haben, sieht man im Logger's Life Provincial Museum des Beothuk Park westlich von Grand Falls-Windsor. Hier sind die Blockhäuser eines *logging camp* aus den 1930er-Jahren rekonstruiert und im Stil der Zeit eingerichtet worden, komplett mit Kochhaus, Es-

Die Eisbergspitzen fest im Blick: Kajaktour auf der Iceberg Alley

senssaal und Unterkünften. Holzwirtschaft ist seit fast 400 Jahren für die Provinz von Bedeutung, bereits 1610 wurde die erste Sägemühle in Betrieb genommen. Das Gelände bietet auch Wandermöglichkeiten und Gelegenheit zur Vogelbeobachtung (Rte.1, Exit 17, westlich von Grand Falls-Windsor, Tel. 709-486-0492, 489-4522, 24. Mai–30. Sept. 9.30–16.30 Uhr, 2,50 $).

Abstecher zur Baie Verte Peninsula

Die touristische Attraktion der **Baie Verte Peninsula** 20 sind Eisberge. In **Seal Cove** am Ende der Route 412 kann man sie im Frühsommer gut vorbeidriften sehen. Um die vielen pittoresken Küstenorte an der landschaftlich äußerst reizvollen Notre Dame Bay mit ihren zerklüfteten Ufern und einem Gewirr von Inseln und Meeresarmen zu erschließen, muss man Zeit mitbringen. Alle haben eine Geschichte zu erzählen, vom harten Leben unter rauen klimatischen Bedingungen und von den wirtschaftlichen Schwierigkeiten, die in den letzten Jahren immer größer geworden sind.

Deer Lake

Der kleine Ort **Deer Lake** 21 mit 5000 Einwohnern ist ein wichtiger Verkehrsknotenpunkt. Der Trans-Canada Highway setzt hier seinen Bogen nach Süden fort und führt über Corner Brook (s. u.) nach Channel-Port aux Basques. Außerdem zweigt die Route 430 vom Trans-Canada Highway zur 450 km entfernten Nordspitze Neufundlands mit der historischen Wikingersiedlung L'Anse aux Meadows (s. S. 458) ab. Erstes Highlight an der Route 430 und eine der Hauptattraktionen der Provinz ist der nur 70 km von Deer Lake entfernte Gros Morne National Park (s. S. 452). Im Besucherzentrum von Deer Lake gibt es ausführliches Material über den Nationalpark und die Sehenswürdigkeiten des Viking Trail (Hwy. 1, Tel. 709-635-2202, Juni–Sept. 8–20 Uhr).

Corner Brook

Durch den Humber Arm mit dem St.-Lorenz-Golf verbunden, ist **Corner Brook** 22 mit etwa 35 000 Einwohnern die zweitgrößte Stadt Neufundlands und die einzige größere im Westen der Provinz. Seit dem 19. Jh. verhilft die holzverarbeitende Industrie dem Ort zu Wohlstand. Unten am Hafen befindet sich die Kruger Paper Mill, eine der größten Papiermühlen auf dem nordamerikanischen Kontinent. Mehr als 500 000 t Papier werden von hier in alle Welt verschifft.

Die Stadt ist stolz darauf, dass Captain James Cook im Jahre 1767 die Bay of Islands erkundete und als ideales Siedlungsgebiet bezeichnete. Das **Captain Cook's Monument** auf einer Anhöhe an der Crow Hill Road erinnert an den großen englischen Seefahrer und Entdecker. Schon während der Fahrt zum Monument bieten sich schöne Ausblicke auf Stadt und Meerenge bis zur Bay of Islands.

Das **Corner Brook Museum & Archive** in einem historischen Gebäude, das schon als Gerichtssitz, Telegrafenstation und Zollamt gedient hat, zeigt neben vielen nostalgischen Alltagsgegenständen auch Ausstellungen zur Geschichte der Region, von den Ureinwohnern bis zur Holz- und Papierindustrie (2 West St., Tel. 709-634-2518, www.cornerbrookmuseum.com, Mitte Juni–Ende Aug. 10–20 Uhr, Rest des Jahres erfragen, 4 $).

Ein beliebtes Ausflugsziel in der Umgebung von Corner Brook ist das Fischerdorf **Lark Harbour** an der Spitze einer Landzunge, die in die Bay of Islands ragt. Auf dem 488 m hohen **Marble Mountain,** 10 km nördlich von Corner Brook, gibt es gute Wandermöglichkeiten mit schönem Panoramablick. Im Winter ist hier das Skizentrum der Provinz, preiswert, schneesicher und mit hervorragenden Abfahrten und Loipen. Ein zehntägiger Winterkarneval zieht jedes Jahr Tausende Besucher in die Universitätsstadt.

Corner Brook Tourist Chalet: West Valley Rd. und Confederation Dr., Tel. 709-639-9792, www.cornerbrook.com.

Glynmill Inn: Cobb Lane, Tel. 709-634-5181, 1-800-563-4400, Fax 634-5106, www.glynmillinn.ca. Gemütliches Hotel mit zwei Restaurants. 89–183 $.
Humber Valley Golf Resort: Hwy. 1 nördlich von Corner Brook, bei Little Rapids im Tal des Humber River, Tel. 709-686-8100, Fax 709-686-8101, www.humbervalley.com. Schöne, im Wald gelegene Chalets, sehr geräumig und luxuriös eingerichtet, auch für kleine Gruppen geeignet, Jacuzzi, Schwimmbad, Restaurants, Golfplatz, Tennis, Wandern, Kanu- und Kajakfahren. Ab 350 $.

Thirteen West: 13 West St., Tel. 709-634-1300. Das wohl beste Restaurant der Stadt. 16–30 $.

Newfoundland Emporium: 7 Broadway Rd., Tel. 709-634-9376. Interessanter Laden zum Stöbern, Kunsthandwerk, alte Bücher, Antiquitäten, Kunstgalerie.

Von Port au Port nach Channel-Port aux Basques

Port au Port Peninsula

Die **Port au Port Peninsula** 23 gehört zu den schönsten Landstrichen im Südwesten Neu-

Richtig Reisen-Tipp: Mit dem Fährschiff entlang der Südküste

Um die Südküste Neufundlands zu erkunden, muss man aufs Schiff umsteigen. Ein knappes Dutzend malerischer kleiner Fischerorte zwischen Rose Blanche und dem 250 Seemeilen entfernten Bay L'Argent auf der Burin Peninsula sind durch Passagier- und Frachtfähren miteinander verbunden. Die meisten sind abgeschiedene *outports,* die nur von See aus erreichbar sind. Wer genügend Zeit mitbringt, kann für wenig Geld mit der Fähre einmalige Exkursionen unternehmen und dabei auch Humor und Gastfreundschaft der Neufundländer kennen lernen. Übernachten kann man in B-&-B-Pensionen oder auch bei gastfreundlichen Dorfbewohnern.

Seit einigen Jahren fährt die Küstenfähre allerdings nicht mehr durchgehend von Rose Blanche bis Bay L'Argent. Das macht die Planung schwieriger, aber es bieten sich noch genug Alternativen, die einsame Südküste zu erleben. Für eine kürzere Erkundungstour lässt man das Auto in Rose Blanche stehen und nimmt von dort die Küstenfähre nach **La Poile** und **Grand Bruit.** Die Fahrt dauert etwa 90 Minuten bis La Poile, einem kleinen Fischerdorf mit weniger als 200 Einwohnern, dann noch einmal 60 Minuten bis Grand Bruit (Mo, Mi, Fr, Sa und So möglich). Hier übernachtet man und fährt am nächsten Morgen mit der Fähre zurück. Der Name Grand Bruit bedeutet ›viel Lärm‹, eine treffende Bezeichnung, denn in der Nähe des Ortes stürzt ein Wasserfall über eine 100 m hohe Klippe. Es lohnt sich, länger in Grand Bruit zu bleiben, man kann Wild beobachten, angeln, Kanu fahren und in der Umgebung des pittoresken *outports* herrlich wandern. Die Webseite von **Blue Mountains Cabins** (s. u.) vermittelt einen guten Eindruck von den Fotomotiven, die sich dem Wanderer bieten. Donnerstags besteht die Möglichkeit, eine Rundfahrt nach Burgeo zu unternehmen.

Hat man mehr Zeit, lohnt als Ausgangspunkt **Burgeo** 27, mit dem Auto über die Route 480 zu erreichen. Dort kann man im Burgeo Haven Bed and Breakfast übernachten und mit der Fähre auch die pittoresken *outports* Grey River und François entdecken. Der gastfreundliche Pensionsbesitzer zeigt gerne die Gegend, veranstaltet Bootstouren und arrangiert Übernachtungsmöglichkeiten in François. Der Küstenstrich um Burgeo ist außerordentlich reizvoll. Felsige Inseln heben sich vor sandigen Buchten und einer grünen Hügellandschaft ab. Die umliegenden Wälder und Tundragebiete sind für ihren Wildreichtum bekannt. Eine gute Gelegenheit, Karibus – davon soll es hier über 60 000 geben – oder Elche zu sehen.

Von Burgeo zur **Insel Ramea,** auf der mehrere hundert Menschen leben, fährt mehrmals am Tag eine Autofähre. Im 19. Jh. hatten amerikanische Fischer hier Fangrechte. Werften und Schiffsausstatter machten zur damaligen Zeit gute Geschäfte. Die örtliche Handelsgesellschaft unterhielt Geschäftsbeziehungen mit Europa, Südamerika und der Karibik.

... in Grand Bruit:
Blue Mountain Cabins: Cynthia Billard, General Delivery, Tel. 709-492-2753, www.bluemountaincabins.ca. Zwei schön gelegene Cabins mit Bad und Küche, Wandern, Angeln und Kanufahren. 70–75 $.
... in Burgeo:
Burgeo Haven Inn on the Sea: Dorin Keeping & Martine Dickens, 111 Beach Rd., Tel./Fax 709-886-2544, 1-888-603-0273. Gemütliche Pension in einem großen historischen Haus. 70–80 $.

Provincial Ferry Services: www.tw.gov.nl.ca/ferryservices/schedules/stm, Rose Blanche–Burgeo Tel. (709) 292-4302, Ramea–Grey River–Burgeo (709) 292-4327 oder 292-4300. Auskunft über Schiffsverbindungen an der Südküste.

In Rose Blanche endet die Küstenstraße

fundlands, nicht zuletzt wegen der herrlichen Aussicht aufs Meer. Von Stephenville fährt man auf der Route 460 entlang der Nordküste der St. George's Bay durch mehrere fotogene Fischerdörfer wie Abrahams Cove, Jerry's Nose und Ship Cove. Bei Sheaves Cove ist ein Wasserfall zu bewundern.

Im **Piccadilly Head Provincial Park** an der Route 463 gibt es einen geschützten Campingplatz. Auf der Route 460 geht es dann weiter entlang der French Coast mit ihren steilen Klippen zum einzigen französischen Siedlungsgebiet auf Neufundland. Früher befand sich hier das bedeutendste Fischereizentrum Frankreichs auf dem amerikanischen Kontinent. Nachfahren der französischen Fischer und Seeleute, die sich hier niederließen, leben noch heute auf Port au Port. Selbst einen Ort namens Lourdes, mit der größten Holzkirche Neufundlands, gibt es im Norden der Halbinsel, wo die langen Sandstrände zur Inselspitze Long Point führen. Man fühlt sich auf der Port-au-Port-Halbinsel selbst für neufundländische Verhältnisse um 50 Jahre zurückversetzt, auch sprachlich gesehen. Die Menschen sprechen in Marches Point, De Grau, Petit Jardin und den anderen Ortschaften noch ein altertümliches Französisch. Bei **Point au Mal** am Ende der Route 462 hat man einen schönen Blick über die Port au Port Bay.

... in Port au Port West: Spruce Pine Acres Country Inn: Tel. 709-648 9600, 1-877-239-7117 Fax 648-9273, www.spa.nf.ca. Country Inn in schöner Lage mit Blick auf die Bay of St. George's und das hügelige Hinterland, hübsch eingerichtete Zimmer und Chalets, gutes Restaurant, Spezialität Meeresfrüchte, besonders zu empfehlen: Fisherman's Platter mit Scallops (Kammuscheln), gedünstetem Lachs und Shrimps (25 $), Wanderwege, Kajak, Angeln. Dinner 13–28 $, DZ 125–195 $.

Barachois Pond Provincial Park

Am Trans-Canada Highway folgen bis Channel-Port aux Basques mehrere schöne Provinzparks mit guten Camping- und Freizeitmöglichkeiten. Der **Barachois Pond Provincial Park** 24 am Fuße der Long Range Mountains ist mit 3500 ha Neufundlands größter Provinzpark. Es gibt 150 Plätze, die direkt am See liegen (keine elektrischen Anschlüsse). Der Park hat schöne Wanderwege, man kann Schwimmen und Kanufahren und es gibt Campfire-Programme und naturkundliche Führungen (Parkgebühr 5 $, Camping 15 $).

Channel-Port aux Basques

Channel-Port aux Basques 25 ist Neufundlands wichtigster Fährhafen. Die Verbindung nach North Sydney in Nova Scotia ist offiziell Teil des Trans-Canada Highway. Die kleine Stadt hat ihren Namen von den baskischen, französischen und portugiesischen Fischern, die im frühen 16. Jh. an den neufundländischen Küsten die reichen Fischbestände ausbeuteten. Die einfachen, in Pastelltönen gestrichenen Holzhäuser sind auf Stelzen am Wasser gebaut und müssten eigentlich unter Denkmalschutz gestellt werden.

Im **Gulf Museum** gegenüber dem Rathaus wird die Bedeutung des Fischfangs für die neufundländische Kultur im Laufe mehrerer Jahrhunderte dargestellt. Auch eine alte Taucherausrüstung, ein Astrolabium von 1628 und Artefakte einer prähistorischen Eskimosiedlung findet man hier (118 Main St., Tel. 709-695-7560, 5 $).

Port aux Basques Information Centre: Trans-Canada Highway, nördlich der Stadt, Tel. 709-695-2262, 1-800-563-6353.

St. Christopher's Hotel: 146 Caribou Rd., Tel. 709-695-7034, Fax 695-9841. Schön gelegenes Motel in der Nähe der Fähre mit Fischrestaurant. DZ 76–135 $.

Marine Atlantic: Port-aux Basques Terminal, Tel. 1-800-341-7981, www.marine-atlantic.ca. Auskunft über Fährverbindung nach Sydney, Nova Scotia.

Rose Blanche und die Südküste

Ein kleiner Abstecher entlang der Südküste nach **Rose Blanche** 26 lohnt sich auf jeden Fall für jene, die sich für Leuchttürme begeistern und einen Sinn für die Tragik von Schiffsunglücken haben. Mehrere Dutzend Schiffe liegen hier vor der Küste auf dem Grund der Cabot Strait. Einsame Fischerdörfer, raue Küstenformationen mit dunklen Klippen, an denen pausenlos die Brecher zerstäuben, und ein herrlicher Blick vom 1873 erbauten Leuchtturm machen die Fahrt zu einem Erlebnis. Das aus Granitblöcken gebaute **Rose Blanche Lighthouse** aus dem 19. Jh., eine der letzten Anlagen dieser Art an der Atlantikküste, wurde 1999 originalgetreu restauriert (Tel. 709-956-2052, 709-956-2141, http://roseblanchelighthouse.ca, Mai–Okt. 9–21 Uhr, 3 $).

Hook, Line & Sinker: Lighthouse Rd., Tel. 709-956-2005, 902-434-3131, 1-800-505-6395, Fax 956-2005. Vier Zimmer in einem renovierten Fischerhaus, alle mit eigenem Bad, schöner Blick auf die Küste, der Gastgeber wohnt nicht im Haus, man bereitet sich das Frühstück selbst. Mai–Okt. 60 $.

Friendly Fisherman Cafe: am Hafen, Tel. 709-695-2022. Nettes Fischrestaurant mit Blick auf Boote und Fischerhäuser, üppige Portionen. Ab 8 $.

Provincial Ferry Services: www.tw.gov.nl.ca/ferryservices, Rose Blanche–Burgeo Tel. 709-292-4302. Auskunft über Schiffsverbindungen an der Südküste.

Gros Morne National Park und Viking Trail

Karte S. 459

Der größte Teil des Viking Trail, der Route 430, führt direkt an der Küste entlang. Er verbindet zwei Sehenswürdigkeiten von Weltrang, den von der Unesco zum Welterbe ernannten Gros Morne National Park mit seinen Urgesteinen aus der Frühzeit der Erde und die historische Wikingersiedlung L'Anse aux Meadows. Immer wieder reizt der Ausblick auf den St.-Lorenz-Golf zu kleinen Zwischenstopps. Ein halbes Jahrtausend Fischereigeschichte erlebt man bei einem Abstecher nach Battle Harbour an der Labrador-Küste.

14 Gros Morne National Park

Der 4662 km² große Gros Morne National Park wurde 1988 von der Unesco auf die Liste der zu schützenden Weltnaturdenkmäler gesetzt. Dicht bewaldete Berge, glasklare Seen, tiefblaues Wasser, schroffe Felsformationen und hier und da ein kleines Fischerdorf mit pastellfarbenen Häusern – eine Szenerie von beeindruckender Vielfalt. Wandern, Trekking, Bootfahren, aber auch Trailritte gehören zu den Freizeitmöglichkeiten des Parks. Mit seetüchtigen Kajaks durch die herrlichen Fjordlandschaften zu paddeln ist ein ganz besonderes Erlebnis, zum Beispiel auf den weit ins Land reichenden Armen des Bonne Bay Fjord.

Durch den Nationalpark zieht sich die Bergkette der Long Range Mountains. Sie stellen die Fortsetzung der amerikanischen Appalachen dar und gelten als das älteste Gebirge der Erde. Hier befindet sich das Mekka der Geologen, ›The Galapagos of Plate Tectonics‹, wie es die Einheimischen nennen. Durch die Gletscheraktivitäten der letzten Eiszeit ist das Urgestein der Erde bloßgelegt. Bemerkenswert sind die Unterschiede zwischen der bewaldeten milden Küstenregion und dem kargen Bewuchs auf dem rauen, windverwehten Bergplateau.

Im Park leben viele Schwarzbären, Elche, Karibus, Füchse, Schneehasen, Otter, Biber und über 230 Vogelarten, darunter auch Weißkopfseeadler. Am St. Paul's Inlet sonnen sich Seehunde am felsigen Ufer. Übernachten kann man in Rocky Harbour, Norris Point, Trout River und Woody Point. Außerdem gibt es im Nationalpark eine Reihe von komfortablen, preiswerten Campingplätzen.

i **Gros Morne Visitor Centre:** Rte. 430 zwischen Rocky Harbour und Norris Point, Tel. 709-458-2417, www.parkscanada.gc.ca/grosmorne, Mitte Mai–Mitte Juni und Anf. Sept.–Mitte Okt. 9–17, Mitte Juni–Anf. Sept. 9–21 Uhr. Informative Ausstellungen über Geologie, Flora und Fauna des Parks, Bücher, Kartenmaterial. Tagespass 8 $.

Camping:
Gros Morne N. P. Campgrounds: fünf Campingplätze im Nationalpark. Reservierung unter Tel. 905-426-4648, 1-877-737-3783, www.pccamping.ca. Reservierungsgebühr 11 $.

Trout River Pond: am Ende der Rte. 431, im Südwesten des Nationalparks bei Trout River, hübsch auf einem Plateau über dem See gelegen, Reservierung unter Tel. 1-877-737-3783, Mitte Mai–Anf. Okt. 40 Plätze, alle Einrichtungen. Reservierungsgebühr 11 $.

Shallow Bay Campground: am Nordrand des Nationalparks bei Shallow Bay, Reservierung unter Tel. 1-877-737-3783, Mitte Mai–Anf. Okt. Alle Einrichtungen und Anschlüsse. Reservierungsgebühr 11 $.

Bootstouren: Seal Island Boat Tours, Rte. 430, Startpunkt an der St. Paul's Bridge im Norden des Nationalparks. Juni und Sept. 13 Uhr, Juli und Aug. 10, 13, 16 Uhr. Fahrten auf dem St. Paul's Inlet. Erw. 30 $, Jugendl. bis 16 J. 12 $, Kinder bis 11 J. 8 $.

Rocky Harbour

Rocky Harbour 1 ist die größte Gemeinde im Gros Morne National Park und bietet eine ausgebaute touristische Infrastruktur. Auf einem felsigen Landvorsprung nördlich des Ortes wird im **Lobster Cove Head Lighthouse** eine kleine Ausstellung über die Naturgeschichte des Parks gezeigt (Ende Mai–Mitte Okt. 10–18 Uhr). Allein die wunderschöne Aussicht über die Bonne Bay und den Golf von St. Lorenz lohnen den Besuch.

Ocean View Motel: Main St., Tel. 709-458-2730, 1-800-563-9887, Fax 458-2841, www.oceanviewmotel.com. Zentral gelegen, geräumige Zimmer, Reservierung von Bootstouren, Bar und Restaurant. DZ 90–120 $.
Mountain Range Cottages: 32 Parsons Lane, Tel. 709-458-2199, Fax 458-2184, www.mountainrangecottages.com. Nett eingerichtete, geräumige Cottages mit Küche und Patio mit Grillmöglichkeit. DZ 120 $.
Camping:
Green Point Campground: Rte. 430, 12 km nördlich von Rocky Harbour, ganzjährig geöffnet. Der schönste, direkt am Meer gelegene Campingplatz, aber einfach und ohne Anschlüsse oder Duschen, keine Reservierung möglich.
Berry Hill Campground: Rte. 430, Reservierung unter Tel. 1-877-737-3783, Juni–Okt. Durch seine zentrale Lage der populärste Platz, alle Einrichtungen und Anschlüsse. Reservierungsgebühr 11 $.

Mit den Autoren unterwegs

Stilvoll speisen

An der Wikinger-Küste von L'Anse aux Meadows serviert das **Norseman Restaurant & Gallery,** das zu den besten Restaurants Neufundlands gehört, kulinarische Köstlichkeiten (s. S. 458).

Auf den Spuren der Wikinger

Im **Norstead Viking Village,** der Replika eines Handelspostens der Wikinger, stellt kostümiertes Personal das einfache Leben der Nordmänner nach (s. S. 460). Bei einem Bootsausflug in einem originalgetreu nachgebauten **Wikingerschiff** ab L'Anse aux Meadows fühlt man sich wie Leif Eriksson und seine Mannen (s. S. 460).

Abenteuer ›Wildnis‹

In der **Tuckamore Lodge** im Norden Neufundlands findet man außer gemütlich-rustikalen Blockhütten unberührte Wildnis und einen großen See zum Kanufahren und Angeln (s. S. 461). Der Zivilisation ebenfalls entrückt ist die **Labrador-Küste** um das Fischerdorf Battle Harbour (s. S. 463).

Fisherman's Landing: Main St., Tel. 709-458-2060, 6–23 Uhr. Schlichte Einrichtung, aber gutes Essen, neufundländische Küche, Fischspezialitäten. Frühstück ab 5 $, Dinner 8–20 $.

Norris Point

Malerisch an der Bonne Bay liegt **Norris Point** 2 mit einem kleinen Fischereihafen. Das **Bonne Bay Marine Station,** ein Forschungszentrum der Memorial University of Newfoundland, informiert Besucher auf einer geführten Aquariumstour über die neuesten Forschungsergebnisse. Es gibt auch ein Seewasserbecken mit regionaler Meeresfauna zum Anfassen, auch Bootstouren auf der Bonne Bay werden angeboten (Main Rd., Tel. 709-458-2550, www.bonnebay.mun.ca, Anf. Juni–Mitte Okt., 5 $).

Richtig Reisen-Tipp: Bootstouren und Wanderungen im Gros Morne National Park

Zwei Bootsausflüge sollte man im Gros Morne National Park unbedingt unternehmen: Die 2-stündige Tour auf dem **Western Brook Pond** 5 findet vor einer spektakulären Kulisse statt. In dem 16 km langen und 165 m tiefen See, der durch ein Flüsschen mit dem Meer verbunden ist, leben Lachse, Forellen und Saiblinge. Steil aufragende, 600 m hohe Felswände umschließen den schmalen, von Gletschern gefrästen Fjord und zahlreiche Wasserfälle stürzen schäumend in die Tiefe, wobei die kleineren Kaskaden die Wasseroberfläche nur noch als Sprühnebel erreichen. Abfahrten vom Western Brook Pond Dock im Juni und Sept. 13, Juli–Aug. 10, 13, 16 Uhr, Erw. 39 $, Jugendl. bis 16 J. 18 $, Kinder bis 11 J. 12 $; der Gros Morne National Park-Pass muss zusätzlich vorgezeigt werden. Veranstalter ist BonTours (Norris Point, Tel. 709-458-2450, www.bontours.ca). Zum Anleger des Tourbootes gelangt man auf einer 40-minütigen Wanderung vom Parkplatz an der Route 430 (ca. 30 km nördlich von Rocky Harbour). Auch wenn man nicht mit dem Boot fahren möchte, lohnt die Wanderung. Der gut ausgebaute, teilweise als Boardwalk mit Holzplanken befestigte, 3 km lange **Western Brook Pond Trail** durchquert weite Moorflächen und urwüchsige Fichtenwälder. Beschriftete Tafeln erklären die Pflanzenwelt. Der Weg ist leicht bis moderat und dauert hin und zurück etwa 1,5 Stunden.

Bei einem 2-stündigen Bootsausflug auf dem **Trout River Pond** 6 macht man eine bequeme Zeitreise in die Frühgeschichte der Erde. Hier kann man die berühmten Tablelands aus immer neuen Perspektiven betrachten. Während der Fahrt werden die geologischen Besonderheiten der urzeitlichen, rund 12 km langen Felsformationen erklärt. Tourtickets erhält man im Rathaus von Trout River. Abfahrten vom Trout-River-Bootsanleger Ende Juli–Aug. 10, 13 und 16, Mai, Juni, Sept. und Okt. 13 Uhr, Erw. 35 $, Kinder und Jugendl. bis 17 J. 18 $, Kinder bis 6 J. frei. Veranstalter ist Trout River Pond Boat Tours (Trout River, Tel. 709-451-7500, 1-866-751-7500, www.troutriverpondboattour.com).

Für diejenigen, die noch mehr über die Geologie des Parks erfahren möchten, ist eine Wanderung auf dem **Tablelands Trail** ein absolutes Muss. Vom Parkplatz an der Route 431 zwischen Woody Point und Trout River führt ein 2 km langer Wanderweg durch die bizarre Mondlandschaft der Tablelands. Durch den hohen Magnesiumgehalt des Gesteins existiert praktisch keine Vegetation. Die aus dem Erdmantel stammenden, 570 Mio. Jahre alten Gesteinsformationen weisen seltene, an der Oberfläche liegende Aufschlüsse auf, die Wissenschaftlern neue Erkenntnisse über das Entstehen der Kontinentalplatten vermitteln. Der Trail gilt als leicht bis moderat, und für die insgesamt 4 km lange Wanderung sollte man 1,5 Stunden veranschlagen.

Der **Burnt Hill Hiking Trail** an der Küste bei Norris Point ist eine kleine Wanderung auf den Berg über dem Ort. Von dort bietet sich ein fantastischer Blick über Norris Point, den Bonne-Bay-Meeresarm und die dahinter liegenden Tablelands.

Der 16 km lange **James Callaghan Trail** ist moderat bis schwierig und hat einige steile Abschnitte. Der Rundweg führt auf den Gipfel des Gros Morne durch Buschland mit Weidenröschen und durch üppig-grüne Balsamfichtenbestände, die allmählich zwergwüchsiger werden, um schließlich Krummholz, alpinen Azaleen und Bergheide Platz zu machen. In der flachen, unwirtlichen Gipfelregion halten dann überwiegend Flechten die Stellung. Mit 806 m ist der Gros Morne der höchste Berg der Insel. Auf dem Gipfelplateau bietet sich ein beeindruckender Panoramablick über die weite, tundraähnliche Hochebene und den St.-Lorenz-Golf. Von einem Aussichtspunkt blickt man hinunter in den Ten Mile Pond.

Sugar Hill Inn: 115–129 Sexton Rd., Tel. 709-458-2147, Fax 458-2166, www.sugarhillinn. nf.ca. Freundliches, familiäres Ambiente, schöne große Zimmer mit Bad und separaten Eingängen; Gourmetküche. DZ 96–225 $.

Multisport-Touren: Gros Morne Adventures, Tel. 709-458-2722, 1-800-685-4624, Fax 458-3255, www.grosmorne adventures.com. Alle Touren beginnen in Norris Point: 1-tägige Wandertouren auf den Gros Morne Mountain und in den Tablelands ab 75 $, 2- bis 6-stündige Touren mit dem Seekajak 45–125 $, 6-tägige Trekkingtour 1400 $, 6-tägige Exkursion mit dem Seekajak 1600 $.
Bootstouren: Norris Point Dock, Juli und Sept. 14 Uhr, Juli und Aug. 10, 14 Uhr. Mit dem Boot durch die Bonne Bay. Erw. 32 $, Jugendl. bis 16 J. 12 $, Kinder bis 11 J. 8 $).

Wassertaxi: Zwischen Norris Point und Woody Point verkehrt ein Boottaxi; ab Norris Point Dock 9, 12.30 und 17 Uhr, ab Woody Point Dock 9.30, 13.15 und 17.30 Uhr.

Woody Point

Eine sehr informative Ausstellung zur Naturgeschichte des Gros Morne National Park findet man im modernen **Discovery Centre** an der Route 431 bei **Woody Point** 3. Neben einem großen dreidimensionalen Modell werden Fotos und Gesteinsmuster gezeigt. Eintritt ist in der Tageskarte für den Park enthalten (www.pc.gc.ca/pn-np/nl/grosmorne/index_E.asp, Tel. 709-458-2417, Mitte Mai–Anf. Okt. 9–17, im Juli bis 18 Uhr).

Roberts House Information Centre: gegenüber dem Fähranleger, Tel. 709-453-2273, www.townofwoodypoint.ca, ganzjährig geöffnet. Informationszentrum in einem 100 Jahre alten Haus.

Lighthouse Restaurant: Water St., Tel. 709-453-2213. Preiswerte Fischgerichte. Ab 11 $.

Trout River

Der erste Einwohner von **Trout River** 4 war George Crocker aus Dorsetshire, England, der sich 1815 zum Fischfang hier niederließ. Das **Crocker House, Fishermen's Museum and Interpretive Centre** zeigt Ausstellungen über das Leben der Fischer in der Bonne-Bay-Region und ist passend zum Thema in einem traditionellen neufundländischen Fischerhaus aus dem Jahr 1898 untergebracht (Tel.709-451-5376, Juli–Sept. 12–20 Uhr, 3 $).

Seaside Restaurant: Tel. 709-451-3461. Beliebtes Fischrestaurant mit vielseitigem Menü und schönem Blick auf die Bucht. 10–20 $.

Auf dem Viking Trail nach L'Anse aux Meadows

Arches Provincial Park und River of Ponds Provincial Park

Zwischen Parson's Pond und Daniel's Harbour liegt der **Arches Provincial Park** 7, wo die Wellen zwei große Felsenbögen aus dem Gestein gewaschen haben. Ein schöner Platz fürs Picknick und zum Wandern am Strand, aber Camping ist nicht erlaubt. Der **River of Ponds Provincial Park** 8 60 km weiter nördlich bietet neben Camping- und Picknick- auch hervorragende Angelmöglichkeiten auf Lachs und Forelle.

Port au Choix

Im kleinen Fischerort **Port au Choix** 9 sind im Besucherzentrum der **Port au Choix National Historic Site** archäologische Funde, Knochen, Werkzeuge und Waffen der Maritimen Archaischen Indianer zu sehen, die vor 4000 Jahren als Jäger und Sammler an den Atlantikküsten von Labrador bis Maine lebten. 1967/68 wurden hier in drei Begräbnisstätten mit über 50 Gräbern Artefakte und Knochen von etwa 100 Menschen gefunden. Auch Überreste einer späteren Dorset-Eskimo-Siedlung wurden entdeckt. Nach den daraus gewonnenen Erkenntnissen hat man eine historische Behausung rekonstruiert. Die

Ausgrabungsstätten sind über die ganze Peninsula verteilt. Auf geführten Wanderungen kann man sie besuchen und im Sommer auch den Archäologen bei der Arbeit zusehen. Die Ausgrabungsstätte ›Philip's Garden‹ erreicht man auf einer 20-minütigen Wanderung (Sommer Tel. 709-861-3522, Winter Tel. 709-458-2417, www.pc.gc.ca, 1. Juni–9. Juni 9–17, 10. Juni–4. Sept. 9–18, 5. Sept.–9. Okt. 9–17 Uhr, Erw. 7,25 $, Kinder bis 16 J. 3,45 $).

Gleich am Ortseingang sollte man sich **Ben's Studio** einmal ansehen. Dazu gehört auch ein kleines Museum mit Kunsthandwerksladen. Hier zeigt der Künstler Ben Ploughman seine dreidimensionalen Bilder aus Holz, faszinierende Kollagen neufundländischer Motive. Sein Museum of Whales & Things mit einem Sammelsurium von Kunsthandwerk, Fotos und Schriftstücken zeigt als Hauptattraktion das Skelett eines 14 Meter langen Spermwals ausgestellt (Rte. 430–28, 24 Fisher St., Tel. 709-861-3280, www.bensstudio.ca, Anf. Juni–Ende Sept.)

Über die örtliche Geschichte erfährt man dann mehr im **Port au Choix Heritage Centre** mit Antiquitäten und Artefakten aus dem letzten Jahrhundert. Auch hier gehört ein kleiner Laden mit Andenken und in der Region hergestellten Handarbeiten dazu (Fisher St., Tel. 709-861-4100, 7. Juli–1. Sept. 10–19 Uhr).

Jeannie's Sunrise Bed and Breakfast: 84 Fisher St., Tel. 709-861-2254, www.jeanniessunrisebb.com. Liebevoll eingerichtetes B & B Inn mit sechs geräumigen Zimmern, gemütlicher Aufenthalts- und Frühstücksraum. DZ 50–80 $.

Anchor Café: Main St., Tel. 709-861-3665, Anf. Juni–Ende Sept. 8–24 Uhr. Nicht zu verfehlen, der Eingang des Restaurants gleicht einem Schiffsbug, auch innen herrscht maritimes Ambiente mit Hummerfallen und Fischernetz-Dekoration, Fischspezialitäten, besonders lecker: Kabeljau nach Südstaatenart gegrillt *(blackened cod)*. Dinner ab 10 $.

Long Range Mountains im Gros Morne National Park

Quoyle-Küste

Weiter auf der Route 430 folgen dann zahlreiche Fischerdörfer und idyllische Lachs- und Forellenflüsschen. Hier führt die Straße durch eine der abgeschiedensten Regionen Neufundlands. An der ›Quoyle-Küste‹, wie die Neufundländer den Küstenstrich zwischen Blue Cove, St. Barbe, Deadman's Cove, Flower's Cove und Eddie's Cove neuerdings nennen, spielt der mit dem Pulitzerpreis gekrönte Roman »Schiffsmeldungen«, mit dem E. Annie Proulx 1994 die literarische Aufmerksamkeit auf Neufundland lenkte. Ihre Erzählung über das neue Leben des etwas ungeschickten Quoyle zeigt eindrucksvoll, wie der Fischfang über Jahrhunderte hinweg die neufundländische Kultur geprägt hat. Ihr Roman hat Neufundland durchaus im positiven Sinne bekannt gemacht und damit den Tourismus kräftig unterstützt. Dennoch gefällt ihre etwas drastische Schilderung der Charaktere nicht allen Neufundländern und über das Buch wird in der Provinz kontrovers diskutiert.

Bei **St. Barbe** 10 lässt sich ein Abstecher mit der Fähre über die 17 km breite Strait of Belle Isle nach Blanc Sablon (s. S. 461) machen, um dort ein kleines Stückchen mit dem Auto befahrbares Labrador zu erkunden, eine interessante und preiswerte Schiffsreise inbegriffen.

... in St. Barbe:
Dockside Motel: Main Rd., Tel. 709-877-2444, www.docksidemotel.nf.ca. Schlichtes Motel mit 20 Zimmern und zehn Cabins, einzige Unterkunft in der Nähe der Fähre, Restaurant. DZ 72–85 $.

MV Apollo Ferry: Tel. 709-724-9173, 1-866-535-2567, www.tw.gov.nl.ca/ferry services/schedules/J-apollo.stm, Mai–Anf. Jan. 1–2 x tägl. Einfache Fahrt von St. Barbe nach Blanc Sablon Erw. 11,25 $, Kinder 5–12 J. 6 $, Auto 22,75 $, Camper ab 48,75 $.

Flower's Cove

Etwa 14 km weiter nördlich, bei **Flower's Cove 11,** zweigt von der Route 430 die Burns Road ab. Hinter der Marjorie Bridge führt ein kleiner Steg zum Wasser. Hier sind äußerst seltene **Thrombolithen** zu sehen. Die flachen kreisförmigen Felsformationen sind aus Algen- und Bakterienablagerungen entstandene Fossilien, über 650 Mio. Jahre alt und damit die ältesten Lebensformen auf der Erde.

15 L'Anse aux Meadows

Hinter Eddie's Cove führt die Straße durchs Landesinnere zur L'Anse aux Meadows National Historic Site an der Nordspitze der Great Northern Peninsula. Hier wurden 1960 bis 1967 von einem internationalen Archäologenteam unter Leitung des Norwegers Helge Ingstad die Reste einer Wikingersiedlung ausgegraben. Es ist die erste bekannte europäische Niederlassung auf dem amerikanischen Kontinent. Wahrscheinlich handelt es sich bei der ›Bucht bei den Wiesen‹ – wie eine Übersetzung von L'Anse aux Meadows lautet – um das legendäre Vinland. Die Landnahme des heutigen Neufundland durch die Wikinger erfolgte gegen Ende des 10. Jh. und ist, wenn man isländischen Heldensagen glauben darf, eine Entdeckung von Leif dem Glücklichen. Glücklich wurden die Wikinger auf Neufundland allerdings nicht. Wahrscheinlich verunsichert durch die Angriffe der Skraelinger, wie sie die Ureinwohner nannten, mussten sie nach nur wenigen Jahren den Rückzug antreten. Folglich kann man im **L'Anse aux Meadows Visitor Centre,** das in unmittelbarer Nähe zur ursprünglichen Siedlung errichtet wurde, nur wenige Relikte aus dieser Zeit betrachten: Knochen, Artefakte aus Eisen, geschmiedete Bronzespangen. Die rekonstruierten Häuser, die mit einer Art Rollrasen – dem Grassoden – bedeckt sind, wurden nach alten Überlieferungen authentisch eingerichtet, und Parkpersonal in Wikingerkleidung veranschaulicht die harten Lebensbedingungen vor gut tausend Jahren (Hwy. 436, Sommer Tel. 709-623-2608, Winter Tel. 709-458-2417, Besucherzentrum: Anf. Juni–Mitte Okt., 9–20 Uhr, 7 $).

Valhalla Lodge: Rte. 436, in Gunner's Cove, 5 km südlich von L'Anse aux Meadows, Tel. 709-623-2018, Winter 709-896-5476, www.valhalla-lodge.com, Mai–Okt. Attraktives Bed and Breakfast mit kleinen, aber gemütlich eingerichteten Zimmern, auf einer Anhöhe über dem Meer, man kann von hier den Walen und vorbeischwimmenden Eisbergen zuschauen. DZ 86–135 $.

Quirpon Lighthouse Inn: Rte. 436, Quirpon Island, 7 km südöstlich von L'Anse aux Meadows, Tel. 709-634-2285, 1-877-254-6586, www.linkumtours.com, Mai–Okt. Elf Zimmer in einem malerisch gelegenen, historischen Leuchtturmwärterhaus, Überfahrt zur Insel mit einem Fährboot, Wanderwege, geführte Kajaktouren, Eisberge und Wale beobachten, alle Mahlzeiten und Überfahrten inklusive. DZ 325 $.

Camping:

Viking R.V. Park: Rte. 436, in Quirpon, 7 km südöstlich von L'Anse aux Meadows, Tel. 709-623-2046, Mai–Okt. 110 Stellplätze mit Anschlüssen, Internet.

The Norseman Restaurant & Gallery: L'Anse aux Meadows Harbourfront, Tel. 709-754-3105, 1-877-623-2018, www.valhalla-lodge.com/Restaurant.htm. Gehört zu Neufundlands besten Restaurants, mit schönem Blick auf Hafen und Meer, und bei entsprechendem Wetter auch einem herrlichen Sonnenuntergang; zur stilvollen Ausstattung gehören Kunstwerke an den Wänden; das Menü ist vielseitig, die Weinkarte umfangreich, besonders lecker und zart sind Lamm und das gegrillte marinierte Karibu-Steak; natürlich gibt es eine große Auswahl an Fischspezialitäten wie Hummer, Lachs- und Kabeljau-Chowder sowie Scallops in Petersiliensauce; im Juli und Aug. wird Di und Fr abends das Dinner Theatre ›Newfoundland Times‹ geboten, Sketche, Theater, Musik und Geschichtenerzähler, Juni–Okt. 9–22 Uhr. 22–35 $, Dinner Theatre 33 $.

Gros Morne National Park und Viking Trail

Bootstouren: Viking Boat Tours, Rte. 436, in St. Lunaire, 10 km südlich von L'Anse aux Meadows, Tel. 709-623-2100, www.nfld.net/vikingboattours, Juni–Sept. 10, 13 und 16 Uhr. 2,5-stündige Exkursionen mit einem originalen Nachbau eines Wikinger-Bootes; Wale, Seevögelkolonien und Eisberge beobachten und dabei die Küstenlandschaft bei L'Anse aux Meadows aus der Sicht der Wikinger erleben. Erw. 40 $, Kinder 5–12 J. 25 $, bis 4 J. 10 $.

Norstead Viking Village

Das Gegenstück zum historischen Nationalpark von L'Anse aux Meadows ist das **Norstead Viking Village,** das eine blühende Handelsniederlassung der Wikinger in Europa darstellen soll. Zwar hat dies mit dem Leben in der ursprünglichen Siedlung von L'Anse aux Meadows, dessen Bewohner ihrer unwirtlichen Umgebung den Lebensunterhalt abtrotzten, sicher wenig gemein, ist aber dennoch einen Besuch wert. In Norstead erfüllt kostümiertes Personal die rekonstruierte Siedlung mit Leben. Frauen bereiten Essen zu, spinnen, färben Wolle und fertigen Kleidungsstücke an, man sieht dem Schmied bei der Arbeit zu und kann das frisch gebackene Brot probieren. Sehenswert ist vor allem der schöne Nachbau eines großen Wikingerschiffs, mit dem 1998 eine neunköpfige Mannschaft von Grönland nach L'Anse aux Meadows segelte. Alles in allem wirkt die künstliche Wikingersiedlung an der sturmverwehten Küste mit weidenden Schafen, arbeitenden Menschen und Gebäuden, die schon die richtige Patina angesetzt haben, doch recht überzeugend (Rte. 436, gleich hinter dem Abzweig zur National Historic Site, Tel. 709-623-2828, 1-877-620-2828, www.norstead.com, Anf. Juni–Ende Sept. 9–18 Uhr, Erw. 8 $, Kinder 4 $).

Abstecher nach St. Anthony

Nach dem Besuch von L'Anse aux Meadows empfiehlt sich auch ein Abstecher nach **St. Anthony** 12. Der größte Ort der Northern Peninsula ist Sitz der Grenfell Mission, einer Stiftung, die sich die medizinische Versorgung der isoliert lebenden Bewohner im Norden Neufundlands und in Labrador zur Aufgabe gemacht hat. Gegründet wurde sie von Dr. (später Sir) Wilfred Grenfell, der ab 1892 jahrzehntelang die Einwohner der weit verstreuten, entlegenen Orte an der Labrador-Küste in seinem ›schwimmenden‹ Hospital behandelte. Im Alter widmete er sich dem Sammeln von Geldern für Pflegestationen, Kranken- und Waisenhäuser. Mehr über das Leben und die Arbeit von Sir Wilfred Grenfell erfährt man im **Grenfell Interpretation Centre.** Dem Zentrum ist eine Cafeteria und ein Laden, in dem die Handarbeiten der Grenfell Stiftung verkauft werden, angeschlossen (1 Maraval Rd., Tel. 709-454-4010, www.grenfell-properties.com, Juni–Mitte Okt. 9–20 Uhr, 5 $, Eintrittskarte gilt auch für das Museum).

Hinter dem Hospital steht auf einem Hang das stattliche Haus, das Grenfell mit seiner Familie viele Jahre bewohnte. Als **Grenfell House Museum** vermittelt es einen guten Eindruck, wie der legendäre Arzt und Missionar gelebt hat (Mitte Mai–Anf. Juni 9–18, Anf. Juni–Sept. 9–20 Uhr).

Haven Inn: 14 Goose Cove Rd., Tel. 709-454-9100, 1-877-428-3646, Fax 454-2270, www.haveninn.ca. Hübsch eingerichtete Zimmer mit Blick über St. Anthony, Lounge, Restaurant mit neufundländischen Spezialitäten. DZ 81–123 $.

The Lightkeepers' Cafe: Fishing Point Rd., Tel. 709-454-4900, 1-877-454-4900, 11.30–21 Uhr. Restaurant in einem ehemaligen Leuchtturmwärter-Haus im Park, leckere Fischspezialitäten. 12–25 $.

Grenfell Handicrafts: im Grenfell Interpretation Centre, Tel. Sommer 709-454-3576, Winter 709-454-3576. Reiseandenken, bestickte Parkas, Kunsthandwerk.

Wale und Eisberge: Northland Discovery Boat Tours, hinter dem Grenfell Interpretation Centre, Tel 709-454-3092, 1-877-632-3747, www.discovernorthland.com, Mitte Mai–Anf. Okt. 9, 13 und 16 Uhr. 2,5-

Mit Glück sieht man beim *whale watching* die Schwanzflosse eines Wals

stündige Exkursionen mit einem bequemen 48-Passagier-Schiff, Wale und Eisberge beobachten; der Kapitän ist auch Meeresbiologe und kann entsprechende Fragen beantworten. Erw. 45 $, Kinder bis 17 J. 25 $.

Main Brook

Die Rückreise zum Trans-Canada Highway erfolgt wieder auf der Route 430. Möchte man jedoch noch ein paar Tage unbeschwerten Urlaub in der Wildnis verbringen, mit einer wohldosierten Portion Abenteuer und doch gewissem Komfort, dann sollte man bei Brig Bay etwa 80 km auf der Route 432 durchs Landesinnere nach **Main Brook** 13 an der Hare Bay fahren.

Ein paar Kilometer südlich vom Ort liegt an einem See die **Tuckamore Lodge** mit ihren gemütlichen Blockhütten. In der Umgebung gibt es Gelegenheit zum Wandern, Kanufahren und Angeln auf Lachs und Forelle. Von der Lodge werden verschiedene Exkursionen veranstaltet, auf denen häufig Bären, Elche oder Karibuherden zu beobachten sind. Auch Fahrten zu den Grey Islands oder nach Labrador können arrangiert werden, dabei sieht man nicht selten Wale und Eisberge.

Tuckamore Lodge: Barb Genge, Tel. Sommer 709-865-6361, 1-888-865-6361, Fax 865-2112, Tel. Winter 865-4371, www.tuckamorelodge.com. Komfortable Wildnislodge mit hervorragender Küche. Dinner 15–30 $ (Reservierung empfohlen), DZ 120–160 $ (inkl. Frühstück).

Abstecher nach Labrador

Blanc Sablon

An klaren Tagen sieht man den Küstenstreifen auf der anderen Seite der Strait of Belle Isle, einer 17 km breiten Meeresstraße, die Neufundland von Labrador trennt und in der sich das eiskalte Wasser des Labradorstroms mit dem St. Lorenz mischt.

Die Überfahrt mit dem Fährschiff ›Apollo‹ von St. Barbe nach **Blanc Sablon** 14 auf der Quebec-Seite der Provinzgrenze dauert knapp 2 Stunden. Allein die Fahrt kann zum Erlebnis werden, wenn im Frühsommer ein nach Süden driftender Eisberg in Sicht kommt oder man spielende Wale beobachten kann. Besonders im Herbst ist manchmal auch das farbenprächtige Spektakel der Aurea Borealis (Nordpolarlicht) zu sehen.

Der Fährdienst wird im Frühjahr aufgenommen, wenn das Packeis aufbricht, und im Winter, bevor die Straße von Belle Isle zufriert, eingestellt. Blanc Sablon wird auch von den Quebec-Fähren angelaufen, die das Nordufer des St. Lorenz bedienen. Von Blanc Sablon führt die 85 km lange Route 510 nach Red Bay. Hier endet die befestigte Straße. Labrador Straits wird dieser Küstenstrich genannt, in dem weniger als 2500 Menschen leben.

Labrador Coastal Drive: www.labradorcoastaldrive.com. Internet-Informationen über Sehenswürdigkeiten, Unterkünfte, Veranstaltungen, Fähren.

MV Apollo Ferry: Tel. 709-724-9173, 1-866-535-2567, www.tw.gov.nl.ca/ferryservices/schedules/J-apollo.stm, Mai–Anf. Jan. 1–2 x täglich. Einfache Fahrt St. Barbe–Blanc Sablon Erw. 11,25 $, Kinder 5–12 J. 6 $, Auto 22,75 $, Camper ab 48,75 $. Reservierung im Juli/Aug. empfohlen.

L'Anse-au-Clair

Gleich am Anfang von **L'Anse-au-Clair** 15, dem nächsten Ort, kommt man zum 2006 eröffneten **Gateway to Labrador Visitor Centre,** das in einer schön restaurierten, ehemaligen Holzkirche untergebracht ist. Gezeigt werden Displays, Fotos und Ausstellungen zur Fischerei und Seefahrertradition Labradors (Tel. 709-931-2360, www.labra dorcoastaldrive.com, Juni–Sept. 10–17 Uhr).

Northern Light Inn: 58 Main St., Tel. 709-931-2332, 1-800-563-3188, Fax 931-2708. www.northernlightinn.com. 59 geräumige, komfortabel eingerichtete Zimmer und Suites, einige auch mit eingerichteter Kitchenette, Restaurant. Dinner ab 12 $, DZ 85–150 $.

L'Anse Amour

Bei **L'Anse Amour** 16 hat man die über 7500 Jahre alte Grabstätte eines 12-jährigen Jungen der Maritimen Archaischen Indianer gefunden, die älteste dieser Art in Nordamerika. Der Körper des Jungen war mit Tierhäuten und Birkenrinde umwickelt und lag mit dem Gesicht nach unten. Als Grabbeigabe fand man Werkzeuge und Waffen. Man nimmt an, dass hier bereits vor über 9000 Jahren Menschen gelebt haben. Alles, was von diesen frühen Verwandten der paläo-indianischen Karibu-Jäger zurückgeblieben ist, sind Spuren von Lager- und Grabstätten (Maritime Archaic Burial Mound National Historic Site, L'Anse Amour Rd., Tel. 709-920-2142).

Etwas außerhalb des Ortes, am Amour Point, kann man die 122 Stufen auf den mit 33 m höchsten Leuchtturm Atlantikkanadas klettern und die schöne Aussicht genießen. Als **Point Amour Lighthouse Provincial Historic Site** ist das restaurierte Steinhaus des Leuchtturmwärters heute ein Museum mit Ausstellungen zur Seefahrtgeschichte Labradors (L'Anse Amour Rd., Tel. 709-563-6353, www.pointamourlighthouse.ca, Ende Mai–Ende Sept. 10–17.30 Uhr, 3 $).

Lighthouse Cove B & B: Tel. 709-927-5690, www.bbcanada.295.html. Drei Zimmer (inkl. Frühstück), auf Wunsch gibt es auch ein traditionelles neufundländisches Dinner. DZ 50 $, Dinner extra.

Labrador Straits Museum

Zwischen **Forteau** und L'Ans-au-Loop liegt das **Labrador Straits Museum** 17. Hier wird gezeigt, wie sich das Leben in Labrador in den letzten 150 Jahren verändert hat. Das Museum wurde vom Southern Labrador Women's Institut gegründet und wird bis heute von ihm geleitet. Displays und Ausstellungen beschäftigen sich daher auch besonders mit dem häuslichen Leben der Fischerfamilien und der Rolle der Frau in den Gemeinden. Zum Museum gehört ein Laden, in dem örtlich hergestellte Handarbeiten verkauft werden (Tel. 709-931-2067, www.labradorstraitsmuseum.ca, Juni–Mitte Sept.).

... in Forteau:
Southern Labrador Bake Apple Festival (August): 3-tägiges Festival, benannt

nach den in Neufundland und Labrador häufigen lachsfarbenen Beeren, Beerenernte, Wettbacken, Volksmusik und Tanz.

Red Bay

Am Ende der befestigten Straße liegt **Red Bay** 18**.** Hier haben Archäologen Reste einer baskischen Walfängerstation aus der zweiten Hälfte des 16. Jh. sowie mehrere Schiffswracks aus verschiedenen Zeitperioden entdeckt, einschließlich der 300-Tonnen-Galeone ›San Juan‹, die 1565 vor der Küste mit einer Ladung Waltran versank. Bis zu zwei Dutzend baskische Walfangschiffe kamen jedes Jahr, um hier Grönlandwale und vor allem Glattwale auf ihrer Wanderung durch die Straße von Belle Isle zu jagen. Schon vor mehreren hundert Jahren beschäftigte die Walfangstation einige hundert Leute und war damit wohl einer der ersten industriellen Komplexe in der Neuen Welt.

Die archäologischen Unterwasserarbeiten begannen1978. Innerhalb von sechs Jahren entwickelten sie sich zu einem der größten Projekte dieser Art in Kanada. Eine erstaunliche Zahl von Fundstücken, Werkzeugen, Geräten und persönlichen Gegenständen wurde geborgen. Sie sind im **Red Bay National Historic Site Interpretation Centre** zu sehen. Eine Ausstellung und Dokumentation der verschiedenen Wracks erklärt die Bedeutung dieser Funde für das Verständnis von Schiffsdesign und Konstruktion im 16. und 17. Jh. Das Highlight der Ausstellung ist ein restauriertes Walfangboot, eine 430 Jahre alte baskische *chalupa,* die vom Grund der Red Bay geborgen wurde (Tel. 709-920-2051, 709-920-2142. www.parkscanada.gc.ca/lhn-nhs/nl/redbay, Anf. Juni–Anf. Okt. 9–18 Uhr, Erw. 7,15 $, Kinder 3,45 $).

Whaler's Restaurant: Tel. 709-920-2156. Einziges Restaurant am Ort, leckere und preiswerte Fischgerichte. 8–14 $.

Wale und Eisberge: Gull Island Charters, 18 East Harbour Dr., Tel. 709-920-2058, Juni–Sept. Bootstouren, Eisberge und Wale beobachten.

Battle Harbour

Selbst wenn man nicht vorhat, weiter auf der unbefestigten Straße Hunderte von Kilometern durch die Wildnis Labradors nach Goose Bay zu fahren, ein Ausflug nach dem auf einer Insel gelegenen Fischerdorf **Battle Harbour** 19 lohnt sich. Zuerst fährt man auf der Route 510, einer rund 85 km langen Schotterstraße nach Mary's Harbour. Von dort setzt man mit der kleinen Fähre nach Battle Island über (etwa 60 Min., Abfahrt 11 und 19, zurück von Battle Harbour 9 und 16 Uhr, 50 $ hin und zurück).

Battle Harbour war eine der ersten europäischen Niederlassungen und seit den 1750er-Jahren ein wichtiger Fischereihafen. Um 1848 ankerten im Hafen oft über 100 Schiffe, sodass Seeleute von der ›Hauptstadt von Labrador‹ sprachen. 1893 gründete Dr. Wilfred Grenfell hier sein erstes Labrador-Hospital und 1904 wurde sogar eine Marconi Wireless Station errichtet. Mit dem Rückgang der Küstenfischerei im 20. Jh. verlor auch Battle Harbour an wirtschaftlicher Bedeutung und in den 1960er-Jahren siedelten seine Einwohner nach Mary's Harbour auf dem Festland um. Einige Familien blieben zwar im Sommer auf der Insel, aber im Grunde wurde Battle Harbour zur Geisterstadt. Viele der alten Fischerhäuser und Lagerhäuser, in denen der eingesalzene Kabeljau verarbeitet wurde, blieben jedoch erhalten. In den 1990er-Jahren nahm sich der Battle Harbour Historic Trust der langsam verfallenden Gebäude an und restaurierte den Ort sorgfältig. Er gilt heute als der am besten erhaltene *outport* der Provinz und steht als **Battle Harbour National Historic District** unter Denkmalschutz. Ein **Interpretation Centre** organisiert geführte Touren (7 $, Tel. 709-921-6216, 709-921-6677, www.battleharbour.com, Anfang Juni–Ende Sept. 5 $).

Battle Harbour Inn: Tel. 709-921-6325, www.battleharbour.com. Schön auf einer Anhöhe gelegenes Inn, Zimmer im Haupthaus und in historischen Cottages. Frühstück 8 $, Lunch 12 $ und Dinner 18 $, DZ 100 $.

Register

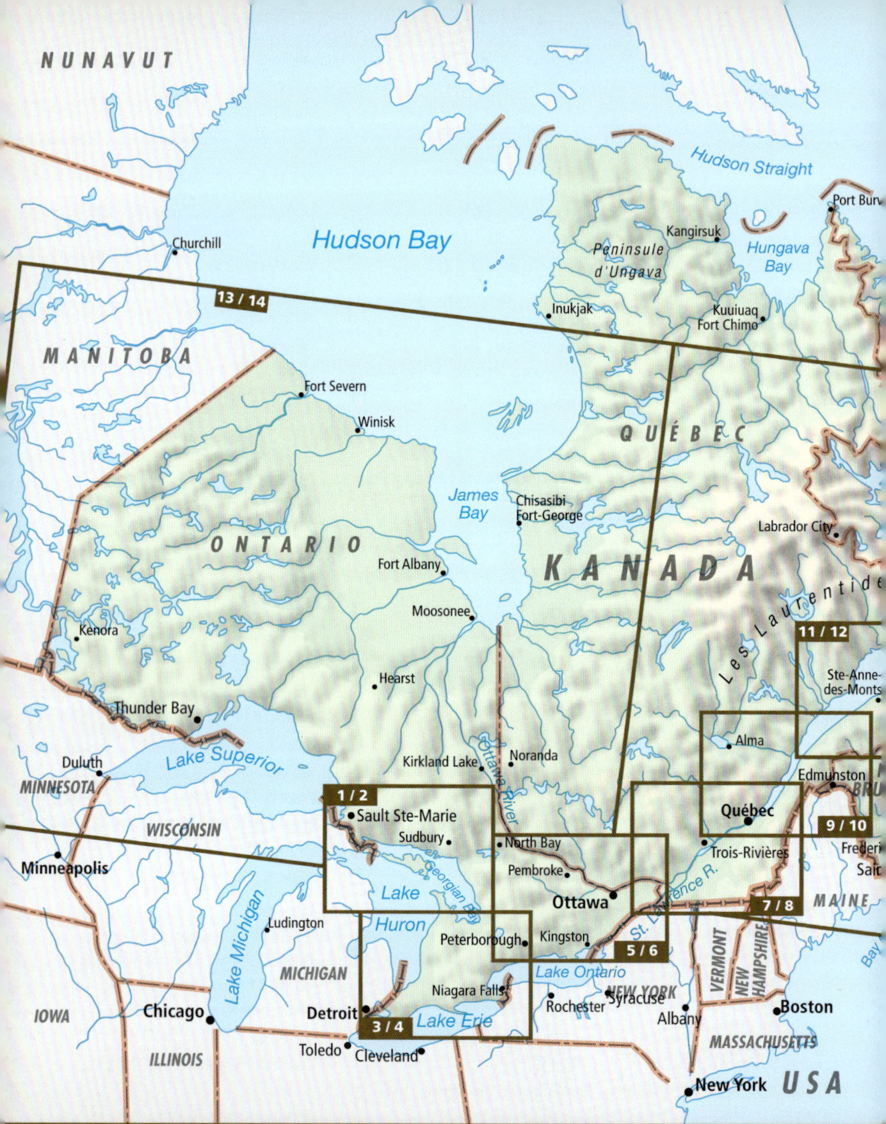

NUNAVUT
Hudson Straight
Port Burw
Kangirsuk
Peninsule d'Ungava
Hungava Bay
Hudson Bay
Churchill
13 / 14
Inukjak
Kuuiuaq Fort Chimo
MANITOBA
Fort Severn
Winisk
QUÉBEC
James Bay
Chisasibi Fort-George
Labrador City
ONTARIO
Fort Albany
KANADA
Moosonee
Les Laurentide
Kenora
11 / 12
Hearst
Ste-Anne-des-Monts
Thunder Bay
Alma
Lake Superior
Noranda
Kirkland Lake
Ottawa River
Duluth
MINNESOTA
1 / 2
Edmunston
Sault Ste-Marie
Québec
WISCONSIN
Sudbury
9 / 10
North Bay
Trois-Rivières
Minneapolis
Georgian Bay
Pembroke
St. Lawrence R.
Lake Huron
Ottawa
7 / 8
MAINE
Ludington
Lake Michigan
Peterborough
Kingston
5 / 6
MICHIGAN
Lake Ontario
VERMONT
NEW HAMPSHIRE
Niagara Falls
NEW YORK
Syracuse
IOWA
Chicago
Detroit
Rochester
Albany
Boston
3 / 4
Lake Erie
MASSACHUSETTS
Toledo
ILLINOIS
Cleveland
New York
USA

Legende

- Autobahn mit Anschlussstelle
- Schnellstraße mit Anschlussstelle
- Fernstraße
- Hauptstraße
- Nebenstraße
- Fahrweg, Track
- Fußweg, Trail
- Straße in Bau; Straße in Planung
- Tunnel
- Eisenbahn
- Fähre, Schiffsverbindung
- Staatsgrenze
- Provinzgrenze
- Nationalpark, Provinzpark
- Indianerreservat
- Sumpfgebiet
- 29 281 59 Straßennummern
- 1 Trans-Canada Highway
- Internationaler Flughafen
- Regionaler Flughafen, Flugplatz
- Sehenswürdigkeit
- Wasserfall
- Berggipfel
- Pass
- Skigebiet
- Museum
- Campingplatz

Reiseatlas Ostkanada

A
B
C
14
1
2
3
4
Lake Superior Provincial Park
Montreal Island
Agawa Bay
Montreal Lake
Montreal River
Wenebegon Lake
Wakami Lakes Prov. Park
O
N
T
Wenebegon R.
Pancake Bay Provincial Park
Coppermine Pt.
Batchawana Bay Provincial Park
Batchawana Bay
Batchawana Island
Mississagi River Provincial Park
Ranger Lake
Goulais River
Aubray Falls Prov. Park
Whitefish Pt.
Searchmont
Ranger Lake
Rocky Island Lake
Isle Parisienne
Goulais River
Garden River
Whitefish Bay
Heyden
Sault Ste. Marie
Kirkpatrick Lake
Rawhide Lake
Gros Cap
Garden River
Mississagi River
Wakomata Lake
Salt Pt.
Mississagi Provincial Park
Echo Bay
Sault Ste-Marie
Bay Mills
Leeburn
Sugar Island
Raco
Brimley
Wharncliffe
Elliot Lake
Dafter
Rosedale
Desbarats
Rydal Bank
Basswood Lake
Kinross
Barbeau
Richards Landing
Neebish Island
Bruce Mines
Matinenda Lake
Chiblow Lake
Fibre
Hilton Beach
Thessalon
Sowerby
Iron Bridge
Pickford
St. Joseph Island
Blind River
Spragge
Serpent River
Stalwart
Algoma Mills
Spanish
Hessel
Goetzville
De Tour Village
Drummond Island
Drummond Island
North Channel
Cedarville
Les Cheneaux Island
St. Ignace
Mackinac Island S.P.
Cockburn Island
Meldrum Bay
Barrie Island
Gore Bay
Mississagi Lighthouse
Mackinaw City
Silver Water
Pointe aux Pins
Manitoulin Island
Cheboygan S.P.
Mullet Lake
Cheboygan
Alverno
Great Duck Island
Spring Bay
Aloha
Providence Bay
Aloha S.P.
Indian River
P.H. Hoeft S.P.
Onaway S.P.
Afton
Rogers City
Onaway
Millersburg
Thompson's Harbour S.P.
Wolverine
Hagensville
Hawks
Preque Isle
USA
Vanderbilt
Posen
MICHIGAN
Cathro
Lake Huron
Sparr
Hillman
Lachine
Big Rock
Atlanta
Alpena
Johannesburg
Spratt
Fletcher Pond
Lewiston
Ossineke
Hubbard Lake
Lovells
Spruce
Comins
Negwegon S.P.
Hubbard Lake
Black River
Fairview
Red Oak
Curran
Lincoln
Mio
Luzerne
Harrisville
3
1

1 cm = 17,5 km 1 : 1.750.000
0 25 km 50 km

A
B
C
1
2
3
4
Lake Huron
Lake Erie
U S A
M I C H I G A N
O N T
OHIO
Harrisville
Harrisville S.P.
Greenbush
Mikado
Oscoda
Au Sable
Oliphant
Wiarton
Sable Falls Provincial Park
Sauble Beach
Hepworth
Allenford
Owen Sound
Southampton
Port Elgin
Arran L.
MacGregor Pt. Provincial Park
North Bruce
Tara
Chatsworth
Dobbinton
Saug
Paisley
Iverhuron Provincial Park
Tiverton
Underwood
Willow
Chesley
Kincardine
Pinkerton
Chepstow
Hanover
Walkerton
Pine River
Ripley
Amberley
Midmay
Kintail
Port Albert
Lucknow
Teeswater
Nine Mile
Wingham
Point Farms Provincial Park
Maitland
Bluevale
Gorrie
Nile
Auburn
Molesworth
Goderich
Blyth
Brussels
Londesborough
Walton
Atwood
Holmesville
Clinton
Winthrop
Seaforth
Bayfield
Varna
Brucefield
Monkton
Milverton
Dublin
Bornholm
Kippen
Mitchell
Hensall
Staffa
Sebringville
St. Joseph
Zurich
Fullerton
Dashwood
Stratford
Exeter
Grand Bend
Crediton
St. Paul's Station
Pinery Provincial Park
Lambton Heritage Museum
Kirkton
Port Franks
Kettle Point
Corbett
Ipperwash Prov. Park
Clandeboye
St. Mary's
Harrington
Lucan
Thedford
Medine
Parkhill
Ailsa Craig
Elginfield
Kintore
Sylvan
Forest
Nairn
Bryanston
Brights Grove
Camalachie
Arkona
Keyser
Ballymote
Thamesford
Warwick
Poplar Hill
Arva
Lobo
Adelaide
Reeces Corners
Strathroy
Komoka
London
Dorchester
Sarnia
Corunna
Watford
Kerwood
Delaware
Lambeth
Mount Brydges
Caradoc
Belmont
Petrolia
Scottsville
Glanworth
Lyons
Courtright
Inwood
Alvinston
Melbourne
Mapleton
Bridgen
Oil Springs
Appin
Talbotville Royal
New Sarum
Sombra
Glencoe
Middlemiss
St. Thomas
Aylmer
Port Lambton
Rutherford
Cairo
Newbury
Strathburn
Shedden
Union
Sparta
Thames
Wallaceburg
Dresden
Iona
Dutton
Wabash
Bothwell
Port Stanley
Port Bruce
Port Burwell
Walpole Island
Wallacetown
John E. Pearce Provincial Park
Eberts
Thamesville
Rodney
West Lorne
Mitchell's Bay
Kent Bridge
Duart
New Glasgow
Highgate
Port Glasgow
Chatham
Ridgetown
Prairie Siding
Palmyra
Morpeth
Eatonville
Blenheim
Rondeau Provincial Park
Cedar Springs
Erieau
Pt. aux Pines
North Buxton
Merlin
Tilbury
Port Alma
Wheatley Provincial Park
Wheatley
Leamington
Point Pelee National Park
Pigeon Bay
Kingsville
Colchester
Harrow
Jack Miner's Bird Sanctuary
Staples
Cottam
Southwestern Ontario Heritage Village
Amherstburg
McGregor
Fort Malden Nat. Hist. Site
Essex
South Woodslee
Belle River
LaSalle
Windsor
Tecumseh
Stoney Point
Jeanettes Creek
Detroit
Allen Park
Oak Park
Ferndale
Eastpointe
St. Claire Stores
Warren
Royal Oak
Sterling Hts.
Pearl Beach
New Baltimore
Marine City
St. Clair
New Haven
Romeo
Rochester Hills
Richmond
Armada
Lakeville
Memphis
Almont
Allenton
Port Huron
Goodells
Capac
Brockway
Imlay City
Attica
Yale
Blaine
Lakeport
Lakeport S.P.
Birch Beach
Brown City
Lexington
Peck
Watertown
North Branch
Marlette
Silverwood
Elmer
Sandusky
Port Sanilac
Kingston
Deckerville
Forester
Deford
Argyle
Cass City
New Greenleaf
Forestville
Ruth
Bad Axe
Verona
Harbour Beach
Bay Port
Port Hope
Kinde
Caseville
Albert E. Sleeper S.P.
Port Crescent S.P.
Port Austin
Burnt Cabin Point
Grind Stone City
Pelee Island

1 cm = 17,5 km 1 : 1.750.000

0 25 km 50 km

A
B
C
15
1
2
3
4
5
Eldee
Tilden Lake
Crystal Falls
Sturgeon Falls
Lac Beauchêne
Lac Memewin
Lac Maganasipi
Lac du Pins
Balsam Creek
Redbridge
North Bay
Nipissing
Manitou Island
Trout Lake
Mattawa R.
Mattawa River Provincial Park
Colbell
Callander
Rutherglen
Eau Claire
Mattawa
Ottawa River
Samuel de Champlain Provincial Park
Deux Rivières
Bisset Creek
Rivière Dumoine
Lac St-Patrice
Rapides-des-Joachims (Da Swisha)
Stonecliffe
Mackey
Rolphton
Point Alexander
Rivière Schyan
South Bay Provincial Park
Restoule Provincial Park
Nipissing
Powassan
Restoule
Kiosk
Brent
Deep River
Chalk River
Petawawa
Pemb
Trout Creek
Commanda
Golden Valley
South River
Cedar Lake
Nipissing River
Lake Lavielle
Algonquin Provincial Park
Grand Lake
Mikisew Provincial Park
Bernard Lake
Magnetawan
Cecebe
Big Trout Lake
Opeongo Lake
Dunchurch
Sand L.
Burk's Falls
Bonnechere
Round L.
Doe L.
Katrine
Kearney
Emsdale
Booth L.
Tramore
Deacon
Killaloe
Golden L.
Sprucedale
Bear Lake
Big East R.
Canoe L.
Victoria L.
Wilno
Rock L.
Whitney
Madawaska
Barry's Bay
Cormac
Novar
Arrowhead Provincial Park
Brudenell
Foymount
Orrville
Horn L.
Moore L.
Bark L.
Rockingham
Humphrey
L. Vernon
Huntsville
Dwight
Oxtongue Lake
Kawagama L.
Hay L.
Papineau L.
Combermere
Rosseau
Skeleton L.
Port Cunnington
Lake St. Peter
Quadeville
Ullswater
Utterson
L. of Bays
Dorset
Palmer Rapids
Minett
Raymond
Port Sydney
Kennisis L.
Haliburton L.
Maple Leaf
Lower Madawaska River Prov. Park
Kennisis Lake
Percy L.
Maynooth
Foot's Bay
Port Carling
Beatrice
Red Pine L.
Fort Irwin
Baptiste L.
York R.
Milford Bay
Baysville
McArthur Mills
Mat
Glen Orchard
L. Muskoka
Halls Lake
Drag L.
Highland Grove
Denbign
Bala
Bracebridge
Carnarvon
Haliburton
Bancroft
L'Amable
Six Mile Lake Provincial Park
Wilberforce
Weslemkoon L.
Uffington
Browns L.
Horseshoe L.
Cardiff
Paudash
Tory Hill
Minden
Bob L.
Gull L.
Gooderham
Eels L.
Silent Lake Prov. Park
Ormsby
Bon Echo Prov. Park
Severn Falls
Gravenhurst
Sparrow L.
Anson
Port Stanton
Head L.
Chandos L.
Coe Hill
Skootamatta L.
Gilmour
Washago
Uphill
Kinmount
Apsley
Coldwater
Norland
Catchacoma
Jack Lake
Northbr
Longford
Balsam Lake Provincial Park
Burnt River
Flintc
Mara Provincial Park
Kasshabog Lake
Bass Lake Provincial Park
Atherley
Orillia
Rosedale
Nephton
Bannockburn
Petroglyphs Provincial Park
Queensborou
Brechin
Kirkfield
Bobcaygeon
Buckhorn
Burleigh Falls
Oro Station
Balsam L.
Fenelon Falls
Sturgeon L.
Lakehurst
Stony L.
Madoc
Acti
Argyle
Lake Simcoe
Pigeon L.
Young's Point
Marmora
Barrie
Big Bay Point
Beaverton
Dunsford
Chemong L.
Havelock
Deloro
Twee
Woodville
Lakefield
Warsaw
Trent River
Crowe R.
Sibbald Pt. Prov. Park
Port Bolster
Cannington
Taylor Corners
Lindsay
Bridgenorth
Norwood
Thomasburg
Stroud
Manilla
Reaboro
Emily Prov. Pk.
Mark S. Burnham Prov. Park
Sutton
Peterborough
Roslin
Keswick
Udora
Sunderland
Little Britain
Hastings
Campbellsford
Moira R.
Lefroy
Mount Pleasant
Villiers
Seagrave
Keene
Serpent Mounds Prov. Park
Ferris Prov. Park
Hoards
Foxboro
Plainfield
Janetville
Bethany
Green-bank
L. Scugog
Baillie-boro
Roseneath
Percy Reach
Frankford
Bradford
Port Perry
Warkworth
Belleville
Sharon
Uxbridge
Caesarea
Rice L.
Pontypool
Millbrook
Bay of Quinte
Newmarket
Castleton
Hilton
Trenton
Rossmore
Kendale
Bewdley
Brighton
Aurora
Enniskillen
Carrying Place
Ameliasburg
Ashburn
Kirby
Baltimore
Whitchurch-Stouffville
Hampton
Consecon
Bloomfi
Newtonville
Colborne
Grafton
Presqu'ile Prov. Park
Wellington
Markham
Oshawa
Port Hope
Cobourg
North Beach Prov. Park
Whitby
Clarington
Bowmanville
Sandbanks
Cherr

D
E
F
15
7
1
2
3
4
Q U É B E C
O
U S A
N E W Y O R K
Ferme-Neuve
Réservoir Baskatong
Grand-Remous
Lac-Gatineau
Lac-des-Écorces
Mont-Laurier
Ste-Véronique
L'Ascension
L'Annonciation
Mont-Tremblant
968 m
Labelle
La Conception
Val-Barrette
Kiamika
Lac des Îles
Lac Montjoie
Ste-Famille de'Aumond
Maniwaki
Messines
Blue Sea
Gracefield
Lac Roddick
Lac des Sables
Papineau-Labelle Prov. Wildlife Reserve
Lac Gagnon
Point Comfort
Duhamel
Huberdeau
St-Émile (-de-Suffolk)
Lac Simon
Chénéville
Montpelier
Ripon
Notre-Dame-de-la-Paix
Rivington
Harrington
Kilmar
Lakeview
Kazabazua
Lac Poisson Blanc
Val-des-Bois
Notre-Dame-de-la-Salette
Davidson
Otter Lake
Ladysmith
West-meath
La Passe
Beachburg
Tancredia
Charteris
Lac-des-Loups
Rupert
Alcove
Onslow Corners
Wakefield
Gatineau N.C.C. Pk.
Forester Falls
Portage-du-Fort
Shawville
Cobden
Haley Station
Douglas
Castleford
Outaouais Ottawa
Renfrew
Braeside
Fitzroy Harbour
Arnprior
Eardley
Breckenridge
Dunrobin
Chelsea
Cantley
Val-des-Mont (Perkins)
Mayo
Buckingham
Thurso
Masson
Montebello
Papineauville
Plaisance
L'Orignal
Grenville
Plantagenet
Hawkesbury
Rockland
Curran
Alfred
Vankleek Hill
St. Bernardin
St. Eugene
Dalkeith
Gatineau
Hull
Vanier
Orleans
Sarsfield
Navan
Bourget
Edwards
OTTAWA
Nepean
Kanata
Aylmer
Carp
Antrim
Burnstown
Springtown
Dacre
Hyndford
Calabogie
Pakenham
White L.
Madawaska
Mississippi
Almonte
Ashton
Munster
Richmond
Greely
Manotick
Metcalfe
Russell
Embrun
Limoges
Casselman
St. Isidore
Glen Robertson
Alexandria
Maxville
Green Valley
Vernon
Morewood
Osgoode
North Gower
Clayton
Carleton Place
Innisville
Lanark
Lavant
Ompah
McDonalds Corners
Franktown
Rideau River Provincial Park
Mountain
Winchester
Chesterville
Finch
Avonmore
Harrisons Corner
Martintown
Kemptville
Ingleside
Cornwall
Summerstown
Fort Covington
Williamsburg
Croil Is. S.P.
Roosevelttown
Massena
Upper Canada Village
Morrisburg
Iroquois
Shanly
Mississippi Lake
Balderson
Elphin
Perth
Lower Rideau L.
Smith Falls
Merrickville
Bishops Mills
Silver Lake Prov. Park
Murphy's Pt. Prov. Park
Rideau Ferry
Newbliss
North Augusta
Cardinal
Coles Creek S.P.
Waddington
Norfolk
Norwood
Winthrop
North Lawrence
South Bombay
Bombay
Mountain Grove
Arden
Sharbot Lake
Sharbot Lake Prov. Park
Maberly
Big Rideau
Upper Rideau
Westport
Newboro
Toledo
Frankville
Portland
Domville
Prescott
Ogdensburg
Madrid
Unionville
Sandfordville
Nicholville
Potsdam
Hopkinton
Parham
Tichborne
Addison
Maitland
Athens
Delta
Tincap
Brockville
Morristown
Heuvelton
Canton
Langdon Corners
Hannawa Falls
Colton
Azure Mtn.
768 m
Tamworth
Verona
Frontenac Prov. Park
Chaffeys Lock
Morton
Charleston Lake
Charleston L. Prov. Park
Seeleys Bay
Perth Road
Black Lake
Edwardsville
De Kalb
Pierrepont
South Colton
Catamount Mtn.
573 m
Carry Falls Res.
Loughborough L.
Mallorytown
Chippewa Bay
Pope Mills
De Kalb Junction
Hammond
Richville
Russell
Robin
Harrowsmith
St. Lawrence Islands National Park
St. Lawrence Islands Nat. P.
Bold Castle
Elmdale
Gouverneur
Edwards
Camden East
Selby
Gananoque
Alexandria Bay
Redwood
Somerville
Fowler
Balmat
Fine
Cranberry Lake
Childwold
Piercefield
Collins Bay
Kingston
Odessa
Napanee
Eastview
Barriefield
Clayton
Orleans Four Corners
Theresa
Antwerp
Oswegatchie
Tupper Lake
Amherstview
Amherst Island
Wolfe Island
Marysville
Cape Vincent
Burnham Point S.P.
Depauville
Stone Mills
Philadelphia
Pitcairn
Harrisville
Star Lake
Cranberry Lake
Chaumont
Evans Mills
Natural Bridge
Alder Bed Mtn.
623 m
Adirondack
Lake of the Mtn. Prov. Park
Lake Ontario
Prince Edward Bay
Long Pt.
Long Point S.P.
Chaumont Bay
Limerick
Felts Mills
Dexter
Watertown
Carthage
Indian River
Henderson Bay
Sackets Harbor
Burrs Mill
Stillwater Res.
Westcott Beach
Adams
Copenhagen
Denmark
Beaver Falls
Croghan

Montreal, Mt-Tremblant, Trois-Rivières, Ville de Québec

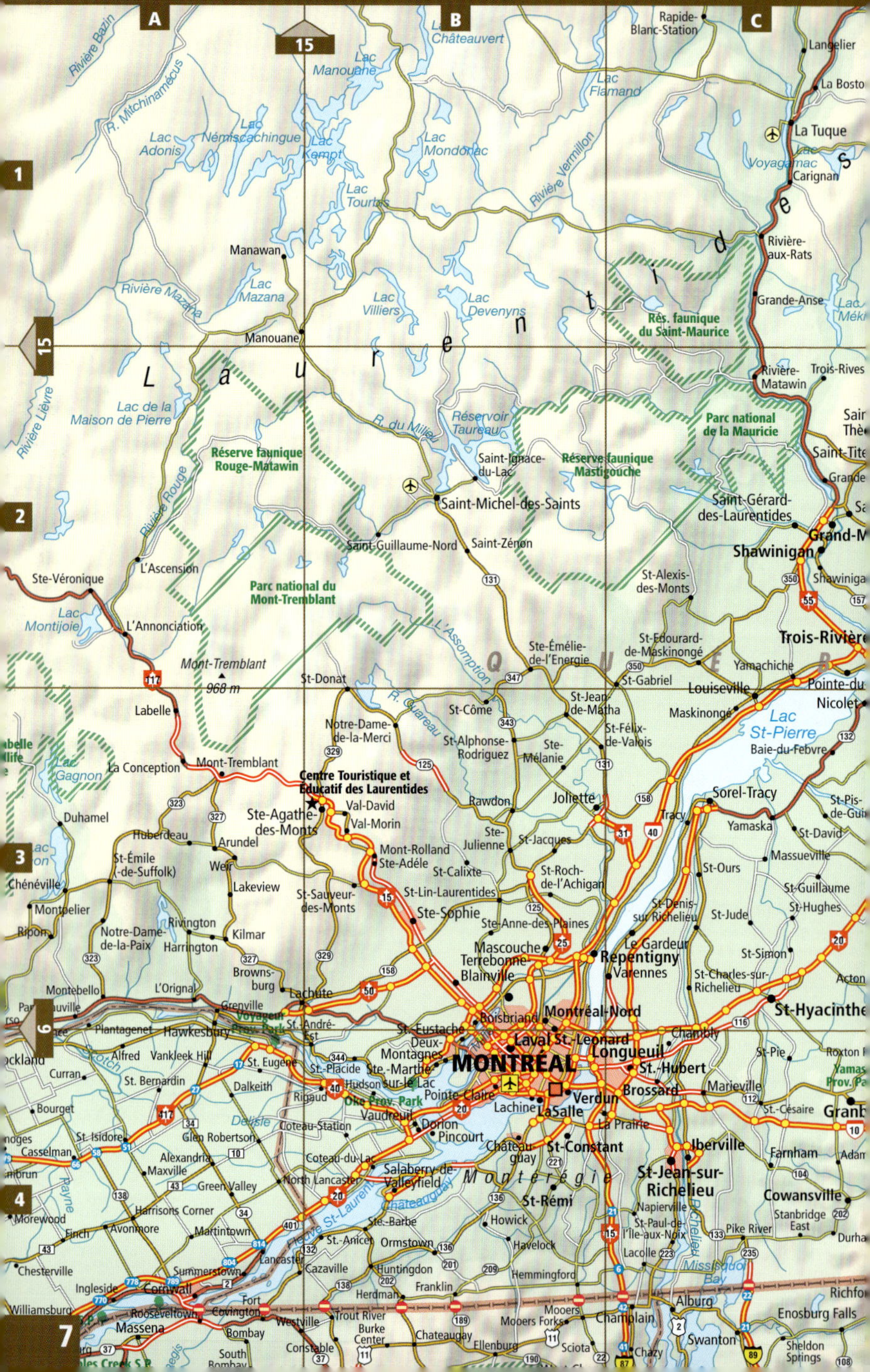

1 cm = 17,5 km 1 : 1.750.000

0 25 km 50 km

A
B
C
15
Q U É B E C
Notre-Dame-de-Lorette
Saint-Sanislas
Ste-Élisabeth-de-Proulx
Girardville
Saint-Eugène-d'Argentenay
Dolbeau-Mistassini
Saint-Edmond
Albanel
Normandin
Sainte-Marguerite-Marie
Peribonka
Sainte-Jeanne-d'Arc
Saint-Augustin
Saint-Ludger-de-Milot
Petit Rivière Peribonca
Rivière Peribonca
Rivière Alex
Lac Onatchiway
Lamarche
Réservoir La Mothe
Lac Moncouche
Lac Poulin-de-Courval
Rivière Ste-Marguerite
La Doré
Saint-Félicien
Parc de la Pointe-Taillon
Lac Saint-Jean
Mashteuiatsh
Saint-Prime
Ste-Hedwidge
Roberval
Chambord
Saint-Gédéon
Alma
Ste-Monique
L'Ascension-de-Notre-Seigneur
Labrecque
Delisle
St-Henri-de-Taillon
Saint-Nazaire
Saint-David-de-Falardeau
Parc des Monts-Valin
Saint-Ambroise
Saint-Honoré
Tremblay
Shipshaw
Saint-Fulgence
Rivière Sainte-Marguerite
Saint-Bruno
Jonquière
Chicoutimi
La Baie
Ste-Rose-du-Nord
Rivière Saguenay
Parc national du Saguenay
Saguenay
Hébertville
Métabetchouan-Lac-à-la-Croix
Saint-André-du-Lac-Saint-Jean
Saint-François-de-Sales
Lac-Kénogami (St-Cyriac)
Laterrière
St-Félix-d'Otis
Rivière-Éternité
L'Anse-Saint-Jean
St-Hilarion
Lac-Bouchette
Lac-des-Commissaires
Lizotte
Rivière Chicoutimi
Boilleau
Sagard
Parc national des Hautes-Gorges
Mont Félix-Antoine Savard
Mont-Apica
Van Bruyssel
R. Bostonnais
Rivière Croche
Mont L.-A.-Richard
Grand-Fonds
Clermont
Réserve faunique des Laurentides
Parc national des Grands-Jardins
Notre-Dame-des-Monts
Ste-Agnès
Lac Édouard
St-Urbain
St-Hilarion
St-Irénée
Charlevoix
Les Éboulements
Langelier
Mont Camille-Pouliot
La Bostonnais
Baie-St-Paul
St-Joseph-de-la-Rive
Île aux Coudres
La Pocatière
St-Placide-de-Charlevoix
St-Cassien-des-Caps
La Tuque
Parc national de la Jacques-Cartier
Petite-Rivière-Saint-François
Fleuve St-Laurent
St-Roch-des-Aulnaies
Carignan
St-Jean-Port-Joli
Linton
L'Islet-sur-Mer
Rivière-aux-Rats
Rés. faunique de Portneuf
Saint-Ferréol-les-Neiges
Chûtes Montmorency
St-Tite-des-Caps
Grosse-Île
L'Islet
St-Cyrille-de-l'Islet
Sainte-Anne-de-Beaupré
Beaupré
Tewkesbury
Lac Mékinac
Château-Richer
Montmagny
Cap-St-Ignace
Île d'Orléans
Rivière-à-Pierre
Charlesbourg
Beauport
St-François-de-la-Rivière-du-Sud
Lac-Saint-Joseph
St-Pierre-de-l'Île-D'Orléans
Notre-Dame-du-Rosaire
Trois-Rives
St-Raymond
Val Bélair
Shannon
QUÉBEC
Hervey-Jonction
Loretteville
St-Raphaël
R. Ste-Anne
Ancienne-Lorette
Lévis
Sainte Thècle
Pont-Rouge
Sainte-Foy
St-Charles-de-Bellechasse
St-Paul-de-Montminy
Cap-Rouge
Saint-Tite
Saint-Marc-des-Carrières
Cap-Santé
St-Nicolas
St-Jean-Chrysostome
St-Philémon
Portneuf
Neuville
Charny
St-Henri
St-Damien-de-Buckland
Grandes-Piles
Saint-Casimir
Donnacona
Deschambault
St-Claire
Saint-Georges
St-Lambert-de-Lauzon
Ste-Croix
St-Apollinaire
St-Léon-de-Standon
Grand-Mère
Fleuve St-Laurent
St-Gilles
Frampton
Scott
Lac-Etchemin
Shawinigan-Sud
Batiscan
St-Pierre-les-Becquets
Ste-Françoise
Laurier-Sta.
Dosquet
Ste-Marie
Sts-Agnes
St-Odilon
Cap-de-la-Madeleine
Gentilly
Villeroy
Bécancour
Ste-Agathe
St-Sylvestre
Vallée-Junction
St-Joseph-
St-Benjamin
8
7
1
2
3
4

1 cm = 17,5 km 1 : 1.750.000
0 25 km 50 km

A
B
C
1
2
3
4
15
9
10
Réserve faunique de Port Cartier-Sept-Îles
Clarke City
Rivière-Brochu
Port-Cartier
Lac Penecôte
Rivière-Pentecôte
Pointe-aux-Anglais
Les Islets-Caribou
Baie-Trinité
Phare de Pointe-des-Monts
Godbout
Franquelin
Baie-Comeau
Pointe-Lebel
Chute-aux-Outardes
Les Buissons
Ragueneau
Pointe-aux-Outardes
Papinachois
Betsiamites
Rivière-Bersimis
Colombier
Les Îlets-Jérémie
Saint-Marc-de-Latour
Forestville
Ste-Anne-de-Portneuf
Pointe-au-Boisvert
Saint-Paul-du-Nord
Longue-Rive
Baie-des-Bacon
Les Escoumins
Essipit
Petites-Bergeronnes
Grands-Bergeronnes
Tadoussac
Baie-Sainte-Catherine
Labrieville
Réservoir Outardes Quarve
Réservoir Manicouagan Trois
Réservoir Manic Deux
Lac Ste-Anne
Lac St-Pierre
Lac Walker
Rivière Manicouagan
Rivière Vallant
R. Manicouagan
Rivière Toulnustouc
Rivière Godbout
Rivière Franquelin
Rivière Mistassin
Rivière aux Outardes
Rivière Boucher
Rivière Betsiamites
Rivière Portneuf
Rivière Pentecôte
Rivière Pasteur
Rivière Fortmarais
Fleuve Saint-Laurent
St. Lawrence River
Capucins
Les Méchins
Grosses-Roches
Ste-Félicité
St-Jean-de-Cherbourg
Petit-Matane
Matane
St-Adelme
St-Luc-de-Matane
St-René-de-Matane
St-Ulric
St-Leandre
Baie-des-Sables
Les Boules
St-Damase
Ste-Paule
St-Vianney
Grand-Métis
Ste-Flavie
Price
Padoue
Sayabec
Val-Brillant
St-Tharcisius
Mont-Joli
Ste-Luce
St-Cléophas
Amqui
St-Alexandre-des-Lacs
Point-au-Père
Luceville
Ste-Angèle-de-Mérici
Ste-Irene
Rimouski-Est
Rimouski
St-Anaclet-de-Lessard
St-Gabriel
La Rédemption
St-Léon-le-Grand
Lac-au-Saumon
Causapscal
Lac-Humqui
Albertville
Ste-Florence
Ste-Marguerite
Le Bic
Parc national du Bic
Ste-Blandine
Mont-Lebel
St-Fabien-sur-Mer
St-Fabien
St-Valerien
St-Marcellin
St-Charles-Garnier
St-Narcisse-de-Rimouski
Routhierville
St-Eugène-de-Ladrière
Saint-Simon
St-Mathieu-de-Rioux
La Trinité-des-Monts
Rés. Duchénier
Réserve faunique di Rimouski
Settlement
St-François-d'Assise
Trois-Pistoles
Rivière-Trois-Pistoles
Sainte-Françoise
St-Jean-de-Dieu
Saint-Guy
Esprit-Saint
Lac-des-Aigles
L'Ascension-de-Patapédia
Notre-Dame-des-Sept-Douleurs
L'Isle-Verte
Ste-Rita
Biencourt
Kedgwick Provincial Wildlife Management Area
Menneval
St-Georges-de-Cacouna
St-Arsène
St-Ephane
St-Clément
St-Hubert-de-Rivière-du-Loup
Squatec
Rivière-du-Loup
St-Pierre-de-Lamy
Auclair
Lejeune
Kedgwick River
Whites Brook
Kedgwick
Rivière Patapédia
Kedgwick River
Roche
Réserve faunique de Matane
R. à la Truite
138
132
389
232
293
295
296
298
291

1 cm = 17,5 km
1 : 1.750.000
0
25 km
50 km
D
E
F
15
16
1
2
3
4
Rivière-aux-Graines
Rivière-à-la-Chaloupe
Sheldrake
Rivière-au-Tonnerre
Magpie
Rivière-Saint-Jean
Mingan
Longue-Pointe-de-Mingan
Havre-Saint-Pierre
Réserve de parc national de l'Archipel-de-Mingan
Rivière-Pigou
Maliotenam
Moisie
Sept-Îles
138
Réserve faunique de l'Île-d'Anticosti
West Point
Port Mentier
Île d'Antcosti
Cape Henry
Détroit d'Honguedo
D'Honguedo Strait
QUÉBEC
Gros-Morne
Grande-Vallée
Petite-Anse
Saint-Yvon
Madeleine-Centre
Cloridorme
L'Anse-à-Valleau
Mont-Louis
Mont-St-Pierre
Pointe-à-la-Renommée
Marsoui
Rivière-à-Claude
La Martre
Petite-Rivière-au-Renard
L'Anse-au-Griffon
Cap-des-Rosiers
Rivière-Morris
Parc national de Forillon
Anne-des-Monts
Réserve faunique des Chic Chocs
Mont Bald
739 m
Murdochville
St-Majorique
Wakeham
Gaspé
Sandy Beach
Douglastown
Cap Gaspé
Octave-l'Avenir
Cap-Seize
Gîte du Mont-Albert
Mont Jacques-Cartier
Parc national de la Gaspésie
Rivière York
Péninsule de Gaspé
Monts Chic-Chocs
Rés. faun. de la Rivière-Saint-Jean
Bougainville
Pointe-St-Pierre
Barachois
Bridgeville
Parc national de l'Ile-Bonaventure-et-du-Rocher-Percé
Grande-Rivière
Val-d'Espoir
Percé
L'Anse-à-Beaufils
Saint-Isidore
Sainte-Thérèse-de-Gaspé
Rivière Cascapédia Est
Rivière Bonaventure
Rivière du Grand Pabos
Petit Pabos
Grande-Rivière
Réserve faunique Dunière
Rés. faun. de la Rivière Cascapédia
Rivière Cascapédia
Rés. faun. de Port-Daniel
Chandler
Newport
Cascapédia-Saint-Jules
Port-Daniel-Gascons
St-Jogues
Kelly
Cascapédia
St-Edgar
St-Elzéar
Maria
New Richmond
Saint-Godefroi
Caplan
Bonaventure
R. Nouvelle
Nouvelle
Restigouche
St-Simeon
Paspébiac
New Carlisle
Escuminac
St-Omer
Carleton-Saint-Omer
Parc national de Miguasha
Miguasha
Île Miscou Island
Miscou Centre
Pigeon Hill
Pointe-à-la-Croix
Dalhousie
Charlo
Baie des Chaleurs
Jacquet River
Belledune
Lamèque
Île Lamèque Island
Ste-Marie-St-Raphaël
Maisonnette
Campbellton
Benjamin River
Pointe-Verte
Pokeshaw
Pokesudie
Caraquet
Shippagan
Maltais
New Bandon
Bertrand
St-Simon
St-Arthur
South Charlo R.
Petit-Rocher
Inkerman Nat. Migratory Bird Sanctuary
Pokemouche
Inkerman
Upsalquitch
Jacquet River Gorge Prov. Protected Area
Janeville
Rocheville
Notre-Dame-des-Erables
Beresford
Robertville
Big Tracadie River
Pont-Landry
NEW BRUNSWICK
Bathurst
Tracadie
Tetagouche River
Goodwin Mill
St-Isidore
Val-Comeau Provincial Park
South Tetagouche
St-Sauveur
Former Tracadie Range
Leech
Pabineau
Allardville
Rivière-du-Portage
132
197
299

A
B
C
1
2
3
4
Seal River
Tadoule Lake
North River
Churchill
Fort Prince of Wales
Cape Churchill
Brochet
Hudson
Wapusk Nat. Park
Churchill River
Little Churchill River
Herchmer
Lynn Lake
South Indian Lake
Granville Lake
Baldock Lake
Weir River
York Factory (aufgelassen)
Highrock Lake
Split Lake
Gilliam
Nelson House
Thompson
MANITOBA
Fort Severn
Burntwood Lake
Nelson River
Hayes River
Severn R.
Polar B
Snow Lake
Wabowden
Oxford House
Ponton
Cross lake
Gods Lake
Winisk R.
North Moose Lake
Cross Lake
Moison Lake
Gods Lake Narrows
Norway House
Island Lake
Severn River Provincial Park
South Moose Lake
Warrens Landing
Sachigo Lake
Bearskin Lake
Big Trout Lake
Grand Rapids
St. Theresa Point
Ospasquia Prov. Park
Sachigo Lake
Kasabonika
Winisk River Provincial Park
Lake Winnipeg
Sandy Lake
Webequie
Lake Winnipegosis
Deer Lake
Weagamow Lake
Pipestone R.
Waterhen Lake
Berens River
Berens River
O N T
Little Grand Rapids
McDowell Lake
Lansdowne House
Grypsumville
Stout Lake
Pikangikum
Otoskwin R.
Toutes Aides
Cat Lake
Cat Lake
Atikaki Prov. Wild. Park
Fort Hope
Dauphin
Central Patricia
Hodgson
Woodland Caribou Prov. Park
Hecla
Manigotagan
Cochenour
Ste. Rose du Lac
Eriksdale
South Bay
Hecla Prov. Park
Red Lake
Wabakimi Provincial Park
Lake Manitoba
Gimli
Ear Falls
Erickson
Nopiming Prov. Park
Pine Falls
Lac Seul
Teulon
Lower Fort Gary
Lac du Bonnet
Ball Lake
Armstrong
Portage la Prairie
Selkirk
Sioux Lookout
Auden
Beausejour
Whiteshell Prov. Park
Vermillon Bay
Savant Lake
WINNIPEG
Lake Nipigon
Geraldton
Spruce Woods Prov. Park
Hadashville
Kenora
Silver Dollar
Dinorwic
Longbow Lake
Dryden
Steinbach
Killarney
Roland
Morris
Lake of the Woods
Ignace
Graham
Pine Portage
Macdiarmid
South Junction
Crow Lake
Manitou Lake
Upsala
Clyde
Hallson
English River
Nipigon
Rossport
Drayton
Fort Frances
Atitokan
Dorion
Agassiz N.W.R.
Terrace Bay
Cando
Baudette
Devils Lake
Grafton
Redlake W.M.A.
International Falls
Shabaqua Corners
Thunder Bay
Voyageurs Nat. P.
Quetico Prov. Park
Sleeping Giant Prov. Park
Grand Forks
Little Fork
Silver Islet
Thief River Fs.
Lower Red Lake
Togo
Cook
Ely
Grand Portage
Isle Royale Nat. Park
Coopers-town
Redby
Northhome
Isabella
Grand Marais
Lake Superior
Mayville
Mahnomen
Bemidji
Deer River
Virginia
Hibbing
Page
Illgen City
Copper Harbo
Jamestown
Moorhead
Walker
Grand Rapids
Two Harbors
Houghton
Fargo
Tamarac N.W.R.
Cloquet
Duluth
Ontonagon
Bayfield
13
Verona
Fergus Fs.
Superior
Wahpeton
Motley
Brainerd
Ashland
Bruce Crossing
Marque
75
59
1
17
71
11
29
281

D
E
F
Two Brothers
Bay
Sleeper Is.
King George Islands
Nastapoka Islands
Labrador Peninsula
Rère. aux Mélèzes
Rère. Caniapiscau
Lac l'Eau Claire
Belcher Islands
Lac Bienville
Long I.
Provincial Park
James Bay
Radisson
Fort George
Rèservoir de LG Deux
Réservoir de LG Trois
Nitch
QUÉBEC
Ekwan R.
Akimiski Island
Attawapiskat R.
Attawapiskat
Rèservoir Opinaca
Rère. Eastmain
15
Kashechewan
Charlton Island
RIO
Fort Albany
Waskaganish (Fort Rupert)
Parc Prov. de Mistassini
Lac Mistassini
Rère. Mistassibi
Albany R.
Moosonee
Moose Factory
Clay Belt
Rère. Harricana
Lac Evans
Parc Nat. de Assinica
Mistassini
Chibougamau
Abitibi R.
Ranoke
Polar Bear Express
Chapais
Matagami
Bochart
Smoky Falls
Fraserdale
Miquelon
Rés. Faun. Ashuapmushuan
St-Félicien
Roberval
Calstock
Hearst
Kapuskasing
Gardiner
Val-Paradis
Réservoir Gouin
Lac Bouchette
Mead
Beattyville
Hornepayne
Normétal
Poularies
Amos
Cochrane
Senneterre
Oskélanéo
Parent
Matheson
Rouyn-Noranda
Val-d'Or
Louvicourt
Peterball
Kirkland Lake
White River
Timmins
Franz
Foleyet
Arntfield
Missanabie
Matachewan
Englehart
Manouane
Wawa
Elk Lake
Chapleau
Belleterre
La Vérendrye Provincial Réserve
Ste-Anne-du-Lac
St-Michel-des-Saints
Sultan
Gogama
New Liskeard
Algoma Railway
Lake Superior Prov. Park
1/2
Laniel
Parc Nat. du Mont-Tremblant
Lady E. Smoothwater Prov. Park
Grand-Remous
Frater
Algoma Upland
Marten River
5/6
Mont Laurier
St. Jovite
Joliette
Maniwaki
Valley East
Skead
Témiscamingue
LAVAL
Whitefish Point
North Bay
Mattawa
Laurentians
Kazabazua
Montebello
Searchmont
Elliot Lake
Sudbury
Sault Ste. Marie
Espanola
2
Algonquin Prov. Park
Pembroke
Campbell's Bay
Eganville
North Channel
Killarney
MONTRÉAL
OTTAWA
7/8
9/10

A
B
C
1
2
3
4
13
Labrador Peninsula
Coast
Rère. aux Melezes
Rère. Caniapiscau
Rère. George
Rère. Eastmain
Lac l'Eau Claire
Lac Bienville
Burnt Creek
Schefferville
Smallwood Reservoir
Esker
Churchill Falls
Churchill
Atikonak Lake
Labrador City
Ross Bay Junction
Pitaga
Nitchequon
Reservoir de LG Trois
Québec
Rère. Moisie
Waco
Gagnon
Rés. Manicougan
Mt. de Babel
948 m
Rés. Faun. de Sept-Îles-Port Cartier
Tika
Rivière-aux-Graines
Rèservoir Opinaca
Rère. Eastmain
Rère. aux Outardes
Baie-Sainte-Claire
11 / 12
Manicouagan
Sept-Îles
Port-Cartier
Parc Prov. de Mistassini
Lac Mistassini
Rère. Mistassibi
Anse-Pleureuse
Ste.-Anne-des-Monts
Parc Nat. de Assinica
Mistassini
Chute-des-Passes
Godbout
Lac Evans
Baie-Comeau
Hauterive
Péninsule de la Gaspésie
Labrieville
Matane
Parc national de la Gaspésie
Chibougamau
Saint Lawrence River
Monts Chic-Chocs
Forestville
Chapais
Rimouski
Bochart
9 / 10
Mata-pédia
Campbellton
Ste-Monique
Trois-Pistoles
New Brunswick
Miquelon
Rés. Faun. Ashuapmushuan
Lac Saint Jean
Alma
Chicoutimi
St-Félicien
Roberval
Jonquière
Tadoussac
Rivière-du Loup
Réservoir Gouin
Lac Bouchette
St-Siméon
Edmundston
Beattyville
Rés. Faun. des Laurentides
Nictau
Rivière Bleue
Ft. Kent
Grand Falls
Amos
Senneterre
Oskélanéo
Parent
Baie-St-Paul
Allagash
Doaktown
Presque
La Tuque
St-Pamphile
Wood-stock
Val-d'Or
Louvicourt
7 / 8
Rivière-à-Pierre
Charlesbourg
Québec
USA
Houlton
Manouane
Notre Dame
Platten
Thomaston Corner
Maine
Belleterre
La Vérendrye Provincial Reserve
Ste-Anne-du-Lac
St-Michel-des-Saints
Cap-de-la-Madeleine
St-Georges
Topsfield
Millinocket
Trois Rivières
Thetford Mines
Jackman
St. Andrews-By-the-Sea
Parc Nat. du Mont-Tremblant
Grand-Remous
Mont Laurier
Joliette
Sorel
Victoria-ville
Dover-Foxcroft
Lincoln
Maniwaki
5 / 6
St. Jovite
Drummond-ville
Sherbrooke
Wesley
Témiscamingue
Laval
Corinth
Bangor
Mattawa
Laurentians
Kazabazua
Montebello
Longueuil
Skowhegan
Bar Harbor
6
Montreal
Mexico
Augusta
Rockland
Stonington
Pembroke
Eganville
Ottawa
Newport
Colebrook
New Hampshire
South Paris